图书在版编目（CIP）数据

四川统计年鉴. 2021 = Sichuan Statistical Yearbook 2021：汉英对照 / 四川省统计局，国家统计局四川调查总队编. -- 北京：中国统计出版社, 2021.10
ISBN 978-7-5037-9639-5

Ⅰ. ①四… Ⅱ. ①四… ②国… Ⅲ. ①统计资料－四川－2021－年鉴－汉、英 Ⅳ. ① C832.71-54

中国版本图书馆 CIP 数据核字 (2021) 第 180951 号

四川统计年鉴—2021

作　　者 / 四川省统计局　国家统计局四川调查总队
责任编辑 / 钟　钰
执行编辑 / 宋　兰
出版发行 / 中国统计出版社有限公司
地　　址 / 北京市丰台区西三环南路甲6号　邮政编码 /100073
电　　话 / 邮购（010）63376909　书店（010）68783171
网　　址 / Http://www.zgtjcbs.com
印　　刷 / 成都鑫达彩印印务有限责任公司
经　　销 / 新华书店
开　　本 / 890mm×1240mm　1/16
字　　数 / 1100 千字
印　　张 / 33.5　彩页 1
版　　别 / 2021 年 10 月第 1 版
版　　次 / 2021 年 10 月第 1 次印刷
定　　价 / 420.00 元　　Price: 420.00 yuan(RMB)

本书附同版本 CD-ROM 一张，光盘内容以书面文字为准。
如有印装差错，由本社发行部调换。

2021

(总第39期 No.39)

四川统计年鉴

Sichuan Statistical Yearbook

四川省统计局
国家统计局四川调查总队 编

Statistical Bureau of Sichuan
NBS Survey Office in Sichuan

中国统计出版社
China Statistics Press

《四川统计年鉴－2021》

编委会和编辑出版人员

SICHUAN STATISTICAL YEARBOOK - 2021

Editorial Board and Staff

编者说明

一、《四川统计年鉴－2021》是一部全面反映四川省经济和社会发展情况的综合性统计资料年刊。本年鉴收录了全省和各市（州）、县（市、区）2020年经济和社会发展各方面的大量统计数据，以及历史重要年份和近年来的全省主要统计数据。

二、本年鉴正文内容分为22个篇章，即：1.综合；2.国民经济核算；3.人口；4.就业和工资；5.固定资产投资；6.能源；7.资源和环境；8.财政和物价；9.人民生活和社会保障；10.城市发展；11.民族自治地方概况；12.县（市、区）概况；13.农业；14.工业；15.建筑业；16.交通运输和邮电业；17.国内贸易；18.对外经济贸易和旅游；19.金融业；20.教育、科技和专利；21.文化、体育和卫生；22.其他社会活动。为方便读者使用，部分统计表下作了简要注释，并在各篇末附有主要统计指标解释。

三、与《四川统计年鉴－2020》比较，本年鉴在“综合”篇，增加了建党100周年四川省经济社会发展总量、速度、比例和构成资料；增加了按行业、产业和地区分的法人单位资料。根据现行统计调查制度修订情况，在“就业和工资”篇，对就业人员、工资总额和平均工资分类进行了部分调整；在“固定资产投资”篇，删减了“项目固定资产投资增长情况”和“各市（州）建设施工和竣工房屋建筑面积”；在“资源和环境”篇，将“主要矿产基础储量”修改为“主要矿产资源量”；在“农业”篇，删减了“农垦系统国营农场基本情况”；在“金融业”篇，增加了“金融机构贷款市场报价利率”；在“教育、科技和专利”篇，将“各市（州）县级以上政府部门属研究与开发机构及情报文献”机构数等资料调整为“各市（州）科学研究与技术服务机构人员数、经费收入和支出总额”。

四、本年鉴中，涉及的部门统计资料均由省级相关部门提供。

五、本年鉴中涉及到的历史数据，均以最新出版的本年鉴数据为准。

六、本年鉴中所使用的度量衡单位均采用国际统一标准计量单位。

七、本年鉴中部分数据合计数或相对数由于单位取舍不同而产生的计算误差，均未做机械调整。

八、本年鉴表中的符号使用说明：“空格”表示该项统计指标数据不足本表最小单位数、数据不详或无该项数据；“#”表示其中的主要项。

Preface

Ⅰ. *Sichuan Statistical Yearbook 2021* is an annual statistics publication to reflect various aspects of Sichuan's economic and social development, which covers very comprehensive data series in 2020 and some selected data series in historically important years and the most recent years at provincial level, local levels of prefecture and level of county.

Ⅱ. The text of this Yearbook contains the following 22 parts: 1.General Survey, 2.National Accounts, 3.Population, 4.Employment and Wages, 5.Investment in Fixed Assets, 6.Energy, 7.Resources and Environment, 8.Local Government Finance and Price, 9. People's Living Conditions and Social Security, 10.Urban Development, 11.Survey of Minority Nationality Autonomous Areas, 12.Survey of County (City, District), 13.Agriculture, 14.Industry, 15.Construction, 16.Transportation and Post, 17.Domestic Trade, 18.Foreign Trade and Economic Cooperation and International Tourism, 19.Finance and Insurance, 20.Education, Science Technology and Patents, 21.Culture, Sports and Public Health, 22.Other Social Activities. To facilitate readers, Explanatory Notes on Main Statistical Indicators is attached to the end of each chapter.

Ⅲ. Compared with *Sichuan Statistical Yearbook 2020*, the Yearbook adds data on the aggregate, speed, proportion and composition of the main indicators of national economic and social development since The 100th anniversary of the founding of the party, and number of legal entities by sector, industry and region in Chapter 1 "General Survey"; adjusts classification of employment, total wage and average wage partially in Chapter 4 "Employment and Wages"; delete "The Growth of Item Investment in Fixed Assets" and "Floor Space of Buildings under Construction and Completed by Region" in Chapter 5 "Investment in fixed assets"; Revise "Basic Reserves of Major Minerals" to "Ensured Reserves of Major Minerals" in Chapter 7 "Resources and Environment"; delete "Basic Statistics on State Farms of Land Reclamation" in Chapter 13 "Agriculture"; add "Loan Price Rates of Financial Institutions" in Chapter 19 "Finance and Insurance"; adjusts the data of State-owned Research and Development Institutions and Information and Literature Institutions at and above County Level by Region to "Personnel, Income and Expenditure of Scientific Research and Technology Service Institution by Region" in Chapter 20 "Education, Science Technology and Patents".

Ⅳ. In this yearbook, the relevant department statistics are provided by relevant departments at the provincial level.

Ⅴ. For updated historical date, please refer to the newly published version of the Yearbook.

Ⅵ. The units of measurement used in this yearbook are international standard measurement units.

Ⅶ. Statistical discrepancies on totals and relative figures due to rounding are not adjusted in this yearbook.

Ⅷ. Instructions for the use of symbols in the table of this yearbook: "space" means that the statistical index data is not the minimum number of units in this table, the data is unknown or there is no such data; "#" indicates the main item.

目 录

CONTENTS

一、综 合
Chapter 1 General Survey

二、国民经济核算
Chapter 2 National Accounts

三、人 口
Chapter 3 Population

四、就业和工资

Chapter 4 Employment and Wages

五、固定资产投资

Chapter 5 Investment in Fixed Assets

六、能 源
Chapter 6 Energy

七、资源和环境
Chapter 7 Resources and Environment

八、财政和物价
Chapter 8 Local Government Finance and Price

九、人民生活和社会保障
Chapter 9 People's Living Conditions and Social Security

十、城市发展
Chapter 10 Urban Development

十一、民族自治地方概况
Chapter 11 Survey of Ethnic Minority Autonomous Areas

十二、县（市、区）概况
Chapter 12 Survey of County(City,District)

十三、农 业
Chapter 13 Agriculture

十四、工 业
Chapter 14 Industry

十五、建筑业
Chapter 15 Construction

十六、交通运输和邮电业
Chapter 16 Transportation and Post

十七、国内贸易
Chapter 17 Domestic Trade

十八、对外经济贸易和旅游
Chapter 18 Foreign Trade and Economic Cooperation and Tourism

十九、金融业
Chapter 19 Financial Intermediation

二十、教育、科技和专利
Chapter 20 Education, Science, Technology and Patents

二十一、文化、体育和卫生
Chapter 21 Culture, Sports and Public Health

二十二、其他社会活动
Chapter 22 Other Social Activities

年末户籍人口

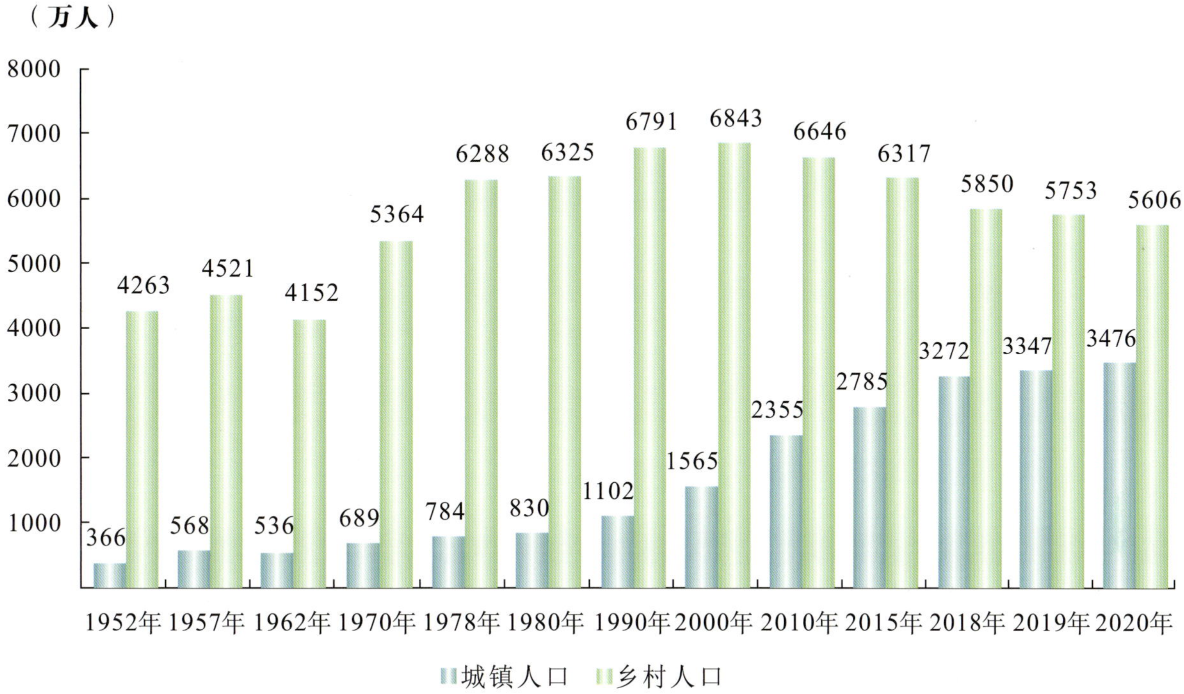
（万人）
8000
7000
6000
5000
4000
3000
2000
1000
366 4263
568 4521
536 4152
689 5364
784 6288
830 6325
1102 6791
1565 6843
2355 6646
2785 6317
3272 5850
3347 5753
3476 5606
1952年 1957年 1962年 1970年 1978年 1980年 1990年 2000年 2010年 2015年 2018年 2019年 2020年
城镇人口 乡村人口

就业人员

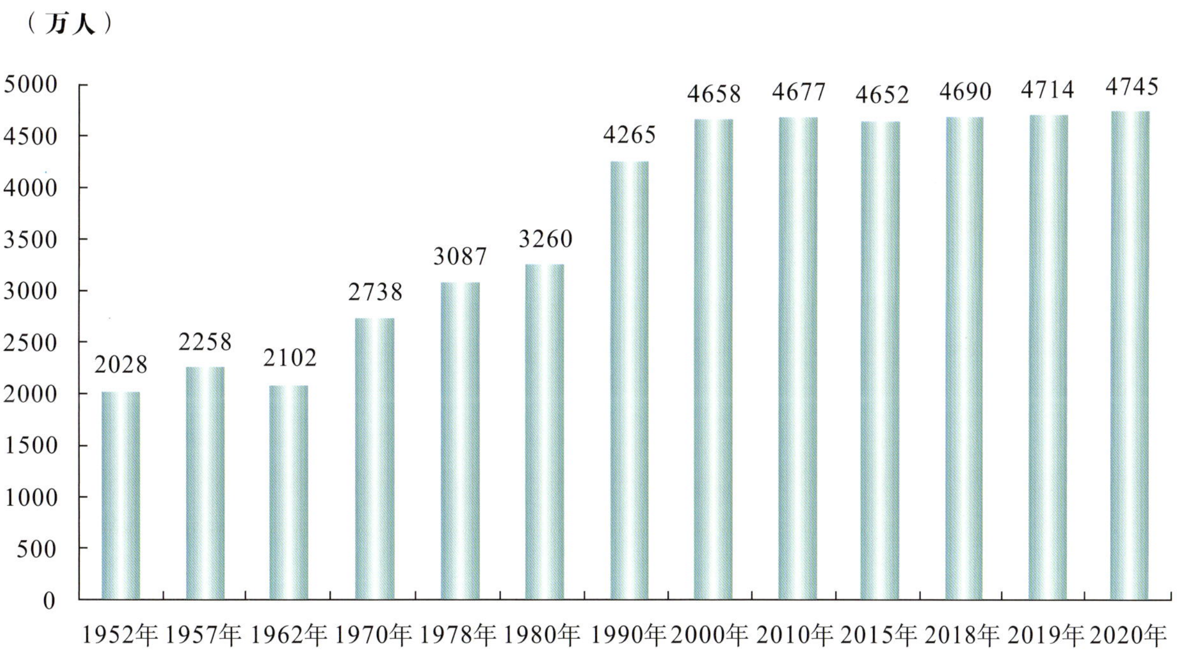
（万人）
5000
4500
4000
3500
3000
2500
2000
1500
1000
500
0
2028
2258
2102
2738
3087
3260
4265
4658
4677
4652
4690
4714
4745
1952年 1957年 1962年 1970年 1978年 1980年 1990年 2000年 2010年 2015年 2018年 2019年 2020年

三次产业就业人员构成

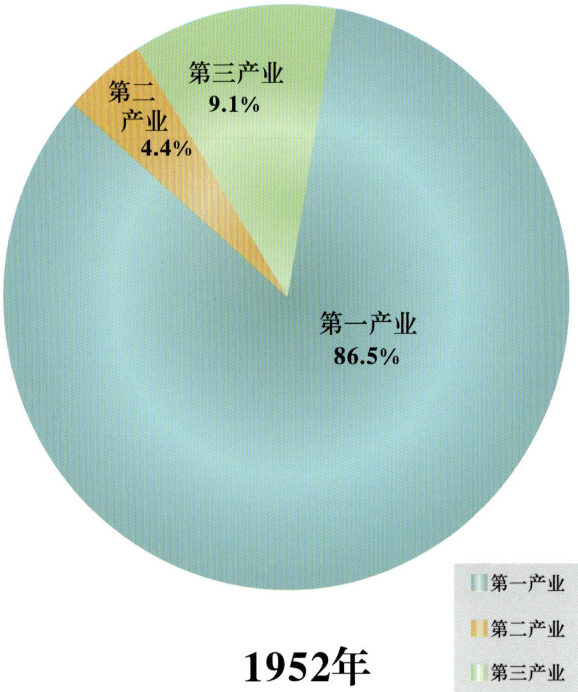

1952年

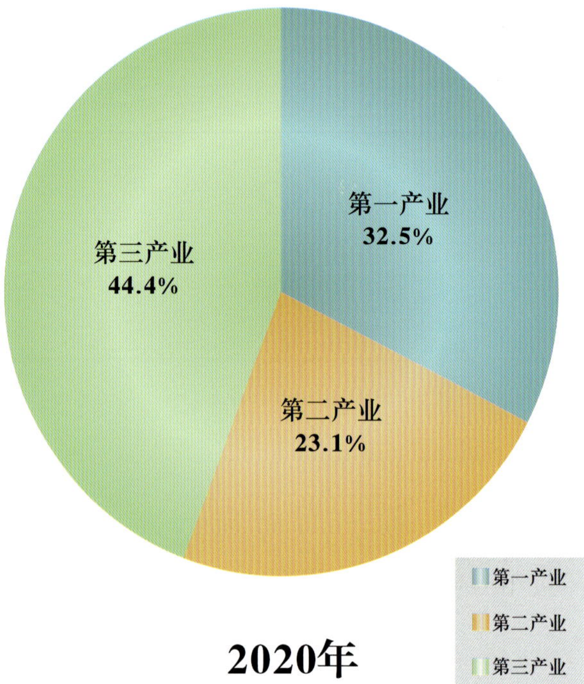

2020年

地区生产总值和增长速度

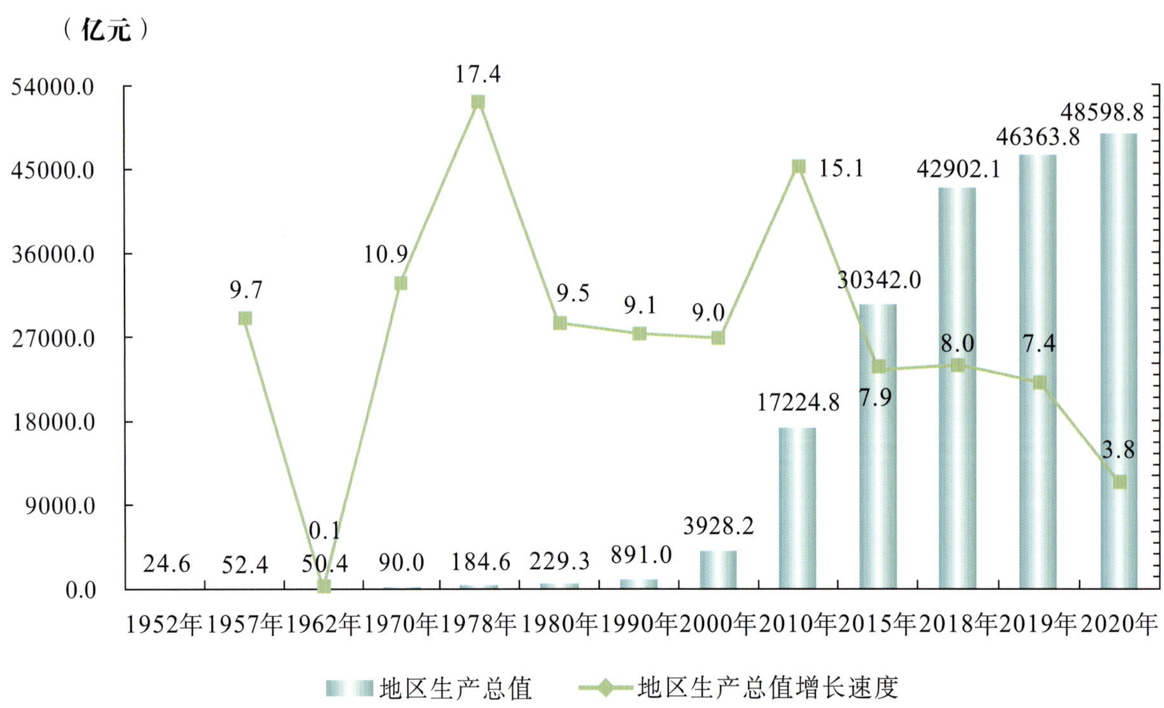

地区生产总值构成

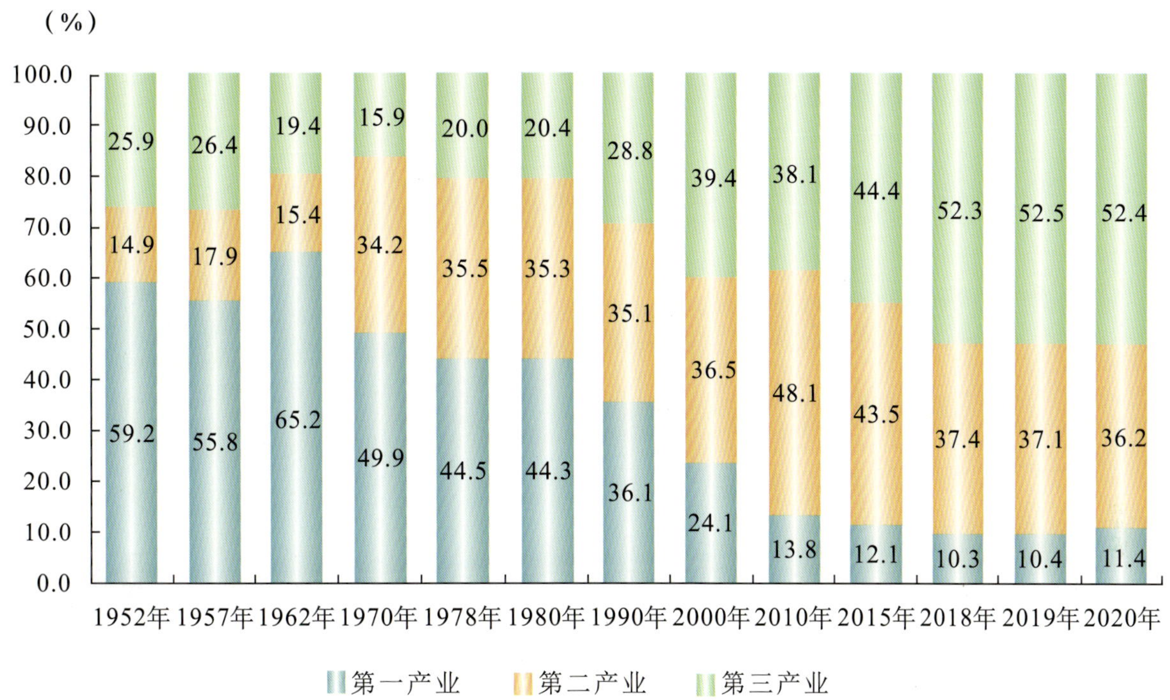

人均地区生产总值

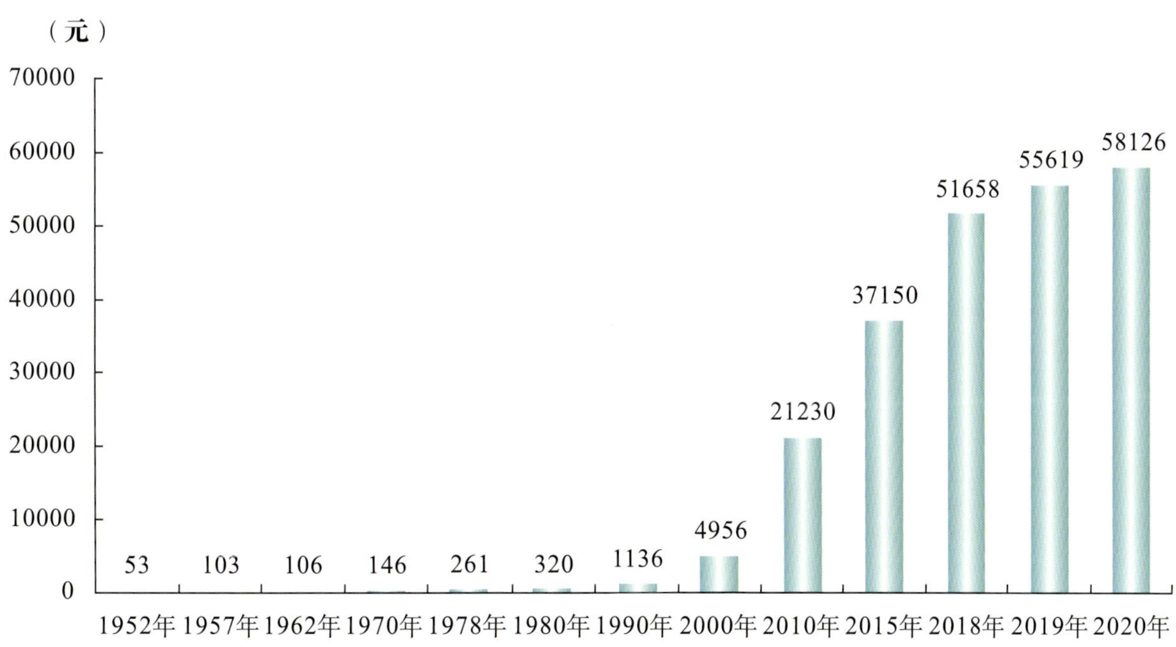

农林牧渔业总产值

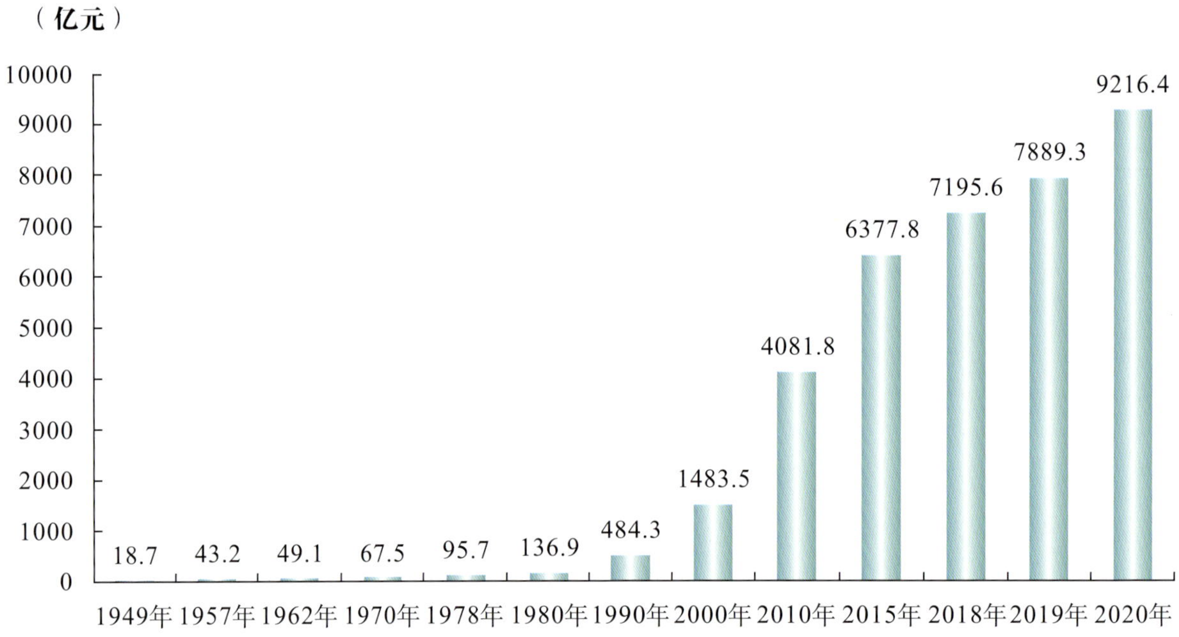

粮食作物和油料作物播种面积

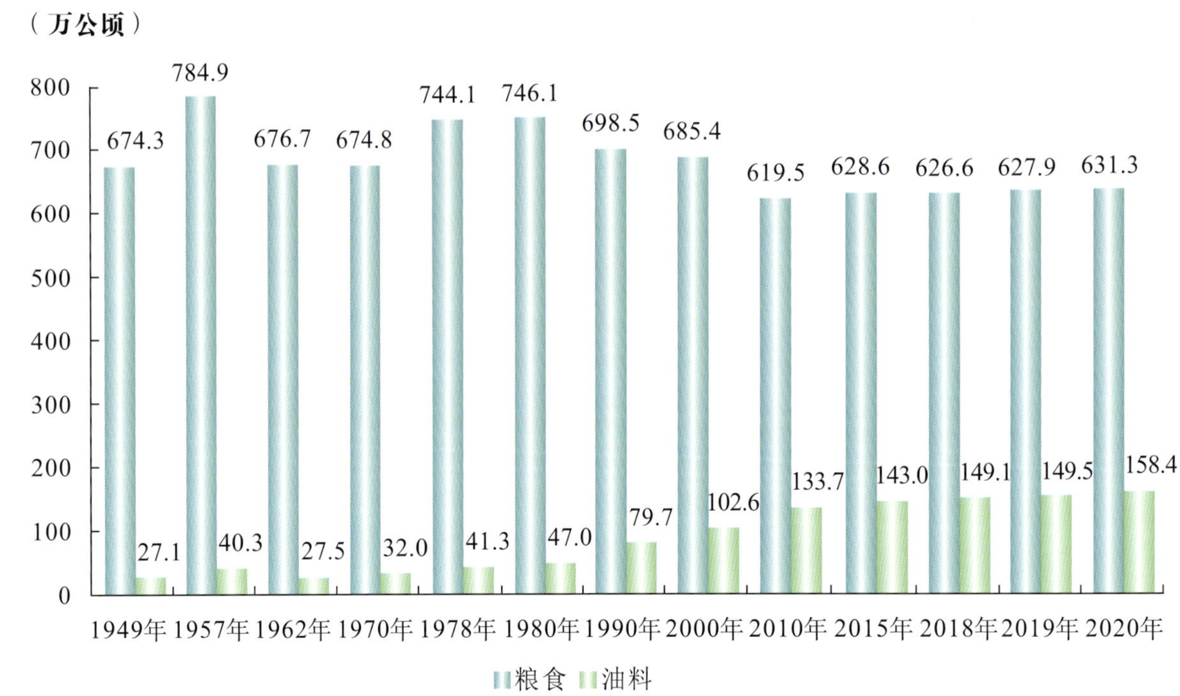

粮食产量和油料产量

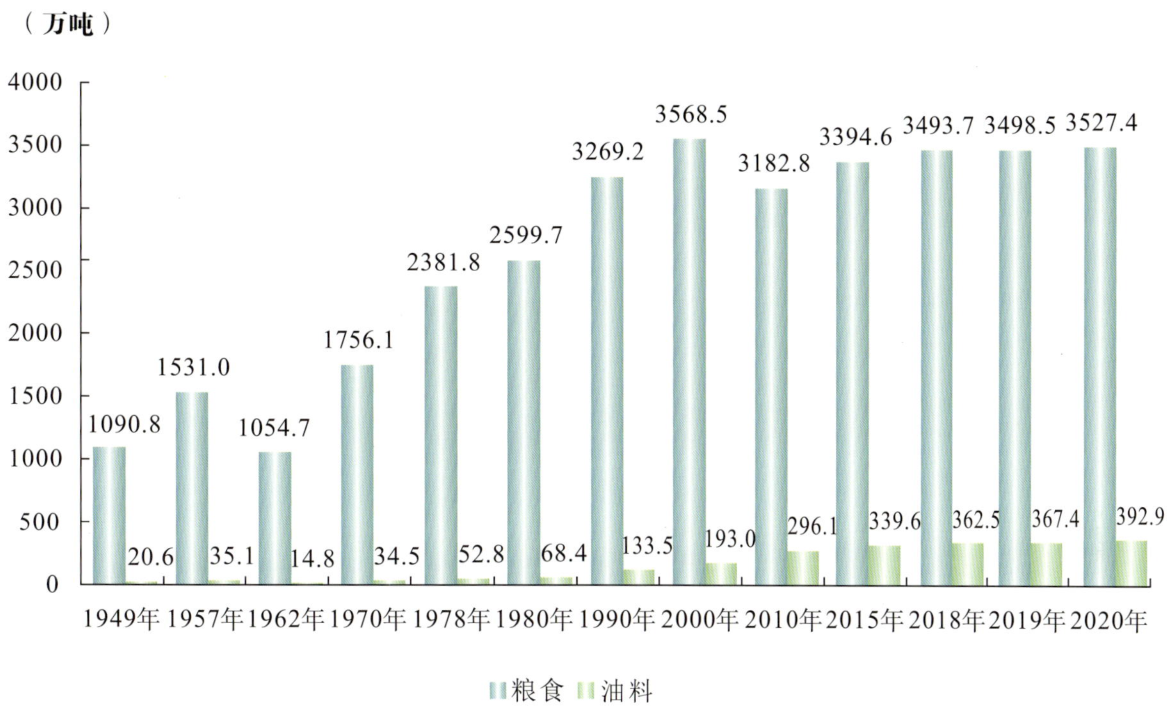

肉类总产量

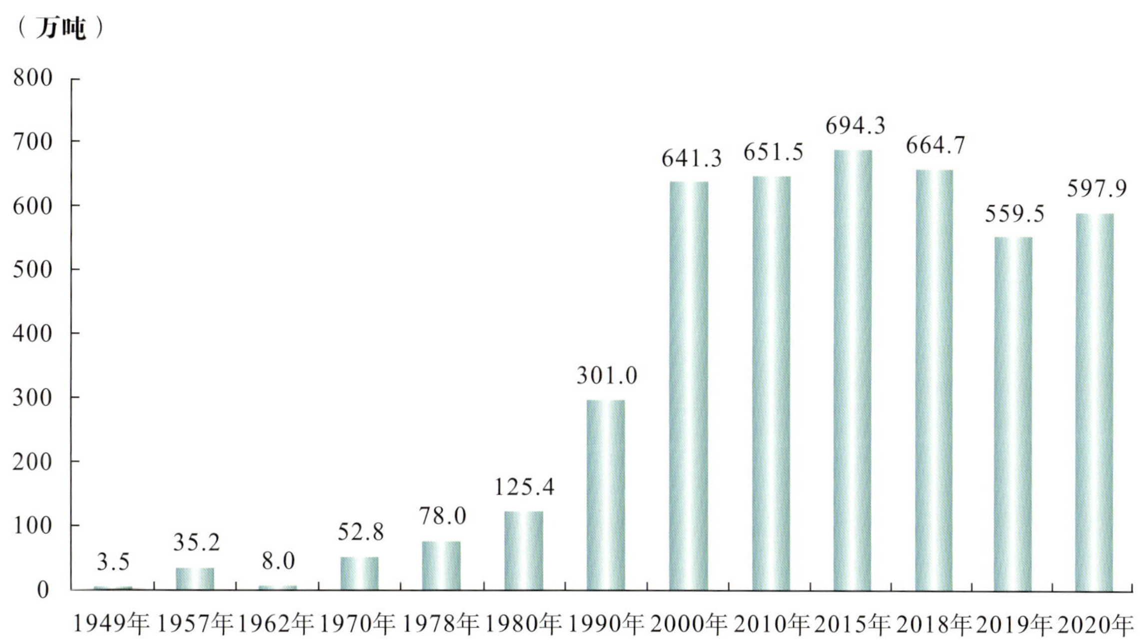

化肥施用量

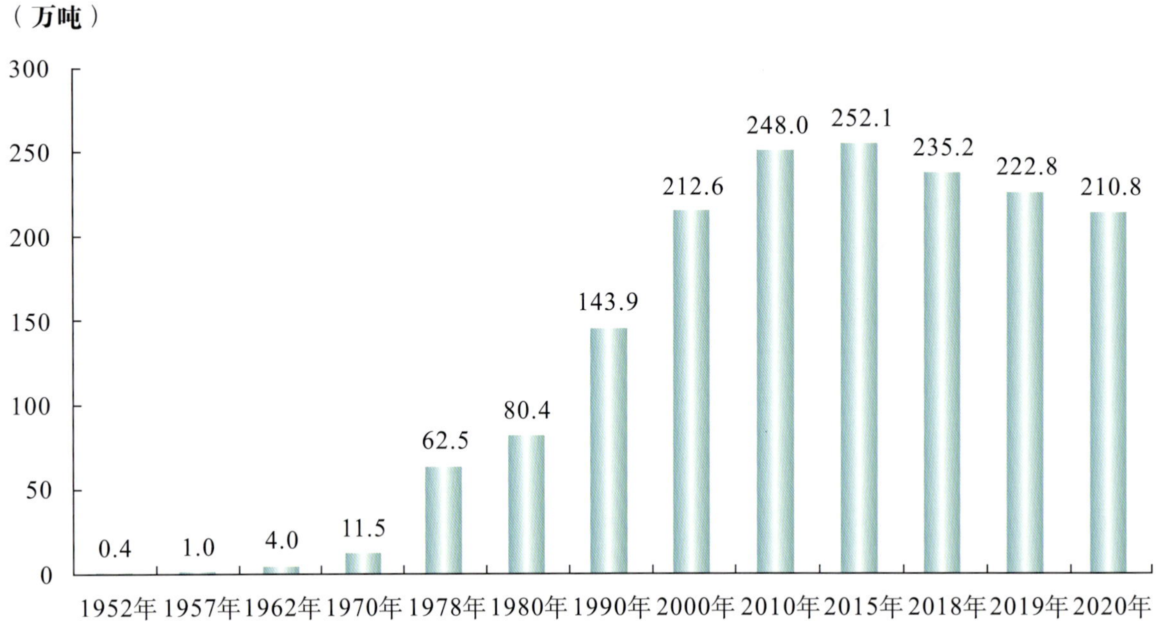
（万吨）
300
250
200
150
100
50
0
0.4
1.0
4.0
11.5
62.5
80.4
143.9
212.6
248.0
252.1
235.2
222.8
210.8
1952年
1957年
1962年
1970年
1978年
1980年
1990年
2000年
2010年
2015年
2018年
2019年
2020年

农村用电量

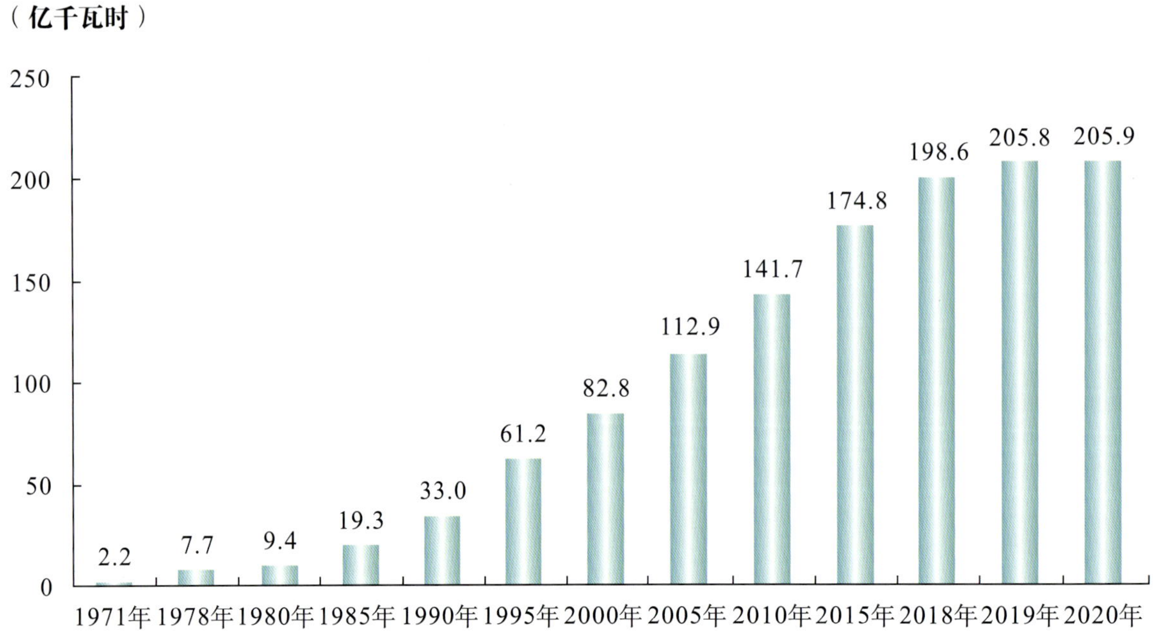
（亿千瓦时）
250
200
150
100
50
0
2.2
7.7
9.4
19.3
33.0
61.2
82.8
112.9
141.7
174.8
198.6
205.8
205.9
1971年
1978年
1980年
1985年
1990年
1995年
2000年
2005年
2010年
2015年
2018年
2019年
2020年

工业增加值

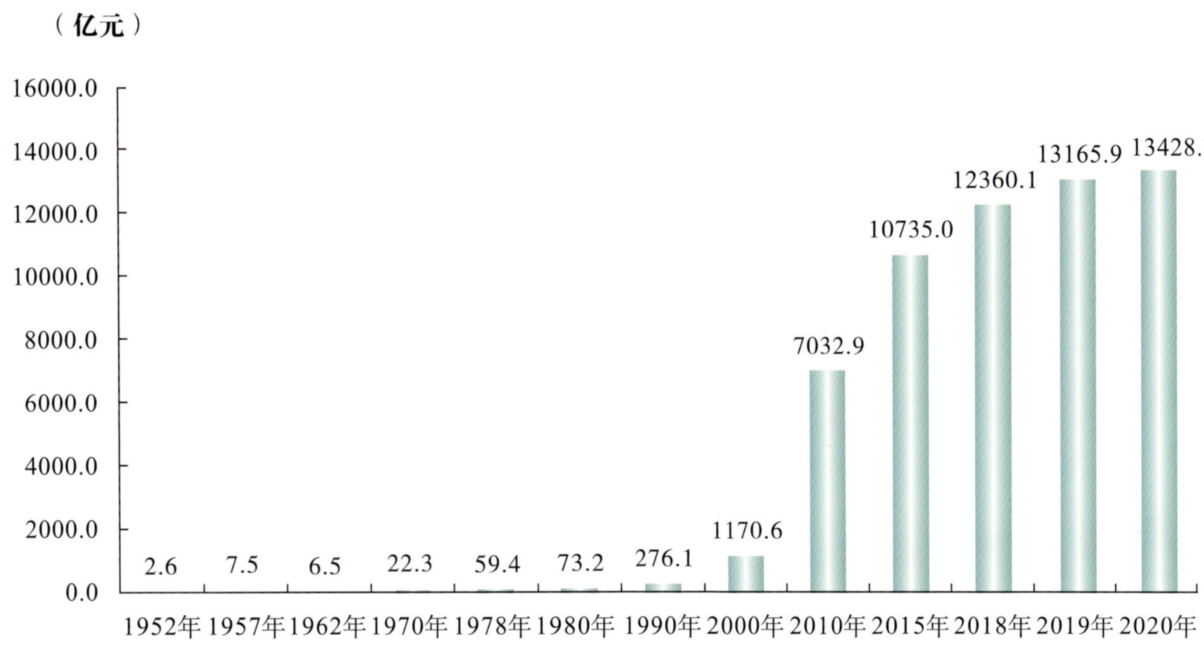

规模以上工业企业利润总额

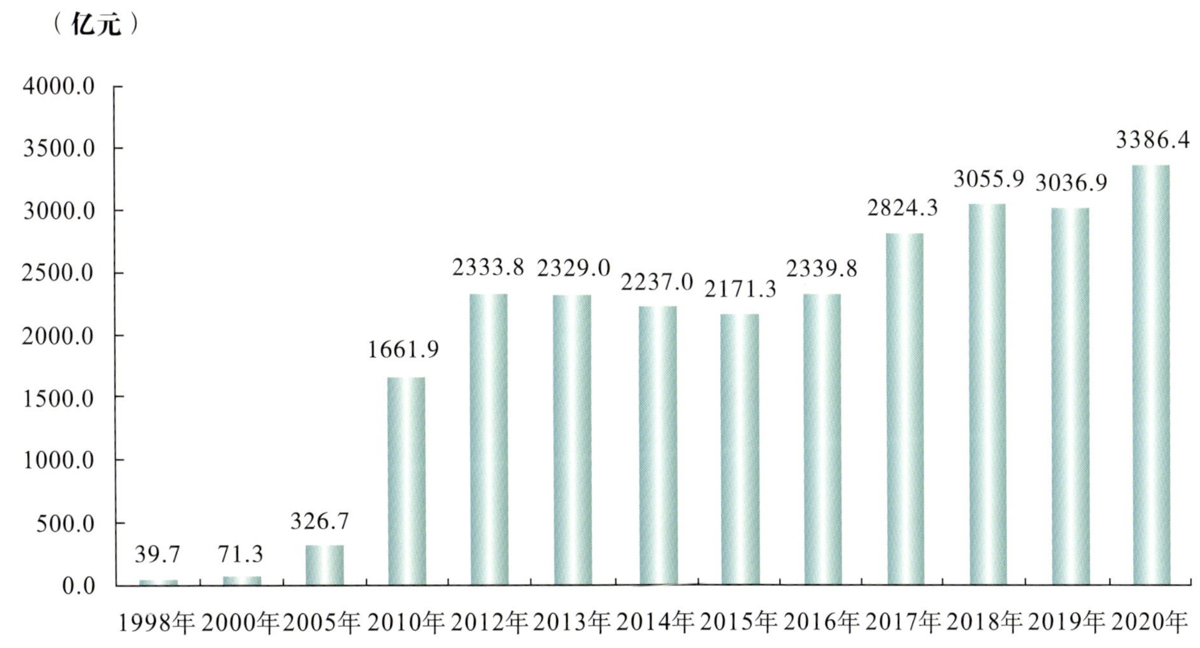

规模以上工业企业发电量

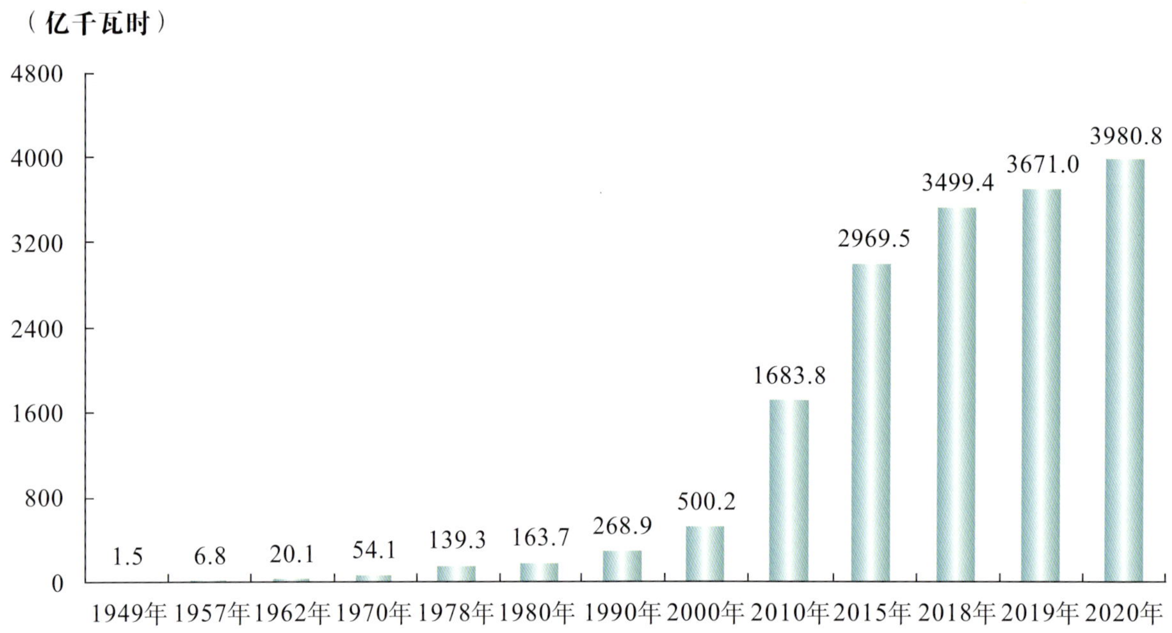

规模以上工业企业水泥和成品钢材产量

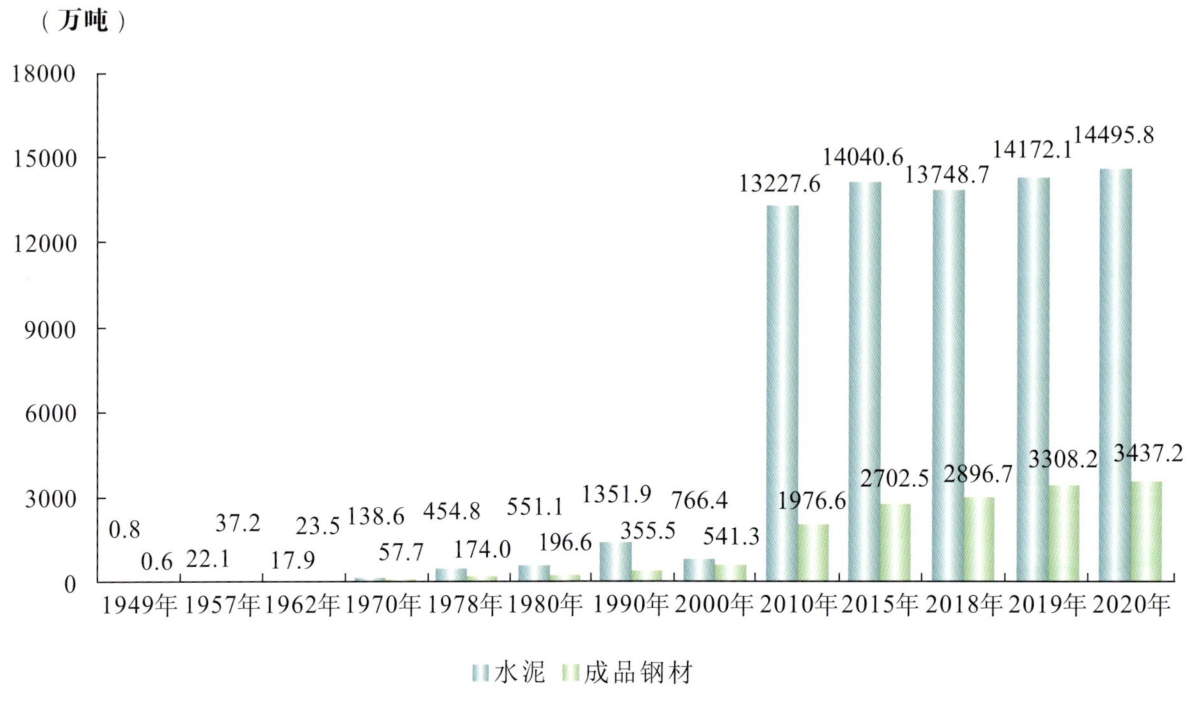

规模以上工业企业汽车产量

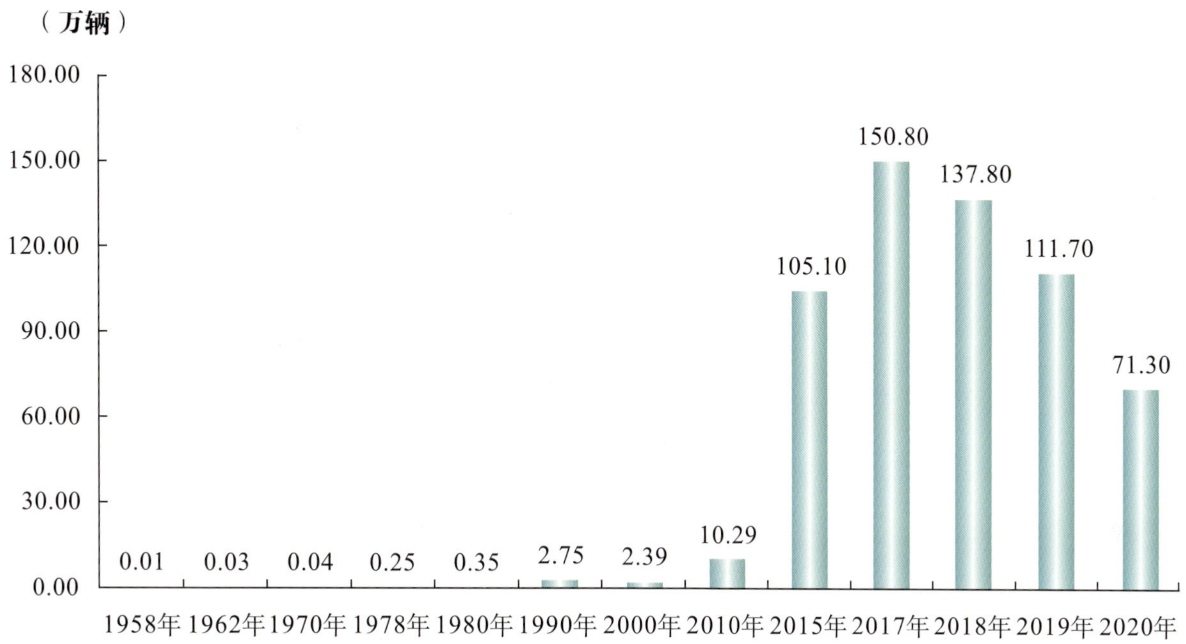

全社会固定资产投资增长速度

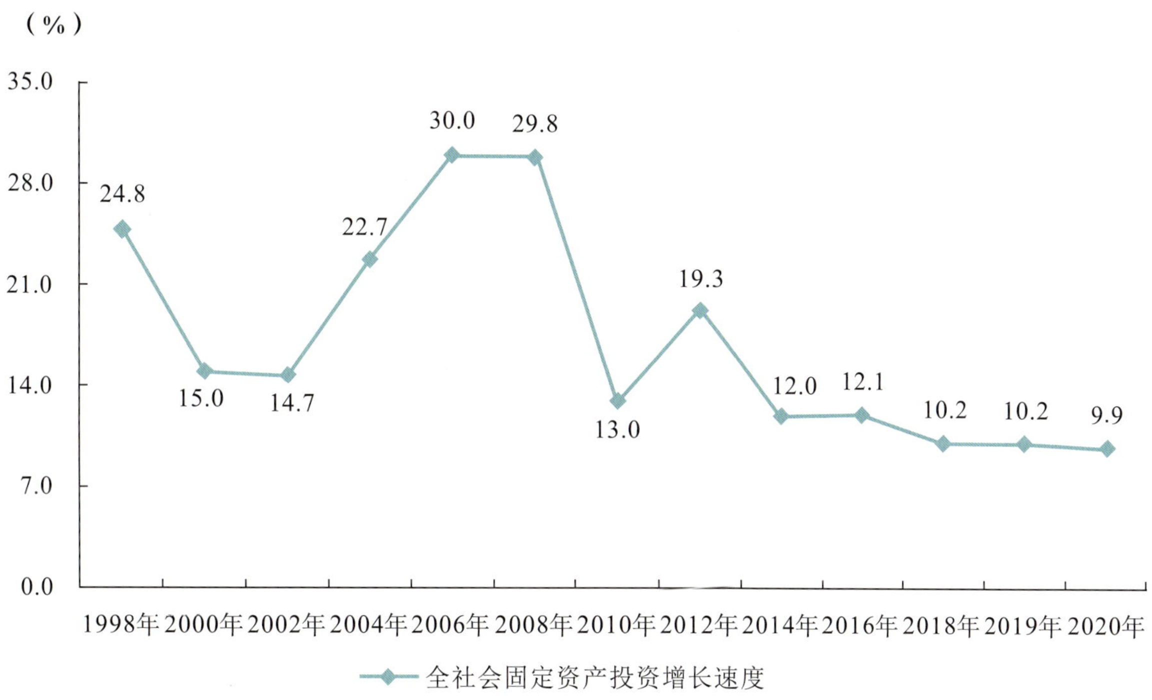

房地产开发投资增长速度

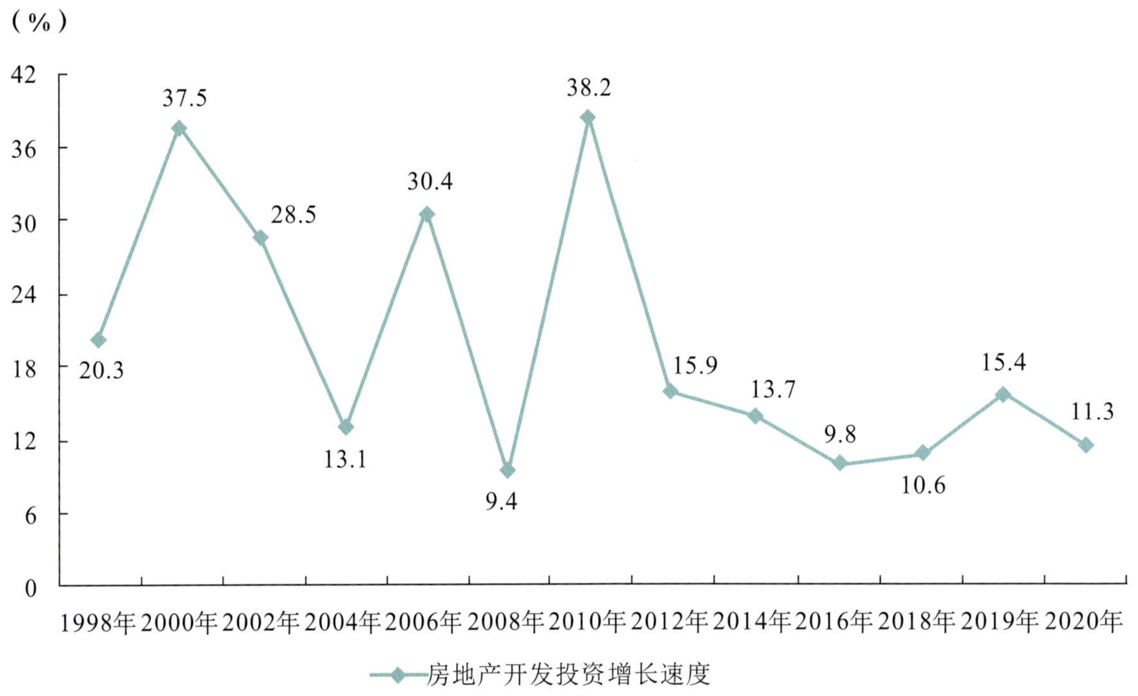

能源生产量和消费量

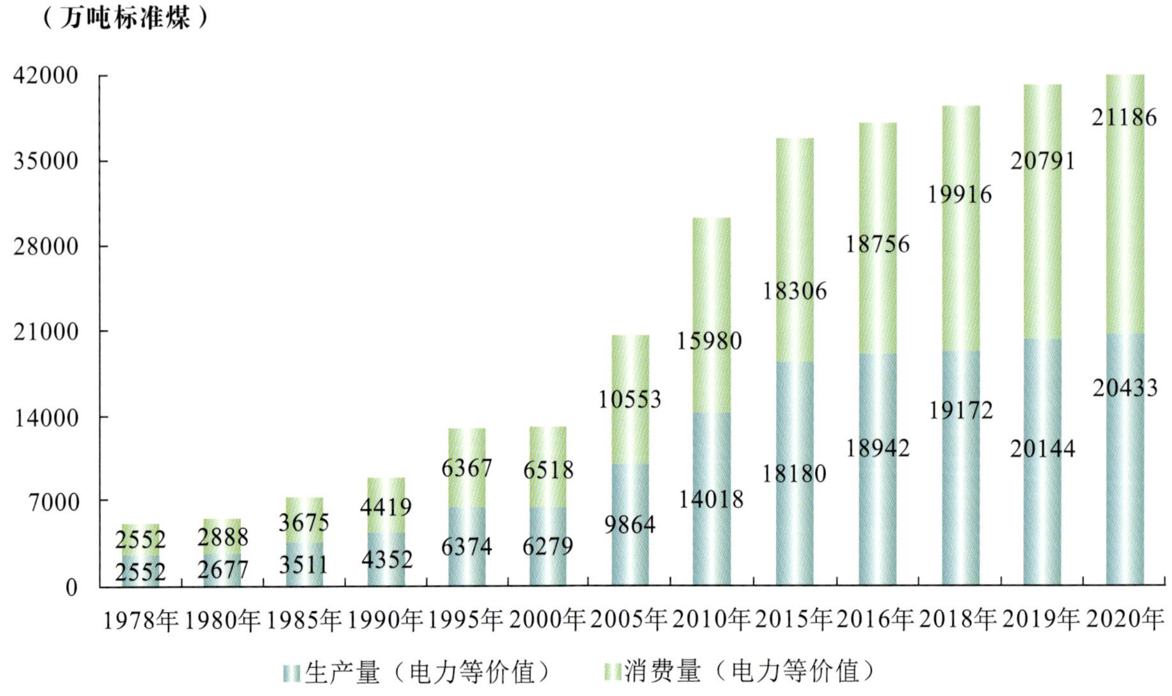

社会消费品零售总额

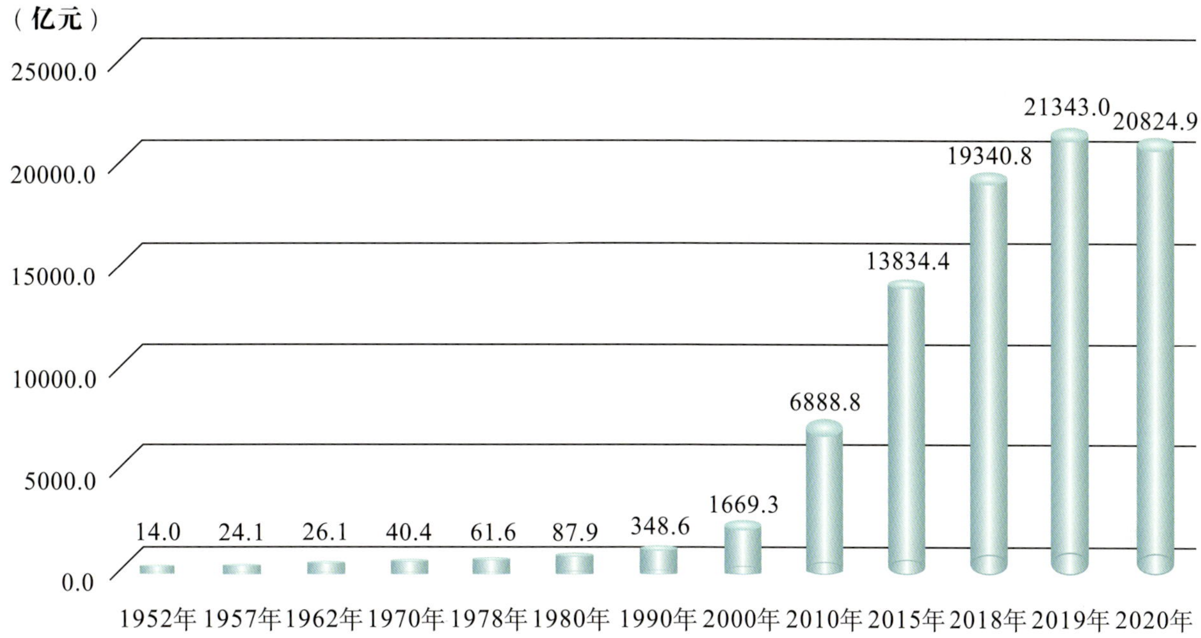

进口额和出口额

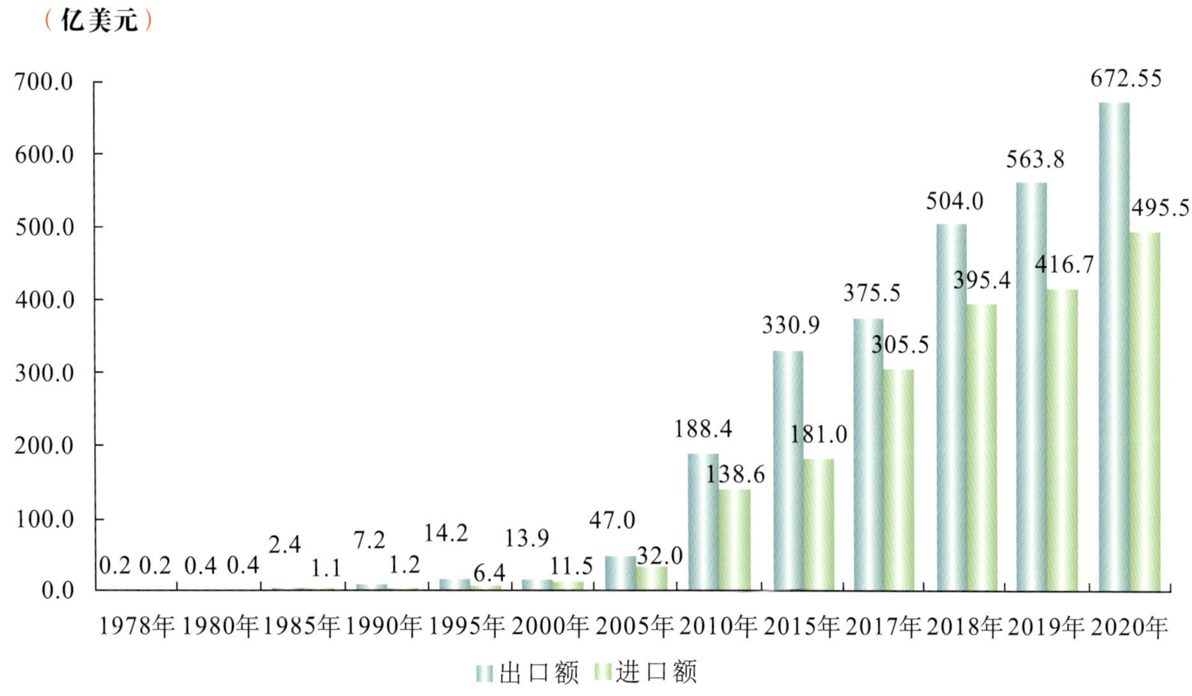

地方一般公共预算收入和支出

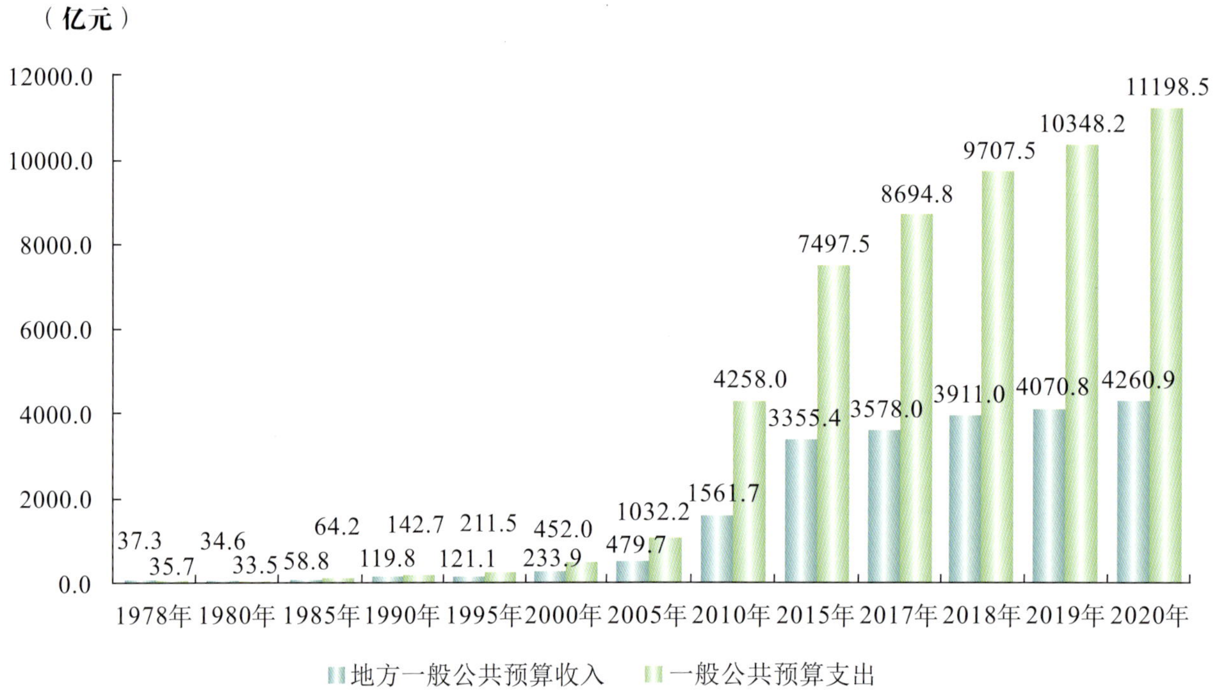

年末金融机构人民币各项存贷款余额

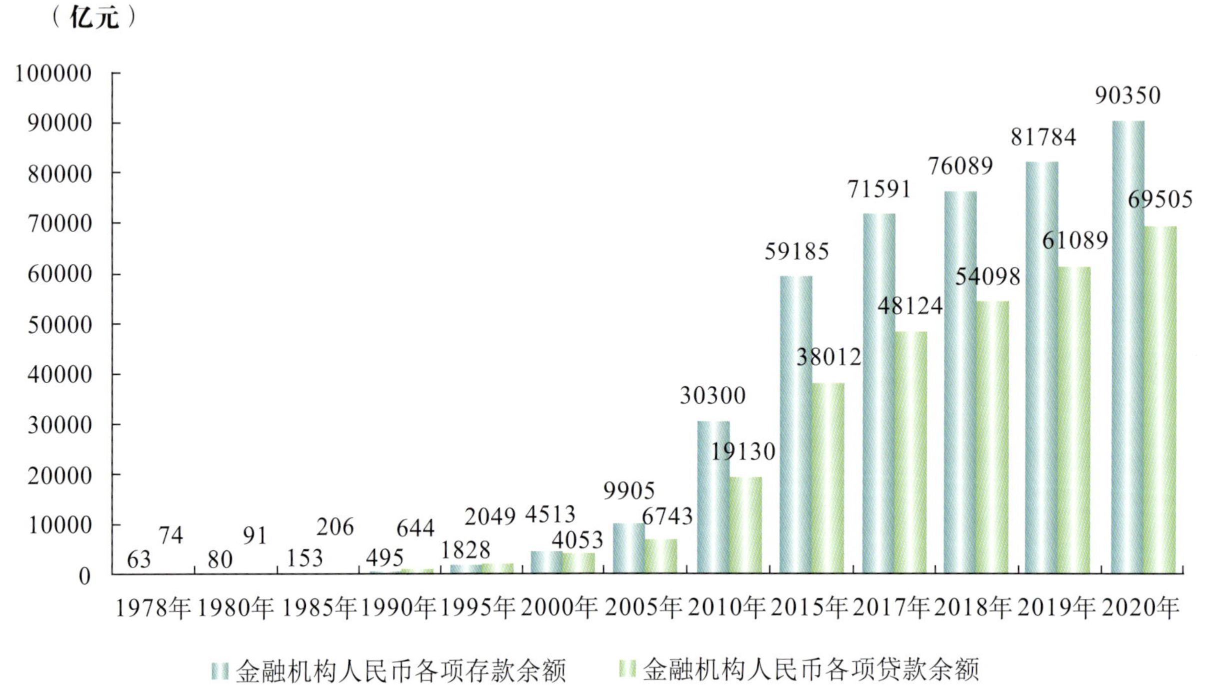

城乡居民人均可支配收入

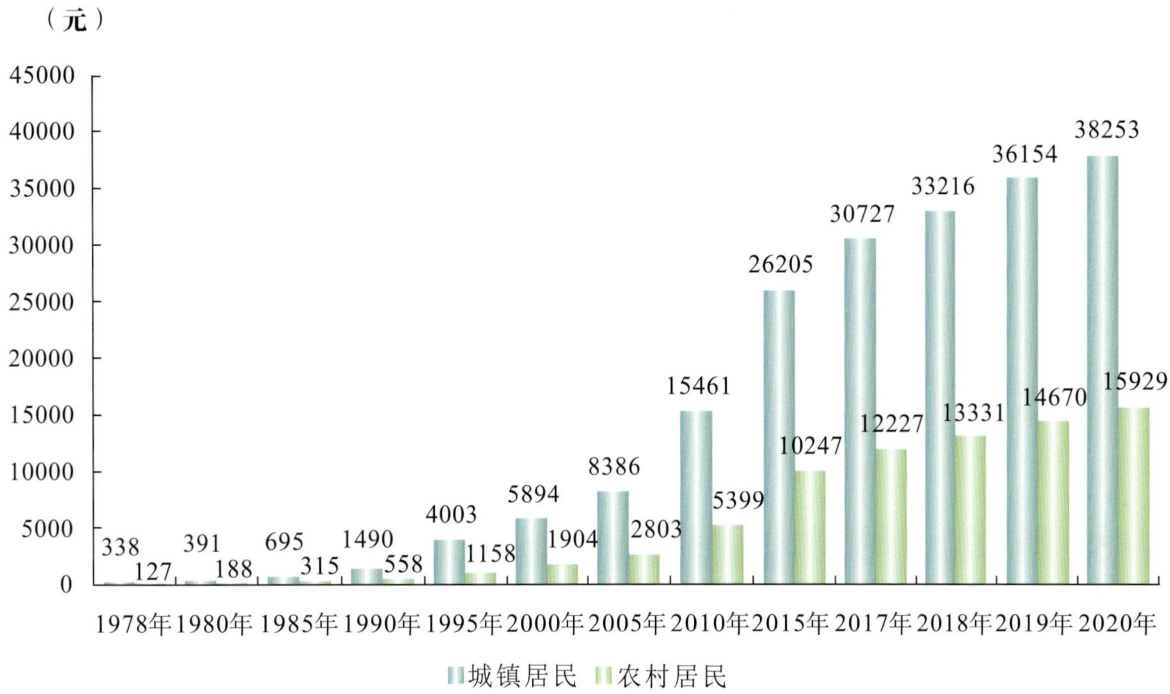

城乡居民人均消费支出

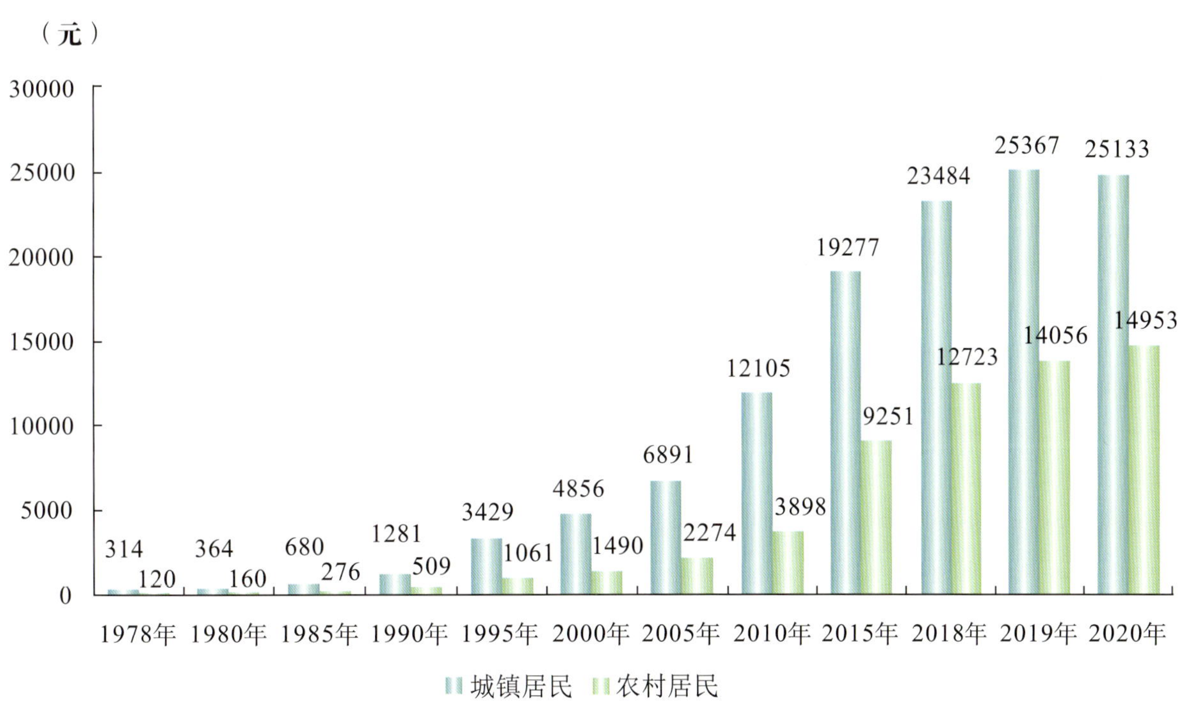

居民消费价格涨跌情况

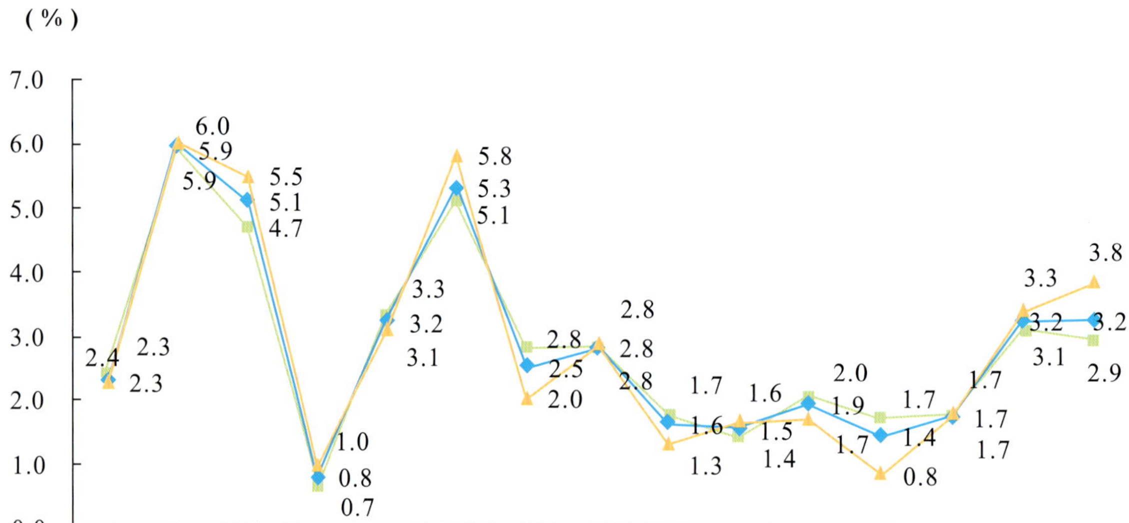

	2006	2007	2008	2009	2010	2011	2012	2013	2014	2015	2016	2017	2018	2019	2020
全省	2.3	5.9	5.1	0.8	3.2	5.3	2.5	2.8	1.6	1.5	1.9	1.4	1.7	3.2	3.2
城市	2.4	5.9	4.7	0.7	3.3	5.1	2.8	2.8	1.7	1.4	2.0	1.7	1.7	3.1	2.9
农村	2.3	6.0	5.5	1.0	3.1	5.8	2.0	2.8	1.3	1.6	1.7	0.8	1.7	3.3	3.8

工业生产者出厂价格涨跌情况

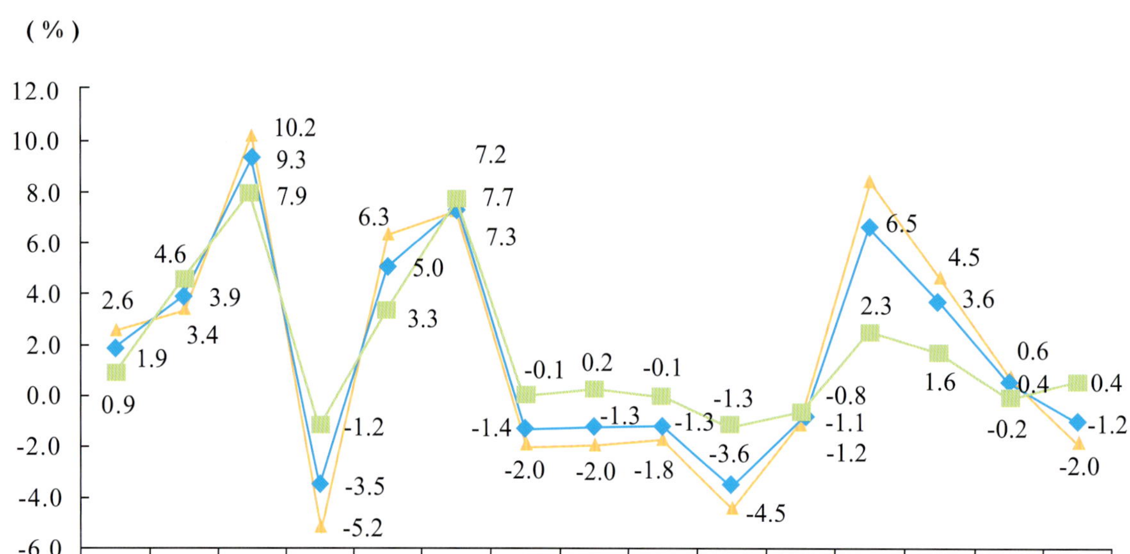

	2006	2007	2008	2009	2010	2011	2012	2013	2014	2015	2016	2017	2018	2019	2020
全部	1.9	3.9	9.3	-3.5	5.0	7.3	-1.4	-1.3	-1.3	-3.6	-1.1	6.5	3.6	0.4	-1.2
轻工业	0.9	4.6	7.9	-1.2	3.3	7.7	-0.1	0.2	-0.1	-1.3	-0.8	2.3	1.6	-0.2	0.4
重工业	2.6	3.4	10.2	-5.2	6.3	7.2	-2.0	-2.0	-1.8	-4.5	-1.2	8.3	4.5	0.6	-2.0

货物周转量和旅客周转量

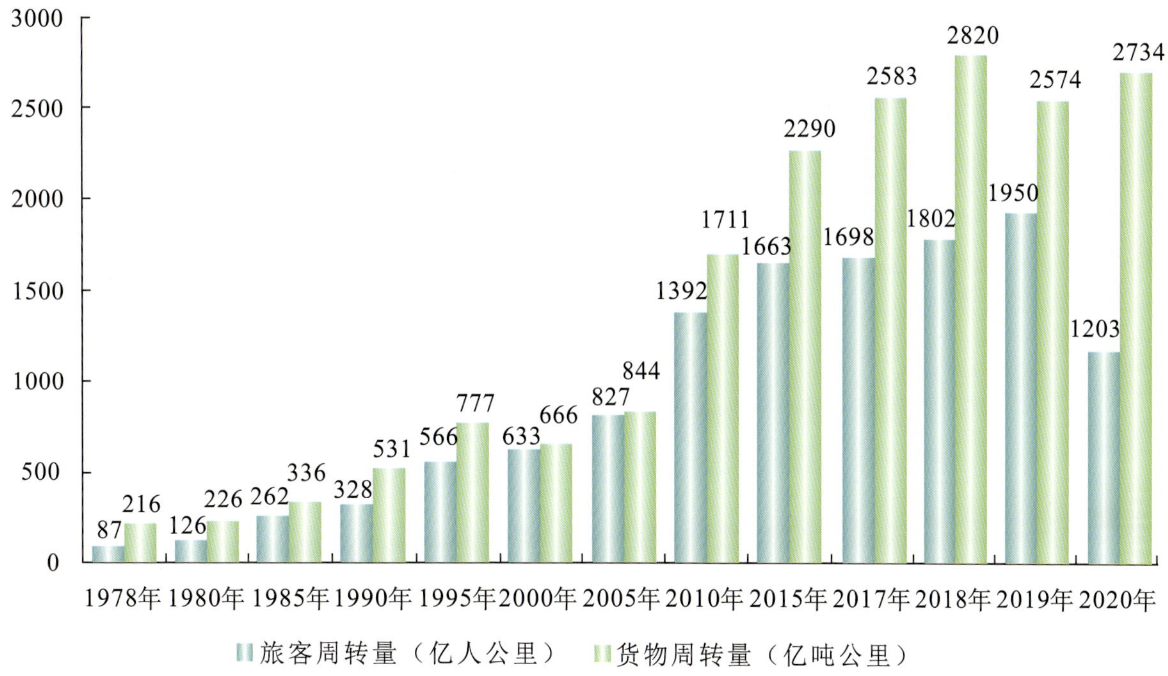

广播覆盖率和电视覆盖率

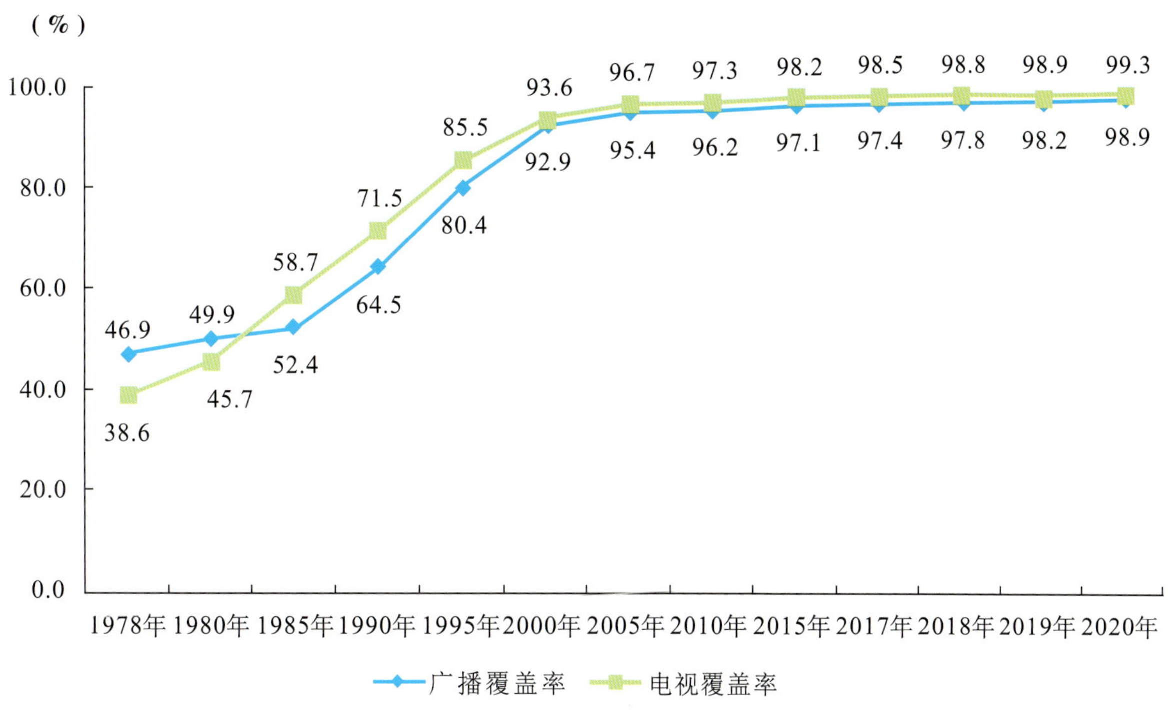

各类学校在校学生数

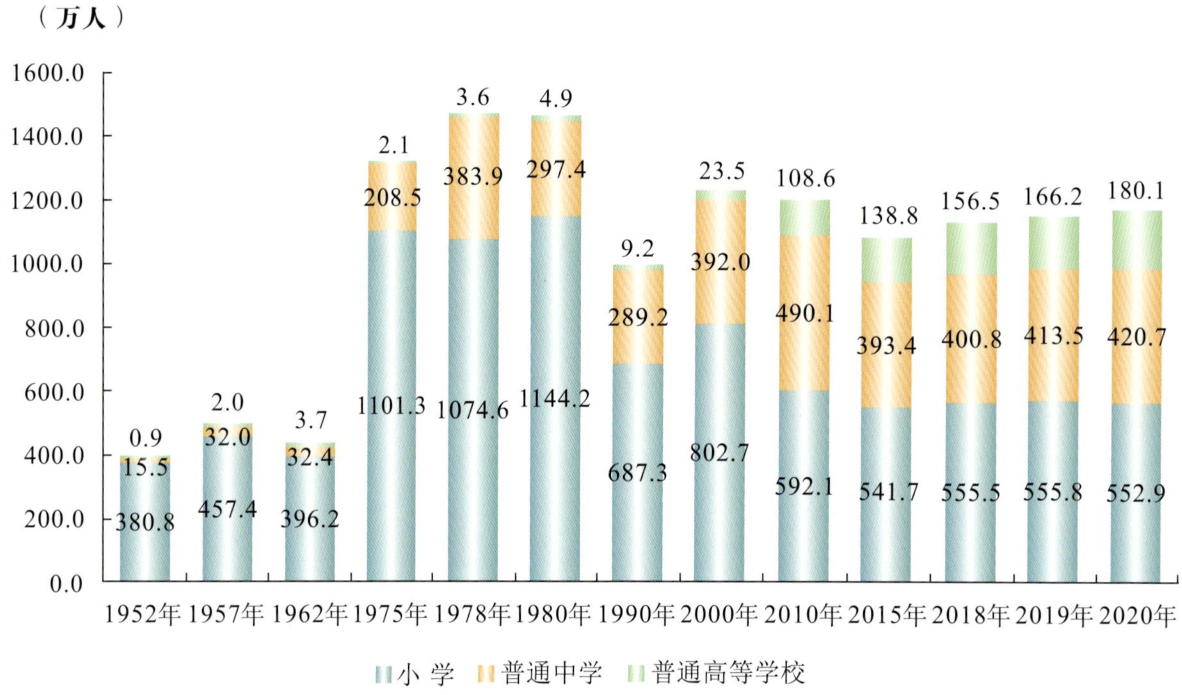

卫生机构床位数

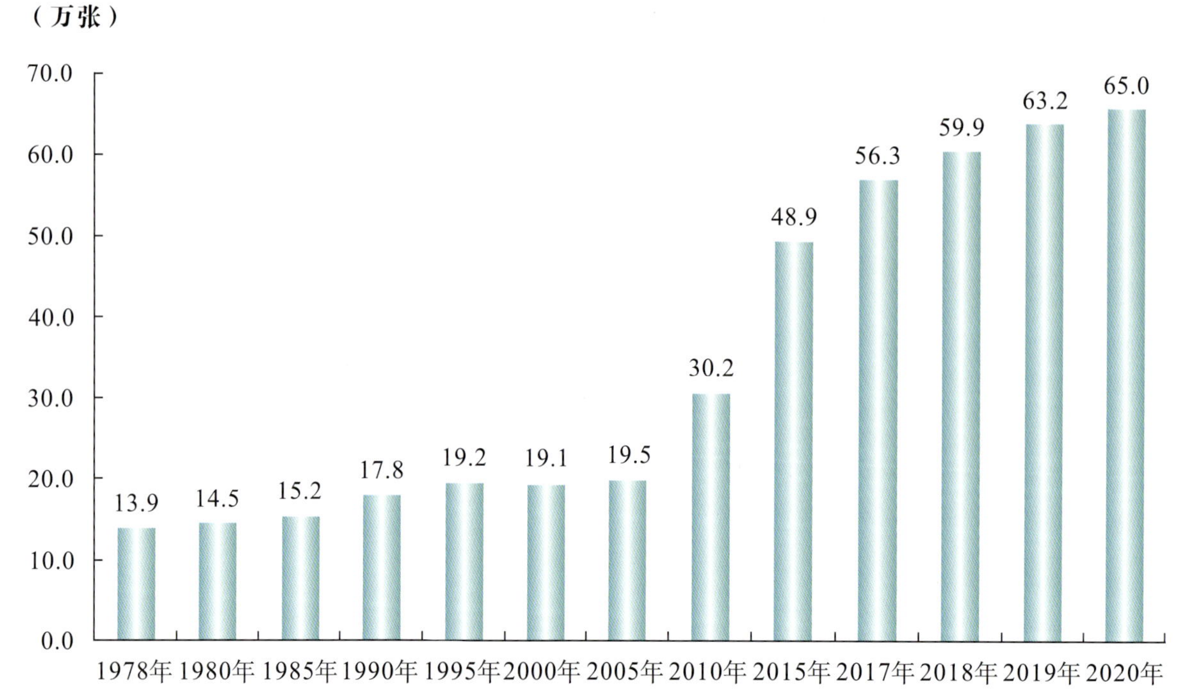

01 / 综　合
Chapter1 General Survey

SICHUAN STATISTICAL YEARBOOK

1-1 各市(州)行政区划及辖区面积(2020年底)
Administrative Divisions and Area by Region (End of 2020)

单位：个、平方公里 (unit, sq.km)

市(州)	Region	县(市、区) Counties, Cities at County Level and Districts under City Administration: 合计 Total	市辖区 Districts under the Jurisdiction of Cities	县级市 Cities at County Level	县 Coun-ties	自治县 Autono-mous Counties	乡、镇、街道办事处 Township, Towns and Street Communities: 合计 Total	乡 Town-ship	#民族乡 Ethnic Township	镇 Towns	街道 Sub-districts	辖区面积 Admini-strative Area
全 省	**Sichuan**	**183**	**55**	**18**	**106**	**4**	**3230**	**793**	**83**	**1978**	**459**	**486052.3**
成都市	Chengdu	20	12	5	3		261			100	161	14335.0
自贡市	Zigong	6	4		2		90	2		63	25	4380.6
攀枝花市	Panzhihua	5	3		2		49	15	10	23	11	7401.4
泸州市	Luzhou	7	3		4		126	8	8	92	26	12236.2
德阳市	Deyang	6	2	3	1		84	4		67	13	5909.8
绵阳市	Mianyang	9	3	1	4	1	166	31	14	122	13	20248.4
广元市	Guangyuan	7	3		4		142	23	2	112	7	16311.1
遂宁市	Suining	5	2	1	2		95	3		72	20	5323.2
内江市	Neijiang	5	2	1	2		83			70	13	5384.7
乐山市	Leshan	11	4	1	4	2	132	18	2	103	11	12723.0
南充市	Nanchong	9	3	1	5		242	38	1	162	42	12477.2
眉山市	Meishan	6	2		4		80	5		62	13	7139.5
宜宾市	Yibin	10	3		7		136	17	12	105	14	13266.2
广安市	Guangan	6	2	1	3		124	10		99	15	6340.5
达州市	Dazhou	7	2	1	4		200	30	4	149	21	16582.0
雅安市	Yaan	8	2		6		96	29	13	57	10	15046.2
巴中市	Bazhong	5	2		3		139	6		116	17	12293.3
资阳市	Ziyang	3	1		2		89	13		67	9	5744.0
阿坝藏族羌族自治州	Aba	13		1	12		174	92	1	82		83016.3
甘孜藏族自治州	Ganzi	18		1	17		289	177	3	110	2	149599.3
凉山彝族自治州	Liangshan	17		1	15	1	433	272	13	145	16	60294.4

注：行政区划情况及辖区面积由四川省民政厅提供。
a) Data of administrative division and area are provided by Sichuan Provincial Civil Affairs Department.

1-2 各市(州)基层群众自治组织情况(2020年底)
Basic Statistics on Grass Roots Organizations by Region(End of 2020)

单位：个 (unit)

市(州)	Region	社区居委会 Community Neighborhood Committee	居民小组 Residents Unit	村民委员会 Villagers Committee	村民小组 Villagers Group
全　省	**Sichuan**	**8176**	**53924**	**26881**	**157542**
成都市	Chengdu	1732	21485	1311	15549
自贡市	Zigong	284	951	705	6569
攀枝花市	Panzhihua	106	177	230	52
泸州市	Luzhou	341	1100	1143	4255
德阳市	Deyang	370	3963	816	8881
绵阳市	Mianyang	487	953	1582	7829
广元市	Guangyuan	351	617	1390	2906
遂宁市	Suining	322	6671	1121	47368
内江市	Neijiang	356	2875	924	8691
乐山市	Leshan	263	1742	1107	6188
南充市	Nanchong	785	2949	2219	4773
眉山市	Meishan	337	290	510	593
宜宾市	Yibin	305	690	1792	5837
广安市	Guangan	349	2788	1366	13792
达州市	Dazhou	621	2754	1662	6124
雅安市	Yaan	105	149	554	906
巴中市	Bazhong	471	273	1308	1384
资阳市	Ziyang	266	1844	963	6287
阿坝藏族羌族自治州	Aba	64	125	1090	2392
甘孜藏族自治州	Ganzi	66	18	2181	754
凉山彝族自治州	Liangshan	195	1510	2907	6412

1-3 各市(州)行政区划一览表(2020年底)

Administrative Division Schedule by Region (End of 2020)

市(州) Region	县、市、区 Counties, Cities at County Level and Districts under City Administration
成都市	锦江区、青羊区、金牛区、武侯区、成华区、龙泉驿区、青白江区、新都区、温江区、双流区、郫都区、新津区、都江堰市、彭州市、邛崃市、崇州市、简阳市、金堂县、大邑县、蒲江县
Chengdu	Jinjiang, Qingyang, Jinniu, Wuhou, Chenghua, Longquanyi, Qingbaijiang, Xindu, Wenjiang, Shuangliu, Pidu, Xinjin, Dujiangyan, Pengzhou, Qionglai, Chongzhou, Jianyang, Jintang, Dayi, Pujiang
自贡市	自流井区、贡井区、大安区、沿滩区、荣县、富顺县
Zigong	Ziliujing, Gongjing, Daan, Yantan, Rongxian, Fushun
攀枝花市	东区、西区、仁和区、米易县、盐边县
Panzhihua	Dongqu, Xiqu, Renhe, Miyi, Yanbian
泸州市	江阳区、龙马潭区、纳溪区、泸县、合江县、叙永县、古蔺县
Luzhou	Jiangyang, Longmatan, Naxi, Luxian, Hejiang, Xuyong, Gulin
德阳市	旌阳区、罗江区、广汉市、什邡市、绵竹市、中江县
Deyang	Jinyang, Luojiang, Guanghan, Shifang, Mianzhu, Zhongjiang
绵阳市	涪城区、游仙区、安州区、江油市、梓潼县、平武县、北川羌族自治县、三台县、盐亭县
Mianyang	Fucheng, Youxian, Anzhou, Jiangyou, Zitong, Pingwu, Beichuan, Santai, Yanting
广元市	利州区、昭化区、朝天区、剑阁县、旺苍县、青川县、苍溪县
Guangyuan	Lizhou, zhaohua, Chaotian, Jiange, Wangcang, Qingchuan, Cangxi
遂宁市	船山区、安居区、射洪市、蓬溪县、大英县
Suining	Chuanshan, Anju, Shehong, Pengxi, Daying
内江市	市中区、东兴区、隆昌市、资中县、威远县
Neijiang	Downtown, Dongxing, Longchang, Zizhong, Weiyuan
乐山市	市中区、五通桥区、沙湾区、金口河区、峨眉山市、犍为县、井研县、夹江县、沐川县、峨边彝族自治县、马边彝族自治县
Leshan	Downtown, Wutongqiao, Shawan, Jinkouhe, Emeishan, Qianwei, Jingyan, Jiajiang, Muchuan, Ebian, Mabian
南充市	顺庆区、高坪区、嘉陵区、阆中市、南部县、西充县、营山县、仪陇县、蓬安县
Nanchong	Shunqing, Gaoping, Jialing, Langzhong, Nanbu, Xichong, Yingshan, Yilong, Pengan
眉山市	东坡区、彭山区、仁寿县、洪雅县、丹棱县、青神县
Meishan	Dongpo, Pengshan, Renshou, Hongya, Danling, Qingshen
宜宾市	翠屏区、南溪区、叙州区、江安县、长宁县、高县、筠连县、珙县、兴文县、屏山县
Yibin	Cuiping, Nanxi, Xuzhou, Jiangan, Changning, Gaoxian, Junlian, Gongxian, Xingwen, Pingshan
广安市	广安区、前锋区、华蓥市、岳池县、武胜县、邻水县
Guangan	Guanganqu, Qianfeng, Huaying, Yuechi, Wusheng, Linshui
达州市	通川区、达川区、万源市、宣汉县、开江县、大竹县、渠县
Dazhou	Tongchuan, Dachuan, Wanyuan, Xuanhan, Kaijiang, Dazhu, Quxian
雅安市	雨城区、名山区、荥经县、汉源县、石棉县、天全县、芦山县、宝兴县
Yaan	Yucheng, Mingshan, Yingjing, Hanyuan, Shimian, Tianquan, Lushan, Baoxing
巴中市	巴州区、恩阳区、平昌县、通江县、南江县
Bazhong	Bazhou, Enyang，Pingchang, Tongjiang, Nanjiang
资阳市	雁江区、安岳县、乐至县
Ziyang	Yanjiang, Anyue, Lezhi
阿坝藏族羌族自治州	马尔康市、汶川县、理县、茂县、松潘县、九寨沟县、金川县、小金县、黑水县、壤塘县、阿坝县、若尔盖县、红原县
Aba	Maerkang, Wenchuan, Lixian, Maoxian, Songpan, Jiuzhaigou, Jinchuan, Xiaojin, Heishui,Rangtang, Abaxian, Ruoergai, Hongyuan
甘孜藏族自治州	康定市、泸定县、丹巴县、九龙县、雅江县、道孚县、炉霍县、甘孜县、新龙县、德格县、白玉县、石渠县、色达县、理塘县、巴塘县、乡城县、稻城县、得荣县
Ganzi	Kangding, Luding, Danba, Jiulong, Yajiang, Daofu, Luhuo, Ganzixian, Xinlong, Dege, Baiyu, Shiqu, Seda, Litang, Batang, Xiangcheng, Daocheng, Derong
凉山彝族自治州	西昌市、木里藏族自治县、盐源县、德昌县、会理县、会东县、宁南县、普格县、布拖县、金阳县、昭觉县、喜德县、冕宁县、越西县、甘洛县、美姑县、雷波县
Liangshan	Xichang, Muli, Yanyuan, Dechang, Huili, Huidong, Ningnan, Puge, Butuo, Jinyang, Zhaojue, Xide,Mianning, Yuexi, Ganluo, Meigu, Leibo

1-4 建党100周年四川省经济社会发展总量与速度指标

指　　标		Item	
人口		**Population**	
年末常住人口	(万人)	Total Resident Population (year-end)	(10 000 persons)
年末户籍人口	(万人)	Total Registered Population (year-end)	(10 000 persons)
#男性	(万人)	Male	(10 000 persons)
女性	(万人)	Female	(10 000 persons)
#城镇	(万人)	Urban	(10 000 persons)
乡村	(万人)	Rural	(10 000 persons)
就业		**Employment**	
就业人员合计	(万人)	Employed Persons	(10 000 persons)
按三次产业分		By Three Strata of Industry	
第一产业	(万人)	Primary Industry	(10 000 persons)
第二产业	(万人)	Secondary Industry	(10 000 persons)
第三产业	(万人)	Tertiary Industry	(10 000 persons)
按城乡分		By Residence in Urban and Rural	
城镇就业人员	(万人)	Urban Employed Persons	(10 000 persons)
乡村就业人员	(万人)	Rural Employed Persons	(10 000 persons)
国民经济核算		**National Accounting**	
地区生产总值	(亿元)	Gross Regional Product	(100 million yuan)
第一产业	(亿元)	Primary Industry	(100 million yuan)
第二产业	(亿元)	Secondary Industry	(100 million yuan)
第三产业	(亿元)	Tertiary Industry	(100 million yuan)
人均地区生产总值	(元)	Per Capita Gross Regional Product	(yuan)
人民生活		**People's Livelihood**	
全体居民人均可支配收入	(元)	Per Capita Disposable Income of Total Residents	(yuan)
#工资性收入	(元)	Income of Wages and Salaries	(yuan)
全体居民人均消费支出	(元)	Per Capita Living Expenditures for Consumption of Total Residents	(yuan)
#食品烟酒支出	(元)	Food, Tobacco and Liquor	(yuan)

Indicators of Principal Aggregate and Growth Rates on Sichuan Economy and Social Development Since The 100th anniversary of the founding of the party

总量指标 Aggregate Indicator					指数(%) Indices(%) (2020为以下各年) (2020 as Percentage of the Following Years)				平均增长速度(%) Average Annual Growth Rate(%)		
1952	1978	2000	2019	2020	1952	1978	2000	2019	1953-2020	1979-2020	2001-2020
		8234.8	8351.0	8371.0			101.7	100.2			0.1
4628.5	7071.9	8407.5	9099.5	9081.6	196.2	128.4	108.0	99.8	1.0	0.6	0.4
2357.9	3621.5	4358.9	4665.3	4653.7	197.4	128.5	106.8	99.8	1.0	0.6	0.3
2270.6	3450.4	4048.6	4434.2	4427.9	195.0	128.3	109.4	99.9	1.0	0.6	0.4
365.7	784.2	1565.0	3346.8	3475.5	950.4	443.2	222.1	103.8	3.4	3.6	4.1
4262.8	6287.7	6842.5	5752.7	5606.1	131.5	89.2	81.9	97.5	0.4	-0.3	-1.0
2027.92	3087.02	4658.40	4714.00	4745.00	234.0	153.7	101.9	100.7	1.3	1.0	0.1
1753.89	2524.21	2643.35	1579.50	1542.00	87.9	61.1	58.3	97.6	-0.2	-1.2	-2.7
89.37	279.50	871.12	1098.00	1098.00	1228.6	392.8	126.0	100.0	3.8	3.3	1.2
184.66	283.31	1143.93	2036.50	2105.00	1139.9	743.0	184.0	103.4	3.6	4.9	3.1
196.33	465.52	1093.90	2406.78	2489.00	1267.8	534.7	227.5	103.4	3.8	4.1	4.2
1831.59	2621.50	3564.50	2307.22	2256.00	123.2	86.1	63.3	97.8	0.3	-0.4	-2.3
24.61	184.61	3928.20	46363.75	48598.76	20007.7	5413.3	743.9	103.8	8.1	10.0	10.5
14.56	82.20	945.58	4807.52	5556.58	1254.1	711.4	224.6	105.2	3.8	4.8	4.1
3.67	65.55	1433.11	17187.92	17571.11	142524.8	11239.0	1175.2	103.8	11.3	11.9	13.1
6.38	36.86	1549.51	24368.31	25471.07	47249.1	9594.2	696.6	103.4	9.5	11.5	10.1
53	261	4956	55619	58126	11135.0	4590.5	704.7	103.4	7.2	9.5	10.2
			24703	26522				107.4			
			12049	13032				108.2			
			19338	19783				102.3			
			6467	7026				108.7			

1-4 续表 1

指 标		Item	
城镇居民人均可支配收入	(元)	Per Capita Disposable Income of Urban Residents	(yuan)
#工资性收入	(元)	Income of Wages and Salaries	(yuan)
城镇居民人均消费支出	(元)	Per Capita Living Expenditures for Consumption of Urban Residents	(yuan)
#食品烟酒支出	(元)	Food, Tobacco and Liquor	(yuan)
城镇居民恩格尔系数	(%)	Engle Coefficient of Urban Households of Urban Residents	(%)
农村居民人均可支配收入	(元)	Annual per Capita Disposable Income of Rural Residents	(yuan)
农村居民人均生活消费支出	(元)	Expenditure for Consumption of Rural Residents	(yuan)
#食品烟酒支出	(元)	Food, Tobacco and Liquor	(yuan)
农村居民恩格尔系数	(%)	Engle Coefficient of Urban Households of Rural Residents	(%)
全部单位就业人员工资总额	(亿元)	Total Wages of Staff and Workers in all Units	(100 million yuan)
全部单位就业人员平均工资	(元)	Average Money Wages of Staff and Workers in all Units	(yuan)
财政		**Government Finance**	
地方一般公共预算收入	(亿元)	Local General Public Budget Revenue	(100 million yuan)
一般公共预算支出	(亿元)	Local General Public Budget Expenditure	(100 million yuan)
能源		**Energy**	
一次能源生产量	(万吨标准煤)	Primary Energy Output	(10 000 tons SCE)
能源消费总量	(万吨标准煤)	Total Energy Consumption	(10 000 tons SCE)
房地产		**Real Estate**	
房地产完成投资额	(亿元)	Completed Investment of Real Estate	(100 million yuan)
农业		**Agriculture**	
农林牧渔业总产值	(亿元)	Gross Output Value of Farming, Forestry, Animal Husbandry and Fishery	(100 million yuan)
#农业	(亿元)	Farming	(100 million yuan)
牧业	(亿元)	Animal Husbandry	(100 million yuan)
粮食产量	(万吨)	Grain Yield	(10 000 tons)
油料产量	(万吨)	Oil Bearing Crops Yield	(10 000 tons)
蔬菜及食用菌产量	(万吨)	Yield of Vegetables and Edible Fungi	(10 000 tons)
水果产量	(万吨)	Yield of Fruits	(10 000 tons)
水产品产量	(万吨)	Output of Aquatic Products	(10 000 tons)
肉猪出栏头数	(万头)	Number of Slaughtered Fattened Hogs	(10 000 heads)
猪年末头数	(万头)	Number of Hogs (year-end)	(10 000 heads)
牛年末头数	(万头)	Number of Oxen (year-end)	(10 000 heads)

注：2010年以前农村居民人均可支配收入为农村居民人均纯收入统计口径。

continued

总量指标 Aggregate Indicator					指数(%) Indices(%) (2020为以下各年) (2020 as Percentage of the Following Years)				平均增长速度(%) Average Annual Growth Rate(%)		
1952	1978	2000	2019	2020	1952	1978	2000	2019	1953-2020	1979-2020	2001-2020
130	338	5894	36154	38253	29425.4	11317.5	649.0	105.8	8.7	11.9	9.8
		4015	20479	21951			546.7	107.2			8.9
129	314	4856	25367	25133	19482.9	8004.1	517.6	99.1	8.1	11.0	8.6
77	186	2014	8279	8741	11352.0	4699.5	433.9	105.6	7.2	9.6	7.6
59.7	59.2	41.5	32.6	34.8	-24.9 个百分点	-24.4 个百分点	-6.7 个百分点	2.2 个百分点	-0.4 个百分点	-0.6 个百分点	-0.3 个百分点
	127	1904	14670	15929		12542.6	836.8	108.6		12.2	11.2
	120	1490	14056	14953		12460.5	1003.8	106.4		12.2	12.2
	89	813	4879	5478		6155.2	673.6	112.3		10.3	10.0
	73.6	54.6	34.7	36.6		-37.0 个百分点	-18.0 个百分点	1.9 个百分点		-0.9 个百分点	-0.9 个百分点
	26.32	436.95	8806.66	10453.20		39715.8	2392.3	118.7		15.3	17.2
319	590	8323	69267	74520	23360.6	12630.6	895.4	107.6	8.4	12.2	11.6
	37.31	233.86	4070.83	4260.89		11420.2	1822.0	104.7		11.9	15.6
	35.72	452.00	10348.17	11198.54		31350.9	2477.6	108.2		14.7	17.4
	2552	6279	20144	20433		800.7	325.4	101.4		5.1	6.1
	2552	6518	20791	21186		830.2	325.0	101.9		5.2	6.1
		195.97	6573.24	7315.31			3732.9	111.3			19.8
21.70	95.71	1483.52	7889.35	9216.40	1517.7	736.7	238.6	105.5	4.1	4.9	4.4
18.50	73.91	785.37	4395.04	4701.88	787.2	421.4	207.6	104.5	3.1	3.5	3.7
2.80	18.23	611.76	2647.88	3613.81	5133.7	1673.9	239.4	107.2	6.0	6.9	4.5
1170.10	2381.80	3568.50	3498.48	3527.43	301.5	148.1	98.8	100.8	1.6	0.9	-0.1
25.20	52.80	193.00	367.35	392.91	1559.2	744.1	203.6	107.0	4.1	4.9	3.6
		2312.56	4639.13	4813.39			208.1	103.8			3.7
10.30	17.80	321.63	1136.70	1221.30	11857.3	6861.2	379.7	107.4	7.3	10.6	6.9
0.81	3.06	51.31	157.69	160.41	19803.7	5242.2	312.6	101.7	8.1	9.9	5.9
393.00	1614.00	6594.37	4852.61	5614.36	1428.6	347.9	85.1	115.7	4.0	3.0	-0.8
943.00	3243.00	5229.23	2870.70	3875.44	411.0	119.5	74.1	135.0	2.1	0.4	-1.5
474.00	745.00	1046.66	851.65	880.27	185.7	118.2	84.1	103.4	0.9	0.4	-0.9

1) The indicator of Annual Per Capita Disposable Income of Rural Residents is the Statistical Caliber of Per Capita Net Income of Rural Residents before 2010.

1-4 续表 2

指 标		Item	
肉类总产量	(万吨)	Output of Meat	(10 000 tons)
#猪肉	(万吨)	Output of Pork	(10 000 tons)
农作物总播种面积	(万公顷)	Total Sown Areas	(10 000 hectares)
#粮食	(万公顷)	Sown Areas of Grain Crops	(10 000 hectares)
农村用电量	(亿千瓦时)	Electricity Consumed in Rural Areas	(100 million kwh)
化肥施用量	(万吨)	Consumption of Chemical Fertilizers	(10 000 tons)
#氮肥	(万吨)	Nitrogen	(10 000 tons)
造林面积	(万公顷)	Afforested Hilly Area	(10 000 hectares)
规模以上工业企业		**Industrial Enterprises above Designated Size**	
主要财务指标		Principal Financial Indicators	
资产总计	(亿元)	Total Assets	(100 million yuan)
负债合计	(亿元)	Total Liability	(100 million yuan)
所有者权益合计	(亿元)	Owners' Equities	(100 million yuan)
营业收入	(亿元)	Business Revenue	(100 million yuan)
营业成本	(亿元)	Business Cost	(100 million yuan)
利润总额	(亿元)	Total Profits	(100 million yuan)
平均用工人数	(万人)	Number of Average Employed Persons	(10 000 persons)
主要产品产量		Output of Major Products	
布	(亿米)	Cloth	(100 million m)
机制纸及纸板	(万吨)	Machine-made Paper and Paperboards	(10 000 tons)
原盐	(万吨)	Salt	(10 000 tons)
卷烟	(亿支)	Cigarettes	(100 million pieces)
白酒(商品量)	(万千升)	Liquor	(10 000 kiloliter)
天然气	(亿立方米)	Natural Gas	(100 million cu.m)
发电量	(亿千瓦小时)	Electricity	(100 million kwh)
#水电	(亿千瓦小时)	Hydropower	(100 million kwh)
生铁	(万吨)	Pig Iron	(10 000 tons)
粗钢	(万吨)	Crude Steel	(10 000 tons)
成品钢材	(万吨)	Steel Products	(10 000 tons)
水泥	(万吨)	Cement	(10 000 tons)
农用氮、磷、钾化肥(折纯)	(万吨)	Chemical Fertilizer	(10 000 tons)

注：①2017年及以前营业收入、营业成本分别为主营业务收入、主营业务成本；②2000年及以前卷烟产量的计量单位为万箱。

continued

总量指标 Aggregate Indicator					指数(%) Indices(%) (2020为以下各年) (2020 as Percentage of the Following Years)				平均增长速度(%) Average Annual Growth Rate(%)		
1952	1978	2000	2019	2020	1952	1978	2000	2019	1953-2020	1979-2020	2001-2020
17.10	78.00	641.25	559.53	597.94	3496.7	766.6	93.2	106.9	5.4	5.0	-0.3
15.60	76.00	478.59	353.45	394.79	2530.7	519.5	82.5	111.7	4.9	4.0	-1.0
827.66	885.91	960.91	969.30	984.99	119.0	111.2	102.5	101.6	0.3	0.3	0.1
686.30	744.10	685.40	627.93	631.26	92.0	84.8	92.1	100.5	-0.1	-0.4	-0.4
	7.70	82.80	205.80	205.91		2674.1	248.7	100.1		8.1	4.7
0.40	62.50	212.60	222.77	210.82	52703.8	337.3	99.2	94.6	9.7	2.9	0.0
0.40	46.40	123.04	103.53	90.71	22677.6	195.5	73.7	87.6	8.3	1.6	-1.5
2.13	20.05	48.91	40.04	34.39	1614.7	171.5	70.3	85.9	4.2	1.3	-1.7
		4586.11	49024.52	53091.09			1157.6	108.3			13.0
		2955.77	27487.81	29718.74			1005.4	108.1			12.2
		1630.26	21422.76	23266.90			1427.2	108.6			14.2
		2073.17	44125.23	46565.30			2246.1	105.5			16.8
		1613.98	36335.94	38367.50			2377.2	105.6			17.2
		71.32	3036.89	3386.38			4748.1	111.5			21.3
		208.00	298.86	302.16			145.3	101.1			1.9
1.56	5.18	6.03	17.30	14.60	935.9	281.9	242.1	84.4	3.3	2.5	4.5
1.61	26.40	71.52	332.40	365.80	22720.5	1385.6	511.5	110.0	8.3	6.5	8.5
42.58	127.66	215.48	537.50	512.70	1204.1	401.6	237.9	95.4	3.7	3.4	4.4
2.40	50.37	128.65	870.30	895.20	37300.0	1777.2	695.8	102.9	9.1	7.1	10.2
		63.68	366.80	367.60			577.3	100.2			9.2
0.06	60.79	88.60	441.35	452.41	754010.7	744.2	510.6	102.5	14.0	4.9	8.5
2.49	139.30	500.24	3670.95	3980.83	159872.8	2857.7	795.8	108.4	11.5	8.3	10.9
0.28	54.78	315.11	3075.50	3349.15	1196124.3	6113.8	1062.9	108.9	14.8	10.3	12.5
9.17	223.98	555.61	2131.30	2136.80	23302.1	954.0	384.6	100.3	8.3	5.5	7.0
4.98	238.17	602.35	2733.30	2792.60	56076.3	1172.5	463.6	102.2	9.8	6.0	8.0
11.23	174.02	541.34	3308.20	3437.20	30607.3	1975.2	634.9	103.9	8.8	7.4	9.7
4.40	454.83	766.42	14172.10	14495.80	329450.0	3187.1	1891.4	102.3	12.7	8.6	15.8
	102.50	263.51	441.70	349.60		341.1	132.7	79.1		3.0	1.4

1) The data of business revenue and business cost are revenue from principal business and cost of principal business respectively in 2017 and before;
2) The unit of measurement of cigarette output is 10,000 boxes in 2000 and before.

1-4 续表 3

指 标		Item	
贸易		**Domestic Trade**	
社会消费品零售总额	(亿元)	Total Retail Sales of Consumer Goods	(100 million yuan)
城镇	(亿元)	Retail Sales in Town	(100 million yuan)
乡村	(亿元)	Retail Sales in Rural	(100 million yuan)
进出口总额	(亿美元)	Total Import and Export	(USD 100 million)
出口总额	(亿美元)	Total Export	(USD 100 million)
进口总额	(亿美元)	Total Import	(USD 100 million)
旅游		**Tourism**	
入境游客人数	(万人次)	Number of Overseas Visitor Arrivals	(10 000 person-times)
国际旅游(外汇)收入	(亿美元)	Foreign Exchange Earnings from International Tourism	(USD 100 million)
国内游客人数	(万人次)	Number of Domestic Visitors	(10 000 person-times)
国内旅游收入	(亿元)	Earnings from Domestic Tourism	(100 million yuan)
交通运输		**Transportation**	
铁路营业里程	(公里)	Railways in Operation	(km)
公路里程	(万公里)	Highways	(10 000 km)
#高速公路	(公里)	Expressway	(km)
民用汽车拥有量	(万辆)	Possession of Civil Motor Vehicles	(10 000 units)
旅客周转量	(亿人公里)	Passenger-Kilometers	(100 million passenger-km)
货物周转量	(亿吨公里)	Freight Traffic	(100 million ton-km)
文化、教育和卫生		**Culture, Education and Health**	
图书出版总印数	(万册)	Total Printed Copies of Published Books	(10 000 copies)
杂志出版总印数	(万册)	Total Printed Copies of Published Magazines	(10 000 copies)
报纸出版总印数	(万份)	Total Printed Copies of Published Newspapers	(10 000 copies)
专任教师数		Full-time Teachers	
普通高等学校	(万人)	Regular Institutions of Higher Education	(10 000 persons)
普通中学	(万人)	Regular Secondary Schools	(10 000 persons)
小学	(万人)	Primary Schools	(10 000 persons)
在校学生数		Number of Students Enrollment	
普通高等学校	(万人)	Regular Institutions of Higher Education	(10 000 persons)
普通中学	(万人)	Regular Secondary Schools	(10 000 persons)
小学	(万人)	Primary Schools	(10 000 persons)
医院数	(个)	Number of Hospitals	(unit)
医院床位数	(万张)	Number of Beds in Hospital	(10 000 bed)

continued

总量指标 Aggregate Indicator					指数(%) Indices(%) (2020为以下各年) (2020 as Percentage of the Following Years)				平均增长速度(%) Average Annual Growth Rate(%)		
1952	1978	2000	2019	2020	1952	1978	2000	2019	1953-2020	1979-2020	2001-2020
14.00	61.60	1669.30	21342.98	20824.87	148749.1	33806.6	1247.5	97.6	11.3	14.9	13.4
			17225.38	16791.94				97.5			
			4117.60	4032.93				97.9			
	0.41	25.45	980.52	1168.02		287194.4	4589.2	119.1		20.9	21.1
	0.19	13.94	563.81	672.48		353008.8	4822.9	119.3		21.5	21.4
	0.22	11.51	416.71	495.54		229203.4	4306.0	118.9		20.2	20.7
	0.25	46.20	414.78	24.61		9844.0	53.3	5.9		11.5	-3.1
		1.22	20.24	0.47			38.4	2.3			-4.7
		5401.00	75081.58	45107.41			835.2	60.1			11.2
		248.00	11454.48	7170.07			2891.2	62.6			18.3
124	2813	2333	5242	5312	4283.9	188.8	227.7	101.3	5.7	1.5	4.2
0.9	8.2	9.1	33.7	39.4	4255.3	478.2	433.6	116.9	5.7	3.8	7.6
		1000	7520	8140			814.0	108.2			11.1
		76.5	1187.2	1292.2			1689.2	108.8			15.2
	87	633	1950	1203		1387.5	189.9	61.7		6.5	3.3
	216	666	2574	2734		1266.9	410.3	106.2		6.2	7.3
1481	24993	27315	36565	34996	2363.0	140.0	128.1	95.7	4.8	0.8	1.2
565	562	4950	5231	5131	908.1	913.0	103.7	98.1	3.3	5.4	0.2
6799	51889	133590	120448	104858	1542.3	202.1	78.5	87.1	4.1	1.7	-1.2
0.12	0.90	1.84	8.98	9.54	7950.0	1060.0	518.0	106.2	6.6	5.8	8.6
0.60	16.75	21.70	31.29	32.14	5356.7	191.9	148.1	102.7	6.0	1.6	2.0
11.12	34.27	33.16	33.78	34.49	310.2	100.6	104.0	102.1	1.7	0.0	0.2
0.91	3.57	23.55	166.17	180.09	19790.1	5044.5	764.8	108.4	8.1	9.8	10.7
15.53	383.88	391.98	413.53	420.67	2708.8	109.6	107.3	101.7	5.0	0.2	0.4
380.78	1074.59	802.65	555.77	552.91	145.2	51.5	68.9	99.5	0.5	-1.6	-1.8
	603	1128	2417	2435		403.8	215.9	100.7		3.4	3.9
	6.22	11.11	46.98	48.48		779.4	436.4	103.2		5.0	7.6

1-5 建党100周年四川省经济社会发展比例和效益指标

Indicators of Proportions and Efficiency on Sichuan Economy and Social Development Since The 100th anniversary of the founding of the party

指　　标		Item		1952	1978	2000	2019	2020
人口与就业		**Population and Employment**						
出生率	(‰)	Birth Rate	(‰)	41.0	15.1	12.1	10.7	7.6
死亡率	(‰)	Death Rate	(‰)	18.2	7.0	7.0	7.1	6.3
自然增长率	(‰)	Natural Growth Rate	(‰)	22.8	8.1	5.1	3.6	1.3
城镇登记失业率	(%)	Unemployment Rate in Urban Areas	(%)		10.9	4.0	3.3	3.6
国民经济核算		**National Accounting**						
人均地区生产总值	(元)	Per Capita GDP	(yuan)	53	261	4956	55619	58126
人民生活		**People's Living Conditions**						
城乡收入比(农村居民收入为1)		Urban and Rural Income Ratio(Rural Income as 1)			2.66	3.10	2.46	2.40
财政		**Government Finance**						
地方一般公共预算收入与地区生产总值之比	(%)	Local General Public Budget Income to GDP	(%)		20.2	6.0	8.8	8.8
一般公共预算支出与地区生产总值之比	(%)	Local general public budget expenditure to GDP	(%)		19.3	11.5	22.3	23.0
农业		**Agriculture**						
每公顷播种面积农产品产量		Output of Farm Crops per Hectare of Sown Area						
粮食	(公斤)	Grain	(kg)	1705	3201	5206	5571	5588
油料	(公斤)	Oilseeds	(kg)	735	1278	1881	2457	2481
国内贸易		**Domestic Trade**						
人均社会消费品零售总额	(元)	Per Capita Retail Sales of Consumer Goods	(yuan)	30	87	2106	25603	24907
金融		**Financial Intermediation**						
金融机构存款与地区生产总值之比	(%)	Bank Deposits as Percentage of GDP	(%)		34.2	114.9	176.4	189.0
金融机构贷款与地区生产总值之比	(%)	Bank Loans as Percentage of GDP	(%)		39.8	103.2	131.8	146.1
教育		**Education**						
每万人口在校大学生数	(人)	Number of College Students per 10000 Population	(person)	2.0	5.0	29.7	199.3	215.4
文化		**Culture**						
每百万人有公共图书馆	(个)	Number of Public Libraries per Million Persons	(unit)	0.1	0.8	1.6	2.5	2.5
每百万人有文化馆、文化站	(个)	Number of Cultural Centers and Stations per Million Persons	(unit)	6.3	2.6	48.4	55.4	53.1
人均年出版报纸	(份)	Annual Number of Newspaper Published per Capita	(copy)	1.5	7.3	16.9	14.4	12.5
人均年出版图书、杂志	(册)	Annual Number of Books and Magazines Published per Capita	(copy)	0.4	3.6	4.1	5.0	4.8
卫生		**Public Health**						
每万人口医院数	(个)	Number of Hospitals per 10000 Population	(unit)		0.09	0.14	0.29	0.29
每万人口医院床位数	(张)	Number of Beds of Hospitals per 10000 Population	(bed)		8.79	14.02	56.36	57.98

注：人均指标均按年平均常住人口计算。
a) The per capita data is calculated by average permanent resident population.

1-6 建党100周年四川省经济社会发展结构指标

Structural Indicators on Sichuan Economy and Social Development Since The 100th anniversary of the founding of the party

单位：% (%)

指 标	Item	1952	1978	2000	2019	2020
户籍人口结构	**Structure of Resident Population**					
城镇人口	Urban Population	7.9	11.1	18.6	36.8	38.3
乡村人口	Rural Population	92.1	88.9	81.4	63.2	61.7
就业人员结构	**Employment Structure**					
第一产业	Primary Industry	86.5	81.8	56.7	33.5	32.5
第二产业	Secondary Industry	4.4	9.1	18.7	23.3	23.1
第三产业	Tertiary Industry	9.1	9.1	24.6	43.2	44.4
地区生产总值结构	**GDP Structure**					
第一产业	Primary Industry	59.2	44.5	24.1	10.4	11.4
第二产业	Secondary Industry	14.9	35.5	36.5	37.1	36.2
第三产业	Tertiary Industry	25.9	20.0	39.4	52.5	52.4
进出口总额构成	**Composition of Total Import and Export**					
出口	Export		46.8	54.8	57.5	57.6
进口	Import		53.2	45.2	42.5	42.4
农林牧渔业总产值构成	**Composition of Gross Output Value of Farming, Forestry, Animal Husbandry and Fishery**					
农业	Farming	85.3	77.2	52.9	55.7	51.0
林业	Forestry	2.3	3.3	3.3	4.7	4.1
牧业	Animal Husbandry	12.9	19.0	41.2	33.6	39.2
渔业	Fishery		0.4	2.5	3.3	3.1
旅客周转量构成	**Composition of Passenger-Kilometers**					
铁路	Railways		57.0	21.3	20.7	21.1
公路	Highways		39.2	64.3	22.5	24.1
水运	Waterways		1.0	0.5	0.1	0.1
民用航空	Civil Aviation		2.7	13.9	56.8	54.7
货物周转量构成	**Composition of Freight Ton-kilometers**					
铁路	Railways		84.8	63.5	28.2	29.7
公路	Highways		10.7	34.4	59.4	59.1
水运	Waterways		4.5	1.8	11.9	10.7
民用航空	Civil Aviation		0.0	0.3	0.5	0.5

1-7 按主要行业分法人单位数(2020年)
Number of Legal Entities by Sector(2020)

单位：个 (unit)

市(州)	Region	合计 Total	农、林、牧、渔业 Agriculture, Forestry, Animal Husbandry and Fishery	采矿业 Mining	制造业 Manufacturing	电力、热力、燃气及水生产和供应业 Production and Supply of Electricity,Heat, Gas and Water	建筑业 Construction	批发和零售业 Wholesale and Retail Trades
全　省	**Sichuan**	**934554**	**99709**	**3536**	**72084**	**6032**	**65208**	**216758**
成都市	Chengdu	351696	11109	97	26223	736	29497	97744
自贡市	Zigong	22519	2993	95	2600	142	1368	4826
攀枝花市	Panzhihua	15892	1400	341	1026	151	711	4789
泸州市	Luzhou	42607	4156	160	3508	355	3058	10993
德阳市	Deyang	37223	2856	82	7198	227	1995	8287
绵阳市	Mianyang	60509	6399	191	5386	330	4778	12537
广元市	Guangyuan	26918	5192	202	1675	136	2042	4435
遂宁市	Suining	25199	4237	67	1663	113	1884	4909
内江市	Neijiang	21598	3861	157	1826	175	997	4221
乐山市	Leshan	31594	3330	317	2334	387	1861	7655
南充市	Nanchong	45908	6822	110	2431	225	3347	8895
眉山市	Meishan	25212	3572	60	2827	224	1460	5262
宜宾市	Yibin	43151	7545	364	3280	362	2919	8784
广安市	Guangan	22085	3901	65	1515	171	1548	4051
达州市	Dazhou	41151	6664	329	2621	318	2245	10718
雅安市	Yaan	16778	2282	159	1645	616	717	3599
巴中市	Bazhong	27179	6896	80	1141	146	1626	3949
资阳市	Ziyang	16545	2979	3	1208	73	881	3187
阿坝藏族羌族自治州	Aba	16292	4976	120	553	262	648	1837
甘孜藏族自治州	Ganzi	15231	2503	84	296	207	441	1299
凉山彝族自治州	Liangshan	29267	6036	453	1128	676	1185	4781

1-7 续表 1 continued

单位：个 (unit)

市(州)	Region	交通运输、仓储和邮政业 Transport, Storage and Post	住宿和餐饮业 Hotels and Catering Services	信息传输、软件和信息技术服务业 Information Transmission, Software and Information Technology	金融业 Financial Intermediation	房地产业 Real Estate	租赁和商务服务业 Leasing and Business Services	科学研究和技术服务业 Scientific Research and Technical Services
全 省	**Sichuan**	**22198**	**19025**	**38077**	**3465**	**30775**	**110135**	**48100**
成都市	Chengdu	8856	8918	24907	1668	13337	55207	24460
自贡市	Zigong	522	407	490	73	523	2168	926
攀枝花市	Panzhihua	701	315	367	56	564	1332	572
泸州市	Luzhou	1216	671	1147	150	1295	5567	1514
德阳市	Deyang	945	521	972	135	1266	3528	1969
绵阳市	Mianyang	1200	1020	3105	138	2192	6733	4379
广元市	Guangyuan	441	344	483	85	733	3079	927
遂宁市	Suining	392	341	601	96	777	2514	930
内江市	Neijiang	593	444	397	94	613	1592	680
乐山市	Leshan	1126	467	666	125	1008	3181	1229
南充市	Nanchong	962	690	1058	124	2090	4606	1779
眉山市	Meishan	520	371	350	85	1117	2003	834
宜宾市	Yibin	953	883	803	103	1031	4196	1599
广安市	Guangan	358	284	377	79	693	1902	869
达州市	Dazhou	782	1128	804	126	1088	3176	1201
雅安市	Yaan	532	331	261	64	369	1363	481
巴中市	Bazhong	379	469	456	61	804	3075	903
资阳市	Ziyang	310	161	242	65	459	1421	473
阿坝藏族羌族自治州	Aba	336	515	148	29	177	982	317
甘孜藏族自治州	Ganzi	291	301	137	32	116	682	850
凉山彝族自治州	Liangshan	783	444	306	77	523	1828	1208

1-7 续表 2 continued

单位：个 (unit)

市(州)	Region	水利、环境和公共设施管理业 Management of Water Conservancy, Environment and Public Facilities	居民服务、修理和其他服务业 Service to Households, Repair and Other Services	教育 Education	卫生和社会工作 Health and Social Service	文化、体育和娱乐业 Culture, Sports and Entertainment	公共管理、社会保障和社会组织 Public Management, Social Security and Social Organization
全　省	**Sichuan**	**7375**	**21340**	**36227**	**17507**	**26918**	**90085**
成都市	Chengdu	2377	10772	9745	5081	11050	9912
自贡市	Zigong	236	388	964	493	624	2681
攀枝花市	Panzhihua	133	431	529	258	418	1798
泸州市	Luzhou	255	999	1724	756	1168	3915
德阳市	Deyang	289	746	1189	528	911	3579
绵阳市	Mianyang	486	1214	2514	997	1785	5125
广元市	Guangyuan	275	402	1093	527	786	4061
遂宁市	Suining	203	392	1237	563	818	3462
内江市	Neijiang	127	378	1375	449	529	3090
乐山市	Leshan	307	636	1590	652	872	3851
南充市	Nanchong	330	894	2078	1282	1489	6696
眉山市	Meishan	246	373	1347	511	741	3309
宜宾市	Yibin	430	860	1868	730	1201	5240
广安市	Guangan	173	343	1227	535	619	3375
达州市	Dazhou	330	894	1870	972	962	4923
雅安市	Yaan	177	273	729	369	502	2309
巴中市	Bazhong	253	482	969	552	658	4280
资阳市	Ziyang	142	196	1201	558	239	2747
阿坝藏族羌族自治州	Aba	222	162	492	358	454	3704
甘孜藏族自治州	Ganzi	152	104	842	496	447	5951
凉山彝族自治州	Liangshan	232	401	1644	840	645	6077

1-8 分地区按三次产业和机构类型分法人单位数(2020年)

Number of Legal Entities by Three Strata of Industry and Type of Institutions

单位：个 (unit)

市(州)	Region	法人单位数 Number of Legal Entities	按三次产业分 Grouped by Three Strata of Industry			按机构类型分 By Type of Institutions			
			第一产业 Primary Industry	第二产业 Secondary Industry	第三产业 Tetiary Industry	企业法人 Business Entity	事业法人 Institution Entity	机关法人 Government Entity	社会团体 Social Organization
全 省	**Sichuan**	**934554**	**93708**	**145612**	**695234**	**720525**	**53431**	**15284**	**15591**
成都市	Chengdu	351696	10274	55884	285538	323629	5891	1736	2667
自贡市	Zigong	22519	2861	4177	15481	17277	1463	470	552
攀枝花市	Panzhihua	15892	1356	2167	12369	12301	1041	370	506
泸州市	Luzhou	42607	3959	7043	31605	33698	2060	574	749
德阳市	Deyang	37223	2600	9403	25220	29552	1869	513	931
绵阳市	Mianyang	60509	5885	10629	43995	47908	3239	764	968
广元市	Guangyuan	26918	4795	4039	18084	17449	2261	630	570
遂宁市	Suining	25199	3976	3706	17517	17612	1865	466	587
内江市	Neijiang	21598	3660	3143	14795	14658	1958	428	420
乐山市	Leshan	31594	3194	4845	23555	21686	2554	741	745
南充市	Nanchong	45908	6331	6092	33485	29548	3740	846	1138
眉山市	Meishan	25212	3257	4543	17412	18019	2098	522	602
宜宾市	Yibin	43151	7226	6889	29036	30417	3078	750	1061
广安市	Guangan	22085	3748	3294	15043	14686	2027	564	420
达州市	Dazhou	41151	6225	5481	29445	29983	3198	717	622
雅安市	Yaan	16778	2194	3120	11464	11318	1385	588	501
巴中市	Bazhong	27179	6491	2980	17708	15226	2573	535	647
资阳市	Ziyang	16545	2758	2150	11637	9379	1768	359	376
阿坝藏族羌族自治州	Aba	16292	4889	1577	9826	6753	1615	931	590
甘孜藏族自治州	Ganzi	15231	2358	1027	11846	4434	3664	1465	303
凉山彝族自治州	Liangshan	29267	5671	3423	20173	14992	4084	1315	636

1-8 续表 continued

单位：个 (unit)

市(州)	Region	民办非企业单位 Private Non-enterprise Unit	基金会 Foundation	居委会 Neighborhood Committee	村委会 Village Committee	农民专业合作社 Specialized Farmers' Cooperative	农村集体经济组织 Rural Collective Economic Organization	其他组织机构 Others
		按机构类型分 By Type of Institutions						
全 省	**Sichuan**	**18250**	**94**	**7309**	**29157**	**66012**	**4321**	**4580**
成都市	Chengdu	5944	42	1527	1602	6150	1570	938
自贡市	Zigong	490	3	277	805	1029	8	145
攀枝花市	Panzhihua	311	2	107	229	961	1	63
泸州市	Luzhou	981	3	330	1149	2859	2	202
德阳市	Deyang	588	4	280	833	2468	29	156
绵阳市	Mianyang	1151	2	479	1550	3539	656	253
广元市	Guangyuan	421	2	343	1442	3124	474	202
遂宁市	Suining	768		312	1302	2025	2	260
内江市	Neijiang	692	8	313	993	1984	13	131
乐山市	Leshan	789	5	240	1072	3084	533	145
南充市	Nanchong	1089	2	595	2822	5882	53	193
眉山市	Meishan	653	3	332	865	2015	5	98
宜宾市	Yibin	770	3	306	1878	4488	233	167
广安市	Guangan	590	1	309	1394	1975		119
达州市	Dazhou	1006		497	1880	3154	2	92
雅安市	Yaan	371	4	84	597	1860	1	69
巴中市	Bazhong	434	1	482	1320	5434	379	148
资阳市	Ziyang	670	3	253	979	2185	358	215
阿坝藏族羌族自治州	Aba	60	3	57	1293	4641	1	348
甘孜藏族自治州	Ganzi	12	1	61	2472	2308		511
凉山彝族自治州	Liangshan	460	2	125	2680	4847	1	125

1-9 按地区和控股情况分企业法人单位数(2020年)

Numbers of Corporate Enterprises by Region and the Status of Holdings(2020)

单位：个 (unit)

市(州)	Region	企业单位数 Numbers of Enterprises	国有控股 State-holding	集体控股 Collective-holding	私人控股 Private-holding	港、澳、台商控股 Hong Kong, Macao and Taiwan-holding	外商控股 Foreign-holding	其他 Others
全 省	**Sichuan**	**720525**	**13594**	**7466**	**676933**	**1206**	**1321**	**20005**
成都市	Chengdu	323629	4030	1680	308409	875	948	7687
自贡市	Zigong	17277	357	225	15203	11	19	1462
攀枝花市	Panzhihua	12301	301	114	11586	12	18	270
泸州市	Luzhou	33698	858	1378	31397	12	13	40
德阳市	Deyang	29552	520	257	27549	50	48	1128
绵阳市	Mianyang	47908	882	322	46014	62	33	595
广元市	Guangyuan	17449	497	246	16316	4	9	377
遂宁市	Suining	17612	259	71	16534	17	31	700
内江市	Neijiang	14658	310	183	13603	18	21	523
乐山市	Leshan	21686	465	283	20571	22	26	319
南充市	Nanchong	29548	497	417	28073	21	16	524
眉山市	Meishan	18019	466	113	16424	18	17	981
宜宾市	Yibin	30417	704	465	27932	17	18	1281
广安市	Guangan	14686	386	124	13743	19	15	399
达州市	Dazhou	29983	465	407	27830	11	16	1254
雅安市	Yaan	11318	490	194	10099	8	7	520
巴中市	Bazhong	15226	486	325	13647	4	8	756
资阳市	Ziyang	9379	240	196	8545	10	35	353
阿坝藏族羌族自治州	Aba	6753	284	86	6001	5	1	376
甘孜藏族自治州	Ganzi	4434	359	83	3772	3	3	214
凉山彝族自治州	Liangshan	14992	738	297	13685	7	19	246

1—10 按地区和登记注册类型分企业法人单位数(2020年)
Number of Business Entities by Region and Status of Registration(2020)

单位：个 (unit)

市(州)	Region	企业单位数 Number of Enterprises	内资企业 Domestic Funded Enterprises	#国有企业 State-owned Enterprises	#集体企业 Collective-owned Enterprises	#股份合作企业 Cooperative Enterprises	#联营 Joint Ownership
全 省	**Sichuan**	**720525**	**717588**	**2591**	**2618**	**845**	**262**
成都市	Chengdu	323629	321573	575	774	348	71
自贡市	Zigong	17277	17242	58	115	40	16
攀枝花市	Panzhihua	12301	12262	69	59	11	4
泸州市	Luzhou	33698	33658	74	173	31	15
德阳市	Deyang	29552	29433	122	123	31	4
绵阳市	Mianyang	47908	47794	139	101	44	10
广元市	Guangyuan	17449	17432	68	102	32	6
遂宁市	Suining	17612	17544	41	34	8	3
内江市	Neijiang	14658	14618	74	91	21	4
乐山市	Leshan	21686	21632	119	144	43	6
南充市	Nanchong	29548	29500	119	103	14	14
眉山市	Meishan	18019	17969	98	37	23	13
宜宾市	Yibin	30417	30374	106	144	35	16
广安市	Guangan	14686	14646	73	37	9	4
达州市	Dazhou	29983	29949	148	108	47	23
雅安市	Yaan	11318	11295	91	76	36	13
巴中市	Bazhong	15226	15210	133	88	25	9
资阳市	Ziyang	9379	9330	55	134	8	3
阿坝藏族羌族自治州	Aba	6753	6741	93	39	13	7
甘孜藏族自治州	Ganzi	4434	4427	105	21	3	7
凉山彝族自治州	Liangshan	14992	14959	231	115	23	14

1-10 续表 continued

单位：个 (unit)

市(州)	Region	#有限责任公司 Limited Liability Corporation	#股份有限公司 Share-holding Corporations Ltd.	#私营 Private	港、澳、台商投资企业 Enterprises with Funds from Hong Kong, Macao and Taiwan	外商投资企业 Enterprises with Foreign Investment
全 省	**Sichuan**	**60613**	**5092**	**643252**	**1202**	**1735**
成都市	Chengdu	25157	1016	293277	860	1196
自贡市	Zigong	1229	99	15611	9	26
攀枝花市	Panzhihua	764	106	11208	15	24
泸州市	Luzhou	3734	220	29403	18	22
德阳市	Deyang	2775	239	25896	53	66
绵阳市	Mianyang	3115	260	43737	63	51
广元市	Guangyuan	1664	175	15196	3	14
遂宁市	Suining	1339	113	15989	16	52
内江市	Neijiang	1083	144	13073	16	24
乐山市	Leshan	1802	174	19278	24	30
南充市	Nanchong	1824	427	26950	24	24
眉山市	Meishan	1830	244	15673	20	30
宜宾市	Yibin	2954	193	26733	19	24
广安市	Guangan	1605	119	12745	18	22
达州市	Dazhou	2353	627	26562	13	21
雅安市	Yaan	1816	172	9011	8	15
巴中市	Bazhong	945	176	13622	5	11
资阳市	Ziyang	1090	117	7898	9	40
阿坝藏族羌族自治州	Aba	808	111	5654	2	10
甘孜藏族自治州	Ganzi	862	110	3298	2	5
凉山彝族自治州	Liangshan	1864	250	12438	5	28

主要统计指标解释

行政区划 指国家对行政区域的划分。根据有关法规规定，我国的行政区域划分如下：(1)全国分为省、自治区、直辖市；(2)省、自治区分为自治州、县、自治县、市；(3)自治州分为县、自治县、市；(4)县、自治县分为乡、民族乡、镇；(5)直辖市和较大的市分为区、县；(6)国家在必要时设立的特别行政区。

平均增长速度 平均增长速度表明社会经济现象在一个较长的时期内逐期平均增长变化的程度，它不能根据各个环比增长速度直接求得，但与平均发展速度之间存在着一定的数量关系：平均增长速度＝平均发展速度－1。

平均发展速度是一种根据环比发展速度计算的序时平均数，由于各时期对比的基础不同，所以计算平均发展速度不能采用一般的序时平均数的计算方法，计算方法分为水平法和累计法。水平法，又称几何平均法，即将环比发展速度按连乘法用几何平均数公式计算。累计法，也称方程法，根据一段时期内各年发展水平总和与基期水平的关系，列出方程式计算平均发展速度。水平法着重考虑最后一年所达到的发展水平；累计法着重考虑整个时期累计发展水平的总量。

本《年鉴》内所列的增长速度，均用“水平法”计算。从某年到某年平均增长速度的年份，均不包括基期年在内。如2005年以来的平均增长速度是以2005年为基期计算的，则写为2006—2016年平均增长速度，其余类推。

国民经济行业分类 自2017年年报和2018年定期报表开始使用新的《国民经济行业分类》(GB/T4754—2017)。该分类是由国家统计局组织修订，国家质量监督检验检疫总局和中国国家标准化管理委员会于2017年6月30日发布。这次修订是在2011年分类标准的基础上，结合我国经济活动特点，参照联合国《全部经济活动的国际标准产业分类》(ISIC/Rev.4) 进行的。修订后的《国民经济行业分类》(GB/T4754—2017)共有门类20个，大类97个，中类473个，小类1382个。

企业登记注册类型 是以在市场监管部门登记注册的各类企业为划分对象，以市场监管部门对企业登记注册的类型为依据，将企业登记注册类型分为内资企业、港澳台商投资企业和外商投资企业三大类。内资企业包括国有企业、集体企业、股份合作企业、联营企业、有限责任公司、股份有限公司、私营企业和其他企业；港澳台商投资企业和外商投资企业分别包括合资经营企业、合作经营企业、独资经营企业和股份有限公司等。

国有企业 指企业全部资产归国家所有，并按《中华人民共和国企业法人登记管理条例》规定登记注册的非公司制的经济组织。不包括有限责任公司中的国有独资公司。

集体企业 指企业资产归集体所有，并按《中华人民共和国企业法人登记管理条例》规定登记注册的经济组织。

股份合作企业 指以合作制为基础，由企业职工共同出资入股，吸收一定比例的社会资产投资组建，实行自主经营，自负盈亏，共同劳动，民主管理，按劳分配与按股分红相结合的一种集体经济组织。

联营企业 指两个及两个以上相同或不同所有制性质的企业法人或事业单位法人，按自愿、平等、互利的原则，共同投资组成的经济组织。联营企业包括国有联营企业、集体联营企业、国有与集体联营企业和其他联营企业。

有限责任公司 指根据《中华人民共和国公司登记管理条例》规定登记注册，由两个以上、五十个以下的股东共同出资，每个股东以其所认缴的出资额对公司承担有限责任，公司以其全部资产对其债务承担责任的经济组织。有限责任公司包括国有独资公司以及其他有限责任公司。

股份有限公司 指根据《中华人民共和国公司登记管理条例》规定登记注册，其全部注册资本由等额股份构成并通过发行股票筹集资本，股东以其认购的股份对公司承担有限责任，公司以其全部资产对其债务承担责任的经济组织。

私营企业 指由自然人投资设立或由自然人控股，以雇佣劳动为基础的营利性经济组织。包括按照《公司法》、《合伙企业法》、《私营企业暂行条例》规定登记注册的私营有限责任公司、私营股份有限公司、私营合伙企业和私营独资企业和个人独资企业。

其他企业 指上述企业之外的其他内资经济组织。

与港澳台商合资经营企业 指港澳台地区投资者与内地企业依照《中华人民共和国外商投资法》及有关法律的规定，按合同规定的比例投资设立、分享利润和分担风险的企业。

与港澳台商合作经营企业 指港澳台地区投资者与内地企业依照《中华人民共和国外商投资法》及有关法律的规定，依照合作合同的约定进行投资或提供条件设立、分配利润和分担风险的企业。

港澳台商独资经营企业 指依照《中华人民共和国外商投资法》及有关法律的规定，在内地由港澳台地区投资者全额投资设立的企业。

港澳台商投资股份有限公司 指根据国家有关规定，经商务部（原外经贸部）依法批准设立，其中港、澳、台商的股本占公司注册资本的比例达25%以上的股份有限公司。凡其中港、澳、台商的股本占公司注册资本的比例小于25%的，属于内资企业中的股份有限公司。

其他港澳台商投资企业 指在中国境内参照《外国企业或个人在中国境内设立合伙企业管理办法》和《外商投资合伙企业登记管理规定》，依法设立的港、澳、台商投资合伙企业等。

中外合资经营企业 指外国企业或外国人与中国内地

企业依照《中华人民共和国外商投资法》及有关法律的规定，按合同规定的比例投资设立、分享利润和分担风险的企业。

中外合作经营企业 指外国企业或外国人与中国内地企业依照《中华人民共和国外商投资法》及有关法律的规定，依照合作合同的约定进行投资或提供条件设立、分配利润和分担风险的企业。

外资企业 指依照《中华人民共和国外商投资法》及有关法律的规定，在中国内地由外国投资者全额投资设立的企业。

外商投资股份有限公司 指根据国家有关规定，经商务部（原外经贸部）依法批准设立，其中外资的股本占公司注册资本的比例达25%以上的股份有限公司。凡其中外资股本占公司注册资本的比例小于25%的，属于内资企业中的股份有限公司。

其他外商投资企业 指在中国境内依照《外国企业或个人在中国境内设立合伙企业管理办法》和《外商投资合伙企业登记管理规定》，依法设立的外商投资合伙企业等。

Explanatory Notes on Main Statistical Indicators

Divisions of Administrative Areas refers to the division of administrative areas by the State. The relative laws stipulate that 1) the whole country is divided into provinces, autonomous regions and municipalities directly under the Central Government; 2) provinces and autonomous regions are further divided into autonomous prefectures, counties, autonomous counties and cities; 3) autonomous prefectures are further divided into counties, autonomous counties and cities; 4) counties and autonomous counties are further divided into townships, ethnic townships and towns; 5) municipalities directly under the Central Government and large cities are divided into districts and counties; 6) the State shall, when necessary, establish special administrative regions.

Average Annual Growth Rate shows the average growth rate of social and economic development during a longer period. It can not be directly calculated by chain based growth rate. The relation is:

Average Annual Growth Rate = Average Speed of Development−1

Average speed of development is the time series average of speed which calculated by chain based. Because the reference bases during the different periods are not same, average speed of development can not be calculated by the general method. Level approach and accumulative approach for calculating average speed of development rate are applied. The "level approach", or the method of calculating the geometric average, is derived by the formula of geometric average of the chain-based speeds of development, or comparing the level of the last year of the interval with that of the beginning year; the other is called the "accumulative approach" or the "algebraic average" , "equation" method, which is derived by the summation of the actual figure of each year in the interval divided by the figure in the base year. The level approach focuses on the level of the last year, while the accumulative approach emphasizes the aggregate development in the duration.

The average annual growth rates listed in the Yearbook are calculated by the level approach. The base year is not listed in the duration for which average annual growth rates are computed. For instance, the average annual growth rate of the years since 2005 is shown as the average annual growth rate of 2006-2016 without showing the base year 2005.

Industrial Classification of the National Economy The new Industrial Classification of the National Economy (GB/T 4754-2017) is introduced starting from the compilation of 2017 annual statistics and 2018 monthly or quarterly statistics. The revision, based on the 2011 classification, was organized by the National Bureau of Statistics taking into consideration of the characteristics of economic activities in China and the International Standards of the Industrial Classification of All Economic Activities (ISIC/Rev.4) of the United Nations. The new Classification was promulgated by the National Administration of Quality Supervision, Inspection and Quarantine and the Standardization Administration of the People's Republic of China on June 30, 2017. The revised version of the Industrial Classification of the National Economy (GB/T 4754-2017) is composed of 20 sections, 97 divisions, 473 groups and 1382 classes.

Registration Status of Enterprises Enterprises are classified into 3 categories, namely enterprises with domestic investment, enterprises with investment from Hong Kong, Macao and Taiwan, and enterprises with foreign investment, according to the registration status of an enterprise in market supervision administration. Domestic-invested enterprises include state-owned enterprises, collective-owned enterprises, cooperative enterprises, joint ownership enterprises, limited liability corporations, share-holding corporations Ltd., private enterprises and other enterprises. Included in the enterprises with investment from Hong Kong, Macao and Taiwan and enterprises with foreign investment are joint-venture enterprises, cooperative enterprises, sole-proprietorship enterprises and share-holding corporations Ltd., etc.

State-owned Enterprises refers to non-corporation economic units where the entire assets are owned by the State and which have been registered in accordance with the Regulation of the People's Republic of China on the Management of Registration of Corporate Enterprises. Not included from this category are solely State-funded corporations in the limited liability corporations.

Collective-owned Enterprises refers to economic units where the assets are owned collectively and which have been registered in accordance with the Regulation of the People's Republic of China on the Management of Registration of Corporate Enterprises.

Cooperative Enterprises refers to a form of collective economic units (enterprises) where capitals come mainly from employees as their shares, with certain proportion of capital from the outside, where production is organized on the basis of independent operation, independent accounting for profits and losses, joint work, democratic management, and a distribution system that integrates remuneration according to work with dividend according to capital share.

Joint Ownership Enterprises refers to economic units established by two or more corporate enterprises or corporate institutions of the same or different ownership, through joint investment on the basis of voluntary participation, equality, and mutual benefits. They include State joint ownership enterprises; collective joint ownership enterprises; joint State-collective enterprises; and other joint ownership enterprises.

Limited Liability Corporations refers to economic

units established with investment from 2-50 investors and registered in accordance with the Regulation of the People's Republic of China on the Management of Registration of Corporations, each investor bearing limited liability to the corporation depending on its share of investment, and the corporation bearing liability to its debt to the maximum of its Total assets. Limited liability corporations include solely State-funded limited liability corporations and other limited liability corporations.

Share-holding Corporations Ltd. refers to economic units registered in accordance with the Regulation of the People's Republic of China on the Management of Registration of Corporations, with total registered capital divided into equal shares and raised through issuing stocks. Each investor bears limited liability to the corporation depending on the holding of shares, and the corporation bears liability to its debt to the maximum of its total assets.

Private Enterprises refer to profit-making economic units invested and established by natural persons, or controlled by natural persons, using employed labour. Included in this category are private sole-proprietorship enterprise, private partnership enterprise, private limited liability companies, private limited-liability company by shares and individual sole-proprietorship enterprise registered in accordance with the Company Law, the Law on Partnership Business and the Law on Individual Proprietorship Enterprises.

Other Domestic-funded Enterprises refers to domestic-funded economic units other than those mentioned above.

Joint Venture Enterprises with Hong Kong, Macao and Taiwan are enterprises jointly established by investors from Hong Kong, Macao and Taiwan with enterprises in the mainland of China in accordance with the Foreign Investment Law of the People's Republic of China and other relevant laws, where the establishment of the investment and the sharing of profits, taking risks and loss are stipulated in joint venture contracts.

Cooperative Enterprises with Hong Kong, Macao and Taiwan established by investors from Hong Kong, Macau and Taiwan with enterprises in the mainland of China in accordance with the Foreign Investment Law of the People's Republic of China and other relevant laws, where the investment or provision of facilities and the sharing of profits and risks are stipulated under cooperative contracts.

Sole-proprietorship Enterprises with Investment from Hong Kong, Macao and Taiwan refer to enterprises established in the mainland of China with exclusive investment from investors from Hong Kong, Macau and Taiwan in accordance with the Foreign Investment Law of the People's Republic of China and other relevant laws.

Share-holding Corporations Ltd. with Investment from Hong Kong, Macau and Taiwan refer to share-holding corporations Ltd. established with the approval from the Ministry of Commerce (the former Ministry of Foreign Trade and Economic Relations) in line with relevant State regulations, where the share of investment from Hong Kong, Macau or Taiwan businessmen exceeds 25% of the total registered capital of the corporation. In case the share of investment from Hong Kong, Macau or Taiwan is less than 25% of the total registered capital, the enterprise is to be classified as domestic-funded share-holding corporation Ltd.

Other Enterprises with Funds from Hong Kong, Macau and Taiwan refers to partnership enterprises with investment from Hong Kong, Macau and Taiwan established within the territory of China in accordance with Administrative Measures on the Establishment of Partnership Enterprises in China by Foreign Enterprises or Foreign Individuals and Regulations for the Administration of the Registration of Foreign-invested Partnership Enterprises.

Joint Venture Enterprises with Foreign Investment refers to enterprises jointly established by foreign enterprises or foreigners with enterprises in the mainland of China in accordance with the Foreign Investment Law of the People's Republic of China and other relevant laws, where the sharing of investment, profits and risks is stipulated under contract.

Cooperative Enterprises with Foreign Investment refers to enterprises jointly established by foreign enterprises or foreigners with enterprises in the mainland of China in accordance with the Foreign Investment Law of the People's Republic of China and other relevant laws, where the investment or provision of facilities and the sharing of profits and risks are stipulated under cooperative contracts.

Enterprises with Sole (exclusive) Foreign Investment refers to enterprises established in the mainland of China with exclusive investment from foreign investors in accordance with the Foreign Investment Law of the People's Republic of China and other relevant laws.

Share-holding Corporations Ltd. with Foreign Investment refer to share-holding corporations Ltd. established with the approval from the Ministry of Commerce (the former Ministry of Foreign Trade and Economic Relations) in line with relevant State regulations, where the share of investment from foreign investors exceeds 25% of the total registered capital of the corporation. In case the share of foreign investment is less than 25% of the total registered capital, the enterprise is to be classified as domestic-funded share-holding corporation Ltd.

Other Enterprises with Foreign Funds refers to partnership enterprises established within the territory of China in accordance with Administrative Measures on the Establishment of Partnership Enterprises in China by Foreign Enterprises or Foreign Individuals and Regulations for the Administration of the Registration of Foreign-invested Partnership Enterprises.

02 / 国民经济核算

Chapter2 National Accounts

2-1 地区生产总值
Gross Regional Product

单位：亿元 (100 million yuan)

年份 Year	地区生产总值 Gross Regional Product	第一产业 Primary Industry	第二产业 Secondary Industry	第三产业 Tertiary Industry	农林牧渔业 Agriculture, Forestry, Animal Husbandry and Fishery	工业 Industry	建筑业 Construction
1978	184.61	82.20	65.55	36.86	82.20	59.40	6.15
1979	205.76	91.95	72.31	41.50	91.95	65.43	6.88
1980	229.31	101.68	81.05	46.58	101.68	73.18	7.87
1981	242.32	108.02	83.36	50.94	108.02	74.58	8.78
1982	275.23	125.36	92.84	57.03	125.36	82.49	10.35
1983	311.00	138.17	105.69	67.14	138.17	93.71	11.98
1984	358.06	156.11	121.68	80.27	156.11	105.97	15.71
1985	421.15	172.90	148.11	100.14	172.90	127.13	20.98
1986	458.23	181.20	160.62	116.41	181.20	138.12	22.50
1987	530.86	202.25	187.88	140.73	202.25	160.49	27.39
1988	659.69	241.95	238.32	179.42	241.95	206.44	31.88
1989	744.98	263.15	263.44	218.39	263.15	231.08	32.36
1990	890.95	321.41	312.64	256.90	321.41	276.08	36.56
1991	1016.31	339.00	376.48	300.83	339.00	331.37	45.11
1992	1177.27	372.04	441.57	363.66	376.24	383.52	62.90
1993	1486.08	449.38	580.38	456.32	454.69	501.36	85.14
1994	2001.41	597.37	782.77	621.27	604.52	676.09	114.92
1995	2443.21	662.46	980.91	799.84	671.18	843.23	147.74
1996	2871.65	770.02	1156.01	945.62	780.27	989.50	178.33
1997	3241.47	880.28	1265.32	1095.87	891.85	1068.55	210.11
1998	3474.09	912.24	1324.01	1237.84	924.65	1090.65	247.66
1999	3649.12	926.03	1349.63	1373.46	939.06	1114.50	250.15
2000	3928.20	945.58	1433.11	1549.51	959.61	1170.63	278.65
2001	4293.49	981.67	1572.01	1739.81	997.00	1270.86	318.82
2002	4725.01	1047.95	1733.38	1943.68	1064.82	1392.09	360.74
2003	5346.20	1128.57	2020.50	2197.13	1147.66	1627.92	414.59
2004	6303.96	1329.07	2439.71	2535.18	1351.58	1990.03	475.63
2005	7195.88	1403.24	2961.19	2831.45	1427.47	2454.28	536.97
2006	8494.68	1613.99	3658.07	3222.62	1638.87	3059.45	633.99
2007	10562.10	1966.53	4607.73	3987.84	1999.83	3896.48	754.25
2008	12756.21	2138.96	5766.49	4850.76	2174.96	4912.40	905.98
2009	14190.60	2160.37	6653.24	5376.99	2194.45	5621.30	1089.57
2010	17224.78	2384.89	8283.21	6556.68	2424.58	7032.89	1317.42
2011	21050.87	2854.62	10014.39	8181.86	2900.43	8457.36	1642.71
2012	23922.41	3142.55	11231.06	9548.80	3198.88	9408.52	1919.92
2013	26518.02	3257.42	12418.94	10841.66	3323.58	10308.99	2217.67
2014	28891.33	3524.74	13082.69	12283.90	3598.67	10703.84	2494.79
2015	30342.01	3660.96	13192.45	13488.60	3745.49	10735.01	2555.50
2016	33138.48	3900.60	13450.13	15787.75	3991.86	10790.93	2757.77
2017	37905.14	4262.51	14569.17	19073.46	4365.27	11437.80	3235.85
2018	42902.10	4427.43	16056.94	22417.73	4544.32	12360.07	3809.77
2019	46363.75	4807.52	17187.92	24368.31	4937.99	13165.91	4150.27
2020	48598.76	5556.58	17571.11	25471.07	5700.94	13428.65	4277.47

注：①本表按当年价格计算；从2013年起，地区生产总值核算执行国家统计局新的《国民经济行业分类》和《三次产业划分规定》(以下有关各表同)；②按照国家统计局统一部署，依据第四次全国经济普查结果修订了1992年以来的GDP历史数据。

a) The data in this table are calculated at current prices. The regional GDP accounting has executed the NBS new "Classification of National Economic Industries" and the "Provisions of Three Industrial Division" since 2013(the same as the following related tables).

b) According to the unified deployment of the NBS, the historical GDP data since 1992 have been revised based on the results of the fourth national Economic census.

2-1 续表 continued

单位：亿元 (100 million yuan)

年份 Year	批发和零售业 Wholesale and Retail Trades	交通运输、仓储和邮政业 Transport, Storage and Post	住宿和餐饮业 Hotels and Catering Services	金融业 Financial Intermediation	房地产业 Real Estate	其他 Others	人均地区生产总值(元) Per Capita Gross Regional Product (yuan)
1978	7.75	6.17	3.02	4.88	2.42	12.62	261
1979	8.71	6.74	3.39	5.77	2.63	14.26	289
1980	9.68	7.39	3.77	6.71	2.94	16.09	320
1981	10.83	7.82	4.21	7.15	3.33	17.60	337
1982	12.69	8.49	4.93	7.59	3.66	19.67	379
1983	15.39	9.75	5.98	8.36	4.14	23.52	425
1984	19.27	11.32	7.52	9.22	4.93	28.01	487
1985	24.85	14.31	9.67	11.71	5.93	33.67	570
1986	28.84	17.88	11.21	13.21	6.85	38.42	614
1987	35.09	22.64	13.65	15.98	8.11	45.26	702
1988	47.19	27.80	18.35	19.84	9.92	56.32	861
1989	56.45	33.82	22.04	23.55	11.68	70.85	960
1990	61.29	40.71	24.57	29.79	14.56	85.98	1136
1991	65.94	48.96	27.64	34.09	17.76	106.44	1283
1992	78.45	56.70	31.34	40.68	24.41	123.03	1477
1993	90.29	70.18	39.00	51.13	30.34	163.95	1854
1994	121.26	85.71	54.28	65.01	68.91	210.71	2338
1995	181.21	113.01	70.47	71.31	80.41	264.65	3043
1996	220.19	129.83	85.63	82.13	95.63	310.14	3550
1997	240.78	145.08	93.64	93.19	124.13	374.14	4032
1998	254.51	165.91	99.41	108.45	148.09	434.76	4294
1999	270.84	179.25	109.25	118.32	165.17	502.58	4540
2000	283.26	217.41	120.08	153.05	180.05	565.46	4956
2001	311.95	248.34	133.51	168.86	198.60	645.55	5376
2002	341.12	271.19	151.41	183.13	210.82	749.69	5890
2003	380.53	297.36	167.49	204.35	235.91	870.39	6565
2004	453.41	313.10	193.24	230.35	272.01	1024.61	7751
2005	497.39	355.76	214.82	250.85	296.96	1161.38	8828
2006	575.32	419.97	246.81	284.16	355.52	1280.59	10371
2007	697.05	472.72	294.71	344.75	414.32	1687.99	12963
2008	836.33	472.63	327.03	437.28	539.65	2149.95	15685
2009	1005.62	489.29	393.12	482.55	600.12	2314.58	17387
2010	1197.99	500.87	460.81	606.88	643.27	3040.07	21230
2011	1420.15	545.03	536.34	792.61	723.35	4032.89	26136
2012	1635.88	591.65	588.48	1176.10	832.58	4570.40	29627
2013	1831.37	617.86	645.86	1530.15	918.40	5124.14	32750
2014	2083.19	864.72	706.00	1621.95	1308.04	5510.13	35563
2015	2359.96	941.85	780.26	1878.45	1519.69	5825.80	37150
2016	2760.32	1118.84	852.91	2312.70	1878.64	6674.51	40297
2017	3432.31	1205.90	934.01	2720.81	2602.57	7970.62	45835
2018	3835.52	1401.66	1043.24	2922.37	3118.08	9867.07	51658
2019	4243.77	1473.14	1178.57	3101.67	3269.09	10843.34	55619
2020	4273.50	1472.28	1064.08	3375.75	3498.75	11507.34	58126

2-2 地区生产总值指数

Indices of Gross Regional Product

(上年=100) (preceding year=100)

年份 Year	地区生产总值 Gross Regional Product	第一产业 Primary Industry	第二产业 Secondary Industry	第三产业 Tertiary Industry	农林牧渔业 Agriculture, Forestry, Animal Husbandry and Fishery	工业 Industry	建筑业 Construction
1978	117.4	113.8	121.2	117.4	113.8	126.0	88.4
1979	110.1	108.0	110.5	113.0	108.0	110.5	110.7
1980	109.5	104.0	109.7	118.3	104.0	109.5	111.5
1981	104.1	104.4	101.6	107.4	104.4	100.8	109.5
1982	110.9	112.7	109.3	109.4	112.7	108.6	115.3
1983	111.0	107.5	112.3	116.8	107.5	112.0	115.0
1984	112.2	109.2	113.4	116.7	109.2	111.5	128.2
1985	111.9	104.3	118.0	117.1	104.3	117.0	125.0
1986	105.5	101.0	106.5	111.9	101.0	107.0	103.3
1987	108.7	103.0	112.2	112.5	103.0	112.0	113.2
1988	107.5	101.9	113.8	106.2	101.9	116.4	97.0
1989	103.2	102.8	101.9	105.7	102.8	103.5	89.1
1990	109.1	106.9	109.5	111.3	106.9	110.0	105.7
1991	109.1	108.5	106.3	113.4	108.5	104.4	120.6
1992	112.6	104.6	120.5	113.1	104.6	118.9	131.1
1993	112.9	105.0	120.1	113.0	105.1	120.1	118.8
1994	110.6	104.4	117.3	108.2	104.4	118.4	110.1
1995	112.3	105.5	111.5	120.1	105.6	110.7	117.0
1996	111.6	107.3	109.2	118.6	107.4	108.3	115.2
1997	110.5	106.2	111.6	112.8	106.2	111.4	112.7
1998	109.6	104.6	110.8	111.8	104.7	109.8	116.6
1999	106.5	105.0	106.0	108.2	105.0	105.8	106.8
2000	109.0	102.3	108.2	114.6	102.3	108.0	109.2
2001	109.0	105.7	110.2	110.0	105.1	111.6	110.1
2002	110.5	105.6	111.9	112.2	105.6	112.1	110.9
2003	111.0	103.9	116.3	110.0	104.0	117.2	111.8
2004	111.9	106.1	116.0	110.8	106.2	116.6	112.8
2005	112.7	105.4	118.6	110.4	105.4	120.3	109.2
2006	113.5	102.6	117.7	114.6	102.6	121.6	103.9
2007	114.5	104.8	120.9	112.0	104.8	121.6	115.5
2008	111.0	101.0	114.0	111.7	101.0	115.7	103.4
2009	114.5	104.0	116.4	116.2	104.0	115.0	124.0
2010	115.1	104.3	122.8	109.7	104.4	123.5	117.5
2011	115.0	104.4	121.6	110.5	104.5	122.8	116.0
2012	111.7	104.6	115.9	108.3	104.5	115.8	115.2
2013	110.0	103.5	112.0	109.2	103.6	111.3	115.7
2014	108.5	103.8	109.0	109.2	103.9	108.8	109.7
2015	107.9	103.8	107.7	109.4	103.9	107.3	110.1
2016	107.8	103.8	107.6	109.2	104.0	107.5	107.8
2017	108.1	103.8	107.5	109.7	103.9	108.1	105.0
2018	108.0	103.6	107.5	109.5	103.8	108.0	105.4
2019	107.4	102.8	107.4	108.4	103.0	107.8	106.1
2020	103.8	105.2	103.8	103.4	105.2	103.9	103.2

注：本表按可比价格计算。

a) The indices in this table are calculated at comparable prices.

2-2 续表 continued

(上年=100) (preceding year=100)

年份 Year	批发和零售业 Wholesale and Retail Trades	交通运输、仓储和邮政业 Transport, Storage and Post	住宿和餐饮业 Hotels and Catering Services	金融业 Financial Intermediation	房地产业 Real Estate	其他 Others	人均地区生产总值 Per Capita Gross Regional Product
1978							116.8
1979	112.8	109.6	112.8	118.4	109.2	113.4	109.4
1980	117.2	115.6	117.2	122.9	117.6	118.8	109.0
1981	109.8	104.1	109.8	104.6	111.2	107.4	103.6
1982	114.5	104.8	114.5	105.3	107.6	109.2	109.8
1983	120.5	110.5	120.5	113.0	112.2	118.4	110.1
1984	122.4	108.0	122.8	114.1	116.5	115.7	111.8
1985	120.7	129.7	120.5	107.1	112.6	113.6	111.3
1986	111.7	120.3	111.6	108.7	111.2	108.9	104.5
1987	113.2	117.7	113.2	113.5	110.1	105.7	107.3
1988	112.1	102.4	112.0	101.8	101.9	103.8	106.1
1989	102.4	106.8	102.8	103.1	106.0	111.5	101.9
1990	104.0	112.5	106.8	120.4	113.7	108.1	107.9
1991	105.2	115.3	110.0	109.9	107.4	120.6	108.1
1992	109.9	116.2	104.7	107.6	121.2	114.0	111.9
1993	104.5	114.5	113.0	112.0	129.1	115.4	112.3
1994	107.8	100.2	111.7	109.0	164.2	100.2	103.6
1995	129.8	117.4	112.8	103.6	113.3	126.2	119.7
1996	121.5	112.0	121.5	105.3	120.0	123.2	110.8
1997	105.7	109.0	105.7	109.7	125.5	118.1	111.2
1998	109.3	110.3	109.2	113.2	116.7	112.8	108.9
1999	106.4	103.7	109.9	106.1	113.4	109.5	107.2
2000	107.0	122.7	113.1	129.5	105.5	116.3	110.6
2001	109.3	109.6	110.3	108.3	108.6	109.6	108.2
2002	110.0	109.0	114.1	108.4	105.1	117.5	110.1
2003	111.4	107.3	110.5	109.5	110.1	110.1	109.3
2004	112.4	107.4	111.3	107.9	111.5	111.5	112.0
2005	113.4	108.2	112.3	106.9	107.2	111.4	112.5
2006	113.0	109.5	112.5	110.3	114.2	116.6	113.0
2007	112.5	110.7	108.4	112.8	111.1	113.4	115.1
2008	114.3	105.2	101.1	104.5	105.3	117.9	111.2
2009	126.2	95.5	121.0	129.5	129.6	112.0	114.1
2010	113.5	106.5	110.6	107.7	100.1	111.5	115.8
2011	114.0	106.0	109.2	126.6	106.8	107.1	115.8
2012	111.6	105.8	105.2	118.8	108.5	105.8	111.4
2013	110.2	104.0	104.9	118.3	109.8	107.7	109.7
2014	109.8	106.3	106.2	112.4	112.9	108.3	108.1
2015	108.0	104.8	103.8	112.1	109.9	110.6	107.3
2016	107.6	104.3	106.1	108.3	110.7	110.9	107.1
2017	109.0	104.8	106.8	106.8	109.3	112.1	107.5
2018	107.4	105.9	107.7	100.7	110.4	113.4	107.5
2019	106.5	107.0	108.1	106.1	105.6	110.4	107.0
2020	100.2	100.7	90.3	106.4	102.6	105.9	103.4

2-3 地区生产总值指数
Indices of Gross Regional Product

(1978年=100) (year of 1978=100)

年份 Year	地区生产总值 Gross Regional Product	第一产业 Primary Industry	第二产业 Secondary Industry	第三产业 Tertiary Industry	农林牧渔业 Agriculture, Forestry, Animal Husbandry and Fishery	工业 Industry	建筑业 Construction
1978	100.0	100.0	100.0	100.0	100.0	100.0	100.0
1979	110.1	108.0	110.5	113.0	108.0	110.5	110.7
1980	120.6	112.3	121.2	133.7	112.3	121.0	123.4
1981	125.5	117.3	123.2	143.6	117.3	122.0	135.2
1982	139.2	132.2	134.6	157.1	132.2	132.5	155.8
1983	154.5	142.1	151.2	183.5	142.1	148.3	179.2
1984	173.3	155.1	171.4	214.1	155.1	165.4	229.7
1985	194.0	161.8	202.3	250.7	161.8	193.5	287.2
1986	204.6	163.4	215.4	280.5	163.4	207.1	296.7
1987	222.4	168.3	241.7	315.6	168.3	231.9	335.8
1988	239.1	171.5	275.1	335.2	171.5	270.0	325.7
1989	246.8	176.3	280.3	354.3	176.3	279.4	290.2
1990	269.2	188.5	306.9	394.3	188.5	307.4	306.8
1991	293.7	204.5	326.3	447.1	204.5	320.9	370.0
1992	330.7	213.9	393.1	505.7	213.9	381.5	485.0
1993	373.4	224.6	472.2	571.5	224.8	458.2	576.2
1994	413.0	234.5	553.8	618.3	234.7	542.5	634.4
1995	463.8	247.4	617.5	742.6	247.9	600.6	742.3
1996	517.6	265.5	674.4	880.7	266.2	650.4	855.1
1997	571.9	281.9	752.6	993.5	282.7	724.6	963.7
1998	626.8	294.9	833.9	1110.7	296.0	795.6	1123.7
1999	667.6	309.6	883.9	1201.8	310.8	841.7	1200.1
2000	727.7	316.8	956.4	1377.2	318.0	909.0	1310.5
2001	793.2	334.8	1053.9	1514.9	334.2	1014.5	1442.9
2002	876.4	353.6	1179.3	1699.8	352.9	1137.2	1600.1
2003	972.8	367.3	1371.6	1869.7	367.0	1332.8	1789.0
2004	1088.6	389.8	1591.0	2071.7	389.8	1554.1	2018.0
2005	1226.9	410.8	1887.0	2287.1	410.8	1869.6	2203.6
2006	1392.5	421.5	2220.9	2621.1	421.5	2273.4	2289.5
2007	1594.4	441.7	2685.1	2935.6	441.7	2764.5	2644.4
2008	1769.8	446.1	3061.0	3279.0	446.1	3198.5	2734.3
2009	2026.4	464.0	3563.0	3810.3	464.0	3678.3	3390.6
2010	2332.4	483.9	4375.4	4179.8	484.4	4542.7	3983.9
2011	2682.2	505.2	5320.5	4618.7	506.2	5578.4	4621.4
2012	2996.1	528.5	6166.5	5002.1	529.0	6459.8	5323.8
2013	3295.7	547.0	6906.4	5462.3	548.0	7189.7	6159.6
2014	3575.8	567.7	7528.0	5964.8	569.4	7822.4	6757.1
2015	3858.3	589.3	8107.7	6525.5	591.6	8393.5	7439.6
2016	4159.2	611.7	8723.9	7125.8	615.3	9023.0	8019.9
2017	4496.1	635.0	9378.2	7817.0	639.3	9753.8	8420.9
2018	4855.8	657.8	10081.5	8559.7	663.5	10534.1	8875.6
2019	5215.2	676.2	10827.6	9278.7	683.4	11355.8	9417.0
2020	5413.3	711.4	11239.0	9594.2	719.0	11798.7	9718.4

注：本表按可比价格计算。

a) The indices in this table are calculated at comparable prices.

2-3 续表 continued

(1978年=100) (year of 1978=100)

年份 Year	批发和零售业 Wholesale and Retail Trades	交通运输、仓储和邮政业 Transport, Storage and Post	住宿和餐饮业 Hotels and Catering Services	金融业 Financial Intermediation	房地产业 Real Estate	其他 Others	人均地区生产总值 Per Capita Gross Regional Product
1978	100.0	100.0	100.0	100.0	100.0	100.0	100.0
1979	112.8	109.6	112.8	118.4	109.2	113.4	109.4
1980	132.2	126.7	132.2	145.5	128.4	134.7	119.2
1981	145.2	131.9	145.2	152.2	142.8	144.7	123.5
1982	166.2	138.2	166.2	160.3	153.7	158.0	135.6
1983	200.3	152.7	200.3	181.1	172.4	187.1	149.3
1984	245.1	165.0	245.9	206.6	200.8	216.4	167.0
1985	295.9	213.9	296.4	221.3	226.2	245.9	185.8
1986	330.5	257.4	330.7	240.6	251.5	267.8	194.2
1987	374.1	302.9	374.4	273.1	276.9	283.0	208.4
1988	419.4	310.2	419.3	278.0	282.1	293.8	221.1
1989	429.5	331.3	431.1	286.6	299.1	327.6	225.3
1990	446.6	372.7	460.4	345.0	340.0	354.1	243.1
1991	469.9	429.7	506.4	379.2	365.2	427.0	262.8
1992	516.4	499.4	530.2	408.0	442.6	486.8	294.0
1993	539.6	571.8	599.1	457.0	571.4	561.8	330.2
1994	581.7	572.9	669.2	498.1	938.3	562.9	342.1
1995	755.1	672.6	754.9	516.0	1063.1	710.4	409.5
1996	917.4	753.3	917.2	543.4	1275.7	875.2	453.7
1997	969.7	821.1	969.5	596.1	1601.0	1033.6	504.5
1998	1059.9	905.7	1058.7	674.8	1868.4	1165.9	549.4
1999	1127.7	939.2	1163.5	716.0	2118.8	1276.7	589.0
2000	1206.6	1152.4	1315.9	927.2	2235.3	1484.8	651.4
2001	1318.9	1263.0	1451.4	1004.1	2427.5	1627.3	704.8
2002	1450.7	1376.7	1656.1	1088.5	2551.3	1912.1	776.0
2003	1616.1	1477.2	1830.0	1191.9	2809.0	2105.3	848.2
2004	1816.5	1586.5	2036.8	1286.0	3132.1	2347.4	950.0
2005	2059.9	1716.6	2287.3	1374.8	3357.6	2615.0	1068.7
2006	2327.7	1879.6	2573.2	1516.4	3834.3	3049.0	1207.7
2007	2618.7	2080.8	2789.4	1710.5	4259.9	3457.6	1390.0
2008	2993.2	2189.0	2820.0	1787.4	4485.7	4076.5	1545.7
2009	3777.4	2090.5	3412.3	2314.7	5813.5	4565.7	1763.7
2010	4287.3	2226.3	3773.9	2493.0	5819.3	5090.8	2042.3
2011	4887.6	2359.9	4121.2	3156.1	6215.0	5452.2	2365.0
2012	5454.5	2496.8	4335.5	3749.4	6743.3	5768.4	2634.6
2013	6010.9	2596.7	4547.9	4435.6	7404.1	6212.6	2890.2
2014	6600.0	2760.3	4829.9	4985.6	8359.3	6728.3	3124.3
2015	7128.0	2892.7	5013.4	5588.8	9186.8	7441.5	3352.4
2016	7669.7	3017.1	5319.2	6052.7	10169.8	8252.6	3590.4
2017	8360.0	3162.0	5680.9	6464.3	11115.6	9251.1	3859.7
2018	8978.6	3348.5	6118.3	6509.5	12271.7	10490.8	4149.2
2019	9562.2	3582.9	6613.9	6906.6	12958.9	11581.8	4439.6
2020	9581.3	3608.0	5972.4	7348.6	13295.8	12265.2	4590.5

2-4 地区生产总值构成
Composition of Gross Regional Product

单位：% (%)

年份 Year	地区生产总值 Gross Regional Product	第一产业 Primary Industry	第二产业 Secondary Industry	第三产业 Tertiary Industry
1978	100.0	44.5	35.5	20.0
1979	100.0	44.7	35.1	20.2
1980	100.0	44.3	35.3	20.4
1981	100.0	44.6	34.4	21.0
1982	100.0	45.5	33.8	20.7
1983	100.0	44.4	34.0	21.6
1984	100.0	43.6	34.0	22.4
1985	100.0	41.1	35.2	23.7
1986	100.0	39.5	35.0	25.5
1987	100.0	38.1	35.4	26.5
1988	100.0	36.7	36.1	27.2
1989	100.0	35.3	35.3	29.4
1990	100.0	36.1	35.1	28.8
1991	100.0	33.4	37.0	29.6
1992	100.0	31.6	37.5	30.9
1993	100.0	30.2	39.1	30.7
1994	100.0	29.8	39.1	31.1
1995	100.0	27.1	40.1	32.8
1996	100.0	26.8	40.3	32.9
1997	100.0	27.2	39.0	33.8
1998	100.0	26.3	38.1	35.6
1999	100.0	25.4	37.0	37.6
2000	100.0	24.1	36.5	39.4
2001	100.0	22.9	36.6	40.5
2002	100.0	22.2	36.7	41.1
2003	100.0	21.1	37.8	41.1
2004	100.0	21.1	38.7	40.2
2005	100.0	19.5	41.2	39.3
2006	100.0	19.0	43.1	37.9
2007	100.0	18.6	43.6	37.8
2008	100.0	16.8	45.2	38.0
2009	100.0	15.2	46.9	37.9
2010	100.0	13.8	48.1	38.1
2011	100.0	13.6	47.6	38.8
2012	100.0	13.1	46.9	40.0
2013	100.0	12.3	46.8	40.9
2014	100.0	12.2	45.3	42.5
2015	100.0	12.1	43.5	44.4
2016	100.0	11.8	40.6	47.6
2017	100.0	11.2	38.4	50.4
2018	100.0	10.3	37.4	52.3
2019	100.0	10.4	37.1	52.5
2020	100.0	11.4	36.2	52.4

注：本表按当年价格计算。
a) The data in this table are calculated at current prices.

2-5 各市(州)按三次产业分地区生产总值(2020年)
Gross Regional Product by Three Strata of Industry and Region (2020)

单位：亿元 (100 million yuan)

市(州)	Region	地区生产总值 Gross Regional Product	第一产业 Primary Industry	第二产业 Secondary Industry	第三产业 Tertiary Industry	人均地区生产总值(元) Per Capita Gross Regional Product (yuan)
全　省	**Sichuan**	**48598.76**	**5556.58**	**17571.11**	**25471.07**	**58126**
成都市	Chengdu	17716.67	655.17	5418.50	11643.00	85679
自贡市	Zigong	1458.44	231.35	567.94	659.15	58059
攀枝花市	Panzhihua	1040.82	96.90	558.39	385.53	85806
泸州市	Luzhou	2157.22	256.46	1038.09	862.67	50758
德阳市	Deyang	2404.13	272.72	1128.68	1002.73	69443
绵阳市	Mianyang	3010.08	370.95	1174.36	1464.77	61936
广元市	Guangyuan	1008.01	186.79	392.93	428.29	43337
遂宁市	Suining	1403.18	218.25	634.12	550.81	49495
内江市	Neijiang	1465.88	269.10	479.08	717.70	46228
乐山市	Leshan	2003.43	290.33	823.08	890.02	63259
南充市	Nanchong	2401.08	460.76	910.80	1029.52	42482
眉山市	Meishan	1423.74	222.85	527.64	673.25	48132
宜宾市	Yibin	2802.12	344.55	1349.30	1108.27	61182
广安市	Guangan	1301.57	235.25	417.13	649.19	40073
达州市	Dazhou	2117.80	393.57	720.30	1003.93	39182
雅安市	Yaan	754.59	151.78	225.88	376.93	52366
巴中市	Bazhong	766.99	161.81	214.94	390.24	27951
资阳市	Ziyang	807.50	168.50	228.63	410.37	34806
阿坝藏族羌族自治州	Aba	411.75	82.07	96.45	233.23	49668
甘孜藏族自治州	Ganzi	410.61	80.67	105.34	224.60	36993
凉山彝族自治州	Liangshan	1733.15	406.74	559.55	766.86	35720

注：本表按当年价格计算；人均GDP按年平均常住人口计算。
a) The data in this table are calculated at current prices and the per capita GDP are calculated based on the annual average date of resident population.

2-6 各市(州)按三次产业分地区生产总值指数(2020年)

Indices of Gross Regional Product by Three Strata of Industry and Region(2020)

上年=100 (preceding year=100)

市(州)	Region	地区生产总值 Gross Regional Product	第一产业 Primary Industry	第二产业 Secondary Industry	第三产业 Tertiary Industry	人均地区生产总值 Per Capita Gross Regional Product
全 省	**Sichuan**	**103.8**	**105.2**	**103.8**	**103.4**	**103.4**
成都市	Chengdu	104.0	103.3	104.8	103.6	101.2
自贡市	Zigong	103.9	105.6	104.8	102.4	105.7
攀枝花市	Panzhihua	103.9	105.1	104.4	102.4	104.1
泸州市	Luzhou	104.2	105.6	103.3	105.2	103.8
德阳市	Deyang	102.5	103.6	101.3	103.7	102.7
绵阳市	Mianyang	104.4	105.4	104.0	104.5	103.8
广元市	Guangyuan	104.2	105.8	104.2	103.5	105.8
遂宁市	Suining	104.3	105.3	104.3	103.8	105.7
内江市	Neijiang	103.9	105.8	104.2	103.0	105.8
乐山市	Leshan	104.1	105.8	104.1	103.7	104.5
南充市	Nanchong	103.8	106.2	102.0	104.6	105.3
眉山市	Meishan	104.2	105.7	103.0	104.9	104.3
宜宾市	Yibin	104.6	105.7	104.9	103.9	104.0
广安市	Guangan	103.6	105.6	103.5	102.9	103.0
达州市	Dazhou	104.1	105.5	104.8	102.9	104.8
雅安市	Yaan	104.4	105.8	104.5	103.9	105.2
巴中市	Bazhong	102.5	105.4	100.9	102.7	104.7
资阳市	Ziyang	104.0	105.4	103.8	103.5	104.9
阿坝藏族羌族自治州	Aba	103.3	104.5	105.3	101.9	104.8
甘孜藏族自治州	Ganzi	103.6	104.5	108.4	100.9	103.9
凉山彝族自治州	Liangshan	103.9	104.8	104.6	103.1	103.5

注：本表按可比价格计算。
a) The indices in this table are calculated at comparable prices.

2-7 各市(州)地区生产总值
Gross Regional Product by Region

单位：亿元 (100 million yuan)

市(州)	Region	2010	2011	2012	2013	2014	2015	2016	2017	2018	2019	2020
全 省	**Sichuan**	**17224.78**	**21050.87**	**23922.41**	**26518.02**	**28891.33**	**30342.01**	**33138.48**	**37905.14**	**42902.10**	**46363.75**	**48598.76**
成都市	Chengdu	5889.46	7345.32	8619.60	9450.66	10368.43	10662.31	11874.07	13931.39	15698.94	17010.66	17716.67
自贡市	Zigong	631.83	746.79	832.00	913.37	942.09	970.27	1020.84	1166.17	1314.74	1404.21	1458.44
攀枝花市	Panzhihua	519.09	599.56	627.40	652.33	685.75	712.56	762.93	842.25	941.45	1002.02	1040.82
泸州市	Luzhou	717.22	887.62	1003.40	1156.59	1279.12	1369.31	1500.64	1698.91	1895.55	2071.04	2157.22
德阳市	Deyang	917.26	1110.42	1234.55	1403.84	1465.24	1525.77	1692.82	1907.43	2148.39	2325.74	2404.13
绵阳市	Mianyang	935.87	1133.81	1264.76	1470.41	1612.08	1743.00	1957.91	2313.57	2613.30	2870.49	3010.08
广元市	Guangyuan	316.85	392.34	450.61	520.25	563.08	614.12	657.27	751.81	880.50	953.20	1008.01
遂宁市	Suining	489.27	586.36	654.65	706.69	809.00	871.36	926.84	1046.43	1230.85	1339.71	1403.18
内江市	Neijiang	650.35	781.39	877.83	915.11	973.86	1018.00	1086.43	1182.11	1318.83	1412.39	1465.88
乐山市	Leshan	732.06	885.28	989.26	1096.93	1195.81	1280.63	1335.40	1481.61	1709.81	1872.60	2003.43
南充市	Nanchong	806.43	981.48	1083.02	1283.71	1391.70	1463.40	1592.97	1838.25	2115.73	2302.31	2401.08
眉山市	Meishan	541.97	648.52	736.49	821.09	900.39	958.67	1011.94	1149.22	1269.90	1365.71	1423.74
宜宾市	Yibin	807.84	982.60	1119.80	1293.47	1411.37	1470.10	1609.56	1862.19	2349.31	2633.11	2802.12
广安市	Guangan	530.86	640.73	720.19	790.91	838.46	874.39	928.03	1047.67	1157.00	1250.07	1301.57
达州市	Dazhou	792.22	957.18	1055.24	1159.16	1272.12	1366.56	1495.49	1697.58	1879.53	2027.51	2117.80
雅安市	Yaan	296.71	358.01	403.77	428.95	475.79	519.02	561.65	608.54	653.34	723.04	754.59
巴中市	Bazhong	277.47	333.87	374.67	400.22	472.29	507.68	549.91	607.23	704.66	739.87	766.99
资阳市	Ziyang	348.87	418.59	470.04	507.51	537.09	572.76	643.84	688.54	728.63	777.37	807.50
阿坝藏族羌族自治州	Aba	127.88	159.11	188.93	216.43	237.31	274.99	291.53	318.13	368.66	390.03	411.75
甘孜藏族自治州	Ganzi	124.79	152.91	174.37	185.95	216.42	254.53	265.67	317.31	366.49	388.34	410.61
凉山彝族自治州	Liangshan	770.49	948.96	1041.83	1144.43	1243.96	1312.56	1372.73	1448.79	1556.48	1670.21	1733.15

注：本表按当年价格计算。
a) The data in this table are calculated at current prices.

2-8　各市(州)地区生产总值指数
Indices of Gross Regional Product by Region

上年=100　　(preceding year=100)

市(州)	Region	2010	2011	2012	2013	2014	2015	2016	2017	2018	2019	2020
全　省	**Sichuan**	**115.1**	**115.0**	**111.7**	**110.0**	**108.5**	**107.9**	**107.8**	**108.1**	**108.0**	**107.4**	**103.8**
成都市	Chengdu	114.8	114.7	111.4	109.9	108.7	107.9	107.8	108.1	108.0	107.8	104.0
自贡市	Zigong	115.1	115.3	112.1	111.1	107.6	108.4	107.7	108.3	108.8	107.6	103.9
攀枝花市	Panzhihua	115.0	115.2	111.7	110.7	109.3	108.1	107.9	107.4	107.5	106.2	103.9
泸州市	Luzhou	116.1	115.4	112.5	111.0	109.9	110.0	109.5	109.1	107.7	108.0	104.2
德阳市	Deyang	114.4	114.8	111.3	109.8	108.7	108.2	108.4	109.0	108.9	107.2	102.5
绵阳市	Mianyang	114.5	114.7	111.4	109.8	108.8	108.6	108.3	109.1	109.0	108.1	104.4
广元市	Guangyuan	115.6	115.1	112.0	110.5	108.9	108.6	108.0	108.1	108.3	107.5	104.2
遂宁市	Suining	115.3	115.2	112.1	110.9	109.2	111.2	109.1	108.4	108.8	108.1	104.3
内江市	Neijiang	116.0	115.3	111.9	110.3	108.8	108.0	107.8	107.1	107.8	107.6	103.9
乐山市	Leshan	116.0	115.4	112.6	110.4	107.0	109.1	108.3	108.2	108.7	107.6	104.1
南充市	Nanchong	115.3	115.3	112.1	110.7	107.2	107.6	107.8	108.6	109.0	107.9	103.8
眉山市	Meishan	115.5	115.2	112.7	110.7	109.0	109.2	108.4	105.3	107.5	107.3	104.2
宜宾市	Yibin	115.3	115.3	112.0	108.1	108.0	108.5	108.2	108.8	109.2	108.8	104.6
广安市	Guangan	115.4	115.3	112.2	110.7	109.2	109.6	107.9	108.2	108.0	107.5	103.6
达州市	Dazhou	115.1	115.2	111.5	110.2	108.4	103.1	107.5	108.3	108.3	107.6	104.1
雅安市	Yaan	115.3	115.3	111.5	103.9	110.0	109.0	108.1	108.0	108.0	108.0	104.4
巴中市	Bazhong	114.7	115.2	112.4	110.7	108.8	108.6	107.8	108.1	108.1	105.8	102.5
资阳市	Ziyang	115.5	115.5	112.1	110.6	108.8	108.8	107.8	107.8	107.7	107.0	104.0
阿坝藏族羌族自治州	Aba	117.1	115.2	111.8	110.2	105.6	107.9	106.2	104.1	104.6	106.1	103.3
甘孜藏族自治州	Ganzi	114.1	114.2	111.0	112.1	104.2	105.1	106.9	109.0	109.3	106.5	103.6
凉山彝族自治州	Liangshan	115.4	115.0	111.6	110.2	108.3	102.8	105.9	105.3	104.1	105.6	103.9

注：本表按可比价格计算。
a) The indices in this table are calculated at comparable prices.

2-9 各市(州)第一产业增加值
Primary Industry by Region

单位：亿元 (100 million yuan)

市(州)	Region	2010	2011	2012	2013	2014	2015	2016	2017	2018	2019	2020
全 省	**Sichuan**	**2384.89**	**2854.62**	**3142.55**	**3257.42**	**3524.74**	**3660.96**	**3900.60**	**4262.51**	**4427.43**	**4807.52**	**5556.58**
成都市	Chengdu	313.89	335.74	341.89	343.86	402.92	413.99	492.02	565.18	578.84	612.22	655.17
自贡市	Zigong	77.10	90.83	99.43	118.15	126.50	133.68	145.33	174.70	189.57	202.38	231.35
攀枝花市	Panzhihua	19.97	27.70	33.94	40.39	47.29	52.59	67.23	78.67	86.03	91.69	96.90
泸州市	Luzhou	107.86	122.26	135.36	150.78	167.19	173.76	181.72	192.05	197.30	216.99	256.46
德阳市	Deyang	143.65	182.99	200.42	201.14	202.28	204.38	212.61	219.82	223.48	234.61	272.72
绵阳市	Mianyang	148.04	178.79	194.33	199.01	200.92	202.00	203.16	260.75	266.96	302.46	370.95
广元市	Guangyuan	70.36	77.89	79.77	85.22	95.79	106.82	120.55	137.35	146.59	153.02	186.79
遂宁市	Suining	107.26	126.04	128.61	130.76	136.43	145.38	154.62	163.45	171.08	185.22	218.25
内江市	Neijiang	109.80	138.89	170.10	178.88	187.08	194.91	205.13	216.91	229.18	240.52	269.10
乐山市	Leshan	96.53	122.08	135.71	140.97	150.13	170.34	181.88	204.94	217.86	242.70	290.33
南充市	Nanchong	235.67	285.34	313.57	319.68	338.07	340.84	344.39	355.01	366.56	404.27	460.76
眉山市	Meishan	102.78	122.55	137.32	144.51	156.64	162.05	168.73	183.95	187.54	199.17	222.85
宜宾市	Yibin	132.43	164.54	193.44	198.22	215.39	221.31	232.88	251.99	254.75	277.65	344.55
广安市	Guangan	104.06	120.17	133.71	140.93	159.67	167.06	168.84	183.92	193.94	204.33	235.25
达州市	Dazhou	202.86	248.19	277.31	284.97	300.15	307.15	312.36	313.14	313.63	344.85	393.57
雅安市	Yaan	48.31	55.83	69.08	71.02	81.76	87.64	90.18	101.67	113.84	128.05	151.78
巴中市	Bazhong	77.04	81.07	81.64	82.74	83.85	85.06	89.37	102.09	108.32	124.01	161.81
资阳市	Ziyang	77.02	95.43	104.55	105.83	114.10	119.42	122.31	124.82	127.82	142.07	168.50
阿坝藏族羌族自治州	Aba	21.65	24.10	26.88	28.99	32.44	41.00	47.78	55.93	63.40	67.10	82.07
甘孜藏族自治州	Ganzi	31.24	42.16	49.79	53.65	57.78	57.84	58.25	58.61	58.83	66.52	80.67
凉山彝族自治州	Liangshan	157.38	212.02	235.69	237.73	268.38	273.75	301.25	317.57	331.92	367.68	406.74

注：本表按当年价格计算。
a) The data in this table are calculated at current prices.

2-10 各市(州)第一产业增加值指数
Indices of Primary Industry by Region

上年=100 (preceding year=100)

市(州)	Region	2010	2011	2012	2013	2014	2015	2016	2017	2018	2019	2020
全　省	**Sichuan**	**104.3**	**104.4**	**104.6**	**103.5**	**103.8**	**103.8**	**103.8**	**103.8**	**103.6**	**102.8**	**105.2**
成都市	Chengdu	104.2	103.9	104.5	103.4	103.3	103.8	104.0	103.7	103.6	102.5	103.3
自贡市	Zigong	104.7	104.7	104.7	103.7	104.1	103.7	104.0	104.2	103.8	102.9	105.6
攀枝花市	Panzhihua	103.9	104.5	104.6	104.4	104.5	104.0	104.5	104.3	104.0	103.4	105.1
泸州市	Luzhou	104.3	104.2	104.8	104.1	104.1	103.7	103.8	103.9	103.7	102.6	105.6
德阳市	Deyang	104.0	104.1	104.5	103.3	104.1	103.5	101.9	103.8	103.6	102.5	103.6
绵阳市	Mianyang	104.0	103.7	104.5	102.9	103.7	103.4	102.9	104.1	103.9	102.9	105.4
广元市	Guangyuan	104.5	104.6	104.7	103.3	104.1	103.5	104.1	104.2	103.8	103.1	105.8
遂宁市	Suining	104.4	104.4	104.5	103.0	103.6	103.3	103.7	103.6	103.5	102.7	105.3
内江市	Neijiang	104.5	104.4	104.6	103.8	103.7	103.7	104.2	102.9	103.8	102.9	105.8
乐山市	Leshan	104.0	104.2	104.3	103.2	103.8	103.7	103.8	103.9	103.8	102.8	105.8
南充市	Nanchong	104.4	104.4	104.5	103.4	104.2	103.6	103.7	103.8	104.2	102.9	106.2
眉山市	Meishan	104.3	104.5	104.6	103.4	103.9	103.8	103.9	103.8	103.6	103.0	105.7
宜宾市	Yibin	104.8	104.7	104.8	103.4	103.6	103.7	103.6	103.5	103.6	102.9	105.7
广安市	Guangan	104.4	104.6	104.5	103.3	104.0	103.6	102.9	103.4	103.5	102.8	105.6
达州市	Dazhou	104.3	103.9	104.5	103.5	103.7	103.7	104.1	103.7	103.6	102.9	105.5
雅安市	Yaan	103.0	103.5	104.0	102.0	104.5	103.8	103.6	103.9	103.9	103.1	105.8
巴中市	Bazhong	104.1	104.1	104.2	103.1	103.0	103.4	103.7	103.6	103.7	102.6	105.4
资阳市	Ziyang	103.9	104.0	104.7	102.7	103.9	103.0	103.6	103.9	103.6	102.7	105.4
阿坝藏族羌族自治州	Aba	105.3	106.1	106.0	104.4	104.6	103.9	104.8	103.1	103.4	103.1	104.5
甘孜藏族自治州	Ganzi	104.1	104.2	104.0	104.0	104.5	103.8	104.1	104.4	103.5	102.9	104.5
凉山彝族自治州	Liangshan	104.2	104.4	104.5	104.4	104.4	103.9	104.1	103.8	103.8	103.3	104.8

注：本表按可比价格计算。
a) The indices in this table are calculated at comparable prices.

2-11 各市(州)第二产业增加值
Secondary Industry by Region

单位：亿元 (100 million yuan)

市(州)	Region	2010	2011	2012	2013	2014	2015	2016	2017	2018	2019	2020
全 省	**Sichuan**	**8283.21**	**10014.39**	**11231.06**	**12418.94**	**13082.69**	**13192.45**	**13450.13**	**14569.17**	**16056.94**	**17187.92**	**17571.11**
成都市	Chengdu	2723.56	3406.62	3979.92	4067.91	4193.64	4210.93	4216.36	4504.73	4834.16	5187.57	5418.50
自贡市	Zigong	345.88	399.68	427.49	452.66	458.45	462.69	472.12	495.86	525.30	558.98	567.94
攀枝花市	Panzhihua	380.32	434.74	444.07	453.16	471.57	475.15	482.91	506.35	522.96	549.76	558.39
泸州市	Luzhou	394.04	507.13	567.35	657.89	725.18	728.47	779.88	856.41	938.00	1023.38	1038.09
德阳市	Deyang	499.55	591.99	646.23	767.09	786.86	789.83	809.96	963.99	1083.27	1133.31	1128.68
绵阳市	Mianyang	418.54	509.90	570.85	742.59	836.29	844.18	878.05	993.66	1090.63	1161.75	1174.36
广元市	Guangyuan	122.51	164.35	203.76	256.29	274.09	282.30	289.08	316.50	359.69	386.68	392.93
遂宁市	Suining	243.69	296.14	340.87	376.84	459.62	480.95	487.66	522.22	562.00	618.31	634.12
内江市	Neijiang	332.44	354.66	361.78	365.10	373.51	375.27	385.41	422.62	445.79	474.70	479.08
乐山市	Leshan	398.72	470.29	522.89	599.33	651.89	655.35	658.50	685.22	740.94	799.33	823.08
南充市	Nanchong	317.73	381.13	407.29	570.52	613.78	616.67	641.60	709.23	851.20	923.07	910.80
眉山市	Meishan	276.32	321.86	362.23	411.97	434.44	437.42	447.21	465.78	490.89	526.45	527.64
宜宾市	Yibin	433.23	525.83	596.76	722.18	746.30	754.00	772.30	856.40	1180.98	1324.52	1349.30
广安市	Guangan	250.10	303.92	332.60	336.02	337.96	342.42	349.57	368.55	382.72	414.89	417.13
达州市	Dazhou	328.37	384.75	421.33	491.10	526.55	533.69	548.97	592.60	653.26	720.51	720.30
雅安市	Yaan	152.59	182.25	193.17	195.55	197.94	199.41	200.19	206.46	207.77	227.07	225.88
巴中市	Bazhong	90.94	123.61	142.95	156.31	176.62	177.92	186.03	207.99	238.22	234.38	214.94
资阳市	Ziyang	162.80	173.91	181.68	194.13	199.33	202.76	207.55	216.94	224.95	230.99	228.63
阿坝藏族羌族自治州	Aba	51.90	63.44	77.99	79.32	80.82	81.94	83.08	86.39	91.16	95.26	96.45
甘孜藏族自治州	Ganzi	41.29	43.49	45.61	47.22	52.88	53.50	54.12	75.93	87.32	99.21	105.34
凉山彝族自治州	Liangshan	318.69	374.69	404.26	475.77	484.97	487.59	499.57	515.35	545.72	564.73	559.55

注：本表按当年价格计算。
a) The data in this table are calculated at current prices.

2-12 各市(州)第二产业增加值指数
Indices of Secondary Industry by Region

上年=100 (preceding year=100)

市(州)	Region	2010	2011	2012	2013	2014	2015	2016	2017	2018	2019	2020
全 省	**Sichuan**	**122.8**	**121.6**	**115.9**	**112.0**	**109.0**	**107.7**	**107.6**	**107.5**	**107.5**	**107.4**	**103.8**
成都市	Chengdu	122.7	121.2	115.9	111.9	108.6	107.2	106.6	106.7	107.0	106.8	104.8
自贡市	Zigong	121.4	120.5	114.0	112.8	108.0	107.9	108.0	108.0	108.7	108.0	104.8
攀枝花市	Panzhihua	117.5	117.4	112.2	111.6	108.5	108.6	108.2	107.3	107.5	105.8	104.4
泸州市	Luzhou	124.2	122.1	115.9	112.5	111.4	110.0	110.3	109.7	108.5	108.4	103.3
德阳市	Deyang	120.9	120.6	115.0	111.4	109.2	108.5	109.3	109.6	109.3	107.0	101.3
绵阳市	Mianyang	124.0	123.4	117.0	112.3	109.3	108.8	108.4	109.0	109.6	108.0	104.0
广元市	Guangyuan	129.4	125.8	117.2	113.8	109.6	108.8	109.2	108.8	109.6	107.8	104.2
遂宁市	Suining	124.7	122.0	115.5	114.1	110.5	111.5	109.8	108.7	109.1	109.0	104.3
内江市	Neijiang	123.7	120.0	114.6	111.4	109.7	108.3	108.8	107.2	108.5	108.6	104.2
乐山市	Leshan	120.7	120.1	114.8	111.6	106.2	109.9	108.5	108.5	108.4	107.9	104.1
南充市	Nanchong	123.3	122.6	118.8	114.7	107.0	108.3	108.0	109.2	109.9	109.3	102.0
眉山市	Meishan	123.8	119.8	115.9	112.5	111.4	110.6	109.6	103.3	107.2	107.9	103.0
宜宾市	Yibin	122.5	120.8	116.1	108.2	108.1	108.6	109.0	109.1	110.0	109.7	104.9
广安市	Guangan	124.6	122.0	116.1	113.5	111.4	110.8	108.9	108.4	108.6	108.4	103.5
达州市	Dazhou	124.4	123.3	116.9	113.4	109.2	101.1	108.3	107.9	108.3	109.9	104.8
雅安市	Yaan	122.2	122.0	115.3	103.3	112.1	109.9	109.4	107.9	107.6	107.8	104.5
巴中市	Bazhong	130.5	132.7	118.3	115.9	110.0	109.4	109.5	109.7	109.4	102.2	100.9
资阳市	Ziyang	123.7	122.5	116.4	113.4	111.7	109.8	108.5	107.8	107.5	106.9	103.8
阿坝藏族羌族自治州	Aba	130.2	126.5	117.8	114.1	106.5	108.0	105.8	108.7	103.9	104.7	105.3
甘孜藏族自治州	Ganzi	120.5	123.3	117.3	118.8	101.7	104.0	111.3	117.9	116.6	113.9	108.4
凉山彝族自治州	Liangshan	127.5	123.4	115.9	114.4	110.9	100.4	105.5	105.9	100.8	102.5	104.6

注：本表按可比价格计算。
a) The indices in this table are calculated at comparable prices.

2-13 各市(州)第三产业增加值
Tertiary Industry by Region

单位：亿元 (100 million yuan)

市(州)	Region	2010	2011	2012	2013	2014	2015	2016	2017	2018	2019	2020
全 省	**Sichuan**	**6556.68**	**8181.86**	**9548.80**	**10841.66**	**12283.90**	**13488.60**	**15787.75**	**19073.46**	**22417.73**	**24368.31**	**25471.07**
成都市	Chengdu	2852.01	3602.96	4297.79	5038.89	5771.87	6037.39	7165.69	8861.48	10285.94	11210.87	11643.00
自贡市	Zigong	208.85	256.28	305.08	342.56	357.14	373.90	403.39	495.61	599.87	642.85	659.15
攀枝花市	Panzhihua	118.80	137.12	149.39	158.78	166.89	184.82	212.79	257.23	332.46	360.57	385.53
泸州市	Luzhou	215.32	258.23	300.69	347.92	386.75	467.08	539.04	650.45	760.25	830.67	862.67
德阳市	Deyang	274.06	335.44	387.90	435.61	476.10	531.56	670.25	723.62	841.64	957.82	1002.73
绵阳市	Mianyang	369.29	445.12	499.58	528.81	574.87	696.82	876.70	1059.16	1255.71	1406.28	1464.77
广元市	Guangyuan	123.98	150.10	167.08	178.74	193.20	225.00	247.64	297.96	374.22	413.50	428.29
遂宁市	Suining	138.32	164.17	185.17	199.09	212.95	245.03	284.56	360.76	497.77	536.18	550.81
内江市	Neijiang	208.11	287.84	345.95	371.13	413.27	447.82	495.89	542.58	643.86	697.17	717.70
乐山市	Leshan	236.81	292.91	330.66	356.63	393.79	454.94	495.02	591.45	751.01	830.57	890.02
南充市	Nanchong	253.03	315.01	362.16	393.51	439.85	505.89	606.98	774.01	897.97	974.97	1029.52
眉山市	Meishan	162.87	204.11	236.94	264.61	309.31	359.20	396.00	499.49	591.47	640.09	673.25
宜宾市	Yibin	242.18	292.23	329.60	373.07	449.68	494.79	604.38	753.80	913.58	1030.94	1108.27
广安市	Guangan	176.70	216.64	253.88	313.96	340.83	364.91	409.62	495.20	580.34	630.85	649.19
达州市	Dazhou	260.99	324.24	356.60	383.09	445.42	525.72	634.16	791.84	912.64	962.15	1003.93
雅安市	Yaan	95.81	119.93	141.52	162.38	196.09	231.97	271.28	300.41	331.73	367.92	376.93
巴中市	Bazhong	109.49	129.19	150.08	161.17	211.82	244.70	274.51	297.15	358.12	381.48	390.24
资阳市	Ziyang	109.05	149.25	183.81	207.55	223.66	250.58	313.98	346.78	375.86	404.31	410.37
阿坝藏族羌族自治州	Aba	54.33	71.57	84.06	108.12	124.05	152.05	160.67	175.81	214.10	227.67	233.23
甘孜藏族自治州	Ganzi	52.26	67.26	78.97	85.08	105.76	143.19	153.30	182.77	220.34	222.61	224.60
凉山彝族自治州	Liangshan	294.42	362.25	401.88	430.93	490.61	551.22	571.91	615.87	678.84	737.80	766.86

注：本表按当年价格计算。

a) The data in this table are calculated at current prices.

2-14 各市(州)第三产业增加值指数
Indices of Tertiary Industry by Region

上年=100 (preceding year=100)

市(州)	Region	2010	2011	2012	2013	2014	2015	2016	2017	2018	2019	2020
全 省	**Sichuan**	**109.7**	**110.5**	**108.3**	**109.2**	**109.2**	**109.4**	**109.2**	**109.7**	**109.5**	**108.4**	**103.4**
成都市	Chengdu	107.9	109.7	107.3	108.3	109.3	109.3	108.9	109.4	109.0	108.7	103.6
自贡市	Zigong	110.2	110.5	111.4	110.3	107.9	110.9	108.6	110.0	110.4	108.5	102.4
攀枝花市	Panzhihua	108.4	110.1	111.3	108.5	112.7	107.2	108.2	108.4	108.5	107.9	102.4
泸州市	Luzhou	111.6	108.8	109.1	111.0	109.1	112.7	110.4	110.0	107.7	109.2	105.2
德阳市	Deyang	107.9	109.8	107.3	109.4	109.7	109.6	109.5	110.1	110.1	108.9	103.7
绵阳市	Mianyang	107.9	109.2	106.8	108.9	109.9	110.2	109.7	110.5	109.6	109.5	104.5
广元市	Guangyuan	111.6	110.4	110.0	110.2	110.3	110.8	108.3	109.1	108.6	108.9	103.5
遂宁市	Suining	110.6	111.5	111.2	109.9	110.0	115.3	111.0	110.3	111.0	109.3	103.8
内江市	Neijiang	111.0	113.5	110.8	111.2	109.3	109.1	108.4	108.7	108.9	108.6	103.0
乐山市	Leshan	112.4	112.0	111.8	110.6	109.7	109.4	109.6	109.3	110.6	108.8	103.7
南充市	Nanchong	113.0	116.4	109.6	110.8	109.8	109.4	110.4	111.0	110.9	109.1	104.6
眉山市	Meishan	109.5	114.2	111.7	111.4	107.2	109.1	109.0	108.5	109.5	108.5	104.9
宜宾市	Yibin	108.4	111.2	107.7	110.4	109.9	110.2	109.1	110.7	110.4	109.8	103.9
广安市	Guangan	109.9	112.2	110.5	110.0	108.1	110.4	109.2	110.0	109.4	108.4	102.9
达州市	Dazhou	112.4	113.8	109.1	110.0	110.2	105.6	108.7	111.1	110.7	107.6	102.9
雅安市	Yaan	110.5	110.6	108.3	105.8	108.5	109.6	108.7	109.7	109.8	109.7	103.9
巴中市	Bazhong	113.9	108.5	112.0	109.9	110.8	110.5	108.0	108.5	108.5	109.4	102.7
资阳市	Ziyang	111.3	113.2	109.9	110.8	106.6	110.2	109.3	109.6	109.6	108.8	103.5
阿坝藏族羌族自治州	Aba	111.8	108.0	107.4	107.8	104.9	109.2	106.8	102.0	105.3	107.6	101.9
甘孜藏族自治州	Ganzi	112.5	113.0	109.5	110.0	106.5	106.7	106.4	107.4	108.4	104.4	100.9
凉山彝族自治州	Liangshan	111.3	111.6	110.1	107.5	106.6	105.7	107.2	105.5	107.0	109.3	103.1

注：本表按可比价格计算。
a) The indices in this table are calculated at comparable prices.

2-15 各市(州)人均地区生产总值
Per Capita Gross Regional Product by Region

单位：元 (yuan)

市(州)	Region	2010	2011	2012	2013	2014	2015	2016	2017	2018	2019	2020
全　省	**Sichuan**	**21230**	**26136**	**29627**	**32750**	**35563**	**37150**	**40297**	**45835**	**51658**	**55619**	**58126**
成都市	Chengdu	40288	47750	54211	57538	61099	60643	65067	73770	80503	84584	85679
自贡市	Zigong	23033	27949	31208	34260	35510	36809	38993	44681	50664	54959	58059
攀枝花市	Panzhihua	43551	49266	51300	53165	55934	58216	62382	68980	77231	82403	85806
泸州市	Luzhou	16794	21064	23873	27656	30741	32869	35832	40383	44918	48903	50758
德阳市	Deyang	25239	30862	34805	39995	41900	43756	48588	54795	61788	67005	69443
绵阳市	Mianyang	19551	24541	27346	31724	34572	37093	41324	48442	54376	59381	61936
广元市	Guangyuan	12122	15827	18177	20986	22797	24883	26795	30990	36749	40355	43337
遂宁市	Suining	14325	18126	20477	22378	25954	28337	30568	35150	42167	46615	49495
内江市	Neijiang	16979	21239	24196	25583	27627	29337	31823	35213	40062	43754	46228
乐山市	Leshan	22131	27357	30570	33940	37125	39858	41640	46315	53633	58942	63259
南充市	Nanchong	12870	15704	17496	20928	22909	24325	26741	31210	36390	40145	42482
眉山市	Meishan	18242	21947	24873	27665	30275	32192	33992	38720	42873	46123	48132
宜宾市	Yibin	18089	22017	25215	29251	31968	33200	36097	41456	51941	57820	61182
广安市	Guangan	15405	20004	22562	24887	26450	27548	29083	32689	35999	38702	40073
达州市	Dazhou	14149	17489	19281	21180	23244	24965	27325	31012	34392	37284	39182
雅安市	Yaan	19554	23725	26757	28483	31656	34694	37847	41341	44688	49796	52366
巴中市	Bazhong	8608	10235	11657	12653	15196	16645	18410	20767	24596	26377	27951
资阳市	Ziyang	12499	16300	18682	20497	21985	23668	26726	28761	30770	33207	34806
阿坝藏族羌族自治州	Aba	14116	17738	21180	24373	26875	31284	33432	36864	43220	46376	49668
甘孜藏族自治州	Ganzi	11935	13977	15838	16813	19550	22951	23848	28432	32869	34891	36993
凉山彝族自治州	Liangshan	17253	20888	22867	25048	27090	28312	29139	30373	32413	34566	35720

注：本表按当年价格计算；人均GDP系按年平均常住人口计算。

a) The data in this table are calculated at current prices and the per capita GDP are calculated based on the annual average date of resident population.

2-16 各市(州)人均地区生产总值指数
Indices of Per Capita Gross Regional Product by Region

上年=100 (preceding year=100)

市(州)	Region	2010	2011	2012	2013	2014	2015	2016	2017	2018	2019	2020
全 省	**Sichuan**	**115.8**	**115.8**	**111.4**	**109.7**	**108.1**	**107.3**	**107.1**	**107.5**	**107.5**	**107.0**	**103.4**
成都市	Chengdu	110.2	109.0	107.8	106.4	105.2	104.2	103.8	104.5	104.6	104.5	101.2
自贡市	Zigong	117.9	118.4	112.4	111.1	108.1	109.1	108.4	108.6	109.4	109.3	105.7
攀枝花市	Panzhihua	111.9	112.9	111.2	110.3	109.4	108.3	108.0	107.6	107.7	106.4	104.1
泸州市	Luzhou	117.2	117.0	112.8	111.6	110.5	109.9	108.9	108.6	107.3	107.6	103.8
德阳市	Deyang	114.9	116.0	112.9	111.0	109.1	108.5	108.5	109.1	109.0	107.4	102.7
绵阳市	Mianyang	118.6	118.8	111.3	109.6	108.1	107.8	107.4	108.2	108.3	107.5	103.8
广元市	Guangyuan	121.1	121.4	112.0	110.5	109.3	108.7	108.7	109.3	109.7	109.0	105.8
遂宁市	Suining	120.6	121.6	113.4	112.3	110.6	112.7	110.7	110.4	111.0	109.8	105.7
内江市	Neijiang	119.9	120.0	113.5	111.8	110.4	109.7	109.5	108.9	109.9	109.7	105.8
乐山市	Leshan	118.1	118.0	112.6	110.5	107.4	109.4	108.5	108.5	109.0	108.0	104.5
南充市	Nanchong	115.0	115.6	113.2	111.7	108.3	108.7	108.9	109.8	110.5	109.4	105.3
眉山市	Meishan	116.6	115.8	112.5	110.4	108.8	109.1	108.4	105.7	107.7	107.4	104.3
宜宾市	Yibin	115.1	115.4	112.6	108.6	108.2	108.1	107.5	108.0	108.5	108.1	104.0
广安市	Guangan	124.3	124.1	112.6	111.2	109.5	109.5	107.3	107.7	107.7	106.9	103.0
达州市	Dazhou	117.8	117.9	111.5	110.2	108.4	103.0	107.5	108.2	108.4	108.1	104.8
雅安市	Yaan	115.9	116.0	111.5	104.1	110.2	109.5	109.0	108.9	108.8	108.7	105.2
巴中市	Bazhong	112.3	113.8	114.1	112.5	110.7	110.7	110.1	110.5	110.3	108.0	104.7
资阳市	Ziyang	123.6	125.5	114.4	112.4	110.3	109.9	108.3	108.5	108.9	108.2	104.9
阿坝藏族羌族自治州	Aba	116.2	116.3	112.4	110.7	106.2	108.4	107.1	105.2	105.8	107.6	104.8
甘孜藏族自治州	Ganzi	107.7	109.1	110.3	111.6	104.1	104.9	106.4	108.8	109.4	106.7	103.9
凉山彝族自治州	Liangshan	113.3	113.0	111.3	109.8	107.8	101.9	104.2	104.0	103.4	105.0	103.5

注：本表按可比价格计算。

a) The indices in this table are calculated at comparable prices.

2-17 各市(州)民营经济增加值(2020年)
Civilian-owned Value Added by Region(2020)

单位：亿元 (100 million yuan)

市(州)	Region	民营经济增加值 Civilian-owned Value Added	第一产业 Primary Industry	第二产业 Secondary Industry	第三产业 Tertiary Industry	人均民营经济增加值(元) Per Capita Civilian-owned Value Added (yuan)
全 省	**Sichuan**	**26532.93**	**1889.60**	**13059.25**	**11584.08**	**31734**
成都市	Chengdu	8902.78	101.31	3135.85	5665.62	43054
自贡市	Zigong	811.33	57.99	360.94	392.40	32304
攀枝花市	Panzhihua	557.29	16.26	320.90	220.13	45943
泸州市	Luzhou	1229.15	65.63	648.48	515.04	28921
德阳市	Deyang	1377.93	89.96	771.93	516.04	39802
绵阳市	Mianyang	1822.17	103.51	919.79	798.87	37493
广元市	Guangyuan	554.14	57.50	291.57	205.07	23829
遂宁市	Suining	851.02	75.49	467.69	307.84	30024
内江市	Neijiang	878.74	98.12	341.98	438.64	27712
乐山市	Leshan	1121.84	140.44	573.73	407.67	35428
南充市	Nanchong	1417.84	238.43	576.38	603.03	25088
眉山市	Meishan	802.48	95.59	366.14	340.75	27129
宜宾市	Yibin	1637.27	122.80	1014.31	500.16	35748
广安市	Guangan	729.73	78.13	302.15	349.45	22467
达州市	Dazhou	1270.46	106.25	522.18	642.03	23507
雅安市	Yaan	443.38	21.90	166.91	254.57	30769
巴中市	Bazhong	444.87	46.03	168.14	230.70	16213
资阳市	Ziyang	450.59	69.79	189.37	191.43	19422
阿坝藏族羌族自治州	Aba	185.32	33.78	60.50	91.04	22354
甘孜藏族自治州	Ganzi	183.47	68.73	48.01	66.73	16529
凉山彝族自治州	Liangshan	861.13	140.86	309.00	411.27	17748

注：本表按当年价格计算；人均民营经济增加值年平均人口数按常住人口计算。
a) The data in this table are calculated at current prices. Per capita civilian-owned value added are calculated on the annual average resident population.

2-18 各市(州)民营经济增加值指数(2020年)
Indices of Civilian-owned Value Added by Region(2020)

上年=100 (preceding year=100)

市(州)	Region	民营经济增加值 Civilian-owned Value Added	第一产业 Primary Industry	第二产业 Secondary Industry	第三产业 Tertiary Industry	人均民营经济增加值 Per Capita Civilian-owned Value Added
全 省	**Sichuan**	**102.9**	**106.4**	**102.9**	**102.3**	**102.5**
成都市	Chengdu	103.1	106.1	103.9	102.5	100.3
自贡市	Zigong	103.0	106.8	103.9	101.5	104.8
攀枝花市	Panzhihua	102.9	105.5	104.1	100.3	103.1
泸州市	Luzhou	103.5	106.6	102.9	104.0	103.1
德阳市	Deyang	101.7	103.6	101.2	102.0	101.9
绵阳市	Mianyang	103.1	104.9	102.6	103.5	102.5
广元市	Guangyuan	103.6	106.6	103.4	103.1	105.2
遂宁市	Suining	103.4	105.4	103.8	102.3	104.9
内江市	Neijiang	102.9	105.5	103.8	101.3	104.7
乐山市	Leshan	103.3	105.4	105.1	98.9	103.6
南充市	Nanchong	102.8	106.5	101.0	103.5	104.3
眉山市	Meishan	103.2	105.7	103.0	102.5	103.3
宜宾市	Yibin	103.9	106.8	104.2	103.0	103.3
广安市	Guangan	102.5	104.2	103.1	101.3	101.9
达州市	Dazhou	103.5	105.5	104.2	102.5	104.1
雅安市	Yaan	103.9	104.6	104.3	103.5	104.6
巴中市	Bazhong	101.7	105.3	100.2	102.4	103.9
资阳市	Ziyang	103.0	105.8	103.4	101.7	104.0
阿坝藏族羌族自治州	Aba	102.6	105.9	103.7	100.3	104.0
甘孜藏族自治州	Ganzi	101.1	105.8	107.1	93.3	101.3
凉山彝族自治州	Liangshan	102.9	104.3	103.6	102.1	102.5

注：本表按可比价格计算。
a) The data in this table are calculated at comparable prices.

主要统计指标解释

国内生产总值(GDP) 指一个国家（或地区）所有常住单位在一定时期内生产活动的最终成果。国内生产总值有三种表现形态，即价值形态、收入形态和产品形态。从价值形态看，它是所有常住单位在一定时期内生产的全部货物和服务价值与同期投入的全部非固定资产货物和服务价值的差额，即所有常住单位的增加值之和；从收入形态看，它是所有常住单位在一定时期内创造的各项收入之和，包括劳动者报酬、生产税净额、固定资产折旧和营业盈余；从产品形态看，它是所有常住单位在一定时期内最终使用的货物和服务价值与货物和服务净出口价值之和。在实际核算中，国内生产总值有三种计算方法，即生产法、收入法和支出法。三种方法分别从不同的方面反映国内生产总值及其构成。

对于一个地区来说，称为地区生产总值或地区 GDP。

三次产业 三次产业的划分是世界上较为常用的产业结构分类，但各国的划分不尽一致。根据《国民经济行业分类》（GB/T 4754—2017）和《三次产业划分规定》，我国的三次产业划分是：

第一产业是指农、林、牧、渔业（不包括农、林、牧、渔服务业）。

第二产业是指采矿业（不含开采辅助活动），制造业（不含金属制品、机械和设备修理业），电力、热力、燃气及水生产和供应业，建筑业。

第三产业即服务业，是指除第一产业、第二产业以外的其他行业。

民营经济 指资产归中国内地公民私人所有的经济成分，即：除国有和集体、港澳台和外商经济单位以外的所有单位和个体户，包括私有经济、个体经济以及混合经济中的民营经济。

Explanatory Notes on Main Statistical Indicators

Gross Domestic Product (GDP) refers to the final products produced by all resident units in a country during a certain period of time. Gross domestic product is expressed in three different perspectives, namely value, income, and products respectively. GDP in its value perspective refers to the balance of total value of all goods and services produced by all resident units during a certain period of time, minus the total value of input of goods and services of the nature of non-fixed assets; in other words, it is the sum of the value-added of all resident units. GDP from the perspective of income refers to the sum of all kinds of revenue, including Compensation of Employees, Net Taxes on Production, Depreciation of Fixed Assets, and Operating Surplus. GDP from the perspective of products refers to the value of all goods and services for final demand by all resident units plus the net exports of goods and services during a given period of time. In the practice of national accounting, gross domestic product is calculated from three approaches, namely production approach, income approach and expenditure approach, which reflect gross domestic product and its composition from different angles.

For a region, it is called as Gross Regional Product(GRP) or regional GDP.

Three Strata of Industry Classification of economic activities into three strata of industry is a common practice in the world, although the grouping varies to some extent from country to country. In China, according to Industrial classification for National Economic Activities (GB/T 4754—2017) and Rules on Division of Three Strata of Industries, economic activities are categorized into the following three strata of industry:

Primary industry refers to agriculture, forestry, animal husbandry and fishery industries (not including services in support of agriculture, forestry, animal husbandry and fishery industries).

Secondary industry refers to mining and quarrying(not including support activities for mining), manufacturing(not including repair service of metal products, machinery and equipment), production and supply of electricity, heat, gas and water, and construction.

Tertiary industry refers to all other economic activities not included in the primary or secondary industries.

Civilian-owned refers to the economic componets owned by private citizens in the Mainland of China, namely the all untis and self-employed excluding the state-owned economy, collective economy, Hong Kong, Macao and Taiwan Economy and foreign economy, and including the private economy, individual economy, and the private economy in mixed economy.

03 / 人 口

Chapter3 Population

SICHUAN STATISTICAL YEARBOOK

3-1 年末常住人口、城镇化率、出生率、死亡率和自然增长率
Resident Population(year-end), Urbanization Rate, Birth Rate, Death Rate and Natural Growth Rate of Population

年 份 Year	年末常住人口 (万人) Resident Population (year-end)	城镇化率 (%) Urbanization Rate (%)	出生率 (‰) Birth Rate (‰)	死亡率 (‰) Death Rate (‰)	自然增长率 (‰) Natural Growth Rate (‰)
1952			41.0	18.2	22.8
1957			29.2	12.1	17.1
1962			28.0	14.6	13.4
1965			42.4	11.4	31.0
1970			38.7	9.2	29.5
1975			31.2	8.9	22.3
1978			15.1	7.0	8.1
1980			13.0	6.8	6.2
1985			15.4	7.2	8.2
1990			19.1	7.7	11.4
1991			15.8	7.3	8.5
1992			16.3	7.0	9.3
1993			16.8	7.2	9.6
1994			16.9	7.0	9.9
1995			17.1	7.2	9.9
1996			16.6	7.3	9.3
1997			15.7	7.0	8.7
1998			14.6	7.1	7.5
1999			13.8	7.0	6.8
2000	8234.8	26.70	12.1	7.0	5.1
2001	8143.0	27.20	11.2	6.8	4.4
2002	8110.0	28.20	10.4	6.5	3.9
2003	8176.0	30.10	9.2	6.1	3.1
2004	8090.0	31.10	9.1	6.3	2.8
2005	8212.0	33.00	9.7	6.8	2.9
2006	8169.0	34.30	9.2	6.3	2.9
2007	8127.0	35.60	9.2	6.3	2.9
2008	8138.0	37.40	9.5	7.1	2.4
2009	8185.0	38.70	9.1	6.4	2.7
2010	8045.0	40.18	8.9	6.6	2.3
2011	8064.0	41.85	9.8	6.8	3.0
2012	8085.0	43.35	9.9	6.9	3.0
2013	8109.0	44.96	9.9	6.9	3.0
2014	8139.0	46.51	10.2	7.0	3.2
2015	8196.0	48.27	10.3	6.9	3.4
2016	8251.0	50.00	10.5	7.0	3.5
2017	8289.0	51.78	11.3	7.0	4.3
2018	8321.0	53.50	11.1	7.0	4.1
2019	8351.0	55.36	10.7	7.1	3.6
2020	8371.0	56.73	7.6	6.3	1.3

注：①2000年、2010年、2020年为当年人口普查数据推算数，其余年份是依据年度人口变动调查并结合人口普查推算的修订数(以下有关表同)。②本表中出生率、死亡率和自然增长率在1981年及以前均根据公安年报计算，1982年以后按人口变动抽样调查计算。

a) The data of 2000,2010 and 2020 are estimated by the census data of that year; the data of other years are the revised figures estimated by the annual population change survey and the cunsus(The same as the following related tables). b)Data of birth rate, death rate and natural growth rate in this table before 1981 were taken from the annual reports of the Bureau of Public Security. Since 1982, the data of province have been estimated by the annual population change survey.

3−2 各市(州)年末常住人口、城镇化率、出生率、死亡率、自然增长率和人口密度(2020年)

Resident Population(year-end), Urbanization Rate, Birth rate, Death rate, Natural Growth Rate and Population Density by Region(2020)

市(州)	Region	年末常住人口 (万人) Resident Population (year-end) (10 000 persons)	城镇化率 (%) Urbanization Rate (%)	出生率 (‰) Birth Rate (‰)	死亡率 (‰) Death Rate (‰)	自然增长率 (‰) Natural Growth Rate (‰)	人口密度 (人/平方公里) Population Density (person/sq.km)
全 省	**Sichuan**	**8371.0**	**56.73**	**7.60**	**6.28**	**1.32**	**172**
成都市	Chengdu	2094.7	78.77	7.81	4.55	3.26	1461
自贡市	Zigong	249.0	55.40	6.18	7.72	-1.54	568
攀枝花市	Panzhihua	121.3	69.57	7.64	6.16	1.48	164
泸州市	Luzhou	425.6	50.24	6.99	6.71	0.28	348
德阳市	Deyang	345.7	55.97	6.12	8.39	-2.27	585
绵阳市	Mianyang	487.1	51.66	6.94	6.67	0.27	241
广元市	Guangyuan	230.7	47.04	7.63	7.54	0.09	141
遂宁市	Suining	281.5	57.30	6.45	6.36	0.09	529
内江市	Neijiang	314.2	50.07	6.29	7.85	-1.56	584
乐山市	Leshan	316.1	53.11	7.27	7.74	-0.47	248
南充市	Nanchong	561.0	50.22	7.03	6.98	0.05	450
眉山市	Meishan	295.6	50.14	7.89	8.17	-0.28	414
宜宾市	Yibin	459.1	51.39	8.19	7.31	0.88	346
广安市	Guangan	325.6	44.07	7.30	7.17	0.13	514
达州市	Dazhou	538.7	49.80	6.26	6.37	-0.11	325
雅安市	Yaan	143.6	52.78	8.17	6.78	1.39	95
巴中市	Bazhong	271.4	46.16	7.56	6.29	1.27	221
资阳市	Ziyang	231.0	41.29	5.83	8.22	-2.39	402
阿坝藏族羌族自治州	Aba	82.3	41.43	9.22	4.37	4.85	10
甘孜藏族自治州	Ganzi	110.8	31.01	9.65	3.82	5.83	7
凉山彝族自治州	Liangshan	486.0	36.96	12.90	4.25	8.65	81

注：2020年末常住人口为第七次全国人口普查数据推算数，其余数据均为第七次全国人口普查登记数据。

a) The number of Resident Population are estimated by the 7th National Population Census, and the others are the registered data of the 7th National Population Census.

3-3 各市(州)年末常住人口数
Resident Population(year-end) by Region

单位：万人 (10 000 persons)

市(州)	Region	2010	2011	2012	2013	2014	2015	2016	2017	2018	2019	2020
全 省	**Sichuan**	**8045.0**	**8064.0**	**8085.0**	**8109.0**	**8139.0**	**8196.0**	**8251.0**	**8289.0**	**8321.0**	**8351.0**	**8371.0**
成都市	Chengdu	1405.5	1457.5	1510.9	1564.3	1619.8	1685.3	1858.2	1918.8	1981.3	2040.9	2094.7
自贡市	Zigong	268.0	266.4	266.8	266.3	264.3	262.9	260.6	261.3	257.6	253.3	249.0
攀枝花市	Panzhihua	121.4	121.9	122.7	122.7	122.5	122.3	122.2	122.0	121.8	121.3	121.3
泸州市	Luzhou	422.0	420.8	419.7	416.7	415.5	417.7	419.9	421.4	422.6	424.4	425.6
德阳市	Deyang	361.7	357.8	351.6	350.4	348.9	348.5	348.2	347.9	347.4	346.7	345.7
绵阳市	Mianyang	461.7	462.3	462.7	464.3	468.2	471.6	475.9	479.2	481.9	484.9	487.1
广元市	Guangyuan	248.5	247.2	248.5	247.3	246.7	246.8	243.8	241.3	237.9	234.4	230.7
遂宁市	Suining	325.4	321.6	317.8	313.8	309.6	305.4	301.0	294.3	289.4	285.4	281.5
内江市	Neijiang	370.4	365.3	360.3	355.1	349.8	344.2	338.6	332.8	325.6	320.0	314.2
乐山市	Leshan	323.7	323.5	323.6	322.7	321.4	321.1	320.3	319.4	318.2	317.2	316.1
南充市	Nanchong	628.1	621.8	616.2	610.5	604.4	598.7	592.7	585.2	577.6	569.3	561.0
眉山市	Meishan	295.2	295.8	296.4	297.2	297.6	297.9	297.4	296.1	296.2	296.0	295.6
宜宾市	Yibin	447.4	445.2	442.9	441.5	441.5	444.1	447.6	450.8	453.8	456.9	459.1
广安市	Guangan	320.6	320.0	318.3	317.2	316.7	318.0	320.1	320.8	322.0	324.0	325.6
达州市	Dazhou	547.0	547.5	547.1	547.4	547.2	547.6	547.0	547.7	545.3	542.2	538.7
雅安市	Yaan	150.8	150.9	150.8	150.4	150.1	149.1	147.7	146.6	145.7	144.6	143.6
巴中市	Bazhong	328.5	323.8	318.9	313.6	307.9	302.1	295.3	289.4	283.5	277.4	271.4
资阳市	Ziyang	366.5	360.6	354.2	350.8	347.5	347.6	240.3	238.4	235.1	233.0	231.0
阿坝藏族羌族自治州	Aba	89.9	89.4	89.0	88.5	88.1	87.6	86.8	85.8	84.7	83.5	82.3
甘孜藏族自治州	Ganzi	109.2	109.6	110.5	110.7	110.6	111.1	111.7	111.5	111.4	111.2	110.8
凉山彝族自治州	Liangshan	453.5	455.1	456.1	457.6	460.7	466.4	475.7	478.3	482.0	484.4	486.0

3-4 各市(州)常住人口城镇化率

Urbanization Rate of Resident Population by Region

单位：%　　　　(%)

市(州)	Region	2010	2011	2012	2013	2014	2015	2016	2017	2018	2019	2020
全　省	**Sichuan**	**40.18**	**41.85**	**43.35**	**44.96**	**46.51**	**48.27**	**50.00**	**51.78**	**53.50**	**55.36**	**56.73**
成都市	Chengdu	65.75	66.86	68.18	69.75	71.36	73.01	74.01	75.29	76.60	78.00	78.77
自贡市	Zigong	41.02	41.73	43.07	44.63	45.98	47.52	48.52	50.39	52.30	54.29	55.40
攀枝花市	Panzhihua	60.10	60.71	61.72	62.94	63.77	65.01	65.78	66.81	67.68	69.13	69.57
泸州市	Luzhou	38.80	39.21	40.17	41.34	42.34	43.71	44.68	46.37	47.64	48.93	50.24
德阳市	Deyang	41.32	42.00	43.44	44.86	46.30	47.91	49.02	50.88	52.58	54.38	55.97
绵阳市	Mianyang	39.85	40.38	41.40	42.57	43.69	44.92	45.90	47.27	48.60	49.71	51.66
广元市	Guangyuan	32.98	33.86	35.11	36.36	37.84	39.36	40.36	42.22	43.82	45.51	47.04
遂宁市	Suining	38.38	39.61	41.55	43.49	45.20	47.09	48.83	50.98	53.51	56.13	57.30
内江市	Neijiang	39.36	39.97	40.95	41.90	42.91	44.02	44.94	46.37	47.77	48.88	50.07
乐山市	Leshan	39.48	40.03	41.21	42.64	43.94	45.69	46.72	48.51	49.95	51.83	53.11
南充市	Nanchong	35.91	36.47	37.48	38.62	40.05	41.81	42.96	44.84	46.75	48.79	50.22
眉山市	Meishan	34.11	35.28	37.25	39.04	40.64	42.42	43.49	45.42	47.08	48.87	50.14
宜宾市	Yibin	38.00	38.65	39.84	40.84	41.89	43.46	44.60	46.37	47.63	49.57	51.39
广安市	Guangan	29.07	29.98	31.60	33.38	34.87	36.41	37.53	39.31	40.94	42.92	44.07
达州市	Dazhou	32.71	33.77	35.56	37.44	39.16	41.12	42.32	44.34	46.31	48.49	49.80
雅安市	Yaan	34.62	35.87	37.84	39.84	41.80	43.78	45.48	47.35	49.35	51.54	52.78
巴中市	Bazhong	29.31	30.36	32.30	34.27	36.00	37.70	38.88	40.67	42.63	45.04	46.16
资阳市	Ziyang	30.72	31.10	31.95	32.97	33.79	34.91	35.61	36.84	38.23	39.88	41.29
阿坝藏族羌族自治州	Aba	30.10	30.77	31.75	33.04	33.88	34.96	35.64	36.67	38.58	40.56	41.49
甘孜藏族自治州	Ganzi	20.53	21.18	22.14	23.23	24.14	25.17	25.90	26.92	28.44	30.10	31.01
凉山彝族自治州	Liangshan	27.52	27.94	28.94	30.11	31.11	32.39	33.00	34.04	34.89	35.96	36.96

3-5 年末户籍总人口数及构成
Total Registered Population and its Composition(year-end)

单位：万人 (10 000 persons)

年份 Year	年末户籍总人口 Total Registered Population (year-end)	按性别分 By Sex		按城乡分 By Residence	
		男 Male	女 Female	城镇人口 Urban Population	乡村人口 Rural Population
1952	4628.5	2357.9	2270.6		
1957	5088.8	2601.0	2487.8	568.0	4520.8
1962	4688.3	2368.9	2319.4	535.9	4152.4
1965	5162.1	2623.3	2538.8	606.4	4555.7
1970	6052.4	3089.0	2963.4	688.9	5363.5
1975	6874.7	3508.2	3366.5	736.6	6138.1
1978	7071.9	3621.5	3450.4	784.2	6287.7
1980	7154.8	3668.3	3486.5	829.6	6325.2
1985	7419.3	3828.9	3590.4	1025.9	6393.4
1990	7892.5	4088.1	3804.4	1101.7	6790.8
1991	7947.8	4119.5	3828.3	1119.3	6828.5
1992	7992.2	4144.1	3848.1	1172.6	6819.6
1993	8037.4	4171.2	3866.2	1211.9	6825.5
1994	8098.7	4205.3	3893.4	1277.1	6821.6
1995	8161.2	4238.9	3922.3	1331.8	6829.4
1996	8215.4	4266.6	3948.8	1378.1	6837.3
1997	8264.7	4291.4	3973.3	1420.1	6844.6
1998	8315.7	4317.5	3998.2	1460.3	6855.4
1999	8358.6	4337.7	4020.9	1507.7	6850.9
2000	8407.5	4358.9	4048.6	1565.0	6842.5
2001	8436.6	4375.4	4061.2	1622.1	6814.5
2002	8474.5	4395.3	4079.2	1677.6	6796.9
2003	8529.4	4424.7	4104.7	1795.2	6734.2
2004	8595.3	4460.0	4135.3	1914.3	6681.0
2005	8642.1	4483.6	4158.5	2013.8	6628.3
2006	8722.5	4520.3	4202.2	2070.8	6651.7
2007	8815.2	4566.4	4248.8	2140.0	6675.2
2008	8907.8	4607.7	4300.1	2203.4	6704.4
2009	8984.7	4639.2	4345.5	2286.3	6698.4
2010	9001.3	4640.4	4360.9	2355.2	6646.1
2011	9058.4	4665.6	4392.8	2462.7	6595.7
2012	9097.4	4685.0	4412.4	2512.0	6585.4
2013	9132.6	4700.8	4431.8	2632.4	6500.2
2014	9159.1	4710.4	4448.7	2694.0	6465.1
2015	9102.0	4680.1	4421.9	2785.2	6316.8
2016	9137.0	4696.2	4440.8	2997.5	6139.5
2017	9113.4	4677.8	4435.6	3116.3	5997.1
2018	9121.8	4678.3	4443.5	3271.5	5850.3
2019	9099.5	4665.3	4434.2	3346.8	5752.7
2020	9081.6	4653.7	4427.9	3475.5	5606.1

注：本篇章所列户籍人口资料均由四川省公安厅提供；2014年及以前的城镇人口、乡村人口为非农业人口、农业人口。

a) Data in this table were taken from the annual reports of the Bureau of Sichuan Provincial Public Security. Data of urban population and rural population before 2014 are those of non-agricultural population and agricultural population.

3-6 各市(州)年末户籍总户数及人口数(2020年)

Number of Registered Households and Population by Region(year-end)(2020)

市(州)	Region	年末户籍总户数(万户) Total Registered Households (year-end) (10 000 households)	年末户籍总人口(万人) Total Registered Population (year-end) (10 000 persons)	男性 Male	女性 Female	城镇人口 Urban Population	乡村人口 Rural Population
全　省	**Sichuan**	**3170.1**	**9081.6**	**4653.7**	**4427.9**	**3475.5**	**5606.1**
成都市	Chengdu	576.5	1519.7	752.1	767.6	1015.6	504.1
自贡市	Zigong	106.0	317.8	161.3	156.5	121.4	196.4
攀枝花市	Panzhihua	36.7	108.0	54.7	53.3	57.5	50.5
泸州市	Luzhou	158.1	508.0	262.0	246.0	202.3	305.7
德阳市	Deyang	152.6	382.3	193.8	188.5	133.9	248.4
绵阳市	Mianyang	198.5	528.5	270.5	258.0	193.4	335.1
广元市	Guangyuan	112.6	297.0	152.2	144.8	81.3	215.7
遂宁市	Suining	133.5	359.3	186.1	173.2	109.6	249.7
内江市	Neijiang	144.8	405.5	208.9	196.6	113.8	291.7
乐山市	Leshan	125.4	348.0	176.8	171.2	135.8	212.2
南充市	Nanchong	248.3	719.3	375.4	343.9	211.6	507.7
眉山市	Meishan	124.1	341.8	173.2	168.6	133.7	208.1
宜宾市	Yibin	164.7	551.0	285.9	265.1	211.1	339.9
广安市	Guangan	144.1	455.6	238.5	217.1	112.0	343.6
达州市	Dazhou	234.7	652.8	342.9	309.9	235.9	416.9
雅安市	Yaan	54.5	152.6	77.8	74.8	70.7	81.9
巴中市	Bazhong	128.4	364.1	190.2	173.9	106.1	258.0
资阳市	Ziyang	123.3	338.9	177.1	161.8	64.7	274.2
阿坝藏族羌族自治州	Aba	28.4	89.7	45.6	44.1	25.3	64.4
甘孜藏族自治州	Ganzi	26.6	108.6	54.7	53.9	18.5	90.1
凉山彝族自治州	Liangshan	148.3	533.1	274.0	259.1	121.3	411.8

3-7 各市(州)年末户籍人口数
Registered Population(year-end) by Region

单位：万人 (10 000 persons)

市(州)	Region	2010	2011	2012	2013	2014	2015	2016	2017	2018	2019	2020
全 省	**Sichuan**	**9001.3**	**9058.4**	**9097.4**	**9132.6**	**9159.1**	**9102.0**	**9137.0**	**9113.4**	**9121.8**	**9099.5**	**9081.6**
成都市	Chengdu	1149.1	1163.3	1173.4	1188.0	1210.7	1228.1	1398.9	1435.3	1478.1	1502.3	1519.7
自贡市	Zigong	326.0	327.1	328.5	329.7	330.0	327.5	327.4	323.9	322.4	320.1	317.8
攀枝花市	Panzhihua	111.3	111.7	111.9	112.0	111.9	110.6	110.5	109.4	108.3	108.4	108.0
泸州市	Luzhou	502.3	503.0	505.2	508.4	508.9	505.7	508.3	509.6	509.7	508.6	508.0
德阳市	Deyang	389.2	390.5	391.5	392.0	392.5	390.0	391.7	387.7	386.8	384.5	382.3
绵阳市	Mianyang	541.9	543.4	545.4	547.4	548.8	545.5	545.2	536.8	536.0	531.4	528.5
广元市	Guangyuan	310.9	311.2	311.7	310.2	310.1	305.3	304.8	302.6	300.5	298.7	297.0
遂宁市	Suining	381.4	382.7	376.1	379.4	380.4	378.8	377.9	369.7	365.4	362.3	359.3
内江市	Neijiang	425.5	426.1	426.6	426.8	426.0	420.4	420.0	415.1	411.8	408.2	405.5
乐山市	Leshan	353.4	354.4	355.1	356.0	355.7	353.8	354.7	351.9	350.5	349.1	348.0
南充市	Nanchong	751.7	756.2	759.6	759.0	759.0	742.3	741.3	732.7	728.7	723.4	719.3
眉山市	Meishan	349.1	350.8	350.4	352.2	353.0	349.1	350.2	345.1	344.4	342.3	341.8
宜宾市	Yibin	539.0	542.9	546.6	550.4	554.3	552.1	555.9	555.4	552.3	551.4	551.0
广安市	Guangan	466.1	468.5	468.5	470.4	471.7	467.4	467.3	464.6	462.2	458.8	455.6
达州市	Dazhou	685.5	690.7	695.6	687.6	688.1	682.8	683.6	671.7	665.8	658.6	652.8
雅安市	Yaan	154.9	155.8	156.5	157.0	157.2	154.9	155.0	153.9	153.3	153.0	152.6
巴中市	Bazhong	388.0	389.4	390.0	390.2	383.1	379.5	375.3	376.2	368.3	365.6	364.1
资阳市	Ziyang	501.1	503.9	505.9	507.3	507.3	503.7	354.5	348.9	346.1	342.2	338.9
阿坝藏族羌族自治州	Aba	89.9	90.7	91.4	92.0	92.2	91.4	92.0	91.5	90.3	90.0	89.7
甘孜藏族自治州	Ganzi	106.1	108.8	110.3	110.2	111.3	109.2	110.1	110.1	110.1	109.7	108.6
凉山彝族自治州	Liangshan	478.9	487.3	497.2	506.4	506.9	503.9	512.4	521.3	530.8	530.9	533.1

3-8 各市(州)年末户籍城镇人口数
Registered Urban Population(year-end) by Region

单位：万人 (10 000 persons)

市(州)	Region	2010	2011	2012	2013	2014	2015	2016	2017	2018	2019	2020
全　省	**Sichuan**	**2355.2**	**2462.7**	**2512.0**	**2632.4**	**2694.0**	**2785.2**	**2997.5**	**3116.3**	**3271.5**	**3346.8**	**3475.5**
成都市	Chengdu	650.9	705.7	716.7	728.7	755.8	720.6	784.6	851.1	901.6	940.7	1015.6
自贡市	Zigong	105.4	108.3	111.4	112.5	113.2	126.5	132.1	134.2	135.7	136.4	121.4
攀枝花市	Panzhihua	59.4	60.0	60.1	59.9	59.5	58.9	58.0	57.1	56.5	56.6	57.5
泸州市	Luzhou	91.8	94.5	95.8	152.3	154.0	123.0	192.5	209.1	210.1	212.2	202.3
德阳市	Deyang	103.4	107.3	110.5	117.4	120.6	136.1	121.6	120.5	124.2	126.2	133.9
绵阳市	Mianyang	145.4	150.4	152.8	158.0	163.0	176.8	178.7	179.0	187.3	190.2	193.4
广元市	Guangyuan	68.4	70.0	71.3	72.2	73.5	73.5	68.6	70.9	72.8	75.6	81.3
遂宁市	Suining	86.2	88.4	89.1	97.5	99.2	107.4	98.0	96.4	100.6	103.5	109.6
内江市	Neijiang	88.5	92.7	94.6	96.4	97.4	110.3	115.4	114.5	113.6	112.5	113.8
乐山市	Leshan	107.6	111.3	114.9	118.5	120.4	134.0	122.1	126.5	129.0	132.5	135.8
南充市	Nanchong	164.9	169.4	172.0	176.6	179.1	173.1	207.2	206.6	211.1	210.7	211.6
眉山市	Meishan	91.0	93.9	96.2	98.9	100.6	100.2	111.0	111.3	116.7	119.5	133.7
宜宾市	Yibin	100.9	103.4	104.9	106.2	108.2	118.1	132.3	147.1	196.6	208.8	211.1
广安市	Guangan	82.1	85.4	87.8	90.6	94.1	103.9	107.5	107.7	117.3	116.8	112.0
达州市	Dazhou	129.0	133.3	137.3	139.6	144.2	160.0	204.3	212.0	218.2	222.2	235.9
雅安市	Yaan	37.5	38.6	39.3	42.6	43.6	54.0	65.8	65.9	67.4	67.9	70.7
巴中市	Bazhong	68.2	69.5	73.1	78.1	79.2	89.0	93.8	99.4	99.8	102.2	106.1
资阳市	Ziyang	79.8	84.8	87.3	89.2	90.7	93.4	57.0	56.3	56.9	56.3	64.7
阿坝藏族羌族自治州	Aba	20.2	20.4	20.8	20.5	20.8	31.5	26.3	27.0	25.5	25.3	25.3
甘孜藏族自治州	Ganzi	16.2	16.3	16.4	16.2	16.2	16.3	18.1	19.3	19.2	18.8	18.5
凉山彝族自治州	Liangshan	58.4	59.1	59.7	60.5	60.7	78.6	102.6	104.4	111.4	111.9	121.3

主要统计指标解释

人口数 指一定时点、一定地区范围内有生命的个人总和。

年度统计的年末人口数指每年12月31日24时的人口数。

常住人口 指实际经常居住在某地半年以上的人口。常住人口主要包括：①调查时点居住在本乡、镇、街道，户口也在本乡、镇、街道的人；②调查时点居住在本乡、镇、街道，户口不在本乡、镇、街道，离开户口登记地半年以上的人；③调查时点居住在本乡、镇、街道，尚未办理常住户口的人；④户口在本乡、镇、街道，调查时点居住在港澳台或国外的人。

户籍人口 指不管是否外出和外出时间长短，只要在某地公安户籍管理部门登记了常住户口，则为该地区的户籍人口。户籍人口数据由公安部门统计。

城镇人口和乡村人口 城镇人口是指居住在城镇范围内的全部常住人口；乡村人口是除上述人口以外的全部人口。

城镇化率 城镇化指伴随工业化的发展，非农产业向城镇聚集，农村人口向城镇集中的自然历史过程，是世界各国工业化进程中必然经历的历史阶段。城镇化率是指一个国家（地区）城镇的常住人口占该国家（地区）总人口的比例，是衡量城镇化水平高低，反映城镇化进程的一个重要指标。

出生率（又称粗出生率） 指在一定时期内(通常为一年)一定地区的出生人数与同期内平均人数(或期中人数)之比，用千分率表示。本资料中的出生率指年出生率，其计算公式为：

$$出生率=\frac{年出生人数}{年平均人数}\times1000‰$$

式中：出生人数指活产婴儿，即胎儿脱离母体时(不管怀孕月数)，有过呼吸或其他生命现象。年平均人数指年初、年底人口数的平均数，也可用年中人口数代替。

死亡率（又称粗死亡率） 指在一定时期内(通常为一年)一定地区的死亡人数与同期内平均人数(或期中人数)之比，用千分率表示。本资料中的死亡率指年死亡率，其计算公式为：

$$死亡率=\frac{年死亡人数}{年平均人数}\times1000‰$$

人口自然增长率 指在一定时期内(通常为一年)人口自然增加数(出生人数减死亡人数)与该时期内平均人数(或期中人数)之比，用千分率表示。计算公式为：

$$人口自然增长率=\frac{本年出生人数-本年死亡人数}{年平均人数}\times1000‰$$
$$=人口出生率-人口死亡率$$

Explanatory Notes on Main Statistical Indicators

Total Population refers to the total number of people alive at a certain point of time within a given area.

The annual statistics on total population is taken at midnight, the 31st of December.

Usual Resident Population refers to the population that actually reside in a place, usually longer than half a year. Usual Resident Population mainly includes 1) those who live in their own townships, towns and streets at the time of investigation, and whose household registration is also in their own townships, towns and streets;2) those who live in their own townships, towns and streets at the time of investigation, and whose household registration is not in their own townships, towns and streets, and who have left the registered place of household registration for more than half a year;3) those who live in their own townships, towns and streets at the time of investigation, but have not yet processed permanent household registration;4) Household registration in their own townships, towns and streets, and people living in Hong Kong, Macao, Taiwan or abroad at the time of investigation.

Household Registration Population refers to the population that regardless of whether or not to go out and the length of time, as long as the permanent residence registration is registered in the local public security household registration administration department, it will be the registered residence population in the area. The household registration data are collected by the public security department.

Urban Population and Rural Population Urban population refers to all people residing in cities and towns, while rural population refers to population other than urban population.

Urbanization rate Urbanization refers to the natural historical process in which non-agricultural industries gather in cities and towns and rural population concentrate in cities and towns with the development of industrialization. It is the inevitable historical stage in the process of industrialization in all countries of the world. Urbanization rate refers to the proportion of the permanent population of a country (region) to the total population of the country (region), which is an important index to measure the level of urbanization and reflect the process of urbanization.

Birth Rate or (Crude Birth Rate) refers to the ratio of the number of births to the average population (or mid-period population) during a certain period of time (usually a year), expressed in ‰. Birth rate in the chapter refers to annual birth rate. The following formula is used:

$$\text{Birth Rate} = \frac{\text{Number of Births}}{\text{Annual Average Population}} \times 1000‰$$

Number of births in the formula refers to live births, i.e. when a baby has breathed or showed any vital phenomena regardless of the length of pregnancy.

Annual average population is the average of the number of population at the beginning of the year and that at the end of the year. Sometimes it is substituted by the mid-year population.

Death Rate (or Crude Death Rate) refers to the ratio of the number of deaths to the average population (or mid-period population) during a certain period of time (usually a year), expressed in ‰. Death rate in the chapter refers to annual death rate. The following formula is used:

$$\text{Death Rate} = \frac{\text{Number of Deaths}}{\text{Annual Average Population}} \times 1000‰$$

Natural Growth Rate of Population refers to the ratio of natural increase in population (number of births minus number of deaths) in a certain period of time (usually a year) to the average population (or mid-period population) of the same period, expressed in ‰. The following formula is applied:

$$\text{Natural Growth Rate of Population} = \frac{\text{Number of Births} - \text{Number of Deaths}}{\text{Annual Average Population}} \times 1000‰$$

Natural Growth Rate of Population = Birth Rate-Death Rate

04 就业和工资

Chapter4 Employment and Wages

SICHUAN STATISTICAL YEARBOOK

4-1 就业和工资情况
Employment and Wages

(年末数) (year-end)

项目	Item	2010	2011	2012	2013	2014	2015	2016	2017	2018	2019	2020
就业人员合计（万人）	**Total Number of Employed Persons (10 000 persons)**	**4677.00**	**4650.00**	**4635.00**	**4634.00**	**4638.00**	**4652.00**	**4657.00**	**4667.00**	**4690.00**	**4714.00**	**4745.00**
第一产业	Primary Industry	2043.85	1972.00	1905.00	1854.00	1804.00	1758.40	1709.00	1661.50	1618.00	1579.50	1542.00
第二产业	Secondary Industry	1164.57	1167.00	1173.00	1163.00	1155.00	1144.40	1132.00	1120.00	1112.00	1098.00	1098.00
第三产业	Tertiary Industry	1468.58	1511.00	1557.00	1617.00	1679.00	1749.20	1816.00	1885.50	1960.00	2036.50	2105.00
就业人员构成（合计=100）	**Composition of Employed Persons (total=100)**	**100.0**	**100.0**	**100.0**	**100.0**	**100.0**	**100.0**	**100.0**	**100.0**	**100.0**	**100.0**	**100.0**
第一产业	Primary Industry	43.7	42.4	41.1	40.0	38.9	37.8	36.7	35.6	34.5	33.5	32.5
第二产业	Secondary Industry	24.9	25.1	25.3	25.1	24.9	24.6	24.3	24.0	23.7	23.3	23.1
第三产业	Tertiary Industry	31.4	32.5	33.6	34.9	36.2	37.6	39.0	40.4	41.8	43.2	44.4
城镇就业人员（万人）	**Urban Employed Persons (10 000 persons)**	**1589.97**	**1670.86**	**1746.44**	**1828.37**	**1910.49**	**2009.35**	**2108.54**	**2207.38**	**2303.75**	**2406.78**	**2489.00**
#城镇非私营单位就业人员	Urban Employed Persons in Non-private Units	570.58	614.02	640.89	846.24	808.75	795.47	787.53	792.21	780.64	788.94	861.76
#城镇私营单位就业人员	Urban Employed Persons of Private-owned Units	285.80	299.70	329.80	342.10	287.10	307.10	347.40	377.98	423.80	448.68	571.69
乡村就业人员（万人）	**Rural Employed Persons (10 000 persons)**	**3087.03**	**2979.14**	**2888.56**	**2805.63**	**2727.51**	**2642.65**	**2548.46**	**2459.62**	**2386.25**	**2307.22**	**2256.00**
按城乡分就业人员构成（合计=100）	**Composition of Employed Persons by Urban and Rural (Total = 100)**	**100.0**	**100.0**	**100.0**	**100.0**	**100.0**	**100.0**	**100.0**	**100.0**	**100.0**	**100.0**	**100.0**
城镇	Urban	34.0	35.9	37.7	39.5	41.2	43.2	45.3	47.3	49.1	51.1	52.5
乡村	Rural	66.0	64.1	62.3	60.5	58.8	56.8	54.7	52.7	50.9	48.9	47.5
全部单位就业人员工资总额（亿元）	**Total Wages of All Employed Persons (100 million yuan)**	**2540.91**	**3159.80**	**3772.36**	**5287.16**	**5631.68**	**6168.65**	**6612.38**	**7186.52**	**7979.50**	**8806.66**	**10453.20**
全部单位就业人员平均工资（元）	**Average Wage of All Employees (yuan)**	**26127**	**31300**	**35873**	**41795**	**45697**	**50466**	**54425**	**58671**	**64717**	**69267**	**74520**
城镇登记失业人数（万人）	**Number of Registered Unemployed Persons in Urban Areas (10 000 persons)**	**34.56**	**36.93**	**41.67**	**42.87**	**54.36**	**54.64**	**56.26**	**55.78**	**53.31**	**50.40**	**54.44**
城镇登记失业率（%）	**Registered Unemployment Rate in Urban Areas (%)**	**4.1**	**4.1**	**4.1**	**4.1**	**4.2**	**4.1**	**4.2**	**4.0**	**3.5**	**3.3**	**3.6**

注：就业数据2010年是根据第六次全国人口普查数据推算，2011-2019年数据是根据第七次全国人口普查修订数（以下相关表同）。

a) The number of employed persons were estimated according to the 6th National Population Census, and from 2011 to 2019, were revised according to the 7th National Population Census（the same as the following related tables）.

4-2 各市(州)就业人员数
Number of Employed Persons by Region

(年末数)单位：万人 (year-end)(10 000 persons)

市(州)	Region	2010	2011	2012	2013	2014	2015	2016	2017	2018	2019	2020
全 省	**Sichuan**	**4677.00**	**4650.00**	**4635.00**	**4634.00**	**4638.00**	**4652.00**	**4657.00**	**4667.00**	**4690.00**	**4714.00**	**4745.00**
成都市	Chengdu	782.24	797.24	829.37	857.59	885.46	918.65	1006.15	1037.09	1072.31	1107.93	1143.32
自贡市	Zigong	153.14	150.38	149.07	148.60	147.22	145.91	143.59	143.71	141.93	139.56	137.24
攀枝花市	Panzhihua	65.37	65.22	64.42	64.29	64.07	63.81	63.77	63.54	63.56	63.30	63.66
泸州市	Luzhou	237.10	234.58	232.75	230.85	229.77	230.15	230.68	231.08	232.16	233.15	234.54
德阳市	Deyang	225.88	222.55	218.88	215.95	214.40	213.29	213.31	212.78	212.82	212.39	212.81
绵阳市	Mianyang	278.76	276.11	275.38	275.79	276.64	276.71	277.33	278.77	280.52	281.97	283.91
广元市	Guangyuan	145.47	142.89	142.14	141.21	140.62	140.18	138.00	136.34	134.66	132.68	131.28
遂宁市	Suining	197.56	194.16	191.41	187.59	183.83	179.73	176.94	172.71	170.12	167.77	165.32
内江市	Neijiang	231.58	227.50	221.90	217.03	213.03	208.93	204.78	200.94	196.92	193.53	190.96
乐山市	Leshan	185.07	184.96	184.34	183.62	182.56	181.75	180.02	179.19	178.83	178.27	178.40
南充市	Nanchong	371.57	367.39	364.78	360.81	356.60	352.54	346.64	341.17	337.32	334.47	330.48
眉山市	Meishan	180.95	179.96	178.73	177.85	177.37	176.95	175.89	174.83	175.19	175.07	175.42
宜宾市	Yibin	254.82	253.00	248.70	247.68	247.24	247.81	247.97	248.79	250.60	252.01	255.91
广安市	Guangan	174.80	172.93	169.43	168.43	167.85	167.90	169.73	169.78	170.74	171.80	173.63
达州市	Dazhou	317.18	315.86	310.38	309.83	309.17	308.30	307.77	307.62	306.82	306.08	305.72
雅安市	Yaan	86.88	85.45	84.65	84.22	83.91	83.05	83.18	82.41	82.05	81.43	81.30
巴中市	Bazhong	188.74	187.17	183.86	180.63	177.04	174.10	172.00	168.27	165.12	162.57	159.87
资阳市	Ziyang	224.93	221.43	215.24	212.51	210.90	209.54	142.74	141.37	139.65	138.40	137.91
阿坝藏族羌族自治州	Aba	51.80	50.35	49.48	49.12	48.81	48.86	48.97	48.32	47.79	48.61	48.16
甘孜藏族自治州	Ganzi	63.75	62.97	62.76	62.77	62.60	62.66	63.05	62.83	62.89	63.68	63.78
凉山彝族自治州	Liangshan	259.41	257.90	257.33	257.63	258.91	261.18	264.49	265.46	268.00	269.33	271.38

注：因行政区划调整，2016年起，简阳市划入成都市，资阳市数据不再包含简阳市（以下有关表同）。
a) Due to administrative division adjustment, the city of Jianyang has been divided into Chengdu, and the data of Ziyang not contain Jianyang since 2016 (The same as the following related tables).

4-3 按三次产业分就业人员数
Number of Employed Persons by Three Strata of Industry

(年末数) (year-end)

年份 Year	就业人员 (万人) Number of Employed Persons (10 000 persons)	第一产业 Primary Industry	第二产业 Secondary Industry	第三产业 Tertiary Industry	构成 Composition in Percentage (合计=100) (total = 100) 第一产业 Primary Industry	第二产业 Secondary Industry	第三产业 Tertiary Industry
1952	2027.92	1753.89	89.37	184.66	86.5	4.4	9.1
1957	2258.38	1947.49	108.57	202.32	86.2	4.8	9.0
1962	2101.58	1810.90	117.47	173.21	86.2	5.6	8.2
1965	2267.18	1925.30	163.38	178.50	84.9	7.2	7.9
1970	2737.59	2339.83	210.36	187.40	85.5	7.7	6.8
1975	2998.60	2474.11	271.48	253.01	82.5	9.1	8.4
1978	3087.02	2524.21	279.50	283.31	81.8	9.1	9.1
1980	3259.78	2638.03	309.24	312.51	80.9	9.5	9.6
1985	3742.97	2824.95	491.67	426.35	75.5	13.1	11.4
1990	4265.20	3108.89	578.08	578.23	72.9	13.5	13.6
1991	4425.10	3190.83	602.81	631.46	72.1	13.6	14.3
1992	4521.20	3200.21	636.79	684.20	70.8	14.1	15.1
1993	4556.80	3108.06	709.98	738.76	68.2	15.6	16.2
1994	4587.90	3037.47	728.46	821.97	66.2	15.9	17.9
1995	4619.10	2983.94	752.91	882.25	64.6	16.3	19.1
1996	4627.20	2875.86	772.74	978.60	62.2	16.7	21.1
1997	4641.20	2872.41	780.44	988.35	61.9	16.8	21.3
1998	4651.40	2824.40	786.09	1040.91	60.7	16.9	22.4
1999	4654.30	2747.08	800.54	1106.68	59.0	17.2	23.8
2000	4658.40	2643.35	871.12	1143.93	56.7	18.7	24.6
2001	4664.80	2595.84	867.65	1201.31	55.6	18.6	25.8
2002	4667.60	2517.48	896.18	1253.94	53.9	19.2	26.9
2003	4683.50	2482.80	906.70	1294.00	53.0	19.4	27.6
2004	4691.00	2445.70	916.00	1329.30	52.2	19.5	28.3
2005	4702.00	2421.50	926.30	1354.20	51.5	19.7	28.8
2006	4715.00	2306.90	946.00	1462.10	48.9	20.1	31.0
2007	4731.10	2266.22	1065.71	1399.15	47.9	22.5	29.6
2008	4740.00	2186.18	1108.32	1445.50	46.1	23.4	30.5
2009	4756.62	2144.13	1141.59	1470.90	45.1	24.0	30.9
2010	4677.00	2043.85	1164.57	1468.58	43.7	24.9	31.4
2011	4650.00	1972.00	1167.00	1511.00	42.4	25.1	32.5
2012	4635.00	1905.00	1173.00	1557.00	41.1	25.3	33.6
2013	4634.00	1854.00	1163.00	1617.00	40.0	25.1	34.9
2014	4638.00	1804.00	1155.00	1679.00	38.9	24.9	36.2
2015	4652.00	1758.40	1144.40	1749.20	37.8	24.6	37.6
2016	4657.00	1709.00	1132.00	1816.00	36.7	24.3	39.0
2017	4667.00	1661.50	1120.00	1885.50	35.6	24.0	40.4
2018	4690.00	1618.00	1112.00	1960.00	34.5	23.7	41.8
2019	4714.00	1579.50	1098.00	2036.50	33.5	23.3	43.2
2020	4745.00	1542.00	1098.00	2105.00	32.5	23.1	44.4

4-4 各市(州)按三次产业分就业人员数(2020年)
Number of Employed Persons by Three Strata of Industry and Region(2020)

(年末数) (year-end)

市(州)	Region	就业人员(万人) Number of Employed Persons (10 000 persons)	第一产业 Primary Industry	第二产业 Secondary Industry	第三产业 Tertiary Industry	构成 Composition in Percentage (合计=100) (total = 100) 第一产业 Primary Industry	第二产业 Secondary Industry	第三产业 Tertiary Industry
全 省	**Sichuan**	**4745.00**	**1542.00**	**1098.00**	**2105.00**	**32.5**	**23.1**	**44.4**
成都市	Chengdu	1143.32	160.21	319.84	663.27	14.0	28.0	58.0
自贡市	Zigong	137.24	47.76	34.58	54.90	34.8	25.2	40.0
攀枝花市	Panzhihua	63.66	19.68	13.62	30.36	30.9	21.4	47.7
泸州市	Luzhou	234.54	84.10	66.37	84.07	35.9	28.3	35.8
德阳市	Deyang	212.81	65.26	52.56	94.99	30.7	24.7	44.6
绵阳市	Mianyang	283.91	76.66	83.19	124.06	27.0	29.3	43.7
广元市	Guangyuan	131.28	51.55	24.94	54.79	39.3	19.0	41.7
遂宁市	Suining	165.32	62.45	39.02	63.85	37.8	23.6	38.6
内江市	Neijiang	190.96	49.27	53.66	88.03	25.8	28.1	46.1
乐山市	Leshan	178.40	69.04	32.29	77.07	38.7	18.1	43.2
南充市	Nanchong	330.48	109.70	77.34	143.44	33.2	23.4	43.4
眉山市	Meishan	175.42	69.75	39.26	66.41	39.8	22.4	37.8
宜宾市	Yibin	255.91	106.82	63.72	85.37	41.7	24.9	33.4
广安市	Guangan	173.63	72.00	39.24	62.39	41.5	22.6	35.9
达州市	Dazhou	305.72	123.87	45.39	136.46	40.5	14.9	44.6
雅安市	Yaan	81.30	33.01	14.15	34.14	40.6	17.4	42.0
巴中市	Bazhong	159.87	63.42	34.37	62.08	39.7	21.5	38.8
资阳市	Ziyang	137.91	59.99	23.58	54.34	43.5	17.1	39.4
阿坝藏族羌族自治州	Aba	48.16	25.17	3.50	19.49	52.2	7.3	40.5
甘孜藏族自治州	Ganzi	63.78	45.18	1.91	16.69	70.8	3.0	26.2
凉山彝族自治州	Liangshan	271.38	147.11	35.47	88.80	54.2	13.1	32.7

4-5 按城乡分就业人员数

Number of Employed Persons by Residence in Urban and Rural Areas

(年末数)单位: 万人 (year-end)(10 000 persons)

年份 Year	就业人员合计 Total Number of Employed Persons	城镇就业人员 Urban Employed Persons	#城镇非私营单位就业人员 Urban Staff and Workers in Non-private Units	乡村就业人员 Rural Employed Persons
1952	2027.92	196.33	63.56	1831.59
1957	2258.38	227.15	208.22	2031.23
1962	2101.58	243.37	233.16	1858.21
1965	2267.18	296.58	290.53	1970.60
1970	2737.59	341.07	338.68	2396.52
1975	2998.60	395.78	394.26	2602.82
1978	3087.02	465.52	457.92	2621.50
1980	3259.78	511.18	498.31	2748.60
1985	3742.97	639.97	576.12	3103.00
1990	4265.20	800.10	644.21	3465.10
1991	4425.10	856.60	666.02	3568.50
1992	4521.20	914.20	684.31	3607.00
1993	4556.80	961.50	693.30	3595.30
1994	4587.90	1000.80	692.27	3587.10
1995	4619.10	1045.80	696.03	3573.30
1996	4627.20	1075.10	692.78	3552.10
1997	4641.20	1103.20	681.56	3538.00
1998	4651.40	1077.90	662.94	3573.50
1999	4654.30	1087.30	547.15	3567.00
2000	4658.40	1093.90	515.45	3564.50
2001	4664.80	1108.60	486.70	3556.20
2002	4667.60	1125.60	481.19	3542.00
2003	4683.50	1166.90	505.68	3516.60
2004	4691.00	1209.20	500.14	3481.80
2005	4702.00	1228.90	512.65	3473.10
2006	4715.00	1262.70	520.56	3452.30
2007	4731.10	1298.40	539.39	3432.70
2008	4740.00	1310.00	550.95	3430.00
2009	4756.62	1345.86	564.38	3410.76
2010	4677.00	1589.97	570.58	3087.03
2011	4650.00	1670.86	614.02	2979.14
2012	4635.00	1746.44	640.89	2888.56
2013	4634.00	1828.37	846.24	2805.63
2014	4638.00	1910.49	808.75	2727.51
2015	4652.00	2009.35	795.47	2642.65
2016	4657.00	2108.54	787.53	2548.46
2017	4667.00	2207.38	792.21	2459.62
2018	4690.00	2303.75	780.64	2386.25
2019	4714.00	2406.78	788.94	2307.22
2020	4745.00	2489.00	861.76	2256.00

4–6 各市(州)按城乡分就业人员数(2020年)
Number of Urban and Rural Employed Persons by Region(2020)

(年末数)单位: 万人 (year-end)(10 000 persons)

市(州)	Region	合计 Total	城镇就业人员 Urban Employed Persons	乡村就业人员 Rural Employed Persons
全　省	**Sichuan**	**4745.00**	**2489.00**	**2256.00**
成都市	Chengdu	1143.32	869.73	273.59
自贡市	Zigong	137.24	66.88	70.36
攀枝花市	Panzhihua	63.66	40.80	22.86
泸州市	Luzhou	234.54	105.55	128.99
德阳市	Deyang	212.81	106.18	106.63
绵阳市	Mianyang	283.91	135.16	148.75
广元市	Guangyuan	131.28	57.63	73.65
遂宁市	Suining	165.32	81.10	84.22
内江市	Neijiang	190.96	88.69	102.27
乐山市	Leshan	178.40	83.88	94.52
南充市	Nanchong	330.48	155.11	175.37
眉山市	Meishan	175.42	79.27	96.15
宜宾市	Yibin	255.91	113.94	141.97
广安市	Guangan	173.63	74.17	99.46
达州市	Dazhou	305.72	138.06	167.66
雅安市	Yaan	81.30	37.61	43.69
巴中市	Bazhong	159.87	64.65	95.22
资阳市	Ziyang	137.91	55.83	82.08
阿坝藏族羌族自治州	Aba	48.16	21.66	26.50
甘孜藏族自治州	Ganzi	63.78	19.75	44.03
凉山彝族自治州	Liangshan	271.38	93.35	178.03

4—7 按行业分城镇非私营单位就业人员数
Number of Urban Employed Persons in Non-private Units by Sector

(年末数)单位: 万人 (year-end)(10 000 persons)

年份 Year	合计 Total	农、林、牧、渔业 Agriculture, Forestry, Animal Husbandry and Fishery	采矿业 Mining	制造业 Manufacturing	电力、热力、燃气及水生产和供应业 Production and Supply of Electricity, Heat, Gas and Water	建筑业 Construction	批发和零售业 Wholesale and Retail Trades
2003	505.68	11.27	19.19	119.45	15.62	72.36	20.65
2004	500.14	10.23	18.64	115.98	15.17	72.40	19.74
2005	512.65	9.32	20.51	117.78	15.31	76.67	19.14
2006	520.56	9.05	22.01	118.69	15.05	80.45	17.93
2007	539.39	8.39	23.30	120.37	15.28	90.26	18.61
2008	550.95	7.12	23.19	123.86	15.38	93.79	18.21
2009	564.38	5.13	21.91	123.09	15.42	99.65	17.49
2010	570.58	5.03	20.41	124.20	15.26	99.91	17.13
2011	614.02	4.56	21.31	141.62	16.28	111.80	17.85
2012	640.89	4.03	24.48	144.49	17.63	116.09	18.49
2013	846.24	3.74	23.20	204.58	27.16	177.84	33.23
2014	808.75	3.23	23.51	175.43	26.70	155.56	32.32
2015	795.47	2.90	19.55	159.66	26.14	153.86	30.89
2016	787.53	2.83	18.59	148.33	23.17	151.48	30.51
2017	792.21	2.49	17.02	147.28	22.11	145.52	30.24
2018	780.64	2.14	13.50	127.29	22.39	160.37	27.52
2019	788.94	1.43	12.87	123.82	20.91	151.65	28.13
2020	861.76	2.50	13.63	139.42	23.17	151.42	31.92

4-7 续表 1 continued

(年末数)单位: 万人 (year-end)(10 000 persons)

年份 Year	交通运输、仓储和邮政业 Transport, Storage and Post	住宿和餐饮业 Hotels and Catering Services	信息传输、软件和信息技术服务业 Information Transmission, Software and Information Technology	金融业 Financial Interme-diation	房地产业 Real Estate	租赁和商务服务业 Leasing and Business Services
2003	22.52	4.55	4.65	16.12	4.21	3.35
2004	21.94	4.75	5.12	16.22	4.22	3.38
2005	22.79	5.19	5.12	17.18	4.29	6.01
2006	23.03	4.94	5.07	16.37	4.80	5.85
2007	24.09	5.11	5.02	16.85	5.32	5.93
2008	23.22	4.99	5.18	17.94	5.09	6.27
2009	23.75	5.23	5.92	20.38	5.35	6.01
2010	23.06	5.47	6.32	21.31	5.40	5.91
2011	22.59	6.13	6.47	21.45	6.47	6.37
2012	23.56	7.64	5.99	22.97	6.57	5.22
2013	39.38	12.46	15.62	24.12	15.73	12.21
2014	41.33	11.51	16.29	24.22	17.69	12.71
2015	40.71	10.56	18.25	25.87	18.63	14.20
2016	40.43	9.69	18.41	30.39	19.84	15.57
2017	38.91	9.34	20.14	31.70	21.54	16.79
2018	37.39	9.56	19.33	32.40	21.90	18.50
2019	31.99	12.51	20.01	32.70	25.16	25.41
2020	34.57	16.32	23.66	37.86	29.72	28.53

4-7 续表 2 continued

(年末数)单位: 万人 (year-end)(10 000 persons)

年份 Year	科学研究和技术服务业 Scientific Research, and Technical Services	水利、环境和公共设施管理业 Management of Water Conservancy, Environment and Public Facilities	居民服务、修理和其他服务业 Services to Households, Repair and Other Services	教育 Education	卫生和社会工作 Health and Social Service	文化、体育和娱乐业 Culture, Sports and Entertainment	公共管理、社会保障和社会组织 Public Management, Social Security and Social Organization
2003	11.04	7.14	2.45	77.84	26.14	5.11	62.02
2004	12.53	7.05	1.31	78.85	25.55	4.51	62.58
2005	11.16	7.17	1.95	79.34	26.36	4.94	62.41
2006	11.49	7.87	1.99	80.70	27.04	4.38	63.85
2007	11.64	8.06	2.05	81.34	27.94	4.30	65.52
2008	12.49	8.27	1.17	81.59	29.24	4.34	69.63
2009	13.13	9.16	1.01	82.12	31.29	4.40	73.95
2010	13.65	9.77	0.95	81.95	32.99	4.44	77.41
2011	14.62	10.10	1.01	85.09	36.59	4.41	79.30
2012	16.20	10.63	1.11	89.40	39.27	4.50	82.64
2013	19.86	12.12	1.70	90.85	42.66	5.92	83.86
2014	21.06	13.16	1.79	94.56	45.14	6.28	86.26
2015	21.01	12.85	1.94	94.80	46.76	6.10	90.79
2016	21.07	12.97	2.22	94.36	48.48	6.08	93.13
2017	21.85	12.69	2.66	96.05	51.44	6.26	98.18
2018	20.36	11.45	1.83	96.14	51.35	5.54	101.68
2019	15.29	9.77	2.75	104.45	57.06	5.47	107.57
2020	20.44	11.02	3.38	114.24	62.18	6.33	111.47

4-8 全部单位就业人员工资总额、平均工资及指数
Total Wage Bill and Average Wage of Employed Persons in all Units and Index

年份 Year	工资总额（万元） Total Wage Bill (10 000 yuan)	平均工资（元） Average Wage (yuan)	指数（上年为100） Indices (preceding year=100)		
			工资总额 Total Wage Bill	平均货币工资 Average Money Wage	平均实际工资 Average Real Wage
1978	263196	590	114.3	106.0	
1980	364892	743	121.2	116.3	107.6
1985	598403	1062	120.6	116.4	109.0
1986	719269	1237	120.2	116.5	112.1
1987	802261	1340	111.5	108.3	100.8
1988	987813	1598	123.1	119.3	99.4
1989	1135724	1796	115.0	112.4	95.0
1990	1294823	2011	114.0	112.0	108.6
1991	1450034	2194	111.8	109.1	106.6
1992	1667894	2458	115.3	112.0	105.3
1993	2046047	2984	122.7	121.2	106.6
1994	2776839	4064	135.7	136.2	106.5
1995	3217827	4703	115.9	115.7	97.2
1996	3550444	5218	110.3	111.0	101.0
1997	3806429	5626	107.2	107.8	102.6
1998	3927403	5939	103.2	105.6	105.8
1999	3985709	7249	105.3	110.2	112.3
2000	4369495	8323	109.6	114.8	115.1
2001	4902582	9934	112.2	119.4	117.2
2002	5391189	11183	110.0	112.6	113.0
2003	6224989	12320	115.5	110.2	109.4
2004	6926273	13887	111.3	112.7	107.8
2005	7960325	15638	114.9	112.6	110.7
2006	9100898	17612	114.3	112.6	110.2
2007	11198309	21081	123.0	119.7	113.0
2008	13555288	24725	121.0	117.3	112.2
2009	21294971	23572			
2010	25409121	26127	119.3	110.8	
2011	31597970	31300	124.4	119.8	
2012	37723598	35873	119.4	113.9	110.9
2013	52871606	41795	140.2	116.5	113.3
2014	56316799	45697	106.5	109.3	107.5
2015	61686544	50466	109.5	110.4	108.9
2016	66123764	54425	107.2	107.8	105.7
2017	71865217	58671	108.7	107.8	106.0
2018	79794982	64717	111.0	110.3	108.5
2019	88066640	69267	110.4	107.0	103.8
2020	104531964	74520	118.7	107.6	104.6

注：2009年及以后全部单位包括私营单位（以下相关表同）。
a) Average wage of employment in all units includes wage in the private units from 2009(the same as follows).

4–9 各市(州)全部单位就业人员平均工资
Average Wage of Employed Persons in all Units by Region

单位：元 (yuan)

市(州)	Region	2010	2013	2014	2015	2016	2017	2018	2019	2020
全　省	**Sichuan**	**26127**	**41795**	**45697**	**50466**	**54425**	**58671**	**64717**	**69267**	**74520**
成都市	Chengdu	30515	48358	51681	56872	61330	65098	71300	79664	83556
自贡市	Zigong	23223	37081	40162	43157	46595	52339	56040	56719	63896
攀枝花市	Panzhihua	30029	44220	50221	51999	55508	61005	65124	68016	74479
泸州市	Luzhou	22448	37648	41121	44749	47871	52455	58614	61868	68716
德阳市	Deyang	28355	41426	44169	48090	52249	56815	62612	63585	69903
绵阳市	Mianyang	26347	40989	44640	49817	53222	56966	63500	63700	69274
广元市	Guangyuan	25328	37300	41518	46888	51379	54086	58362	63544	64983
遂宁市	Suining	22621	34633	37894	42188	45840	49962	56261	59290	60820
内江市	Neijiang	22340	35479	37695	40617	45234	48790	56574	61517	67573
乐山市	Leshan	23865	37742	41181	45805	49839	53764	58881	62802	68960
南充市	Nanchong	22197	35981	39192	44033	47272	51521	58294	61482	66956
眉山市	Meishan	22897	36595	41161	45379	48293	52410	59325	62444	66866
宜宾市	Yibin	25265	38674	40978	46019	49966	54195	62126	66048	70856
广安市	Guangan	22913	36213	39213	44079	48054	52493	57111	62055	63491
达州市	Dazhou	22809	35292	38271	42446	46281	50756	57940	61582	64810
雅安市	Yaan	23065	35464	39548	42533	46458	48895	53231	62179	67596
巴中市	Bazhong	22996	36825	39205	43080	46849	49341	52317	55288	62210
资阳市	Ziyang	24224	33587	36694	44150	46827	51568	54899	62340	66884
阿坝藏族羌族自治州	Aba	33788	48011	51149	59526	68637	73432	85395	91376	91786
甘孜藏族自治州	Ganzi	34306	47771	53705	63729	69388	74415	79509	82901	88108
凉山彝族自治州	Liangshan	32668	44163	47295	54195	58980	60352	64346	70694	76675

4-10 按行业分全部单位就业人员工资总额
Total Wage Bill of Employed Persons in all Units by Sector

单位：万元 (10 000 yuan)

年份 Year	合计 Total	农、林、牧、渔业 Farming, Forestry, Animal Husbandry and Fishery	采矿业 Mining	制造业 Manufacturing	电力、热力、燃气及水生产和供应业 Production and Supply of Electricity, Heat, Gas and Water	建筑业 Construction	批发和零售业 Wholesale and Retail Trades
1978	263196	7016	22921	91621	5233	23383	26693
1980	364892	8186	28667	126922	8134	32823	37726
1985	598403	12035	46417	219817	8405	48027	28322
1986	719269	14787	57236	258144	10810	58789	65333
1987	802261	15341	59949	297304	12852	67477	71835
1988	987813	17477	70663	371196	16092	81136	90556
1989	1135724	19005	76612	439876	19804	88267	101140
1990	1294823	21185	104553	476728	29408	99025	112974
1991	1450034	23443	112731	547026	29410	115319	123849
1992	1667894	25979	118366	615493	35459	135228	137426
1993	2046047	29031	116455	775305	41259	221791	175633
1994	2776839	38639	171556	956517	55749	262082	220732
1995	3217827	44168	188235	1121615	79256	303939	255632
1996	3550444	50134	211692	1210693	95247	320058	273788
1997	3806429	54280	213126	1249005	119344	349282	279658
1998	3927403	57111	207010	1185340	129699	346700	260947
1999	3985709	63225	171492	1071310	140643	345079	229458
2000	4369495	72727	214016	1108247	155720	360460	217446
2001	4902582	90629	158455	1117906	181767	411914	195433
2002	5391189	95174	195370	1180244	205600	493233	179869
2003	6224989	103745	207903	1357229	240706	627520	212843
2004	6926273	97595	247519	1496103	261516	695040	236843
2005	7960325	95400	340874	1690892	300129	815528	270334
2006	9100898	103637	402290	1958532	328948	997151	284486
2007	11198309	114676	522447	2294500	393339	1257432	309381
2008	13555288	111457	653566	2784093	475273	1603208	384950
2009	21294971	98415	1255861	5130324	576252	3167298	965673
2010	25409121	111552	1506249	6132399	675721	3873904	1176499
2011	31597970	200867	1779562	8103028	844533	4672108	1480791
2012	37723598	243409	2254256	9447049	1003965	5603892	1170441
2013	52871606	239977	2103242	14209605	2106845	8721652	2517380
2014	56316799	225041	2293080	14101830	2159013	9535256	2508880
2015	61686544	235715	2083618	14532969	2267013	10056042	2732732
2016	66123764	259072	1985880	15174238	2171097	10735972	2752547
2017	71865217	263046	2119605	15912709	2159550	10925975	3004453
2018	79794982	258107	2141026	16770293	2392033	13380723	3277549
2019	88066640	140144	1634270	16015084	2415220	16262936	3669478
2020	104531964	375535	1558164	17165088	2799363	18066606	5044369

4-10 续表 1 continued

单位：万元 (10 000 yuan)

年份 Year	交通运输、仓储和邮政业 Transport, Storage and Post	住宿和餐饮业 Hotels and Catering Services	信息传输、软件和信息技术服务业 Information Transmission, Software and IT Services	金融业 Financial Intermediation	房地产业 Real Estate	租赁和商务服务业 Leasing and Business Services
1978	25436	3685		2096	197	
1980	30802	5176		3468	778	
1985	46800	6512	1268	6905	1155	1117
1986	54971	8262	2126	9307	1450	1847
1987	60359	9066	2501	10474	1510	2185
1988	74328	11539	3164	12924	1803	2760
1989	86963	12958	4399	14102	2053	3863
1990	96980	14458	5711	17470	2437	5066
1991	108156	16005	6291	19297	2795	5765
1992	124006	17127	7489	25366	4005	6998
1993	103846	21044	8356	40457	5216	7827
1994	138631	28381	18195	69270	8886	16756
1995	171773	34916	18645	80619	10459	17626
1996	193317	38553	19078	92634	12751	18124
1997	223444	39983	19589	110358	14601	19137
1998	228139	36486	20084	136365	20341	20515
1999	249831	33056	23999	158688	22735	24961
2000	274101	29718	26618	183778	27647	27311
2001	297310	32305	34640	214232	29128	30006
2002	330353	32116	45931	231703	41850	32574
2003	299198	41968	96957	276380	52517	40900
2004	329732	49262	127251	315060	56713	50438
2005	398077	58340	144989	379710	60560	110355
2006	479269	61669	160441	415539	76292	110317
2007	545062	74852	168658	503492	101872	145778
2008	630662	85024	193001	676824	109496	184636
2009	894140	287608	309578	791821	357901	374472
2010	1038718	356303	387007	1007152	430062	468560
2011	1199619	485624	431563	1315866	564549	567142
2012	1482261	1148340	586057	1605422	713886	630263
2013	2538797	1001861	1414378	1864417	1198189	1038280
2014	2735747	1078258	1533657	2065994	1380710	1162998
2015	3013325	1031735	1907386	2267734	1546288	1336259
2016	3130586	1044356	2033157	2654525	1750841	1502037
2017	3345831	1045377	2424533	2974108	1978298	1680327
2018	3702221	1053877	2577192	3182901	2274021	1843401
2019	3708858	1173174	3072712	3271196	2859527	3074756
2020	4298964	1228954	4593751	4182881	3662025	4351300

4-10 续表 2 continued

单位：万元 (10 000 yuan)

年份 Year	科学研究和技术服务业 Scientific Research, and Technical Services	水利、环境和公共设施管理业 Management of Water Conservancy, Environment and Public Facilities	居民服务、修理和其他服务业 Services to Households, Repair and Other Services	教育 Education	卫生和社会工作 Health and Social Service	文化、体育和娱乐业 Culture, Sports and Entertainment	公共管理、社会保障和社会组织 Public Management, Social Security and Social Organization
1978	11766	757	307	21420	6069	1042	13554
1980	15088	3021	417	30902	10746	2898	19138
1985	26872	4817	463	51174	17595	3782	36920
1986	29932	5937	589	61038	23114	6009	49588
1987	30870	6985	698	65819	25034	6917	55085
1988	35675	8643	761	84250	30796	8435	65615
1989	39444	11762	815	89940	34583	11037	79101
1990	46459	15061	978	99358	39529	13358	94085
1991	51742	16480	996	107925	43028	13774	106002
1992	64707	19620	783	134970	51266	12593	131013
1993	69586	21830	8053	157693	63269	12508	166888
1994	98468	46332	9316	244518	104740	29282	258789
1995	120187	47932	9687	242074	122049	29689	289326
1996	126915	48639	9804	332534	140925	30614	324991
1997	134609	49533	9840	368133	158473	31191	363001
1998	142113	50345	10137	436783	181650	31955	425980
1999	125873	58322	10817	518933	214225	36587	486655
2000	141697	63432	13251	601173	246975	40099	565261
2001	203335	71987	20125	771304	294859	49890	697637
2002	186623	76808	17648	896710	335438	53535	761243
2003	218656	67579	32828	996203	385244	71653	894960
2004	260908	72086	17409	1100797	425419	76188	1010394
2005	278465	81137	28546	1201121	487875	91225	1126767
2006	341389	100592	32356	1339277	566718	89067	1252926
2007	417854	124712	43016	1720414	710029	101941	1648852
2008	523409	135675	21894	1946943	856137	113486	2065555
2009	665465	180718	123001	2541547	1040967	144975	2388957
2010	783046	207955	171475	2927686	1277654	177429	2699750
2011	1014862	269933	230330	3366310	1713105	239082	3119096
2012	1159404	344307	295883	4013182	2133160	261911	3626511
2013	1614927	466474	357104	4524753	2562136	337687	4053903
2014	1821159	531393	330096	5022372	2940353	429376	4461588
2015	1975685	567042	355036	6075938	3507362	470626	5724040
2016	2104478	618346	417070	6667027	4044483	509211	6568841
2017	2407865	673142	461608	7400464	4676656	582792	7828877
2018	2781473	693098	423722	8111213	5208228	610853	9113053
2019	2316772	772148	559482	9634874	6537772	730778	10217460
2020	4031873	903652	664691	11620154	7480426	823129	11681038

4-11 按行业分全部单位就业人员平均工资
Average Wage of Employed Persons in all Units by Sector

单位：元 (yuan)

年份 Year	合计 Total	农、林、牧、渔业 Farming, Forestry, Animal Husbandry and Fishery	采矿业 Mining	制造业 Manufacturing	电力、热力、燃气及水生产和供应业 Production and Supply of Electricity, Heat, Gas and Water	建筑业 Construction	批发和零售业 Wholesale and Retail Trades
1978	590	575	719	577	552	658	509
1980	743	649	914	742	795	834	645
1985	1062	890	1264	1079	1113	1170	883
1986	1237	1119	1520	1211	1337	1364	998
1987	1340	1153	1589	1339	1461	1528	1093
1988	1598	1320	1887	1618	1705	1732	1341
1989	1796	1449	2247	1827	1988	1945	1477
1990	2011	1588	2515	2033	2145	2192	1635
1991	2194	1714	2677	2238	2574	2434	1774
1992	2458	1981	2816	2469	2747	2705	1869
1993	2984	2683	2955	3132	3661	3243	2335
1994	4064	3404	4158	3941	4776	4267	2828
1995	4703	3957	4819	4671	5961	5063	3326
1996	5218	4310	5348	5181	6773	5485	3686
1997	5626	4418	5631	5466	8138	5908	3850
1998	5939	4609	5561	5539	8732	6072	4789
1999	7249	5481	6337	6873	9760	7066	5060
2000	8323	6140	8083	7774	10764	7693	5755
2001	9934	7373	7753	8892	12039	8355	6895
2002	11183	8114	9866	9853	13506	8444	8043
2003	12320	8902	10591	11126	15099	9202	9971
2004	13887	9264	12937	12686	16918	10090	11793
2005	15638	10016	16907	14226	19253	11113	13999
2006	17612	11224	18682	16404	21469	12839	15682
2007	21081	13377	21752	18906	25518	14902	17321
2008	24725	15231	28632	22046	30484	17746	20949
2009	23572	17234	24348	19692	30360	18887	18253
2010	26127	19481	25470	22722	35774	20711	20192
2011	31300	23095	32927	27200	41321	25323	24082
2012	35873	26700	38437	30827	46059	29629	31074
2013	41795	29416	40426	37672	58181	35289	34976
2014	45697	34203	46595	40486	69409	38303	39361
2015	50466	38023	47865	43311	72902	41357	41181
2016	54425	40087	50006	46228	79969	44151	43622
2017	58671	42940	56446	49093	83009	45789	46287
2018	64717	46429	62625	54366	90664	50725	50813
2019	69267	51754	83365	58712	101615	53315	55223
2020	74520	44740	96491	67174	108744	57900	57911

4-11 续表 1 continued

单位：元 (yuan)

年份 Year	交通运输、仓储和邮政业 Transport, Storage and Post	住宿和餐饮业 Hotels and Catering Services	信息传输、软件和信息技术服务业 Information Transmission, Software and IT Services	金融业 Financial Interme-diation	房地产业 Real Estate	租赁和商务服务业 Leasing and Business Services
1978	655	501		574	493	
1980	756	637		720	669	
1985	1080	870	1343	1076	974	1005
1986	1268	987	1424	1356	1247	1286
1987	1391	1081	1861	1419	1332	1359
1988	1671	1328	2105	1624	1542	1512
1989	1928	1449	2438	1730	1711	1983
1990	2122	1602	2771	1970	1874	2109
1991	2340	1748	2950	2086	2014	2507
1992	2624	1838	3857	2513	2553	3121
1993	3032	2307	5103	2589	3134	4003
1994	4221	2809	6946	5483	4976	4865
1995	4999	3314	7522	6058	5207	5405
1996	5712	3669	9019	6703	5814	6014
1997	6614	3823	10801	8021	6215	6682
1998	6873	4761	12347	9540	7347	7422
1999	8936	5043	14237	11249	8678	8242
2000	10352	5726	15819	13274	9104	9157
2001	12340	6858	18687	15567	10671	10174
2002	13952	8017	20763	17603	11877	11304
2003	12997	9202	22057	19452	12461	12412
2004	14903	10442	26305	21969	13379	14890
2005	17422	11133	30091	24764	14333	19186
2006	20776	12555	32229	28282	16765	19556
2007	23420	14493	34622	33843	19928	25101
2008	27344	16531	37462	42055	37022	26158
2009	27416	16308	29766	43127	20070	20672
2010	29518	18006	32863	52258	23440	24320
2011	36967	21401	36517	59391	27582	26754
2012	46169	24444	34204	68840	31744	29441
2013	52331	27633	52537	74682	40001	37830
2014	55458	31013	62052	80704	43439	41304
2015	59552	33349	67829	80165	47161	44881
2016	62903	34491	72527	82847	51720	47585
2017	69063	36363	76065	87323	53248	51083
2018	74481	39112	90210	92631	57310	51671
2019	84105	42939	99966	93555	62385	51582
2020	82301	42109	114664	96555	61772	55715

4-11 续表 2 continued

单位：元 (yuan)

年份 Year	科学研究和技术服务业 Scientific Research, and Technical Services	水利、环境和公共设施管理业 Management of Water Conservancy, Environment and Public Facilities	居民服务、修理和其他服务业 Services to Households, Repair and Other Services	教育 Education	卫生和社会工作 Health and Social Service	文化、体育和娱乐业 Culture, Sports and Entertainment	公共管理、社会保障和社会组织 Public Management, Social Security and Social Organization
1978	679	590	570	520	541	513	617
1980	872	692	592	678	698	667	773
1985	1275	986	933	1040	998	901	1039
1986	1509	1178	1115	1220	1271	1213	1312
1987	1623	1201	1195	1246	1346	1287	1383
1988	1895	1289	1382	1525	1595	1501	1579
1989	2119	1451	1590	1662	1775	1697	1776
1990	2458	1698	1784	1882	1980	1884	1991
1991	2681	1813	1981	1962	2142	1989	2158
1992	3163	1994	2292	2356	2489	2276	2595
1993	3718	2367	2764	2716	2995	2798	3050
1994	6045	2944	3936	4221	4662	4573	4676
1995	6583	3403	4549	4580	5344	5281	5089
1996	7385	3863	5164	4981	6038	5834	5601
1997	8142	4140	5535	5363	6628	6579	6179
1998	8457	4564	6102	5941	7310	6918	7035
1999	9360	5529	7392	6860	8538	8077	8059
2000	11376	6111	8170	7923	9788	9193	9236
2001	15631	7073	9456	9998	11657	10866	11564
2002	17269	8693	11621	11766	13349	12376	13057
2003	19656	9495	13120	12647	14719	13673	14380
2004	21270	10567	13865	13787	16761	16758	15871
2005	24933	11498	15356	14952	18709	18591	17782
2006	29754	13014	17605	16374	21205	20204	19405
2007	36394	15629	22115	20937	25887	23597	24960
2008	42806	16901	18493	23491	30020	25859	29540
2009	43405	18903	14759	28819	32202	25599	32295
2010	48115	20304	16607	33666	38189	26998	35015
2011	57449	24613	21113	38621	44617	31002	39555
2012	60922	28635	23664	43923	51849	37105	44117
2013	70563	33285	28005	48695	57541	43257	48635
2014	73246	36497	31642	51753	61092	45614	52062
2015	78812	40117	33270	62412	70935	49988	63704
2016	82348	43431	36218	68597	78874	54297	71074
2017	90666	48106	37401	74604	86251	59877	79636
2018	108877	53604	39249	81371	94187	63057	90039
2019	111376	57410	44085	87471	102904	67677	95421
2020	98112	56767	42795	90344	104701	63535	106167

4−12 按登记注册类型和行业分就业人员工资总额
Total Wage Bill of Employed Persons by Registered Types and Sector

单位：万元 (10 000yuan)

项 目	Item	全部单位 All Units	城镇非私营单位 Urban Non-Private Units	#国有单位 State-owend Units	#集体单位 Collective-owned Units	#其他单位 Units of Other Types of Ownership	#企业 Enterprise	城镇私营单位 Urban Private Units
总 计	**Total**	**104531964**	**74710637**	**31522413**	**889197**	**42299027**	**44556323**	**29821326**
农、林、牧、渔业	Agriculture,Forestry, Animal Husbandry and Fishery	375535	155579	111834	2979	40766	99841	219956
采矿业	Mining	1558164	1424073	73318	1024	1349730	1424073	134092
制造业	Manufacturing	17165088	10768701	149658	38150	10580894	10767465	6396387
电力、热力、燃气及水生产和供应业	Production and Supply of Electricity, Heat, Gas and Water	2799363	2673693	260042	13801	2399849	2672896	125670
建筑业	Construction	18066606	9221965	331748	447862	8442355	9218257	8844641
批发和零售业	Wholesale and Retail Trades	5044369	2401932	273387	11111	2117434	2401699	2642437
交通运输、仓储和邮政业	Transport, Storage and Post	4298964	3341332	453455	18039	2869838	3153259	957632
住宿和餐饮业	Hotels and Catering Services	1228954	634609	24073	4567	605969	633643	594344
信息传输、软件和信息技术服务业	Information Transmission, Software and Information Technology Services	4593751	3011277	204756		2806521	2931983	1582474
金融业	Financial Intermediation	4182881	3786158	383180	3	3402974	3735004	396723
房地产业	Real Estate	3662025	2177696	31948	5146	2140603	2162594	1484329
租赁和商务服务业	Leasing and Business Services	4351300	1691923	220081	33047	1438795	1586643	2659377
科学研究和技术服务业	Scientific Research and Technical Services	4031873	2596449	850841	8715	1736893	1858083	1435423
水利、环境和公共设施管理业	Management of Water Conservancy, Environment and Public Facilities	903652	684028	395183	9728	279117	300301	219624
居民服务、修理和其他服务业	Services to Households, Repair and Other Services	664691	175728	38182	3443	134103	131808	488964
教育	Education	11620154	10915512	9597034	144500	1173979	704827	704642
卫生和社会工作	Health and Social Service	7480426	6840934	6165128	131776	544031	575267	639491
文化、体育和娱乐业	Culture, Sports and Entertainment	823129	528010	332437	5136	190437	197866	295119
公共管理、社会保障和社会组织	Public Management, Social Security and Social Organization	11681038	11681038	11626130	10170	44738	812	

4-13 按登记注册类型和行业分就业人员平均工资
Average wage of Employed Persons by Registered Types and Sector

单位：元 (yuan)

项 目	Item	全部单位 All Units	城镇非私营单位 Urban Non-Private Units	#国有单位 State-owend Units	#集体单位 Collective-owned Units	#其他单位 Units of Other Types of Ownership	#企业 Enterprise	城镇私营单位 Urban Private Units
总 计	**Total**	**74520**	**88559**	**105350**	**59099**	**79905**	**80370**	**53338**
农、林、牧、渔业	Agriculture,Forestry, Animal Husbandry and Fishery	44740	63143	77634	65638	41683	55705	37093
采矿业	Mining	96491	104970	128561	38780	104067	104970	51936
制造业	Manufacturing	67174	78474	91996	61950	78387	78474	54067
电力、热力、燃气及水生产和供应业	Production and Supply of Electricity, Heat, Gas and Water	108744	115047	109654	64530	116189	115069	50218
建筑业	Construction	57900	63551	56487	50556	64752	63545	52988
批发和零售业	Wholesale and Retail Trades	57911	76167	133868	50167	72338	76169	47551
交通运输、仓储和邮政业	Transport, Storage and Post	82301	96980	93561	53982	98036	96971	53858
住宿和餐饮业	Hotels and Catering Services	42109	45879	45163	38200	45978	45873	38711
信息传输、软件和信息技术服务业	Information Transmission, Software and Information Technology Services	114664	128891	117077		129847	129091	94760
金融业	Financial Intermediation	96555	101327	148806	16500	97813	100838	66615
房地产业	Real Estate	61772	73764	72841	52323	73851	74059	49877
租赁和商务服务业	Leasing and Business Services	55715	61768	81209	53179	59800	60545	52445
科学研究和技术服务业	Scientific Research and Technical Services	98112	128671	115877	76357	136524	136365	68629
水利、环境和公共设施管理业	Management of Water Conservancy, Environment and Public Facilities	56767	61888	65984	42536	57730	57635	45135
居民服务、修理和其他服务业	Services to Households, Repair and Other Services	42795	52308	75438	52639	48101	48765	40170
教育	Education	90344	96949	102999	87617	66084	71900	43955
卫生和社会工作	Health and Social Service	104701	111990	117592	80921	77397	88315	61726
文化、体育和娱乐业	Culture, Sports and Entertainment	63535	84292	93716	64907	72200	75030	44103
公共管理、社会保障和社会组织	Public Management, Social Security and Social Organization	106167	106167	106224	81141	99287	74514	

4-14 各市(州)按登记注册类型分就业人员平均工资及指数(2020年)

Average Wage of Employment in all Units and Related Indices by Region and Registered Types (2020)

市(州)	Region	平均工资 (元) Average Wage (yuan)			指数 (上年=100) Indices (preceding year=100) 平均货币工资 Average Money Wage		
		全部单位 All Units	城镇非私营单位 Urban Non-Private Units	城镇私营单位 Urban Private Units	全部单位 All Units	城镇非私营单位 Urban Non-Private Units	城镇私营单位 Private Units
全　省	**Sichuan**	**74520**	**88559**	**53338**	**107.6**	**106.2**	**113.5**
成都市	Chengdu	83556	101995	58023	104.9	105.5	114.5
自贡市	Zigong	63896	74753	49063	112.7	104.5	114.3
攀枝花市	Panzhihua	74479	87212	43850	109.5	103.7	104.2
泸州市	Luzhou	68716	80421	52809	111.1	107.5	114.4
德阳市	Deyang	69903	85043	50570	109.9	104.1	106.2
绵阳市	Mianyang	69274	82901	49727	108.8	111.6	111.2
广元市	Guangyuan	64983	78281	46396	102.3	104.2	112.2
遂宁市	Suining	60820	68864	49002	102.6	101.7	106.6
内江市	Neijiang	67573	76528	51719	109.8	109.1	113.3
乐山市	Leshan	68960	84214	47181	109.8	106.5	104.6
南充市	Nanchong	66956	80080	52783	108.9	103.1	114.1
眉山市	Meishan	66866	78004	53015	107.1	103.8	114.4
宜宾市	Yibin	70856	83864	50067	107.3	104.6	112.6
广安市	Guangan	63491	78573	44349	102.3	100.3	100.6
达州市	Dazhou	64810	74376	49514	105.2	105.3	111.7
雅安市	Yaan	67596	76458	44546	108.7	119.5	110.0
巴中市	Bazhong	62210	69533	49506	112.5	112.7	111.1
资阳市	Ziyang	66884	74317	47169	107.3	113.5	114.4
阿坝藏族羌族自治州	Aba	91786	98945	49204	100.4	100.5	123.9
甘孜藏族自治州	Ganzi	88108	92456	49994	106.3	106.7	125.0
凉山彝族自治州	Liangshan	76675	83056	47081	108.5	109.4	114.9

4-15 按行业分国有经济单位就业人员平均工资
Average Wage of Employed Persons in State-owned Units by Sector

单位：元 (yuan)

年份 Year	合计 Total	农、林、牧、渔业 Farming, Forestry, Animal Husbandry and Fishery	采矿业 Mining	制造业 Manufacturing	电力、热力、燃气及水生产和供应业 Production and Supply of Electricity, Heat, Gas and Water	建筑业 Construction	批发和零售业 Wholesale and Retail Trades
1978	622	519	722	620	603	703	539
1980	789	674	918	803	826	890	688
1985	1138	941	1268	1174	1334	1157	978
1986	1338	1169	1527	1319	1438	1568	1115
1987	1441	1202	1595	1459	1563	1733	1225
1988	1726	1389	1895	1773	1814	2012	1537
1989	1941	1527	2259	1998	2122	2268	1686
1990	2177	1700	2560	2232	2331	2527	1865
1991	2351	1812	2723	2432	2622	2765	2011
1992	2643	2120	2882	2678	2945	3056	2102
1993	3148	2916	2956	3302	3714	3660	2454
1994	4366	3652	4220	4135	4822	4881	3219
1995	5002	4167	4907	4838	6057	5926	3701
1996	5527	4479	5471	5362	6833	6356	4064
1997	5996	4585	5791	5702	8292	6903	4251
1998	6441	4821	5849	5832	8279	6983	4312
1999	7771	5727	6616	7314	10469	8480	5924
2000	8909	6353	8705	8323	11508	8907	6443
2001	10783	7735	8302	9566	12940	10064	7717
2002	12388	8384	10884	11137	14995	10636	8883
2003	13769	9095	11943	13136	16327	11775	11420
2004	15592	9433	14588	15320	19016	13269	14060
2005	17644	10206	20692	17783	22067	14466	17461
2006	19884	11430	22602	22373	24328	15964	20068
2007	24045	13707	25671	24778	28980	18715	22506
2008	28131	15453	35692	29039	34560	21377	28070
2009	32210	17920	39083	33169	37326	25284	33574
2010	36729	19934	46629	37871	44559	28886	41334
2011	42048	26451	52419	43179	49809	32067	48097
2012	47721	31514	57092	47075	54557	37259	54348
2013	53896	35211	48146	54977	71319	45202	66927
2014	57018	39817	52019	58440	79841	44511	76326
2015	66551	48555	54657	65789	85266	51156	84761
2016	72980	53470	69012	78192	90858	51452	85687
2017	80321	59437	83748	91783	97175	51898	94553
2018	90390	66202	99678	104645	106354	52959	109489
2019	97330	68375	117427	94452	120298	50387	126982
2020	105350	77634	128561	91996	109654	56487	133868

4-15 续表 1 continued

单位：元 (yuan)

年份 Year	交通运输、仓储和邮政业 Transport, Storage and Post	住宿和餐饮业 Hotels and Catering Services	信息传输、软件和信息技术服务业 Information Transmission, Software and IT Services	金融业 Financial Interme-diation	房地产业 Real Estate	租赁和商务服务业 Leasing and Business Services
1978	682	518		623	493	
1980	836	663		751	679	
1985	1178	954	1512	1185	990	986
1986	1414	996	1866	1460	1268	1258
1987	1536	1209	1975	1496	1353	1342
1988	1853	1506	2413	1726	1546	1533
1989	2126	1642	2858	1805	1712	1664
1990	2336	1827	3177	2071	1885	1832
1991	2557	1983	3843	2179	2030	1973
1992	2878	2085	4620	2668	2585	2450
1993	3402	2396	5431	3943	3060	2900
1994	4815	3149	7872	5872	5023	4761
1995	5648	3544	8655	6505	5254	4980
1996	6376	3971	9310	7156	5896	5539
1997	7499	4148	10044	8670	6374	5988
1998	7974	4201	12786	10271	7620	7158
1999	9889	5719	13899	11788	9076	8526
2000	11410	6222	17001	14403	9344	8778
2001	13557	7487	19123	17012	11334	10643
2002	15109	8485	21247	18860	13793	12952
2003	14151	10123	22463	21309	14740	13934
2004	15914	11879	27235	24320	15980	17189
2005	18255	12883	31395	26744	17285	21531
2006	22484	13976	32947	30830	19248	22195
2007	25031	16883	34077	35986	23745	29596
2008	29519	19452	37033	44898	26987	28529
2009	34183	21450	40649	47335	30409	35599
2010	38996	26240	44039	59311	30448	41002
2011	46270	31380	44616	65572	32826	46130
2012	55021	34732	53353	74670	40669	62383
2013	60511	34048	65885	83191	43221	53195
2014	64722	37800	56396	91670	45943	50290
2015	70884	38894	66465	94957	60356	54238
2016	74242	41792	70389	94466	78518	66785
2017	81897	46576	74081	101667	72999	67908
2018	90779	55743	81873	108929	69739	80763
2019	94593	51404	100248	152377	88737	73839
2020	93561	45163	117077	148806	72841	81209

4-15 续表 2 continued

单位：元 (yuan)

年份 Year	科学研究和技术服务业 Scientific Research, and Technical Services	水利、环境和公共设施管理业 Management of Water Conservancy, Environment and Public Facilities	居民服务、修理和其他服务业 Services to Households, Repair and Other Services	教育 Education	卫生和社会工作 Health and Social Service	文化、体育和娱乐业 Culture, Sports and Entertainment	公共管理、社会保障和社会组织 Public Management, Social Security and Social Organization
1978	676	618	593	540	575	622	623
1980	725	633	624	683	754	703	775
1985	1223	1074	1058	1043	1103	1066	1037
1986	1482	1265	1247	1222	1358	1304	1313
1987	1509	1386	1328	1248	1437	1373	1382
1988	1783	1597	1524	1527	1699	1576	1578
1989	1987	1811	1724	1664	1923	1768	1773
1990	2146	2108	1940	1884	2152	1987	1989
1991	2201	2371	2121	1963	2295	2153	2156
1992	2889	2893	2427	2358	2679	2582	2594
1993	3876	3158	3027	2716	3234	3169	3052
1994	5751	4466	4106	4225	5144	5078	4684
1995	6389	4890	4749	4583	5808	5736	5091
1996	7098	5519	5430	4984	6549	6137	5604
1997	8474	5795	5712	5366	7187	6519	6182
1998	10193	6384	6302	5945	8012	7098	7039
1999	11658	7731	7583	6861	9334	8014	8062
2000	14064	8647	8415	7928	10721	9081	9246
2001	16737	9898	9751	9997	12909	11150	11568
2002	18009	10042	11731	11769	14656	12922	13059
2003	19769	9574	14516	12631	16277	13862	14382
2004	21357	10733	16218	13767	18335	17036	15873
2005	25100	11719	17133	14912	20051	18871	17783
2006	29911	13333	19946	16340	22688	17806	19407
2007	36600	16035	25766	20920	27528	23901	24963
2008	43119	17522	22436	23465	31920	26194	29542
2009	48319	19506	28979	29473	34379	28400	33204
2010	54707	20978	30725	34392	40552	32426	35018
2011	64236	25296	38606	39240	47425	37631	39555
2012	67431	29369	38824	44598	55064	44509	44126
2013	74713	32137	42343	49521	60988	48735	48638
2014	77454	35029	44440	52597	65341	52161	52063
2015	80846	41518	47211	63957	76705	60967	63718
2016	85280	44814	60854	70565	86057	67097	71091
2017	95199	49740	64773	77061	94029	76664	79651
2018	117814	55377	66629	84152	102805	84590	90068
2019	111570	67045	72034	92540	112981	95239	95490
2020	115877	65984	75438	102999	117592	93716	106224

4-16 城镇登记失业人数及失业率
Number of Registered Unemployed Persons and Unemployment Rate in Urban Areas

年 份 Year	城镇登记失业人数(万人) Unemployed Persons in Urban Areas (10 000 persons)	#女性 Female	女性占失业人数的百分比(%) Percentage of Unemployed Female to Unemployed Persons (%)	登记失业率(%) Unemployment Rate in Urban Areas (%)
1978	52.00	30.00	57.7	10.9
1979	33.00	18.51	56.1	6.7
1980	28.00	15.60	55.7	5.0
1981	25.00	13.50	54.0	4.4
1982	16.90	9.00	53.3	3.0
1983	18.10	9.61	53.1	3.0
1984	15.84	8.40	53.0	2.7
1985	14.35	7.47	52.1	2.3
1986	14.44	7.51	52.0	2.3
1987	14.53	7.56	52.0	2.2
1988	16.75	8.65	51.6	2.4
1989	25.63	14.65	57.2	3.7
1990	26.61	14.86	55.8	3.7
1991	25.17	14.04	55.8	3.4
1992	27.16	15.24	56.1	3.6
1993	26.47	14.50	54.8	3.5
1994	27.65	15.79	57.1	3.6
1995	27.94	15.44	55.3	3.6
1996	27.16	14.55	53.6	3.5
1997	26.72	14.43	54.0	3.4
1998	30.18	16.04	53.1	3.7
1999	29.59	15.11	51.1	3.7
2000	30.79	15.11	49.1	4.0
2001	31.90	15.11	47.4	4.3
2002	33.82	16.02	47.4	4.5
2003	33.10	15.70	47.4	4.4
2004	33.30	15.30	46.0	4.4
2005	34.30	15.70	45.8	4.6
2006	36.10	16.50	45.6	4.5
2007	34.80	15.40	44.3	4.3
2008	37.86	16.04	42.4	4.6
2009	36.28	13.59	37.5	4.3
2010	34.56	14.07	40.7	4.1
2011	36.93	15.24	41.3	4.1
2012	41.67	16.81	40.3	4.1
2013	42.87	19.63	45.8	4.1
2014	54.36	26.73	49.2	4.2
2015	54.64	27.45	50.2	4.1
2016	56.26	28.05	49.9	4.2
2017	55.78	27.53	49.4	4.0
2018	53.31	26.58	49.9	3.5
2019	50.40	23.83	47.3	3.3
2020	54.44	26.01	47.8	3.6

4—17 各市(州)城镇登记失业人数及失业率
Number of Registered Unemployed Persons and Unemployment Rate in Urban Areas by Region

市(州)	Region	城镇登记失业人数 (万人) Unemployed Persons (10 000 persons)					登记失业率 (%) Unemployment Rate (%)				
		2005	2010	2015	2019	2020	2005	2010	2015	2019	2020
全　省	**Sichuan**	**34.30**	**34.56**	**54.64**	**50.40**	**54.44**	**4.6**	**4.1**	**4.1**	**3.3**	**3.6**
成都市	Chengdu	5.90	5.62	17.05	19.93	20.31	3.1	2.5	3.2	3.3	3.0
自贡市	Zigong	1.70	1.66	2.61	2.05	2.95	4.0	4.1	4.2	3.4	3.7
攀枝花市	Panzhihua	1.30	1.13	1.24	1.24	1.43	4.4	3.5	3.6	3.7	3.8
泸州市	Luzhou	1.80	1.66	1.48	1.07	1.30	4.4	3.5	3.5	2.3	2.7
德阳市	Deyang	1.30	1.50	2.06	1.89	1.80	3.3	3.7	3.9	3.7	3.4
绵阳市	Mianyang	3.30	3.04	3.51	1.95	2.61	3.9	3.7	3.9	2.3	2.7
广元市	Guangyuan	1.00	1.22	1.48	1.35	1.36	4.3	3.9	3.9	3.5	3.5
遂宁市	Suining	1.40	1.38	4.37	2.86	2.86	4.9	4.5	4.0	3.6	3.6
内江市	Neijiang	1.70	1.57	1.41	1.35	2.08	4.5	4.0	4.0	3.7	3.8
乐山市	Leshan	1.90	2.16	2.41	2.11	2.24	4.2	4.1	4.1	3.5	3.6
南充市	Nanchong	2.00	2.29	3.12	2.73	2.84	4.8	4.5	4.2	3.7	3.8
眉山市	Meishan	1.10	1.15	1.54	1.20	1.34	4.4	4.3	4.1	3.6	3.0
宜宾市	Yibin	2.10	1.81	3.07	2.74	2.71	4.7	3.5	3.9	3.4	3.3
广安市	Guangan	1.60	1.25	0.86	1.00	1.06	4.0	3.7	3.2	3.2	3.3
达州市	Dazhou	1.30	2.01	1.93	1.73	1.97	4.1	4.0	4.0	3.8	4.1
雅安市	Yaan	0.60	0.64	0.52	0.53	0.55	4.0	4.0	3.8	3.8	3.9
巴中市	Bazhong	1.00	1.16	1.50	1.65	1.55	4.2	4.3	4.3	4.1	3.6
资阳市	Ziyang	1.20	1.36	2.05	1.39	1.44	4.5	3.9	4.0	3.7	3.7
阿坝藏族羌族自治州	Aba	0.40	0.35	0.39	0.29	0.36	4.1	3.7	3.7	3.5	3.8
甘孜藏族自治州	Ganzi	0.30	0.37	0.54	0.45	0.51	5.0	4.1	4.1	3.1	3.3
凉山彝族自治州	Liangshan	1.30	1.22	1.54	0.90	1.18	4.1	4.1	4.0	2.6	3.2

主要统计指标解释

就业人员　指年满16周岁以上，为取得报酬或经营利润，在调查周内从事了1个小时（含1小时）以上劳动的人员；或由于在职学习、休假等原因在调查周内暂时未工作的人员；或由于停工、单位不景气等原因临时未工作的人员。

单位就业人员　指报告期末最后一日在本单位中工作，并取得工资或其他形式劳动报酬的人员数。该指标为时点指标，不包括最后一日当天及以前已经与单位解除劳动合同关系的人员，是在岗职工、劳务派遣人员及其他就业人员之和。

单位就业人员不包括：(1)离开本单位仍保留劳动关系，并定期领取生活费的人员；(2) 在本单位实习的各类在校学生；(3) 本单位以劳务外包形式使用的人员，如建筑业整建制使用的人员　。

城镇私营就业人员　城镇私营就业人员指在工商管理部门注册登记，其经营地址设在县城关镇（含县城关镇）以上的私营企业就业人员，包括私营企业投资者和雇工。

在岗职工　指在本单位工作且与本单位签订劳动合同，并由单位支付各项工资和社会保险、住房公积金的人员，以及上述人员中由于学习、病伤、产假等原因暂未工作仍由单位支付工资的人员。在岗职工还包括：

（1）应订立劳动合同而未订立劳动合同人员；

（2）处于试用期人员；

（3）编制外招用的人员，如临时人员；

（4）派往外单位工作，但工资或其他形式劳动报酬仍由本单位发放的人员（如挂职锻炼、外派工作等情况）。

工资总额　指根据《关于工资总额组成的规定》（1990年1月1日国家统计局发布的一号令）进行修订，本单位在报告期内（季度或年度）直接支付给本单位全部就业人员的劳动报酬总额。包括计时工资、计件工资、奖金、津贴和补贴、加班加点工资、特殊情况下支付的工资，是在岗职工工资总额、劳务派遣人员工资总额和其他就业人员工资总额之和。

工资总额是税前工资，包括单位从个人工资中直接为其代扣或代缴的房费、水费、电费、住房公积金和社会保险基金个人缴纳部分等。

工资总额不论是计入成本的还是不计入成本的，不论是以货币形式支付的还是以实物形式支付的，均应列入工资总额的计算范围。需要明确的是工资总额不包括从单位公会经费或公会账户中发放的现金或实物。

平均工资　指单位就业人员在一定时期内平均每人所得的工资额。它表明一定时期工资收入的高低程度，是反映就业人员工资水平的主要指标。计算公式为：

$$\text{平均工资}=\frac{\text{报告期就业人员工资总额}}{\text{报告期就业人员平均人数}}$$

平均实际工资　指扣除物价变动因素后的就业人员平均工资。计算公式为：

$$\text{平均实际工资}=\frac{\text{报告期就业人员平均工资}}{\text{报告期城镇居民消费价格指数}}$$

平均货币工资指数　指报告期就业人员平均工资与基期就业人员平均工资的比率，是反映不同时期就业人员货币工资水平变动情况的相对数。计算公式为：

$$\text{平均货币工资指数}=\frac{\text{报告期就业人员平均工资}}{\text{基期就业人员平均工资}}\times 100\%$$

平均实际工资指数　就业人员平均实际工资指扣除物价变动因素后的就业人员平均工资。就业人员平均实际工资指数是反映实际工资变动情况的相对数，表明就业人员实际工资水平提高或降低的程度。计算公式为：

$$\text{平均实际工资指数}=\frac{\text{报告期就业人员平均工资指数}}{\text{报告期城镇居民消费价格指数}}\times 100\%$$

城镇登记失业人员　劳动年龄（年满16周岁（含）至依法享受基本养老保险待遇）内，有劳动能力，有就业要求，处于无业状态，并在公共就业和人才服务机构进行失业登记的城镇常住人员。

城镇登记失业率　指城镇登记失业人员与城镇单位就业人员（扣除使用的农村劳动力、聘用的离退休人员、港澳台及外方人员）、城镇单位中的不在岗职工、城镇私营业主、个体户主、城镇私营企业和个体就业人员、城镇登记失业人员之和的比。

Explanatory Notes on Main Statistical Indicators

Employed Persons refers to persons, aged 16 and over, who performed some work for compensation or business gains for one hour or more during the reference period; or persons who do not work for the reasons of part-timestudy or on holiday during the reference period; or persons temporary absence from a job for suspension, recession, etc.

Persons Employed in Various Units refers to the total number of employees who work at various units and obtain wages or other forms of payment at the end of the reference period. This indicator is a kind of time point index and it equals to the sum of the number of employed staff and workers, labor dispatch personnel and other employed persons.

Employed persons in Various Units do not include:

1) persons who have left their working units while keeping their labor contract (employment relation) unchanged and receiving regular alimony;

2) all kinds of enrolled students who do internship in various units;

3) persons employed due to labor outsourcing, for example, persons employed in the organizational system of construction industry.

Persons Employed in Private Enterprises Persons employed in private enterprises refers to the persons employed in the private enterprises which have been registered at the departments of industrial and commercial administration and are situated at a county town (i.e. a town where the county government is located) for business operation or at urban areas with the level higher than a county town.

Staff and Workers refers to persons who signed labor contracts with working units and working units would pay wages, social insurance and housing funds for them. Persons who have their work posts but are temporarily absent from work for reasons of study or on sick, injury or maternal leave and still receive wages from their working units are also included. Employed staff and workers also include:

1) Persons who should have signed the labor contracts but not;

2) Employees on probation;

3) Employees beyond the staffing quota, for example, temporary employees;

4) Employees who are sent to other working units but still obtain wages or other forms of remuneration from their original units (situations like on-the-job placement, expatriated assignment, etc.).

Total Wages Bill It is revised according to the "Provision of Composition of Total Wages" (Order No.1 by National Bureau of Statistics on January, 1st, 1990), total wage bill refers to the total remuneration payment to all employed persons in various units during the reporting period (by quarter or by year), including hourly-paid wages, piece-rate wages, bonuses, allowance and subsidies, overtime wages and wages paid under special circumstances. It equals to the sum of total wages of employed staff and workers, dispatch labors and other employed persons.

Total wage bill is pre-tax wages, including the room charges, utility bills, housing funds and social insurance paid or withheld by employee's units.

Total wage bill, whether or not included in cost, whether or not paid in money or in kind, shall be included in the calculation of total wage. It should be clear that the total salary does not include paid in money or in kind from the fund of the unit association or the account of the association

Average Wage refers to the average per capita wage during a certain period of time for employed persons. It shows the general level of wage income during a certain period of time, one major indicator to reflect the wage level. It is calculated as follows:

$$\text{Average Wage} = \frac{\text{Total Wage Bill of Employed Persons at Reference Time}}{\text{Average Number of Persons Employed at Reference Time}}$$

Average Real Wage refers to average wage of staff and workers after removing the effects of price changes, which is calculated as follows:

$$\text{Average Real Wage} = \frac{\text{Average Wage of Employed Persons at Reference Time}}{\text{Urban Consumer Price Indices at Reference Time}} \times 100\%$$

Average Money Wage Indices refers to the ratio of average wage of staff and workers in the report period to that in the base period, which reflects the change of wage of staff and workers at the different period. It is calculated as follows:

$$\text{Average Money Wage Indices} = \frac{\text{Average Wage Indices of Employed Persons at Reference Time}}{\text{Average Wage of Persons Employeds at Base Period}} \times 100\%$$

Average Real Wage Indices average real wage of employed persons refers to the average wage of employed persons after removing the effects of the price changes and average real wage indices of employed persons refers to the change of real wage, which reflects the relative increasing or decreasing level of real wage of employed persons, which is calculated as follows:

$$\text{Average Real Wage Indices} = \frac{\text{Average Wage Indices of Employed Persons at the Reference Time}}{\text{Urban Consumer Price Indices at Reference Time}} \times 100\%$$

Registered Unemployed Persons in Urban Areas refer to the persons residing in urban areas at certain working ages (16 years old to the age of enjoying primary endowment insurance benefits according to the law), who are capable of working, unemployed and willing to work, and have been registered at the public employment and talent service agencies to apply for a job.

Registered Urban Unemployment Rate refers to the ratio of the number of the registered unemployed to the sum of the number of persons employed in various units (minus the rural labor force, retirees, and Hong Kong, Macao, Taiwan and foreign employees they employ), laid-off workers in urban units, urban self-employed individuals and the registered urban unemployed persons.

05／固定资产投资

Chapter5 Investment in Fixed Assets

SICHUAN STATISTICAL YEARBOOK

5-1 全社会固定资产投资增长情况(2020年)
The Growth of Total Investment in Fixed Assets(2020)

单位：% (%)

指　标	Item	比上年增长 Growth Rate Over Preceding Year
全社会固定资产投资	**Total Investment**	**9.9**
#国有及国有控股	State-owned and State Holding Units	11.8
按登记注册类型分	**Grouped by Registration**	
内资	Domestic Funds	8.9
港澳台投资	Units With Funds From Hong Kong, Macao and Taiwan	44.5
外商投资	Foreign Funded Units	60.6
个体经营	Individuals Economy	25.0
按建设性质分	**Grouped by Character**	
新建	New Construction	11.7
扩建	Expansion	5.9
改建	Reconstruction	0.3
按构成分	**Grouped by Use of Funds**	
建筑安装工程	Construction and Installation	15.1
设备工器具购置	Purchase of Equipment and Instruments	4.6
其他费用	Others	-10.8
按三次产业分	**Grouped by Three Strata of Industry**	
第一产业	Primary Industry	35.6
第二产业	Secondary Industry	10.7
第三产业	Tertiary Industry	8.3

市(州)	Region	比上年增长 Growth Rate Over Preceding Year
全　省	**Sichuan**	**9.9**
成都市	Chengdu	9.9
自贡市	Zigong	10.4
攀枝花市	Panzhihua	10.0
泸州市	Luzhou	10.8
德阳市	Deyang	8.0
绵阳市	Mianyang	10.0
广元市	Guangyuan	10.5
遂宁市	Suining	10.4
内江市	Neijiang	10.9
乐山市	Leshan	10.7
南充市	Nanchong	12.0
眉山市	Meishan	10.7
宜宾市	Yibin	11.3
广安市	Guangan	8.0
达州市	Dazhou	10.0
雅安市	Yaan	10.4
巴中市	Bazhong	4.6
资阳市	Ziyang	9.3
阿坝藏族羌族自治州	Aba	12.3
甘孜藏族自治州	Ganzi	0.7
凉山彝族自治州	Liangshan	12.4

注：2018年起，计划投资在500-5000万项目按财务支出法统计，增速按可比口径计算(以下有关表同)。
a) From 2018, planned investment in 5-50 million projects is counted according to the financial expenditure method, and the growth rate is calculated by comparable caliber(the same as the following related tables).

5-2 分行业全社会固定资产投资增长情况(2020年)
The Growth of Total Investment in Fixed Assets by Sector(2020)

单位：%　　(%)

指　标	Item	比上年增长 Growth Rate Over Preceding Year
全社会固定资产投资	**Total Investment**	**9.9**
农、林、牧、渔业	Agriculture, Forestry, Animal Husbandry and Fishery	35.2
采矿业	Mining	2.8
制造业	Manufacturing	7.0
电力、热力、燃气及水生产和供应业	Production and Supply of Electricity, Heat, Gas and Water	29.3
建筑业	Construction	22.5
批发和零售业	Wholesale and Retail Trades	-4.0
交通运输、仓储和邮政业	Transport, Storage and Post	15.2
住宿和餐饮业	Hotels and Catering Services	3.1
信息传输、软件和信息技术服务业	Information Transmission, Software and Information Technology Services	17.1
金融业	Financial Intermediation	4.3
房地产业	Real Estate	6.0
租赁和商务服务业	Leasing and Business Services	19.4
科学研究和技术服务业	Scientific Research and Technical Services	-16.4
水利、环境和公共设施管理业	Management of Water Conservancy, Environment and Public Facilities	2.6
居民服务、修理和其他服务业	Services to Households, Repair and Other Services	21.4
教育	Education	17.1
卫生和社会工作	Health and Social Service	14.6
文化、体育和娱乐业	Culture, Sports and Entertainment	17.7
公共管理、社会保障和社会组织	Public Management, Social Security and Social Organization	-19.9
国际组织	International Organization	

5-3 分行业按构成分项目固定资产投资增长情况(2020年)

The Growth of Item Investment in Fixed Assets by Sector and Constitution(2020)

单位：% (%)

指 标	Item	合计 Total	建筑安装工程 Construction and Installation	设备工具器具购置 Purchase of Equipment and Instruments	其他费用 Others
投资总额	**Total Investment**	**9.4**	**12.4**	**31.8**	**-25.3**
农、林、牧、渔业	Agriculture, Forestry, Animal Husbandry and Fishery	38.0	41.6	176.3	-41.5
采矿业	Mining	2.8	9.5	9.6	-49.0
制造业	Manufacturing	7.0	18.3	20.3	-67.9
电力、热力、燃气及水生产和供应业	Production and Supply of Electricity, Heat, Gas and Water	29.3	32.7	68.0	1.9
建筑业	Construction	26.3	37.8	-8.7	86.1
批发和零售业	Wholesale and Retail Trades	-4.0	-3.8	144.4	-60.2
交通运输、仓储和邮政业	Transport, Storage and Post	15.2	13.9	46.7	16.8
住宿和餐饮业	Hotels and Catering Services	3.1	4.1	113.6	-34.6
信息传输、软件和信息技术服务业	Information Transmission, Software and Information Technology Services	17.1	14.5	21.4	0.2
金融业	Financial Intermediation	4.3	-13.9	121.8	291.0
房地产业	Real Estate	-11.8	-12.9	16.0	-5.0
租赁和商务服务业	Leasing and Business Services	19.4	14.4	138.0	33.8
科学研究和技术服务业	Scientific Research and Technical Services	-16.4	-8.7	35.5	-60.9
水利、环境和公共设施管理业	Management of Water Conservancy, Environment and Public Facilities	2.6	6.2	58.4	-27.5
居民服务、修理和其他服务业	Services to Households, Repair and Other Services	26.7	33.7	21.5	-54.5
教育	Education	17.1	20.8	70.8	-23.7
卫生和社会工作	Health and Social Service	14.6	13.1	63.7	-34.0
文化、体育和娱乐业	Culture, Sports and Entertainment	17.6	26.6	86.1	-53.5
公共管理、社会保障和社会组织	Public Management, Social Security and Social Organization	-19.9	-19.8	9.0	-41.9
国际组织	International Organization				

5-4 各市(州)按构成分项目固定资产投资增长情况(2020年)
The Growth of Item Investment in Fixed Assets by Region and Institution(2020)

单位：% (%)

市(州)	Region	投资额 Total Investment	建筑安装工程 Construction and Installation	设备工具器具购置 Purchase of Equipment and Instruments	其他费用 Others
全　省	**Sichuan**	**9.4**	**12.4**	**31.8**	**-25.3**
成都市	Chengdu	10.2	20.1	17.8	-29.9
自贡市	Zigong	13.7	22.1	74.5	-59.3
攀枝花市	Panzhihua	11.9	11.3	73.9	-61.9
泸州市	Luzhou	10.8	13.2	-13.7	2.7
德阳市	Deyang	4.5	6.3	41.6	-35.8
绵阳市	Mianyang	4.1	6.8	1.6	-15.3
广元市	Guangyuan	10.5	9.5	148.7	-31.8
遂宁市	Suining	8.0	2.4	195.9	-78.4
内江市	Neijiang	8.9	21.5	34.1	-70.0
乐山市	Leshan	14.1	15.1	52.6	-18.8
南充市	Nanchong	12.8	13.2	27.2	-21.9
眉山市	Meishan	6.5	10.7	10.3	-33.3
宜宾市	Yibin	14.4	21.3	15.7	-24.5
广安市	Guangan	9.6	10.1	125.6	-49.3
达州市	Dazhou	10.7	16.2	195.6	-80.0
雅安市	Yaan	11.9	15.2	50.8	-45.4
巴中市	Bazhong	5.0	7.9	60.7	-53.5
资阳市	Ziyang	11.6	16.1	93.1	-40.0
阿坝藏族羌族自治州	Aba	12.8	7.8	-28.6	85.5
甘孜藏族自治州	Ganzi	-1.0	-2.3	74.5	-4.8
凉山彝族自治州	Liangshan	10.5	4.0	126.1	1.9

注：本表各市(州)数不包括跨区投资。
a) The region data in this table excludes multiregional investment.

5-5 分行业施工和投产项目个数(2020年)
Number of Projects under Construction and Production by Sector(2020)

行业	Sector	施工项目 (个) Number of Projects Under Construction (unit)	新开工项目个数 (个) Number of Projects Started This Year (unit)	全部建成投产项目 (个) Number of Projects Completed (unit)	项目建成投产率 (%) Rate of Projects Completed (%)
总 计	**Total**	**39460**	**22591**	**18654**	**47.27**
农、林、牧、渔业	Agriculture, Forestry, Animal Husbandry and Fishery	5873	4023	2722	46.35
采矿业	Mining	907	542	429	47.30
制造业	Manufacturing	8197	4792	4530	55.26
电力、热力、燃气及水生产和供应业	Production and Supply of Electricity, Heat, Gas and Water	2419	1395	1084	44.81
建筑业	Construction	40	22	22	55.00
批发和零售业	Wholesale and Retail Trades	484	254	245	50.62
交通运输、仓储和邮政业	Transport, Storage and Post	5149	2947	2330	45.25
住宿和餐饮业	Hotels and Catering Services	643	367	278	43.23
信息传输、软件和信息技术服务业	Information Transmission, Software and Information Technology Services	445	307	295	66.29
金融业	Financial Intermediation	23	8	20	86.96
房地产业	Real Estate	1793	727	738	41.16
租赁和商务服务业	Leasing and Business Services	773	377	340	43.98
科学研究和技术服务业	Scientific Research and Technical Services	235	130	100	42.55
水利、环境和公共设施管理业	Management of Water Conservancy, Environment and Public Facilities	7828	4387	3332	42.57
居民服务、修理和其他服务业	Services to Households, Repair and Other Services	178	114	85	47.75
教育	Education	1697	785	743	43.78
卫生和社会工作	Health and Social Service	999	479	564	56.46
文化、体育和娱乐业	Culture, Sports and Entertainment	1178	678	507	43.04
公共管理、社会保障和社会组织	Public Management, Social Security and Social Organization	599	257	290	48.41
国际组织	International Organization				

5-6 各市(州)施工和投产项目个数(2020年)
Number of Projects under Construction and Production by Region(2020)

市(州)	Region	施工项目(个) Number of Projects under Construction (unit)	新开工项目个数(个) Number of Projects Started This Year (unit)	全部建成投产项目(个) Number of Projects Completed and Put into Use (unit)	项目建成投产率(%) Rate of Projects Completed (%)
全 省	**Sichuan**	**39460**	**22591**	**18654**	**47.27**
成都市	Chengdu	5146	2675	2530	49.16
自贡市	Zigong	1145	666	484	42.27
攀枝花市	Panzhihua	1798	1307	972	54.06
泸州市	Luzhou	2356	1086	1223	51.91
德阳市	Deyang	2269	1458	1400	61.70
绵阳市	Mianyang	2061	1223	919	44.59
广元市	Guangyuan	1652	942	958	57.99
遂宁市	Suining	1583	889	732	46.24
内江市	Neijiang	1598	798	704	44.06
乐山市	Leshan	1514	1005	594	39.23
南充市	Nanchong	2373	1416	1111	46.82
眉山市	Meishan	1122	578	547	48.75
宜宾市	Yibin	2609	1602	1198	45.92
广安市	Guangan	3176	2314	1609	50.66
达州市	Dazhou	3219	1708	1433	44.52
雅安市	Yaan	1011	528	365	36.10
巴中市	Bazhong	1240	812	499	40.24
资阳市	Ziyang	473	273	185	39.11
阿坝藏族羌族自治州	Aba	831	301	254	30.57
甘孜藏族自治州	Ganzi	1221	611	568	46.52
凉山彝族自治州	Liangshan	1015	395	362	35.67
不分地区	Others	48	4	7	

注：本表各市(州)数不包括跨区项目。
a) The region data in this table exclude multiregional projects.

5-7 房地产开发主要指标
Major Indicators of Real Estate Development

指　标		Item		2016	2017	2018	2019	2020
企业个数	（个）	**Number of Enterprises**	(unit)	**4061**	**4010**	**4166**	**4350**	**4593**
国有		State-owned		106	108	119	132	178
集体		Collective-owned		13	10	7	5	5
私营		Private-owned		1699	1730	1824	1927	2359
其他		Others		2243	2162	2216	2286	2051
平均从业人数	（人）	**Average Employed Persons**	(person)	**138887**	**145344**	**157034**	**162583**	**164291**
国有		State-owned		5451	5448	6554	7113	8788
集体		Collective-owned		297	296	265	235	184
私营		Private-owned		53081	58406	64074	67230	76595
其他		Others		80058	81194	86141	88005	78724
本年土地购置面积	（万平方米）	**Land Space Purchased This Year**	(10 000 sq.m)	**1304.72**	**800.76**	**1541.10**	**1056.69**	**988.00**
本年完成投资额	（亿元）	**Investment Completed This Year**	(100 million yuan)	**5282.64**	**5149.89**	**5701.09**	**6573.24**	**7315.31**
#住宅		Residential Buildings		3185.64	3182.34	3764.17	4665.31	5330.14
本年新增固定资产	（亿元）	**Newly Increased Fixed Assets This Year**	(100 million yuan)	**2407.73**	**1880.60**	**2021.42**	**2054.18**	**2018.09**
资金来源	（亿元）	**Sources of Funds**	(100 million yuan)	**6635.69**	**7430.97**	**8166.20**	**9349.72**	**10173.17**
国内贷款		Domestic Loans		751.74	890.39	887.24	1118.17	1144.33
利用外资		Foreign Investment		0.88	0.55	0.17	6.55	5.60
自筹资金		Self-raising Funds		2679.98	2779.07	2933.66	3039.82	3291.37
#自有资金		Self-owned		1332.60				
其他资金		Others		3203.09	3760.96	258.05	203.16	96.58
#定金及预收款		Earnest and Money Collected in Advance		1826.28	2372.91	2980.13	3482.52	3874.28
房屋建筑面积	（万平方米）	**Floor Space of Buildings**	(10 000 sq.m)					
施工面积		Floor Space of Buildings under Construction		41532.14	41294.89	44052.13	49113.75	50755.54
#住宅		Residential Buildings		26425.45	26272.05	28534.21	32151.96	33706.21
竣工面积		Floor Space of Buildings Completed		7050.24	5620.73	5647.86	4580.04	4545.86
#住宅		Residential Buildings		4677.37	3675.76	3718.16	2940.11	3073.73
本年新开工面积		Floor Space Started This Year		10825.16	11521.59	14076.17	15325.50	13939.74
#住宅		Residential Buildings		6941.73	7604.00	9723.10	10294.70	9631.06
商品房屋销售面积	（万平方米）	**Floor Space of Selling House**	(10 000 sq.m)	**9300.47**	**10869.07**	**12210.38**	**12978.61**	**13257.75**
#住宅		Residential Buildings		7884.09	8786.61	9889.35	10451.05	10902.37
商品房销售额	（亿元）	**Total Sales of Commercial Houses**	(100 million yuan)	**5358.91**	**6757.11**	**8527.29**	**9666.73**	**10394.25**
#住宅		Residential Buildings		4296.27	5173.60	6612.36	7869.04	8766.96

注：2018年房地产开发相关指标数据为第四次全国经济普查数据(以下有关各表同)。
a) Data of the related indicators of Real Estate Development in 2018 are the data of the fourth national economic census(the same as the following related tables).

5-8 各市(州)按经济类型分房地产开发企业个数(2020年)
Number of Enterprises of Real Estate Development by Ownership and Region(2020)

单位：个 (unit)

市(州)	Region	合计 Total	国有经济 State-owned	集体经济 Collective-owned	私营经济 Private-owned	其他经济 Others
全　省	**Sichuan**	**4593**	**178**	**5**	**2359**	**2051**
成都市	Chengdu	1505	84	1	487	933
自贡市	Zigong	98	1		65	32
攀枝花市	Panzhihua	89	3	1	55	30
泸州市	Luzhou	181	13		84	84
德阳市	Deyang	205	3		148	54
绵阳市	Mianyang	358	20	1	234	103
广元市	Guangyuan	136	3		90	43
遂宁市	Suining	193	2	1	106	84
内江市	Neijiang	104	5		65	34
乐山市	Leshan	163	2		100	61
南充市	Nanchong	296	6	1	198	91
眉山市	Meishan	256	4		117	135
宜宾市	Yibin	194	11		123	60
广安市	Guangan	178	5		106	67
达州市	Dazhou	217	4		151	62
雅安市	Yaan	95	7		49	39
巴中市	Bazhong	132	2		81	49
资阳市	Ziyang	78	1		49	28
阿坝藏族羌族自治州	Aba	12			7	5
甘孜藏族自治州	Ganzi	13			8	5
凉山彝族自治州	Liangshan	90	2		36	52

5-9 各市(州)按资质等级分房地产开发企业个数(2020年)
Number of Enterprises of Real Estate Development by Region and Qualification Criteria(2020)

单位：个 (unit)

市(州)	Region	合 计 Total	一级 First Grade	二级 Second Grade	三级 Third Grade	四级 Fourth Grade	其他 Others
全 省	**Sichuan**	**4593**	**62**	**872**	**2585**	**57**	**1017**
成都市	Chengdu	1505	23	252	948	17	265
自贡市	Zigong	98	7	18	36	4	33
攀枝花市	Panzhihua	89	3	16	48	2	20
泸州市	Luzhou	181	3	39	91	2	46
德阳市	Deyang	205	1	32	118	4	50
绵阳市	Mianyang	358	2	67	227	2	60
广元市	Guangyuan	136		19	98	3	16
遂宁市	Suining	193	1	44	95	1	52
内江市	Neijiang	104	1	32	52	2	17
乐山市	Leshan	163	4	33	93	1	32
南充市	Nanchong	296	2	45	91	3	155
眉山市	Meishan	256	3	68	140	2	43
宜宾市	Yibin	194	4	35	124	2	29
广安市	Guangan	178	1	32	105		40
达州市	Dazhou	217	4	81	114	3	15
雅安市	Yaan	95		8	33	4	50
巴中市	Bazhong	132	3	23	54		52
资阳市	Ziyang	78		14	30		34
阿坝藏族羌族自治州	Aba	12			7		5
甘孜藏族自治州	Ganzi	13		1	7	4	1
凉山彝族自治州	Liangshan	90		13	74	1	2

5-10 各市(州)按经济类型分房地产开发企业从业人员数(2020年)

Number of Employees in Enterprises of Real Estate Development by Ownership and Region(2020)

单位：人 (person)

市(州)	Region	合计 Total	国有经济 State-owned	集体经济 Collective-owned	私营经济 Private-owned	其他经济 Others
全　省	**Sichuan**	**164291**	**8788**	**184**	**76595**	**78724**
成都市	Chengdu	50075	4822	33	13496	31724
自贡市	Zigong	4378	47		2681	1650
攀枝花市	Panzhihua	3658	201	37	2297	1123
泸州市	Luzhou	9985	881		3906	5198
德阳市	Deyang	5966	30		4309	1627
绵阳市	Mianyang	11413	821	22	7594	2976
广元市	Guangyuan	4671	224		2612	1835
遂宁市	Suining	6841	24	27	3733	3057
内江市	Neijiang	4020	97		2385	1538
乐山市	Leshan	7182	51		3914	3217
南充市	Nanchong	9587	147	65	6194	3181
眉山市	Meishan	10949	103		3881	6965
宜宾市	Yibin	7119	503		3908	2708
广安市	Guangan	6654	261		3958	2435
达州市	Dazhou	7994	216		4468	3310
雅安市	Yaan	3097	204		1678	1215
巴中市	Bazhong	4885	62		2763	2060
资阳市	Ziyang	2457	24		1594	839
阿坝藏族羌族自治州	Aba	151			122	29
甘孜藏族自治州	Ganzi	227			147	80
凉山彝族自治州	Liangshan	2982	70		955	1957

5-11 各市(州)按资质等级分房地产开发企业从业人员数(2020年)
Number of Employees in Enterprises of Real Estate Development by Region and Qualification Criteria(2020)

单位：人 (person)

市(州)	Region	合 计 Total	一级 First Grade	二级 Second Grade	三级 Third Grade	四级 Fourth Grade	其他 Others
全 省	**Sichuan**	**164291**	**5113**	**39663**	**85431**	**992**	**33092**
成都市	Chengdu	50075	1436	11669	29477	204	7289
自贡市	Zigong	4378	1002	985	1179	110	1102
攀枝花市	Panzhihua	3658	349	716	1704	26	863
泸州市	Luzhou	9985	221	2603	4820	165	2176
德阳市	Deyang	5966	58	1195	3174	73	1466
绵阳市	Mianyang	11413	39	2872	6989	20	1493
广元市	Guangyuan	4671		737	3452	35	447
遂宁市	Suining	6841	55	2010	3056	2	1718
内江市	Neijiang	4020	52	1475	2000	34	459
乐山市	Leshan	7182	240	1697	3989	34	1222
南充市	Nanchong	9587	192	1576	2580	78	5161
眉山市	Meishan	10949	464	3167	5057	39	2222
宜宾市	Yibin	7119	675	1780	3919	23	722
广安市	Guangan	6654	10	1268	3776		1600
达州市	Dazhou	7994	159	3561	3758	44	472
雅安市	Yaan	3097		423	870	54	1750
巴中市	Bazhong	4885	161	1060	1846		1818
资阳市	Ziyang	2457		372	1065		1020
阿坝藏族羌族自治州	Aba	151			124		27
甘孜藏族自治州	Ganzi	227		13	151	41	22
凉山彝族自治州	Liangshan	2982		484	2445	10	43

5-12 各市(州)房地产投资完成额
Completion of Real Estate Investment by Region

单位：亿元 (100 million yuan)

市(州)	Region	2010	2013	2014	2015	2016	2017	2018	2019	2020
全　省	**Sichuan**	**2194.63**	**3853.00**	**4380.09**	**4813.03**	**5282.64**	**5149.89**	**5701.09**	**6573.24**	**7315.31**
成都市	Chengdu	1278.34	2110.27	2220.80	2441.95	2638.89	2487.88	2272.98	2606.84	2845.46
自贡市	Zigong	54.00	77.78	101.23	125.81	123.87	122.59	209.31	213.10	218.13
攀枝花市	Panzhihua	34.20	51.16	75.20	58.94	55.03	59.96	98.50	102.84	104.00
泸州市	Luzhou	54.52	130.92	192.56	196.87	239.20	258.62	318.39	399.04	445.58
德阳市	Deyang	46.96	82.66	95.23	115.38	125.78	105.04	149.81	168.05	219.99
绵阳市	Mianyang	105.84	169.94	210.74	198.35	205.58	176.65	204.54	264.12	364.28
广元市	Guangyuan	18.72	58.67	83.32	86.80	94.63	83.58	84.89	88.04	99.86
遂宁市	Suining	67.90	85.99	86.36	111.91	144.56	173.48	172.23	176.05	222.05
内江市	Neijiang	41.01	78.64	115.43	123.88	122.81	115.05	155.56	159.70	191.72
乐山市	Leshan	58.79	110.19	126.07	152.86	212.02	194.15	194.91	222.20	213.34
南充市	Nanchong	102.23	207.91	229.14	213.22	216.64	212.39	310.03	383.26	420.58
眉山市	Meishan	47.77	130.31	151.12	195.15	194.29	193.58	257.12	398.75	476.53
宜宾市	Yibin	60.22	141.13	171.86	150.42	189.55	228.15	312.04	357.40	369.01
广安市	Guangan	29.58	65.25	122.11	184.26	258.22	244.19	238.10	291.17	300.02
达州市	Dazhou	60.68	100.53	94.98	82.58	93.28	113.64	156.70	202.29	218.57
雅安市	Yaan	11.91	27.02	25.46	27.45	53.94	58.38	85.28	88.15	94.43
巴中市	Bazhong	27.27	63.99	88.65	104.49	118.96	136.97	156.99	133.61	137.20
资阳市	Ziyang	74.65	136.98	164.77	195.14	150.18	127.89	132.41	144.42	153.29
阿坝藏族羌族自治州	Aba	0.62	4.04	4.25	7.80	12.26	4.87	3.10	2.12	4.63
甘孜藏族自治州	Ganzi	1.92	1.98	1.71	1.10	1.28	1.51	6.43	5.30	8.86
凉山彝族自治州	Liangshan	17.48	17.64	19.11	38.67	31.67	51.32	181.78	166.79	207.77

5-13 各市(州)按用途分房地产开发投资完成额(2020年)

Actually Completed Investment of Enterprises for Real Estate Development by Region and Use(2020)

单位：亿元 (100 million yuan)

市(州)	Region	本年完成投资额 Investment Completed in Current Year	住宅 Residential Buildings	办公楼 Office Buildings	商业营业用房 Houses for Business Use	其他 Others
全　省	**Sichuan**	**7315.31**	**5330.14**	**296.72**	**828.67**	**859.77**
成都市	Chengdu	2845.46	1869.51	225.90	322.23	427.82
自贡市	Zigong	218.13	157.10	4.00	38.74	18.28
攀枝花市	Panzhihua	104.00	82.21	0.65	10.70	10.45
泸州市	Luzhou	445.58	326.86	19.96	61.06	37.70
德阳市	Deyang	219.99	171.11	1.77	20.79	26.32
绵阳市	Mianyang	364.28	274.92	6.74	40.89	41.73
广元市	Guangyuan	99.86	73.08	0.36	13.50	12.92
遂宁市	Suining	222.05	175.72	7.38	24.82	14.13
内江市	Neijiang	191.72	141.29	1.34	29.12	19.98
乐山市	Leshan	213.34	159.36	1.97	29.28	22.73
南充市	Nanchong	420.58	351.20	4.19	34.04	31.15
眉山市	Meishan	476.53	382.28	4.24	34.58	55.43
宜宾市	Yibin	369.01	280.24	5.49	47.32	35.97
广安市	Guangan	300.02	247.40	3.14	29.21	20.27
达州市	Dazhou	218.57	162.56	4.46	31.77	19.78
雅安市	Yaan	94.43	70.63	0.96	10.33	12.50
巴中市	Bazhong	137.20	112.84	0.83	14.25	9.28
资阳市	Ziyang	153.29	137.41	0.40	8.56	6.92
阿坝藏族羌族自治州	Aba	4.63	4.24		0.37	0.02
甘孜藏族自治州	Ganzi	8.86	5.49		1.78	1.59
凉山彝族自治州	Liangshan	207.77	144.68	2.95	25.33	34.81

5-14 各市(州)房地产开发建设房屋建筑面积和造价(2020年)
Floor Space of Buildings and the Cost in Real Estate Development by Region(2020)

市(州)	Region	施工房屋面积(万平方米) Floor Space of Buildings under Construction (10 000 sq.m)	竣工房屋面积(万平方米) Floor Space of Buildings Completed (10 000 sq.m)	房屋建筑面积竣工率(%) Rate of Floor Space of Buildings Completed (%)	竣工房屋价值(万元) Value of Buildings Completed (10 000 yuan)	竣工房屋造价(元/平方米) Cost of Buildings Completed (yuan / sq.m)
全 省	**Sichuan**	**50755.54**	**4545.86**	**9.0**	**16152257**	**3553**
成都市	Chengdu	19098.66	1419.55	7.4	5947152	4189
自贡市	Zigong	1191.71	215.05	18.0	751982	3497
攀枝花市	Panzhihua	623.83	60.79	9.7	290633	4781
泸州市	Luzhou	2797.57	658.80	23.5	2090245	3173
德阳市	Deyang	2270.77	118.89	5.2	362502	3049
绵阳市	Mianyang	2646.33	205.62	7.8	616595	2999
广元市	Guangyuan	715.88	24.36	3.4	57252	2350
遂宁市	Suining	1802.90	171.47	9.5	476812	2781
内江市	Neijiang	1492.77	102.69	6.9	275600	2684
乐山市	Leshan	1768.92	112.86	6.4	373578	3310
南充市	Nanchong	3552.18	109.70	3.1	287365	2620
眉山市	Meishan	3065.61	197.04	6.4	724941	3679
宜宾市	Yibin	2428.46	300.71	12.4	861042	2863
广安市	Guangan	1663.08	166.24	10.0	641773	3861
达州市	Dazhou	1756.71	54.50	3.1	157823	2896
雅安市	Yaan	716.10	64.75	9.0	209582	3237
巴中市	Bazhong	1024.57	109.85	10.7	273161	2487
资阳市	Ziyang	978.71	95.21	9.7	335421	3523
阿坝藏族羌族自治州	Aba	27.58				
甘孜藏族自治州	Ganzi	92.51	5.92	6.4	17040	2878
凉山彝族自治州	Liangshan	1040.71	351.88	33.8	1401758	3984

5-15 各市(州)商品房销售情况(2020年)
Selling of Commercial Houses by Region(2020)

市(州)	Region	房屋销售面积(万平方米) Floor Space of Commercial Houses (10 000 sq.m)	#住宅 Residential Buildings	#办公楼 Office Buildings	#商业营业用房 Houses for Business Use	房屋销售额(亿元) Total Sale of Commercial Houses (100 million yuan)	#住宅 Residential Buildings	#办公楼 Office Buildings	#商业营业用房 Houses for Business Use
全 省	**Sichuan**	**13257.75**	**10902.37**	**335.71**	**931.35**	**10394.25**	**8766.96**	**319.87**	**970.67**
成都市	Chengdu	3680.30	2826.74	232.89	298.68	4470.71	3740.10	238.07	377.41
自贡市	Zigong	423.61	349.39	3.28	31.64	253.46	202.63	3.33	37.49
攀枝花市	Panzhihua	159.22	138.30	0.24	9.71	110.82	93.38	0.17	13.93
泸州市	Luzhou	1010.88	800.39	28.78	93.05	613.87	466.33	23.80	87.96
德阳市	Deyang	542.30	471.53	1.98	27.20	326.48	297.06	1.84	19.06
绵阳市	Mianyang	724.30	591.86	10.48	60.41	473.17	397.28	9.11	50.11
广元市	Guangyuan	170.56	139.25	2.27	13.52	103.56	88.27	0.77	9.05
遂宁市	Suining	726.24	630.37	28.88	27.51	442.44	372.36	24.96	30.70
内江市	Neijiang	474.00	339.14	2.75	42.31	275.93	203.24	1.38	42.98
乐山市	Leshan	552.10	434.02	11.08	60.11	321.52	253.80	7.26	47.49
南充市	Nanchong	1245.59	1093.14	5.16	40.55	699.96	635.24	3.21	39.17
眉山市	Meishan	813.33	736.04	2.50	20.18	637.07	596.66	1.91	26.11
宜宾市	Yibin	780.04	639.17	3.01	54.89	514.10	425.86	2.10	57.39
广安市	Guangan	423.23	388.23		19.41	232.20	214.06		15.04
达州市	Dazhou	503.90	408.62	0.09	76.31	323.80	261.10	0.04	58.21
雅安市	Yaan	127.43	105.33	0.76	11.87	76.92	62.82	0.36	11.59
巴中市	Bazhong	397.71	347.90		24.83	180.53	153.98		18.09
资阳市	Ziyang	251.74	238.51		3.76	135.26	129.33		4.25
阿坝藏族羌族自治州	Aba	12.32	12.26		0.06	5.49	5.37		0.12
甘孜藏族自治州	Ganzi	6.12	5.69		0.43	4.84	4.24		0.60
凉山彝族自治州	Liangshan	232.84	206.50	1.57	14.92	192.12	163.83	1.56	23.91

5-16 各市(州)商品房期房销售情况(2020年)
Selling of Commercial Houses under Construction by Region(2020)

市(州)	Region	房屋销售面积(万平方米) Floor Space of Commercial Houses (10 000 sq.m)	#住宅 Residential Buildings	#办公楼 Office Buildings	#商业营业用房 Houses for Business Use	房屋销售额(亿元) Total Sale of Commercial Houses (100 million yuan)	#住宅 Residential Buildings	#办公楼 Office Buildings	#商业营业用房 Houses for Business Use
全　省	**Sichuan**	**12273.81**	**10434.29**	**308.60**	**718.58**	**9716.17**	**8380.18**	**291.91**	**781.30**
成都市	Chengdu	3323.06	2674.05	215.18	227.91	4113.05	3518.62	215.32	297.14
自贡市	Zigong	382.79	323.98	3.25	22.32	228.53	187.97	3.32	28.75
攀枝花市	Panzhihua	149.69	132.13		8.75	105.55	89.69		12.98
泸州市	Luzhou	923.88	741.40	27.79	84.10	573.05	439.47	22.92	79.24
德阳市	Deyang	515.02	464.41	1.98	19.73	314.88	293.15	1.84	14.33
绵阳市	Mianyang	654.34	566.29	8.91	35.12	431.81	381.27	7.90	30.80
广元市	Guangyuan	140.29	123.82	1.42	5.19	88.86	80.98	0.48	3.94
遂宁市	Suining	700.90	610.74	25.94	26.37	429.69	362.98	24.39	29.51
内江市	Neijiang	472.52	338.52	2.70	42.28	275.36	202.90	1.35	42.86
乐山市	Leshan	510.93	411.24	11.08	48.24	299.31	241.12	7.26	39.76
南充市	Nanchong	1168.47	1058.62	4.86	29.60	668.65	618.73	2.94	31.54
眉山市	Meishan	775.74	717.24	1.21	16.41	614.68	583.06	0.82	20.92
宜宾市	Yibin	713.50	613.29	1.99	43.87	483.39	412.42	1.48	47.30
广安市	Guangan	401.72	370.21		17.53	222.54	206.41		13.52
达州市	Dazhou	451.09	390.92	0.06	44.74	293.83	252.31	0.03	37.87
雅安市	Yaan	113.66	100.08	0.67	5.78	69.90	60.48	0.32	7.59
巴中市	Bazhong	385.36	342.40		21.85	173.01	151.33		15.16
资阳市	Ziyang	246.39	233.15		3.76	132.29	126.35		4.25
阿坝藏族羌族自治州	Aba	12.32	12.26		0.06	5.49	5.37		0.12
甘孜藏族自治州	Ganzi	6.06	5.66		0.40	4.77	4.23		0.54
凉山彝族自治州	Liangshan	226.10	203.85	1.57	14.59	187.54	161.35	1.56	23.17

5−17　各市(州)商品房现房销售情况(2020年)

Selling of Commercial Houses Completed by Region(2020)

市(州)	Region	房屋销售面积(万平方米) Floor Space of Commercial Houses (10 000 sq.m)	#住宅 Residential Buildings	#办公楼 Office Buildings	#商业营业用房 Houses for Business Use	房屋销售额(亿元) Total Sale of Commercial Houses (100 million yuan)	#住宅 Residential Buildings	#办公楼 Office Buildings	#商业营业用房 Houses for Business Use
全　省	**Sichuan**	**983.93**	**468.08**	**27.11**	**212.77**	**678.09**	**386.79**	**27.95**	**189.38**
成都市	Chengdu	357.24	152.69	17.71	70.77	357.66	221.48	22.76	80.27
自贡市	Zigong	40.82	25.41	0.03	9.32	24.93	14.66	0.02	8.74
攀枝花市	Panzhihua	9.53	6.17	0.24	0.96	5.27	3.69	0.17	0.94
泸州市	Luzhou	87.00	58.99	0.99	8.95	40.82	26.86	0.89	8.72
德阳市	Deyang	27.28	7.12		7.48	11.60	3.92		4.73
绵阳市	Mianyang	69.97	25.56	1.57	25.29	41.36	16.02	1.21	19.31
广元市	Guangyuan	30.27	15.43	0.85	8.33	14.70	7.29	0.29	5.11
遂宁市	Suining	25.34	19.62	2.95	1.13	12.76	9.38	0.57	1.19
内江市	Neijiang	1.49	0.62	0.05	0.04	0.57	0.35	0.03	0.12
乐山市	Leshan	41.17	22.77		11.88	22.21	12.68		7.73
南充市	Nanchong	77.13	34.52	0.30	10.95	31.31	16.51	0.27	7.62
眉山市	Meishan	37.59	18.79	1.30	3.78	22.40	13.60	1.08	5.19
宜宾市	Yibin	66.54	25.88	1.02	11.02	30.71	13.45	0.61	10.09
广安市	Guangan	21.51	18.02		1.87	9.66	7.65		1.53
达州市	Dazhou	52.80	17.69	0.03	31.57	29.97	8.79	0.01	20.35
雅安市	Yaan	13.77	5.25	0.08	6.09	7.01	2.35	0.05	4.01
巴中市	Bazhong	12.35	5.50		2.98	7.51	2.65		2.93
资阳市	Ziyang	5.35	5.35			2.98	2.98		
阿坝藏族羌族自治州	Aba								
甘孜藏族自治州	Ganzi	0.06	0.03		0.02	0.07	0.01		0.06
凉山彝族自治州	Liangshan	6.74	2.65		0.34	4.58	2.48		0.74

5-18 各市(州)商品房待售情况(2020年)
Selling of Commercial Houses on Sale by Region(2020)

单位：万平方米 (10 000 sq.m)

市(州)	Region	商品房待售面积 Space of Commercial Houses on Sale	#住宅 Residential Buildings	#办公楼 Office Buildings	#商业营业用房 Houses for Business Use	其中：待售1-3年的面积 Space Empty on Sale During 3 Years	#住宅 Residential Buildings	#办公楼 Office Buildings	#商业营业用房 Houses for Business Use
全　省	**Sichuan**	**2093.46**	**478.38**	**81.32**	**534.78**	**950.28**	**228.36**	**45.14**	**231.30**
成都市	Chengdu	1059.45	136.74	67.67	263.35	488.80	71.44	41.57	108.01
自贡市	Zigong	41.93	7.70	0.05	8.10	33.52	5.99	0.05	3.32
攀枝花市	Panzhihua	62.85	18.05	3.02	22.07	13.20	0.71		9.32
泸州市	Luzhou	76.90	44.53		11.74	40.40	23.20		6.13
德阳市	Deyang	108.93	10.20	0.22	44.18	39.00	4.97		14.51
绵阳市	Mianyang	103.42	14.37	2.18	45.66	42.52	3.45		23.74
广元市	Guangyuan	78.89	31.13	0.32	30.84	49.42	18.54	0.16	20.17
遂宁市	Suining	8.14	4.16		0.46	7.19	3.26		0.41
内江市	Neijiang	20.34	10.88	0.85	3.23	10.60	10.32		0.28
乐山市	Leshan	28.61	4.75	0.01	17.06	15.62	2.39		7.85
南充市	Nanchong	73.76	24.35	0.52	5.29	24.34	8.39	0.22	1.04
眉山市	Meishan	149.50	56.30	2.89	30.91	93.30	35.54	1.52	19.72
宜宾市	Yibin	101.27	34.20	1.91	23.00	24.07	1.76	1.00	2.93
广安市	Guangan	21.80	15.60	0.10	4.20	20.82	14.97	0.10	3.85
达州市	Dazhou	13.62	3.57		3.86	8.57	1.83		2.94
雅安市	Yaan	46.59	7.75	0.53	12.11	6.92	0.94	0.53	3.75
巴中市	Bazhong	64.00	46.56		3.60	24.00	16.61		1.31
资阳市	Ziyang	0.41	0.02		0.25	0.41	0.02		0.25
阿坝藏族羌族自治州	Aba								
甘孜藏族自治州	Ganzi	0.13			0.13	0.13			0.13
凉山彝族自治州	Liangshan	32.92	7.52	1.07	4.75	7.43	4.00		1.65

主要统计指标解释

全社会固定资产投资 是以货币形式表现的在一定时期内全社会建造和购置固定资产的工作量以及与此有关的费用的总称。该指标是反映固定资产投资规模、结构和发展速度的综合性指标。全社会固定资产投资按登记注册类型可分为国有、集体、联营、股份制、私营和个体、港澳台商、外商、其他等。

固定资产投资（不含农户） 指城镇和农村各种登记注册类型的企业、事业、行政单位及城镇个体户进行的计划总投资500万元及以上的建设项目投资和房地产开发投资，包含原口径的城镇固定资产投资加上农村企事业组织项目投资，该口径自2011年起开始使用。

实际到位资金 指用于固定资产投资的各种货币资金。包括国家预算资金、国内贷款、利用外资、自筹资金和其他资金。

(1)国家预算资金 国家预算包括一般预算、政府性基金预算、国有资本经营预算和社保基金预算。各类预算中用于固定资产投资的资金全部作为国家预算资金填报，其中一般预算中用于固定资产投资的部分包括基建投资、车购税、灾后恢复重建基金和其他财政投资。各级政府债券也应归入国家预算资金。

(2)国内贷款 指报告期固定资产项目投资单位向银行及非银行金融机构借入用于固定资产投资的各种国内借款，包括银行利用自有资金及吸收存款发放的贷款、上级拨入的国内贷款、国家专项贷款（包括煤代油贷款、劳改煤矿专项贷款等），地方财政专项资金安排的贷款、国内储备贷款、周转贷款等。

(3)利用外资 指报告期收到的境外（包括外国及港澳台地区）资金(包括设备、材料、技术在内)。包括对外借款(外国政府贷款、国际金融组织贷款、出口信贷、外国银行商业贷款、对外发行债券和股票)、外商直接投资、外商其他投资(包括利用外商投资收益在国内进行固定资产再投资活动的资金)。不包括我国自有外汇资金(国家外汇、地方外汇、留成外汇、调剂外汇和国内银行自有资金发放的外汇贷款等)。各类外资按报告期的外汇牌价（中间价）折成人民币计算。

(4)自筹资金 指固定资产投资单位在报告期收到的，由各企、事业单位筹集用于固定资产投资的资金，包括各类企事业单位的自有资金和从其他单位筹集的用于固定资产投资的资金，但不包括各类财政性资金、从各类金融机构借入资金和国外资金。

(5)其他资金来源 指在报告期收到的除以上各种资金之外的用于固定资产投资的资金，包括社会集资、个人资金、无偿捐赠的资金及其他单位拨入的资金等。

固定资产投资按国民经济行业分 指根据其从事的社会经济活动性质对各类单位进行的分类。应根据建设项目建成投产后的主要产品种类或主要用途及社会经济活动种类来划分，不能根据项目单位本身的行业类别来划分。如果项目投产后有几种产品，应根据主要产品来确定行业类别。一般情况下，一个建设项目只能属于一种国民经济行业。

固定资产投资按隶属关系分 是按建设单位或企业、事业、行政单位的主管上级机关确定的。

(1)中央 是指中共中央、人大常委会和国务院各部、委、局、总公司以及直属机构直接领导的建设项目和企业、事业、行政单位。这些单位的固定资产投资计划由国务院各部门直接编制和下达，统一组织或委托下级实施。包括有中央垂直管理的部门（如国家统计局各级调查队）和中央直属企业、事业单位（如工商银行、中国电信、中国石油）等。

(2)地方 是由省（自治区、直辖市）、地（区、市、州、盟）、县（区、市、旗）三级政府及业务主管部门直接领导和管理的建设项目、企业、事业、行政单位。地方项目还包括不隶属以上各级政府及主管部门的建设项目和企业、事业单位，如外商投资企业和无主管部门的企业等。

固定资产投资按建设性质分 按整个建设项目情况来确定。建设项目的性质一般分为新建、扩建、改建和技术改造、单纯建造生活设施、迁建、恢复、单纯购置。农户投资不划分建设性质。

(1)新建 指从无到有"平地起家"开始建设的项目。现有企业、事业、行政单位投资的项目一般不属于新建。但如有的单位原有基础很小，经过建设后新增的固定资产价值超过该企业、事业、行政单位原有固定资产价值（原值）三倍以上的，也应作为新建。

(2)扩建 指在厂内或其他地点，为扩大原有产品的生产能力(或效益)或增加新的产品生产能力，而增建的生产车间(或主要工程)、分厂、独立的生产线等项目。行政、事业单位在原单位增建业务性用房(如学校增建教学用房、医院增建门诊部、病房等)也作为扩建。

现有企、事业单位为扩大原有主要产品生产能力或增加新的产品生产能力，增建一个或几个主要生产车间(或主要工程)、分厂，同时进行一些更新改造工程的，也应作为扩建。

(3)改建和技术改造 指现有企业、事业单位对原有设施进行技术改造或更新(包括相应配套的辅助性生产、生活福利设施）的建设项目。改建项目包括现有企业、事业单位为适应市场变化的需要，而改变企业的主要产品种类(如军工企业转民产品等）的建设项目;原有产品生产作业线由于各工序(车间)之间能力不平衡，为填平补齐充分发挥原有生产能力而增建但不增加主要产品生产能力的建设项目。技术改造是指企业、事业单位在现有基础上用先进的技术代替落后的技术，用先进的工艺和装备代替落后的工艺和装备，以改变企业落后的技术经济面貌，实现以内涵为主的扩大再生产，达到提高产品质量、促进产品更新换代、节约能源、降低消耗、扩大生产规模、全面提高社会经济效益的目的。技术改造具体包括以下内容：机器设备和工具的更新改造；生产工艺改革、节约能源和原材料的改造；厂房建筑和公共设施的改造；保护环境进行的“三废”治理改造；劳动条件和生产环境的改造等。

固定资产投资按构成分

(1)建筑工程　指各种房屋、建筑物的建造工程。这部分投资额必须兴工动料，通过施工活动才能实现，是固定资产投资额的重要组成部分。

(2)安装工程　指各种设备、装置的安装工程。在安装工程中，不包括被安装设备本身价值。

(3)设备工具器具购置　指报告期内购置或自制的，达到固定资产标准的设备、工具、器具的价值。新建单位及扩建单位的新建车间，按照设计或计划要求购置或自制的全部设备、工具、器具，不论是否达到固定资产标准均计入“设备工具器具购置”中。

(4)其他费用　指在固定资产建造和购置过程中发生的，除建筑安装工程和设备、工器具购置投资完成额以外的应当分摊计入固定资产投资的费用，不指经营中财务上的其他费用。

本年新增生产能力(或工程效益)　指在本年度内按照新增生产能力（或工程效益）的计算条件和标准，实际建成投入生产或交付使用的生产能力（或工程效益)。

房地产开发投资　指房地产开发企业本年完成的全部用于房屋建设工程、土地开发工程的投资额以及公益性建筑和土地购置费等的投资。

房屋施工面积　指房地产开发企业本年施工的全部房屋建筑面积。包括本年新开工的房屋建筑面积、上年跨入本年继续施工的房屋建筑面积、上年停缓建在本年恢复施工的房屋建筑面积、本年竣工的房屋建筑面积以及本年施工后又停缓建的房屋建筑面积。多层建筑应填各层建筑面积之和。

房屋竣工面积　指房地产开发企业本年按照设计要求已全部完工，达到住人和使用条件，经验收鉴定合格或达到竣工验收标准，可正式移交使用的各栋房屋建筑面积的总和。

商品房销售面积　指房地产开发企业本年出售商品房屋的合同总面积(即双方签署的正式买卖合同中所确定的建筑面积)。

商品房销售额　指房地产开发企业本年出售商品房屋的合同总价款(即双方签署的正式买卖合同中所确定的合同总价)。该指标与商品房销售面积同口径。

Explanatory Notes on Main Statistical Indicators

Total Investment in Fixed Assets in the Whole Country refers to the volume of activities in construction and purchases of fixed assets of the whole country and related fees, expressed in monetary terms during the reference period. It is a comprehensive indicator which shows the size, structure and growth of the investment in fixed assets. Total investment in fixed assets in the whole country includes, by type of ownership, the investment by State-owned units, collective- owned units, joint ownership units, share-holding units, private units, individuals as well as investments by entrepreneurs from Hong Kong, Macao and Taiwan, foreign investors and others.

Investment in Fixed Assets (Excluding Rural Households) refers to the investment in construction projects with a total planned investment of 5 million yuan and over by enterprises of various ownerships, institutions, administrative units and urban self-employed individuals, and the investment in real estate development in both urban and rural areas. Since 2011, it covers the urban investment in fixed assets under the previous statistical coverage plus project investments by rural enterprises and institutions.

Actual Funds in Place for Investment refers to all kinds of monetary funds used for fixed assets investment.It includes state budget, domestic loans, foreign investment, self- raised funds, and other funds.

(1) Fund from the State budget: State budget consists of general budget, government fund budget, operation budget of state-owned assets and social security fund budget. Funds for investment in fixed assets from various budgets are reported as fund from the state budget, of which, the general budget utilized on fixed assets investment includes investment on infrastructure construction, vehicle purchase tax, post-disaster restoration and reconstruction funds and other financial investment. Government bonds at all levels should also be included.

(2) Domestic loans refer to loans of various forms borrowed by investing units from banks and non-bank financial institutions during the reference period for the purpose of investment in fixed assets, including loans issued by banks from their self-owned funds and deposit, loans appropriated by higher responsible authorities, special loans by government (including loan for substituting petroleum with coal, special loans for reform-through-labour coal mines), loans arranged by local government from special funds, domestic reserve loan, and revolving loan, etc.

(3) Foreign investment refers to overseas (including foreign countries, Hongkong, Macao and Taiwan) funds received during the reference period (covering equipment, materials and technology), including foreign borrowings (loans from foreign governments and international financial institutions, export credit, commercial loans from foreign banks, issue of bonds and stocks overseas), foreign direct investment and other foreign investments (including funds from foreign direct investment income that are reinvested in fixed assets domestically). Excluded from this category is capital in foreign exchanges owned by China (foreign exchanges owned by the central and local governments, foreign exchanges retained by enterprises, foreign exchanges by enterprises through the regulating mechanism, loans in foreign exchanges issued by the Bank of China with its own fund, etc.). In calculating the utilization of foreign capital, foreign currencies are converted into Chinese Renminbi applying the exchange rate (central parity rate) of the reference period.

(4) Self-raised funds refer to funds for investment in fixed assets received during the reference period by investing units, including investment in fixed assets using own funds of various enterprises and institutions or funds raised from other units other than financial funds, funds borrowed from financial institutions and overseas funds.

(5) Other funds refer to funds for investment in fixed assets received from sources other than those listed above, including funds raised from individuals and through donations, and funds transferred from other units.

Investment in Fixed Assets by Sector refers to the classification of investment by the nature of social economic activities the investing units are engaged in. The classification of construction projects by sector is determined by the major products or the purpose of the projects when they are put into production or use, and by the nature of their social economic activities, instead of being determined by industrial classification of the project enterprises. The project will be classified according to major product if there are several kinds of products yielded. In general, one project can only be classified into one sector.

Investment in Fixed Assets by Jurisdiction of Management refers to the classification of investment by the competent authorities under which investment is made by construction units, enterprises, institutions or administrative units.

(1) Central investment refers to the investment in projects or by enterprises, institutions or administrative units which are under the direct leadership and management of the State Council and of the national commissions, ministries, agencies and State-owned large corporations. Various ministries and departments of the State Council prepare and implement plans through unified organization or lower-level commissions, which include departments direct under central government (i.e. survey offices at all level of the National Bureau of Statistics) and enterprises and institutions directly under central government (like the Industrial and Commercial Bank of China, China Telecom and China National Petroleum Corporation).

(2) Local investment refers to the investment in projects or by enterprises, institutions or administrative units which are under the direct leadership and management of competent departments and governments at the level of province (autonomous regions and municipalities directly under the Central Government), prefecture (prefectures, cities and leagues) and county (districts,

cities and banners). Also included are projects by foreign-invested enterprises and enterprises without competent managing authorities.

Investment in Fixed Assets by Type of Construction Construction projects in general can be classified, by the type of construction, into new construction, expansion, reconstruction and technical transformation, purely construction of living facilities, moving, restoration and purely purchasing. However, investment by type of construction is not applied to investment by rural households.

(1) New construction in general refers to construction projects, which start from scratch. The existing projects invested by enterprises, institutions and administrative agencies cannot be classified as new construction. In case the size of the existing unit is quite small, and the value of newly added fixed assets is more than three times of the original value, the expansion will be considered as new construction.

(2) Expansion refers to projects of construction of new production workshop, branch factory or independent production line within a factory or in other locations, for the purpose of increasing the production capacity (or improving efficiency) or adding new production capacity. Newly constructed accommodation for the operation of institutions and administrative organizations (such as newly constructed buildings for teaching in schools, buildings for clinics or wards in hospitals, etc.) are also classified as expansion.

Also included in expansion are investments by existing enterprises or institutions in building major production line(s) or branch factory (ies) along with some work on innovation, for the purpose of expanding the production capacity of original products or producing new products.

(3) Reconstruction and technical transformation refers to construction projects by existing enterprises or institutions in innovation or technical transformation of the old facilities (including auxiliary production equipment and welfare facilities). Also considered as reconstruction is the construction of new workshops by the existing enterprises or institutions to change the variety of products to meet the market demand (such as the production of civil products by defence industries), or to bring the designed production capacity into full play through a more balanced production process on production lines. Technical transformation refers to replacement of old technology or equipment by new technology or equipment, in order to expand the reproduction through improvement of technology contents in production, to improve product quality, to promote new products, to save energy, to reduce consumption, to expand the production scale and to improve overall social-economic efficiency. Contents of technical transformation include: updating of machinery, equipment and tools; reforming production process by using energy or materials saving technology; construction of factory workshops and transformation of public facilities; treatment transformation of "three wastes" (waste gas, waste water and industrial residue) aiming at environmental protection; improvement of working conditions and environment, etc.

Investment in Fixed Assets by Structure

(1) Construction refers to the construction of houses and buildings. This part of investment can only be achieved through construction activities, it is the major component of the total investment in fixed assets.

(2) Installation refers to the installation of various kinds of equipment and instruments.

The value of equipment installed itself is not included in the value of installation projects.

(3) Purchase of equipment and instruments refers to the total value of equipment, tools, and instruments purchased or self-produced which come up to the cut-off point for fixed assets during the reference period. Equipment, tools and instruments purchased or self-produced for new workshops by newly established or expanded units are categorized as "purchase of equipment and instruments" no matter whether they come up to the cut-off point for fixed assets.

(4) Other expenses refer to expenses arising during the construction or purchase of fixed assets other than those expenses on construction, installation and purchase of equipment and instruments. Other financial expenses arising in operation are not included.

The Newly Increased Production Capacity (Project Efficiency) of Current Year refers to the production capacity (project efficiency) that has been completed and put into operation in current year according to the calculation conditions and standards on newly increased production capacity (project efficiency).

Investment in Real Estate Development refers to the investment made by real estate development companies in the construction of housing, development of land, nonprofit buildings and value of land purchased.

Floor Space of Buildings under Construction refers to the total space area of the buildings under construction in the year by real estate development companies. It includes buildings started in the year, continued from the previous year, suspended in earlier years but restarted in the year, completed in the year, and started in the year but suspended in the year as well. The floor space of a multi-storied building should be the sum of floor space of all the stories.

Floor Space of Buildings Completed refers to the total floor space area of the buildings completed in the year by real estate development companies, which meet the requirements as designed, reach the criteria set for people to live in or use, have passed the acceptance checks, and are ready for delivery or use.

Area of Commercialized Housing Sold refers to total contracted area of commercialized housing (i.e. area of floor space as designated in the formal contracts signed by both sides) sold by real estate development companies during the reference time.

Value of Commercialized Housing Sold refers to the total contracted value (i.e. value of sales/purchase for selling/purchase of commercialized housing as designated in the contract signed by both sides) received from the sales of the buildings by real estate development companies during the reference time. This indicator has the same coverage as the area of commercialized housing sold.

06 能 源
Chapter6 Energy

SICHUAN STATISTICAL YEARBOOK

6-1 综合能源平衡表
Overall Energy Balance Sheet

单位：万吨标准煤 (10 000 tons SCE)

项 目	Item	2016	2017	2018	2019	2020
可供消费的能源总量	**Total Energy Available for Consumption**	**18755.8**	**19229.0**	**19916.2**	**20790.6**	**21185.9**
一次能源生产量	Primary Energy Output	18941.5	19294.0	19172.0	20143.9	20433.1
外省(区、市)调入量	Imports from Other Provinces	7293.9	7809.2	8493.5	8753.1	8889.7
进口量	Imports					
境内飞机和轮船在境外加油量	The Refill of petroleum by Domestic Airplanes and Ships Abroad	11.1	14.2	19.3	26.1	11.9
本省(区、市)调出量(−)	Exports from Sichuan(-)	7747.5	7754.3	7557.7	8121.0	8263.4
出口量(−)	Exports(-)					
境外飞机和轮船在境内加油量(−)	The Refill of petroleum by Oversea Airplanes and Ships domestically(-)	22.2	19.2	15.9	15.0	4.6
年初年末库存差额	Stock Changes in the Year	278.9	-115.0	-195.0	3.6	119.3
年初库存量	Stock (year-beginning)	751.4	472.7	587.7	779.0	761.2
年末库存量(−)	Stock (year-end)(-)	472.5	587.7	782.7	775.4	642.0
能源消费总量	**Total Energy Consumption**	**18755.8**	**19229.0**	**19916.2**	**20790.6**	**21185.9**
在总量中：	Consumption by Sector					
1.农、林、牧、渔业	1.Agriculture, Forestry, Animal Husbandry and Fishery	330.8	347.3	360.7	365.9	369.5
2.工业	2.Industry	11915.4	11924.5	12053.0	12614.4	12892.7
3.建筑业	3.Construction	558.7	594.3	631.0	653.3	643.9
4.交通运输、仓储和邮政业	4.Transport, Storage and Post	1640.5	1753.4	1813.4	1909.4	1814.7
5.批发、零售业和住宿、餐饮业	5.Wholesale and Retail Trades, Hotels and Catering Services	767.5	812.8	891.8	926.1	894.2
6.其他	6.Other	909.9	977.6	1093.5	1126.9	1200.5
7.居民生活	7.Household Consumption	2633.1	2819.1	3072.7	3194.6	3370.4
在总量中：	Consumption by Usage					
1.终端消费	1.Final Consumption	17568.2	18197.3	19142.7	19995.2	20350.1
#工业	Industry	10774.6	10943.2	11333.4	11876.0	12063.3
2.加工转换损失	2.Losses in Processing and Transformation	546.7	393.9	80.8	101.5	58.7
火力发电	Thermal Power Generation					
供热	Heating	86.6	92.7	102.3	88.6	81.4
洗煤	Coal Washing and Dressing	568.9	421.2	258.6	288.5	193.3
炼焦	Coking	51.3	44.9	53.9	81.6	62.3
炼油	Petroleum Refining	341.6	366.2	270.9	341.6	367.9
制气	Gas Production				12.9	15.4
煤制品	Coal Products Processing	18.7	20.5	23.5	16.1	18.2
天然气液化	Natural Gas Liquefying	14.7	10.2	3.4	2.0	1.0
回收能	Recovery of Energy	-534.9	-561.7	-631.8	-729.8	-680.9
3.损失量	3.Other Losses	640.9	637.8	692.6	693.8	777.2
平衡差额	**Balance**					

注：本表按等价值计算。
a) Data in this table are calculated at equal value.

6-2 能源生产量和构成
Total Production of Energy and its Composition

单位：万吨标准煤、% (10 000 tons SCE , %)

项 目	Item	2016	2017	2018	2019	2020
一次能源产量	**Primary Energy Output**					
标准量（当量值）	Standard Volume(Heat Value Equivalent)	12740.4	12729.2	12344.3	13135.3	12928.3
构成(按当量值计算)	Composition(Calculated on the Basic of Heat Value Equivalent)	100.0	100.0	100.0	100.0	100.0
标准量（电力等价值）	Standard Volume(Equal Electricity Value)	18941.5	19294.0	19172.0	20143.9	20433.1
构成(按等价值计算)	Composition(Calculated on the Basic of Equal Electricity Value)	100.0	100.0	100.0	100.0	100.0
原煤	**Coal**					
实物量(万吨)	Physical Volume(10 000 tons)	6164.8	4798.5	3736.2	3396.6	2240.3
标准量（当量值）	Standard Volume(Heat Value Equivalent)	4740.6	3828.4	2944.7	2637.2	1744.5
构成(按当量值计算)	Composition(Calculated on the Basic of Heat Value Equivalent)	37.2	30.1	23.9	20.1	13.5
标准量（电力等价值）	Standard Volume(Equal Electricity Value)	4740.6	3828.4	2944.7	2637.2	1744.5
构成(按等价值计算)	Composition(Calculated on the Basic of Equal Electricity Value)	25.0	19.8	15.4	13.1	8.5
原油	**Crude Oil**					
实物量(万吨)	Physical Volume(10 000 tons)	10.8	8.7	8.1	8.4	7.9
标准量（当量值）	Standard Volume(Heat Value Equivalent)	15.4	12.4	11.6	12.0	11.2
构成(按当量值计算)	Composition(Calculated on the Basic of Heat Value Equivalent)	0.1	0.1	0.1	0.1	0.1
标准量（电力等价值）	Standard Volume(Equal Electricity Value)	15.4	12.4	11.6	12.0	11.2
构成(按等价值计算)	Composition(Calculated on the Basic of Equal Electricity Value)	0.1	0.1	0.1	0.1	0.1
天然气	**Natural Gas**					
实物量(亿立方米)	Physical Volume(100 million cu.m)	296.9	344.5	369.8	441.4	463.3
标准量（当量值）	Standard Volume(Heat Value Equivalent)	3948.9	4581.3	4918.7	5870.0	6162.4
构成(按当量值计算)	Composition(Calculated on the Basic of Heat Value Equivalent)	31.0	36.0	39.8	44.7	47.7
标准量（电力等价值）	Standard Volume(Equal Electricity Value)	3948.9	4581.3	4918.7	5870.0	6162.4
构成(按等价值计算)	Composition(Calculated on the Basic of Equal Electricity Value)	20.8	23.7	25.7	29.1	30.2
一次电力	**Primary Electricity**					
实物量(亿千瓦小时)	Physical Volume(100 million kwh)	3020.6	3215.5	3326.2	3415.4	3654.6
标准量（当量值）	Standard Volume(Heat Value Equivalent)	3712.3	3951.9	4087.9	4197.5	4491.5
构成(按当量值计算)	Composition(Calculated on the Basic of Heat Value Equivalent)	29.1	31.0	33.1	32.0	34.7
标准量（电力等价值）	Standard Volume(Equal Electricity Value)	9913.4	10516.8	10915.6	11206.1	11996.3
构成(按等价值计算)	Composition(Calculated on the Basic of Equal Electricity Value)	52.3	54.5	56.9	55.6	58.7
其他能源	**Other Energy**					
实物量(万吨标准煤)	Physical Volume(10 000 tons SCE)	323.3	355.1	381.4	418.7	518.6
标准量（当量值）	Standard Volume(Heat Value Equivalent)	323.3	355.1	381.4	418.7	518.6
构成(按当量值计算)	Composition(Calculated on the Basic of Heat Value Equivalent)	2.5	2.8	3.1	3.2	4.0
标准量（电力等价值）	Standard Volume(Equal Electricity Value)	323.3	355.1	381.4	418.7	518.6
构成(按等价值计算)	Composition(Calculated on the Basic of Equal Electricity Value)	1.7	1.8	2.0	2.1	2.5

6-3 能源消费量和构成
Total Consumption of Energy and its Composition

单位：万吨标准煤、% (10 000 tons SCE , %)

项 目	Item	2016	2017	2018	2019	2020
能源消费总量	**Total Energy Consumption**					
标准量（当量值）	Standard Volume(Heat Value Equivalent)	15159.5	15448.7	15759.8	16382.2	16355.0
构成(按当量值计算)	Composition(Calculated on the Basic of Heat Value Equivalent)	100.0	100.0	100.0	100.0	100.0
标准量（电力等价值）	Standard Volume(Equal Electricity Value)	18755.8	19229.0	19916.2	20790.6	21185.9
构成(按等价值计算)	Composition(Calculated on the Basic of Equal Electricity Value)	100.0	100.0	100.0	100.0	100.0
煤品燃料	**Coal Products Fuel**					
标准量（当量值）	Standard Volume(Heat Value Equivalent)	6365.4	6085.1	5865.3	5886.1	5728.9
构成(按当量值计算)	Composition(Calculated on the Basic of Heat Value Equivalent)	42.0	39.4	37.2	35.9	35.0
标准量（电力等价值）	Standard Volume(Equal Electricity Value)	6365.4	6085.1	5865.3	5886.1	5728.9
构成(按等价值计算)	Composition(Calculated on the Basic of Equal Electricity Value)	33.9	31.6	29.5	28.3	27.0
油品燃料	**Oil Fuel**					
标准量（当量值）	Standard Volume(Heat Value Equivalent)	3563.1	3711.6	3680.7	3881.8	3729.6
构成(按当量值计算)	Composition(Calculated on the Basic of Heat Value Equivalent)	23.5	24.0	23.4	23.7	22.8
标准量（电力等价值）	Standard Volume(Equal Electricity Value)	3563.1	3711.6	3680.7	3881.8	3729.6
构成(按等价值计算)	Composition(Calculated on the Basic of Equal Electricity Value)	19.0	19.3	18.5	18.7	17.6
天然气	**Natural Gas**					
标准量（当量值）	Standard Volume(Heat Value Equivalent)	2695.4	2876.3	3152.2	3387.7	3486.6
构成(按当量值计算)	Composition(Calculated on the Basic of Heat Value Equivalent)	17.8	18.6	20.0	20.7	21.3
标准量（电力等价值）	Standard Volume(Equal Electricity Value)	2695.4	2876.3	3152.2	3387.7	3486.6
构成(按等价值计算)	Composition(Calculated on the Basic of Equal Electricity Value)	14.4	15.0	15.8	16.3	16.5
一次电力	**Primary Electricity**					
标准量（当量值）	Standard Volume(Heat Value Equivalent)	3712.3	3951.9	4087.9	4197.5	4491.5
构成(按当量值计算)	Composition(Calculated on the Basic of Heat Value Equivalent)	24.5	25.6	25.9	25.6	27.5
标准量（电力等价值）	Standard Volume(Equal Electricity Value)	9913.4	10516.8	10915.6	11206.1	11996.3
构成(按等价值计算)	Composition(Calculated on the Basic of Equal Electricity Value)	52.9	54.7	54.8	53.9	56.6
电力净调入(+)、调出(-)量	**Net Amount of Electricity Transferred in (+) and out(-)**					
标准量（当量值）	Standard Volume(Heat Value Equivalent)	-1559.4	-1676.3	-1599.4	-1557.3	-1600.3
构成(按当量值计算)	Composition(Calculated on the Basic of Heat Value Equivalent)	-10.3	-10.9	-10.1	-9.5	-9.8
标准量（电力等价值）	Standard Volume(Equal Electricity Value)	-4164.2	-4460.9	-4270.7	-4157.5	-4274.1
构成(按等价值计算)	Composition(Calculated on the Basic of Equal Electricity Value)	-22.2	-23.2	-21.4	-20.0	-20.2
其他能源	**Other Energy**					
标准量（当量值）	Standard Volume(Heat Value Equivalent)	382.8	500.2	573.1	586.3	518.6
构成(按当量值计算)	Composition(Calculated on the Basic of Heat Value Equivalent)	2.5	3.2	3.6	3.6	3.2
标准量（电力等价值）	Standard Volume(Equal Electricity Value)	382.8	500.2	573.1	586.3	518.6
构成(按等价值计算)	Composition(Calculated on the Basic of Equal Electricity Value)	2.0	2.6	2.9	2.8	2.4

6-4 主要能源库存量和周转天数
Stock and Revolving Days of Major Energy

单位：万吨、天 (10 000 tons, day)

项　目	Item	2016	2017	2018	2019	2020
煤炭	**Coal**					
年末库存量	Stock (year-end)	412.1	515.4	608.6	695.1	492.2
消费量	Consumption	8468.0	7815.4	7495.8	7713.5	7501.6
库存周转天数	Revolving Days of Stock	17.8	24.1	29.6	32.9	23.9
原煤	**Raw Coal**					
年末库存量	Stock (year-end)	278.3	347.6	426.1	495.3	367.4
消费量	Consumption	10116.5	8419.2	8167.4	8320.0	7754.0
库存周转天数	Revolving Days of Stock	10.0	15.1	19.0	21.7	17.3
洗精煤	**Coal Washed and Dressed**					
年末库存量	Stock (year-end)	95.9	111.7	140.0	160.8	97.5
消费量	Consumption	1741.9	1535.0	1580.5	1570.9	1504.7
库存周转天数	Revolving Days of Stock	20.1	26.6	32.3	37.4	23.6
其他洗煤	**Other Washed Coal**					
年末库存量	Stock (year-end)	35.5	48.2	37.7	38.5	25.5
消费量	Consumption	480.8	546.6	457.6	367.9	405.0
库存周转天数	Revolving Days of Stock	27.0	32.2	30.0	38.2	23.0
焦炭	**Coke**					
年末库存量	Stock (year-end)	22.9	34.6	32.4	33.1	44.3
消费量	Consumption	1129.4	1127.1	1165.9	1302.7	1215.7
库存周转天数	Revolving Days of Stock	7.4	11.2	10.1	9.3	13.3
石油	**Petroleum**					
年末库存量	Stock (year-end)	94.9	111.0	192.6	142.8	159.4
消费量	Consumption	2474.6	2579.7	2549.0	2689.1	2584.3
库存周转天数	Revolving Days of Stock	14.0	15.7	27.6	19.4	22.5
原油	**Crude Oil**					
年末库存量	Stock (year-end)	43.9	45.8	74.3	49.3	51.8
消费量	Consumption	902.8	956.4	719.8	1010.2	955.2
库存周转天数	Revolving Days of Stock	17.8	17.5	37.7	17.8	19.8
汽油	**Gasoline**					
年末库存量	Stock (year-end)	12.9	24.6	72.9	39.4	44.8
消费量	Consumption	800.6	828.1	874.1	917.0	897.2
库存周转天数	Revolving Days of Stock	5.9	10.8	30.4	15.7	18.2
煤油	**Kerosene**					
年末库存量	Stock (year-end)	2.0	1.9	1.4	9.2	9.7
消费量	Consumption	210.0	205.9	209.5	214.2	160.1
库存周转天数	Revolving Days of Stock	3.4	3.3	2.4	15.7	22.2
柴油	**Diesel Oil**					
年末库存量	Stock (year-end)	29.9	25.1	28.4	27.9	36.7
消费量	Consumption	862.6	888.5	902.1	912.9	898.7
库存周转天数	Revolving Days of Stock	12.6	10.3	11.5	11.2	14.9
燃料油	**Fuel Oil**					
年末库存量	Stock (year-end)	1.5	1.9	2.2	2.0	1.2
消费量	Consumption	69.6	65.5	33.3	50.1	40.6
库存周转天数	Revolving Days of Stock	8.0	10.4	24.1	14.3	10.5

6-5 能源加工转换情况
Statistics of Energy Conversion

单位：万吨标准煤、%　　(10 000 tons SCE , %)

项　目	Item	2016	2017	2018	2019	2020
合计	**Total**					
投入量	Input	8276.6	7167.1	6848.3	7409.9	7053.2
产出量	Output	6477.9	5489.7	5243.4	5578.1	5201.0
转换损失量	Losses in Conversion	1798.7	1677.4	1604.9	1831.7	1852.2
转换效率	Conversion Efficiency	78.3	76.6	76.6	75.3	73.7
火力发电	**Thermal Power Generation**					
投入量	Input	1146.3	1156.4	1426.5	1599.6	1732.0
产出量	Output	429.3	434.5	534.2	599.2	648.5
转换损失量	Losses in Conversion	717.0	721.9	892.3	1000.5	1083.5
转换效率	Conversion Efficiency	37.4	37.6	37.4	37.5	37.4
供热	**Heating**					
投入量	Input	227.8	251.6	266.6	284.5	342.4
产出量	Output	141.2	158.9	164.2	195.9	260.9
转换损失量	Losses in Conversion	86.6	92.7	102.3	88.6	81.4
转换效率	Conversion Efficiency	62.0	63.2	61.6	68.9	76.2
煤炭洗选	**Coal Washing and Dressing**					
投入量	Input	3541.9	2503.9	2400.2	2260.0	1767.9
产出量	Output	2973.0	2082.7	2141.7	1971.5	1574.6
转换损失量	Losses in Conversion	568.9	421.2	258.6	288.5	193.3
转换效率	Conversion Efficiency	83.9	83.2	89.2	87.2	89.1
炼焦	**Coking**					
投入量	Input	1608.4	1381.5	1459.1	1476.8	1408.6
产出量	Output	1557.2	1336.6	1405.2	1395.2	1346.3
转换损失量	Losses in Conversion	51.3	44.9	53.9	81.6	62.3
转换效率	Conversion Efficiency	96.8	96.8	96.3	94.5	95.6
炼油及煤制油	**Petroleum Refineries and Coal-to-liquids**					
投入量	Input	1535.1	1663.1	1092.2	1506.2	1485.7
产出量	Output	1193.5	1296.9	821.4	1164.6	1088.7
转换损失量	Losses in Conversion	341.6	366.2	270.9	341.6	397.0
转换效率	Conversion Efficiency	77.7	78.0	75.2	77.3	73.3

6-6 煤炭平衡表
Coal Balance Sheet

单位：万吨 (10 000 tons)

项　目	Item	2016	2017	2018	2019	2020
可供量	**Total Energy Available for Consumption**	**8468.0**	**7815.4**	**7495.8**	**7713.5**	**7501.6**
生产量	Output	6164.8	4798.5	3736.2	3396.6	2240.3
外省(区、市)调入量	Imports from Other Provinces	4743.4	4948.6	5504.2	5915.6	6422.6
进口量	Imports					
本省(区、市)调出量(−)	Exports from Sichuan(-)	2663.0	1828.5	1651.4	1512.3	1364.3
出口量(−)	Exports(-)					
年初年末库存差额	Stock Changes in the Year	222.8	-103.2	-93.3	-86.5	202.9
年初库存量	Stock (year-beginning)	634.9	412.1	515.4	608.6	695.1
年末库存量(−)	Stock (year-end)(-)	412.1	515.4	608.6	695.1	492.2
消费量	**Total Energy Consumption**	**8468.0**	**7815.4**	**7495.8**	**7713.5**	**7501.6**
在总量中：	Consumption by Sector					
1.农、林、牧、渔业	1.Agriculture, Forestry, Animal Husbandry and Fishery	53.0	50.1	45.8	46.7	57.8
2.工业	2.Industry	8216.0	7564.3	7287.9	7555.2	7345.7
3.建筑业	3.Construction	20.3	25.6	10.4	10.7	11.5
4.交通运输、仓储和邮政业	4.Transport, Storage and Post	3.1	4.2	4.2	2.3	0.1
5.批发、零售业和住宿、餐饮业	5.Wholesale and Retail Trades, Hotels and Catering Services	31.9	35.1	26.3	15.7	10.2
6.其他	6.Other	23.8	29.4	19.4	10.7	8.6
7.居民生活	7.Household Consumption	119.9	106.8	101.7	72.1	67.8
在总量中：	Consumption by Usage					
1.终端消费	1.Final Consumption	4521.8	4367.8	3934.8	3573.9	3208.3
#工业	Industry	4269.8	4116.7	3727.0	3415.6	3052.4
2.用于加工转换损失	2. Consumed in Transformation	3946.2	3447.6	3560.9	4139.5	4293.3
火力发电	Thermal Power Generation	993.9	1017.4	1216.4	1691.0	1712.4
供热	Heating	160.1	213.2	231.3	292.7	383.6
洗煤	Coal Washing and Dressing	990.6	684.9	496.5	516.8	631.4
炼焦	Coking	1798.9	1535.0	1619.4	1637.7	1565.1
炼油及煤制油	Petroleum Refineries and Coal-to-liquids					
制气	Gas Production					
型煤	Coal Products Processing Losses	2.7	-3.0	-2.7	1.4	0.8
3.损失量	3.Other Losses					
平衡差额	**Balance**					

注：生产量为原煤产量。
a) Data on output refer to the output of raw coal.

6-7 石油平衡表

Petroleum Balance Sheet

单位：万吨 (10 000 tons)

项 目	Item	2016	2017	2018	2019	2020
可供量	**Total Energy Available for Consumption**	**2474.6**	**2579.7**	**2549.0**	**2689.1**	**2584.3**
生产量	Output	10.8	8.7	8.1	8.4	7.9
外省(区、市)调入量	Imports from Other Provinces	2429.0	2590.4	2620.1	2624.9	2588.1
进口量	Imports					
境内飞机和轮船在境外加油量	The Refill of petroleum by Domestic Airplanes and Ships Abroad	7.5	9.8	13.1	17.7	8.1
本省(区、市)调出量(–)	Exports from Sichuan(-)				1.5	
出口量(–)	Exports(-)					
境外飞机和轮船在境内加油量(–)	The Refill of petroleum by Oversea Airplanes and Ships domestically(-)	15.1	13.1	10.8	10.2	3.2
年初年末库存差额	Stock Changes in the Year	42.3	-16.1	-81.6	49.8	-16.7
年初库存量	Stock (year-beginning)	137.2	94.9	111.0	192.6	142.8
年末库存量(–)	Stock (year-end)(-)	94.9	111.0	192.6	142.8	159.4
消费量	**Total Energy Consumption**	**2474.6**	**2579.7**	**2549.0**	**2689.1**	**2584.3**
在总量中：	Consumption by Sector					
1.农、林、牧、渔业	1.Agriculture, Forestry, Animal Husbandry and Fishery	91.8	93.3	99.7	106.5	112.0
2.工业	2.Industry	514.9	540.4	441.2	511.7	500.7
3.建筑业	3.Construction	286.8	302.3	321.9	320.5	321.8
4.交通运输、仓储和邮政业	4.Transport, Storage and Post	857.5	901.6	905.8	946.0	887.9
5.批发、零售业和住宿、餐饮业	5.Wholesale and Retail Trades, Hotels and Catering Services	163.4	164.8	169.9	174.2	152.2
6.其他	6.Other	176.3	175.7	184.9	165.3	140.4
7.居民生活	7.Household Consumption	383.9	401.7	425.7	465.0	469.4
在总量中：	Consumption by Usage					
1.终端消费	1.Final Consumption	2192.7	2285.5	2321.9	2401.9	2305.1
#工业	Industry	233.0	246.2	214.1	224.5	221.5
2.用于加工转换	2.Consumed in Transformation	281.9	294.2	227.1	287.2	279.2
火力发电	Thermal Power Generation	3.8	2.0	3.3	4.0	3.1
供热	Heating	16.1	10.4	16.6	21.0	17.9
炼油损耗	Losses in Petroleum Refining	262.0	281.7	207.2	262.1	258.2
制气	Gas Production					
3.损失量	3.Other Losses					
平衡差额	**Balance**					

注：生产量为原油产量。

a) Data on output refer to the output of crude oil.

6-8 天然气平衡表
Natural Gas Balance Sheet

单位：亿立方米 (100 million cu.m)

项　目	Item	2016	2017	2018	2019	2020
可供量	**Total Energy Available for Consumption**	**202.7**	**216.3**	**237.0**	**254.4**	**261.8**
生产量	Output	296.9	344.5	369.8	441.4	463.3
外省(区、市)调入量	Imports from Other Provinces	0.6	0.3			0.4
进口量	Imports					
境内飞机和轮船在境外加油量	The Refill of petroleum by Domestic Airplanes and Ships Abroad					
本省(区、市)调出量(-)	Exports from Sichuan(-)	94.8	128.1	132.8	187.0	202.0
出口量(-)	Exports(-)					
境外飞机和轮船在境内加油量(-)	The Refill of petroleum by Oversea Airplanes and Ships domestically(-)					
年初年末库存差额	Stock Changes in the Year		-0.4			0.1
年初库存量	Stock (year-beginning)			0.4	0.4	0.4
年末库存量(-)	Stock (year-end)(-)		0.4	0.4	0.4	0.3
消费量	**Total Energy Consumption**	**202.7**	**216.3**	**237.0**	**254.4**	**261.8**
在总量中：	Consumption by Sector					
1.农、林、牧、渔业	1.Agriculture, Forestry, Animal Husbandry and Fishery	0.5	1.3	1.0	0.7	0.9
2.工业	2.Industry	129.8	133.9	146.3	162.6	169.2
3.建筑业	3.Construction	0.8	1.0	1.0	0.2	0.2
4.交通运输、仓储和邮政业	4.Transport, Storage and Post	16.0	18.3	19.9	19.9	18.8
5.批发、零售业和住宿、餐饮业	5.Wholesale and Retail Trades, Hotels and Catering Services	9.9	11.0	12.6	12.6	11.6
6.其他	6.Other	6.2	7.1	7.5	7.4	6.9
7.居民生活	7.Household Consumption	39.5	43.7	48.8	51.1	54.3
在总量中：	Consumption by Usage					
1.终端消费	1.Final Consumption	191.5	205.5	224.5	239.3	242.1
#工业	Industry	122.1	126.9	137.8	151.8	150.0
2.用于加工转换	2.Consumed in Transformation	7.7	7.0	8.5	10.8	13.7
火力发电	Thermal Power Generation	3.6	2.9	4.0	5.2	4.8
供热	Heating	3.1	3.1	3.2	4.1	3.9
制气	Gas Production					3.3
天然气液化	Liquefied Natural Gas	1.0	1.1	1.2	1.6	1.6
3.损失量	3.Other Losses	3.5	3.8	4.0	4.3	6.0
平衡差额	**Balance**					

6-9 电力平衡表
Electricity Balance Sheet

单位：亿千瓦小时 (100 million kwh)

项 目	Item	2016	2017	2018	2019	2020
可供量	**Total Energy Available for Consumption**	**2101.0**	**2205.2**	**2459.5**	**2635.8**	**2880.2**
生产量	Output	3369.8	3569.1	3760.8	3902.9	4182.3
火力发电	Thermal Power	349.3	353.6	434.7	487.5	527.7
水电、核电、风电及其它	Hydropower, Nuclear Power and Other Power	3020.6	3215.5	3326.2	3415.4	3654.6
外省(区、市)调入量	Imports from Other Provinces	47.5	65.2	104.5	116.0	123.0
进口量	Imports					
本省(区、市)调出量(-)	Exports from Sichuan(-)	1316.3	1429.2	1405.8	1383.1	1425.1
出口量(-)	Exports(-)					
消费量	**Total Energy Consumption**	**2101.0**	**2205.2**	**2459.5**	**2635.8**	**2880.2**
在总量中：	Consumption by Sector					
1.农、林、牧、渔业	1.Agriculture, Forestry, Animal Husbandry and Fishery	13.8	15.5	16.5	18.6	22.1
2.工业	2.Industry	1337.7	1377.1	1527.4	1635.8	1776.9
3.建筑业	3.Construction	39.7	41.1	48.9	54.8	56.3
4.交通运输、仓储和邮政业	4.Transport, Storage and Post	42.6	48.2	58.3	64.7	69.3
5.批发、零售业和住宿、餐饮业	5.Wholesale and Retail Trades, Hotels and Catering Services	108.6	118.0	129.9	143.5	148.7
6.其他	6.Other	166.0	182.7	212.2	234.7	270.9
7.居民生活	7.Household Consumption	392.7	422.6	466.4	483.7	536.0
在总量中：	Consumption by Usage					
1.终端消费	1.Final Consumption	1920.0	2025.6	2264.8	2441.7	2668.0
#工业	Industry	1156.6	1197.5	1332.7	1441.7	1564.7
2. 输配电损失量	2.Losses in Transmission and Distribution	181.0	179.6	194.6	194.1	212.2
平衡差额	**Balance**					

6-10 各市(州)单位地区生产总值能耗上升或下降(等价值)
Increase or Decrease of Energy Consumption of Gross Domestic Product per Unit Area by Region (Equivalent value)

单位：% (%)

市(州)	Region	2010	2013	2014	2015	2016	2017	2018	2019	2020
全　省	**Sichuan**	**-4.73**	**-4.92**	**-4.64**	**-7.25**	**-5.00**	**-5.13**	**-4.08**	**-2.76**	**-1.79**
成都市	Chengdu	-4.13	-4.72	2.10	-3.89	-2.66	-3.21	-5.79	-1.04	-2.37
自贡市	Zigong	-5.17	-5.42	-6.55	-10.34	-3.11	-4.50	-5.50	-5.49	-2.16
攀枝花市	Panzhihua	-4.75	-3.30	-8.43	-10.17	-9.76	-10.26	-7.44	-4.88	-2.15
泸州市	Luzhou	-5.37	-4.25	-4.00	-6.98	-3.94	-3.61	-3.63	-3.96	-3.21
德阳市	Deyang	-7.30	-5.05	-2.30	-7.78	-6.22	-8.07	-4.87	-3.08	-0.77
绵阳市	Mianyang	-5.21	-5.24	-5.75	-9.25	-8.42	-5.61	-3.72	-1.52	-0.53
广元市	Guangyuan	-6.12	-5.39	-6.69	-3.82	-5.09	-3.74	-4.51	-6.50	25.64
遂宁市	Suining	-4.88	-4.24	-5.83	-9.56	-6.52	-8.00	-8.66	-0.82	-0.17
内江市	Neijiang	-4.72	-3.06	-5.81	-7.95	-4.82	-3.85	-3.09	-5.49	-3.60
乐山市	Leshan	-4.50	-5.01	-6.59	-8.36	-4.66	-6.51	-4.38	-2.65	-2.52
南充市	Nanchong	-4.30	-4.58	-4.22	-5.54	-4.05	-4.73	-5.94	-5.37	-5.07
眉山市	Meishan	-4.65	-5.13	-6.97	-10.69	-8.91	-4.15	-5.28	-3.07	-0.59
宜宾市	Yibin	-3.96	-4.19	-5.65	-9.80	-4.21	-5.67	-3.10	-3.90	-2.33
广安市	Guangan	-5.03	-4.41	-3.87	-7.74	-5.43	-4.15	-3.48	-1.24	-3.72
达州市	Dazhou	-4.82	-4.68	-6.89	-6.03	-12.04	0.10	-4.31	-4.63	-4.23
雅安市	Yaan	-5.13	-3.42	-3.15	-6.18	-4.02	-10.10	-2.22	-1.44	-1.07
巴中市	Bazhong	-5.01	-2.86	-5.14	-1.90	0.36	-5.10	-2.54	-4.45	-1.20
资阳市	Ziyang	-4.65	-4.82	-5.21	-7.92	-5.50	-7.68	-4.12	-5.40	-0.24
阿坝藏族羌族自治州	Aba	4.63	-5.29	6.95	-4.80	0.10	-3.60	-6.16	-2.50	-5.32
甘孜藏族自治州	Ganzi	-7.70	-3.93	-2.55	0.51	0.65	-5.33	-3.69	-1.22	-2.23
凉山彝族自治州	Liangshan	-4.32	5.52	-6.73	-4.38	0.53	-5.27	0.18	-0.25	-4.31

注：地区生产总值按可比价格计算。
a) GDP is calculated at comparable prices.

6-11 各市(州)规模以上工业单位增加值能耗上升或下降(当量值)
Increase or Decrease of Energy Consumption of Industrial Value Added per Unit Area by Region(Heat Value Equivalent)

单位：% (%)

市(州)	Region	2010	2013	2014	2015	2016	2017	2018	2019	2020
全　省	**Sichuan**	**-11.24**	**-6.78**	**-8.03**	**-12.05**	**-8.44**	**-7.15**	**-7.27**	**-3.32**	**-4.02**
成都市	Chengdu	-8.98	-13.25	13.82	-7.79	-7.31	-6.97	-15.43	4.78	-3.40
自贡市	Zigong	-9.77	-10.81	-27.85	-21.07	-8.33	-8.53	-16.05	-18.63	-10.83
攀枝花市	Panzhihua	-7.52	-6.23	-12.93	-16.19	-11.68	-11.71	-7.91	-7.48	-3.67
泸州市	Luzhou	-12.45	-8.90	-6.00	-13.99	-8.59	-5.11	-4.99	-4.68	-2.17
德阳市	Deyang	-11.38	-10.79	-11.25	-13.78	-13.36	-10.98	-9.49	-5.73	-1.52
绵阳市	Mianyang	-12.85	-11.62	-7.20	-19.86	-16.56	-6.71	-4.04	0.27	2.67
广元市	Guangyuan	-8.52	-8.13	-11.92	-4.74	-9.91	-4.62	-6.99	-9.47	18.33
遂宁市	Suining	-12.72	-8.11	-10.93	-16.88	-12.69	-12.08	-18.46	0.06	2.88
内江市	Neijiang	-16.50	-5.12	-10.49	-14.53	-6.70	-5.33	-4.60	-7.09	-8.57
乐山市	Leshan	-13.94	-8.70	-7.94	-9.22	-5.77	-8.68	-7.47	-4.03	-4.18
南充市	Nanchong	-13.56	-7.84	-10.81	-7.16	-6.52	-7.51	-7.74	-7.56	-6.86
眉山市	Meishan	-12.10	-10.45	-11.89	-21.11	-15.15	-6.83	-10.80	-8.43	-4.04
宜宾市	Yibin	-8.78	-8.52	-9.09	-20.18	-6.44	-11.25	-5.34	-9.76	-5.13
广安市	Guangan	-11.79	-12.27	-6.72	-17.14	-14.27	-7.79	-1.49	1.98	-6.80
达州市	Dazhou	-17.37	-7.81	-11.19	-6.71	-21.79	2.24	-7.44	-5.88	-6.72
雅安市	Yaan	-7.66	-7.16	-6.06	-9.05	-5.03	-17.64	-4.70	-4.25	-2.58
巴中市	Bazhong	-9.07	-7.69	-23.43	-1.78	4.12	-23.11	-5.28	-6.28	-10.10
资阳市	Ziyang	-12.80	-9.15	-10.92	-8.42	-11.67	-16.99	-20.28	-17.49	-1.07
阿坝藏族羌族自治州	Aba	12.50	-14.09	8.76	-5.15	0.21	-3.41	-7.17	-1.17	-8.02
甘孜藏族自治州	Ganzi	-10.00	-6.55	-8.09	2.06	10.37	-23.42	-5.70	-6.42	-9.29
凉山彝族自治州	Liangshan	-13.20	9.79	-12.81	-1.49	4.14	-5.89	7.22	6.29	-10.05

注：规模以上工业增加值按可比价格计算。
a) Industrial Value Added above designated size is calculated at comparable prices.

6-12 能源生产和能源消费弹性系数
Elasticity Coefficient of Energy Production and Consumption

项　目	Item	2016	2017	2018	2019	2020
能源生产	**Energy Production**					
能源生产比上年增长 (%)	Growth Rate of Energy Production over Preceding Year (%)	4.2	1.9	-0.6	5.1	1.4
电力生产比上年增长 (%)	Growth Rate of Electricity Production over Preceding Year (%)	4.3	5.9	5.4	3.8	7.2
地区生产总值比上年增长 (%)	Growth Rate of Gross Regional Product over Preceding Year (%)	7.8	8.1	8.0	7.4	3.8
能源生产弹性系数	Elasticity Ratio of Energy Production	0.53	0.23		0.69	0.37
电力生产弹性系数	Elasticity Ratio of Electricity Production	0.55	0.73	0.67	0.51	1.89
能源消费	**Energy Consumption**					
能源消费比上年增长 (%)	Growth Rate of Energy Consumption over Preceding Year (%)	2.5	2.5	3.6	4.4	1.9
电力消费比上年增长 (%)	Growth Rate of Electricity Consumption over Preceding Year (%)	4.4	5.0	11.5	7.2	9.3
地区生产总值比上年增长 (%)	Growth Rate of Gross Regional Product over Preceding Year (%)	7.8	8.1	8.0	7.4	3.8
能源消费弹性系数	Elasticity Ratio of Energy Consumption	0.31	0.31	0.45	0.59	0.50
电力消费弹性系数	Elasticity Ratio of Electricity Consumption	0.55	0.62	1.45	0.97	2.45

注：地区生产总值增长速度按可比价格计算；能源生产和消费增长速度采用等价值总量计算。
a) Gross regional product growth rate is calculated at constant price;b)Energy production and consumption growth rate is calculated at total equal value.

主要统计指标解释

一次能源生产总量 指一定时期内，全省一次能源生产量的总和。该指标是观察全省能源生产水平、规模、构成和发展速度的总量指标。包括：原煤、原油、天然气、水电、核能及其他动力能(如风能、地热能等)发电量等，不包括低热值燃料生产量、太阳热能等的利用和由一次能源加工转换而成的二次能源产量。

能源消费总量 指一定地域内，国民经济各行业和居民家庭在一定时期内消费的各种能源的总和。包括：原煤、原油、天然气、水能、核能、风能、太阳能、地热能、生物质能等一次能源；一次能源通过加工转换产生的洗煤、焦炭、煤气、电力、热力、成品油等二次能源和同时产生的其他产品；其他化石能源、可再生能源和新能源。其中水能、风能、太阳能、地热能、生物质能等可再生能源，是指人们通过一定技术手段获得的，并作为商品能源使用的部分。在核算过程中，一次能源、二次能源消费不能重复计算。

能源消费总量分为终端能源消费量、能源加工转换损失量和能源损失量三部分。

(1)终端能源消费量：指一定时期内，用于消费（而非用于加工转换产出其他能源）的各种能源之和。

(2)能源加工转换损失量：指一定时期内，全省投入加工转换的各种能源数量之和与产出各种能源产品之和的差额。该指标是观察能源在加工转换过程中损失量变化的指标。

(3)能源损失量：指一定时期内，能源在输送、分配、储存过程中发生的损失和由客观原因造成的各种损失量，不包括各种气体能源放空、放散量。

单位地区生产总值能耗 指一定时期内，一个地区每生产一个单位的地区生产总值所消费的能源。计算公式为：

$$\text{单位地区生产总值能耗}=\frac{\text{能源消费总量}}{\text{地区生产总值}}$$

能源生产弹性系数 是研究能源生产增长速度与国民经济增长速度之间关系的指标。计算公式为：

$$\text{能源生产弹性系数}=\frac{\text{能源生产量年平均增长速度}}{\text{国民经济年平均增长速度}}$$

国民经济年平均增长速度，可根据不同的目的或需要，用国民生产总值、国内生产总值等指标来计算，本年鉴是采用国内生产总值指标计算的。

电力生产弹性系数 是研究电力生产增长速度与国民经济增长速度之间关系的指标。一般来说，电力的发展应当快于国民经济的发展，也就是说电力应超前发展。计算公式为：

$$\text{电力生产弹性系数}=\frac{\text{电力生产量年平均增长速度}}{\text{国民经济年平均增长速度}}$$

能源消费弹性系数 反映能源消费增长速度与国民经济增长速度之间比例关系的指标。计算公式为：

$$\text{能源消费弹性系数}=\frac{\text{能源消费量年平均增长速度}}{\text{国民经济年平均增长速度}}$$

电力消费弹性系数 反映电力消费增长速度与国民经济增长速度之间比例关系的指标。计算公式为：

$$\text{电力消费弹性系数}=\frac{\text{电力消费量年平均增长速度}}{\text{国民经济年平均增长速度}}$$

Explanatory Notes on Main Statistical Indicators

Total Primary Energy Production refers to the total production of primary energy in a given period of time. It is a comprehensive indicator to show the level, scale, composition and growth of energy production of the country. It includes that of coal, crude oil, natural gas, hydropower and electricity generated by nuclear energy and other means such as wind power and geothermal power, etc. However, it does not include the production of fuels of low calorific value and secondary energy converted from primary energy.

Total Energy Consumption refers to the total consumption of energy of various kinds by the production sectors of the economy and the households in a given period of time. It includes the primary kinds of energy such as coal, crude oil, natural gas, hydro-power, nuclear power, wind power, solar power, geothermal power and bio-energy; the secondary kinds of energy and their products which are transformed from the primary energy such as washed coal, coke, coal gas, electricity, heating, and petroleum products; and other kinds of fossil energy, renewable energy and new energy. The renewable energy, including hydro-power, wind power, solar power, geothermal power and bio-energy, refers to the part attained with some given technical means and used for commercial purposes. Total energy consumption can be divided into three parts: end-use energy consumption, loss during the process of energy conversion and energy loss.

(1) End-use Energy Consumption: It refers to the consumption of various kinds of energy in a given period of time, not involving the energy consumed for transformation.

(2) Loss During the Process of Energy Conversion: It refers to the total input of various kinds of energy for conversion, minus the total output of various kinds of energy in the province in a given period of time. It is an indicator to show the loss that occurs during the process of energy conversion.

(3) Energy Loss: It refers to the total of the loss of energy during the course of energy transport, distribution and storage and the loss caused by any objective reason in a given period of time. The loss of various kinds of gas due to gas discharges and stocktaking is excluded.

Energy Consumption per Unit of GDP refers to the energy consumption per unit of Gross Regional Product in a region in the same reference period. The formula is:

$$\text{Energy Consumption per Unit of GDP} = \frac{\text{Total Energy Consumption}}{\text{Gross Regional Product}}$$

Elasticity Ratio of Energy Production is an indicator to show the relationship between the growth rate of energy production and the growth rate of the national economy. The formula is:

$$\text{Elasticity Ratio of Energy Production} = \frac{\text{Average Annual Growth Rate of Energy Production}}{\text{Average Annual Growth Rate of National Economy}}$$

The average annual growth rate of the national economy can be shown by the gross national product, gross domestic product and other indicators, depending upon the purposes or needs. The gross domestic product is used in calculation of the ratio in this chapter.

Elasticity Ratio of Electricity Production is an indicator to show the relationship between the growth rate of electricity production and the growth rate of the national economy. Generally speaking, the growth rate of electricity production should be higher than that of the national economy. The formula is:

$$\text{Elasticity Ratio of Electricity Production} = \frac{\text{Average Annual Growth Rate of Electricity Production}}{\text{Average Annual Growth Rate of National Economy}}$$

Elasticity Ratio of Energy Consumption is an indicator to show the relationship between the growth rate of energy consumption and the growth rate of the national economy. The formula is:

$$\text{Elasticity Ratio of Energy Consumption} = \frac{\text{Average Annual Growth Rate of Energy Consumption}}{\text{Average Annual Growth Rate of National Economy}}$$

Elasticity Ratio of Electricity Consumption is an indicator to show the relationship between the growth rate of electricity consumption and the growth rate of the national economy. The formula is:

$$\text{Elasticity Ratio of Electricity Consumption} = \frac{\text{Average Annual Growth Rate of Electricity Consumption}}{\text{Average Annual Growth Rate of National Economy}}$$

07 资源和环境
Chapter7 Resources and Environment

SICHUAN STATISTICAL YEARBOOK

7-1 主要城市平均气温(2020年)
Monthly Average Temperature of Major Cities(2020)

单位：摄氏度 (℃)

城市	City	1月 Jan.	2月 Feb.	3月 Mar.	4月 Apr.	5月 May	6月 June	7月 July	8月 Aug.	9月 Sept.	10月 Oct.	11月 Nov.	12月 Dec.	年平均 Annual Average
成都市	Chengdu	7.3	10.0	13.9	16.2	22.7	24.8	25.1	25.0	21.4	16.0	13.1	5.8	16.8
自贡市	Zigong	9.9	12.1	16.9	18.5	25.6	26.7	26.8	27.8	22.8	17.0	15.0	7.7	18.9
攀枝花市	Panzhihua	14.4	16.6	23.2	23.6	26.0	29.9	27.0	25.5	23.6	21.9	16.9	14.2	21.9
泸州市	Luzhou	9.2	10.8	15.7	17.2	23.8	24.8	25.7	27.8	22.1	16.6	14.5	7.4	18.0
德阳市	Deyang	7.4	9.9	14.3	17.1	23.8	26.2	25.7	25.4	21.6	16.1	13.4	6.0	17.2
绵阳市	Mianyang	8.1	10.6	15.1	17.6	24.4	26.4	25.9	25.8	21.9	16.3	13.9	6.5	17.7
广元市	Guangyuan	6.6	9.2	13.6	16.1	23.1	25.0	25.0	24.9	20.9	15.4	12.1	5.3	16.4
遂宁市	Suining	8.4	10.7	15.1	16.8	24.3	25.6	25.7	27.3	22.2	16.0	13.6	6.8	17.7
内江市	Neijiang	9.1	11.2	16.1	17.6	24.9	26.0	26.2	27.7	22.6	16.5	14.1	7.1	18.3
乐山市	Leshan	9.0	11.5	16.3	17.8	24.3	26.1	26.2	26.6	22.3	17.0	15.1	7.3	18.3
南充市	Nanchong	8.2	10.3	14.8	16.6	23.8	25.0	25.9	28.1	22.3	16.3	14.0	6.9	17.7
眉山市	Meishan	8.3	10.9	15.7	17.6	24.8	26.6	26.6	26.5	22.6	17.0	14.4	6.8	18.2
宜宾市	Yibin	8.5	11.2	15.9	17.3	23.8	25.0	25.5	26.5	21.4	15.9	14.3	6.7	17.7
广安市	Guangan	7.7	9.8	14.7	16.5	23.5	24.8	25.8	28.9	22.3	16.3	13.9	6.7	17.6
达州市	Dazhou	8.0	10.0	14.6	16.8	23.7	25.8	26.7	29.7	23.5	17.0	14.1	7.1	18.1
雅安市	Yaan	7.7	10.1	14.6	16.6	22.9	25.1	25.4	25.7	21.4	15.7	13.3	6.2	17.1
巴中市	Bazhong	6.6	9.2	13.8	15.7	23.2	24.6	25.1	26.8	21.5	15.0	12.5	5.3	16.6
资阳市	Ziyang	8.7	11.0	15.8	17.6	25.2	26.6	26.1	26.6	22.3	16.2	14.1	6.7	18.1
马尔康市	Maerkang	0.1	2.7	7.4	9.1	12.4	16.1	17.0	17.0	14.9	11.2	5.6	0.9	9.5
康定市	Kangding	-0.3	1.2	5.1	7.0	11.8	14.8	15.6	16.6	12.2	7.9	4.7	-2.3	7.9
西昌市	Xichang	11.6	12.7	18.5	19.0	21.4	24.1	23.7	23.5	20.5	17.2	15.2	9.8	18.1

注：气象资料由四川省气象局提供。

a) The meteorological data are provided by the Sichuan Provincial Meteorological Bureau.

7-2 主要城市降水量(2020年)
Monthly Precipitation of Major Cities(2020)

单位：毫米 (millimeters)

城 市	City	1月 Jan.	2月 Feb.	3月 Mar.	4月 Apr.	5月 May	6月 June	7月 July	8月 Aug.	9月 Sept.	10月 Oct.	11月 Nov.	12月 Dec.	全年 Annual Total
成都市	Chengdu	13.0	4.2	25.3	25.5	59.5	103.3	120.2	748.0	52.7	60.0	4.2	13.7	1229.6
自贡市	Zigong	20.0	2.7	36.1	50.9	44.5	126.9	280.5	243.2	223.2	58.7	1.4	27.2	1115.3
攀枝花市	Panzhihua	6.2	3.6	0.0	19.3	14.1	93.0	83.5	317.7	118.8	33.4	12.8	0.0	702.4
泸州市	Luzhou	26.1	16.3	54.5	70.5	108.9	254.1	284.9	114.0	232.9	153.3	20.0	61.3	1396.8
德阳市	Deyang	5.4	2.7	22.5	14.0	32.8	58.5	268.9	624.1	63.3	28.0	2.5	9.4	1132.1
绵阳市	Mianyang	2.5	1.3	15.4	13.8	24.2	65.6	260.2	612.6	65.6	44.0	4.7	12.2	1122.1
广元市	Guangyuan	6.7	6.9	11.6	32.7	39.6	227.6	250.1	367.6	87.5	66.7	4.9	5.1	1107.0
遂宁市	Suining	7.3	5.5	20.7	34.4	39.3	107.5	488.3	200.1	123.4	91.6	29.2	19.3	1166.6
内江市	Neijiang	12.3	5.0	41.7	29.8	66.9	178.0	252.0	192.1	154.4	66.4	2.6	24.6	1025.8
乐山市	Leshan	17.8	17.0	35.2	42.3	112.4	111.8	166.3	769.2	165.6	59.9	18.4	39.4	1555.3
南充市	Nanchong	9.1	6.6	48.0	51.3	74.9	219.0	325.3	154.7	132.3	122.5	19.2	17.6	1180.5
眉山市	Meishan	10.9	10.5	25.4	26.8	41.6	70.5	144.8	710.8	149.9	73.2	4.8	23.4	1292.6
宜宾市	Yibin	37.6	18.9	31.5	61.3	94.9	278.7	385.3	354.6	306.4	93.5	16.6	66.7	1746.0
广安市	Guangan	20.1	20.9	37.6	87.1	75.8	236.2	278.1	31.4	133.7	117.6	23.2	12.3	1074.0
达州市	Dazhou	27.6	28.5	56.1	86.4	66.8	232.7	309.9	55.5	91.5	85.9	37.9	10.6	1089.4
雅安市	Yaan	26.3	27.9	39.9	68.7	93.0	175.6	263.9	809.6	180.5	120.4	32.1	32.1	1870.0
巴中市	Bazhong	18.8	15.9	56.4	43.7	34.5	205.8	272.8	92.5	60.2	90.7	33.7	11.0	936.0
资阳市	Ziyang	7.9	5.7	30.4	30.2	49.2	155.1	153.3	286.7	116.8	45.0	9.1	23.6	913.0
马尔康市	Maerkang	5.7	3.3	20.3	69.1	79.8	311.2	175.9	132.3	153.2	73.9	10.4	2.8	1037.9
康定市	Kangding	6.7	27.5	19.2	67.5	177.7	161.1	201.7	131.3	145.4	20.2	3.0	6.9	968.2
西昌市	Xichang	16.8	10.3	1.2	14.6	70.8	324.2	239.5	202.1	230.2	60.3	2.6	9.9	1182.5

7-3 主要城市平均相对湿度(2020年)
Average Relative Humidity of Major Cities(2020)

单位：%　　(%)

城 市	City	1月 Jan.	2月 Feb.	3月 Mar.	4月 Apr.	5月 May	6月 June	7月 July	8月 Aug.	9月 Sept.	10月 Oct.	11月 Nov.	12月 Dec.	年平均 Annual Average
成都市	Chengdu	83	75	73	72	68	78	83	86	85	84	82	84	79
自贡市	Zigong	78	71	66	67	59	73	80	77	85	91	80	88	76
攀枝花市	Panzhihua	48	41	25	34	43	46	63	73	78	71	69	59	54
泸州市	Luzhou	85	81	74	77	72	83	87	74	87	94	81	90	82
德阳市	Deyang	78	72	68	65	60	68	81	85	84	85	79	82	76
绵阳市	Mianyang	69	64	59	56	52	62	74	77	77	79	70	74	68
广元市	Guangyuan	67	63	57	61	53	66	76	81	79	79	70	71	69
遂宁市	Suining	82	76	70	72	62	79	87	79	87	93	82	88	80
内江市	Neijiang	80	74	69	72	63	78	86	80	89	95	81	87	80
乐山市	Leshan	82	74	65	68	64	72	84	86	90	93	83	93	80
南充市	Nanchong	85	79	71	74	65	83	88	74	87	95	82	90	81
眉山市	Meishan	83	74	69	69	60	70	78	82	83	84	80	88	77
宜宾市	Yibin	88	77	71	74	71	84	88	87	94	95	83	96	84
广安市	Guangan	85	81	72	75	69	83	88	69	83	94	84	89	81
达州市	Dazhou	82	82	73	70	68	77	80	67	75	85	78	80	76
雅安市	Yaan	83	78	71	71	64	73	79	83	85	91	86	88	79
巴中市	Bazhong	82	76	69	75	68	85	90	82	83	91	77	83	80
资阳市	Ziyang	82	75	68	69	58	73	87	85	89	94	82	90	79
马尔康市	Maerkang	49	50	52	59	64	74	80	75	81	77	62	54	65
康定市	Kangding	65	66	69	71	72	81	84	80	87	85	72	75	76
西昌市	Xichang	42	42	31	41	51	63	70	70	77	75	58	59	57

7-4　林业发展情况
Conditions of Development of Forestry

指　标		Item		2020
森林资源覆盖率	**(%)**	**Forest Coverage Rate**	**(%)**	**40.03**
森林面积	(万公顷)	Forest Area	(10 000 hectares)	1945.84
活立木总蓄积量	(亿立方米)	Total Standing Forest Stock	(100 million cu.m)	20.40
#森林蓄积量	(亿立方米)	Stock Volume of Forest	(100 million cu.m)	19.16
林业生产情况		**Basic Situation of Forestry Production**		
人工造林面积	(万公顷)	Manual Planting	(10 000 hectares)	11.87
本年新增封山育林面积	(万公顷)	Newly Sealed for Forest Breeding in the Year	(10 000 hectares)	10.06
育苗面积	(万公顷)	Area of Breeding	(10 000 hectares)	2.06
林产品产量		**Output of Forest Products**		
木材产量	(万立方米)	Timber	(10 000 cu.m)	222.93
大径竹产量	(万根)	Large diameter Bamboo	(10 000 sticks)	17372
锯材产量	(万立方米)	Sawed Lumber	(10 000 cu.m)	202.93
人造板产量	(万立方米)	Man-made Board	(10 000 cu.m)	593.71
油茶籽产量	(吨)	Tea-oil Seeds	(ton)	25059
竹笋干产量	(吨)	Dried Bamboo Shoot	(ton)	107357
核桃产量	(吨)	Walnuts	(ton)	605797
森林药材产量	(吨)	Forest Medicinal Materials	(ton)	316284
栗产量	(吨)	Chestnuts	(ton)	55709
国有林区保护单位个数，国有苗圃、国有林场情况		**State-owned Forestry Protection Units, Nurseries and Centers**		
国有林区保护单位个数	(个)	Number of State-owned Forestry Protection Units	(unit)	91
国有苗圃个数	(个)	Number of State-owned Forestry Nurseries	(unit)	49
#纳入国家天然林保护工程的国有苗圃	(个)	State-owned Forestry Nurseries In National Preserve of Natural Forest	(unit)	37
国有苗圃经营面积	(公顷)	Working Area of State-owned Forestry Nursery	(hectare)	264
国有林场个数	(个)	Number of State-owned Forestry Centers	(unit)	158
#纳入国家天然林保护工程的国有林场	(个)	State-owned Forestry Centers In National Preserve of Natural Forest	(unit)	158
国有林场经营面积	(万公顷)	Working Area of State-owned Forestry Centers	(10 000 hectares)	287.00
林业系统就业人员和劳动报酬		**Employed Persons and Remuneration in Forestry System**		
单位户数	(个)	Number of Units	(unit)	1788
#行政事业单位个数	(个)	Number of Administrative Institutions	(unit)	1573
在册职工人数	(万人)	Staff and Workers Listed	(10 000 persons)	4.70
#行政事业单位人数	(万人)	Number of Employees in Administrative Institutions	(10 000 persons)	2.03
在岗职工工资总额	(万元)	Total Wages of Fully Employed Staff and Workers	(10 000 yuan)	285188
在岗职工年平均工资	(元)	Average Wage of Fully Employed Staff and Workers	(yuan)	82632

注：本表数据由四川省林业和草原局提供。
a) Data in this table are provided by the bureau of Forestry and Grassland of Sichuan Province.

7−5 森林火灾情况
Forest Fires

年份 Year	森林火灾次数 (次) Forest Fires (time)	森林火警 Fire Alarm	一般火灾 Ordinary Fires	较大火灾 Major Fires	重大火灾 Severe Fires	特大火灾 Especially Severe Fires	火场总面积 (公顷) Total Area of Fires (hectare)	受害森林面积 (公顷) Destructed Forest Area (hectare)	火灾受害率 (‰) Rate of fire victimization (‰)
2000	125	114	11				850.0	67.0	0.01
2001	248	226	22				3209.0	385.0	0.03
2002	185	159	26				1567.0	340.0	0.03
2003	378	302	76				5919.2	826.8	0.07
2004	169	151	18				1330.2	176.5	0.02
2005	252	202	46		4		6818.1	2256.5	0.18
2006	511	463	48				3109.0	453.1	0.03
2007	458	414	44				2076.6	455.4	0.04
2008	233	202	31				4481.0	389.0	0.03
2009	310		247	56	7		5730.9	2577.2	0.02
2010	361		301	58	2		4594.7	1241.5	0.09
2011	309		245	64			3449.5	551.1	0.03
2012	486		394	92			3082.3	815.2	0.05
2013	447		370	77			2673.6	811.2	0.05
2014	442		365	77			4713.1	765.7	0.05
2015	220		183	37			1407.5	303.0	0.02
2016	263		230	33			1206.9	217.2	0.01
2017	171		152	18	1		1610.9	1014.9	0.07
2018	229		201	26	2		3589.5	1540.2	0.10
2019	138		105	31	1	1	2476.5	661.1	0.03
2020	111		88	20	3	0	5177.6	1452.7	0.08

注：从2009年起，根据《森林火灾管理条例》规定，森林火灾分类为“一般森林火灾、较大森林火灾、重大森林火灾和特别重大森林火灾”，取消了原“森林火警”指标。根据《全国森林防火规划(2016-2025)》，自2016年起“火灾损失率”变为“火灾受害率”，但其计算方法不变。

a) According to the "Forest Fire Regulations ",forest fires are classified as "ordinary forest fires, major forest fires, severe forest fires and especially severe fires," and the original "fire alarm" was abolished since 2009. According to the National Forest Fire Prevention Plan (2016-2025), the "rate of fire loss" has changed to the "rate of fire victimization" since 2016, but its calculation method remains unchanged.

7-6 林业有害生物防治情况
Prevention of Forest Biological Disasters

年份 Year	发生面积 (万公顷) Area of Occurrence (10 000 hectares)	防治面积 (万公顷) Area of Prevention (10 000 hectares)	成灾面积 (公顷) Area Covered by Natural Disaster (hectare)	测报准确率 (%) Forecasting Accurate Rate (%)	无公害防治率 (%) Pollution Prevention and Control Rate (%)	种苗产地检疫率 (%) Seeding Origin Quarantine Rate (%)
2000	61.48	57.19	183	94.7	93.0	98.2
2001	62.64	58.58	199	95.2	93.5	98.3
2002	73.93	62.52	390	95.5	84.6	99.7
2003	70.93	66.87	362	95.5	94.3	98.3
2004	71.01	68.02	754	96.5	95.8	96.0
2005	69.45	57.81	1220	90.5	83.3	99.8
2006	76.17	65.62	3065	93.3	81.7	99.8
2007	79.87	58.34	9000	90.8	73.0	99.8
2008	72.81	58.89	287	94.4	68.1	99.8
2009	77.59	61.57	227	93.4	79.4	100.0
2010	71.55	57.33	340	90.7	80.1	100.0
2011	69.87	55.42	513	94.7	93.3	100.0
2012	72.76	62.47	1415	98.4	98.3	99.5
2013	76.60	52.87	728	100.0	98.5	99.9
2014	73.21	52.09	1512	98.6	89.9	96.0
2015	71.60	50.67	3867	97.7	98.5	99.4
2016	69.90	49.90	4001	97.6	97.5	100.0
2017	68.14	45.34	6067	95.5	96.0	100.0
2018	69.13	56.20	4920	98.3	97.8	100.0
2019	68.29	46.99	940	97.6	95.4	100.0
2020	66.76	49.09	1220	98.1	93.6	100.0

注：根据国家林业局规定，从2011年起，将“森林病虫害”改为“林业有害生物”、“监测率”改为“测报准确率”、“防治率”改为“无公害防治率”、“检疫率”改为“种苗产地检疫率”。

a) In accordance with the provisions of the State Forestry Administration, since 2011,change indicator" forest insect and disease " to "forestry pest control", change indicator "monitoring rate" to "forecast accuracy", change the "prevention rate" to "pollution prevention and control rate", change the "quarantine rate" to "seeding origin quarantine rate".

7-7 主要矿产资源量
Major Mineral Resources

项　　目		Item		2020
煤炭	(亿吨)	Coal	(100 million tons)	126.24
铁矿	(矿石，亿吨)	Iron	(Ore, 100 million tons)	100.03
锰矿	(矿石，万吨)	Manganese	(Ore, 10 000 tons)	4514.69
钛矿	(钛铁矿TiO2，万吨)	Titanium	(Ilmenite, 10 000 tons)	68783.56
钒矿	(V2O5，万吨)	Vanadium	(V2O5, 10 000 tons)	2433.99
铜矿	(铜，万吨)	Copper	(Metal, 10 000 tons)	334.24
铅矿	(铅，万吨)	Lead	(Metal, 10 000 tons)	426.55
锌矿	(锌，万吨)	Zinc	(Metal, 10 000 tons)	637.70
镁矿	(矿石，万吨)	Magnesium	(Dolomite Ore, 10 000 tons)	2758.60
金矿	(金，吨)	Gold	(Metal, ton)	475.46
银矿	(银，吨)	Silver	(Metal, ton)	4440.72
锂矿	(Li2O，万吨)	Lithium	(Li2O, 10 000 tons)	235.57
石墨	(晶质石墨，万吨)	Graphite Mineral (Crystal)	(Crystalline graphite, 10 000 tons)	3587.28
硫铁矿	(矿石，万吨)	Pyrite Ore	(Ore, 10 000 tons)	98970.08
石棉	(石棉，万吨)	Asbestos	(Asbestos, 10 000 tons)	1500.76
石榴子石	(矿石，万吨)	Garnet	(Ore, 10 000 tons)	1411.99
芒硝	(矿石，万吨)	Mirabilite	(Ore, 10 000 tons)	1687157.10
石膏	(矿石，万吨)	Gypsum	(Ore, 10 000 tons)	53394.30
菱镁矿	(矿石，万吨)	Magnesite Ore	(Ore, 10 000 tons)	844.43
熔剂用灰岩	(矿石，亿吨)	Grey Rock Used as Flux	(Ore, 100 million tons)	10.68
水泥用灰岩	(矿石，万吨)	Grey Rock Used as Cement	(Ore, 10 000 tons)	746176.50
冶金用白云岩	(矿石，亿吨)	Dolomite Ore for Metallurgy Use	(Ore, 100 million tons)	1.70
冶金用石英岩	(矿石，万吨)	Quartzite for Metallurgy Use	(Ore, 10 000 tons)	5208.15
玻璃用砂岩	(矿石，万吨)	Sandstone Used as Glass	(Ore, 10 000 tons)	14107.57
水泥配料用砂岩	(矿石，万吨)	Sandstone Used as Cement Burden	(Ore, 10 000 tons)	12732.61
砖瓦用砂岩	(矿石，万立方米)	Sandstone Used as Brick	(Ore, 10 000 cu.m)	152.48
铸型用砂岩	(矿石，万吨)	Sandstone Used as Casting Mould	(Ore, 10 000 tons)	2557.80
玻璃用脉石英	(矿石，万吨)	Quartzite Gangue Used as Glass	(Ore, 10 000 tons)	1788.14
硅藻土	(矿石，万吨)	Diatomaceous Earth	(Ore, 10 000 tons)	1554.79
高岭土	(矿石，万吨)	Kaolin Ore	(Ore, 10 000 tons)	258.42
耐火粘土	(矿石，万吨)	Refractory Clay	(Ore, 10 000 tons)	4836.03
水泥配料用粘土	(矿石，万吨)	Clay Used as Casting Mould	(Ore, 10 000 tons)	8296.24
水泥配料用泥岩	(矿石，万吨)	Mudstone Used as Casting Mould	(Ore, 10 000 tons)	4158.88
化肥用蛇纹岩	(矿石，万吨)	Serpentine Used as Chemistry Fertilizer	(Ore, 10 000 tons)	5963.10
饰面用花岗岩	(矿石，万立方米)	Granite Used for Decorations	(Ore, 10 000 cu.m)	11070.43
霞石正长岩	(矿石，万吨)	Nepheline Syenite	(Ore, 10 000 tons)	668.40
饰面用大理岩	(矿石，万立方米)	Marble Used for Decorations	(Ore, 10 000 cu.m)	12745.84
盐矿	(矿石，万吨)	Sodium Salt NaCl	(Ore, 10 000 tons)	1470796.70
磷矿	(矿石，万吨)	Phosphorus Ore	(Ore, 10 000 tons)	305340.17

注：主要矿产资源量由四川省自然资源厅提供。
a) Data of major mineral resources are provided by the Sichuan Provincial Department of Land and Resources.

7-8 “三废”排放及处理利用情况
Discharge, Treatment and Utilization of Waste Water, Waste Gas and Solid Wastes by Industry

单位：万吨 (10 000 tons)

指　　标	Item	2017	2018	2019
废水排放总量	Total Wastewater Discharged	256186.13	255325.29	263459.54
工业废水排放量	Industrial Wastewater Discharged	46615.01	43461.09	46619.26
城镇生活污水排放量	Urban Living Wastewater Discharged	209571.12	211864.20	216840.28
集中式治理设施污水排放量	Centralized Management Facilities of Sewage Discharged			
化学需氧量(COD)排放量	Total Emission of Chemical Oxygen Demand(COD)	32.56	32.63	32.94
工业废水中COD排放量	COD Emissions from Industrial Wastewater	4.22	4.14	3.88
农业COD排放量	Agricultural COD Emissions	0.60	0.06	0.05
城镇生活污水中COD排放量	COD Emissions in Urban Sewage	27.62	28.34	28.96
集中式治理设施COD排放量	COD Emissions from Centralized Management Facilities	0.12	0.09	0.05
氨氮排放量	Ammonia Nitrogen Emissions	3.25	3.37	3.39
工业废水中氨氮排放量	Ammonia Nitrogen Emissions from Industrial Wastewater	0.17	0.19	0.17
农业氨氮排放量	Agricultural Ammonia Nitrogen Emissions	0.02	0.00	0.00
生活污水中氨氮排放量	Ammonia Nitrogen Emissions from Domestic Sewage	3.04	3.16	3.22
集中式治理设施氨氮排放量	Ammonia Nitrogen Emissions from Centralized Management Facilities	0.02	0.02	0.01
二氧化硫(SO_2)排放量	Sulphur Dioxide (SO_2) Emissions	22.32	19.17	18.82
工业SO_2排放量	Industrial SO_2 Emissions	21.12	17.90	17.61
城镇生活SO_2排放量	Urban Living SO_2 Emissions	1.19	1.26	1.20
集中式治理设施SO_2排放量	SO_2 Emissions from Centralized Management Facilities	0.01	0.01	0.01
氮氧化物排放量	Nitrogen Oxide Emissions	51.36	49.00	48.40
工业氮氧化物排放量	Industrial Nitrogen Oxide Emissions	24.75	21.94	21.66
城镇生活氮氧化物排放量	Nitrogen Oxide Emissions in Urban Life	1.32	1.38	1.44
机动车氮氧化物排放量	Motor Vehicle Emissions of Nitrogen Oxides	25.26	25.65	25.27
集中式治理设施氮氧化物排放量	Nitrogen Oxide Emissions from Centralized Management Facilities	0.03	0.03	0.03
颗粒物排放量	Smoke and Dust Emissions	40.95	34.64	34.57
工业颗粒物排放量	Industrial Smoke and Dust Emissions	38.48	32.22	32.25
城镇生活颗粒物排放量	Urban Living Smoke and Dust Emissions	2.12	2.08	2.02
机动车颗粒物排放量	Motor Vehicle Emissions of Smoke and Dust	0.34	0.32	0.28
集中式治理设施烟尘排放量	Smoke and Dust Emissions from Centralized Management Facilities	0.00	0.01	0.03
一般工业固体废物产生量	Common Industrial Solid Wastes Generation	15220.63	16708.30	18721.77
一般工业固体废物综合利用量	Common Industrial Solid Wastes Comprehensively Utilized	5422.35	6804.50	7631.63
#综合利用往年贮存量	Previous Storage	175.45	220.75	283.28
一般工业固体废物综合利用率(%)	Ratio of Common Industrial Solid Wastes Comprehensively Utilized (%)	35.22	40.19	40.16
一般工业固体废物处置量	Common Industrial Solid Wastes Disposed	1601.03	1737.18	2231.34
#处置往年贮存量	Previous Storage	1165.23	90.60	12.75
一般工业固体废物处置率 (%)	Ratio of Common Industrial Solid Wastes Disposed (%)	9.77	10.34	11.91
一般工业固体废物贮存量	Ratio of Common Industrial Solid Wastes Previous Storage	8339.71	8477.11	9154.00
一般工业固体废物倾倒丢弃量	Ratio of Common Industrial Solid Wastes Dumping Discard	0.12	0.86	0.84
危险废物产生量	Hazardous Wastes Generation	307.73	349.28	364.92
危险废物利用处置量	Hazardous Wastes Utilized and Disposed	296.91	345.10	349.19
#利用处置往年贮存量	Previous Storage	1.13	18.80	13.77
危险废物利用处置率 (%)	Ratio of Hazardous Wastes Utilized and Disposed (%)	96.13	93.76	92.21
危险废物贮存量	Hazardous Wastes Storage	12.00	22.98	29.51
危险废物倾倒丢弃量	Hazardous Wastes Dumping Discard	0.00	0.00	0.00

7-9 环境污染治理投资情况
Investment in Treatment of Environmental Pollution

单位：亿元 (100 million yuan)

指　　标	Item	2017	2018	2019
环境污染治理投资总额	Total Investment in the Treatment of Environmental Pollution	492.42	334.05	327.47
城市环境基础设施投资	Investment in Urban Environmental Infrastructure	220.35	317.74	140.38
#燃气	Gas Supply	11.40	17.65	6.63
集中供热	Centralized Heating	0.01	0.45	
排水	Drainage Works	73.05	102.93	8.94
园林绿化	Gardening and Greening	111.95	162.58	98.83
市容环境卫生	Environmental Sanitation	23.94	34.13	25.98
工业污染源治理投资	Investment in the Treatment of Industrial Pollution	12.69	16.31	12.33
#治理废水	Waste Water Treatment	2.11	1.54	2.31
治理废气	Waste Gas Treatment	8.80	11.52	8.66
治理固体废物	Solid Wastes Treatment	0.49	0.15	0.31
治理噪声	Noise Treatment	0.06	0.13	0.01
治理其他	Others Treatment	1.24	2.96	1.04
完成环保验收项目环保投资	Environmental Investment Projects in the Completion of Environmental Acceptance	260.47	89.54	174.76
环境污染治理投资占GDP比重（%）	Total Investment in the Treatment of Environmental Pollution as Percent of GDP (%)	1.30	0.78	0.71
工业废气治理设施运行费用	Operating Costs in the Treatment Facilities of Industrial Waste Gas	51.38	66.75	71.75
工业废水治理设施运行费用	Operating Costs in the Treatment Facilities of Industrial Waste Water	32.94	27.51	29.09

注：“三废”及环境污染治理资料由四川省生态环境厅提供。
a) The data of waste water, waste gas and solid wastes by industry are provided by the Sichuan Provincial Department of Environmental Protection.

主要统计指标解释

平均气温 气温指空气的温度，我国一般以摄氏度(℃)为单位表示。气象观测的温度表是放在离地面约1.5米处通风良好的百叶箱里测量的，因此，通常说的气温指的是离地面1.5米处百叶箱中的温度。计算方法：月平均气温是将全月各日的平均气温相加，除以该月的天数而得；年平均气温是将12个月的月平均气温累加后除以12而得。

平均相对湿度 指空气中实际水气压与当时气温下的饱和水气压之比。其统计方法与气温相同。

降水量 指从天空降落到地面的液态或固态(经融化后)水，未经蒸发、渗透、流失而在地面上积聚的深度。计算方法：月降水量是将全月各日的降水量累加而得；年降水量是将12个月的月降水量累加而得。

日照时数 指太阳实际照射地面的时数，通常以小时为单位表示。其统计方法与降水量相同。

森林面积 包括郁闭度0.2以上的乔木林地面积和竹林面积，国家特别规定的灌木林地面积，农田林网以及村旁、路旁、水旁、宅旁林木的覆盖面积。

森林覆盖率 以行政区域为单位的森林面积占区域土地总面积的百分比。计算公式：

$$森林覆盖率=\frac{森林面积}{土地总面积}\times100\%$$

活立木总蓄积量 指一定范围土地上全部树木蓄积的总量，包括森林蓄积、疏林蓄积、散生木蓄积和四旁树蓄积。

森林蓄积量 指一定森林面积上存在着的林木树干部分的总材积。

人工造林 指在宜林荒山荒地、宜林沙荒地、无立木林地、疏林地和退耕地等其他宜林地上通过播种、植苗和分殖来提高森林植被覆被率的技术措施。

森林火灾次数 指发生在城市市区外的一切森林、林木和林地的火灾次数。按照受害森林面积和伤亡人数，森林火灾分为一般森林火灾、较大森林火灾、重大森林火灾和特别重大森林火灾：1.一般森林火灾：受害森林面积在1公顷以下或者其他林地起火的，或者死亡1人以上3人以下的，或者重伤1人以上10人以下的；2.较大森林火灾：受害森林面积在1公顷以上100公顷以下的，或者死亡3人以上10人以下的，或者重伤10人以上50人以下的；3.重大森林火灾：受害森林面积在100公顷以上1000公顷以下的，或者死亡10人以上30人以下的，或者重伤50人以上100人以下的；4.特别重大森林火灾：受害森林面积在1000公顷以上的，或者死亡30人以上的，或者重伤100人以上的。本条所称“以上”包括本数，“以下”不包括本数。

林业有害生物 危害森林、林木、荒漠植被、湿地植被等的病虫鼠兔及有害植物。

矿产资源 指由地质作用形成的，具有利用价值的，呈固态、液态、气态的自然资源，是社会生产发展的重要物质基础。目前我国已发现矿种有170多种，按其特点和用途，可分为能源矿产(如煤炭、石油、天然气、地热)、金属矿产(如铁矿、锰矿、铜矿、铅矿、铝土矿)、非金属矿产(如金刚石、石灰岩、粘土)和水气矿产(如地下水、矿泉水、二氧化碳气)四大类。

一般工业固体废物产生量 指当年全年调查对象实际产生的一般工业固体废物的量。一般工业固体废物系指未被列入《国家危险废物名录》(2016版)或者根据《国家规定的危险废物鉴别标准》(GB5085)、《固体废物浸出毒性浸出方法》(GB5086)及《固体废物浸出毒性测定方法》(GB/T 15555)鉴别方法判定不具有危险特性的工业固体废物。计算公式是：

一般工业固体废物产生量=(一般工业固体废物综合利用量－其中：综合利用往年贮存量)+一般工业固体废物贮存量+(一般工业固体废物处置量－其中：处置往年贮存量)+一般工业固体废物倾倒丢弃量

一般工业固体废物综合利用量 指当年全年调查对象通过回收、加工、循环、交换等方式，从固体废物中提取或者使其转化为可以利用的资源、能源和其他原材料的固体废物量(包括当年利用的往年工业固体废物累计贮存量)。如用作农业肥料、生产建筑材料、筑路等。综合利用量由原产生固体废物的单位统计。

一般工业固体废物处置量 指当年全年调查对象将工业固体废物焚烧和用其他改变工业固体废物的物理、化学、生物特性的方法，达到减少或者消除其危险成分的活动，或者将工业固体废物最终置于符合环境保护规定要求的填埋场的活动中，所消纳固体废物的量(包括当年处置的往年工业固体废物累计贮存量)。

一般工业固体废物贮存量 指当年全年调查对象以综合利用或处置为目的，将固体废物暂时贮存或堆存在专设的贮存设施或专设的集中堆存场所内的量。专设的固体废物贮存场所或贮存设施必须有防扩散、防流失、防渗漏、防止污染大气、水体的措施。

一般工业固体废物倾倒丢弃量 指当年全年调查对象将所产生的固体废物倾倒或者丢弃到固体废物污染防治设施、场所以外的量。

危险废物产生量 指当年全年调查对象实际产生的危险废物的量。危险废物指列入国家危险废物名录或者根据国家规定的危险废物鉴别标准和鉴别方法认定的，具有爆炸性、易燃性、易氧化性、毒性、腐蚀性、易传染性疾病等危险特性之一的废物。按《国家危险废物名录》(2016)填报。

危险废物综合利用量 指当年全年调查对象从危险废物中提取物质作为原材料或者燃料的活动中消纳危险废物的量。包括本单位利用或委托、提供给外单位利用的量。

危险废物处置量 指当年全年调查对象将危险废物焚

烧和用其他改变工业固体废物的物理、化学、生物特性的方法，达到减少或者消除其危险成分的活动，或者将危险废物最终置于符合环境保护规定要求的填埋场的活动中，所消纳危险废物的量。处置量包括处置本单位或委托给外单位处置的量。

危险废物年末累积贮存量　指将危险废物以一定包装方式暂时存放在专设的贮存设施内的量。专设的贮存设施指对危险废物的包装、选址、设计、安全防护、监测和关闭等符合《危险废物贮存污染控制标准》（GB18597-2001）等相关环保法律法规要求，具有防扩散、防流失、防渗漏、防止污染大气和水体措施的设施。包括本单位自行贮存的本单位产生的和接收外单位的危险废物量。

Explanatory Notes on Main Statistical Indicators

Average Temperature refers to the air temperature. China uses centigrade as the unit. The thermometry used for weather observation is put in a breezy shutter, which is 1.5 meters high from the ground. Therefore, the commonly used temperature refers to the temperature in the breezy shutter 1.5 meters away from the ground. The calculation method is as follows:

Monthly average temperature is the summation of average daily temperature of one month divided by the actual days of that particular month.

Annual average temperature is the summation of monthly average of a year divided by 12 months.

Average relative humidity refers to the ratio of actual water vapour pressure to the saturation water vapour pressure under the current temperature. The calculation method is the same as that of temperature.

Volume of Precipitation refers to the deepness of liquid state or solid state (thawed) water falling from the sky to the ground that has not been evaporated, infiltrated or run off. The calculation method is as follows:

Monthly precipitation is the summation of daily precipitation of a month.

Annual precipitation is the summation of 12 months precipitation of a year.

Sunshine Hours refer to the actual hours of sun irradiating the earth, usually expressed in hours. The calculation method is the same as that of the precipitation.

Forest Area refers to the area of trees and bamboo grow with canopy density above 0.2, the area of shrubby tree according to regulations of the government, the area of forest land inside farm land and the area of trees planted by the side of villages, farm houses and along roads and rivers.

Forest Coverage Rate Taking the administrative jurisdiction as the unit, the percentage of area of afforested land to the area of total land. The formula for calculating forest coverage rate is as follows:

$$\text{Forestrycoveragerate} = \frac{\text{Area of Afforested Land}}{\text{Area of Total Land}} \times 100\%$$

Total Standing Stock Volume refers to the total stock volume of trees growing in land, including trees in forest, trees in sparse forest, scattered trees and trees planted by the side of villages, farm houses and along roads and rivers.

Stock Volume of Forest refers to total stock volume of wood growing in forest area, which shows the total size and level of forest resources of a country or a region.

Manual Planting refers to technical measures of sowing, planting seedlings and divided transplanting on land suitable for afforestation, including barren hills, idle land, sand dunes, non-timber forest land, woodland and "grain for green" land to increase vegetation coverage rate of forests.

Number of Forest Fires refers to the number of wild fires in forests, woods and woodland outside of cities. In light of the area plagued by fires and the number of casualties, forest fires can be categorized into general forest fires, relatively larger fires, serious forest fires and extraordinary serous forest fires: 1). General forest fires: the destructed forest area is less than 1 hectare, or the fire erupts in other woodland, or the number of deaths is no less than 1 but less than 3, or the number of seriously injured persons is no less than 1 but less than 10 persons. 2). Relatively larger forest fires: the destructed forest area is no less than 1 hectare but less than 100 hectares, or the number of deaths is no less than 3 but less than 10, or the number of seriously injured persons is no less than 10 but less than 50 persons. 3). Serious forest fires: the destructed forest area is no less than 100 hectares but less than 1000 hectares, or the number of deaths is no less than 10 but less than 30, or the number of seriously injured persons is no less than 50 but u less than 100 persons. 4). Extraordinary serious forest fires: the destructed forest area is no less than 1000 hectares, or the number of deaths is no less than 30, or the number of seriously injured persons is no less than 100 persons.

Forest Harmful Organisms refer to the diseases, pests, rats and harmful plants that plague forests, wood, desert and wetland vegetation.

Mineral Resources refer to useful minerals, with solid state, liquid state, gaseity, due to the geological process. Minerals are important natural resources, and important material base for social development. At present, there are more than 170 types of minerals discovered in China. They can be categorized into four groups: energy producing minerals (including coal, petroleum, natural gas and terrestrial heat), metallic minerals (including iron, manganese, copper, lead and bauxite), non metallic minerals (including diamond, limestone and clay), and water/gas related minerals (including ground water, mineral water and carbon dioxide). Metallic minerals can be further classified as ferrous, non-ferrous, noble metal, rare metal, rare earth metal and dispersed metals.

Common Industrial Solid Wastes Generated refers to the amount of common industrail solid wastes the surveyed units actual generated over the year. The common industrial solid wastes refers to the industrial solid wastes that are not listed in the 《National Catalogue of Hazardous Wastes》(2016 Version), or not regarded as hazardous according to the National Hazardous Waste Identification Standards (GB5085), the Solid Waste-Extraction Procedure for Lleaching Toxicity (GB5086) and the Assay Method of Solid Waste-Extraction Procedure for Leaching Toxicity (GB/T 15555). The calculation formula is as followed:

Common Industrial Solid Wastes Produced = (common industrial solid wastes utilized – the proportion of utilized stock of previous years) + common industrial solid waste stock +

(common industrial solid wastes disposed – the proportion of disposed stock of previous years) + common industrial solid wastes discharged.

Common Industrial Solid Wastes Integrated Used refers to amount of solid wastes from which useable materials can be extracted or converted into usable resources, energy or other materials through reclamation, processing, recycling and exchange (including the stocks of industrial solid wastes of the previous year utilizing in the year) generated by surveyed units over the year of the survey, e.g. being used as agricultural fertilizers, building materials or as material for paving road. The information should be measured as the unit of generating wastes.

Common Industrial Solid Wastes Disposed refers to the amount of industrial solid wastes disposed, which covers the amount of previous years, through incineration or other methods to change its physical, chemical and biological propertiesto reduce or eliminate the hazardsor landfilled in the sites following the requirements for environmental protection by surveyed units over the year of the survey(including the stocks of industrial solid wastes of the previous year disposing in the year).

Stock of Common Industrial Solid Wastes refers to the amount of solid wastes placed in special facilities or special sites by enterprises for the purposes of integrated use or disposal over the year of the survey. The sites or facilities should take measures against dispersion, loss, seepage, and air and water contamination.

Common Industrial Solid Wastes Discharged refers to the amount of industrial solid wastes dumped or discharged by producing enterprises to disposal facilities or to other sites over the year of the survey.

Hazardous Wastes Produced refers to the amount of actual hazardous wastes generated by surveyed units over the year of the survey, which is covered secondary generation during the process of disposal and reuse of hazardous wastes. Hazardous waste refers to those listed in the National Hazardous Wastes catalogue or identified as any one of the following properties in light of the national hazardous wastes identification standards and methods: explosive, ignitable, oxidizable, toxic, corrosive or liable to cause infectious diseases or lead to other dangers. It should be reported following the National Catalogue of Hazardous Wastes (2016 Version).

Hazardous Wastes Integrated Used refers to the amount of hazardous wastes that are used to extract materials for raw materials or fuel over the year of the survey, including own-use by the producing enterprise and other use of enterprises.

Hazardous Wastes Disposed refers to the amount of hazardous wastes which are incineration or specially disposed using other methods to change itsits physical, chemical and biological properties and thus to reduce or eliminate the hazards, or placed ultimately in the sitesfollwoing the requirements for environmental protection over the year of the survey.

Year-end Stock of Hazardous Wastes refers to the amount of hazardous wastes specially packaged and placed in special facilities or special sites by enterprises, which covered stock of surveyed units generated and received from other units. The special stock facilities should meet the requirements set in relevant environment protection laws and regulations such as "Pollution Control Standards for Hazardous Waste Stock" (GB18597-2001) in regard to package of hazardous waste, location, design, safety, monitoring and shutdown, and take measures against dispersion, loss, seepage, and air and water contamination, including the amount of hazardous waste stored by the unit itself generated and received by other units

08 财政和物价

Chapter8 Local Government Finance and Price

SICHUAN STATISTICAL YEARBOOK

8-1　地方一般公共预算收入
Local General Public Budget Revenue

单位：万元　　(10 000 yuan)

项　　目	Item	2015	2016	2017	2018	2019	2020
地方一般公共预算收入合计	**Local General Public Budget Revenue**	**33554385**	**33888519**	**35779887**	**39110092**	**40708260**	**42608928**
税收收入	**Taxes Revenue**	**23535088**	**23292344**	**24303247**	**28197650**	**28887420**	**29671996**
增值税	Value-added Tax	3244786	6383018	9988604	11209546	11263255	11039954
营业税	Business Tax	7802595	4362999	113279	55405		
企业所得税	Corporate Income Tax	2953063	2994825	3593787	4157932	4724352	5232526
个人所得税	Individual Income Tax	1091428	1283981	1527439	1785881	1262967	1358443
资源税	Resource Tax	287228	261768	304130	525197	633124	735863
城市维护建设税	Urban Maintenance and Construction Tax	1262973	1375497	1505920	1749815	1803428	1813863
房产税	Real Estate Tax	739070	797929	886559	1067767	1118559	1124752
印花税	Stamp Tax	300344	321446	382540	464113	480288	561244
城镇土地使用税	Urban Land Using Tax	646449	650964	720545	816622	791758	780766
土地增值税	Value-added Tax on Land	1491408	1439791	1721949	2155195	2441022	2443754
车船税	Travel Tax	266255	298196	328750	382152	405684	434717
耕地占用税	Tax on the Occupancy of Cultivated Land	1219599	1183578	1051173	891121	906742	911933
契税	Tax on Contracts	2130954	1841402	2099546	2809876	2892367	3087980
烟叶税	Tobacco Tax	98724	96950	79026	78483	81629	77102
环境保护税	Environmental Protection Tax				48545	60596	58561
其他收入	Other Incomes	212				21649	10538
非税收入	**Non-Tax Revenue**	**10019297**	**10596175**	**11476640**	**10912442**	**11820840**	**12936932**
专项收入	Special Revenue	3044453	2099006	2227509	2551749	2445761	2435527
行政事业性收费收入	Income from Administrative Fees	1846871	2079823	2113174	1716961	1612018	1932422
罚没收入	Penalty and Confiscatory Income	655072	697643	784092	843950	1034114	1298239
国有资本经营收入	State-owned Capital Operating Income	449481	423725	388471	279041	615789	654232
国有资源(资产)有偿使用收入	Income from State-owned Assets Compensation	2696295	3622247	4224477	3994898	4442287	4810848
捐赠收入	Donation income		159140	200552	133357	155756	177580
政府住房基金收入	Government Housing Fund Income		368112	343376	303496	408560	428354
其他收入	Other Incomes	1327125	1146479	1194989	1088990	1106555	1199730

注：地方一般公共预算收入和支出情况由四川省财政厅提供。
a) Local general public budget revenue and expenditure are provided by Sichuan Provincial Department of Finance.

8-2 一般公共预算支出
Local General Public Budget Expenditure

单位：万元 (10 000 yuan)

项 目	Item	2015	2016	2017	2018	2019	2020
一般公共预算支出合计	**General Public Budget Expenditure**	**74975105**	**80088868**	**86947591**	**97075048**	**103481712**	**111985355**
一般公共服务支出	Expenditure for General Public Services	6222242	6827794	7932969	8970009	9556194	9476220
外交支出	Expenditure for Diplomatic			184	599	500	255
国防支出	Expenditure for National Defense	119020	168543	114257	135419	131574	139940
公共安全支出	Expenditure for Public Security	3697422	4293870	4714242	5283495	5256366	5271172
教育支出	Expenditure for Education	12523250	13018472	13892000	14617756	15788811	16861602
科学技术支出	Expenditure for Science and Technology	966892	1010930	1065746	1479056	1849453	1817009
文化体育与传媒支出	Expenditure for Culture, Sport and Media	1394140	1452012	1424636	1549093	1964752	2292681
社会保障和就业支出	Expenditure for Social Safety and Employment	11117513	13201666	15013454	16441671	17623003	19986738
卫生健康支出	Expenditure for Health Care and Sanitation	6864163	7722403	8314550	8808866	9432664	10305174
节能环保支出	Expenditure for Energy Conservation and Environment Protection	1693145	1663561	1977468	2269045	2670062	2640163
城乡社区支出	Expenditure for Urban and Rural Community Affairs	5140783	5509253	7247945	6988681	8936367	7111654
农林水支出	Expenditure for Agriculture, Forestry and Water Conservancy	9266496	9887068	10231290	13108851	12884232	13393597
交通运输支出	Expenditure for Transport	6011405	5691063	5266808	6239747	6878330	7927272
资源勘探信息等支出	Expenditure for Exploration and Information	2515165	2638000	3004329	2985761	2216830	2981218
商业服务业等支出	Expenditure for Commerce and Services	825191	734124	812055	775020	573211	658959
金融支出	Expenditure for Finance	173952	217889	141264	235768	113246	843898
援助其他地区支出	Expenditure for Other Regional Assistance	53319	54886	50558	61714	58672	47865
自然资源海洋气象等支出	Expenditure for Nature Resources, Maritime Meteorology	778679	676506	803534	1083321	731546	871580
住房保障支出	Expenditure for Housing Security	2889038	3122815	3251580	3507164	3489816	3814347
粮油物资储备支出	Expenditure for Management of Grain & Oil Reserves	359485	334266	324090	339603	358248	460236
债务付息支出	Expenditure for the Principal and Interest of Debts	175131	614736	968923	1491656	1939365	2214628
债务发行费用支出	Expenditure for Issuing Debts	10690	15465	13733	12259	15755	14237
其他支出	Other Expenditures	2177984	1233546	381976	690494	1012715	2854910

注："卫生健康支出""自然资源海洋气象等支出"在2018年及以前分别是"医疗卫生与计划生育支出""国土海洋气象等支出"。
a) "The Expenditure for Health Care and Sanitation", "Expenditure for nature resources, Maritime Meteorology" are respectively "Expenditure for Health Care and Family Planning" and "Expenditure for Land, Maritime Meteorology" in 2018 and before.

8-3 各市(州)地方一般公共预算收入
Local General Public Budget Revenue by Region

单位：万元 (10 000 yuan)

市(州)	Region	2010	2011	2012	2013	2014	2015	2016	2017	2018	2019	2020
成都市	Chengdu	5269408	6806929	7808952	8985395	10251696	11576393	11754109	12755334	14241550	14829607	15203788
自贡市	Zigong	218360	291382	329898	383331	424059	448256	487574	532240	604091	612455	634540
攀枝花市	Panzhihua	387841	494777	571980	585450	629076	533412	567573	605930	615026	629645	682507
泸州市	Luzhou	475888	654047	827882	1096014	1159216	1282652	1386632	1460444	1500905	1596417	1700681
德阳市	Deyang	457976	670907	755322	804682	835153	886148	1000653	1061672	1175813	1249635	1320678
绵阳市	Mianyang	452057	656462	804009	904782	1017482	1041308	1076241	1105883	1245419	1311475	1409644
广元市	Guangyuan	167267	227658	268374	304621	347836	408176	405661	439915	476907	484859	526158
遂宁市	Suining	177685	240145	284546	335604	396957	493162	545580	601803	638447	692712	799245
内江市	Neijiang	203856	253066	309262	377491	450832	502682	536799	560961	616958	636352	663379
乐山市	Leshan	457695	602039	704039	751097	787878	855322	931001	992170	1099199	1167253	1206182
南充市	Nanchong	322564	432862	528700	655666	765568	850746	943388	1032555	1138963	1232950	1339323
眉山市	Meishan	246863	340541	488088	636067	751991	831491	903008	931612	1031974	1107681	1216203
宜宾市	Yibin	556465	672298	829693	1016000	1056118	1149677	1256843	1388196	1608883	1754916	2000319
广安市	Guangan	212785	277767	328017	386177	459637	567494	642179	712493	800524	856711	860230
达州市	Dazhou	305924	411543	520360	603088	724120	791548	846636	907078	1010246	1076040	1123309
雅安市	Yaan	156522	216521	302166	229386	273788	303082	321792	348370	400289	430142	484874
巴中市	Bazhong	78160	127430	200592	273501	330371	390502	442945	455280	454580	476651	484045
资阳市	Ziyang	244679	324738	407333	484418	554619	617733	468360	497670	528490	530859	531275
阿坝藏族羌族自治州	Aba	166682	210108	258231	244616	285820	316730	325955	268146	246610	264035	287323
甘孜藏族自治州	Ganzi	163047	202452	215666	221242	275480	314299	322592	273660	300342	341162	401097
凉山彝族自治州	Liangshan	626923	800437	1000571	1100148	1123019	1070683	1210336	1345528	1462031	1535931	1603084

8-4 各市(州)一般公共预算支出
Local General Public Budget Expenditure by Region

单位：万元 (10 000 yuan)

市(州)	Region	2010	2011	2012	2013	2014	2015	2016	2017	2018	2019	2020
成都市	Chengdu	7773767	8578696	9838477	11617542	13400433	14684242	15958949	17566621	18374238	20069493	21594765
自贡市	Zigong	811614	1060433	1288014	1399376	1473005	1733530	1795524	2229037	2422700	2325764	2387153
攀枝花市	Panzhihua	750647	923018	1081729	1150583	1211774	1126499	1220322	1370352	1379392	1373279	1598093
泸州市	Luzhou	1265380	1707430	2123111	2501142	2813002	3039880	3371677	3689580	4121544	4430935	4497260
德阳市	Deyang	2244206	1532332	1666553	1899686	1970901	2196393	2271346	2401735	2719508	2881965	3095336
绵阳市	Mianyang	3453220	2135756	2505571	2906401	2946402	3042238	3350412	3650634	4081641	4534296	4446984
广元市	Guangyuan	2213188	1374163	1576394	1772708	1923836	2096211	2305016	2507023	2770144	2590870	2895387
遂宁市	Suining	888467	1100024	1333162	1441078	1560932	1828440	1999945	2305561	2522120	2680713	2687293
内江市	Neijiang	924757	1220287	1420276	1589311	1766023	1924370	2002280	2175120	2433876	2720437	2765480
乐山市	Leshan	1185123	1441546	1687162	1936946	2154123	2321550	2570351	2820171	3028632	3171142	3182003
南充市	Nanchong	1856129	2344224	2787446	3097030	3446815	3696431	4271765	4603999	4952197	5551943	5739734
眉山市	Meishan	965266	1188867	1432902	1726618	1819615	2072222	2166908	2256815	2351578	2593227	2754648
宜宾市	Yibin	1433154	1793856	2190349	2554295	2775160	3078287	3387430	3705395	4160183	4636228	5563088
广安市	Guangan	975438	1258308	1486612	1625740	1872039	2226191	2443172	2660796	2890322	3043511	3062569
达州市	Dazhou	1502741	2001711	2403530	2559609	2878203	3243334	3590680	3891551	4186791	4199785	4382610
雅安市	Yaan	774922	810256	930050	2610709	3121494	2222395	1515500	1373913	1305375	1456480	1696085
巴中市	Bazhong	1030304	1367152	1675668	1912681	2050667	2460191	2678727	2813892	3138866	3131618	3104203
资阳市	Ziyang	1011007	1300249	1540424	1648956	1886782	2160816	1883649	1803147	1917986	1908888	2033303
阿坝藏族羌族自治州	Aba	2038280	1383517	1521951	1757926	1923022	2152522	2210559	2416638	2950767	3058792	3679485
甘孜藏族自治州	Ganzi	1319779	1692042	2202819	2753253	2888630	3162038	3004766	3433265	4205713	4021741	4538735
凉山彝族自治州	Liangshan	1906966	2501155	3004763	3330204	3658972	4176198	4591525	4798725	6817064	7367767	7077673

8-5 各市(州)地方一般公共预算主要收入项目(2020年)
Major Items of Local General Public Budget Revenue by Region(2020)

单位：万元 (10 000 yuan)

市(州)	Region	地方一般公共预算收入 Local General Public Budget Revenue	税收收入 Tax Revenue	增值税 Value-added Tax	企业所得税 Corporate Income Tax	个人所得税 Individual Income Tax	资源税 Resources Tax
成都市	Chengdu	15203788	11303538	3425015	1832562	596496	19048
自贡市	Zigong	634540	343110	120118	36203	8650	2796
攀枝花市	Panzhihua	682507	479351	199705	50763	9693	39502
泸州市	Luzhou	1700681	1084867	338802	209618	25803	9727
德阳市	Deyang	1320678	822576	318860	102295	26362	14129
绵阳市	Mianyang	1409644	867310	270213	92525	34183	11991
广元市	Guangyuan	526158	290243	100099	30109	8138	25390
遂宁市	Suining	799245	461258	128356	39943	9635	47203
内江市	Neijiang	663379	390990	131183	35208	9792	17339
乐山市	Leshan	1206182	668158	233756	88436	31301	21107
南充市	Nanchong	1339323	779250	205796	74841	18616	10510
眉山市	Meishan	1216203	725785	207835	70602	16970	5898
宜宾市	Yibin	2000319	1289569	423860	394178	27022	45113
广安市	Guangan	860230	443266	130176	50141	8468	7209
达州市	Dazhou	1123309	579409	209570	65955	14301	37778
雅安市	Yaan	484874	337580	140477	38078	10387	11389
巴中市	Bazhong	484045	235625	62552	17827	7162	2369
资阳市	Ziyang	531275	319979	77729	22630	7566	22108
阿坝藏族羌族自治州	Aba	287323	180143	92170	17623	6279	9782
甘孜藏族自治州	Ganzi	401097	252842	138079	20376	7765	15258
凉山彝族自治州	Liangshan	1603084	999366	466707	156261	21146	61005

8-5 续表 continued

单位：万元 (10 000 yuan)

市(州)	Region	城市维护建设税 Urban Maintenance and Construction Tax	房产税 Housing Property Tax	土地增值税 Increment Tax on Land Value	耕地占用税 Tax on the Occupancy of Cultivated Land	契 税 Tax On Contracts	其他各项税收收入 Other Revenue	非税收入 Non-tax Revenue
成都市	Chengdu	981485	472577	1561912	234715	1427545	752183	3900250
自贡市	Zigong	25966	10185	33445	13546	64444	27757	291430
攀枝花市	Panzhihua	33285	16399	15018	24706	28202	62078	203156
泸州市	Luzhou	86311	26110	103266	46358	155877	82995	615814
德阳市	Deyang	107829	24568	59915	12865	90826	64927	498102
绵阳市	Mianyang	66332	32496	83857	48148	153329	74236	542334
广元市	Guangyuan	20072	8777	13932	18885	38384	26457	235915
遂宁市	Suining	29732	8672	44379	38176	88466	26696	337987
内江市	Neijiang	25834	12637	43773	6011	77206	32007	272389
乐山市	Leshan	47775	17963	51100	27502	95586	53632	538024
南充市	Nanchong	43518	14782	108263	58028	196576	48320	560073
眉山市	Meishan	40619	14976	77677	29043	196630	65535	490418
宜宾市	Yibin	122381	22252	23199	25630	135206	70728	710750
广安市	Guangan	25236	7192	44860	82026	59457	28501	416964
达州市	Dazhou	38264	12544	60420	4957	88801	46819	543900
雅安市	Yaan	17317	5558	14650	49329	34547	15848	147294
巴中市	Bazhong	13769	4303	23396	31150	53590	19507	248420
资阳市	Ziyang	16882	7508	45602	46903	53332	19719	211296
阿坝藏族羌族自治州	Aba	8632	5327	3276	20132	6222	10700	107180
甘孜藏族自治州	Ganzi	9046	3422	3209	41545	7010	7132	148255
凉山彝族自治州	Liangshan	53035	19105	28605	52278	36744	104480	603718

8-6 各市(州)一般公共预算主要支出项目(2020年)
Major Items of General Public Budget Expenditure by Region(2020)

单位：万元 (10 000 yuan)

市(州)	Region	一般公共预算支出 General Public Budget Expenditure	一般公共服务 General Public Services	国防 National Defense	公共安全 Public Safe	教育 Education	科学技术 Science Technology	文化体育与传媒 Culture, Sports and Media
成都市	Chengdu	21594765	2174073	24892	1290743	3277272	1096375	478758
自贡市	Zigong	2387153	248144	3911	146676	425779	41024	53745
攀枝花市	Panzhihua	1598093	165678	1048	113203	273756	13104	23447
泸州市	Luzhou	4497260	391098	5277	231789	829933	43908	93183
德阳市	Deyang	3095336	289176	1695	161449	428873	42878	59388
绵阳市	Mianyang	4446984	464447	3616	228997	741955	80652	74008
广元市	Guangyuan	2895387	254486	2716	119833	442489	8118	43333
遂宁市	Suining	2687293	251745	2110	110906	450318	18889	66885
内江市	Neijiang	2765480	265435	2286	143468	498847	11166	45745
乐山市	Leshan	3182003	354551	3730	161697	455051	6998	178406
南充市	Nanchong	5739734	541093	8725	249895	967169	12467	92045
眉山市	Meishan	2754648	357818	2723	155475	432530	8671	43539
宜宾市	Yibin	5563088	403588	12019	205473	930684	78853	79895
广安市	Guangan	3062569	276212	12410	142310	650472	7018	43483
达州市	Dazhou	4382610	329591	2836	159738	822266	22137	54976
雅安市	Yaan	1696085	175368	1715	80549	231299	29615	39452
巴中市	Bazhong	3104203	290182	1500	103665	526650	5706	62276
资阳市	Ziyang	2033303	201971	3487	93500	306724	24781	28475
阿坝藏族羌族自治州	Aba	3679485	318906	4046	151108	361520	10420	187769
甘孜藏族自治州	Ganzi	4538735	490823	2305	201550	437149	11651	153258
凉山彝族自治州	Liangshan	7077673	582173	9316	277304	1378083	17687	117945

8-6 续表 1 continued

单位：万元 (10 000 yuan)

市(州)	Region	社会保障和就业 Social Safety and Employment	卫生健康 Health Care and Sanitation	节能环保 Energy Conservation and Environment Protection	城乡社区 Urban and Rural Community Affairs	农林水 Agriculture, Forestry and Water Conservancy	交通运输 Transport	资源勘探信息等 Exploration and Information	商业服务业等 Commercial Services
成都市	Chengdu	2138767	1708188	469962	3584540	1201524	444420	1436657	332540
自贡市	Zigong	311004	289052	43824	168193	268816	78433	24154	10483
攀枝花市	Panzhihua	157502	231907	37978	139907	185823	57461	21385	1692
泸州市	Luzhou	567126	528787	180011	316739	582466	184239	83223	23305
德阳市	Deyang	446709	380627	105266	291203	324608	183097	75650	17953
绵阳市	Mianyang	559257	505557	82024	307507	576083	229490	95502	33479
广元市	Guangyuan	354023	318950	66329	96477	605437	248330	18420	6823
遂宁市	Suining	345667	349408	73755	166719	420378	62895	52582	13703
内江市	Neijiang	397475	343296	90941	156585	336686	86622	30719	6807
乐山市	Leshan	438257	331526	55180	155525	506026	130034	52537	7430
南充市	Nanchong	869900	744586	136950	172834	832648	240792	107203	28864
眉山市	Meishan	342156	342086	62573	129516	428390	87963	48476	8316
宜宾市	Yibin	559024	576800	282211	366859	752123	164853	423979	31861
广安市	Guangan	430695	405529	53208	127373	469848	58321	41016	12329
达州市	Dazhou	696673	564604	74933	102230	803732	153433	41161	23823
雅安市	Yaan	189558	224975	90868	133943	181304	114318	11493	6056
巴中市	Bazhong	385069	380333	67841	103394	621154	117565	19786	4927
资阳市	Ziyang	332039	275220	48170	145933	307181	34622	29581	8174
阿坝藏族羌族自治州	Aba	243366	278547	126234	113649	737790	822090	14383	8516
甘孜藏族自治州	Ganzi	279813	323907	145951	170439	890742	1118059	23927	14367
凉山彝族自治州	Liangshan	637233	750840	130358	151419	2024651	267854	32229	15121

8-6 续表 2 continued

单位：万元 (10 000 yuan)

市(州)	Region	金融 Finance	援助其他地区 Other Regional Assistance	自然资源海洋气象等 Nature Resources, Maritime Meteorology	住房保障 Housing Security	粮油物资储备 Management of Grain & Oil Reserves	债务付息 Principal and Interest of Debts	债务发行费用支出 Issuing Debts Expenditure	其他 Other
成都市	Chengdu	384249	45652	215494	566960	26068	387584	3152	129852
自贡市	Zigong	4043		19368	125821	8977	57161	369	18730
攀枝花市	Panzhihua	3662		11186	69575	6703	54228	282	8485
泸州市	Luzhou	17026	218	32033	221913	15132	94398	536	2000
德阳市	Deyang	7054	583	24589	142725	47546	43085	277	-15056
绵阳市	Mianyang	14954	1040	31776	165722	26705	87537	603	26034
广元市	Guangyuan	20375		21675	108990	13868	81573	415	3154
遂宁市	Suining	6729		29556	135778	9499	61563	339	12702
内江市	Neijiang	10907		20636	112240	7570	103838	512	41326
乐山市	Leshan	5557		24055	131979	5211	75563	452	24673
南充市	Nanchong	5905		53253	422577	23622	125378	721	29895
眉山市	Meishan	9502		31197	120332	12533	73920	419	7500
宜宾市	Yibin	249390		68556	219994	13473	85613	527	-162314
广安市	Guangan	3414		19896	142083	16275	74756	390	45948
达州市	Dazhou	3342		30442	233791	27697	131700	664	57383
雅安市	Yaan	2712		10816	50777	5370	29124	253	19915
巴中市	Bazhong	4849	200	16798	185892	12628	123091	515	27997
资阳市	Ziyang	2331		30787	68249	6873	58227	292	2381
阿坝藏族羌族自治州	Aba	801		21110	100708	7133	22145	146	32600
甘孜藏族自治州	Ganzi	1094		29067	103802	3429	29803	141	34069
凉山彝族自治州	Liangshan	23831	172	86958	250310	17257	116980	433	41973

8-7 居民消费价格指数(2020年)
General Consumer Price Index(2020)

(上年=100) (preceding year=100)

项 目	Item	居民消费价格指数 General Consumer Price Index 全 省 Province	城 市 Urban Areas	农 村 Rural Areas
居民消费价格指数	**General Consumer Price Index**	**103.2**	**102.9**	**103.8**
食品烟酒	Food, Tobacco and Liquor	111.0	110.6	111.8
粮食	Grain	100.7	101.2	100.3
鲜菜	Fresh Vegetables	110.4	109.4	112.6
畜肉	Livestock Meat	139.3	138.9	140.1
水产品	Aquatic Products	103.8	102.9	105.7
蛋	Eggs	94.9	95.7	93.5
鲜果	Fresh Fruits	91.6	91.3	92.0
衣着	Clothing	99.7	99.7	99.7
居住	Residence	98.9	98.6	99.6
生活用品及服务	Daily Necessities and Services	99.9	99.9	99.8
交通和通信	Means of Transport and Communication	96.4	96.3	96.6
教育文化和娱乐	Education, Culture and Recreation	101.2	101.4	100.7
医疗保健	Health Care	100.7	100.5	101.1
其他用品和服务	Other Articles and Services	103.1	102.9	103.8

8-8 商品零售价格总指数(2020年)
General Retail Price Index(2020)

(上年=100) (preceding year=100)

项 目	Item	商品零售价格总指数 Retail Price Index of Commodities 全 省 Province	城 市 Urban Areas	农 村 Rural Areas
商品零售价格指数	**General Retail Price Index**	**102.7**	**102.5**	**103.4**
食品	Food	112.5	112.2	113.8
饮料、烟酒	Beverages, Tobacco and Liquor	101.5	101.4	102.1
服装、鞋帽	Garments, Shoes and Hats	99.6	99.7	98.9
纺织品	Textiles	99.4	99.9	98.2
家用电器及音像器材	Household Electrical Appliances and Audio-Visual Equipment	96.4	96.2	97.4
文化办公用品	Cultural and Office Goods	98.9	98.5	100.5
日用品	Articles for Daily Use	100.0	100.0	99.9
体育娱乐用品	Sports and Entertainment Goods	99.2	99.0	99.8
交通、通信用品	Transportation and Telecommunication Goods	98.9	99.1	97.8
家具	Furniture	102.2	102.5	100.7
化妆品	Cosmetics	101.9	102.1	100.9
金银珠宝	Precious Metal and Jewellery	113.7	113.8	113.1
中西药品及医疗保健用品	Traditional Chinese and Western Medicines, Health Care Articles	100.9	100.8	101.6
书报杂志及电子出版物	Newspapers and Magazines, Electronic Journal	100.5	100.5	100.4
燃料	Fuels	92.7	92.6	93.3
建筑材料及五金电料	Building Materials, Hardware, Electric Materials and Appliances	100.0	100.0	100.1
农业生产资料价格指数	**Agricultural Means of Production**	**120.9**		

8-9 各市(州)城市居民消费价格指数(2020年)
General Consumer Price Index by Region(2020)

(上年=100) (preceding year=100)

市(州)	Region	居民消费价格指数 Consumer Price Index	食品烟酒 Food, Tobacco and Liquor	#粮食 Grain	#鲜菜 Fresh Vegetables	#畜肉 Livestock Meat	#水产品 Aquatic Products	#蛋 Eggs	#鲜果 Fresh Fruits
成都市	Chengdu	102.5	110.2	103.2	110.9	136.6	100.6	94.8	91.7
自贡市	Zigong	102.4	109.2	99.7	106.2	137.2	104.7	89.0	96.5
攀枝花市	Panzhihua	104.0	114.3	99.4	108.3	145.4	104.1	89.3	96.1
泸州市	Luzhou	103.2	109.5	99.0	101.1	145.2	101.7	107.8	89.6
德阳市	Deyang	104.1	111.5	99.1	113.0	137.2	100.5	93.6	85.6
绵阳市	Mianyang	103.0	111.6	100.4	111.9	139.7	104.4	94.4	86.7
广元市	Guangyuan	103.3	111.8	101.4	109.3	140.5	103.1	92.1	90.4
遂宁市	Suining	103.1	110.8	101.5	111.4	138.2	100.3	95.0	93.0
内江市	Neijiang	103.4	111.5	102.0	110.2	142.0	106.5	90.1	88.2
乐山市	Leshan	102.0	109.6	100.5	110.1	140.0	108.0	98.3	90.0
南充市	Nanchong	103.3	110.5	100.3	119.4	135.8	103.1	97.9	92.6
眉山市	Meishan	104.1	111.4	100.7	112.6	138.4	104.6	95.5	98.6
宜宾市	Yibin	104.0	111.9	97.5	113.8	141.9	104.8	95.6	94.5
广安市	Guangan	103.3	110.1	103.9	107.0	137.6	102.1	97.2	89.7
达州市	Dazhou	103.1	110.4	100.3	106.8	137.3	104.2	101.7	93.3
雅安市	Yaan	103.9	112.3	103.2	111.9	140.9	101.2	93.3	77.0
巴中市	Bazhong	102.9	108.8	101.8	100.9	140.7	101.0	92.0	89.2
资阳市	Ziyang	103.1	110.6	100.8	113.9	134.0	100.0	94.0	89.4
阿坝藏族羌族自治州	Aba	106.3	115.2	99.6	108.3	158.9	101.5	99.1	93.6
甘孜藏族自治州	Ganzi	104.3	111.4	100.8	101.7	137.4	93.4	94.5	93.3
凉山彝族自治州	Liangshan	102.7	108.7	99.2	102.4	135.7	106.4	89.4	85.7

8-9 续表 continued

(上年=100) (preceding year=100)

市(州)	Region	衣着 Clothing	居住 Residence	生活用品及服务 Daily Necessities and Services	交通和通信 Transport and Communication	教育文化和娱乐 Education, Culture and Recreation	医疗保健 Health Care	其他用品和服务 Other Articles and Services
成都市	Chengdu	99.8	97.6	101.4	95.5	101.9	100.5	101.7
自贡市	Zigong	99.3	100.4	98.5	96.1	98.7	100.3	103.0
攀枝花市	Panzhihua	99.3	98.3	99.1	98.1	100.0	99.5	103.8
泸州市	Luzhou	101.9	98.7	99.0	96.9	103.9	102.6	103.5
德阳市	Deyang	97.6	100.7	98.3	97.4	104.7	100.9	102.7
绵阳市	Mianyang	98.4	98.9	99.2	96.3	99.9	99.9	103.0
广元市	Guangyuan	99.3	98.1	99.8	97.2	102.5	100.4	99.5
遂宁市	Suining	99.6	99.1	97.4	96.9	102.7	99.9	104.6
内江市	Neijiang	98.1	98.8	99.1	96.8	100.2	101.5	104.7
乐山市	Leshan	96.3	100.2	97.3	95.3	98.8	98.5	102.9
南充市	Nanchong	99.8	98.7	99.1	98.7	103.7	99.9	105.0
眉山市	Meishan	98.4	100.3	98.1	96.9	105.3	100.9	104.9
宜宾市	Yibin	102.5	100.2	100.4	96.4	101.6	100.3	104.0
广安市	Guangan	101.1	98.9	97.3	97.3	102.3	100.5	104.3
达州市	Dazhou	101.0	100.3	100.2	96.9	97.2	101.3	104.7
雅安市	Yaan	101.2	99.3	99.4	96.1	101.2	101.6	103.3
巴中市	Bazhong	101.1	100.4	99.7	96.7	100.2	101.4	103.4
资阳市	Ziyang	99.7	99.3	99.3	95.5	101.1	101.3	104.0
阿坝藏族羌族自治州	Aba	101.0	100.6	100.4	96.9	102.5	103.7	104.0
甘孜藏族自治州	Ganzi	100.2	100.1	99.9	97.2	101.7	103.3	103.0
凉山彝族自治州	Liangshan	98.1	100.0	99.8	95.7	100.5	101.2	103.8

8-10 各市(州)城市商品零售价格指数(2020年)
General Retail Price Index by Region(2020)

(上年=100) (preceding year=100)

市(州)	Region	商品零售价格指数 General Retail Price Index	食品 Food	饮料、烟酒 Beverages, Tobacco and Liquor	服装、鞋帽 Garments, Shoes and Hats	纺织品 Textiles	家用电器及音像器材 Household Electrical Appliances and Audio-Visual Equipment	文化办公用品 Cultural and Office Goods	日用品 Articles for Daily Use	体育娱乐用品 Sports and Entertainment Goods
成都市	Chengdu	102.2	112.2	100.6	99.9	100.8	95.6	98.6	100.2	98.5
自贡市	Zigong	102.3	110.0	101.7	99.2	96.4	97.4	97.7	99.1	99.1
攀枝花市	Panzhihua	103.6	116.3	103.6	99.2	95.5	97.8	99.8	99.3	100.0
泸州市	Luzhou	102.6	111.0	103.8	102.2	99.7	96.7	99.1	99.9	100.2
德阳市	Deyang	103.1	112.4	101.3	97.1	101.6	97.0	100.4	98.3	100.6
绵阳市	Mianyang	101.9	112.7	102.0	98.2	100.0	97.4	100.1	99.6	100.3
广元市	Guangyuan	102.3	113.5	100.8	99.3	100.0	99.2	99.4	99.7	101.3
遂宁市	Suining	103.4	112.7	104.7	99.6	99.4	98.9	101.2	99.3	99.7
内江市	Neijiang	102.6	113.0	102.9	97.9	101.9	97.8	102.1	98.5	98.0
乐山市	Leshan	101.3	110.9	100.7	96.1	93.2	95.4	98.2	98.2	100.2
南充市	Nanchong	103.7	113.2	101.0	99.8	100.0	96.3	100.1	100.1	100.4
眉山市	Meishan	102.7	112.5	102.3	98.3	99.6	96.0	99.3	100.8	100.0
宜宾市	Yibin	103.4	113.2	104.6	102.6	101.1	96.1	96.0	100.9	100.2
广安市	Guangan	102.3	111.5	101.4	101.0	99.8	98.6	98.9	96.8	99.7
达州市	Dazhou	102.2	111.6	100.7	100.9	99.9	95.9	100.6	99.1	98.3
雅安市	Yaan	103.1	113.9	102.2	101.2	99.7	96.9	99.4	99.2	100.8
巴中市	Bazhong	102.9	110.1	104.1	101.0	99.7	99.8	100.6	100.1	100.1
资阳市	Ziyang	102.8	111.5	102.1	99.7	100.3	95.7	102.0	99.3	100.2
阿坝藏族羌族自治州	Aba	105.1	116.8	102.2	100.4	101.7	99.4	100.6	100.2	100.4
甘孜藏族自治州	Ganzi	103.6	112.9	101.9	100.0	100.3	95.2	100.4	100.6	99.4
凉山彝族自治州	Liangshan	101.0	109.9	103.0	97.9	98.1	97.2	98.4	100.9	98.4

8-10 续表 continued

(上年=100) (preceding year=100)

市(州)	Region	交通、通信用品 Transport and Telecom-munication	家具 Furniture	化妆品 Cosmetics	金银珠宝 Precious Metal and Jewellery	中西药品及医疗保健用品 Traditional Chinese and Western Medicines,Health Care Articles	书报杂志及电子出版物 Newspapers and Magazines, Electronic Journal	燃料 Fuels	建筑材料及五金电料 Building Materials, Hardware, Electric Materials and Appliances
成都市	Chengdu	100.2	104.9	102.6	111.4	100.9	100.5	92.7	100.9
自贡市	Zigong	96.4	99.9	99.5	120.0	100.6	100.5	92.8	98.8
攀枝花市	Panzhihua	99.2	99.7	101.3	114.6	98.8	102.2	91.8	99.6
泸州市	Luzhou	94.8	100.0	100.0	118.2	101.1	99.7	94.5	101.9
德阳市	Deyang	97.8	100.0	99.7	120.0	101.6	98.4	94.3	98.6
绵阳市	Mianyang	96.5	99.4	100.8	112.4	98.5	101.3	93.4	99.9
广元市	Guangyuan	95.9	100.0	99.9	107.7	100.8	99.9	94.6	99.0
遂宁市	Suining	97.2	85.0	100.3	120.4	99.5	101.0	93.6	99.9
内江市	Neijiang	96.8	99.6	100.4	118.3	102.8	101.0	91.4	98.6
乐山市	Leshan	98.9	98.6	98.7	112.1	96.3	100.6	95.3	98.3
南充市	Nanchong	101.1	100.0	102.9	108.7	99.8	100.6	92.3	100.3
眉山市	Meishan	96.5	90.9	100.2	118.5	102.0	101.9	93.7	99.2
宜宾市	Yibin	95.6	101.8	99.3	117.4	100.7	100.6	92.5	97.8
广安市	Guangan	97.9	96.2	94.8	121.0	101.1	99.6	92.2	96.9
达州市	Dazhou	97.4	100.0	100.8	118.3	102.2	99.9	93.1	97.6
雅安市	Yaan	94.7	98.0	100.5	118.1	101.9	100.3	96.8	100.1
巴中市	Bazhong	97.9	97.6	100.4	109.3	103.0	100.0	93.4	100.5
资阳市	Ziyang	98.3	101.3	100.6	121.8	102.0	100.1	91.7	99.6
阿坝藏族羌族自治州	Aba	99.0	100.0	100.0	119.2	102.1	100.2	89.3	100.2
甘孜藏族自治州	Ganzi	97.2	101.1	100.3	113.1	104.8	99.3	92.0	101.2
凉山彝族自治州	Liangshan	94.1	96.8	100.6	111.6	100.2	97.7	87.8	99.3

8-11 农村居民消费价格指数(2020年)
Consumer Price Index in Rural Areas(2020)

(上年=100) (preceding year=100)

项　目	Item	温江区 Wenjiang	叙永县 Xuyong	梓潼县 Zitong	剑阁县 Jiange	威远县 Weiyuan	峨眉山市 Emeishan
居民消费价格指数	**Consumer Price Index**	**104.2**	**104.4**	**104.4**	**104.4**	**102.8**	**102.3**
食品烟酒	Food, Tobacco and Liquor	113.1	111.8	112.1	113.1	110.0	109.1
粮食	Grain	101.7	101.6	102.7	100.6	101.0	101.9
鲜菜	Fresh Vegetables	111.4	109.5	117.2	110.3	114.7	106.2
畜肉	Livestock Meat	137.7	139.9	141.6	147.1	131.8	135.1
水产品	Aquatic Products	103.5	106.8	100.3	106.9	107.8	98.3
蛋	Eggs	92.7	95.3	87.4	91.4	89.3	106.0
鲜果	Fresh Fruits	89.4	90.9	92.1	87.7	86.2	90.3
衣着	Clothing	100.7	104.4	102.1	98.3	95.8	95.9
居住	Residence	99.8	101.7	100.2	98.6	99.0	100.0
生活用品及服务	Daily Necessities and Services	100.1	99.8	99.6	99.5	98.0	98.4
交通和通信	Means of Transport and Communication	95.8	96.7	96.4	96.0	96.5	96.1
教育文化和娱乐	Education, Culture and Recreation	101.3	99.7	102.4	99.6	101.3	99.0
医疗保健	Health Care	100.9	100.0	101.4	106.6	100.4	101.7
其他用品和服务	Other Articles and Services	104.5	108.0	103.6	103.0	103.6	100.5

8-11 续表 continued

(上年=100) (preceding year=100)

项　目	Item	南部县 Nanbu	仁寿县 Renshou	渠县 Quxian	汉源县 Hanyuan	平昌县 Pingchang	简阳市 Jianyang
居民消费价格指数	**Consumer Price Index**	**103.2**	**104.2**	**102.7**	**103.6**	**103.8**	**103.8**
食品烟酒	Food, Tobacco and Liquor	111.1	111.9	111.3	110.6	111.3	111.3
粮食	Grain	96.1	98.9	96.3	100.9	101.8	102.2
鲜菜	Fresh Vegetables	110.7	111.3	109.7	111.0	110.0	113.7
畜肉	Livestock Meat	136.5	138.6	145.5	140.6	141.7	136.2
水产品	Aquatic Products	101.3	110.3	102.1	103.7	100.7	104.2
蛋	Eggs	94.0	91.1	95.2	91.8	106.7	87.3
鲜果	Fresh Fruits	84.8	96.2	85.7	89.6	98.1	89.9
衣着	Clothing	100.3	99.6	95.5	99.1	100.8	101.3
居住	Residence	98.5	99.7	98.6	99.6	100.0	99.1
生活用品及服务	Daily Necessities and Services	99.9	100.5	100.3	100.3	99.6	98.8
交通和通信	Means of Transport and Communication	96.4	97.2	96.7	97.8	96.7	96.0
教育文化和娱乐	Education, Culture and Recreation	100.7	99.9	99.2	101.2	100.3	100.8
医疗保健	Health Care	98.8	100.5	100.4	101.7	100.1	104.2
其他用品和服务	Other Articles and Services	101.2	105.6	100.4	103.3	101.6	105.1

8-12 工业生产者出厂价格指数
Producer Price Index for Industrial Products

(上年=100) (preceding year=100)

类 别	Item	2005	2010	2015	2016	2017	2018	2019	2020
全部工业品	**Total Industrial Products**	**104.0**	**105.0**	**96.4**	**98.9**	**106.5**	**103.6**	**100.4**	**98.8**
按轻重工业分	**Grouped by Light & Heavy Industry**								
轻工业	Light Industry	101.3	103.3	98.7	99.2	102.3	101.6	99.8	100.4
重工业	Heavy Industry	106.2	106.3	95.5	98.8	108.3	104.5	100.6	98.0
按类别分	**Grouped by Sector**								
生产资料	Means of Production	105.5	105.7	95.3	98.7	108.7	104.6	100.2	97.9
采掘	Mining and Quarrying	114.5	112.6	90.3	95.0	116.5	102.3	103.9	101.8
原料	Raw Materials	105.9	109.0	96.4	99.1	110.2	105.3	98.0	94.6
加工	Manufacturing	104.0	103.0	95.7	99.0	107.4	104.6	100.5	98.4
生活资料	Consumer Goods	100.1	102.8	99.8	99.5	100.8	101.1	100.7	101.1
食品	Food	102.2	104.4	100.2	100.2	100.9	101.9	102.2	102.9
衣着	Clothing	101.5	101.2	103.5	104.7	101.0	103.0	100.9	98.4
一般日用品	Articles for Daily Use	102.0	102.9	98.0	98.5	101.5	101.7	100.2	99.0
耐用消费品	Durable Consumer Goods	90.1	94.2	98.1	96.6	99.6	97.3	95.6	96.7
按部门分	**Grouped by Industrial Division**								
冶金工业	Metallurgical Industry	105.7	110.6	89.3	99.9	123.0	106.7	101.2	99.6
电力工业	Power Industry	104.0	103.1	99.9	99.9	98.4	98.1	98.0	96.3
煤炭工业	Coal Industry	122.2	112.1	87.9	98.1	133.0	102.0	99.5	96.0
石油工业	Petroleum Industry	104.6	111.0	97.4	91.9	105.2	108.7	101.0	90.7
化学工业	Chemical Industry	107.5	105.5	97.5	99.1	105.8	105.5	99.1	97.5
机械工业	Machine Building Industry	99.9	100.0	99.1	98.5	102.6	101.2	99.4	98.6
建筑材料工业	Building Materials Industry	104.7	99.0	92.8	98.9	106.1	110.7	105.6	97.5
森林工业	Timber Industry	100.9	104.7	101.0	99.6	100.1	101.4	100.9	99.2
食品工业	Food Industry	102.4	104.4	99.8	99.7	100.6	101.9	101.9	102.8
纺织工业	Textile Industry	102.9	115.8	93.5	97.8	105.7	105.0	99.2	98.0
缝纫工业	Tailoring Industry	97.1	101.0	104.9	101.8	102.7	103.7	99.2	97.9
皮革工业	Leather Industry	105.6	100.7	102.8	106.8	100.4	104.9	103.0	99.9
造纸工业	Paper Industry	100.6	102.1	98.8	100.2	117.5	106.4	95.0	97.6
文教艺术用品工业	Culture, Education and Art Supply Industry	99.9	102.1	95.0	96.9	106.8	104.2	101.2	100.1

8-13 按行业分工业生产者出厂价格指数
Producer Price Index for Industrial Products by Industrial Branch

(上年=100) (preceding year=100)

类　别	Item	2020
煤炭开采和洗选业	Mining and Washing of Coal	95.9
石油和天然气开采业	Extraction of Petroleum and Natural Gas	100.7
黑色金属矿采选业	Mining and Processing of Ferrous Metals Ores	108.1
有色金属矿采选业	Mining and Processing of Non-ferrous Metals Ores	100.4
非金属矿采选业	Mining and Processing of Non-metal Ores	103.8
农副食品加工业	Processing of Food from Agricultural Products	104.3
食品制造业	Manufacturing of Foods	102.2
酒、饮料及精制茶制造业	Manufacturing of Alcohol, Beverages and Refined Tea	101.6
烟草制品业	Manufacturing of Tobacco	100.6
纺织业	Manufacturing of Textiles	98.0
纺织服装、服饰业	Manufacturing of Textile Wearing Apparel and Accessories	97.9
皮革、毛皮、羽毛及其制品和制鞋业	Manufacturing of Leather, Fur, Feather and Related Products; Manufacture of Footware	99.7
木材加工和木、竹、藤、棕、草制品业	Processing of Timber, Manufacture of Wood, Bamboo, Rattan, Palm and Straw Products	98.3
家具制造业	Manufacturing of Furniture	100.1
造纸和纸制品业	Manufacturing of Paper and Paper Products	97.6
印刷和记录媒介复制业	Printing and Reproduction of Recorded Media	100.0
文教、工美、体育和娱乐用品制造业	Manufacturing of Articles for Culture, Education, Arts and Crafts, Sport and Entertainment Activities	100.2
石油、煤炭及其他燃料加工业	Processing of Petroleum, Coking and Processing of Nuclear Fuel	87.8
化学原料和化学制品制造业	Manufacturing of Raw Chemical Materials and Chemical Products	95.5
医药制造业	Manufacturing of Medicines	102.9
化学纤维制造业	Manufacturing of Chemical Fibres	83.8
橡胶和塑料制品业	Manufacturing of Rubber and Plastic Products	97.2
非金属矿物制品业	Manufacturing of Non-metallic Mineral Products	96.2
黑色金属冶炼和压延加工业	Smelting and Pressing of Ferrous Metals	96.1
有色金属冶炼和压延加工业	Smelting and Pressing of Non-ferrous Metals	101.5
金属制品业	Manufacturing of Metal Products	100.4
通用设备制造业	Manufacturing of General Purpose Machinery	99.4
专用设备制造业	Manufacturing of Special Purpose Machinery	100.2
汽车制造业	Manufacturing of Automobiles	98.8
铁路、船舶、航空航天和其他运输设备制造业	Manufacturing of Railway, Ship, Aerospace and Other Transport Equipment	99.1
电气机械和器材制造业	Manufacturing of Electrical Machinery and Apparatus	97.8
计算机、通信和其他电子设备制造业	Manufacturing of Computers, Communication and Other Electronic Equipment	97.0
仪器仪表制造业	Manufacturing of Measuring Instruments and Machinery	99.7
其他制造业	Other Manufacturing	104.0
废弃资源综合利用业	Utilization of Waste Resources	98.2
金属制品、机械和设备修理业	Repair Service of Metal Products, Machinery and Equipment	94.3
电力、热力生产和供应业	Production and Supply of Electric Power and Heat Power	96.8
燃气生产和供应业	Production and Supply of Gas	95.4
水的生产和供应业	Production and Supply of Water	102.2

主要统计指标解释

一般公共预算收入 指国家财政参与社会产品分配所取得的收入，是实现国家职能的财力保证。主要包括：

(1)各项税收：包括国内增值税、国内消费税、进口货物增值税和消费税、出口货物退增值税和消费税、企业所得税、个人所得税、资源税、城市维护建设税、房产税、印花税、城镇土地使用税、土地增值税、车船税、船舶吨税、车辆购置税、关税、耕地占用税、契税、烟叶税、环境保护税等。

(2)非税收入：包括专项收入、行政事业性收费、罚没收入、国有资本经营收入、国有资源（资产）有偿使用收入和其他收入。

财政收入按现行分税制财政体制划分为中央本级收入和地方本级收入。

一般公共预算支出 指国家财政将筹集起来的资金进行分配使用，以满足经济建设和各项事业的需要。主要包括：一般公共服务、外交、国防、公共安全、教育、科学技术、文化旅游体育与传媒、社会保障和就业、卫生健康、节能环保、城乡社区、农林水、交通运输、资源勘探信息等、商业服务业等、金融、援助其他地区、自然海洋气象等、住房保障、粮油物资储备、灾害防治及应急管理、债务付息、债务发行费用等方面的支出。

财政支出根据政府在经济和社会活动中的不同职权，划分为中央财政支出和地方财政支出。

中央一般公共预算收入和地方一般公共预算收入 属于中央一般公共预算的收入包括关税，进口货物增值税和消费税，出口货物退增值税和消费税，国内消费税，铁道部门、各银行总行、各保险公司总公司等集中缴纳的城市维护建设税，增值税 50%部分，纳入共享范围的企业所得税 60%部分，未纳入共享范围的中央企业所得税、中央企业上交的利润，个人所得税 60%部分，车辆购置税，船舶吨税，证券交易印花税，海洋石油资源税，中央非税收入等。属于地方一般公共预算的收入包括城市维护建设税（不含铁道部门、各银行总行、各保险公司总公司集中缴纳的部分），房产税，城镇土地使用税，土地增值税，车船税，耕地占用税，契税，烟叶税，印花税（不含证券交易印花税），增值税 50%部分，纳入共享范围的企业所得税 40%部分，个人所得税 40%部分，海洋石油资源税以外的其他资源税，地方非税收入等。

中央一般公共预算支出和地方一般公共预算支出 指根据政府在经济和社会活动中的不同职责，划分中央和地方政府的责权，按照政府的责权划分确定的支出。中央一般公共预算支出包括一般公共服务，外交支出，国防支出，公共安全支出，以及中央政府调整国民经济结构、协调地区发展、实施宏观调控的支出等。地方一般公共预算支出包括一般公共服务，公共安全支出，地方统筹的各项社会事业支出等。

商品零售价格指数 是反映一定时期内城乡商品零售价格变动趋势和程度的相对数。商品零售价格的变动与国家的财政收入、市场供需的平衡、消费与积累的比例关系有关。因此，该指数可以从一个侧面对上述经济活动进行观察和分析。

农业生产资料价格指数 指反映一定时期内农业生产资料价格变动趋势和程度的相对数。其编制目的是了解农业生产中投入物质资料价格的变动状况，服务于国民经济核算。1994 年以前，农业生产资料价格指数仅仅是商品零售价格指数的一个类别，此后，从商品零售价格指数中分离出来，单独编制。

居民消费价格指数 是反映一定时期内城乡居民所购买的生活消费品和服务项目价格变动趋势和程度的相对数，是对城市居民消费价格指数和农村居民消费价格指数进行综合汇总计算的结果。通过该指数可以观察和分析消费品的零售价格和服务项目价格变动对城乡居民实际生活费支出的影响程度。

城市居民消费价格指数 是反映一定时期内城市居民家庭所购买的生活消费品价格和服务项目价格变动趋势和程度的相对数。通过该指数可以观察和分析消费品的零售价格和服务项目价格变动对城镇居民收入和消费支出的影响。

农村居民消费价格指数 是反映一定时期内农村居民家庭所购买的生活消费品价格和服务项目价格变动趋势和程度的相对数。通过该指数可以观察农村消费品的零售价格和服务项目价格变动对农村居民收入和生活消费支出的影响。

工业生产者出厂价格指数 是反映一定时期内全部工业产品第一次出售时的出厂价格总水平的变动趋势和变动幅度的相对数。

Explanatory Notes on Main Statistical Indicators

General Public Budget Revenue refers to income for the government finance through participating in the distribution of social products. It is the financial guarantee to ensure government functioning. The contents of government revenue include the following main items:

(1) Various tax revenues, including domestic value added tax (VAT), domestic consumption tax, VAT and consumption tax from imports, VAT and consumption tax rebate for exports, corporate income tax, individual income tax, resource tax, city maintenance and construct tax, house property tax, stamp tax, urban land use tax, land appreciation tax, tax on vehicles and boat operation, ship tonnage tax, vehicle purchase tax, tariffs, farm land occupation tax, deed tax, and tobacco tax, enviorment protection tax, etc.

(2) Non-tax revenue, including special program receipts, charge of administrative and institutional units, penalty receipts, operation income from government capital,income from use of state-owned resources (assets) and others non-tax receipts.

Government Revenue at the current decentralized taxation system is divided into the central level revenue and local level revenue.

General Public Budget Expenditure refers to the distribution and use of the funds which the government finance has raised, so as to meet the needs of economic construction and various undertakings. It includes the following main items: expenditure for general public services, expenditure for foreign affairs, expenditure for national defence expenditure for public security, expenditure for education, expenditure for science and technology, expenditure for culture, tourism, sport and media, expenditure for social safety net and employment effort, expenditure for health care, expenditure for energy conservation and environment protection, expenditure for urban and rural community affairs, expenditure for agriculture, forestry and water conservancy, expenditure for transportation, expenditure for resource exploration and information, expenditure for affairs of commerce and services, expenditure for finance, aid to other regions, expenditure for nature resources, ocean and weather, expenditure for housing security, expenditure for grain & oil reserves, expenditure for prevention of disasters and emergency management, interest payment for public debts, expenditure for issuing debts.

General public budget expenditure is divided into general public budget expenditure of central government and general public budget expenditure of local government according to the different functions of the governments played in economic and social activities.

General Public Budget Revenue of the Central Government and the Local Governments The general public budget revenue of the Central Government includes tariff, VAT and consumption tax from imports, VAT and consumption tax rebate for exports, consumption tax, city maintenance and construct tax from the Ministry of Railways, head offices of banks, head offices of insurance company, which are handed over to the government in a centralized way, 50% of the value added tax, 60% the share part of the corporate income tax, unshared part of corporate income tax of the central enterprises, profit handed in by the central enterprises, 60% of individual income tax, vehicle purchase tax, ship tonnage tax, stamp tax on securities transactions, resource tax on the offshore petroleum resources. The general public budget revenue of the local governments includes city maintenance and construct tax (excluding the part of the Ministry of Railways, head offices of banks, head offices of insurance company, which are handed over to the government in a centralized way), house property tax, urban land use tax, land appreciation tax, tax on vehicles and boat operation, farm land occupation tax, deed tax, and tobacco leaf tax, stamp tax (not including stamp tax on security exchange),50% of the value added tax, 40% the share part of the corporate income tax, 40% of individual income tax, resource tax other than the tax on offshore petroleum resources, local non-tax revenue, etc.

General Public Budget Expenditure of the Central Government and the Local Governments According to the different functions of the Central Government and local governments in economic and social activities, the rights of affairs administration are demarcated between those of the Central Government and those of local governments; and the classification of the expenditure between the Central Government and local governments are made on the basis of the classification of the rights of affairs administration between them. General Public Budget Expenditure of the Central Government includes the expenditure for general public services, expenditure for foreign affairs, expenditure for public security, and the expenditure of the Central Government for adjusting the national economic structure; coordinating the development among different regions; and exercising macroeconomic regulation. General Public Budget Expenditure of the Local Governments includes mainly the expenditure for general public services, expenditure for public security, and expenditures for social development which are planed by local governments, etc.

Retail Price Index reflects the trend and degree of change in retail prices of commodities during a given period. The change in retail prices of commodities is related to government revenue, the equilibrium of market supply and demand, and the ratio of consumption to accumulation. Therefore, the retail price indices are useful from an oblique perspective for observing and analyzing the changes of the above economic activities.

Price Index for Means of Agricultural Production reflects the trend and degree of changes in the prices of the means of agricultural production during a given period. Compilation of these indices helps to understand the changes in prices of input into agricultural production and facilitate the compilation of national accounts statistics. Before 1994, price index for means of agricultural production were a sub-category in the retail price index for commodities, and it has been compiled separately since 1994.

Consumer Price Index reflects the trend and degree of changes in prices of consumer goods and services purchased by urban and rural households during a given period. They are obtained by combining Consumer Price index of Urban Household and Consumer Price index of Rural Household. The index enable the observation and analysis of the degree of impact of the changes in the prices of retailed goods and services on the actual living expenses of urban and rural residents.

Urban Consumer Price Index reflects the trend and degree of changes in prices of consumer goods and services purchased by urban households during a given period. It can be used to observe and analyze the impact of price changes in consumer goods and services on urban household income and consumption expenditure.

Rural Consumer Price Index reflects the trend and degree of changes in prices of consumer goods and services purchased by rural households during a given period. It can be used to observe the impact of change in retail prices of consumer goods and service prices on rural household income and consumption expenditure on living.

Producer Price Index for Industrial Products reflects the trend and degree of changes in general ex-factory prices of all manufactured goods for first sale during a given period.

09 人民生活和社会保障

Chapter9 People's Living Conditions and Social Security

9-1 全体居民人均收支情况
Per Capita Income and Consumption Expenditure of all Residents

单位：元 (yuan)

项　目	Item	2014	2015	2016	2017	2018	2019	2020
全体居民人均总收入	**Per Capita Income**	**18882**	**21055**	**23502**	**25785**	**28583**	**31022**	**32919**
可支配收入	Disposable Income	15749	17221	18808	20580	22461	24703	26522
工资性收入	Income of Wages and Salaries	7932	8610	9278	10014	11070	12049	13032
经营净收入	Net Business Income	3459	3698	3993	4264	4558	5058	5289
财产净收入	Net Income from Property	919	1074	1199	1363	1443	1593	1720
转移净收入	Net Income from Transfer	3439	3839	4338	4940	5389	6003	6482
现金可支配收入	Cash Disposable Income	14425	15859	17510	19208	21028	23068	24715
工资性收入	Income of Wages and Salaries	7885	8562	9229	9954	11000	11958	12928
经营净收入	Net Business Income	2881	3156	3568	3874	4229	4736	4808
财产净收入	Net Income from Property	432	547	663	746	764	845	959
转移净收入	Net Income from Transfer	3227	3594	4050	4633	5034	5530	6020
全体居民人均总支出	**Per Capita Expenditure**	**19110**	**21661**	**24381**	**26197**	**29924**	**32331**	**31650**
消费支出	Consumption Expenditure	12368	13632	14839	16180	17664	19338	19783
食品烟酒	Food,Tobacco and Liquor	4548	5002	5321	5632	5938	6467	7026
衣着	Clothing	974	1071	1141	1153	1174	1213	1190
居住	Residence	2217	2401	2735	2947	3368	3679	3856
生活用品及服务	Articles for Daily Use and Services	880	918	967	1063	1182	1201	1235
交通通信	Transport and Communications	1437	1629	1850	2200	2399	2576	2465
教育文化娱乐	Education, Cultural and Recreation	1061	1208	1285	1468	1600	1813	1651
医疗保健	Health Care	964	1071	1173	1320	1569	1935	1908
其他用品及服务	Miscellaneous Goods and Services	287	332	367	397	435	454	452
现金消费支出	Cash Consumption Expenditure	10112	11123	12136	13346	14574	15923	16223
食品烟酒	Food,Tobacco and Liquor	3891	4277	4572	4910	5296	5820	6299
衣着	Clothing	974	1071	1140	1150	1173	1213	1190
居住	Residence	824	857	1046	1118	1252	1367	1469
生活用品及服务	Household Facilities, Articles and Services	869	898	958	1051	1161	1183	1222
交通通信	Transport and Communications	1434	1627	1850	2199	2397	2574	2464
教育文化娱乐	Education, Cultural and Recreation	1060	1207	1284	1467	1597	1813	1650
医疗保健	Health Care and Medical Services	777	857	924	1066	1271	1508	1488
其他商品及服务	Other Commodities and Services	283	329	361	385	427	445	442

9-2 居民人均主要食品消费量
Per Capita Consumption of Major Foods of all Residents

单位：公斤 (kg)

项目	Item	全体居民 Whole Households 2019	全体居民 Whole Households 2020	城镇居民 Urban Households 2019	城镇居民 Urban Households 2020	农村居民 Rural Households 2019	农村居民 Rural Households 2020
粮食	Grain	142.70	146.90	109.75	112.79	171.56	177.70
谷物	Cereal	129.28	133.63	96.41	99.82	158.08	164.16
薯类	Tuber	4.38	4.18	3.70	3.66	4.97	4.64
豆类	Beans	9.04	9.09	9.64	9.31	8.52	8.90
油脂类	Oil and Fats	11.34	11.69	11.33	11.49	11.35	11.87
#植物油	Vegetable Oil	10.29	10.54	10.47	10.71	10.13	10.38
动物油	Animal Oil	1.05	1.15	0.86	0.78	1.22	1.49
蔬菜和菜制品	Vegetables and Related Products	122.65	119.63	131.17	124.67	115.18	115.08
#鲜菜	Fresh Vegetables	119.14	116.22	126.14	119.76	113.01	113.03
肉类	Meat	39.41	33.55	40.64	37.00	38.33	30.44
#猪肉	Pork	33.36	27.97	31.96	28.86	34.59	27.17
牛肉	Beef	1.86	1.91	2.79	2.60	1.04	1.28
羊肉	Mutton	0.42	0.38	0.58	0.50	0.29	0.27
禽类	Poultry	13.24	14.54	14.13	14.40	12.46	14.67
水产品	Aquatic Products	9.42	9.21	11.75	11.08	7.39	7.52
蛋类及蛋制品	Eggs and Related Products	9.01	9.95	9.21	9.97	8.84	9.93
奶及奶制品	Milk and Dairy Products	11.57	10.04	15.06	13.81	8.51	6.64
干鲜瓜果类	Dried and Fresh Melons and Fruits	46.02	45.75	58.69	57.10	34.92	35.50
#鲜瓜果	Fresh Melons and Fruits	41.11	40.77	52.48	50.97	31.14	31.56
坚果	Nuts and Processed Products	4.31	4.48	5.29	5.37	3.46	3.67
糖果糕点类	Confectioneries	6.41	5.78	7.07	6.05	5.83	5.54
#食糖	Sugar	1.81	1.67	1.49	1.38	2.09	1.94

9-3 居民平均每百户年末耐用消费品拥有量
Number of Main Durable Consumer Goods Owned per 100 Households

单位：平均每百户 (per 100 Households)

项目		Item		全体居民 Whole Households		城镇居民 Urban Households		农村居民 Rural Households	
				2019	2020	2019	2020	2019	2020
家用汽车	（辆）	Automobile	(unit)	28.21	29.08	36.82	36.57	20.61	22.30
摩托车	（辆）	Motorcycle	(unit)	34.47	32.52	17.95	16.84	49.06	46.80
电动助力车	（辆）	Electric Bicycle	(unit)	32.59	35.42	31.12	34.01	33.89	36.70
洗衣机	（台）	Washing Machine	(set)	97.95	98.69	101.35	101.62	94.94	96.00
电冰箱(柜)	（台）	Refrigerator	(set)	101.99	103.01	103.12	103.52	101.00	102.50
微波炉	（台）	Microwave Oven	(set)	29.09	30.33	48.87	50.18	11.59	12.20
彩色电视机	（台）	Color Television Set	(set)	119.68	120.27	124.32	124.53	115.59	116.40
空调	（台）	Air Conditioner	(set)	103.82	108.11	154.15	156.31	59.33	64.20
热水器	（台）	Water Heater	(set)	87.27	92.04	99.92	101.82	76.09	83.10
洗碗机	（台）	Dishwasher	(set)	0.87	0.90	1.31	1.54	0.49	0.30
排油烟机	（台）	Vacuum Cleaner	(set)	45.56	47.74	77.47	78.78	17.35	19.40
固定电话	（部）	Telephone	(unit)	14.81	12.99	24.57	21.27	6.17	5.40
移动电话	（部）	Mobile Telephone	(unit)	257.65	257.35	254.47	255.29	260.46	259.20
#接入互联网	（部）	Access to the Internet	(unit)	178.09	215.16	197.63	226.35	160.82	205.00
计算机	（台）	Private Computer	(set)	37.05	38.89	58.97	61.31	17.67	18.50
#接入互联网	（台）	Access to the Internet	(set)	30.22	32.78	49.36	52.58	13.29	14.70
照相机	（台）	Camera	(set)	7.86	7.82	13.66	13.69	2.75	2.50
中高档乐器	（架）	Medium & High Grade Musical Instrument	(unit)	3.07	3.17	5.47	5.68	0.94	0.90
健身器材	（台）	Health Equipment	(set)	3.95	4.63	7.43	8.44	0.88	1.20
空气净化器	（台）	Air Cleaner	(set)	3.20	3.26	5.77	5.77	0.92	1.00
吸尘器	（台）	Dust Catcher	(set)	4.78	5.49	9.08	10.15	0.97	1.20

9-4 城镇居民家庭情况
Statistics of Urban Households

项 目	Item	2014	2015	2016	2017	2018	2019	2020
平均每户家庭常住人口 （人）	**Average Resident Population per Household (person)**	**2.96**	**2.96**	**2.99**	**3.11**	**2.99**	**2.99**	**2.97**
平均每户就业人口 （人）	**Average Number of Employed Persons per Household (person)**	**1.57**	**1.53**	**1.56**	**1.56**	**2.11**	**2.13**	**2.21**
人均总收入 （元）	**Per Capita Total Income (yuan)**	**27148**	**29422**	**33016**	**36136**	**39854**	**43051**	**45500**
人均可支配收入 （元）	**Per Capita Disposable Income (yuan)**	**24234**	**26205**	**28335**	**30727**	**33216**	**36154**	**38253**
工资性收入	Income of Wages and Salaries	14262	15242	16219	17299	19033	20479	21951
经营净收入	Net Business Income	2904	3054	3327	3586	3900	4393	4334
财产净收入	Net Income from Property	1891	2169	2363	2627	2696	2891	3059
转移净收入	Net Income from Transfer	5177	5740	6426	7215	7587	8391	8910
人均总支出 （元）	**Per Capita Total Expenditure (yuan)**	**24914**	**27763**	**31490**	**33571**	**38626**	**39569**	**39164**
人均消费支出 （元）	**Per Capita Total Living Expenditure for Consumption (yuan)**	**17760**	**19277**	**20660**	**21991**	**23484**	**25367**	**25133**
食品烟酒	Food, Tobacco and Liquor	6204	6783	7118	7329	7462	8279	8741
衣着	Clothing	1539	1704	1768	1723	1713	1730	1675
居住	Residence	3186	3335	3757	3906	4470	4742	4951
生活用品及服务	Articles for Daily Use and Services	1211	1251	1311	1404	1562	1525	1600
交通通信	Transport and Communications	2169	2414	2698	3198	3366	3453	3052
教育文化娱乐	Education, Cultural and Recreation	1672	1963	2008	2222	2384	2668	2253
医疗保健	Health Care	1283	1369	1423	1596	1861	2293	2193
其他用品及服务	Other Commodities and Services	495	556	577	612	666	677	668
城镇居民恩格尔系数 （%）	**Engle Coefficient of Urban Households (%)**	**34.94**	**35.19**	**34.46**	**33.33**	**31.78**	**32.64**	**34.78**

9-5 按收入五等份分组的城镇居民人均收入(2020年)
Per Capita Income of Urban Households by Income Quintile (2020)

单位：人、元 (person，yuan)

项　目	Item	总平均 Average	低收入户 Low Income Households	中低收入户 Lower Middle Income Households	中等收入户 Middle Income Households	中高收入户 Upper Middle Income Households	高收入户 High Income Households
平均每户就业人口	Average Number of Employed Persons per Household	2.4	2.6	2.6	2.5	2.3	2.1
人均总收入	Per Capita Total Income	45500.0	23582.6	30315.1	40605.6	54248.9	95576.7
人均可支配收入	Per Capita Disposable Income	38253.1	13942.5	26057.8	35816.7	48405.4	82700.0
工资性收入	Income of Wages and Salaries	21950.7	8114.5	14734.8	19780.2	27848.6	48514.4
工资	Wage and Salaries	20816.6	7973.2	14359.6	19080.8	26386.8	44651.9
实物福利	Physical Welfare	138.4	50.2	90.5	125.0	189.4	294.2
其他	Other Incomes	995.7	91.1	284.7	574.4	1272.4	3568.3
经营净收入	Net Business Income	4333.8	113.0	3214.0	4007.7	4152.6	12811.3
第一产业	Primary Industry	398.0	301.4	502.7	244.4	291.2	716.1
第二产业	Secondary Industry	308.5	-284.3	264.1	143.4	457.2	1283.2
第三产业	Tertiary Industry	3627.3	95.9	2447.2	3619.9	3404.2	10812.1
财产净收入	Net Income from Property	3058.9	979.3	1821.0	2720.1	3730.0	7545.6
利息净收入	Net Interest Income	-171.9	-141.8	-210.7	-202.6	-221.2	-62.0
红利收入	Bonus Stock Income	545.3	69.3	100.1	277.2	470.6	2324.5
储蓄性保险净收益	Net Income of Savings Insurance	2.7	0.1	4.0	5.0	4.2	
转让承包土地经营权租金净收入	Net Income of the Transfer of Contracted Land Management Rights	66.7	51.7	58.9	46.8	77.6	112.9
出租房屋财产性收入	Net Income of Rental Housing	963.7	287.7	638.6	940.3	1364.6	1980.3
转移净收入	Net Income from Transfer	8909.7	4735.7	6288.0	9308.6	12674.2	13828.7

9–6 按收入五等份分组的城镇居民人均消费支出(2020年)
Per Capita Expenditure of Urban Households by Income Quintile (2020)

单位: 元 (yuan)

项　目	Item	总平均 Average	低收入户 Low Income Households	中低收入户 Lower Middle Income Households	中等收入户 Middle Income Households	中高收入户 Upper Middle Income Households	高收入户 High Income Households
人均总支出	**Per Capita Total Expenditure**	**39164.0**	**27966.0**	**29637.7**	**34898.7**	**44311.3**	**68767.6**
人均消费支出	**Per Capita Total Living Expenditure for Consumption**	**25133.2**	**15516.7**	**19967.8**	**23687.9**	**29511.4**	**43396.3**
食品烟酒	Food, Tobacco and Liquor	8741.1	5899.0	7430.8	8696.7	10146.6	13198.7
食品	Food	5893.7	4391.1	5355.9	6058.7	6722.3	7681.6
谷物	Cereal	539.4	431.0	461.2	501.3	553.2	844.8
薯类	Tuber	88.4	82.2	85.3	93.7	92.7	89.9
豆类	Beans	73.8	65.3	70.6	75.3	80.0	81.5
食用油	Edible Oil	215.1	188.4	202.5	223.1	230.6	243.8
蔬菜和食用菌	Vegetable and Mushroom	793.4	603.9	744.4	828.7	911.8	956.5
肉类	Meat and Related Products	1978.9	1515.6	1889.7	2089.5	2210.6	2371.1
禽类	Poultry	477.7	353.7	444.0	498.1	549.5	597.1
水产品	Aquatic Products	280.9	191.0	232.1	300.4	329.4	400.6
蛋类	Eggs	154.2	121.4	142.2	154.7	171.4	198.8
奶类	Milk	356.8	234.8	319.2	366.9	438.9	479.6
干鲜瓜果类	Dried and Fresh Melons and Fruits	523.7	326.2	419.3	505.6	658.2	827.9
糖果糕点类	Confectioneries	163.0	104.2	132.5	159.5	197.7	256.6
其它食品	Others	248.5	173.4	212.9	261.9	298.3	333.5
烟酒	Liquor	777.1	475.8	647.0	722.4	808.9	1442.0
饮料	Beverages	147.4	79.1	111.9	140.9	170.6	280.3
饮食服务	Catering Services	1922.7	953.1	1315.9	1774.6	2444.8	3794.8
衣着	Clothing	1674.5	875.4	1262.7	1571.7	1972.6	3223.1
衣类	Garments	1340.6	670.9	1003.7	1257.4	1585.4	2629.0
鞋类	Shoes	333.9	204.5	259.0	314.3	387.1	594.2
居住	Residence	4951.4	3089.8	3806.3	4559.2	5980.8	8624.2
生活用品及服务	Household Facilities, Articles and Services	1599.6	867.9	1109.2	1479.5	1990.5	3073.5
交通通信	Transportation and Communication	3052.2	1505.8	2372.6	2672.2	3455.5	6321.8
交通	Transportation	2104.0	916.3	1588.2	1700.0	2361.3	4814.4
通信	Communication	948.2	589.5	784.5	972.3	1094.2	1507.4
教育文化娱乐	Recreation, Education and Cultural Services	2253.0	1509.3	2027.6	1987.8	2801.0	3363.2
教育	Education	1534.0	1181.0	1568.4	1387.5	1860.3	1805.0
文化娱乐	Recreation and Cultural Services	719.0	328.3	459.2	600.3	940.7	1558.3
医疗保健	Medicine and Medical Services	2193.4	1421.1	1559.9	2181.1	2385.7	4030.5
医疗器具及药品	Medical Equipment and Drugs	641.9	419.2	477.9	616.7	783.5	1069.9
医疗服务	Medical Services	1551.5	1001.9	1081.9	1564.5	1602.3	2960.6
其它商品和服务	Other Commodities and Services	668.1	348.5	398.7	539.7	778.7	1561.3

9-7 各市(州)城镇居民家庭人均收支及住房情况
Per Capita Income and Consumption Expenditure and Housing Conditions of Urban Households by Region

单位：元、平方米 (yuan, sq.m)

市(州)	Region	人均可支配收入 Per Capita Disposable Income		人均消费支出 Per Capita Expenditure for Consumption		#食品烟酒支出 Food, Tobacco and Liquor		人均现住房建筑面积 Per Capita Housing Area	
		2019	2020	2019	2020	2019	2020	2019	2020
全　省	**Sichuan**	**36154**	**38253**	**25367**	**25133**	**8279**	**8741**	**37.3**	**37.1**
成都市	Chengdu	45878	48593	29720	28736	9692	9795	36.6	35.3
自贡市	Zigong	36622	38781	24415	22335	8959	8230	35.4	34.7
攀枝花市	Panzhihua	41864	44209	25792	25630	8401	8394	34.5	33.6
泸州市	Luzhou	37252	39547	25335	25608	9229	9480	40.9	37.8
德阳市	Deyang	37222	39360	25457	24279	8482	8612	40.6	40.5
绵阳市	Mianyang	37454	39680	25026	24730	8425	8894	40.1	40.0
广元市	Guangyuan	33481	35740	21912	22469	8175	8382	42.0	42.1
遂宁市	Suining	34854	37117	24856	24531	8461	8854	34.7	35.8
内江市	Neijiang	36059	38337	22370	22891	7504	8054	34.8	36.4
乐山市	Leshan	36676	38931	24916	25539	8469	8659	39.2	40.0
南充市	Nanchong	33749	36057	21441	21740	7586	7544	39.8	39.9
眉山市	Meishan	36743	38892	23554	23965	8250	9132	39.2	39.5
宜宾市	Yibin	36694	39166	24635	23391	8521	8441	37.4	37.3
广安市	Guangan	36005	38071	23637	23889	8123	8207	38.3	38.2
达州市	Dazhou	33823	36001	22660	22813	8582	8946	40.3	41.1
雅安市	Yaan	35043	37191	21117	21773	7212	7668	40.8	40.5
巴中市	Bazhong	33663	35821	24112	21669	9830	8618	34.7	35.6
资阳市	Ziyang	36236	37562	24124	21949	7504	7789	33.6	34.5
阿坝藏族羌族自治州	Aba	35470	37011	23858	20619	8656	7132	38.2	40.4
甘孜藏族自治州	Ganzi	34831	36521	24563	22975	9792	8778	41.7	41.0
凉山彝族自治州	Liangshan	33044	34636	20862	21453	7369	7782	39.7	39.9

9-8 按收入五等份分组的城镇居民家庭生活设施情况(2020年)
Living Facilities of Urban Households by Income Quintile (2020)

项 目	Item	总平均 Average	低收入户 Low Income Households	中低收入户 Lower Middle Income Households	中等收入户 Middle Income Households	中高收入户 Upper Middle Income Households	高收入户 High Income Households
供水情况	**Water Supply**						
管道供水入户 (%)	Piped Water Supply to Households (%)	98.80	96.77	99.42	99.21	99.33	99.28
饮用水来源情况	**Sources of Drinking Water**						
经过净化处理的自来水 (%)	Purification Treatment of Tap Water (%)	92.04	82.35	90.64	94.58	96.94	95.67
桶装水 (%)	Barrelled Water (%)	0.91	0.40	1.06	1.32	0.39	1.40
厕所使用情况	**Toilet Usage**						
本住户独用 (%)	Only for the Household (%)	98.10	96.46	98.42	98.33	98.08	99.20
几户合用 (%)	Shared by Some Households (%)	1.84	3.54	1.47	1.67	1.72	0.80
公用厕所 (%)	Communal (%)	0.06		0.11		0.20	
洗澡设施情况	**Bathing Facilities**						
统一供热水 (%)	Unified Supply of Hot Water (%)	1.47	0.70	1.83	0.79	2.46	1.59
家庭自装热水器 (%)	Home-self Installed Water Heaters (%)	94.87	89.37	94.72	97.07	95.46	97.75
其他 (%)	Others (%)	1.23	2.69	1.53	0.41	1.08	0.44
无洗澡设施 (%)	Without Bathing Facilities (%)	2.43	7.24	1.93	1.74	1.00	0.23
取暖设备情况	**Heating Facilities**						
由市政或小区集中供暖 (%)	Central Heating by Municipal or District (%)						
自行供暖 (%)	Self-heating (%)	68.58	66.02	66.01	69.89	69.29	71.70
无取暖设备 (%)	Without Heating Facilities (%)	31.42	33.98	33.99	30.11	30.71	28.30
炊用能源情况	**Fuel for Cooking**						
灌装液化石油气 (%)	Liquefied Petroleum Gas filling (%)	2.82	4.32	3.03	3.04	1.86	1.87
管道天燃气 (%)	Duct Coal Gas (%)	81.93	70.86	81.47	85.46	86.38	85.51
电 (%)	Electricity (%)	10.51	13.51	11.04	9.07	8.35	10.59

9-9 按收入五等份分组的城镇居民家庭住房情况(2020年)
Housing Conditions of Urban Households by Income Quintile (2020)

项　目	Item	总平均 Average	低收入户 Low Income Households	中低收入户 Lower Middle Income Households	中等收入户 Middle Income Households	中高收入户 Upper Middle Income Households	高收入户 High Income Households
人均自有现住房面积　(平方米)	**Per Capita Floor Space of Buildings (sq.m)**	**34.71**	**31.13**	**31.34**	**33.59**	**35.31**	**45.56**
按居住类型划分	**Grouped by Residential Types**						
普通住宅 (%)	Average House (%)	99.77	99.65	100.00	100.00	99.57	99.64
集体宿舍和工棚 (%)	Collective Dormitory and Barrack (%)	0.04					0.19
工作地住宿 (%)	Workplace Accommodation (%)						
按居住空间样式划分	**Grouped by House Patterns**						
单栋楼房 (%)	Independent building (%)	18.20	28.71	22.14	16.53	10.29	13.31
单栋平房 (%)	Independent bungalow (%)	5.45	12.53	5.41	4.60	2.56	2.14
四居室及以上单元房 (%)	Flats With 4 and more Bedrooms (%)	4.06	3.04	2.68	4.92	3.55	6.12
三居室单元房 (%)	Flats With 3 Bedrooms (%)	40.16	28.84	39.71	40.03	46.90	45.33
二居室单元房 (%)	Flats With 2 Bedrooms (%)	25.87	18.73	24.43	26.04	31.75	28.41
一居室单元房 (%)	Flats With 1 Bedroom (%)	4.62	5.49	3.59	6.17	4.05	3.81
筒子楼或连片平房 (%)	Tube-shaped Apartment or Continuous Bungalow (%)	1.14	1.98	1.40	1.09	0.89	0.34
其他	Others	0.50	0.68	0.64	0.64		0.54
按主要建筑材料划分	**Grouped by Main Building Materials**						
钢筋混凝土 (%)	Reinforced Concrete (%)	61.72	51.41	60.84	61.16	65.34	69.86
砖混材料 (%)	Brick Material (%)	32.94	35.78	33.28	35.14	32.22	28.29
砖瓦砖木 (%)	Brick and Tile (%)	4.87	11.87	5.20	3.50	2.33	1.47
竹草土坯 (%)	Bamboo Grass Adobe (%)	0.15	0.49			0.11	0.18
其他 (%)	Others (%)	0.31	0.44	0.68	0.20		0.20
按房屋来源划分	**Grouped by Source of Housing**						
租赁公房 (%)	Public Dwelling House Leased (%)	1.63	2.76	1.02	2.05	1.48	0.86
租赁私房 (%)	Private Dwelling House Leased (%)	5.32	6.25	5.22	5.00	3.81	6.30
自建住房 (%)	Spontaneous Housing (%)	25.32	41.81	31.00	22.14	16.24	15.42
购买商品房 (%)	Commercial Housing Purchased (%)	46.14	32.97	37.88	47.17	53.37	59.27
购买房改住房 (%)	Reformd Housing Purchased (%)	5.71	2.20	2.49	6.96	9.29	7.62
购买保障性住房 (%)	Affordable Housing Purchased (%)	1.81	0.88	1.24	1.62	2.60	2.69
拆迁安置房 (%)	Removal and Resettlement Housing (%)	11.06	10.27	17.78	12.44	9.11	5.69
继承或获赠住房 (%)	Inherited or Given Housing (%)	0.65	0.28	0.76	0.57	1.24	0.41
免费借用房 (%)	Free Housing (%)	1.80	2.34	2.17	1.43	2.10	0.97
雇主提供免费住房 (%)	Free Housing Provided by Employers (%)	0.23	0.13	0.19	0.24	0.36	0.24
其他 (%)	Others (%)	0.34	0.12	0.26	0.37	0.41	0.54

9-10 农村居民家庭情况
Statistics of Rural Households

项 目		Item		2014	2015	2016	2017	2018	2019	2020
平均每户常住人口	(人)	Average Resident Population per Household	(person)	3.03	3.03	3.05	3.07	3.04	3.02	3.01
平均每户整、半劳力	(人)	Average Number of Ablebodied and Semi-ablebodied Laborers per Household	(person)	2.07	2.09	2.14	2.12	2.09	2.08	2.12
平均每个劳动力负担人口(含本人)	(人)	Average Number of Persons Supported by a Laborer (including the laborer himself or herself)	(person)	1.46	1.45	1.45	1.45	1.43	1.45	1.42
人均总收入	**(元)**	**Per Capita Total Income**	**(yuan)**	**12647**	**14561**	**15907**	**17264**	**19016**	**20483**	**21559**
工资性收入	(元)	Wages Income	(yuan)	3157	3463	3738	4016	4311	4662	4978
经营性收入	(元)	Household Business Income	(yuan)	6832	8005	8655	9167	10153	10777	11036
财产性收入	(元)	Property Income	(yuan)	202	243	289	340	414	518	579
转移性收入	(元)	Transfer Income	(yuan)	2456	2850	3225	3741	4138	4526	4966
人均可支配收入	**(元)**	**Per Capita Disposable Income**	**(yuan)**	**9348**	**10247**	**11203**	**12227**	**13331**	**14670**	**15929**
工资性收入	(元)	Income of Wages and Salaries	(yuan)	3157	3463	3738	4016	4311	4662	4978
经营净收入	(元)	Net Business Income	(yuan)	3878	4197	4525	4821	5117	5641	6152
财产净收入	(元)	Net Income from Property	(yuan)	185	224	269	323	379	456	510
转移净收入	(元)	Net Income from Transfer	(yuan)	2129	2363	2672	3067	3524	3910	4289
人均总支出	**(元)**	**Per Capita Total Expenditure**	**(yuan)**	**14731**	**16924**	**18706**	**20128**	**22538**	**25989**	**24864**
家庭经营费用支出	(元)	Expenditure for Household Business	(yuan)	2651	3522	3819	4009	4614	4794	4552
生活消费支出	(元)	Expenditure for Consumption	(yuan)	8301	9251	10192	11397	12723	14056	14953
食品烟酒	(元)	Food, Tobacco and Liquor	(yuan)	3299	3618	3887	4235	4483	4879	5478
#食品	(元)	Food	(yuan)	2580	2735	2957	3139	3225	3481	4018
衣着	(元)	Clothing	(yuan)	548	580	641	683	716	760	753
居住	(元)	Residence	(yuan)	1486	1675	1919	2157	2500	2748	2866
生活用品及服务	(元)	Household Facilities, Articles and Services	(yuan)	630	660	693	782	860	917	905
交通通信	(元)	Transportation and Communication	(yuan)	885	1020	1174	1378	1578	1808	1935
教育文化娱乐	(元)	Education, Recreation and Cultural Services	(yuan)	600	699	707	848	934	1065	1107
医疗保健	(元)	Medicine and Medical Services	(yuan)	724	840	973	1094	1414	1621	1650
其他商品和服务	(元)	Other Commodities and Services	(yuan)	724	840	199	220	238	258	258
恩格尔系数	(%)	Engel's Coefficient	(%)	39.75	39.12	38.14	37.16	35.24	34.71	36.64
人均经营耕地面积	(亩)	Per Capita Area of Cultivated Land under Management	(mu)	1.33	1.35	1.35	1.31	1.50	1.54	1.58
人均经营水面面积	(亩)	Per Capita Water Area under Management	(mu)	0.02	0.03	0.04	0.03	0.02	0.05	0.05
人均年内新建房屋面积	(平方米)	Per Capita Floor Space Newly Built in Current Year	(sq.m)	0.96	0.51	0.48	0.65	0.50	2.76	2.92
人均自有现住房面积	(平方米)	Per Capita Existing Housing Area	(sq.m)	44.94	47.13	47.85	48.57	47.41	48.00	47.84

9-11 按收入五等份分组的农村居民人均收入和支出情况(2020年)
Per Capita Income and Expenditure of Rural Households by Income Quintile (2020)

单位：元 (yuan)

项目	Item	总平均 Average	低收入户 Low Income Households	中低收入户 Lower Middle Income Households	中等收入户 Middle Income Households	中高收入户 Upper Middle Income Households	高收入户 High Income Households
人均总收入	**Per Capita Total Income**	**21559**	**11487**	**13393**	**17320**	**24945**	**44207**
人均可支配收入	**Per Capita Disposable Income**	**15929**	**6151**	**10179**	**13981**	**18991**	**33837**
工资性收入	Income of Wages and Salaries	4978	2227	3236	4927	7152	8854
经营净收入	Net Business Income	6152	1346	2704	4197	6072	17395
财产净收入	Net Income from Property	510	143	170	339	464	1735
转移净收入	Net Income from Transfer	4289	2435	4068	4518	5303	5854
人均现金收入	**Per Capita Cash Income**	**19364**	**10128**	**11575**	**15424**	**22662**	**40999**
现金工资性收入	Cash Wages Income	4905	2205	3191	4866	7041	8700
现金经营性收入	Cash Household Business Income	9301	4881	3940	5371	9445	24315
现金财产性收入	Cash Property Income	579	199	214	380	559	1861
现金转移性收入	Cash Transfer Income	4578	2842	4231	4806	5617	6123
人均总支出	**Per Capita Total Expenditure**	**24864**	**20216**	**18667**	**21203**	**28366**	**38659**
#生产经营费用支出	Expenditure for Production	4552	4383	2466	2430	4828	8560
生活消费支出	Expenditure for Consumption	14953	11801	12839	14202	16745	21107
人均现金支出	**Per Capita Expenditure in Cash**	**21333**	**17494**	**15493**	**17858**	**24492**	**33669**
#生产经营现金费用支出	Expenditure in Cash for Production	4239	4101	2180	2134	4512	8165
现金消费支出	Cash Consumption Expenditure	11733	9361	9953	11154	13187	16512

9-12 各市(州)农村居民家庭人均收支及住房情况
Per Capita Income and Consumption Expenditure and Housing Conditions of Rural Households by Region

单位：元、平方米 (yuan, sq.m)

市(州)	Region	人均可支配收入 Per Capita Disposable Income		人均消费支出 Per Capita Expenditure for Consumption		#食品烟酒支出 Food, Tobacco and Liquor		人均现住房建筑面积 Per Capita Housing Area	
		2019	2020	2019	2020	2019	2020	2019	2020
全 省	**Sichuan**	**14670**	**15929**	**14056**	**14953**	**4879**	**5478**	**48.7**	**48.7**
成都市	Chengdu	24357	26432	17572	18501	6323	6749	53.4	51.2
自贡市	Zigong	17277	18788	14271	14742	5524	5560	56.6	57.3
攀枝花市	Panzhihua	18352	19938	13384	14293	4421	4727	36.8	36.4
泸州市	Luzhou	16531	18035	12775	13631	5076	5455	46.4	45.4
德阳市	Deyang	18249	19790	14538	14762	5285	5169	47.1	47.8
绵阳市	Mianyang	17735	19303	13992	15038	5084	5507	47.5	47.7
广元市	Guangyuan	13127	14367	11021	12083	4163	4560	50.2	50.9
遂宁市	Suining	16358	17815	13790	14772	5402	5997	55.2	55.3
内江市	Neijiang	16450	17918	13008	14076	4956	5584	42.9	43.9
乐山市	Leshan	16728	18175	13724	14837	4890	5270	48.0	49.6
南充市	Nanchong	15027	16431	12023	13075	4833	4856	49.9	51.5
眉山市	Meishan	18177	19730	14801	15314	5274	5894	49.1	47.7
宜宾市	Yibin	16999	18569	13418	14606	5158	5658	50.5	50.1
广安市	Guangan	16445	17867	12523	13539	4502	4824	57.5	49.6
达州市	Dazhou	15504	16876	11536	12496	4437	4836	47.1	47.2
雅安市	Yaan	14586	15890	12189	13212	4223	4761	46.9	47.8
巴中市	Bazhong	13232	14429	11090	12023	4565	4844	50.9	53.8
资阳市	Ziyang	17592	19076	13324	13705	4678	5164	54.0	55.2
阿坝藏族羌族自治州	Aba	14252	15539	12862	12162	5273	4634	42.0	42.6
甘孜藏族自治州	Ganzi	12808	13967	9389	9868	5062	4546	29.5	29.3
凉山彝族自治州	Liangshan	13907	15232	10327	11289	4250	4578	32.4	31.3

9-13 社会保险情况
Social Insurance Indicators

单位：万人、亿元 (10 000 persons, 100 million yuan)

指　标	Item	2014	2015	2016	2017	2018	2019	2020
参加城镇职工基本养老保险人数	Persons of Urban Workers in Basic Endowment Pension Insurance	1839.69	1938.98	2157.60	2335.07	2543.71	2700.32	2830.06
参加养老保险职工人数	Staff and Workers in Basic Pension Insurance	1191.62	1250.06	1379.77	1519.03	1662.09	1784.60	1882.57
#执行企业养老保险制度职工人数	Number of Employees Under the Enterprise Endowment Insurance System	1089.27	1144.98	1196.51	1328.06	1469.57	1587.98	1685.06
参加养老保险离退休人数	Retired and Resigned Persons in Basic Pension Insurance	648.08	688.92	777.83	816.04	881.62	915.72	947.49
#执行企业养老保险制度人数	Number of Persons Under the Enterprise Endowment Insurance System	611.40	650.50	684.54	720.07	779.68	809.53	839.30
纳入社区管理的人数	Community Management	595.07	620.55	659.97	694.20	753.65	782.38	777.64
企业退休人员社区管理服务率 (%)	Rate of Enterprise Retirees in Socialized Management (%)	97.5	95.5	96.5	96.5	96.7	96.7	92.7
城镇职工基本养老保险费征缴收入总额	Total Income of Basic Endowment Insurance for Urban Workers	1217.69	1251.90	1902.06	2569.64	2081.00	1880.53	1612.68
参加失业保险人数	Staff and Workers in Unemployment Insurance	635.85	660.95	701.95	776.68	875.10	953.54	1047.03
城镇失业人员领取失业保险金人数	Number of Persons Drawing Unemployment Insurance	29.97	36.33	40.71	39.81	39.74	22.57	23.12
失业保险费征缴收入总额	Total Revenue of Unemployment Insurance	100.65	94.85	84.65	121.28	93.61	85.60	40.93
参加城镇职工基本医疗保险人数	Urban Workers in Medicine and Medical Insurance	1334.40	1383.53	1445.59	1531.30	1667.67	1778.05	1875.93
#退休人员	Retired and Resigned Persons	407.52	418.82	439.37	458.34	481.41	498.70	511.68
参加补充医疗保险人数	Persons in Supplementary Medical Insurance	1105.27	1206.72	1294.93	1362.70	1510.65	1736.36	1800.05
列入公务员医疗补助范围人数	Persons in Civil Servant Medical Benefits Coverage	147.61	152.52	158.40	165.70	172.62	181.97	185.95
城镇职工基本医疗保险费征缴收入总额	Total Revenue of Medical Insurance of Urban Employees	363.80	414.07	479.68	634.79	649.41	692.45	751.29
参加城乡居民基本医疗保险人数	Urban and Rural Residents in Basic Medical Insurance	1247.11	1272.13	4217.17	6642.09	6969.48	6838.80	6715.75
参加工伤保险人数	Persons in Work Injury Insurance	709.72	753.22	799.11	876.04	1012.59	1177.14	1320.08
享受工伤保险待遇人数	Persons Enjoying Work Injury Insurance Treatment	8.63	7.95	7.67	7.69	8.18	8.61	7.86
工伤保险费征缴收入总额	Total Revenue of Work Injury Insurance	28.06	29.32	26.97	31.29	40.80	36.55	21.63
参加生育保险人数	Staff and Workers in Maternity Insurance	730.36	670.29	713.07	776.34	878.18	954.94	1129.05
享受生育保险待遇人(次)数	Persons(Times) Enjoying Maternity Insurance Treatment	21.68	24.84	31.78	34.34	34.12	36.79	35.45
生育保险费征缴收入总额	Total Revenue of Maternity Insurance	15.81	17.06	15.69	20.44	31.96	36.69	

注：①社会保险和离退休资料由四川省人力资源和社会保障厅及四川省医疗保障局提供；②失业保险从2020年开始不包含失地农民数据；因生育保险和职工基本医保合并实施，故生育保险从2020年开始不再单独统计(以下有关表同)。

a) Data of provincial social insurance and retirement are provided by Department of Human Resources and Social Security of Sichuan province and Sichuan provincial Medical Security Bureau .b)Unemployment insurance does not include the data of landless farmers from 2020; Since maternity insurance and basic medical insurance for employees are implemented together, maternity insurance will not be counted separately from 2020(the same as the following related tables).

9-14 各类社会保险参保人数
Number of Contributors to Social Insurance

(年末数)单位：万人　　　　(year-end)(10 000 persons)

年份 Year	职工养老保险 (未包括离退休人员) Basic Pension Insurance (excluding Retired and Resigned Persons)	失业保险 Unemployment Insurance	基本医疗保险 Basic Medical Insurance	#城乡居民医疗保险 Medical Insurance for Urban and Rural Residents	工伤保险 Work Injury Insurance	生育保险 Maternity Insurance
1995	294.5	365.0			196.5	99.8
2000	508.5	470.2			201.1	188.2
2005	556.0	358.3	649.6		285.3	215.7
2006	597.8	400.0	775.9	1.8	304.9	274.1
2007	648.0	415.2	1078.7	205.0	397.4	323.3
2008	711.1	434.5	1481.4	520.4	464.6	373.0
2009	782.7	466.3	1993.2	954.2	515.8	426.4
2010	861.9	469.8	2063.1	1011.2	583.8	484.2
2011	998.8	544.6	2254.8	1079.3	650.8	601.7
2012	1073.7	585.5	2389.1	1143.0	689.4	654.4
2013	1124.1	613.5	2491.0	1204.0	690.1	689.1
2014	1191.6	635.8	2581.5	1247.1	709.7	730.4
2015	1250.1	661.0	2655.7	1272.1	753.2	670.3
2016	1379.8	702.0	5662.8	4217.2	799.1	713.1
2017	1519.0	776.7	8173.4	6642.1	876.0	776.3
2018	1662.1	875.1	8637.2	6969.5	1012.6	878.2
2019	1784.6	953.5	8616.9	6838.8	1177.1	954.9
2020	1882.6	1,047.0	8591.7	6715.7	1320.1	1129.1

9-15 各类社会保险基金征缴情况
Collection of Social Insurance Funds

单位：亿元、%　　　　(100 million yuan, %)

年份 Year	城镇职工基本养老保险 Basic Pension Insurance in Urban Area 保险费收入 Revenue of Insurance	征缴率 Rate of Collection	失业保险 Unemployment Insurance 保险费收入 Revenue of Insurance	城镇职工基本医疗保险 Medical Insurance of Urban Workers 保险费收入 Revenue of Insurance	征缴率 Rate of Collection	工伤保险 Work Injury Insurance 保险费收入 Revenue of Insurance	征缴率 Rate of Collection	生育保险 Maternity Insurance 保险费收入 Revenue of Insurance	征缴率 Rate of Collection
1995	27.3	85.3	1.1				96.2		97.2
2000	61.5	92.8	5.5			1.8	56.7	1.0	66.7
2005	189.9	96.8	11.0	49.0	98.4	4.1	93.1	1.5	94.2
2006	235.8	97.2	13.1	71.9	99.0	5.4	96.4	2.0	95.5
2007	315.8	98.0	17.5	90.5	99.1	6.7	96.5	3.4	96.8
2008	426.6	97.8	21.4	115.9	98.1	7.9	92.5	4.3	95.4
2009	606.2	96.0	24.7	127.3	98.4	9.3	95.7	4.2	97.4
2010	670.9	97.9	40.0	182.5	97.4	12.1	96.2	4.9	97.8
2011	870.3	98.0	59.2	223.4	98.6	16.6	96.0	8.5	97.0
2012	901.4	98.0	68.2	258.8	98.8	21.2	95.8	11.1	97.0
2013	1101.4	98.2	77.7	305.7	99.2	25.4	97.2	13.4	98.8
2014	1217.7	97.6	100.7	363.8	98.7	28.1	96.5	15.8	98.4
2015	1251.9	97.1	94.9	414.1	98.5	29.3	93.6	17.1	97.4
2016	1902.1	93.9	84.7	479.7	98.1	27.0	93.7	15.7	97.6
2017	2569.6	98.1	121.3	634.8		31.3	95.7	20.4	98.8
2018	2081.0	98.5	93.6	649.4	99.3	40.8	96.0	32.0	99.0
2019	1880.5	98.4	85.6	692.5	99.5	36.5	96.5	36.7	99.0
2020	1612.7	73.6	40.9	751.3	99.2	21.6	46.4		

注：养老保险参保人数，2003年及以前年份未包括机关事业单位数据；2020年各类社会保险因国家及我省减免政策，征缴率有一定幅度下降。
a) The contributors of basic pension insurance exclude contributors of government agencies and institutions in 2003 and before; and in 2020, due to the national and provincial reduction and exemption policies, the collection rate of various social insurances will decrease to a certain extent.

9−16　各市(州)社会保险参保人数(2020年)
Contributors of Social Insurance by Region(2020)

(年末数)单位：万人　　(year-end)(10 000 persons)

市(州)	Region	城镇职工基本养老保险 Basic Pension Insurance in Urban Area	失业保险 Unemployment Insurance	基本医疗保险 Basic Medical Insurance	工伤保险 Work Injury Insurance	生育保险 Maternity Insurance
全　省	**Sichuan**	**2830.06**	**1047.03**	**8591.68**	**1320.08**	**1129.05**
成都市	Chengdu	960.75	607.12	1832.73	683.81	625.49
自贡市	Zigong	89.39	16.98	277.74	22.14	19.87
攀枝花市	Panzhihua	56.29	17.40	110.44	22.78	18.62
泸州市	Luzhou	120.77	31.88	472.96	46.04	33.24
德阳市	Deyang	140.80	40.38	356.14	54.22	46.92
绵阳市	Mianyang	167.08	44.41	491.38	56.45	48.33
广元市	Guangyuan	63.74	16.01	259.91	21.62	18.60
遂宁市	Suining	87.62	14.03	302.77	19.07	19.87
内江市	Neijiang	95.28	18.93	351.12	23.54	23.28
乐山市	Leshan	126.25	26.83	324.70	42.63	36.22
南充市	Nanchong	130.44	24.61	616.30	44.38	25.66
眉山市	Meishan	94.32	22.61	299.54	34.84	23.11
宜宾市	Yibin	112.27	30.02	495.86	54.01	36.74
广安市	Guangan	77.60	16.80	399.38	18.63	17.78
达州市	Dazhou	115.44	16.73	566.85	32.09	25.07
雅安市	Yaan	50.60	12.51	149.48	19.37	14.57
巴中市	Bazhong	54.71	13.97	317.42	15.52	14.96
资阳市	Ziyang	54.36	11.78	265.58	20.00	13.02
阿坝藏族羌族自治州	Aba	21.34	7.81	85.46	10.87	10.15
甘孜藏族自治州	Ganzi	18.08	7.77	105.22	11.81	10.65
凉山彝族自治州	Liangshan	58.78	23.51	476.53	39.95	27.08

9-17 各市(州)社会保险基金征缴情况(2020年)
Collection of Social Insurance Funds by Region(2020)

单位：亿元 (100 million yuan)

市(州)	Region	城镇职工养老保险 Basic Pension Insurance in Urban Area		失业保险 Unemployment Insurance	城镇职工基本医疗保险 Medical Insurance of Urban Workers		工伤保险 Work Injury Insurance	
		保险费收入 Revenue of Insurance	征缴率(%) Rate of Collection(%)	保险费收入 Revenue of Insurance	保险费收入 Revenue of Insurance	征缴率(%) Rate of Collection(%)	保险费收入 Revenue of Insurance	征缴率(%) Rate of Collection(%)
全 省	**Sichuan**	**1612.68**	**73.6**	**40.93**	**751.29**	**99.2**	**21.63**	**46.4**
成都市	Chengdu	518.12	61.0	19.16	370.27	99.5	4.15	39.8
自贡市	Zigong	29.13	84.6	0.73	17.53	97.9	0.68	50.9
攀枝花市	Panzhihua	27.25	75.3	0.84	18.12	97.3	1.07	41.8
泸州市	Luzhou	54.76	77.7	1.22	26.00	99.9	0.89	41.0
德阳市	Deyang	56.66	74.7	1.83	26.65	98.3	1.06	40.2
绵阳市	Mianyang	68.23	78.8	1.83	34.57	99.9	0.45	48.4
广元市	Guangyuan	30.99	85.3	0.83	13.71	100.0	0.93	52.8
遂宁市	Suining	32.07	85.5	0.62	11.72	100.0	0.24	51.8
内江市	Neijiang	35.96	85.2	0.74	21.64	99.6	1.48	51.0
乐山市	Leshan	56.67	81.5	0.96	18.44	92.1	1.82	42.6
南充市	Nanchong	72.52	86.9	1.25	24.41	100.0	0.60	55.2
眉山市	Meishan	43.95	80.3	0.90	14.86	99.8	0.70	42.7
宜宾市	Yibin	61.11	80.7	1.27	24.91	98.8	1.58	53.4
广安市	Guangan	40.08	86.1	0.84	11.84	98.4	0.64	45.7
达州市	Dazhou	59.64	87.6	0.66	15.68	99.8	1.73	38.8
雅安市	Yaan	23.39	81.5	0.51	9.65	98.2	0.60	49.2
巴中市	Bazhong	27.48	85.6	0.63	9.32	100.0	0.40	65.8
资阳市	Ziyang	23.61	82.1	0.54	11.60	98.7	0.20	41.6
阿坝藏族羌族自治州	Aba	16.90	87.3	0.59	10.04	99.7	0.32	54.4
甘孜藏族自治州	Ganzi	17.74	89.6	0.53	8.25	100.0	0.22	58.4
凉山彝族自治州	Liangshan	40.93	82.6	1.20	23.25	99.9	0.80	53.0

9-18 城市居民最低生活保障情况
Basic Statistics on Residents under Basic Provision Protection in Urban Area

单位：户、人、万元 (household, person, 10 000 yuan)

年份 Year	最低生活保障家庭数 Number of Households Receiving Minimum Living Allowances	最低生活保障人数 Number of Persons Receiving Minimum Living Allowances	#在职人员 Employed	#老年人 Elderly	城市低保资金 Funds for Urban Residents under Basic Provision Protection
2005	806737	1586126	11426	14744	112183
2006	848969	1652718	10110	13119	132090
2007	911724	1732899	26841	211336	179036
2008	974494	1857374	21394	186323	263932
2009	998369	1891548	28713	231127	346268
2010	1014429	1869694	25472	255385	403601
2011	1033800	1893114	13334	285339	455812
2012	1032332	1863842	15552	301762	428390
2013	1027660	1835734	17825	314598	507682
2014	989346	1734415	19440	325042	468792
2015	925095	1563548	16519	311675	490012
2016	819361	1344965	14622	301757	484439
2017	702040	1184095	13415	240296	431683
2018	568251	937070	11449	181309	387269
2019	466511	768376	8014	145757	307327
2020	429112	677479	4956	116075	313477

9-19 农村居民最低生活保障和救济情况
Basic Statistics on Residents under Basic Provision Protection and Receiving Almsgiving in Rural Area

单位：户、人、万元 (household, person, 10 000 yuan)

年份 Year	最低生活保障家庭数 Number of Households Receiving Minimum Living Allowances	最低生活保障人数 Number of Persons Receiving Minimum Living Allowances	#老年人 Elderly	#未成年人 Minors	#残疾人 Disabled	农村特困人员救助供养人数 Number of Rural Poor Personnel Relief Support	农村低保资金 Funds for Rural Residents under Basic Provision Protection
2005	296176	647007					8035
2006	717990	1580278	357390	121614	112009	420479	20929
2007	1090706	2227180	524831	188574	189501	107666	50291
2008	1662376	3480471	1066143	381232	281579	135071	131517
2009	1931727	3965356	1471447	444696	333549	175075	249586
2010	2005227	3944748	1609275	434813	339357	211323	310207
2011	2221734	4251001	1737689	464960	356790	234494	437368
2012	2360143	4344818	1825940	463760	361101	257064	411568
2013	2501780	4394553	1878508	479749	366885	510267	559692
2014	2513702	4253319	1861781	455977	361682	504771	531594
2015	2482609	4054741	1832063	410835	667113	494722	590045
2016	2243946	3566780	1646309	358976	592631	485843	705993
2017	2180895	3663099	1608418	407129	549868	459085	728896
2018	1968055	3399154	1467388	388574	489133	445371	748958
2019	1962933	3537479	1466388	481134	473344	437035	817362
2020	2089249	3732812	1527145	540560	502293	428030	1084342

9-20 各市(州)城市居民最低生活保障和救济情况(2020年)
Basic Statistics on Residents under Basic Provision Protection and Receiving Almsgiving in Urban Area by Region(2020)

市(州)	Region	最低生活保障家庭数(户) Number of Households Receiving Minimum Living Allowances (household)	最低生活保障人数(人) Number of Persons Receiving Minimum Living Allowances (person)	#在职人员 Employed	#老年人 Elderly	#登记失业 Registered Unemp-loyed	#无就业条件 Lack of Employment Conditions	城市低保资金(万元) Funds for Urban Residents under Basic Provision Protection (10 000 yuan)
全　省	**Sichuan**	**429112**	**677479**	**4956**	**116075**	**65189**	**264245**	**313477**
成都市	Chengdu	18255	22233	143	1934	2786	11712	24462
自贡市	Zigong	32341	46568	287	5736	2283	18537	18899
攀枝花市	Panzhihua	4483	6238	15	728	1439	2179	5564
泸州市	Luzhou	13284	17306	1	3556	594	9453	9546
德阳市	Deyang	15285	21542	20	3721	2163	12005	12135
绵阳市	Mianyang	26622	43587	306	8363	1078	6742	20537
广元市	Guangyuan	35583	69694	740	10770	18988	20549	20201
遂宁市	Suining	11769	17024	47	4021	1132	8090	7479
内江市	Neijiang	18751	26218	99	2761	6383	10183	15406
乐山市	Leshan	27586	35036	2374	7005	4167	12415	19371
南充市	Nanchong	69994	118642	83	25761	6426	45187	46607
眉山市	Meishan	7938	9654	11	1919	543	1787	4719
宜宾市	Yibin	15957	22121	17	5490	1717	9973	14201
广安市	Guangan	33395	59025	15	10438	7107	24098	22810
达州市	Dazhou	35649	49050	333	10370	3677	20707	23295
雅安市	Yaan	2340	2733	11	562	211	947	1604
巴中市	Bazhong	22874	47910	10	4791	360	20688	15170
资阳市	Ziyang	4955	6870	63	1427	172	3301	3373
阿坝藏族羌族自治州	Aba	8456	15812	20	2001	1248	6386	8152
甘孜藏族自治州	Ganzi	6125	8943	359	1489	1755	2175	4722
凉山彝族自治州	Liangshan	17470	31273	2	3232	960	17131	15223

注：城乡居民低保和救济资料由四川省民政厅提供；城市低保资金全省合计中含省本级数据。
a) Data of urban and rural residents under basic provision protection and relief materials are provided by Sichuan Provincial Civil Affairs Department. Data of funds for urban residents under basic provision protection include provincial data.

9−21 各市(州)农村居民最低生活保障和救济情况(2020年)
Basic Statistics on Residents under Basic Provision Protection and Receiving Almsgiving in Rural Area by Region(2020)

市(州)	Region	最低生活保障家庭数(户) Number of Households Receiving Minimum Living Allowances (household)	最低生活保障人数(人) Number of Persons Receiving Minimum Living Allowances (person)	#老年人 Elderly	#未成年人 Minors	#残疾人 Disabled	农村特困人员救助供养人数(人) Number of Rural Poor Personnel Relief Support (person)	农村低保资金(万元) Funds for Rural Residents under Basic Provision Protection (10 000 yuan)
全 省	**Sichuan**	**2089249**	**3732812**	**1527145**	**540560**	**502293**	**428030**	**1084342**
成都市	Chengdu	48628	76769	23412	9932	21892	29619	69974
自贡市	Zigong	77070	117253	55695	11480	15903	19253	25756
攀枝花市	Panzhihua	9384	21360	5701	5247	2549	2563	9491
泸州市	Luzhou	113724	187508	73082	34214	39638	24578	52986
德阳市	Deyang	56463	76978	42464	4917	14396	19211	25311
绵阳市	Mianyang	64657	100966	51739	7481	21082	21663	33832
广元市	Guangyuan	107458	179096	81939	17852	25790	11952	33115
遂宁市	Suining	74637	104206	58406	5887	23711	21828	32284
内江市	Neijiang	53367	77573	30567	9084	16382	34997	28172
乐山市	Leshan	58586	122276	39883	23020	20230	13117	42429
南充市	Nanchong	337335	558628	315632	41969	56708	54349	118807
眉山市	Meishan	68220	81749	41758	5079	20755	19350	28199
宜宾市	Yibin	63572	134412	44741	27089	27040	23383	45444
广安市	Guangan	109784	218080	93857	25830	23429	27252	44747
达州市	Dazhou	270037	356457	224809	16598	54447	37602	114775
雅安市	Yaan	18505	26180	9969	2919	9106	5023	11727
巴中市	Bazhong	143785	332825	115342	36558	34978	11450	60828
资阳市	Ziyang	85486	122229	63538	11920	27312	21842	40661
阿坝藏族羌族自治州	Aba	34447	73163	14809	10098	6792	5814	20971
甘孜藏族自治州	Ganzi	52872	152846	26299	31818	8050	7837	53127
凉山彝族自治州	Liangshan	241232	612258	113503	201568	32103	15347	191704

注：农村低保资金全省合计中含省本级数据。
a) Funds for rural residents under basic provision protection include provincial funds.

主要统计指标解释

城乡一体化住户调查 从2012年四季度起，国家统计局对分别进行的城乡住户调查实施了一体化改革，规范了城乡划分范围，统一了城乡居民收入指标名称、分类和统计标准，建立了城乡统一的一体化住户调查，并据此采集全国居民有关数据。

居民可支配收入 指居民可用于最终消费支出和储蓄的总和，即居民可用于自由支配的收入。既包括现金收入，也包括实物收入。按照收入的来源，可支配收入包含四项，分别为：工资性收入、经营净收入、财产净收入和转移净收入。

工资性收入 指就业人员通过各种途径得到的全部劳动报酬和各种福利，包括受雇于单位或个人、从事各种自由职业、兼职和零星劳动得到的全部劳动报酬和福利。

经营净收入 指住户或住户成员从事生产经营活动所获得的净收入，是全部经营收入中扣除经营费用、生产性固定资产折旧和生产税之后得到的净收入。计算公式为：

经营净收入=经营收入−经营费用−生产性固定资产折旧−生产税

财产净收入 指住户或住户成员将其所拥有的金融资产、住房等非金融资产和自然资源交由其他机构单位、住户或个人支配而获得的回报并扣除相关的费用之后得到的净收入。财产净收入包括利息净收入、红利收入、储蓄性保险净收益、转让承包土地经营权租金净收入、出租房屋净收入、出租其他资产净收入和自有住房折算净租金等。财产净收入不包括转让资产所有权的溢价所得。

转移净收入 计算公式为：转移净收入=转移性收入−转移性支出

转移性收入 指国家、单位、社会团体对住户的各种经常性转移支付和住户之间的经常性收入转移。包括养老金或退休金、社会救济和补助、政策性生产补贴、政策性生活补贴、救灾款、经常性捐赠和赔偿、报销医疗费、住户之间的赡养收入，本住户非常住成员寄回带回的收入等。转移性收入不包括住户之间的实物馈赠。

转移性支出 指调查户对国家、单位、住户或个人的经常性或义务性转移支付。包括缴纳的税款、各项社会保障支出、赡养支出、经常性捐赠和赔偿支出以及其他经常转移支出等。

居民消费支出 指居民用于满足家庭日常生活消费需要的全部支出，既包括现金消费支出，也包括实物消费支出。消费支出可划分为食品烟酒、衣着、居住、生活用品及服务、交通通信、教育文化娱乐、医疗保健以及其他用品及服务八大类。

食品烟酒支出 指用于各种食品和烟草、酒类的支出。

衣着支出 指与居民穿着有关的支出，包括服装、服装材料、鞋类、其他衣类及配件、衣着相关加工服务的支出。

居住支出 指与居住有关的支出，包括房租、水、电、燃料、物业管理等方面的支出，也包括自有住房折算租金。

生活用品及服务支出 指家庭及个人的各类生活品及家庭服务。包括家具及室内装饰品、家用器具、家用纺织品、家庭日用杂品、个人用品和家庭服务。

交通通信支出 指用于交通和通信工具及相关的各种服务费、维修费和车辆保险等支出。

教育文化娱乐支出 指用于教育、文化和娱乐方面的支出。

医疗保健支出 指用于医疗和保健的药品、用品和服务的总费用。包括医疗器具及药品，以及医疗服务。

其他用品及服务支出 指无法直接归入上述各类支出的其他用品与服务支出。

恩格尔系数 指食物支出金额占总支出金额的比重。

$$\text{恩格尔系数}=\frac{\text{食物支出金额}}{\text{总支出金额}}\times 100\%$$

城镇职工基本养老保险

1．参保职工人数 指报告期末按照国家法律、法规和有关政策规定参加城镇职工基本养老保险并在社保经办机构已建立缴费记录档案的职工人数，包括中断缴费但未终止养老保险关系的职工人数，不包括只登记未建立缴费记录档案的人数。

2．离退休人员人数 指报告期末参加城镇职工基本养老保险的离休、退休和退职人员的人数。

3．基金收入 指根据国家有关规定，由纳入职工基本养老保险范围的缴费单位和个人按国家规定的缴费基数和缴费比例缴纳的养老保险费，以及通过其他方式取得的形成基金来源的收入。包括单位和职工个人缴纳的基本养老保险费、基本养老保险基金利息收入、委托投资收益、上级补助收入、下级上解收入、转移收入、财政补贴和其他收入。

基本医疗保险

1．参保人数 指报告期末按国家有关规定参加职工基本医疗保险和城乡居民基本医疗保险人员的合计。

2．基金收入 指由用人单位和个人按照国家规定的缴费基数、缴费比例或缴费标准缴纳的基本医疗保险费，财政补贴资金以及通过其他方式取得的形成基金来源的款项，包括：单位缴纳收入、个人缴纳收入、财政补贴收入、利息收入、上级补助收入、下级上解收入和其他收入。

失业保险

1．参保人数 指报告期末按照国家法律、法规和有关政策规定参加了失业保险的城镇企业、事业单位的职工及地方政府规定参加失业保险的其他人员的人数。

2．基金收入 指报告期内筹集的失业保险基金的总额，包括失业保险费收入、利息收入、财政补贴收入、其他收入、转移收入。

工伤保险

1．参保人数　指报告期末依据国家有关规定参加工伤保险的职工人数和有雇工的个体工商户的雇工数。

2．基金收入　指根据国家有关规定，由参加工伤保险的单位按国家规定的缴费基数和缴费比例缴纳及难以直接按照工资总额计算缴纳工伤保险费的部分行业企业按规定方式缴纳的工伤保险费，以及依法通过其他形式取得的形成基金来源的款项。包括：工伤保险费收入、利息收入、上级补助收入、下级上解收入、其他收入。

生育保险

1．参保人数　指报告期末依据有关规定参加生育保险的人数。

2．基金收入　指根据国家有关规定，由参加生育保险的单位按照国家规定的缴费基数和缴费比例缴纳的生育保险费，以及通过其他方式取得的形成基金来源的款项，包括：生育保险费收入、财政补贴收入、利息收入、上级补贴收入、下级上解收入和其他收入。

城市居民最低生活保障人数　指在报告期末共同生活的家庭成员人均收入低于当地最低生活保障标准，且家庭财产状况符合相关规定的城镇居民，并已发放补助经费的人数。

农村居民最低生活保障人数　指报告期末共同生活的家庭成员人均收入低于当地最低生活保障标准，得到当地政府给予最低生活保障待遇的农业人口家庭人数。

Explanatory Notes on Main Statistical Indicators

Integrated Urban and Rural HouseholdS Survey In the fourth quarter of 2012, the NBS launched its reform on the household survey program, to form an integrated survey, instead of the two separate urban and rural household surveys. The reform regulates the division of urban and rural areas, integrates the concepts, classifications and standards, conducts the integrated household survey, and collects household data in the whole country thereafter.

Disposable Income of Households refers to the income of households for purpose of final expenditure and savings. It includes income both in cash and in kind. By sources of income, disposable income includes four categories: income from wages and salaries, net business income, net income from properties and net income from transfer.

Income from Wages and Salaries refers to remuneration of labour and salaries from all kinds of sources, including those employed by other units or individuals, freelance work, part-time jobs, and sporadic labour.

Net Business Income refers to net income earned by households and their members engaged in production and business activities. It refers to the net income of operating revenue minus operating costs, depreciation of productive fixed assets, and production tax. The formula is:

Net Business Income=Operating Revenue-Operating Costs-Depreciation of Productive Fixed Assets-Production Tax

Net Income from Properties refers to the net income received as returns by households or members of financial assets, non-financial assets such as housing, to other institutions, households or individuals, and minus relevant costs. Net income from properties includes net income of interest, bonus income, net income of saving insurance, net income of rents of transferring management right of contract land, income of renting housing, income of renting other assets, net converted rents of self-owned housing. Net income from properties do not include premium of transferring ownership of assets.

Net Income from Transfer The formula is:

Net Income from Transfer=Income from Transfers-Expenditure from Transfer

Income from Transfer refers to the regular transfer from country, institutions, social communities to households and between households. It includes old-age and retirement pension, disaster relief funds, regular donation and compensation, applying for medical fees, supporting income between households, income from non-usual-residing members of households, etc. Income from transfer do not include presents in kinds between households.

Expenditure from Transfer refers to regular or deontic transfer from households to country, institutions, households or individuals. It includes taxes paid, expenditure of all kinds of social security, supporting expenditure, regular donation and compensation and other regular transfer expenditure, etc.

Consumption Expenditure of Households has a national coverage comparable between urban and rural households, and refers to the all the expenditures of households for consumption in daily life. It includes expenditure in cash and in kind on eight categories: food; clothing; housing; household appliances and services; transport and communications; education, cultural and recreational activities; and medical care. The expenditure on housing also includes rents, water, electricity, fuels and imputed rents of owner-occupied dwelling.

Food, Tobacco and Liquor Expenditure refers to expenditure for food, tobacco and liquor of all kinds.

Clothing Expenditure refers to expenditure related to clothing, including clothes, clothing materials, footwear, other clothing and accessories, processing services related to clothing.

Residence Expenditure refers to expenditure related to residence, including housing rents, water, electricity, fuel, property management, and including converted self-owned housing rents.

Household Facilities, Articles and Services Expenditure refers to expenditure for family and individual articles for living purpose and family services. It includes furniture and interior decoration, home appliances, home textiles, household miscellaneous daily articles, personal articles, and family services.

Transport and Communications Expenditure refers to expenditure for transport and communication and related services, maintenance and repairs, and vehicle insurance.

Education, Cultural and Recreational Activities Expenditure refers to expenditure on education, cultural and recreational activities.

Health Care and Medical Services Expenditure refers to expenditure on drugs, supplies and services of medical and health care. It includes medical appliances and drugs, and medical services.

Miscellaneous Goods and Services Expenditure refers to expenditure of all kinds of expenditure of other articles and services that can not divided into the category above.

Engel Coefficient refers to the percentage of expenditure on food to the total consumption, using the following formula:

$$\text{Engel Coefficient} = \frac{\text{Expenditure on Food}}{\text{Total Consumption Expenditure}} \times 100\%$$

Basic Pension Insurance of Urban Workers

1.Number of staff and workers covered refers to staff and workers participating in the basic pension insurance for urban staff and workers program according to national laws, regulations and related policies at the end of the reference period, who have already had payment records in social security management agencies, including those who have interrupt payment without terminating the insurance program. Those who have registered in the program but with no payment records are not included.

2. Number of retirees refers to the number of retirees participating in the basic pension insurance for urban staff and workers programs by the end of the reference period.

3. Revenue refers to payments made by employers and employees participating in the basic endowment insurance for urban workers in accordance with the basis and proportion stipulated in state regulations, and income from other sources that become the source of endowment insurance fund, including the premium paid by employers and staff and workers, interest income, entrusted investment income, subsidies from higher level agencies, income as transfer from subordinate agencies, transferred income, government financial subsidies and other income.

Basic Medical Care Insurance:

1. Number of people participating in the insurance programme refers to the total number of basic medical insurance for employees and the basic medical insurance for urban and rural residents participating in the basic medical care insurance programme according to related regulations at the end of the reference period.

2. Revenue of basic medical care insurance refers to payments made by employers and individuals participating in the medical care insurance program in accordance with the basis and proportion stipulated in State regulations, and income from other sources that become source of medical insurance fund, including income paid by units, individual paid income, financial subsidies' income, interest income, subsidies from higher level agencies, income as transfer from subordinate agencies, and other income.

Unemployment Insurance

1. Number of people participated in unemployment insurance program refers to number of staff and workers in urban enterprises or institutions and other people according to local government regulations participated in unemployment insurance program in line with national laws, regulations and related policies by the end of the reference period.

2. Revenue of insurance refers to the total unemployment insurance funds raised in the reference period, including unemployment insurance premium, interest income, financial subsidies, other income, transferred income.

Work Injury Insurance

1. Number of people participated in work injury insurance refers to staff and workers who have participated in the work injury insurance program and number of employees in private business according to relevant national regulations at the end of the reference period.

2. Revenue of the work injury insurance programme refers to payments made by employers participating in the work injury insurance programme in accordance with the basis and proportion stipulated in State regulations and enterprises of part industries difficult to calculate the injury insurance premium directly according to the total wage in accordance with stipulated way, and income from other sources according to law that become source of work injury insurance fund, including income of injury insurance, interest income, subsidies from higher level agencies, income as transfer from subordinate agencies, and other incomes.

Maternity Insurance

1. Number of people covered refers to people who have participated in the maternity insurance program according to relevant national regulations at the end of the reference period.

2. Revenue of the work injury insurance programme refers to payments made by employers participating in the maternity insurance programme in accordance with the basis and proportion stipulated in State regulations, and income from other sources that become source of maternity insurance fund, including income of maternity insurance, government financial subsidies, interest income, subsidies from higher level agencies, income as transfer from subordinate agencies, and other incomes.

Insurance and Welfare Funds for Retired and Resigned Staff and workers refer to the total living expenses actually received by those retirees, including those from social insurance management agencies and units.

Number of Urban Residents Entitled to Minimum Living Allowances refers to the number of those urban residents whose average family income is below a minimum local standard, and status of family property meets the relevant regulation, and have received subsidies by the end of the reporting period.

Number of Rural Residents Entitled to Minimum Living Allowances refers to the number of those rural residents whose average family income is below a minimum local standard, and receiving the minimum living allowances from the local government by the end of the reporting period.

10 城市发展

Chapter10 Urban Development

SICHUAN STATISTICAL YEARBOOK

10-1 城市建设情况(2020年)
Basic Statistics on City Construction(2020)

单位：平方公里 (sq.km)

城市	City	城区面积 Total Urban Area	#建成区面积 Area of Built Districts	城市建设用地面积 Urban Construction Land Area	#居住用地 Residential Land	本年征用土地面积 Requisitioned Land Area This Year
全 省	**Sichuan**	**8779.04**	**3159.63**	**2962.32**	**930.43**	**179.70**
成都市	Chengdu	1287.87	977.12	909.65	306.58	22.75
都江堰市	Dujiangyan	102.13	38.72	38.72	19.89	1.34
彭州市	Pengzhou	133.80	28.36	28.36	7.46	0.89
邛崃市	Qionglai	207.02	26.39	26.39	11.30	5.26
崇州市	Chongzhou	63.42	31.07	30.95	7.17	
简阳市	Jianyang	112.00	40.00	39.52	9.12	2.00
自贡市	Zigong	778.32	130.00	128.30	42.33	10.77
攀枝花市	Panzhihua	342.56	82.07	81.24	21.91	1.83
泸州市	Luzhou	411.38	173.51	173.51	40.29	2.79
德阳市	Deyang	193.59	95.28	94.90	27.84	8.75
广汉市	Guanghan	60.50	39.50	39.50	10.22	1.41
什邡市	Shifang	21.00	18.00	17.64	4.73	
绵竹市	Mianzhu	16.52	16.52	13.45	5.59	0.20
绵阳市	Mianyang	603.70	167.58	167.58	52.48	1.03
江油市	Jiangyou	199.41	35.00	34.54	10.20	5.60
广元市	Guangyuan	216.70	66.43	65.81	16.18	2.20
遂宁市	Suining	293.32	87.43	81.05	26.35	6.34
内江市	Neijiang	278.93	100.21	95.22	34.35	7.83
隆昌市	Longchang	57.00	25.70	25.70	7.30	
乐山市	Leshan	477.67	79.88	77.47	25.44	
峨眉山市	Emeishan	90.20	24.02	23.75	10.42	
南充市	Nanchong	420.00	160.48	160.48	60.00	7.48
阆中市	Langzhong	150.00	36.38	36.38	11.00	0.38
眉山市	Meishan	253.56	67.97	65.55	24.74	4.52
宜宾市	Yibin	196.25	167.55	151.71	32.60	10.74
广安市	Guangan	140.04	65.58	64.89	25.11	3.32
华蓥市	Huaying	92.40	15.80	15.80	4.50	0.46
达州市	Dazhou	157.37	130.00	88.19	23.94	1.00
万源市	Wanyuan	18.27	15.35	15.35	8.64	
雅安市	Yaan	196.90	41.67	39.42	9.72	0.66
巴中市	Bazhong	182.10	63.70	22.56	1.52	
资阳市	Ziyang	249.23	52.50	52.50	10.20	4.11
马尔康市	Maerkang	369.16	5.26	4.43	1.73	65.19
康定市	Kangding	6.00	5.40	5.02	1.55	0.85
西昌市	Xichang	400.72	49.20	46.79	18.03	

注：本篇章资料由四川省住房和城乡建设厅提供；本篇章统计范围是四川省所辖地级市和县级市的城市统计。

a) Data of this table are provided by Sichuan Provincial Department of Housing and Urban and Rural Construction. The statistical scope of this chapter is the prefecture-level cities and county-level cities in Sichuan Province.

10-2 城市设施水平(2020年)
Level of Public Facilities in Cities(2020)

城 市	City	供水普及率(%) Water Coverage Rate (%)	燃气普及率(%) Gas Coverage Rate (%)	人均城市道路面积(平方米) Per Capita Area of Roads (sq.m)	污水处理率(%) Wastewater Treatment Rate (%)	人均公园绿地面积(平方米) Per Capita Public Recreational Green Space (sq.m)	建成区绿化覆盖率(%) Green Covered Area as Percentage of Built Districts (%)	生活垃圾处理率(%) Household Garbage Treatment Rate (%)
全 省	**Sichuan**	**98.26**	**97.42**	**18.15**	**96.87**	**14.44**	**42.51**	**99.99**
成都市	Chengdu	99.64	99.35	18.70	97.62	14.12	43.75	100.00
都江堰市	Dujiangyan	98.81	97.03	22.66	92.52	17.40	44.18	100.00
彭州市	Pengzhou	100.00	99.93	14.06	95.21	14.61	38.12	100.00
邛崃市	Qionglai	98.51	94.55	13.76	96.10	20.71	45.16	100.00
崇州市	Chongzhou	97.09	92.23	22.20	90.15	12.32	44.75	100.00
简阳市	Jianyang	100.00	100.00	18.20	93.43	15.85	43.46	100.00
自贡市	Zigong	95.00	97.23	18.33	98.26	14.60	44.00	100.00
攀枝花市	Panzhihua	99.97	97.49	17.34	97.46	14.16	42.02	100.00
泸州市	Luzhou	97.78	97.27	13.67	96.62	14.00	42.18	100.00
德阳市	Deyang	99.87	99.56	27.14	97.13	14.15	42.27	100.00
广汉市	Guanghan	100.00	100.00	22.56	95.10	11.52	49.92	100.00
什邡市	Shifang	96.96	100.00	23.18	95.30	16.26	41.45	100.00
绵竹市	Mianzhu	97.07	97.73	26.12	95.48	11.37	43.40	100.00
绵阳市	Mianyang	99.06	99.82	19.47	96.54	14.07	41.52	100.00
江油市	Jiangyou	98.87	98.36	18.48	96.21	14.03	42.92	100.00
广元市	Guangyuan	99.41	99.03	16.34	96.23	16.19	40.15	100.00
遂宁市	Suining	100.00	97.53	26.86	96.32	15.13	41.99	100.00
内江市	Neijiang	99.19	99.54	15.43	96.39	16.62	38.17	100.00
隆昌市	Longchang	99.23	98.65	26.24	98.77	13.26	44.37	100.00
乐山市	Leshan	98.84	97.12	14.53	95.17	14.86	42.19	100.00
峨眉山市	Emeishan	96.78	96.02	26.66	95.20	17.41	41.76	100.00
南充市	Nanchong	98.67	98.67	16.07	95.30	14.10	44.53	100.00
阆中市	Langzhong	99.84	99.94	15.55	95.07	15.16	45.49	100.00
眉山市	Meishan	98.79	96.49	17.40	96.50	14.40	43.30	100.00
宜宾市	Yibin	95.57	92.15	14.11	97.65	14.53	40.53	100.00
广安市	Guangan	97.61	98.64	30.38	99.49	16.88	42.72	100.00
华蓥市	Huaying	98.39	96.05	18.72	98.06	13.33	39.23	100.00
达州市	Dazhou	96.01	97.31	13.80	95.35	14.20	40.00	100.00
万源市	Wanyuan	91.32	84.70	4.36	98.88	12.61	39.45	100.00
雅安市	Yaan	98.33	97.91	34.59	95.91	19.33	41.30	99.96
巴中市	Bazhong	100.00	97.17	21.62	99.30	15.24	41.68	99.99
资阳市	Ziyang	100.00	100.00	24.70	96.87	15.55	38.46	100.00
马尔康市	Maerkang	98.04	70.26	12.63	96.31	14.05	37.45	97.14
康定市	Kangding	100.00	56.82	9.21	87.84	10.75	40.56	100.00
西昌市	Xichang	82.55	74.52	10.60	91.94	10.23	36.81	100.00

10-3 城市供水情况(2020年)
Basic Statistics on Water Supply in Cities(2020)

城市	City	供水综合生产能力（万立方米/日）Production Capacity of Tap Water Supply (10 000 cu.m / day)	供水管道长度（公里）Length of Water Supply Pipelines (km)	供水总量（万立方米）Total Volume of Water Supply (10 000 cu.m)	#居民家庭用水 Water for Residential Use	用水人口（万人）Number of Residents with Access to Tap Water (10 000 persons)	人均日生活用水量（升）Per Capita Daily Consumption of Tap Water for Residential Use (liter)
全　省	**Sichuan**	**1660.47**	**52350.77**	**289165.26**	**151526.76**	**2728.15**	**196.66**
成都市	Chengdu	656.25	20908.63	124722.05	65551.08	884.40	280.44
都江堰市	Dujiangyan	22.95	499.29	3464.68	1416.02	23.29	226.42
彭州市	Pengzhou	18.34	1093.34	2081.00	893.00	26.72	114.53
邛崃市	Qionglai	11.37	287.74	2233.00	846.48	26.37	105.02
崇州市	Chongzhou	8.00	260.00	1932.90	956.80	20.00	188.26
简阳市	Jianyang	12.10	296.38	2936.91	1566.24	33.32	131.66
自贡市	Zigong	29.20	3676.84	7300.73	4120.06	118.13	95.55
攀枝花市	Panzhihua	46.70	1323.96	12036.00	4070.10	65.28	225.21
泸州市	Luzhou	72.31	3018.17	12372.62	6207.14	164.41	127.35
德阳市	Deyang	32.00	708.10	6845.15	3493.78	68.18	150.48
广汉市	Guanghan	20.50	415.41	3356.70	1090.93	25.49	199.83
什邡市	Shifang	11.00	425.00	2223.01	754.29	13.71	279.06
绵竹市	Mianzhu	8.00	132.55	2143.93	737.83	14.56	174.76
绵阳市	Mianyang	66.75	4759.61	14743.19	8213.06	142.45	194.65
江油市	Jiangyou	15.00	759.86	3149.76	2216.16	35.00	200.27
广元市	Guangyuan	20.07	713.12	4961.06	2781.24	55.43	176.75
遂宁市	Suining	33.10	1340.60	7066.59	3488.57	62.45	191.71
内江市	Neijiang	18.03	735.02	5530.60	2835.68	70.66	159.48
隆昌市	Longchang	7.00	556.52	2260.00	1600.00	22.00	199.25
乐山市	Leshan	42.00	2335.93	7599.44	4141.72	83.37	143.07
峨眉山市	Emeishan	12.48	218.00	2612.48	1856.48	18.96	294.99
南充市	Nanchong	43.00	1115.00	11600.00	5920.00	148.00	154.50
阆中市	Langzhong	8.50	286.00	2662.00	1120.00	30.95	153.67
眉山市	Meishan	25.52	839.85	5642.21	3564.63	57.75	190.49
宜宾市	Yibin	58.50	1162.22	8391.31	4506.18	160.14	100.37
广安市	Guangan	248.00	801.36	4005.83	1975.13	39.60	178.49
华蓥市	Huaying	2.50	273.89	850.74	591.40	12.22	140.06
达州市	Dazhou	29.80	801.50	6544.00	4922.00	124.81	114.52
万源市	Wanyuan	9.00	83.00	821.00	445.00	12.00	109.13
雅安市	Yaan	20.50	614.93	2813.26	1092.48	23.50	203.06
巴中市	Bazhong	11.50	503.11	4174.26	3074.24	47.34	189.04
资阳市	Ziyang	14.00	572.50	3560.85	1973.04	38.00	190.69
马尔康市	Maerkang	2.50	56.00	385.00	279.00	3.00	300.46
康定市	Kangding	1.30	76.33	495.00	380.00	8.36	127.25
西昌市	Xichang	22.70	701.01	5648.00	2847.00	48.30	184.58

10-4 城市燃气情况(2020年)
Basic Statistics on Gas Supply in Cities(2020)

城 市	City	天然气 销售量 (万立方米) Total Volume of Gas Sales (10 000 cu.m)	#居民家庭 Volume of Residential Use	天然气 用气人口 (万人) Population with Access to Gas (10 000 persons)	液化石油气 销售量 (吨) Total Volume of LPG Sales (tons)	#居民家庭 Volume of Residential Use	液化石油气 用气人口 (万人) Population with Access to LPG (10 000 persons)
全 省	**Sichuan**	**839240.84**	**385997.65**	**2546.78**	**202923.37**	**93579.07**	**112.54**
成都市	Chengdu	341419.91	178066.01	857.49	130622.79	51909.72	24.29
都江堰市	Dujiangyan	8224.68	4286.17	22.56	257.27	122.67	0.31
彭州市	Pengzhou	9017.00	7974.00	23.60	940.00	860.00	3.10
邛崃市	Qionglai	6186.00	4288.00	24.67	368.00	198.00	0.64
崇州市	Chongzhou	8990.00	3170.00	15.00	6593.00	4038.00	4.00
简阳市	Jianyang	8593.91	3798.79	32.71	1898.00	1430.00	0.61
自贡市	Zigong	23327.06	12623.52	120.90			
攀枝花市	Panzhihua	154.60	110.98	6.30	2781.38	2781.38	12.04
泸州市	Luzhou	57584.41	12147.60	161.00	1753.50	1319.00	2.55
德阳市	Deyang	49415.19	7698.11	65.29	3495.35	1275.84	2.68
广汉市	Guanghan	12761.73	3600.60	23.64	6687.07	1197.85	1.85
什邡市	Shifang	9097.00	1857.00	13.19	641.00	410.00	0.95
绵竹市	Mianzhu	10790.00	3276.00	14.21	1205.00	1090.00	0.45
绵阳市	Mianyang	60951.85	17978.86	140.80	2946.40	2840.80	2.74
江油市	Jiangyou	7506.00	4623.00	34.74	101.55	101.55	0.08
广元市	Guangyuan	14040.39	7450.34	53.52	1104.36	807.36	1.70
遂宁市	Suining	24612.79	7584.65	60.11	200.00	160.00	0.80
内江市	Neijiang	14155.62	6702.57	70.16	13296.00	6314.00	0.75
隆昌市	Longchang	3332.80	2031.74	21.87			
乐山市	Leshan	40083.08	11306.48	80.92	5199.30	2347.20	1.00
峨眉山市	Emeishan	5256.80	3077.31	18.81	1520.00		
南充市	Nanchong	23100.00	10583.00	144.00	4490.00	3850.00	4.00
阆中市	Langzhong	3701.00	2257.00	30.48	1150.00	610.00	0.50
眉山市	Meishan	15440.88	8626.77	56.21	261.00	82.00	0.20
宜宾市	Yibin	30789.39	24336.61	152.35	1191.30	1130.00	2.07
广安市	Guangan	8517.08	6496.98	40.02			
华蓥市	Huaying	2297.00	1814.00	11.00	159.00	108.60	0.93
达州市	Dazhou	12010.34	8019.93	125.50	280.00	273.00	1.00
万源市	Wanyuan	926.00	723.00	9.00	360.00	360.00	2.13
雅安市	Yaan	6600.35	5965.12	23.40			
巴中市	Bazhong	10011.20	7923.00	46.00			
资阳市	Ziyang	7418.02	4191.45	32.00	314.00	314.00	6.00
马尔康市	Maerkang	157.40	112.50	0.80	500.00	500.00	1.35
康定市	Kangding	54.37	54.37	0.93	1898.10	1898.10	3.82
西昌市	Xichang	2716.99	1242.19	13.60	10710.00	5250.00	30.00

10-5 城市道路和桥梁情况(2020年)
Basic Statistics on City Roads and Bridges(2020)

城 市	City	道路长度(公里) Length of Paved Roads (km)	#建成区 Built Districts	道路面积(万平方米) Area of Paved Roads (10 000 sq.m)	#人行道面积 Area of Sidewalk	桥梁数(座) Number of Bridges (unit)	道路照明灯盏数(盏) Number of lamps for Road Lighting (unit)
全 省	**Sichuan**	**25270.16**	**23574.62**	**50379.82**	**13383.89**	**3558**	**1754282**
成都市	Chengdu	7863.96	7367.88	16594.38	3882.72	1940	441181
都江堰市	Dujiangyan	275.62	275.62	534.16	139.93	92	24934
彭州市	Pengzhou	206.47	206.47	375.62	136.21	8	12274
邛崃市	Qionglai	192.50	192.50	368.48	143.40	4	22008
崇州市	Chongzhou	221.00	221.00	457.40	164.10	10	72114
简阳市	Jianyang	300.17	289.28	606.32	227.95	32	16124
自贡市	Zigong	1579.06	1186.93	2278.91	356.09	137	58077
攀枝花市	Panzhihua	900.53	847.03	1132.28	296.53	85	33999
泸州市	Luzhou	1150.42	1150.42	2298.86	715.80	91	103096
德阳市	Deyang	697.24	682.06	1853.07	486.15	48	61138
广汉市	Guanghan	277.65	277.65	575.16	142.41	19	24364
什邡市	Shifang	128.04	128.04	327.70	82.79	36	14798
绵竹市	Mianzhu	176.84	110.21	391.77	165.21	22	25829
绵阳市	Mianyang	1332.70	1324.53	2799.14	760.95	134	119182
江油市	Jiangyou	250.00	245.00	654.16	287.24	28	27335
广元市	Guangyuan	509.97	509.97	911.32	285.81	185	42309
遂宁市	Suining	725.20	711.55	1677.29	376.53	92	33951
内江市	Neijiang	666.59	666.59	1099.58	321.46	32	72328
隆昌市	Longchang	216.74	216.74	581.71	164.01	18	25285
乐山市	Leshan	784.15	726.34	1225.74	245.18	79	64869
峨眉山市	Emeishan	165.43	165.43	522.29	146.50	21	36559
南充市	Nanchong	971.20	971.20	2411.00	731.00	55	63720
阆中市	Langzhong	185.00	185.00	482.00	148.00	25	12727
眉山市	Meishan	503.30	502.32	1016.98	250.24	64	72480
宜宾市	Yibin	1073.31	1070.47	2363.81	814.97	71	86611
广安市	Guangan	583.89	526.44	1232.39	377.76	19	33625
华蓥市	Huaying	135.10	132.30	232.56	46.77	22	10625
达州市	Dazhou	972.63	934.11	1793.95	506.32	23	49986
万源市	Wanyuan	48.00	48.00	57.30	9.90	8	2148
雅安市	Yaan	380.72	363.91	826.60	231.00	46	25554
巴中市	Bazhong	932.80	618.40	1023.30	345.10	36	8912
资阳市	Ziyang	425.75	322.85	938.77	224.41	42	13000
马尔康市	Maerkang	39.80	30.50	38.65	7.61	18	1010
康定市	Kangding	98.60	68.10	77.00	29.50	16	2180
西昌市	Xichang	299.78	299.78	620.17	134.34		39950

10–6 城市绿地和园林情况(2020年)
Basic Statistics on Parks and Green Areas in Cities(2020)

城 市	City	绿化覆盖面积(公顷) Areas Covered by Green Land (hectare)	#建成区 Built Districts	绿地面积(公顷) Green Area (hectare)	#建成区 Built Districts	公园绿地面积(公顷) Public Green Area (hectare)	公园个数(个) Number of Parks (unit)	公园面积(公顷) Area of Parks (hectare)
全 省	**Sichuan**	**147333**	**134331**	**129421**	**118210**	**40088**	**777**	**24209**
成都市	Chengdu	42768	42748	36334	36334	12528	142	4985
都江堰市	Dujiangyan	1710	1710	1528	1528	410	4	126
彭州市	Pengzhou	1081	1081	911	911	390	2	18
邛崃市	Qionglai	1192	1192	1084	1084	554	8	547
崇州市	Chongzhou	1390	1390	1304	1304	254	7	229
简阳市	Jianyang	2573	1738	2135	1405	528	14	728
自贡市	Zigong	5848	5720	5139	5031	1816	23	648
攀枝花市	Panzhihua	3449	3449	3226	3226	924	22	724
泸州市	Luzhou	7951	7319	7533	6668	2354	45	1697
德阳市	Deyang	4028	4028	3451	3451	966	23	562
广汉市	Guanghan	1974	1972	1621	1616	294	9	116
什邡市	Shifang	746	746	629	629	230	5	66
绵竹市	Mianzhu	717	717	649	649	171	5	36
绵阳市	Mianyang	6957	6957	6386	6386	2023	22	1446
江油市	Jiangyou	1513	1502	1392	1340	497	6	191
广元市	Guangyuan	4014	2667	3846	2546	903	29	813
遂宁市	Suining	6391	3671	5876	3163	945	34	784
内江市	Neijiang	3904	3825	3529	3529	1184	29	414
隆昌市	Longchang	1157	1140	1022	945	294	5	62
乐山市	Leshan	7973	3370	7308	3170	1253	41	892
峨眉山市	Emeishan	1003	1003	927	927	341	13	206
南充市	Nanchong	7458	7146	6584	6170	2115	26	2009
阆中市	Langzhong	1820	1655	1621	1442	470	9	355
眉山市	Meishan	3181	2943	2794	2570	842	21	410
宜宾市	Yibin	6902	6791	6144	5978	2435	59	1305
广安市	Guangan	2844	2801	2494	2494	685	30	1001
华蓥市	Huaying	633	620	593	582	166	6	205
达州市	Dazhou	5780	5200	4538	4446	1846	36	802
万源市	Wanyuan	606	606	604	604	166	3	604
雅安市	Yaan	2593	1721	1532	1494	462	25	369
巴中市	Bazhong	2696	2655	2632	2593	721	19	510
资阳市	Ziyang	2019	2019	1881	1881	591	12	419
马尔康市	Maerkang	385	197	191	191	43	2	44
康定市	Kangding	230	219	192	192	90	3	18
西昌市	Xichang	1847	1811	1792	1732	599	38	868

10–7 城市排水和污水处理情况(2020年)
Basic Statistics on City Drainage and Sewage Treatment(2020)

城 市	City	排水管道长度(公里) Length of Drain Pipes (km)	#污水管道 Wastewater Pipes	#雨水管道 Rainwater Pipes	污水排放量(万立方米) Volume of Sewage Discharged (10 000 cu.m)	污水处理厂(座) Wastewater Treatment Plants (unit)	污水处理厂处理量(万立方米) Volume of Wastewater Treatment Plants (10 000 cu.m)
全 省	**Sichuan**	**42228.17**	**19169.09**	**18316.31**	**255041.51**	**147**	**238578.14**
成都市	Chengdu	15479.70	6781.79	7154.80	112516.50	33	107490.94
都江堰市	Dujiangyan	569.02	237.26	311.21	2794.00	2	2584.94
彭州市	Pengzhou	503.56	214.30	289.26	1843.60	2	1755.30
邛崃市	Qionglai	258.00	123.00	122.00	1563.66	1	1502.68
崇州市	Chongzhou	507.25	251.10	226.15	1354.00	1	1220.60
简阳市	Jianyang	465.00	321.00	144.00	2096.00	1	1958.35
自贡市	Zigong	1789.51	366.39	1004.05	5936.00	6	5582.61
攀枝花市	Panzhihua	1092.49	773.85	272.64	10028.85	9	4603.90
泸州市	Luzhou	1607.18	810.32	782.75	10131.54	11	9600.36
德阳市	Deyang	1562.67	616.83	925.71	9660.50	5	9382.86
广汉市	Guanghan	491.44	217.27	205.17	3021.06	2	2873.03
什邡市	Shifang	345.09	139.84	201.69	2213.57	1	2109.57
绵竹市	Mianzhu	232.40	178.70	52.70	1901.80	1	1815.80
绵阳市	Mianyang	2929.20	1609.01	1320.19	12185.18	8	11764.10
江油市	Jiangyou	485.66	242.83	242.83	3337.35	2	3210.89
广元市	Guangyuan	1009.76	562.07	386.57	5259.71	6	5061.67
遂宁市	Suining	1322.16	734.74	538.56	8422.95	5	7699.39
内江市	Neijiang	1169.64	491.48	443.01	4399.50	5	4240.86
隆昌市	Longchang	178.83	83.24	20.47	1624.99	1	1605.00
乐山市	Leshan	982.72	311.21	257.00	5387.07	7	5004.30
峨眉山市	Emeishan	282.25	240.00	22.25	2089.98	1	1989.67
南充市	Nanchong	1845.00	705.00	680.00	8120.00	1	7738.00
阆中市	Langzhong	404.00	162.00	139.00	2110.00	2	2006.00
眉山市	Meishan	853.86	289.02	450.84	4801.35	5	4633.41
宜宾市	Yibin	1562.71	602.03	558.13	6548.97	6	6394.93
广安市	Guangan	792.41	478.25	300.16	4874.43	6	4849.75
华蓥市	Huaying	309.00	158.00	135.00	877.77	3	860.75
达州市	Dazhou	847.00	395.00	362.00	4710.00	1	4491.00
万源市	Wanyuan	69.35	4.55	20.00	714.00	1	706.00
雅安市	Yaan	489.42	214.56	173.86	2425.80	3	2326.70
巴中市	Bazhong	470.00	270.00	200.00	3650.66	2	3625.26
资阳市	Ziyang	895.01	434.60	365.20	2638.04	3	2555.41
马尔康市	Maerkang	12.46	12.46		324.58	1	312.60
康定市	Kangding	58.70	37.39	9.11	366.10	1	321.59
西昌市	Xichang	355.72	100.00		5112.00	2	4699.92

10-8 城市市容环境卫生情况(2020年)
Basic Statistics on City Sanitation (2020)

城 市	City	道路清扫保洁面积(万平方米) Clean Area of Road (10 000 sq.m)	生活垃圾清运量(万吨) Volume of Household Garbage Treatment (10 000 tons)	生活垃圾无害化处理厂(场)(座) Domestic Garbage Harmless Treatment Plants (unit)	生活垃圾无害化处理量(万吨) Volume of Domestic Garbage Harmless Treatment (10 000 tons)	公共厕所(座) Number of Public Lavatories (unit)	市容环卫专用车辆设备总数(辆) Number of Vehicles for Environmental Sanitation (unit)
全 省	**Sichuan**	**44690.66**	**1125.65**	**50**	**1125.57**	**7482**	**11965**
成都市	Chengdu	16623.68	511.40	9	511.39	2351	6147
都江堰市	Dujiangyan	539.00	11.11	1	11.11	119	150
彭州市	Pengzhou	375.62	8.84		8.84	137	57
邛崃市	Qionglai	342.80	6.25	1	6.25	72	287
崇州市	Chongzhou	662.68	9.80	1	9.80	40	61
简阳市	Jianyang	483.00	10.24	1	10.24	76	225
自贡市	Zigong	1215.00	26.64	1	26.64	495	526
攀枝花市	Panzhihua	818.52	17.31	2	17.31	313	154
泸州市	Luzhou	1610.36	39.07	1	39.07	246	245
德阳市	Deyang	946.00	23.06	1	23.06	131	624
广汉市	Guanghan	728.00	19.98	1	19.98	67	77
什邡市	Shifang	327.00	4.70	1	4.70	54	89
绵竹市	Mianzhu	301.42	6.20	1	6.20	27	35
绵阳市	Mianyang	2706.38	56.59	3	56.59	336	284
江油市	Jiangyou	600.00	13.59		13.59	71	57
广元市	Guangyuan	1311.47	19.87	3	19.87	135	190
遂宁市	Suining	1107.80	23.26	1	23.26	199	185
内江市	Neijiang	985.22	22.67	1	22.67	311	223
隆昌市	Longchang	361.75	9.78	1	9.78	30	59
乐山市	Leshan	1323.76	35.58	4	35.58	224	237
峨眉山市	Emeishan	238.00	6.00	2	6.00	47	58
南充市	Nanchong	2137.00	50.38	2	50.38	475	165
阆中市	Langzhong	506.00	11.40	1	11.40	166	44
眉山市	Meishan	1435.63	20.30	1	20.30	158	215
宜宾市	Yibin	1473.33	41.95		41.95	197	387
广安市	Guangan	1540.80	15.80		15.80	132	246
华蓥市	Huaying	316.20	5.50		5.50	40	60
达州市	Dazhou	648.18	21.65	1	21.65	271	274
万源市	Wanyuan	70.00	5.60	1	5.60	60	45
雅安市	Yaan	497.06	12.57	1	12.56	16	129
巴中市	Bazhong	621.20	13.08	1	13.08	112	125
资阳市	Ziyang	960.00	15.00	1	15.00	108	103
马尔康市	Maerkang	117.80	2.56	2	2.48	16	22
康定市	Kangding	70.00	3.29	1	3.29	17	17
西昌市	Xichang	690.00	24.64	2	24.64	233	163

主要统计指标解释

供水综合生产能力 指按供水设施取水、净化、送水、出厂输水干管等环节设计能力计算的综合生产能力。包括在原设计能力的基础上，经挖、革、改增加的生产能力。计算时，以四个环节中最薄弱的环节为主确定能力。

供水管道长度 指从送水泵至用户水表之间所有管道的长度。不包括新安装尚未使用、水厂内以及用户建筑物内的管道。

供水总量 指报告期供水企业(单位)供出的全部水量。包括有效供水量和漏损水量。

居民家庭用水 指城市范围内所有居民家庭的日常生活用水。包括城市居民、农民家庭、公共供水站用水。

用水普及率 指报告期末城区用水人口数与城市人口总数的比率。计算公式：

$$用水普及率=\frac{城区用水人口（含暂住人口）}{城区人口+城区暂住人口}\times 100\%$$

城市供气总量 指报告期燃气企业(单位)向用户供应的燃气数量。包括销售量和损失量。

燃气普及率 指报告期末城区使用燃气的城市人口数与城市人口总数的比率。其中燃气包括人工煤气、天然气、液化石油气三种。计算公式为：

$$燃气普及率=\frac{城区用气人口（含暂住人口）}{城区人口+城区暂住人口}\times 100\%$$

道路长度 指道路长度和与道路相通的桥梁、隧道的长度，按车行道中心线计算。

桥梁 指为跨越天然或人工障碍物而修建的构筑物。包括跨河桥、立交桥、人行天桥以及人行地下通道等。

排水管道长度 指所有排水总管、干管、支管、检查井及连接井进出口等长度之和。

绿地面积 指报告期末用作园林和绿化的各种绿地面积。包括公园绿地、生产绿地、防护绿地、附属绿地和其他绿地的面积。

公园绿地 城市中向公众开放的、以游憩为主要功能，有一定的游憩设施和服务设施，同时兼有健全生态、美化景观、防灾减灾等综合作用的绿化用地。包括综合公园、社区公园、专类公园、带状公园和街旁绿地。

公园面积 指综合公园、专类公园和带状公园面积之和。

市容环卫专用车辆设备 指用于环境卫生作业、监察的专用车辆和设备，包括用于道路清扫、冲洗、洒水、除雪、垃圾粪便清运、市容监察以及与其配套使用的车辆和设备。

Explanatory Notes on Main Statistical Indicators

Production Capacity of Water Supply refers to the designed overall production capacity of water facilities, covering the four segments of water collection, purification, conveyance, and outflow through trunk pipelines. Increased capacity through transformation and innovation projects is inclouded as well. The capacity is determined mainly on the weakest of the above-mentioned four segments.

Length of Water Supply Pipelines refers to the total length of all pipelines between the water pumps and the user water meters, excluding pipelines newly installed but not in use yet, pipeline in the water factory, and pipeline in the users' buildings.

Total Volume of Urban Water Supply refers to the total volume of water supplied by water-works (units) during the reference period, including both the effective water supply and loss during the water supply.

Water Use by Household Consumption refers to water of all resident families for daily use in urban areas, includes city dweller, rural household and water of public water supply station.

Coverage Rate of Urban Population with Access to Water supply refers to the ratio of with access to water supply to the total population at the end of the reference period. The formula is:

$$\begin{array}{c}\text{Coverage rate of urban population}\\ \text{with access to water supply}\end{array}=\frac{\begin{array}{c}\text{Urbanpopulationwith}\\ \text{access to tap water}\end{array}}{\text{Urban population}}\times 100\%$$

Volume of Gas Supply refers to the total volume of gas provided to users by gas-producing enterprises (units) during the reporting period, including the volume sold and the volume lost.

Coverage Rate of Population with Access to Gas refers to the ratio of the urban population with access to gas to the total urban population at the end of the reference period. Gas here includes artificial coal gas, natural gas and liquefied petroleum gas. The formula is:

$$\begin{array}{c}\text{Coverage rate of urban population}\\ \text{with access to Gas}\end{array}=\frac{\begin{array}{c}\text{Urbanpopulationwith}\\ \text{access to gas}\end{array}}{\text{Urban population}}\times 100\%$$

Length of Paved Roads refers to the length of roads with paved surface including bridges and tunnels connected with roads. Length of the roads is measured by the central lines.

Urban Bridges refer to bridges built to cross over natural or man-made barriers, including bridges over rivers, overpasses for traffic and for pedestrians, underpasses for pedestrians, etc.

Length of Urban Sewage Pipes refers to the total length of general drainage, trunks, branch and inspection wells, connection wells, inlets and outlets, etc.

Area of Urban Green Land refers to the total area occupied for green projects at the end of the reference period, including park green land, production green land, protection green land, green land attached to institutions, and other green areas.

Park Green Area refers to green areas open to the public for amusement and rest with the facilities of amusement, rest and services. Its function includes perfecting ecology, beautifying landscape, and preventing and reducing disaster. Park green areas include comprehensive park, community park, theme park, linear park and roadside green space.

Park area refers to the total area of comprehensive park, topic park and belt-shaped park.

Vehicles and Facilities Dedicated to Urban Cleanliness and Environmental Sanitation refer to vehicles and facilities dedicated for use in the operation, management and monitoring of environmental hygiene work. They include vehicles for road cleaning, washing, showering, ice removal, disposal of garbage and human wastes, cleanliness monitoring and related activities.

11 民族自治地方概况

Chapter11 Survey of Ethnic Minority Autonomous Areas

11-1 民族自治地方地区生产总值和指数
Gross Regional Product and Related Indices of Minority Nationality Autonomous Areas

年份 Year	地区生产总值 Gross Regional Product	第一产业 Primary Industry	第二产业 Secondary Industry	第三产业 Tertiary Industry	人均地区生产总值(元) Per Capita GDP (yuan)
绝对数(亿元) Value (100 million yuan)					
1978	14.08	6.46	4.73	2.89	292
1980	16.71	7.66	5.72	3.33	337
1985	28.56	13.46	8.61	6.48	541
1990	57.56	24.90	16.48	16.18	1026
1995	149.89	49.99	47.93	51.97	2558
2000	230.87	79.94	61.93	88.99	3733
2005	447.86	120.05	140.37	187.44	6690
2006	539.90	148.54	180.77	210.59	8057
2007	675.06	183.15	229.38	262.53	10039
2008	788.44	184.00	290.01	314.43	11713
2009	884.24	189.39	346.27	348.58	12990
2010	1084.83	222.59	440.36	421.88	15615
2011	1336.36	293.51	515.66	527.19	18961
2012	1489.70	329.13	566.28	594.30	21095
2013	1640.29	337.67	647.40	655.22	23188
2014	1798.59	376.57	667.39	754.63	25357
2015	1951.56	391.94	672.34	887.29	27360
2016	2047.97	427.44	686.86	933.68	28424
2017	2217.82	456.02	730.97	1030.84	30570
2018	2445.54	479.08	778.79	1187.66	33634
2019	2624.53	529.54	823.64	1271.34	36046
2020	2746.16	606.24	827.97	1311.95	37727
指数(1978年=100) Index (1978=100)					
1978	100.0	100.0	100.0	100.0	100.0
1980	114.1	109.7	116.4	121.8	111.2
1985	162.9	156.8	148.0	206.8	149.0
1990	208.4	176.5	196.3	315.9	179.4
1995	331.1	243.4	341.1	547.5	272.9
2000	500.7	350.9	477.0	954.5	391.1
2005	855.8	449.4	1134.4	1554.5	617.6
2006	973.1	464.1	1355.2	1804.2	701.5
2007	1113.7	492.7	1647.2	2051.6	800.1
2008	1181.0	487.3	1723.6	2277.0	847.6
2009	1380.3	511.3	2070.5	2733.0	979.6
2010	1593.6	533.6	2617.8	3047.7	1108.1
2011	1831.5	557.7	3236.2	3393.3	1255.3
2012	2043.8	583.2	3763.3	3719.9	1398.1
2013	2254.1	608.3	4311.3	4012.8	1539.3
2014	2422.8	634.8	4709.6	4277.9	1650.1
2015	2519.5	659.6	4812.1	4554.3	1706.3
2016	2677.0	686.8	5116.1	4879.6	1794.9
2017	2830.3	713.0	5486.3	5143.8	1884.6
2018	2974.0	739.4	5663.2	5507.6	1975.9
2019	3150.6	762.7	5910.7	5961.0	2090.3
2020	3270.7	798.9	6212.0	6112.3	2170.7

11-2 民族自治地方主要统计指标(2020年)

指标		Item	
年末常住人口	(万人)	Resident Population (year-end)	(10 000 persons)
城镇人口	(万人)	Urban Population	(10 000 persons)
乡村人口	(万人)	Rural Population	(10 000 persons)
城镇化率	(%)	Urbanization Rate	(%)
就业人员	(万人)	Number of Employed Persons	(10 000 persons)
第一产业	(万人)	Primary Industry	(10 000 persons)
第二产业	(万人)	Secondary Industry	(10 000 persons)
第三产业	(万人)	Tertiary Industry	(10 000 persons)
地区生产总值(当年价)	(亿元)	Gross Regional Product (at current prices)	(100 million yuan)
第一产业增加值	(亿元)	Value-added of Primary Industry	(100 million yuan)
第二产业增加值	(亿元)	Value-added of Secondary Industry	(100 million yuan)
第三产业增加值	(亿元)	Value-added of Tertiary Industry	(100 million yuan)
人均地区生产总值(当年价)	(元)	Per Capita Gross Regional Product (at current prices)	(yuan)
耕地灌溉面积	(万公顷)	Irrigated Areas of Cultivated Land	(10 000 hectare)
农林牧渔业总产值(当年价)	(亿元)	Gross Output Value of Farming, Forestry, Animal Husbandry and Fishery (at current prices)	(100 million yuan)
规模以上工业企业营业收入	(亿元)	Revenue from Industrial Enterprises above Designated Size	(100 million yuan)
规模以上工业企业利润总额	(亿元)	Total Profits from Industrial Enterprises above Designated Size	(100 million yuan)
境内公路总里程	(公里)	Total Length of Highway	(km)
#等级公路	(公里)	Expressway and Class I to IV Highways	(km)
公路旅客周转量	(万人公里)	Passenger-Kilometers of Highways	(10 000 passenger-km)
公路货物周转量	(万吨公里)	Freight Ton-Kilometers of Highways	(10 000 ton-km)

Main Statistical Indicators of Minority Nationality Autonomous Areas(2020)

合计 Total	阿坝州 Aba	甘孜州 Ganzi	凉山州 Liangshan	北川县 Beichuan	峨边县 Ebian	马边县 Mabian
727.27	82.26	110.80	485.80	17.41	12.20	18.80
265.59	34.13	34.36	179.60	6.00	4.60	6.90
461.79	48.13	76.44	306.30	11.42	7.60	11.90
36.52	41.40	31.01	36.96	34.44	37.74	36.76
409.99	48.16	63.78	271.38	9.53	6.73	10.41
229.18	25.17	45.18	147.11	3.56	2.82	5.34
46.16	3.50	1.91	35.47	2.26	1.49	1.53
134.65	19.49	16.69	88.80	3.71	2.42	3.54
2746.16	411.75	410.61	1733.15	79.12	57.56	53.97
606.24	82.07	80.67	406.74	14.66	9.04	13.06
827.97	96.45	105.34	559.55	19.89	26.83	19.90
1311.94	233.23	224.60	766.86	44.56	21.69	21.00
37727	49668	36993	35720	39548	46798	28707
28.74	2.81	4.27	20.91	0.23	0.15	0.37
1013.06	142.21	123.29	686.68	25.13	14.78	20.97
1326.34	181.75	125.19	911.70	43.21	44.84	19.66
153.14	14.47	18.45	112.90	4.83	2.19	0.30
83540	15547	32860	28915	2956	1481	1781
80540	14943	32095	27436	2840	1472	1754
516153	91159	115986	271272	31024	3690	3021
1721939	400832	198483	1021678	56469	2477	42000

11-2 续表

指 标		Item	
全社会固定资产投资增长情况	(%)	The Growth of Total Investment in Fixed Assets	(%)
#房地产开发投资	(亿元)	Real Estate Development Investment	(100 million yuan)
建筑业总产值	(亿元)	Gross Output Value of Construction	(100 million yuan)
社会消费品零售总额	(亿元)	Total Retail Sales of Consumer Goods	(100 million yuan)
出口总额	(亿元)	Total Exports	(100 million yuan)
城镇居民人均可支配收入	(元)	Per Capita Disposable Income of Urban Households	(yuan)
农村居民人均可支配收入	(元)	Per Capita Disposable Income of Rural Households	(yuan)
参加城镇职工基本养老保险人数	(万人)	Employees and Retirees Contributed to Pension Insurance	(10 000 persons)
参加基本医疗保险人数	(万人)	Contributors of Basic Medical Insurance	(10 000 persons)
地方一般公共预算收入	(亿元)	Local General Public Budget Revenue	(100 million yuan)
#税收收入	(亿元)	Taxes Revenue	(100 million yuan)
一般公共预算支出	(亿元)	General Public Budget Expenditure	(100 million yuan)
年末金融机构人民币各项存款余额	(亿元)	Deposits of Financial Institutions	(100 million yuan)
住户存款余额	(亿元)	Balance of Household Savings	(100 million yuan)
年末金融机构人民币各项贷款余额	(亿元)	Loans of Financial Institutions	(100 million yuan)
小学在校学生人数	(人)	Students in Primary Schools	(person)
普通中学在校学生人数	(人)	Students in Regular Secondary Schools	(person)
中等职业教育学校在校学生数	(人)	Students in Secondary Vocational Schools	(person)
卫生机构数	(个)	Number of Medical and Health Institutions	(unit)
卫生机构床位数	(张)	Beds in Medical and Health Institutions	(unit)
卫生技术人员数	(人)	Medical Technical Personnel in Medical and Health Institutions	(person)
#执业(助理)医师	(人)	Practicing Doctors (Assistants)	(person)

continued

合计 Total	阿坝州 Aba	甘孜州 Ganzi	凉山州 Liangshan	北川县 Beichuan	峨边县 Ebian	马边县 Mabian
9.6	12.3	0.7	12.4	11.1	11.2	11.3
227.04	4.63	8.86	207.77	4.16		1.62
366.53	69.41	32.12	244.11	15.63	3.02	2.24
966.91	96.81	114.31	678.20	32.12	22.48	22.99
3.47	1.16	1.23	0.14	0.94		
35203	37011	36521	34636	34348	34866	35591
14956	15539	13967	15232	15811	13586	13921
111.45	22.91	18.08	58.78	8.35	1.54	1.79
701.80	85.46	89.96	476.50	21.37	11.20	17.31
241.15	28.73	40.11	160.28	4.16	3.94	3.93
151.01	18.01	25.28	99.94	2.91	2.31	2.55
1606.65	367.95	453.88	708.09	24.86	25.65	26.22
4508.03	738.32	787.96	2688.01	157.15	68.99	67.60
2305.60	315.71	299.19	1478.18	105.76	54.34	52.42
2357.92	375.46	470.09	1241.16	125.85	103.50	41.86
852981	64149	118463	623942	10970	12203	23254
490464	42699	61453	359567	8124	5657	12964
47101	3558	6199	30688	5123	482	1051
10652	1728	2813	5403	379	156	173
43378	5381	5606	29348	1587	668	788
46361	7022	7086	29146	1458	652	997
14798	2541	2218	9052	472	226	289

11-3 民族自治地方年末户籍总人口和就业人员
Registered Population and Employment in Minority Nationality Autonomous Areas

单位:万人 (10 000 persons)

年份 Year	年末户籍总人口 Registered Population (year-end)	就业人员 Number of Employed Persons	第一产业 Primary Industry	第二产业 Secondary Industry	第三产业 Tertiary Industry
1978	471.36	216.92			
1980	484.10	229.08			
1985	514.65	261.61			
1990	549.03	296.09			
1995	573.91	346.98	258.93	33.48	54.57
1996	578.54	345.07	257.30	32.25	55.52
1997	584.60	342.22	270.79	20.91	50.52
1998	589.96	343.89	271.25	20.25	52.39
1999	594.89	345.32	273.52	19.75	52.05
2000	606.11	351.99	278.93	18.65	54.41
2001	610.93	354.43	279.69	16.49	58.25
2002	616.81	356.25	280.90	16.77	58.58
2003	639.71	373.91	284.69	22.62	66.60
2004	649.17	387.38	281.85	22.98	82.55
2005	653.76	378.56	280.80	24.96	72.80
2006	663.73	385.37	279.63	25.98	79.76
2007	681.72	397.43	283.94	30.96	82.53
2008	698.87	409.69	285.42	33.37	90.90
2009	723.42	448.49	287.57	49.53	111.39
2010	734.16	439.29	289.21	46.12	103.96
2011	746.67	444.08	280.01	47.47	116.60
2012	759.54	459.83	290.33	45.31	124.19
2013	769.56	460.11	289.26	44.81	126.04
2014	771.62	466.41	286.09	44.43	135.89
2015	764.80	442.19	276.12	45.64	120.43
2016	775.06	440.54	263.77	52.34	124.43
2017	783.22	441.08	258.69	54.62	127.77
2018	791.49	405.91	233.18	45.15	127.58
2019	790.90	408.45	229.38	45.35	133.72
2020	791.76	409.99	229.18	46.16	134.65

注：2018年以后就业人员数据依据第七次全国人口普查进行了修订。
a) The number of employed persons were revised according to the 7th National Population Censu from 2018.

11-4 民族自治地方耕地面积和农业生产条件
Cultivated Land Areas and Production Conditions of Agriculture in Minority Nationality Autonomous Areas

年份 Year	耕地面积 (万公顷) Cultivated Areas (10 000 hectares)	耕地灌溉面积 (万公顷) Irrigated Areas of Cultivated Land (10 000 hectares)	化肥施用量 (折纯、万吨) Consumption of Chemical Fertilizers (10 000 tons)	农村用电量 (万千瓦时) Electricity Consumed in Rural Areas (10 000 kwh)	农业机械总动力 (万千瓦) Total Agricultural Machinery Power (10 000 kw)
1978	51.52	15.47	3.44	8691	27.11
1980	51.84	16.17	3.12	9001	37.21
1985	50.32	15.96	3.34	14139	53.88
1990	50.00	15.32	4.75	22770	78.58
1995	50.97	15.90	6.83	28394	109.30
1996	51.45	16.06	7.53	32542	112.00
1997	51.56	15.21	9.77	35458	119.00
1998	51.12	15.73	10.64	35448	134.00
1999	50.74	15.24	11.12	41828	135.00
2000	48.39	16.13	11.82	44996	137.00
2001	49.47	16.36	11.63	48137	142.00
2002	46.14	16.28	10.41	49790	154.00
2003	45.32	16.24	11.14	55645	162.00
2004	47.91	16.19	11.70	61174	173.00
2005	49.47	16.63	12.59	63417	201.00
2006	49.97	16.62	13.43	64103	173.00
2007	51.25	17.31	14.38	72184	250.00
2008	52.06	17.59	15.25	79387	287.00
2009	52.96	18.34	16.52	86799	333.00
2010	53.37	18.60	16.72	91006	370.00
2011	53.35	19.33	17.29	96409	415.95
2012	53.53	19.89	17.83	101566	439.04
2013	53.81	21.19	16.66	108370	480.58
2014	53.93	20.60	17.14	113355	502.76
2015	79.94	21.54	17.17	118871	529.51
2016	82.77	22.44	17.32	124037	541.75
2017	82.77	23.12	17.14	130134	556.45
2018	82.73	25.79	16.89	143520	552.54
2019		26.38	16.01	162894	564.12
2020		28.74	15.11	169692	569.72

11−5 民族自治地方邮电和卫生情况
Postal and Telecommunication, Public Health in Minority Nationality Autonomous Areas

年份 Year	邮电主营业务收入 (万元) Revenue from Principal Business of Post and Telecommunication (10 000 yuan)	医疗卫生机构床位数 (张) Beds in Medical and Health Institutions (unit)	医院、卫生院技术人员数 (人) Medical Technical Personnel (person)	#执业(助理)医师 Practicing Doctors (Assistants)
1978	1248	14225	15058	7303
1980	1290	14471	17699	9102
1985	1719	14938	19438	10203
1990	3108	15588	18481	10155
1995	8807	15688	18957	10037
1996	12028	14923	18189	9768
1997	16285	15348	19066	10414
1998	23483	15113	18441	10080
1999	29025	15313	18554	10841
2000	41608	16475	14807	7889
2001	56484	14263	22337	8867
2002	67374	13901	16180	8159
2003	90594	15097	16345	8450
2004	111646	16538	15005	7860
2005	130946	14647	19535	8686
2006	154313	15635	14384	8124
2007	176723	15898	16127	10045
2008	202155	16737	15516	8518
2009	234607	18363	17615	8807
2010	265913	19791	24848	7485
2011	302272	21448	29648	9433
2012	345136	24607	24655	7571
2013	376606	25908	22862	10069
2014	411888	31360	30263	10934
2015	416006	33443	33505	11542
2016	454941	35376	35935	11744
2017	490039	38725	38417	11768
2018	488177	40314	40712	12282
2019	402995	41504	43717	13406
2020	549863	43378	45681	14798

11-6 民族自治地方社会消费品零售总额、住户存款余额和各类普通学校在校学生人数

Total Retail Sales of Consumer Goods, Balance of Household Savings and Number of Student Enrollment by Type of Schools in Minority Nationality Autonomous Areas

年份 Year	社会消费品零售总额(亿元) Total Retail Sales of Consumer Goods (100 million yuan)	住户存款余额(亿元) Balance of Household Savings (100 million yuan)	普通高等院校在校学生人数(人) Number of Students in Regular Institutions of Higher Education (person)	中等职业学校在校学生人数(人) Number of Students in Specialized Secondary Schools (person)	普通中学在校学生人数(人) Number of Students in Regular Secondary Schools (person)	小学在校学生人数(人) Number of Students in Primary Schools (person)
1978	4.76	0.72	970	11756	184900	673479
1980	6.00	1.25	1231	10343	162751	605404
1985	10.70	4.39	2826	7570	126389	521659
1990	19.96	17.68	4225	10173	133208	493900
1995	39.13	51.71	6144	14497	121232	578205
1996	43.89	65.19	6467	15381	126736	605960
1997	48.52	73.15	7355	16954	129029	632731
1998	51.68	84.23	7805	18232	128916	656367
1999	55.46	95.75	9688	19573	133369	657565
2000	59.81	107.26	10725	14731	145534	640229
2001	67.92	126.98	15229	13825	164038	659357
2002	76.99	147.91	17350	11203	186065	692423
2003	90.85	175.68	20829	15942	221096	731794
2004	110.65	202.39	24488	11486	243812	756318
2005	142.96	232.37	27857	13963	283307	780372
2006	167.00	268.91	27025	19998	323742	829904
2007	197.36	299.03	25132	25977	337781	824988
2008	224.72	381.04	25092	33575	345560	811499
2009	273.67	481.67	26371	35221	360138	794927
2010	337.04	584.83	27494	39672	373524	781008
2011	396.36	712.78	28546	36839	380705	772207
2012	459.12	860.16	29673	39278	378296	766925
2013	521.83	1006.81	30728	46084	360158	740478
2014	624.82	1111.63	30953	42572	363107	744127
2015	691.78	1019.18	32013	41922	360638	759084
2016	766.81	1420.57	33530	41003	368252	783445
2017	849.26	1581.13	36580	43264	384941	803467
2018	889.00	1781.55	41394	44326	408067	823914
2019	1004.57	2011.40	45697	44314	447308	840814
2020	966.91	2305.60	42876	47101	490464	852981

注：2014年及以前，“住户存款”为“城乡居民储蓄存款”。
a) Household saving was known as saving deposit of residents before 2014.

12 县（市、区）概况

Chapter12 Survey of County(City,District)

SICHUAN STATISTICAL YEARBOOK

12－1 各县(市、区)第七次全国人口普查登记的常住人口及城镇化率(2020年)

Resident Population and Proportion Registered in the 7th National Population Census by Counties (Municipalities, Districts)(2020)

单位：万人 (10 000 persons)

县(市、区)	Counties (Municipalities, Districts)	常住人口 Resident Population	城镇人口 Urban Population	乡村人口 Rural Population	城镇化率(%) Proportion (%)
成都市	**Chengdu**				
锦江区	Jinjiang	90.3	90.3		100.00
青羊区	Qingyang	95.6	95.6		100.00
金牛区	Jinniu	126.5	126.5		100.00
武侯区	Wuhou	185.5	185.5		100.00
成华区	Chenghua	138.2	138.2		100.00
龙泉驿区	Longquanyi	134.6	126.7	7.9	94.11
青白江区	Qingbaijiang	49.0	37.5	11.5	76.48
新都区	Xindu	155.9	123.3	32.6	79.13
温江区	Wenjiang	96.8	75.5	21.3	78.01
双流区	Shuangliu	266.0	204.5	61.5	76.88
郫都区	Pidu	167.2	127.8	39.4	76.41
新津区	Xinjin	36.4	25.5	10.9	70.03
金堂县	Jintang	80.0	41.9	38.1	52.35
大邑县	Dayi	51.6	25.9	25.7	50.25
蒲江县	Pujiang	25.6	12.1	13.5	47.36
都江堰市	Dujiangyan	71.0	43.7	27.3	61.49
彭州市	Pengzhou	78.0	38.3	39.7	49.13
邛崃市	Qionglai	60.3	32.3	28.0	53.53
崇州市	Chongzhou	73.6	39.1	34.5	53.18
简阳市	Jianyang	111.7	59.1	52.6	52.92
自贡市	**Zigong**				
自流井区	Ziliujing	48.2	44.6	3.6	92.49
贡井区	Gongjing	22.7	12.5	10.2	54.94
大安区	Daan	29.2	15.6	13.6	53.42
沿滩区	Yantan	29.7	14.2	15.5	47.91
荣县	Rongxian	46.9	20.4	26.5	43.66
富顺县	Fushun	72.2	30.6	41.6	42.32
攀枝花市	**Panzhihua**				
东区	Dongqu	41.1	40.7	0.4	99.00
西区	Xiqu	12.9	12.3	0.6	95.15
仁和区	Renhe	26.6	15.6	11.0	58.60
米易县	Miyi	22.7	10.0	12.7	44.00
盐边县	Yanbian	17.9	5.7	12.2	32.12
泸州市	**Luzhou**				
江阳区	Jiangyang	76.1	57.8	18.3	75.95
纳溪区	Naxi	35.5	17.0	18.5	47.79
龙马潭区	Longmatan	48.0	38.1	9.9	79.31
泸县	Luxian	76.4	31.5	44.9	41.22
合江县	Hejiang	68.9	28.8	40.1	41.84
叙永县	Xuyong	55.3	19.3	36.0	34.91
古蔺县	Gulin	65.2	21.3	43.9	32.62

12-1 续表 1 continued

单位：万人 (10 000 persons)

县(市、区)	Counties (Municipalities, Districts)	常住人口 Resident Population	城镇人口 Urban Population	乡村人口 Rural Population	城镇化率(%) Proportion (%)
德阳市	**Deyang**				
旌阳区	Jingyang	82.8	60.9	21.9	73.52
罗江区	Luojiang	20.9	10.8	10.1	51.63
中江县	Zhongjiang	94.6	39.2	55.4	41.49
广汉市	Guanghan	62.6	36.9	25.7	58.92
什邡市	Shifang	40.7	22.3	18.4	54.90
绵竹市	Mianzhu	44.0	23.3	20.7	52.91
绵阳市	**Mianyang**				
涪城区	Fucheng	129.9	104.3	25.6	80.25
游仙区	Youxian	56.1	34.2	21.9	61.01
安州区	Anzhou	37.3	16.5	20.8	44.22
三台县	Santai	95.6	24.5	71.1	25.64
盐亭县	Yanting	37.1	14.3	22.8	38.57
梓潼县	Zitong	27.7	9.3	18.4	33.66
北川县	Beichuan	17.4	6.0	11.4	34.44
平武县	Pingwu	12.6	3.6	9.0	28.80
江油市	Jiangyou	73.1	38.8	34.3	53.04
广元市	**Guangyuan**				
利州区	Lizhou	62.2	47.2	15.0	75.91
昭化区	Zhaohua	13.4	4.5	8.9	33.42
朝天区	Chaotian	12.7	4.0	8.7	31.51
旺苍县	Wangcang	33.0	14.4	18.6	43.60
青川县	Qingchuan	15.6	5.5	10.1	35.32
剑阁县	Jiange	42.4	16.0	26.4	37.68
苍溪县	Cangxi	51.3	16.9	34.4	32.94
遂宁市	**Suining**				
船山区	Chuanshan	83.3	69.1	14.2	82.93
安居区	Anju	43.2	13.9	29.3	32.15
蓬溪县	Pengxi	43.0	16.8	26.2	39.08
大英县	Daying	38.7	17.2	21.5	44.48
射洪市	Shehong	73.2	44.3	28.9	60.47
内江市	**Neijiang**				
内江市中区	Neijiang Downtown	42.5	26.8	15.7	63.04
东兴区	Dongxing	75.4	41.6	33.8	55.14
威远县	Weiyuan	54.7	27.8	26.9	50.83
资中县	Zizhong	84.6	33.6	51.0	39.66
隆昌市	Longchang	56.9	27.5	29.4	48.41
乐山市	**Leshan**				
乐山市中区	Leshan Downtown	81.5	60.7	20.8	74.52
沙湾区	Shawan	14.5	6.9	7.6	47.84
五通桥区	Wutongqiao	23.8	12.7	11.1	53.15

12−1 续表 2 continued

单位：万人 (10 000 persons)

县(市、区)	Counties (Municipalities, Districts)	常住人口 Resident Population	城镇人口 Urban Population	乡村人口 Rural Population	城镇化率(%) Proportion (%)
金口河区	Jinkouhe	3.9	1.6	2.3	41.89
犍为县	Qianwei	41.6	16.9	24.7	40.66
井研县	Jingyan	28.1	11.4	16.7	40.70
夹江县	Jiajiang	30.5	14.4	16.1	47.06
沐川县	Muchuan	19.2	6.4	12.8	33.38
峨边县	Ebian	12.2	4.6	7.6	37.74
马边县	Mabian	18.8	6.9	11.9	36.76
峨眉山市	Emeishan	41.9	25.3	16.6	60.29
南充市	**Nanchong**				
顺庆区	Shunqing	83.4	70.0	13.4	83.87
高坪区	Gaoping	57.1	29.5	27.6	51.64
嘉陵区	Jialing	53.2	26.0	27.2	48.93
南部县	Nanbu	81.7	36.7	45.0	44.93
营山县	Yingshan	62.1	27.4	34.7	44.11
蓬安县	Pengan	46.1	17.4	28.7	37.80
仪陇县	Yilong	72.9	26.3	46.6	36.06
西充县	Xichong	42.0	18.0	24.0	42.91
阆中市	Langzhong	62.3	30.3	32.0	48.67
眉山市	**Meishan**				
东坡区	Dongpo	90.4	54.3	36.1	60.09
彭山区	Pengshan	32.8	18.9	13.9	57.68
仁寿县	Renshou	111.0	47.3	63.7	42.56
洪雅县	Hongya	29.6	13.4	16.2	45.32
丹棱县	Danling	14.9	6.4	8.5	42.76
青神县	Qingshen	16.8	7.9	8.9	46.86
宜宾市	**Yibin**				
翠屏区	Cuiping	88.7	66.8	21.9	75.36
南溪区	Nanxi	33.3	19.0	14.3	57.04
叙州区	Xuzhou	93.8	43.2	50.6	46.05
江安县	Jiangan	42.5	20.2	22.3	47.54
长宁县	Changning	32.8	16.1	16.7	49.15
高县	Gaoxian	38.1	16.1	22.0	42.14
珙县	Gongxian	33.9	17.8	16.1	52.41
筠连县	Junlian	33.3	13.7	19.6	41.02
兴文县	Xingwen	38.0	15.2	22.8	40.14
屏山县	Pingshan	24.5	7.7	16.8	31.57
广安市	**Guangan**				
广安区	Guanganqu	74.4	39.4	35.0	52.96
前锋区	Qianfeng	23.2	9.1	14.1	39.24
岳池县	Yuechi	74.3	29.6	44.7	39.79
武胜县	Wusheng	55.6	20.9	34.7	37.53

12-1 续表 3 continued

单位：万人 (10 000 persons)

县(市、区)	Counties (Municipalities, Districts)	常住人口 Resident Population	城镇人口 Urban Population	乡村人口 Rural Population	城镇化率(%) Proportion (%)
邻水县	Linshui	70.8	29.9	40.9	42.27
华蓥市	Huaying	27.2	14.5	12.7	53.60
达州市	**Dazhou**				
通川区	Tongchuan	90.6	67.6	23.0	74.63
达川区	Dachuan	94.5	46.0	48.5	48.65
宣汉县	Xuanhan	95.4	42.5	52.9	44.56
开江县	Kaijiang	41.4	18.0	23.4	43.53
大竹县	Dazhu	84.2	38.4	45.8	45.60
渠县	Quxian	91.7	38.5	53.2	41.93
万源市	Wanyuan	40.7	17.2	23.5	42.33
雅安市	**Yaan**				
雨城区	Yucheng	36.9	23.4	13.5	63.37
名山区	Mingshan	25.5	10.9	14.6	42.92
荥经县	Yingjing	13.1	6.7	6.4	51.03
汉源县	Hanyuan	28.6	12.3	16.3	42.93
石棉县	Shimian	11.4	8.7	2.7	76.48
天全县	Tianquan	13.2	6.2	7.0	47.27
芦山县	Lushan	10.0	5.4	4.6	53.95
宝兴县	Baoxing	4.8	2.1	2.7	43.46
巴中市	**Bazhong**				
巴州区	Bazhou	71.9	47.9	24.0	66.60
恩阳区	Enyang	34.6	12.9	21.7	37.39
通江县	Tongjiang	52.2	20.3	31.9	38.96
南江县	Nanjiang	46.8	17.8	29.0	37.95
平昌县	Pingchang	65.8	26.3	39.5	39.99
资阳市	**Ziyang**				
雁江区	Yanjiang	86.7	46.2	40.5	53.31
安岳县	Anyue	95.1	29.2	65.9	30.69
乐至县	Lezhi	49.1	19.9	29.2	40.58
阿坝州	**Aba**				
马尔康市	Maerkang	5.8	3.2	2.6	53.78
汶川县	Wenchuan	8.3	4.3	4.0	52.29
理县	Lixian	3.7	1.4	2.3	38.99
茂县	Maoxian	9.5	4.8	4.7	50.59
松潘县	Songpan	6.7	2.4	4.3	35.79
九寨沟县	Jiuzhaigou	6.6	3.6	3.0	54.34
金川县	Jinchuan	5.8	2.0	3.8	34.10
小金县	Xiaojin	6.5	2.5	4.0	38.53
黑水县	Heishui	4.5	1.8	2.7	39.47
壤塘县	Rangtang	4.5	1.2	3.3	25.81

12-1 续表 4 continued

单位：万人 (10 000 persons)

县(市、区)	Counties (Municipalities, Districts)	常住人口 Resident Population	城镇人口 Urban Population	乡村人口 Rural Population	城镇化率(%) Proportion (%)
阿坝县	Abaxian	8.0	2.5	5.5	30.77
若尔盖县	Ruoergai	7.7	2.5	5.2	33.08
红原县	Hongyuan	4.7	2.0	2.7	42.93
甘孜州	**Ganzi**				
康定市	Kangding	12.7	7.0	5.7	55.00
泸定县	Luding	8.4	3.9	4.5	47.24
丹巴县	Danba	5.0	1.6	3.4	31.55
九龙县	Jiulong	5.4	1.5	3.9	27.20
雅江县	Yajiang	5.1	1.5	3.6	28.88
道孚县	Daofu	5.3	1.2	4.1	22.26
炉霍县	Luhuo	4.7	1.3	3.4	27.53
甘孜县	Ganzixian	7.2	2.1	5.1	29.55
新龙县	Xinlong	4.5	0.8	3.7	18.60
德格县	Dege	8.9	2.5	6.4	27.68
白玉县	Baiyu	6.0	1.4	4.6	23.02
石渠县	Shiqu	10.4	1.6	8.8	15.48
色达县	Seda	6.5	1.6	4.9	24.43
理塘县	Litang	6.7	2.6	4.1	39.66
巴塘县	Batang	5.0	1.4	3.6	27.73
乡城县	Xiangcheng	3.1	0.9	2.2	29.67
稻城县	Daocheng	3.3	0.8	2.5	23.54
得荣县	Derong	2.5	0.6	1.9	25.34
凉山州	**Liangshan**				
西昌市	Xichang	95.5	63.6	31.9	66.63
木里县	Muli	12.3	2.8	9.5	23.11
盐源县	Yanyuan	34.1	11.0	23.1	32.31
德昌县	Dechang	21.7	9.3	12.4	42.78
会理县	Huili	39.1	17.7	21.4	45.21
会东县	Huidong	34.6	14.2	20.4	40.92
宁南县	Ningnan	18.4	7.1	11.3	38.66
普格县	Puge	18.0	3.0	15.0	16.71
布拖县	Butuo	18.5	3.8	14.7	20.63
金阳县	Jinyang	17.0	3.2	13.8	18.82
昭觉县	Zhaojue	25.2	4.5	20.7	17.90
喜德县	Xide	15.8	4.1	11.7	26.03
冕宁县	Mianning	36.9	14.4	22.5	39.14
越西县	Yuexi	30.2	9.6	20.6	31.64
甘洛县	Ganluo	20.6	4.7	15.9	22.73
美姑县	Meigu	23.9	1.3	22.6	5.12
雷波县	Leibo	24.0	5.3	18.7	22.00

12-2 各县(市、区)地区生产总值(2020年)
Gross Regional Product by Counties (Municipalities, District)(2020)

县(市、区)	Counties (Municipalities, Districts)	地区生产总值(万元) Gross Regional Product (10 000 yuan)	第一产业 Primary Industry	第二产业 Secondary Industry	第三产业 Tertiary Industry	人均地区生产总值(元) Per Capita Gross Regional Product (yuan)
成都市	**Chengdu**					
锦江区	Jinjiang	11458965	7244	1277581	10174140	128464
青羊区	Qingyang	13048364	456	1809185	11238723	137496
金牛区	Jinniu	13299444	845	2514542	10784057	105551
武侯区	Wuhou	29647789	302	4900182	24747305	161656
成华区	Chenghua	11032943	466	3152037	7880440	81304
龙泉驿区	Longquanyi	13551914	352523	8438922	4760469	102356
青白江区	Qingbaijiang	5590721	193352	1698244	3699125	114564
新都区	Xindu	8779497	368660	2751445	5659392	57646
温江区	Wenjiang	6238376	231542	2332797	3674037	66084
双流区	Shuangliu	16122292	418833	4335271	11368188	61819
郫都区	Pidu	12336202	295473	7018298	5022431	75313
新津区	Xinjin	4005909	233018	1653596	2119295	110660
金堂县	Jintang	4688881	659710	1816616	2212555	59054
大邑县	Dayi	3006678	476227	1160535	1369916	58382
蒲江县	Pujiang	1781848	250928	611706	919214	69603
都江堰市	Dujiangyan	4416962	367610	1462724	2586628	62386
彭州市	Pengzhou	5073716	667131	2604040	1802545	65131
邛崃市	Qionglai	3508380	537305	1442466	1528609	58086
崇州市	Chongzhou	4058530	502317	1909233	1646980	55520
简阳市	Jianyang	5519345	987749	1295613	3235983	49456
自贡市	**Zigong**					
自流井区	Ziliujing	3598447	76365	975732	2546350	74195
贡井区	Gongjing	1427346	253717	608876	564753	62059
大安区	Daan	1683449	233831	786474	663144	56587
沿滩区	Yantan	2192593	248419	1199674	744500	72844
荣县	Rongxian	2305145	782028	713225	809892	48632
富顺县	Fushun	3377412	719140	1395433	1262839	46649
攀枝花市	**Panzhihua**					
东区	Dongqu	4453897	24044	2374259	2055594	108632
西区	Xiqu	829090	26664	581811	220615	63776
仁和区	Renhe	2285526	295290	1288719	701517	85600
米易县	Miyi	1556848	341005	642843	573000	68584
盐边县	Yanbian	1282882	282039	696258	304585	71271
泸州市	**Luzhou**					
江阳区	Jiangyang	6163616	308274	3081192	2774150	82236
纳溪区	Naxi	1972802	308038	944695	720069	54648
龙马潭区	Longmatan	3672020	143364	1995983	1532673	77797
泸县	Luxian	3938671	644197	2092194	1202280	51218
合江县	Hejiang	2555862	475653	1121712	958497	37041
叙永县	Xuyong	1471522	348442	458094	664986	26538
古蔺县	Gulin	1797685	336629	687053	774003	27488

12-2 续表 1 continued

县(市、区)	Counties (Municipalities, Districts)	地区生产总值(万元) Gross Regional Product (10 000 yuan)	第一产业 Primary Industry	第二产业 Secondary Industry	第三产业 Tertiary Industry	人均地区生产总值(元) Per Capita Gross Regional Product (yuan)
德阳市	**Deyang**					
旌阳区	Jingyang	7087481	419480	3157607	3510394	85909
罗江区	Luojiang	1483974	250535	787239	446200	70665
中江县	Zhongjiang	3912730	941296	1459218	1512216	41014
广汉市	Guanghan	4289629	387787	2171196	1730646	68634
什邡市	Shifang	3726983	363020	1856244	1507719	91348
绵竹市	Mianzhu	3540453	365034	1855258	1320161	80282
绵阳市	**Mianyang**					
涪城区	Fucheng	10659124	298364	4890663	5470097	83535
游仙区	Youxian	4024249	392747	1492425	2139077	72119
安州区	Anzhou	1961832	345362	848716	767754	52596
三台县	Santai	4074500	990959	1248945	1834596	42399
盐亭县	Yanting	1744268	444649	424435	875184	46514
梓潼县	Zitong	1489367	367276	455059	667032	53382
北川县	Beichuan	791155	146613	198939	445603	44698
平武县	Pingwu	578922	112443	202391	264088	44878
江油市	Jiangyou	4777350	611082	1981979	2184289	65087
广元市	**Guangyuan**					
利州区	Lizhou	3385874	163585	1505371	1716918	54611
昭化区	Zhaohua	719117	195375	283718	240024	52490
朝天区	Chaotian	712559	143919	335275	233365	54812
旺苍县	Wangcang	1388903	282120	620920	485863	41460
青川县	Qingchuan	520730	126768	135176	258786	32546
剑阁县	Jiange	1555281	446783	519158	589340	36338
苍溪县	Cangxi	1797628	509332	529652	758644	34770
遂宁市	**Suining**					
船山区	Chuanshan	4206177	313015	1729580	2163582	50922
安居区	Anju	2031068	450922	1010029	570117	45952
蓬溪县	Pengxi	1822907	356857	769551	696499	41906
大英县	Daying	1831078	337687	749392	743999	46711
射洪市	Shehong	4140563	724057	2082618	1333888	55954
内江市	**Neijiang**					
内江市中区	Neijiang Downtown	2704704	324997	911377	1468330	62900
东兴区	Dongxing	2568032	539089	541091	1487852	33901
威远县	Weiyuan	3558030	508939	1562259	1486832	64750
资中县	Zizhong	2837805	848800	805333	1183672	32940
隆昌市	Longchang	2990269	469185	970784	1550300	52232
乐山市	**Leshan**					
乐山市中区	Leshan Downtown	4309289	382934	1269549	2656806	53333
沙湾区	Shawan	1848409	197581	1158406	492422	125742
五通桥区	Wutongqiao	2345507	291725	1361807	691975	96922

12-2 续表 2 continued

县(市、区)	Counties (Municipalities, Districts)	地区生产总值(万元) Gross Regional Product (10 000 yuan)	第一产业 Primary Industry	第二产业 Secondary Industry	第三产业 Tertiary Industry	人均地区生产总值(元) Per Capita Gross Regional Product (yuan)
金口河区	Jinkouhe	342566	49879	174392	118295	85642
犍为县	Qianwei	2328344	486296	919680	922368	55702
井研县	Jingyan	1295204	367077	396166	531961	45767
夹江县	Jiajiang	2146653	355303	1033850	757500	69924
沐川县	Muchuan	783947	209027	268844	306076	40619
峨边县	Ebian	575620	90380	268322	216918	46798
马边县	Mabian	539695	130620	199049	210026	28707
峨眉山市	Emeishan	3518955	342433	1180700	1995822	83586
南充市	**Nanchong**					
顺庆区	Shunqing	4579916	287874	1772417	2519625	55246
高坪区	Gaoping	2120129	367282	835300	917547	37001
嘉陵区	Jialing	2136305	467066	912125	757114	39782
南部县	Nanbu	4201617	784865	1965225	1451527	50990
营山县	Yingshan	2211107	519229	695530	996348	35209
蓬安县	Pengan	1801199	457840	627572	715787	38487
仪陇县	Yilong	2486927	669725	870516	946686	33607
西充县	Xichong	1819791	436574	595300	787917	42718
阆中市	Langzhong	2653764	617104	834014	1202646	42190
眉山市	**Meishan**					
东坡区	Dongpo	4914675	609597	1867658	2437420	54492
彭山区	Pengshan	1833889	177968	825076	830845	55860
仁寿县	Renshou	4573782	953357	1624857	1995568	41024
洪雅县	Hongya	1291060	219378	359509	712173	43543
丹棱县	Danling	725732	145265	248501	331966	48805
青神县	Qingshen	898217	122898	350789	424530	53529
宜宾市	**Yibin**					
翠屏区	Cuiping	10173724	437836	6269961	3465927	114957
南溪区	Nanxi	1916191	328591	862066	725534	57717
叙州区	Xuzhou	5066672	545534	2454102	2067036	54189
江安县	Jiangan	1862565	361173	697672	803720	43825
长宁县	Changning	1800782	337679	729420	733683	55070
高县	Gaoxian	1685334	313440	627769	744125	44234
珙县	Gongxian	1711838	283500	702489	725849	50497
筠连县	Junlian	1461768	308341	481500	671927	44029
兴文县	Xingwen	1475630	292931	407712	774987	38935
屏山县	Pingshan	866745	236481	260318	369946	35377
广安市	**Guangan**					
广安区	Guanganqu	2314441	382008	342265	1590168	31489
前锋区	Qianfeng	1448100	189962	763003	495135	62150
岳池县	Yuechi	2621703	565091	783171	1273441	35285
武胜县	Wusheng	2486239	544517	734783	1206939	44636

12-2 续表 3 continued

县(市、区)	Counties (Municipalities, Districts)	地区生产总值(万元) Gross Regional Product (10 000 yuan)	第一产业 Primary Industry	第二产业 Secondary Industry	第三产业 Tertiary Industry	人均地区生产总值(元) Per Capita Gross Regional Product (yuan)
邻水县	Linshui	2432935	514106	717359	1201470	34412
华蓥市	Huaying	1712281	156829	830672	724780	62721
达州市	**Dazhou**					
通川区	Tongchuan	3407399	274214	1106882	2026303	37881
达川区	Dachuan	3636180	636058	1303812	1696310	38235
宣汉县	Xuanhan	4002056	793960	1592336	1615760	41797
开江县	Kaijiang	1446386	364520	391580	690286	34769
大竹县	Dazhu	3872982	675362	1490095	1707525	45861
渠县	Quxian	3471424	799213	1014130	1658081	37387
万源市	Wanyuan	1341596	392416	304151	645029	32923
雅安市	**Yaan**					
雨城区	Yucheng	2085440	314486	568032	1202922	56363
名山区	Mingshan	1000919	298904	306423	395592	39098
荥经县	Yingjing	769587	140670	241880	387037	57864
汉源县	Hanyuan	1105843	268183	295808	541852	38397
石棉县	Shimian	1023761	164022	334080	525659	89023
天全县	Tianquan	706995	136971	220552	349472	53158
芦山县	Lushan	508093	123623	165367	219103	50809
宝兴县	Baoxing	345309	70969	126632	147708	70471
巴中市	**Bazhong**					
巴州区	Bazhou	2219045	341279	552092	1325674	30863
恩阳区	Enyang	881525	236867	216608	428050	25776
通江县	Tongjiang	1340371	343938	356447	639986	25054
南江县	Nanjiang	1398229	313288	439552	645389	29375
平昌县	Pingchang	1830696	382775	584653	863268	27202
资阳市	**Ziyang**					
雁江区	Yanjiang	3473755	525942	1164470	1783343	39928
安岳县	Anyue	2650180	777425	527897	1344858	27635
乐至县	Lezhi	1951089	381649	593917	975523	39656
阿坝州	**Aba**					
马尔康市	Maerkang	542266	38156	150943	353167	93494
汶川县	Wenchuan	747499	117887	312639	316973	87941
理县	Lixian	290176	36049	78039	176088	72544
茂县	Maoxian	430248	89102	158762	182384	45771
松潘县	Songpan	259501	53818	26412	179271	39923
九寨沟县	Jiuzhaigou	306868	30003	49934	226931	47210
金川县	Jinchuan	206739	43411	14461	148867	33892
小金县	Xiaojin	243681	44201	44578	154902	36370
黑水县	Heishui	285615	48718	90065	146832	57123
壤塘县	Rangtang	132089	38093	5526	88470	30020

12-2 续表 4 continued

县(市、区)	Counties (Municipalities, Districts)	地区生产总值(万元) Gross Regional Product (10 000 yuan)	第一产业 Primary Industry	第二产业 Secondary Industry	第三产业 Tertiary Industry	人均地区生产总值(元) Per Capita Gross Regional Product (yuan)
阿坝县	Abaxian	189054	62946	11249	114859	24238
若尔盖县	Ruoergai	300841	139679	12666	148496	39584
红原县	Hongyuan	182892	78620	9192	95080	38103
甘孜州	**Ganzi**					
康定市	Kangding	1099615	66746	460703	572166	86177
泸定县	Luding	292719	48216	84100	160403	34641
丹巴县	Danba	219132	42030	61895	115207	43136
九龙县	Jiulong	279338	40776	141189	97373	51349
雅江县	Yajiang	160471	33045	28874	98552	31403
道孚县	Daofu	137806	32239	13600	91967	25567
炉霍县	Luhuo	128471	34715	14838	78918	27104
甘孜县	Ganzixian	177955	60007	9455	108493	24579
新龙县	Xinlong	132813	38750	8823	85240	28810
德格县	Dege	164290	59002	10166	95122	18606
白玉县	Baiyu	201095	45048	63879	92168	33911
石渠县	Shiqu	195637	63294	15477	116866	19012
色达县	Seda	148568	52363	8654	87551	23070
理塘县	Litang	196275	65735	18006	112534	28992
巴塘县	Batang	175706	48600	25564	101542	35496
乡城县	Xiangcheng	152857	28605	50005	74247	48372
稻城县	Daocheng	132698	23964	10912	97822	40212
得荣县	Derong	110749	23586	27304	59859	44123
凉山州	**Liangshan**					
西昌市	Xichang	5736179	552159	2316158	2867862	60611
木里县	Muli	545257	89002	250348	205907	44150
盐源县	Yanyuan	1372949	502256	489307	381386	40145
德昌县	Dechang	800329	233314	206050	360965	36831
会理县	Huili	1759531	561369	493283	704879	44795
会东县	Huidong	1402581	526251	347718	528612	40292
宁南县	Ningnan	670067	239189	151283	279595	36496
普格县	Puge	330553	107867	56666	166020	18467
布拖县	Butuo	353501	121733	57227	174541	19088
金阳县	Jinyang	413935	99237	115473	199225	24263
昭觉县	Zhaojue	416090	138956	53962	223172	16485
喜德县	Xide	328673	95990	38800	193883	20529
冕宁县	Mianning	1183088	278755	472040	432293	32202
越西县	Yuexi	535951	149275	80592	306084	17776
甘洛县	Ganluo	418549	85751	137023	195775	20328
美姑县	Meigu	370566	130280	43423	196863	15629
雷波县	Leibo	693666	156003	286170	251493	28927

12—3 各县(市、区)地区生产总值指数(2020年)
Indices of Gross Regional Product by Counties (Municipalities, District)(2020)

上年=100 (preceding year=100)

县(市、区)	Counties (Municipalities, Districts)	地区生产总值 Gross Regional Product	第一产业 Primary Industry	第二产业 Secondary Industry	第三产业 Tertiary Industry	人均地区生产总值 Per Capita Gross Regional Product
成都市	**Chengdu**					
锦江区	Jinjiang	102.0	101.4	102.8	101.9	99.2
青羊区	Qingyang	102.2	321.1	105.7	101.5	100.6
金牛区	Jinniu	102.8	102.5	107.1	101.6	101.8
武侯区	Wuhou	106.1	100.0	105.7	106.2	103.4
成华区	Chenghua	103.2	102.2	105.5	102.0	99.4
龙泉驿区	Longquanyi	103.9	103.7	104.5	102.3	99.3
青白江区	Qingbaijiang	105.7	103.2	105.6	106.0	103.8
新都区	Xindu	105.2	103.8	103.6	106.5	100.1
温江区	Wenjiang	105.1	104.3	107.4	103.1	99.6
双流区	Shuangliu	103.8	99.8	108.0	101.9	99.3
郫都区	Pidu	105.6	100.5	107.4	102.3	101.6
新津区	Xinjin	106.0	105.3	105.0	107.4	104.3
金堂县	Jintang	105.8	104.1	106.8	105.3	104.1
大邑县	Dayi	104.2	106.0	104.5	103.1	103.6
蒲江县	Pujiang	103.9	102.3	103.1	105.3	103.5
都江堰市	Dujiangyan	104.1	103.5	103.3	104.9	103.4
彭州市	Pengzhou	95.9	103.3	92.8	100.2	95.4
邛崃市	Qionglai	105.1	104.5	105.8	104.4	105.4
崇州市	Chongzhou	105.8	104.1	107.6	103.3	104.4
简阳市	Jianyang	101.9	102.2	95.5	106.2	100.9
自贡市	**Zigong**					
自流井区	Ziliujing	104.0	105.3	105.4	103.3	104.3
贡井区	Gongjing	103.6	105.5	104.4	101.5	106.5
大安区	Daan	103.6	105.6	103.7	102.8	108.4
沿滩区	Yantan	104.5	105.6	105.7	101.7	107.8
荣县	Rongxian	104.0	105.6	103.8	102.8	105.5
富顺县	Fushun	103.9	105.5	105.1	101.1	104.5
攀枝花市	**Panzhihua**					
东区	Dongqu	104.1	105.2	105.0	102.4	103.6
西区	Xiqu	103.5	104.9	103.9	102.1	104.3
仁和区	Renhe	103.6	105.0	103.8	102.4	104.0
米易县	Miyi	104.2	105.3	104.3	103.5	104.7
盐边县	Yanbian	103.5	105.0	103.8	101.0	104.7
泸州市	**Luzhou**					
江阳区	Jiangyang	104.5	105.2	103.7	105.5	100.6
纳溪区	Naxi	103.2	105.5	102.0	104.4	106.5
龙马潭区	Longmatan	104.7	105.2	104.2	105.5	100.7
泸县	Luxian	104.5	105.8	103.8	105.3	106.0
合江县	Hejiang	104.1	106.2	103.2	104.4	104.4
叙永县	Xuyong	104.3	105.0	102.8	105.4	104.9
古蔺县	Gulin	102.7	105.3	100.4	105.0	103.3

12-3 续表 1 continued

上年=100 (preceding year=100)

县(市、区)	Counties (Municipalities, Districts)	地区生产总值 Gross Regional Product	第一产业 Primary Industry	第二产业 Secondary Industry	第三产业 Tertiary Industry	人均地区生产总值 Per Capita Gross Regional Product
德阳市	**Deyang**					
旌阳区	Jingyang	103.9	103.2	103.3	104.7	103.0
罗江区	Luojiang	102.4	103.9	101.0	104.7	103.4
中江县	Zhongjiang	100.7	103.8	99.3	100.4	102.1
广汉市	Guanghan	100.1	103.5	97.9	102.8	99.8
什邡市	Shifang	103.9	103.5	103.6	104.6	104.2
绵竹市	Mianzhu	103.2	103.6	102.0	105.3	103.7
绵阳市	**Mianyang**					
涪城区	Fucheng	104.9	105.4	105.0	104.7	100.8
游仙区	Youxian	104.2	105.4	103.7	104.5	102.5
安州区	Anzhou	103.5	105.4	102.4	104.6	102.9
三台县	Santai	104.2	105.5	103.3	104.4	105.3
盐亭县	Yanting	104.2	105.5	103.4	104.2	106.7
梓潼县	Zitong	104.2	105.5	103.4	104.3	105.3
北川县	Beichuan	104.3	105.3	103.5	104.6	107.3
平武县	Pingwu	103.5	105.3	103.7	102.6	105.9
江油市	Jiangyou	104.1	105.4	103.3	104.8	105.0
广元市	**Guangyuan**					
利州区	Lizhou	104.1	105.3	104.2	104.0	103.1
昭化区	Zhaohua	105.1	105.8	105.1	104.5	108.9
朝天区	Chaotian	106.5	105.9	107.5	104.9	111.4
旺苍县	Wangcang	103.8	105.8	103.9	102.6	106.3
青川县	Qingchuan	102.5	105.6	101.7	101.7	106.3
剑阁县	Jiange	104.1	105.8	104.2	102.8	105.8
苍溪县	Cangxi	103.8	106.0	102.7	103.6	105.9
遂宁市	**Suining**					
船山区	Chuanshan	104.2	104.7	104.3	103.9	102.1
安居区	Anju	105.9	105.7	106.3	104.7	111.0
蓬溪县	Pengxi	103.9	106.2	103.5	103.1	106.2
大英县	Daying	104.5	105.3	104.2	104.5	107.0
射洪市	Shehong	103.8	104.8	103.6	103.3	105.8
内江市	**Neijiang**					
内江市中区	Neijiang Downtown	104.0	105.4	105.1	102.9	106.6
东兴区	Dongxing	103.3	105.8	102.3	102.8	103.8
威远县	Weiyuan	103.9	106.0	103.9	103.2	104.7
资中县	Zizhong	103.9	105.5	103.4	103.1	107.7
隆昌市	Longchang	104.6	106.6	105.8	103.2	105.6
乐山市	**Leshan**					
乐山市中区	Leshan Downtown	104.3	105.5	103.6	104.6	104.5
沙湾区	Shawan	104.5	105.9	104.6	103.2	105.9
五通桥区	Wutongqiao	104.7	105.8	104.8	103.8	107.7

12-3 续表 2 continued

上年=100 (preceding year=100)

县(市、区)	Counties (Municipalities, Districts)	地区生产总值 Gross Regional Product	第一产业 Primary Industry	第二产业 Secondary Industry	第三产业 Tertiary Industry	人均地区生产总值 Per Capita Gross Regional Product
金口河区	Jinkouhe	103.7	106.1	104.1	101.5	103.7
犍为县	Qianwei	104.1	106.2	103.7	103.7	104.3
井研县	Jingyan	103.8	106.6	104.0	101.8	104.5
夹江县	Jiajiang	103.6	106.3	103.7	102.0	104.2
沐川县	Muchuan	103.8	106.3	103.5	102.5	104.3
峨边县	Ebian	104.0	105.1	105.1	101.6	105.6
马边县	Mabian	104.1	105.7	104.0	103.2	104.1
峨眉山市	Emeishan	104.2	104.5	103.9	104.4	105.1
南充市	**Nanchong**					
顺庆区	Shunqing	105.1	105.7	105.6	104.5	103.6
高坪区	Gaoping	105.1	106.1	104.9	104.9	105.8
嘉陵区	Jialing	105.3	106.1	105.4	104.6	107.1
南部县	Nanbu	105.4	106.5	105.3	104.9	106.9
营山县	Yingshan	105.3	106.4	105.3	104.7	107.5
蓬安县	Pengan	89.3	106.0	72.4	104.0	91.6
仪陇县	Yilong	105.0	106.2	104.2	105.0	108.0
西充县	Xichong	105.5	106.4	105.3	105.2	108.5
阆中市	Langzhong	105.1	106.3	105.6	103.9	106.9
眉山市	**Meishan**					
东坡区	Dongpo	104.0	105.7	102.8	104.8	103.4
彭山区	Pengshan	104.5	105.5	103.6	105.3	104.1
仁寿县	Renshou	104.4	105.8	103.2	104.9	105.2
洪雅县	Hongya	104.3	105.6	102.5	105.2	104.8
丹棱县	Danling	103.8	105.5	102.3	104.7	103.4
青神县	Qingshen	104.2	106.0	103.1	104.8	103.8
宜宾市	**Yibin**					
翠屏区	Cuiping	106.6	105.8	106.9	106.1	105.7
南溪区	Nanxi	103.9	105.5	103.1	104.2	103.2
叙州区	Xuzhou	102.6	106.0	103.3	100.5	101.7
江安县	Jiangan	103.4	106.4	103.5	101.8	102.8
长宁县	Changning	103.2	105.1	103.0	102.6	102.8
高县	Gaoxian	103.8	106.0	102.8	103.6	104.1
珙县	Gongxian	103.5	105.8	102.7	103.4	103.7
筠连县	Junlian	102.6	105.4	97.8	105.4	101.9
兴文县	Xingwen	106.0	105.3	108.2	105.0	105.5
屏山县	Pingshan	105.3	105.8	104.2	105.8	105.3
广安市	**Guangan**					
广安区	Guanganqu	103.4	105.6	103.0	103.1	100.6
前锋区	Qianfeng	104.5	105.5	105.1	102.6	104.5
岳池县	Yuechi	103.1	105.7	102.7	102.4	103.4
武胜县	Wusheng	103.4	105.8	102.5	103.3	103.5

12-3 续表 3 continued

上年=100 (preceding year=100)

县(市、区)	Counties (Municipalities, Districts)	地区生产总值 Gross Regional Product	第一产业 Primary Industry	第二产业 Secondary Industry	第三产业 Tertiary Industry	人均地区生产总值 Per Capita Gross Regional Product
邻水县	Linshui	103.9	106.0	103.8	103.1	103.8
华蓥市	Huaying	103.3	105.2	103.7	102.1	103.7
达州市	**Dazhou**					
通川区	Tongchuan	104.3	105.5	106.0	102.9	102.7
达川区	Dachuan	103.0	105.6	102.0	103.0	104.1
宣汉县	Xuanhan	105.4	105.6	107.0	103.2	106.2
开江县	Kaijiang	104.0	105.4	104.9	102.4	104.8
大竹县	Dazhu	103.9	105.2	104.4	102.6	104.5
渠县	Quxian	104.3	105.6	104.7	103.1	106.6
万源市	Wanyuan	103.7	105.3	104.1	102.5	103.8
雅安市	**Yaan**					
雨城区	Yucheng	103.8	105.9	103.8	103.4	103.5
名山区	Mingshan	104.3	105.7	104.2	103.6	104.7
荥经县	Yingjing	104.2	105.0	104.8	103.5	105.8
汉源县	Hanyuan	105.0	106.1	104.7	104.8	106.4
石棉县	Shimian	105.0	105.9	105.2	104.8	106.0
天全县	Tianquan	105.1	105.8	105.2	104.7	105.9
芦山县	Lushan	104.2	105.8	104.3	103.5	105.3
宝兴县	Baoxing	104.1	105.6	104.3	103.3	106.2
巴中市	**Bazhong**					
巴州区	Bazhou	102.6	105.4	100.0	103.6	102.3
恩阳区	Enyang	102.6	105.1	100.8	102.7	102.9
通江县	Tongjiang	101.6	105.5	100.4	101.0	105.6
南江县	Nanjiang	103.1	105.6	101.5	103.5	106.5
平昌县	Pingchang	102.3	105.2	101.5	102.1	106.1
资阳市	**Ziyang**					
雁江区	Yanjiang	104.0	105.2	104.6	103.2	104.6
安岳县	Anyue	103.6	105.5	101.7	103.5	105.2
乐至县	Lezhi	104.4	105.5	104.3	104.0	104.6
阿坝州	**Aba**					
马尔康市	Maerkang	105.0	104.4	111.4	101.5	106.9
汶川县	Wenchuan	103.6	104.7	104.0	102.6	104.8
理县	Lixian	102.9	104.5	105.8	101.0	128.6
茂县	Maoxian	103.4	104.4	103.8	102.5	102.3
松潘县	Songpan	102.3	104.3	105.8	101.1	99.1
九寨沟县	Jiuzhaigou	103.3	104.4	103.3	103.1	101.7
金川县	Jinchuan	102.7	104.4	109.2	101.5	106.0
小金县	Xiaojin	101.2	104.3	98.8	101.4	104.2
黑水县	Heishui	104.7	104.3	109.4	101.1	119.3
壤塘县	Rangtang	101.1	104.4	83.2	101.8	96.5

12−3 续表 4 continued

上年=100 (preceding year=100)

县(市、区)	Counties (Municipalities, Districts)	地区生产总值 Gross Regional Product	第一产业 Primary Industry	第二产业 Secondary Industry	第三产业 Tertiary Industry	人均地区生产总值 Per Capita Gross Regional Product
阿坝县	Abaxian	103.5	104.6	107.2	102.6	99.5
若尔盖县	Ruoergai	102.0	104.6	93.2	101.7	100.6
红原县	Hongyuan	102.7	104.5	105.4	101.5	104.8
甘孜州	**Ganzi**					
康定市	Kangding	105.0	107.5	111.6	99.8	105.5
泸定县	Luding	103.6	106.3	111.9	99.7	104.1
丹巴县	Danba	102.8	102.5	110.6	99.6	106.6
九龙县	Jiulong	102.5	106.8	102.3	101.3	104.8
雅江县	Yajiang	104.1	106.9	109.6	101.4	104.0
道孚县	Daofu	102.7	105.6	109.0	100.5	104.2
炉霍县	Luhuo	103.1	104.3	113.7	100.4	104.0
甘孜县	Ganzixian	103.3	104.0	102.5	103.0	102.7
新龙县	Xinlong	102.9	104.3	107.8	101.4	104.5
德格县	Dege	104.1	103.1	134.3	101.8	103.2
白玉县	Baiyu	102.8	103.4	106.3	100.1	102.3
石渠县	Shiqu	102.6	102.6	117.6	100.5	101.2
色达县	Seda	103.0	103.1	138.7	100.2	101.6
理塘县	Litang	102.4	103.9	93.1	104.0	103.5
巴塘县	Batang	103.0	103.2	105.0	102.3	102.0
乡城县	Xiangcheng	103.5	103.2	106.6	101.6	104.8
稻城县	Daocheng	102.9	103.2	107.6	102.3	102.9
得荣县	Derong	102.7	106.3	105.3	99.7	103.9
凉山州	**Liangshan**					
西昌市	Xichang	102.7	104.5	102.0	103.1	100.3
木里县	Muli	105.6	104.2	109.7	101.0	106.9
盐源县	Yanyuan	103.7	104.6	104.7	101.4	104.3
德昌县	Dechang	106.4	103.9	112.4	104.3	107.0
会理县	Huili	106.7	104.7	105.5	108.9	107.7
会东县	Huidong	105.9	104.7	110.5	103.8	107.1
宁南县	Ningnan	104.8	105.2	109.9	101.9	104.1
普格县	Puge	101.4	104.6	98.5	100.9	100.0
布拖县	Butuo	105.2	105.2	112.1	103.1	104.8
金阳县	Jinyang	105.0	104.9	109.5	102.5	105.9
昭觉县	Zhaojue	105.7	105.0	121.2	102.5	105.7
喜德县	Xide	104.3	108.8	107.6	101.8	106.9
冕宁县	Mianning	102.7	105.0	103.2	100.9	101.7
越西县	Yuexi	102.5	104.6	103.7	101.3	102.0
甘洛县	Ganluo	106.6	104.9	115.0	101.9	106.3
美姑县	Meigu	102.3	104.9	100.0	101.5	100.4
雷波县	Leibo	101.4	104.9	100.2	101.3	100.8

12-4 各县(市、区)民营经济增加值(2020年)
Added Value of Civilian-owned Economy by Counties (Municipalities, District)(2020)

县(市、区)	Counties (Municipalities, Districts)	民营经济增加值(万元) Added Value of Civilian-owned Economy (10 000 yuan)	第一产业 Primary Industry	第二产业 Secondary Industry	第三产业 Tertiary Industry	人均民营经济增加值(元) Per Capita Added Value of Civilian-owned Economy (yuan)
成都市	**Chengdu**					
锦江区	Jinjiang	5425131		405903	5019228	60820
青羊区	Qingyang	5330972		1171475	4159497	56175
金牛区	Jinniu	7329804		1424811	5904993	58173
武侯区	Wuhou	14752056	47	2769810	11982199	80437
成华区	Chenghua	4738559		1051711	3686848	34919
龙泉驿区	Longquanyi	5927999	56971	3941456	1929572	44773
青白江区	Qingbaijiang	2311773	30640	934514	1346619	47372
新都区	Xindu	5396922	56095	2016039	3324788	35436
温江区	Wenjiang	3221842	31758	1456345	1733739	34130
双流区	Shuangliu	8904074	59426	3390278	5454370	34141
郫都区	Pidu	6304843	48997	3885170	2370676	38491
新津区	Xinjin	2504582	37682	1225543	1241357	69187
金堂县	Jintang	2782286	100833	1420697	1260756	35041
大邑县	Dayi	1589740	68182	920941	600617	30869
蒲江县	Pujiang	996151	37281	424200	534670	38912
都江堰市	Dujiangyan	2548098	54851	894706	1598541	35990
彭州市	Pengzhou	1868248	94296	869825	904127	23983
邛崃市	Qionglai	1937790	76763	899497	961530	32083
崇州市	Chongzhou	2255112	82319	1180952	991841	30850
简阳市	Jianyang	2901867	176917	1074593	1650357	26002
自贡市	**Zigong**					
自流井区	Ziliujing	1512711	22093	543903	946715	31190
贡井区	Gongjing	858185	52557	426106	379522	37312
大安区	Daan	1002891	37359	511766	453766	33711
沿滩区	Yantan	1359528	101379	692905	565244	45167
荣县	Rongxian	1530671	275846	517092	737733	32293
富顺县	Fushun	1849274	153972	901761	793541	25542
攀枝花市	**Panzhihua**					
东区	Dongqu	2032433	6002	967795	1058636	49572
西区	Xiqu	465935	6201	328292	131442	35841
仁和区	Renhe	1437627	52579	938760	446288	53844
米易县	Miyi	971057	53939	536728	380390	42778
盐边县	Yanbian	665826	43852	437397	184577	36990
泸州市	**Luzhou**					
江阳区	Jiangyang	3295335	51429	1639400	1604506	43967
纳溪区	Naxi	1132996	66068	613962	452966	31385
龙马潭区	Longmatan	2064808	41661	1063599	959548	43746
泸县	Luxian	2462359	185332	1533679	743348	32020
合江县	Hejiang	1548890	146117	840231	562542	22448
叙永县	Xuyong	825618	82355	370273	372990	14889
古蔺县	Gulin	961502	83369	423671	454462	14702

12-4 续表 1 continued

县(市、区)	Counties (Municipalities, Districts)	民营经济增加值（万元）Added Value of Civilian-owned Economy (10 000 yuan)	第一产业 Primary Industry	第二产业 Secondary Industry	第三产业 Tertiary Industry	人均民营经济增加值（元）Per Capita Added Value of Civilian-owned Economy (yuan)
德阳市	**Deyang**					
旌阳区	Jingyang	3216437	176361	1446684	1593392	38987
罗江区	Luojiang	966403	85835	612236	268332	46019
中江县	Zhongjiang	2622189	315134	1347250	959805	27486
广汉市	Guanghan	2945633	127058	1801482	1017093	47130
什邡市	Shifang	1726465	88061	935827	702577	42315
绵竹市	Mianzhu	2302222	107105	1575820	619297	52205
绵阳市	**Mianyang**					
涪城区	Fucheng	6411158	71176	3375998	2963984	50244
游仙区	Youxian	2411762	109533	1325579	976650	43222
安州区	Anzhou	1232350	95350	688313	448687	33039
三台县	Santai	2455056	283417	1034981	1136658	25547
盐亭县	Yanting	1048699	154879	399767	494053	27965
梓潼县	Zitong	895748	99863	432754	363131	32106
北川县	Beichuan	486233	73436	189319	223478	27471
平武县	Pingwu	361407	29268	194007	138132	28016
江油市	Jiangyou	2919283	118193	1557223	1243867	39772
广元市	**Guangyuan**					
利州区	Lizhou	1865660	35076	1025464	805120	30091
昭化区	Zhaohua	398287	84526	206361	107400	29072
朝天区	Chaotian	382835	33958	242607	106270	29449
旺苍县	Wangcang	774390	84054	472615	217721	23116
青川县	Qingchuan	279088	34437	116340	128311	17443
剑阁县	Jiange	865255	147056	437066	281133	20216
苍溪县	Cangxi	975871	155913	415205	404753	18876
遂宁市	**Suining**					
船山区	Chuanshan	2554393	111313	1239965	1203115	30925
安居区	Anju	1212538	153072	742829	316637	27433
蓬溪县	Pengxi	1105603	115424	601318	388861	25416
大英县	Daying	1116052	117529	549679	448844	28471
射洪市	Shehong	2521593	283326	1502457	735810	34076
内江市	**Neijiang**					
内江市中区	Neijiang Downtown	1557967	100123	575679	882165	36232
东兴区	Dongxing	1432392	156410	404332	871650	18909
威远县	Weiyuan	2186156	159346	1098469	928341	39784
资中县	Zizhong	1768091	415360	653274	699457	20523
隆昌市	Longchang	1842828	149960	688005	1004863	32189
乐山市	**Leshan**					
乐山市中区	Leshan Downtown	2166633	209820	880951	1075862	26815
沙湾区	Shawan	734419	133427	356808	244184	49960
五通桥区	Wutongqiao	1657665	152076	1144632	360957	68499

12-4 续表 2 continued

县(市、区)	Counties (Municipalities, Districts)	民营经济增加值(万元) Added Value of Civilian-owned Economy (10 000 yuan)	第一产业 Primary Industry	第二产业 Secondary Industry	第三产业 Tertiary Industry	人均民营经济增加值(元) Per Capita Added Value of Civilian-owned Economy (yuan)
金口河区	Jinkouhe	198933	16516	126425	55992	49733
犍为县	Qianwei	1403765	261191	697238	445336	33583
井研县	Jingyan	823008	188054	391594	243360	29082
夹江县	Jiajiang	1419183	130466	907736	380981	46227
沐川县	Muchuan	389083	69430	198990	120663	20160
峨边县	Ebian	267278	44929	147637	74712	21730
马边县	Mabian	248985	49126	117510	82349	13244
峨眉山市	Emeishan	1909405	149404	767746	992255	45354
南充市	**Nanchong**					
顺庆区	Shunqing	2688336	145267	1199184	1343885	32429
高坪区	Gaoping	1231125	182729	543126	505270	21486
嘉陵区	Jialing	1216840	235876	554682	426282	22660
南部县	Nanbu	2548934	391835	1157527	999572	30934
营山县	Yingshan	1290790	263142	482410	545238	20554
蓬安县	Pengan	1043500	253249	338971	451280	22297
仪陇县	Yilong	1473665	389164	529895	554606	19914
西充县	Xichong	1051925	212896	398861	440168	24693
阆中市	Langzhong	1633235	310097	559108	764030	25966
眉山市	**Meishan**					
东坡区	Dongpo	2680794	262151	1268119	1150524	29724
彭山区	Pengshan	1037345	75947	546399	414999	31597
仁寿县	Renshou	2600504	414385	1122638	1063481	23325
洪雅县	Hongya	764250	90756	300465	373029	25776
丹棱县	Danling	423971	60690	181231	182050	28512
青神县	Qingshen	517954	51933	242523	223498	30867
宜宾市	**Yibin**					
翠屏区	Cuiping	5240510	148976	3697449	1394085	59215
南溪区	Nanxi	1269282	115204	808417	345661	38231
叙州区	Xuzhou	3061501	181457	2119366	760678	32743
江安县	Jiangan	1202604	141365	659282	401957	28297
长宁县	Changning	1200756	105654	687305	407797	36720
高县	Gaoxian	1037538	121150	580532	335856	27232
珙县	Gongxian	997168	92607	525837	378724	29415
筠连县	Junlian	904888	112682	444348	347858	27256
兴文县	Xingwen	930499	117302	372735	440462	24551
屏山县	Pingshan	527966	91556	247788	188622	21550
广安市	**Guangan**					
广安区	Guanganqu	1297810	153300	294483	850027	17657
前锋区	Qianfeng	814194	32639	504259	277296	34944
岳池县	Yuechi	1475157	169726	616466	688965	19854
武胜县	Wusheng	1384943	252515	492495	639933	24864

12-4 续表 3 continued

县(市、区)	Counties (Municipalities, Districts)	民营经济增加值(万元) Added Value of Civilian-owned Economy (10 000 yuan)	第一产业 Primary Industry	第二产业 Secondary Industry	第三产业 Tertiary Industry	人均民营经济增加值(元) Per Capita Added Value of Civilian-owned Economy (yuan)
邻水县	Linshui	1376422	129030	549204	698188	19468
华蓥市	Huaying	948814	44108	564627	340079	34755
达州市	**Dazhou**					
通川区	Tongchuan	2084785	75930	699471	1309384	23177
达川区	Dachuan	2210250	172464	933719	1104067	23241
宣汉县	Xuanhan	2283731	213798	1124024	945909	23851
开江县	Kaijiang	878813	95524	309081	474208	21125
大竹县	Dazhu	2249238	186250	1054188	1008800	26634
渠县	Quxian	2207558	214207	857954	1135397	23776
万源市	Wanyuan	790182	104294	243398	442490	19391
雅安市	**Yaan**					
雨城区	Yucheng	1054343	36525	203825	813993	28496
名山区	Mingshan	597910	119472	263795	214643	23356
荥经县	Yingjing	548844	70335	229451	249058	41266
汉源县	Hanyuan	606329	33540	236516	336273	21053
石棉县	Shimian	607602	49447	248864	309291	52835
天全县	Tianquan	488217	21632	197119	269466	36708
芦山县	Lushan	316318	47126	135943	133249	31632
宝兴县	Baoxing	214480	9670	75345	129465	43771
巴中市	**Bazhong**					
巴州区	Bazhou	1295553	78349	473037	744167	18019
恩阳区	Enyang	506575	87224	159112	260239	14812
通江县	Tongjiang	782353	95424	285375	401554	14623
南江县	Nanjiang	794009	101723	331385	360901	16681
平昌县	Pingchang	1070228	97626	432526	540076	15902
资阳市	**Ziyang**					
雁江区	Yanjiang	2005305	223001	959633	822671	23049
安岳县	Anyue	1299987	262180	463778	574029	13556
乐至县	Lezhi	1200616	212703	470262	517651	24403
阿坝州	**Aba**					
马尔康市	Maerkang	136809	17011	18689	101109	23588
汶川县	Wenchuan	361362	52633	181759	126970	42513
理县	Lixian	120106	14839	49586	55681	30027
茂县	Maoxian	174679	36178	68996	69505	18583
松潘县	Songpan	100731	24854	16116	59761	15497
九寨沟县	Jiuzhaigou	151351	14350	39991	97010	23285
金川县	Jinchuan	95381	19670	12684	63027	15636
小金县	Xiaojin	117086	20695	34799	61592	17476
黑水县	Heishui	146931	17554	79131	50246	29386
壤塘县	Rangtang	50081	15181	5265	29635	11382

12-4 续表 4 continued

县(市、区)	Counties (Municipalities, Districts)	民营经济增加值(万元) Added Value of Civilian-owned Economy (10 000 yuan)	第一产业 Primary Industry	第二产业 Secondary Industry	第三产业 Tertiary Industry	人均民营经济增加值(元) Per Capita Added Value of Civilian-owned Economy (yuan)
阿坝县	Abaxian	88501	24711	10412	53378	11346
若尔盖县	Ruoergai	151771	51285	11381	89105	19970
红原县	Hongyuan	91256	28863	9082	53311	19012
甘孜州	**Ganzi**					
康定市	Kangding	468749	48670	201277	218802	36736
泸定县	Luding	152818	36925	34837	81056	18085
丹巴县	Danba	91043	27203	23876	39964	17922
九龙县	Jiulong	105729	31590	58969	15170	19435
雅江县	Yajiang	67595	24740	17258	25597	13228
道孚县	Daofu	56369	28126	10409	17834	10458
炉霍县	Luhuo	55113	30460	9089	15564	11627
甘孜县	Ganzixian	95437	58257	5976	31204	13182
新龙县	Xinlong	66158	36547	7122	22489	14351
德格县	Dege	83604	52928	9025	21651	9468
白玉县	Baiyu	76043	44707	12681	18655	12823
石渠县	Shiqu	105332	61449	13541	30342	10236
色达县	Seda	62815	48013	7745	7057	9754
理塘县	Litang	105633	64528	10243	30862	15603
巴塘县	Batang	78744	36698	19285	22761	15908
乡城县	Xiangcheng	60997	21557	17413	22027	19303
稻城县	Daocheng	65054	20680	9197	35177	19713
得荣县	Derong	37507	14248	12203	11056	14943
凉山州	**Liangshan**					
西昌市	Xichang	2981862	215263	1267086	1499513	31507
木里县	Muli	238437	28899	112620	96918	19307
盐源县	Yanyuan	553777	169689	190765	193323	16192
德昌县	Dechang	439442	80885	116034	242523	20223
会理县	Huili	852880	194370	209209	449301	21713
会东县	Huidong	748538	173478	204307	370753	21504
宁南县	Ningnan	350517	81959	114129	154429	19091
普格县	Puge	129258	37759	24408	67091	7221
布拖县	Butuo	157367	38095	43925	75347	8497
金阳县	Jinyang	169130	34169	49088	85873	9914
昭觉县	Zhaojue	183972	47131	45541	91300	7289
喜德县	Xide	148460	32496	31199	84765	9273
冕宁县	Mianning	646646	97718	280662	268266	17601
越西县	Yuexi	270034	50982	70181	148871	8956
甘洛县	Ganluo	215600	29061	93581	92958	10471
美姑县	Meigu	154705	44264	37573	72868	6525
雷波县	Leibo	370715	52355	199720	118640	15459

12-5 各县(市、区)民营经济增加值指数(2020年)
Indices of Civilian-owned Economy Added Value by Counties (Municipalities, District)(2020)

上年=100 (preceding year=100)

县(市、区)	Counties (Municipalities, Districts)	民营经济增加值 Added Value of Civilian-owned Economy	第一产业 Primary Industry	第二产业 Secondary Industry	第三产业 Tertiary Industry	人均民营经济增加值 Per Capita Added Value of Civilian-owned Economy
成都市	**Chengdu**					
锦江区	Jinjiang	101.2	100.0	112.8	100.3	98.4
青羊区	Qingyang	101.2	100.0	103.6	100.5	99.6
金牛区	Jinniu	101.9	100.0	98.3	102.9	100.9
武侯区	Wuhou	104.3	102.7	103.4	104.6	101.7
成华区	Chenghua	102.3	100.0	108.7	100.4	98.5
龙泉驿区	Longquanyi	102.5	106.5	104.5	95.7	98.0
青白江区	Qingbaijiang	104.3	106.0	101.0	108.0	102.4
新都区	Xindu	104.1	106.6	104.1	103.9	99.1
温江区	Wenjiang	103.9	107.1	101.6	106.3	98.4
双流区	Shuangliu	103.9	102.6	113.3	99.0	99.4
郫都区	Pidu	103.7	103.3	105.0	101.4	99.7
新津区	Xinjin	104.8	107.0	102.9	107.0	103.0
金堂县	Jintang	104.5	106.4	106.6	98.6	102.7
大邑县	Dayi	103.2	108.8	104.9	97.8	102.6
蒲江县	Pujiang	103.0	106.1	93.7	116.5	102.6
都江堰市	Dujiangyan	103.5	106.3	101.4	105.3	102.8
彭州市	Pengzhou	102.0	106.1	101.4	102.5	101.4
邛崃市	Qionglai	104.0	106.4	101.1	107.7	104.3
崇州市	Chongzhou	104.6	106.5	106.6	100.1	103.2
简阳市	Jianyang	99.0	104.6	91.3	107.2	98.0
自贡市	**Zigong**					
自流井区	Ziliujing	103.0	105.3	104.0	102.5	103.3
贡井区	Gongjing	102.6	104.3	104.1	100.2	105.5
大安区	Daan	102.6	105.0	102.8	102.2	107.5
沿滩区	Yantan	103.5	105.6	105.3	101.1	106.8
荣县	Rongxian	103.0	105.6	103.8	101.5	104.6
富顺县	Fushun	102.9	105.5	104.9	99.8	103.5
攀枝花市	**Panzhihua**					
东区	Dongqu	102.4	105.7	104.3	99.9	101.9
西区	Xiqu	103.7	105.2	104.6	100.2	104.4
仁和区	Renhe	103.2	105.4	103.8	100.9	103.6
米易县	Miyi	103.6	105.6	104.2	102.0	104.0
盐边县	Yanbian	102.4	105.4	103.5	97.8	103.5
泸州市	**Luzhou**					
江阳区	Jiangyang	103.8	106.5	103.0	104.6	100.0
纳溪区	Naxi	102.5	106.5	101.7	103.3	105.8
龙马潭区	Longmatan	104.0	106.2	103.9	104.1	100.1
泸县	Luxian	103.8	106.8	103.3	104.4	105.3
合江县	Hejiang	103.4	107.1	103.2	102.7	103.6
叙永县	Xuyong	103.6	106.0	103.2	103.4	104.1
古蔺县	Gulin	102.0	106.4	100.0	104.1	102.6

12−5 续表 1 continued

上年=100 (preceding year=100)

县(市、区)	Counties (Municipalities, Districts)	民营经济增加值 Added Value of Civilian-owned Economy	第一产业 Primary Industry	第二产业 Secondary Industry	第三产业 Tertiary Industry	人均民营经济增加值 Per Capita Added Value of Civilian-owned Economy
德阳市	**Deyang**					
旌阳区	Jingyang	103.2	103.7	104.2	101.9	102.3
罗江区	Luojiang	102.0	106.4	101.8	100.7	103.0
中江县	Zhongjiang	100.3	103.3	100.0	99.3	101.6
广汉市	Guanghan	99.6	104.8	98.2	101.6	99.2
什邡市	Shifang	103.3	98.2	103.7	103.4	103.5
绵竹市	Mianzhu	102.8	104.9	101.7	105.7	103.3
绵阳市	**Mianyang**					
涪城区	Fucheng	103.5	104.9	103.5	103.5	99.5
游仙区	Youxian	103.0	104.9	102.3	103.9	101.3
安州区	Anzhou	102.3	104.9	101.1	103.6	101.7
三台县	Santai	103.0	105.0	102.2	103.3	104.0
盐亭县	Yanting	102.9	105.0	102.1	103.0	105.4
梓潼县	Zitong	102.9	104.9	101.9	103.8	104.0
北川县	Beichuan	103.0	104.8	102.1	103.4	105.9
平武县	Pingwu	102.3	104.8	102.3	101.8	104.7
江油市	Jiangyou	102.8	104.6	102.1	103.7	103.6
广元市	**Guangyuan**					
利州区	Lizhou	103.6	106.1	103.1	104.1	102.6
昭化区	Zhaohua	104.4	106.5	104.1	103.9	108.3
朝天区	Chaotian	105.7	106.8	106.4	103.9	110.6
旺苍县	Wangcang	103.2	106.4	103.4	101.7	105.7
青川县	Qingchuan	102.0	106.3	101.5	101.5	105.8
剑阁县	Jiange	103.5	106.6	103.5	102.1	105.2
苍溪县	Cangxi	103.2	106.9	102.4	102.9	105.2
遂宁市	**Suining**					
船山区	Chuanshan	103.3	104.6	103.6	102.8	101.2
安居区	Anju	105.0	105.7	105.7	102.9	110.1
蓬溪县	Pengxi	103.1	106.1	103.6	101.3	105.5
大英县	Daying	103.6	105.3	103.9	102.6	106.1
射洪市	Shehong	103.0	104.8	103.4	101.4	105.0
内江市	**Neijiang**					
内江市中区	Neijiang Downtown	102.8	105.1	104.4	101.0	105.5
东兴区	Dongxing	102.3	105.4	102.6	101.3	102.8
威远县	Weiyuan	102.9	105.7	103.4	101.6	103.7
资中县	Zizhong	102.9	105.2	103.5	101.0	106.7
隆昌市	Longchang	103.4	106.3	105.0	101.3	104.4
乐山市	**Leshan**					
乐山市中区	Leshan Downtown	103.4	105.5	108.5	97.6	101.8
沙湾区	Shawan	103.6	105.5	103.7	102.1	105.0
五通桥区	Wutongqiao	103.9	105.3	104.5	100.8	107.0

12−5 续表 2 continued

上年=100 (preceding year=100)

县(市、区)	Counties (Municipalities, Districts)	民营经济增加值 Added Value of Civilian-owned Economy	第一产业 Primary Industry	第二产业 Secondary Industry	第三产业 Tertiary Industry	人均民营经济增加值 Per Capita Added Value of Civilian-owned Economy
金口河区	Jinkouhe	102.9	105.5	103.8	98.5	102.9
犍为县	Qianwei	103.3	105.8	103.6	100.8	103.5
井研县	Jingyan	103.0	106.0	103.7	99.3	103.7
夹江县	Jiajiang	102.7	105.7	103.9	97.6	103.4
沐川县	Muchuan	102.8	105.7	104.8	96.2	103.4
峨边县	Ebian	103.2	104.7	104.2	97.5	104.9
马边县	Mabian	103.1	105.1	104.2	98.9	103.1
峨眉山市	Emeishan	103.2	104.0	106.3	99.0	104.2
南充市	**Nanchong**					
顺庆区	Shunqing	103.8	106.0	103.8	103.6	102.3
高坪区	Gaoping	104.0	106.4	103.2	104.1	104.7
嘉陵区	Jialing	104.1	106.4	103.7	103.5	105.9
南部县	Nanbu	104.2	106.8	103.7	103.9	105.7
营山县	Yingshan	104.0	106.7	103.4	103.4	106.2
蓬安县	Pengan	89.5	106.3	72.8	100.5	91.8
仪陇县	Yilong	104.1	106.5	102.7	104.0	107.1
西充县	Xichong	104.3	106.7	103.3	104.3	107.3
阆中市	Langzhong	103.9	106.6	104.0	102.7	105.8
眉山市	**Meishan**					
东坡区	Dongpo	102.9	105.7	102.4	103.0	102.3
彭山区	Pengshan	103.4	105.5	103.7	102.5	103.1
仁寿县	Renshou	103.3	105.8	103.4	102.1	104.2
洪雅县	Hongya	103.2	105.6	102.7	103.2	103.8
丹棱县	Danling	102.7	105.5	103.7	100.3	102.3
青神县	Qingshen	103.1	106.0	103.0	102.5	102.8
宜宾市	**Yibin**					
翠屏区	Cuiping	106.4	103.9	107.0	105.2	105.5
南溪区	Nanxi	103.3	108.0	102.4	103.5	102.7
叙州区	Xuzhou	102.1	107.8	103.1	99.3	101.3
江安县	Jiangan	102.8	104.0	103.8	101.4	102.1
长宁县	Changning	102.7	107.0	102.8	101.2	102.0
高县	Gaoxian	103.2	108.0	102.3	103.0	103.4
珙县	Gongxian	102.6	107.5	102.1	102.1	102.9
筠连县	Junlian	101.9	107.2	98.4	104.7	101.3
兴文县	Xingwen	103.3	107.3	100.9	104.2	102.8
屏山县	Pingshan	104.4	107.8	102.7	105.0	104.4
广安市	**Guangan**					
广安区	Guanganqu	102.3	105.7	103.0	101.4	99.5
前锋区	Qianfeng	103.4	105.3	104.0	101.4	103.4
岳池县	Yuechi	102.1	105.6	102.0	101.3	102.4
武胜县	Wusheng	102.3	105.4	101.9	101.5	102.3

12-5 续表 3 continued

上年=100 (preceding year=100)

县(市、区)	Counties (Municipalities, Districts)	民营经济增加值 Added Value of Civilian-owned Economy	第一产业 Primary Industry	第二产业 Secondary Industry	第三产业 Tertiary Industry	人均民营经济增加值 Per Capita Added Value of Civilian-owned Economy
邻水县	Linshui	102.8	106.0	103.6	101.3	102.7
华蓥市	Huaying	102.2	105.3	103.0	100.2	102.6
达州市	**Dazhou**					
通川区	Tongchuan	103.7	105.5	105.8	102.1	102.2
达川区	Dachuan	102.3	105.7	102.0	102.0	103.3
宣汉县	Xuanhan	105.0	105.6	106.0	103.4	105.8
开江县	Kaijiang	103.4	105.5	103.7	102.8	104.3
大竹县	Dazhu	103.2	105.2	104.0	101.6	103.8
渠县	Quxian	103.7	105.6	104.1	103.1	106.0
万源市	Wanyuan	103.1	105.3	102.8	102.8	103.3
雅安市	**Yaan**					
雨城区	Yucheng	103.1	105.5	101.0	103.5	102.8
名山区	Mingshan	103.7	106.3	105.4	100.7	104.1
荥经县	Yingjing	103.6	105.0	105.2	101.6	105.2
汉源县	Hanyuan	104.7	103.4	103.8	105.7	106.2
石棉县	Shimian	104.7	105.2	104.7	104.7	105.6
天全县	Tianquan	104.8	102.0	105.8	104.2	105.6
芦山县	Lushan	103.6	106.2	103.3	103.0	104.6
宝兴县	Baoxing	103.4	105.8	105.5	101.9	105.5
巴中市	**Bazhong**					
巴州区	Bazhou	101.9	105.4	99.7	103.5	101.7
恩阳区	Enyang	101.9	105.2	100.2	102.1	102.2
通江县	Tongjiang	100.7	105.4	99.9	100.1	104.6
南江县	Nanjiang	102.5	105.4	100.5	104.0	105.9
平昌县	Pingchang	101.5	105.1	100.6	101.7	105.3
资阳市	**Ziyang**					
雁江区	Yanjiang	103.1	105.6	103.9	101.4	103.7
安岳县	Anyue	102.7	105.9	101.7	101.7	104.3
乐至县	Lezhi	103.4	105.9	103.8	102.0	103.6
阿坝州	**Aba**					
马尔康市	Maerkang	101.2	105.8	104.1	100.1	103.0
汶川县	Wenchuan	103.1	106.1	104.4	100.2	104.3
理县	Lixian	102.1	106.0	103.2	99.7	127.6
茂县	Maoxian	102.7	105.9	102.1	101.7	101.6
松潘县	Songpan	101.4	105.5	102.9	99.2	98.3
九寨沟县	Jiuzhaigou	102.4	106.0	104.5	100.8	100.8
金川县	Jinchuan	101.8	105.9	103.5	100.0	105.1
小金县	Xiaojin	100.2	106.0	96.5	100.9	103.2
黑水县	Heishui	104.4	105.8	105.6	101.5	119.0
壤塘县	Rangtang	100.3	105.9	85.6	100.5	95.8

12-5 续表 4 continued

上年=100 (preceding year=100)

县(市、区)	Counties (Municipalities, Districts)	民营经济增加值 Added Value of Civilian-owned Economy	第一产业 Primary Industry	第二产业 Secondary Industry	第三产业 Tertiary Industry	人均民营经济增加值 Per Capita Added Value of Civilian-owned Economy
阿坝县	Abaxian	102.5	106.0	105.1	100.1	98.5
若尔盖县	Ruoergai	101.2	105.8	90.1	99.8	99.8
红原县	Hongyuan	101.9	106.0	100.5	99.9	104.0
甘孜州	**Ganzi**					
康定市	Kangding	97.9	109.7	114.1	83.8	98.3
泸定县	Luding	106.4	106.2	106.7	106.3	106.9
丹巴县	Danba	98.0	105.6	103.1	91.0	101.7
九龙县	Jiulong	96.2	109.8	90.3	96.4	98.3
雅江县	Yajiang	101.4	104.9	99.5	99.2	101.2
道孚县	Daofu	102.4	106.6	105.2	95.1	103.9
炉霍县	Luhuo	106.2	108.8	113.2	98.8	107.1
甘孜县	Ganzixian	104.5	103.5	126.4	102.0	104.0
新龙县	Xinlong	102.1	103.6	102.8	99.1	103.7
德格县	Dege	104.8	103.1	131.7	99.4	103.9
白玉县	Baiyu	105.3	104.6	117.0	99.7	104.7
石渠县	Shiqu	105.7	105.7	113.0	102.4	104.3
色达县	Seda	104.1	104.1	140.0	81.0	102.6
理塘县	Litang	102.3	105.7	91.7	101.7	103.4
巴塘县	Batang	102.7	106.9	101.0	99.2	101.6
乡城县	Xiangcheng	100.3	106.7	95.1	98.7	101.6
稻城县	Daocheng	97.6	105.9	104.3	92.2	97.6
得荣县	Derong	99.4	104.1	93.3	100.4	100.6
凉山州	**Liangshan**					
西昌市	Xichang	101.1	104.0	100.4	101.5	98.8
木里县	Muli	105.2	103.7	109.1	100.6	106.5
盐源县	Yanyuan	102.5	104.1	103.8	99.7	103.1
德昌县	Dechang	105.4	103.4	111.8	102.6	106.0
会理县	Huili	106.5	104.2	103.4	109.2	107.5
会东县	Huidong	105.4	104.2	109.3	103.4	106.5
宁南县	Ningnan	104.4	104.7	110.5	99.4	103.7
普格县	Puge	100.3	104.1	102.4	97.5	98.9
布拖县	Butuo	105.0	104.7	109.0	102.3	104.5
金阳县	Jinyang	103.3	104.4	106.8	100.8	104.2
昭觉县	Zhaojue	105.5	104.5	113.1	101.9	105.6
喜德县	Xide	104.0	108.3	106.4	101.6	106.5
冕宁县	Mianning	101.4	104.5	102.3	99.5	100.4
越西县	Yuexi	101.9	104.1	103.1	100.6	101.4
甘洛县	Ganluo	106.4	104.4	111.7	101.3	106.0
美姑县	Meigu	100.7	104.4	99.5	99.8	98.9
雷波县	Leibo	100.6	104.4	100.0	100.4	99.9

12−6 各县(市、区)固定资产投资和建筑业情况(2020年)
Investment in Fixed Assets and Construction by Counties (Municipalities, Districts)(2020)

县(市、区)	Counties (Municipalities, Districts)	全社会固定资产投资比上年增长 (%) Growth Rate of Total Investment Over Preceding Year(%)	房地产开发投资额 (万元) Real Estate Investment (10 000 yuan)	建筑企业单位数 (个) Number of Construction Enterprises (unit)	建筑业总产值 (亿元) Gross Output Value of Construction (100 million yuan)
成都市	**Chengdu**				
锦江区	Jinjiang	-12.8	1194745	153	491.83
青羊区	Qingyang	6.3	1142732	248	913.18
金牛区	Jinniu	9.4	1522210	320	1337.02
武侯区	Wuhou	12.8	2397574	511	1140.80
成华区	Chenghua	8.9	2234386	121	233.80
龙泉驿区	Longquanyi	3.8	1690816	81	170.99
青白江区	Qingbaijiang	12.3	1051533	27	128.89
新都区	Xindu	10.9	1872070	51	180.58
温江区	Wenjiang	8.3	1532520	55	79.05
双流区	Shuangliu	12.2	6469707	133	284.52
郫都区	Pidu	6.1	1674144	37	241.89
新津区	Xinjin	16.2	1051035	43	36.18
金堂县	Jintang	12.8	558918	52	120.34
大邑县	Dayi	8.3	436081	46	72.42
蒲江县	Pujiang	12.4	238169	23	22.33
都江堰市	Dujiangyan	16.2	1141291	43	147.45
彭州市	Pengzhou	11.7	516586	32	16.39
邛崃市	Qionglai	10.3	373799	54	87.62
崇州市	Chongzhou	13.4	649218	48	51.99
简阳市	Jianyang	9.8	707087	57	65.43
自贡市	**Zigong**				
自流井区	Ziliujing	0.0	1095066	41	186.05
贡井区	Gongjing	9.0	84267	6	4.82
大安区	Daan	26.3	256152	14	31.10
沿滩区	Yantan	28.3	166437	17	76.12
荣县	Rongxian	1.5	119109	20	51.64
富顺县	Fushun	0.8	460294	61	123.36
攀枝花市	**Panzhihua**				
东区	Dongqu	9.5	197710	55	213.82
西区	Xiqu	10.0	95103	7	7.82
仁和区	Renhe	10.3	420451	20	17.61
米易县	Miyi	9.9	243047	13	11.06
盐边县	Yanbian	10.5	83720	6	1.97
泸州市	**Luzhou**				
江阳区	Jiangyang	11.0	2037264	91	317.50
纳溪区	Naxi	7.2	336955	24	70.50
龙马潭区	Longmatan	14.1	1135260	68	313.40
泸县	Luxian	14.5	313994	116	452.99
合江县	Hejiang	11.0	298793	79	217.61
叙永县	Xuyong	7.2	202037	29	50.91

12－6 续表 1 continued

县(市、区)	Counties (Municipalities, Districts)	全社会固定资产投资比上年增长 (%) Growth Rate of Total Investment Over Preceding Year(%)	房地产开发投资额 (万元) Real Estate Investment (10 000 yuan)	建筑企业单位数 (个) Number of Construction Enterprises (unit)	建筑业总产值 (亿元) Gross Output Value of Construction (100 million yuan)
古蔺县	Gulin	7.5	131475	24	18.50
德阳市	**Deyang**				
旌阳区	Jingyang	6.4	1118345	135	191.23
罗江区	Luojiang	9.3	19313	14	17.76
中江县	Zhongjiang	5.3	301906	51	34.21
广汉市	Guanghan	8.1	382740	66	95.46
什邡市	Shifang	10.2	188580	26	45.34
绵竹市	Mianzhu	10.0	188967	37	32.41
绵阳市	**Mianyang**				
涪城区	Fucheng	2.0	1756263	272	358.31
游仙区	Youxian	9.5	381690	63	157.74
安州区	Anzhou	14.2	395894	45	46.32
三台县	Santai	24.9	321928	34	86.16
盐亭县	Yanting	18.0	123520	38	37.77
梓潼县	Zitong	15.7	116189	22	32.73
北川县	Beichuan	11.1	41572	21	15.63
平武县	Pingwu	3.8	11560	12	8.81
江油市	Jiangyou	22.0	494181	56	69.73
广元市	**Guangyuan**				
利州区	Lizhou	4.4	657331	190	125.96
昭化区	Zhaohua	19.1	23155	32	13.32
朝天区	Chaotian	11.8	66539	10	19.11
旺苍县	Wangcang	9.2	17106	17	24.77
青川县	Qingchuan	0.6	28139	6	1.72
剑阁县	Jiange	0.9	58457	21	16.13
苍溪县	Cangxi	1.8	147904	27	40.26
遂宁市	**Suining**				
船山区	Chuanshan	8.2	1397408	159	1965.18
安居区	Anju	12.8	125099	10	330.03
蓬溪县	Pengxi	11.7	324492	22	903.98
大英县	Daying	12.8	120184	26	1015.97
射洪市	Shehong	11.5	253363	25	955.45
内江市	**Neijiang**				
内江市中区	Neijiang Downtown	12.0	438293	35	68.84
东兴区	Dongxing	16.3	582440	32	94.32
威远县	Weiyuan	7.1	323772	19	62.94
资中县	Zizhong	13.2	321807	30	35.42
隆昌市	Longchang	7.0	250910	22	89.02
乐山市	**Leshan**				
乐山市中区	Leshan Downtown	11.5	815007	128	153.30
沙湾区	Shawan	7.3	28095	5	8.66

12-6 续表 2 continued

县(市、区)	Counties (Municipalities, Districts)	全社会固定资产投资比上年增长 (%) Growth Rate of Total Investment Over Preceding Year(%)	房地产开发投资额 (万元) Real Estate Investment (10 000 yuan)	建筑企业单位数 (个) Number of Construction Enterprises (unit)	建筑业总产值 (亿元) Gross Output Value of Construction (100 million yuan)
五通桥区	Wutongqiao	11.6	75245	6	15.39
金口河区	Jinkouhe	10.3		1	0.29
犍为县	Qianwei	11.4	248189	15	26.74
井研县	Jingyan	11.3	107766	7	19.85
夹江县	Jiajiang	10.0	179188	17	16.40
沐川县	Muchuan	11.4	54056	6	4.80
峨边县	Ebian	11.2		9	2.88
马边县	Mabian	11.3	16210	5	2.13
峨眉山市	Emeishan	11.3	609671	23	31.40
南充市	**Nanchong**				
顺庆区	Shunqing	13.0	492922	109	274.73
高坪区	Gaoping	13.3	752968	56	89.65
嘉陵区	Jialing	21.7	632701	53	83.31
南部县	Nanbu	5.6	371604	63	299.05
营山县	Yingshan	13.8	592524	29	98.44
蓬安县	Pengan	13.0	421161	31	87.49
仪陇县	Yilong	13.2	271157	53	240.58
西充县	Xichong	13.6	222470	20	68.04
阆中市	Langzhong	13.4	448253	44	178.69
眉山市	**Meishan**				
东坡区	Dongpo	10.0	1437793	96	171.49
彭山区	Pengshan	10.2	761521	26	62.49
仁寿县	Renshou	13.8	2130241	59	146.31
洪雅县	Hongya	3.9	225029	17	17.12
丹棱县	Danling	10.1	107648	12	12.56
青神县	Qingshen	11.8	103095	11	28.36
宜宾市	**Yibin**				
翠屏区	Cuiping	14.2	1110041	151	243.07
南溪区	Nanxi	11.9	307941	48	58.01
叙州区	Xuzhou	7.5	983336	161	154.56
江安县	Jiangan	11.2	423651	48	64.61
长宁县	Changning	10.5	209330	31	51.46
高县	Gaoxian	11.2	140031	47	45.81
珙县	Gongxian	11.2	125526	33	30.14
筠连县	Junlian	10.2	114039	34	26.20
兴文县	Xingwen	11.4	164389	58	22.22
屏山县	Pingshan	13.5	111810	57	16.38
广安市	**Guangan**				
广安区	Guanganqu	6.8	1311831	84	81.23
前锋区	Qianfeng	10.8	365629	10	14.80
岳池县	Yuechi	5.6	426586	40	120.90

12-6 续表 3 continued

县(市、区)	Counties (Municipalities, Districts)	全社会固定资产投资比上年增长(%) Growth Rate of Total Investment Over Preceding Year(%)	房地产开发投资额(万元) Real Estate Investment (10 000 yuan)	建筑企业单位数(个) Number of Construction Enterprises (unit)	建筑业总产值(亿元) Gross Output Value of Construction (100 million yuan)
武胜县	Wusheng	5.9	352608	23	103.26
邻水县	Linshui	11.7	348738	33	58.98
华蓥市	Huaying	7.3	194850	36	120.30
达州市	**Dazhou**				
通川区	Tongchuan	10.6	722588	92	138.52
达川区	Dachuan	10.5	438406	47	103.60
宣汉县	Xuanhan	[illegible]	311417	23	114.58
开江县	Kaijiang	9.6	34807	19	66.45
大竹县	Dazhu	10.1	360004	36	87.25
渠县	Quxian	9.0	259677	41	120.50
万源市	Wanyuan	10.2	58830	17	11.20
雅安市	**Yaan**				
雨城区	Yucheng	-4.5	517889	40	24.55
名山区	Mingshan	26.6	129929	15	9.47
荥经县	Yingjing	13.3	73666	10	16.17
汉源县	Hanyuan	13.6	75453	12	8.70
石棉县	Shimian	14.6	81275	7	3.90
天全县	Tianquan	14.3	65451	6	5.84
芦山县	Lushan	13.2	602	8	7.68
宝兴县	Baoxing	14.2		3	0.78
巴中市	**Bazhong**				
巴州区	Bazhou	7.7	283421	92	332.20
恩阳区	Enyang	7.8	224213	30	69.13
通江县	Tongjiang	7.1	166336	50	91.39
南江县	Nanjiang	7.8	110102	34	104.72
平昌县	Pingchang	-4.5	198994	36	115.67
资阳市	**Ziyang**				
雁江区	Yanjiang	12.2	783411	31	90.33
安岳县	Anyue	9.4	563433	23	48.29
乐至县	Lezhi	2.2	186055	11	35.02
阿坝州	**Aba**				
马尔康市	Maerkang	2.3		12	2.69
汶川县	Wenchuan	11.8		31	28.13
理县	Lixian	-42.4		24	7.13
茂县	Maoxian	2.0	46314	18	9.16
松潘县	Songpan	5.2		9	1.86
九寨沟县	Jiuzhaigou	10.4		17	7.18
金川县	Jinchuan	13.3		7	1.61
小金县	Xiaojin	13.9		9	3.56
黑水县	Heishui	15.4		7	3.07
壤塘县	Rangtang	6.0		5	1.90

12-6 续表 4 continued

县(市、区)	Counties (Municipalities, Districts)	全社会固定资产投资比上年增长 (%) Growth Rate of Total Investment Over Preceding Year(%)	房地产开发投资额 (万元) Real Estate Investment (10 000 yuan)	建筑企业单位数 (个) Number of Construction Enterprises (unit)	建筑业总产值 (亿元) Gross Output Value of Construction (100 million yuan)
阿坝县	Abaxian	82.7		4	1.22
若尔盖县	Ruoergai	10.4		5	1.89
红原县	Hongyuan	0.6			
甘孜州	**Ganzi**				
康定市	Kangding	1.7	35186	36	12.82
泸定县	Luding	49.8	35076	10	1.91
丹巴县	Danba	-3.4		4	1.26
九龙县	Jiulong	-32.7		2	0.29
雅江县	Yajiang	4.4		1	0.22
道孚县	Daofu	2.2		2	0.88
炉霍县	Luhuo	1.0	3010	2	0.19
甘孜县	Ganzixian	-17.9		3	1.08
新龙县	Xinlong	-20.5		2	1.13
德格县	Dege	-12.6		4	0.75
白玉县	Baiyu	9.4		3	1.39
石渠县	Shiqu	-54.7	9100	6	2.05
色达县	Seda	-17.3		6	1.99
理塘县	Litang	-16.8	6200	1	0.02
巴塘县	Batang	10.7		1	4.26
乡城县	Xiangcheng	19.0		1	0.34
稻城县	Daocheng	12.0		1	0.87
得荣县	Derong	-25.7		4	0.67
凉山州	**Liangshan**				
西昌市	Xichang	2.7	1471903	133	176.31
木里县	Muli	-10.2		4	0.16
盐源县	Yanyuan	8.2	7904	17	4.65
德昌县	Dechang	2.6	185205	18	10.08
会理县	Huili	12.0	103393	16	12.15
会东县	Huidong	-8.7	144762	19	15.26
宁南县	Ningnan	58.4	52351	13	9.85
普格县	Puge	50.7	1728	9	1.41
布拖县	Butuo	31.8		5	0.85
金阳县	Jinyang	17.3		15	1.23
昭觉县	Zhaojue	5.3		9	1.40
喜德县	Xide	-32.2		28	5.77
冕宁县	Mianning	7.3	66265	17	11.10
越西县	Yuexi	5.6	19795	12	2.73
甘洛县	Ganluo	-32.4	9041	6	1.87
美姑县	Meigu	16.0		8	4.74
雷波县	Leibo	45.8	15333	11	4.63

12-7 各县(市、区)农村经济情况(2020年)
Basic Statistics on Agriculture of Counties(Municipalities, Districts)(2020)

县(市、区)	Counties (Municipalities, Districts)	2018年末实有耕地面积(公顷) Cultivated Land Area (year-end 2018) (hectare)	耕地灌溉面积(公顷) Irrigated Area of Cultivated Land (hectare)	农林牧渔业增加值(万元) Gross Output Value of Farming, Forestry, Animal Husbandry and Fishery (10 000 yuan)	化肥施用量(折纯量)(吨) Consumption of Chemical Fertilizers (ton)	农村用电量(万千瓦小时) Electricity Consumed in Rural Areas (10 000 kwh)
成都市	**Chengdu**					
锦江区	Jinjiang	855	860	7244	30	1907
青羊区	Qingyang	469	430	456	6	1382
金牛区	Jinniu	752	350	845	18	2666
武侯区	Wuhou	251	80	302		1705
成华区	Chenghua	1291	1280	466	16	2671
龙泉驿区	Longquanyi	7886	7910	384619	3067	13540
青白江区	Qingbaijiang	18884	11800	203668	3941	16126
新都区	Xindu	25632	20550	381937	8802	38465
温江区	Wenjiang	13165	13410	234590	2765	5706
双流区	Shuangliu	39806	33360	429353	5775	56248
郫都区	Pidu	20485	18700	307698	13481	25798
新津区	Xinjin	56500	13520	238204	5946	11432
金堂县	Jintang	29638	37250	701846	20815	13057
大邑县	Dayi	23909	18270	484339	5978	16705
蒲江县	Pujiang	15226	12320	255472	4480	7902
都江堰市	Dujiangyan	26712	20070	391525	10144	24026
彭州市	Pengzhou	50703	38840	674873	17898	32220
邛崃市	Qionglai	44310	30620	550933	15829	15856
崇州市	Chongzhou	39124	32770	515857	11848	32957
简阳市	Jianyang	107554	58190	1005569	27887	43158
自贡市	**Zigong**					
自流井区	Ziliujing	6351	4100	78891	2712	2564
贡井区	Gongjing	22366	9810	258069	10727	6575
大安区	Daan	22838	6957	235917	9259	11939
沿滩区	Yantan	26285	10380	250940	16300	7462
荣县	Rongxian	66400	39730	788207	18385	15517
富顺县	Fushun	72067	31850	731698	24811	16210
攀枝花市	**Panzhihua**					
东区	Dongqu	486	330	24721	198	78
西区	Xiqu	1060	600	27208	207	510
仁和区	Renhe	19099	10810	297606	8600	5220
米易县	Miyi	26515	18980	343128	4289	9349
盐边县	Yanbian	27868	14150	284480	8032	7411
泸州市	**Luzhou**					
江阳区	Jiangyang	30064	11620	321283	11589	11289
纳溪区	Naxi	41454	15790	311541	8904	8556
龙马潭区	Longmatan	15344	8440	146644	6105	3521
泸县	Luxian	84660	41270	652546	31972	28112
合江县	Hejiang	71728	29950	485707	10427	25689
叙永县	Xuyong	78505	24400	352606	16327	16547
古蔺县	Gulin	89010	24920	342750	13179	9586

注：①年末实有耕地面积，由四川省自然资源厅提供。因第三次全国国土调查尚未完成，该数据仍为2018年数据；②耕地灌溉面积由四川省水利厅提供，因两部门统计口径不同，部分县耕地灌溉面积大于年末实有耕地面积。

a) The year-end cultivated land area is provided by Bureau of Land and Resources of Sichuan Province and the irrigated land area is provided by Sichuan Provincial Water Resources Department. Due to the two sector statistics caliber is different, the irrigated land area of some counties is greater than the year-end cultivated land area.

12-7 续表 1 continued

县(市、区)	Counties (Municipalities, Districts)	2018年末实有耕地面积(公顷) Cultivated Land Area (year-end 2018) (hectare)	耕地灌溉面积(公顷) Irrigated Area of Cultivated Land (hectare)	农林牧渔业增加值(万元) Gross Output Value of Farming, Forestry, Animal Husbandry and Fishery (10 000 yuan)	化肥施用量(折纯量)(吨) Consumption of Chemical Fertilizers (ton)	农村用电量(万千瓦小时) Electricity Consumed in Rural Areas (10 000 kwh)
德阳市	**Deyang**					
旌阳区	Jingyang	31858	21020	443619	15515	18157
罗江区	Luojiang	24767	13340	261860	14867	16833
中江县	Zhongjiang	101601	55340	962720	64323	68807
广汉市	Guanghan	32052	25170	412669	25420	32855
什邡市	Shifang	23483	18680	378487	22638	25319
绵竹市	Mianzhu	34372	23430	394921	22893	34757
绵阳市	**Mianyang**					
涪城区	Fucheng	16780	10510	309975	13179	18311
游仙区	Youxian	39432	24630	407312	20403	12772
安州区	Anzhou	37641	24490	358318	15407	9064
三台县	Santai	117901	72930	1024342	43644	25475
盐亭县	Yanting	61132	23700	461662	39100	17387
梓潼县	Zitong	51503	22790	379978	16557	10647
北川县	Beichuan	17180	2290	151054	6823	3751
平武县	Pingwu	31837	2870	115784	6279	4771
江油市	Jiangyou	70695	37300	631518	27156	23248
广元市	**Guangyuan**					
利州区	Lizhou	21562	5640	178984	7710	5259
昭化区	Zhaohua	40258	9970	201005	12913	5025
朝天区	Chaotian	32652	3996	146600	6731	4511
旺苍县	Wangcang	46340	9390	287964	9791	4160
青川县	Qingchuan	33525	5540	129303	3521	6932
剑阁县	Jiange	91687	35180	455064	27941	26638
苍溪县	Cangxi	87458	25220	517220	23106	15716
遂宁市	**Suining**					
船山区	Chuanshan	27709	12820	322746	9820	4264
安居区	Anju	76175	40300	467844	29516	9356
蓬溪县	Pengxi	59544	24700	368951	36328	8637
大英县	Daying	36155	22220	347212	20156	5592
射洪市	Shehong	70599	34130	742041	26680	15508
内江市	**Neijiang**					
内江市市中区	Neijiang Downtown	22064	12000	338933	6252	16773
东兴区	Dongxing	65757	21150	546623	29500	10693
威远县	Weiyuan	55382	32620	516257	15690	31461
资中县	Zizhong	84494	40540	860287	38647	30919
隆昌市	Longchang	46089	28940	487182	9460	20163
乐山市	**Leshan**					
乐山市市中区	Leshan Downtown	25439	15290	386441	7698	16410
沙湾区	Shawan	13264	5190	200593	4270	7216
五通桥区	Wutongqiao	15764	10190	298904	4524	10346

12−7 续表 2 continued

县(市、区)	Counties (Municipalities, Districts)	2018年末实有耕地面积(公顷) Cultivated Land Area (year-end 2018) (hectare)	耕地灌溉面积(公顷) Irrigated Area of Cultivated Land (hectare)	农林牧渔业增加值(万元) Gross Output Value of Farming, Forestry, Animal Husbandry and Fishery (10 000 yuan)	化肥施用量(折纯量)(吨) Consumption of Chemical Fertilizers (ton)	农村用电量(万千瓦小时) Electricity Consumed in Rural Areas (10 000 kwh)
金口河区	Jinkouhe	3632	750	50274	329	1090
犍为县	Qianwei	54500	23080	489584	10955	13814
井研县	Jingyan	43108	33190	368493	13711	15320
夹江县	Jiajiang	21200	18800	360515	15285	16411
沐川县	Muchuan	26532	9610	211977	6715	7900
峨边县	Ebian	17597	3770	93920	1894	4225
马边县	Mabian	27246	5430	134410	7506	4001
峨眉山市	Emeishan	23328	18860	345385	6110	29762
南充市	**Nanchong**					
顺庆区	Shunqing	23988	11240	289913	12574	8619
高坪区	Gaoping	35396	14950	369435	14280	13621
嘉陵区	Jialing	58787	27640	472035	24851	10900
南部县	Nanbu	94779	45640	807958	17190	24932
营山县	Yingshan	70910	19130	522470	30573	20235
蓬安县	Pengan	54288	22340	466652	30095	6410
仪陇县	Yilong	69577	39750	679070	25627	6313
西充县	Xichong	49719	29380	440516	11767	11668
阆中市	Langzhong	76707	24990	624480	28007	13610
眉山市	**Meishan**					
东坡区	Dongpo	55865	46680	622677	30971	15861
彭山区	Pengshan	19800	18940	183676	10571	4245
仁寿县	Renshou	116478	73330	981109	53139	33125
洪雅县	Hongya	25048	15080	222506	7565	9501
丹棱县	Danling	10999	9390	147340	3715	7724
青神县	Qingshen	12855	7430	124860	3241	5872
宜宾市	**Yibin**					
翠屏区	Cuiping	46244	24370	444574	11977	24096
南溪区	Nanxi	32739	12790	335671	5827	11386
叙州区	Xuzhou	124666	29560	559452	15668	37858
江安县	Jiangan	38784	19360	365607	5543	11214
长宁县	Changning	34648	19740	345898	4555	15220
高县	Gaoxian	56490	26210	320928	8960	11772
珙县	Gongxian	34608	14080	289244	6893	8324
筠连县	Junlian	36895	13310	312438	4168	12889
兴文县	Xingwen	44423	16850	296836	4979	11680
屏山县	Pingshan	38112	16680	240433	5995	6125
广安市	**Guangan**					
广安区	Guanganqu	54625	24170	391785	21577	11052
前锋区	Qianfeng	21527	7450	194979	10660	7831
岳池县	Yuechi	84086	28380	578253	17789	16632
武胜县	Wusheng	58353	26280	557271	13191	11402

12-7 续表 3 continued

县(市、区)	Counties (Municipalities, Districts)	2018年末实有耕地面积(公顷) Cultivated Land Area (year-end 2018) (hectare)	耕地灌溉面积(公顷) Irrigated Area of Cultivated Land (hectare)	农林牧渔业增加值(万元) Gross Output Value of Farming, Forestry, Animal Husbandry and Fishery (10 000 yuan)	化肥施用量(折纯量)(吨) Consumption of Chemical Fertilizers (ton)	农村用电量(万千瓦小时) Electricity Consumed in Rural Areas (10 000 kwh)
邻水县	Linshui	74726	15362	527408	24923	7851
华蓥市	Huaying	14361	6040	160806	8237	5761
达州市	**Dazhou**					
通川区	Tongchuan	31319	12950	280984	5949	9886
达川区	Dachuan	104029	25790	657210	24193	26605
宣汉县	Xuanhan	117318	46940	815159	38428	11514
开江县	Kaijiang	41043	22350	377393	16840	14166
大竹县	Dazhu	96029	30910	695410	41588	9505
渠县	Quxian	103825	42440	817093	34898	11233
万源市	Wanyuan	57458	16500	402992	23078	8026
雅安市	**Yaan**					
雨城区	Yucheng	14590	6640	318704	3619	19976
名山区	Mingshan	17126	12450	303890	9134	4171
荥经县	Yingjing	9427	4500	142692	3865	4770
汉源县	Hanyuan	28546	14100	272089	13269	6225
石棉县	Shimian	6333	3950	166240	2116	4236
天全县	Tianquan	12663	7520	139015	5040	5133
芦山县	Lushan	8373	4220	125237	5420	2631
宝兴县	Baoxing	4205	550	72018	2373	4950
巴中市	**Bazhong**					
巴州区	Bazhou	52943	14410	347660	24779	16017
恩阳区	Enyang	50143	15510	243784	11932	17216
通江县	Tongjiang	79525	18690	352187	22400	19871
南江县	Nanjiang	65676	14040	320387	23200	8350
平昌县	Pingchang	79299	30310	391578	28501	25125
资阳市	**Ziyang**					
雁江区	Yanjiang	86643	43473	565512	19617	12905
安岳县	Anyue	155329	46020	842014	14743	35556
乐至县	Lezhi	78749	26180	409805	15100	13785
阿坝州	**Aba**					
马尔康市	Maerkang	6372	740	40419	138	1845
汶川县	Wenchuan	6189	1520	120872	1690	5580
理县	Lixian	3188	2250	38104	595	5967
茂县	Maoxian	8662	6630	91832	2422	4295
松潘县	Songpan	13352	690	56706	982	1990
九寨沟县	Jiuzhaigou	6786	1220	32915	1031	1956
金川县	Jinchuan	6282	4070	46022	1633	1741
小金县	Xiaojin	8488	4540	46283	816	2217
黑水县	Heishui	7555	2230	52229	482	1691
壤塘县	Rangtang	3462	490	40297	136	585

12-7 续表 4 continued

县(市、区)	Counties (Municipalities, Districts)	2018年末实有耕地面积(公顷) Cultivated Land Area (year-end 2018) (hectare)	耕地灌溉面积(公顷) Irrigated Area of Cultivated Land (hectare)	农林牧渔业增加值(万元) Gross Output Value of Farming, Forestry, Animal Husbandry and Fishery (10 000 yuan)	化肥施用量(折纯量)(吨) Consumption of Chemical Fertilizers (ton)	农村用电量(万千瓦小时) Electricity Consumed in Rural Areas (10 000 kwh)
阿坝县	Abaxian	8634	4530	64684	48	265
若尔盖县	Ruoergai	4170	1210	143060	30	880
红原县	Hongyuan	129	128	80447	99	617
甘孜州	**Ganzi**					
康定市	Kangding	7557	1440	68538	163	905
泸定县	Luding	5293	4470	48764	632	2457
丹巴县	Danba	7593	3690	43100	342	1684
九龙县	Jiulong	4419	2400	41042	400	1244
雅江县	Yajiang	4158	1020	33503	35	66
道孚县	Daofu	7611	3810	32386	207	1937
炉霍县	Luhuo	6541	960	34989	27	465
甘孜县	Ganzixian	11859	3110	60817	31	82
新龙县	Xinlong	6346	2430	39061	46	537
德格县	Dege	4678	2720	59558	110	225
白玉县	Baiyu	7294	1280	45272	33	413
石渠县	Shiqu	3935	2820	63552	53	82
色达县	Seda	1100	900	52693	31	35
理塘县	Litang	4846	1120	66471	37	504
巴塘县	Batang	6580	4210	48874	215	350
乡城县	Xiangcheng	3465	2380	28770	190	1121
稻城县	Daocheng	4861	2560	24181	33	740
得荣县	Derong	4200	1360	24018	239	1450
凉山州	**Liangshan**					
西昌市	Xichang	48079	44610	568352	9501	10962
木里县	Muli	16517	4150	93869	1163	480
盐源县	Yanyuan	59648	19600	514775	7945	10583
德昌县	Dechang	18814	12760	239656	8201	13694
会理县	Huili	70541	24320	572299	16210	8496
会东县	Huidong	55432	14420	534849	21004	8370
宁南县	Ningnan	24230	13850	242476	7091	5351
普格县	Puge	27517	5210	111520	4023	1783
布拖县	Butuo	22967	2120	123189	1850	720
金阳县	Jinyang	18020	2850	101026	2396	3165
昭觉县	Zhaojue	42592	4110	139842	4202	3580
喜德县	Xide	31151	3200	96394	2950	3338
冕宁县	Mianning	32693	20950	287439	9379	7158
越西县	Yuexi	32061	7330	151590	8052	5019
甘洛县	Ganluo	23153	5090	86280	10700	2530
美姑县	Meigu	31147	1950	132003	5087	2399
雷波县	Leibo	24988	4130	156310	2570	12008

12-7 续表 5 continued

县(市、区)	Counties (Municipalities, Districts)	粮食 播种面积(公顷) Total Sown Area (hectares)	粮食 产量(吨) Output of Grain (ton)	油料产量(吨) Yield of Oil Bearing Crops (ton)	#花生 Peanut	#油菜籽 Rapeseeds	中草药材产量(吨) Yield of Oil Medicinal Herbs (ton)	蔬菜及食用菌产量(吨) Output of Vegetables and Edible Fungus (ton)
成都市	**Chengdu**							
锦江区	Jinjiang							503
青羊区	Qingyang			14		14		1459
金牛区	Jinniu	7	45	38		38		3421
武侯区	Wuhou							378
成华区	Chenghua							1078
龙泉驿区	Longquanyi	2602	12797	2990	330	2660		150548
青白江区	Qingbaijiang	11064	64189	12705	2155	10550	2760	203940
新都区	Xindu	19275	138451	16459	460	15999	1411	322472
温江区	Wenjiang	1150	8777	471		471		55201
双流区	Shuangliu	17227	112582	22568	3565	19003	853	448746
郫都区	Pidu	5795	44277	8751	126	8625	25	704122
新津区	Xinjin	49257	262487	66852	20039	46808	7204	935283
金堂县	Jintang	25209	161460	8720	113	8607	2573	226326
大邑县	Dayi	9066	48140	13846	223	13623	3	208675
蒲江县	Pujiang	8826	62435	10665	538	10127	360	225693
都江堰市	Dujiangyan	14267	104841	28214		28214	17370	269876
彭州市	Pengzhou	36149	249072	15414	1429	13985	17103	1177659
邛崃市	Qionglai	37686	242106	24843	395	24448	6745	315998
崇州市	Chongzhou	31301	220683	27131		27131	7262	327425
简阳市	Jianyang	110140	546243	86233	12143	74079	2261	525218
自贡市	**Zigong**							
自流井区	Ziliujing	5766	30612	6573	613	5960	14	96008
贡井区	Gongjing	23418	119998	25264	5588	19676		336907
大安区	Daan	21344	112239	25386	7752	17575	8	277307
沿滩区	Yantan	27171	165809	22230	5577	16635	29	292807
荣县	Rongxian	68870	430358	35633	9486	26147	4591	783144
富顺县	Fushun	87277	548974	52437	6778	45240	1024	569286
攀枝花市	**Panzhihua**							
东区	Dongqu	144	830	44	44			8209
西区	Xiqu	344	1994	30	30			11209
仁和区	Renhe	7912	43969	979	816	147	16	296975
米易县	Miyi	17751	115223	1303	127	1176	608	456040
盐边县	Yanbian	18994	96485	1781	142	1639	253	153893
泸州市	**Luzhou**							
江阳区	Jiangyang	32154	203987	9186	841	8305	100	504824
纳溪区	Naxi	45941	282446	9662	576	9015	833	252889
龙马潭区	Longmatan	11030	68529	2781	217	2556		130896
泸县	Luxian	83049	542869	49889	4604	45015	24906	664980
合江县	Hejiang	79266	508894	6201	2025	4176	2951	469989
叙永县	Xuyong	73833	358831	12387	2311	8745	954	369743
古蔺县	Gulin	74049	350400	26243	1321	24694	1505	464543

12－7 续表 6 continued

县(市、区)	Counties (Municipalities, Districts)	粮食 播种面积(公顷) Total Sown Area (hectares)	粮食 产量(吨) Output of Grain (ton)	油料产量(吨) Yield of Oil Bearing Crops (ton)	#花生 Peanut	#油菜籽 Rapeseeds	中草药材产量(吨) Yield of Oil Medicinal Herbs (ton)	蔬菜及食用菌产量(吨) Output of Vegetables and Edible Fungus (ton)
德阳市	**Deyang**							
旌阳区	Jingyang	34511	233837	36116	6019	30097	226	404015
罗江区	Luojiang	18276	133551	48404	2835	45569	23	164184
中江县	Zhongjiang	143724	812401	116474	29040	87434	18289	474782
广汉市	Guanghan	43668	313633	31966	2036	29928	590	508448
什邡市	Shifang	26054	191027	11240	861	10379	13161	550083
绵竹市	Mianzhu	44275	279481	17033	1628	15342	1746	367194
绵阳市	**Mianyang**							
涪城区	Fucheng	13792	86422	22999	3516	19483		410410
游仙区	Youxian	38564	240306	48917	6352	42565	2749	199514
安州区	Anzhou	38225	260120	46725	1521	45204	2778	186238
三台县	Santai	117956	662233	153922	33832	120067	18309	364054
盐亭县	Yanting	52333	295189	58945	14492	44415	15614	142110
梓潼县	Zitong	50727	293245	61751	14685	46915	2961	232724
北川县	Beichuan	18795	86285	8968	604	8364	2954	77604
平武县	Pingwu	25271	100434	5140	425	4700	1069	37049
江油市	Jiangyou	45841	287203	60134	5841	54293	8843	416293
广元市	**Guangyuan**							
利州区	Lizhou	17639	79675	5995	1340	4655	508	451481
昭化区	Zhaohua	24487	126454	27128	1772	25356	15700	427492
朝天区	Chaotian	28445	119728	10034	3396	6580	3126	894870
旺苍县	Wangcang	43370	235658	21863	3697	17982	12208	247562
青川县	Qingchuan	29640	127068	20478	2727	17751	8075	119591
剑阁县	Jiange	89213	462499	116802	29301	82334	5263	367070
苍溪县	Cangxi	80040	443117	69333	19876	49457	17731	392494
遂宁市	**Suining**							
船山区	Chuanshan	23653	122924	31791	3323	28365	1640	259189
安居区	Anju	77138	400231	45580	8693	36802	2079	309793
蓬溪县	Pengxi	58513	324743	53575	12020	41400	1448	238442
大英县	Daying	39075	208316	30555	2566	27968	2466	119171
射洪市	Shehong	73318	386561	51871	14902	36969	1087	209721
内江市	**Neijiang**							
内江市市中区	Neijiang Downtown	22637	118229	17145	4702	12443	347	230056
东兴区	Dongxing	67957	371646	44072	11879	32193	1545	858632
威远县	Weiyuan	62600	339181	39035	6430	32605	2628	1010878
资中县	Zizhong	107227	564178	52107	15167	36940	524	745198
隆昌市	Longchang	50884	328320	25628	3887	21741	159	467171
乐山市	**Leshan**							
乐山市市中区	Leshan Downtown	15729	107056	11625	2256	9369		301096
沙湾区	Shawan	9626	51743	2868	383	2485	2489	87886
五通桥区	Wutongqiao	12729	81073	3820	655	3165	709	144159

12-7 续表 7 continued

县(市、区)	Counties (Municipalities, Districts)	粮食		油料产量(吨) Yield of Oil Bearing Crops (ton)			中草药材产量(吨) Yield of Oil Medicinal Herbs (ton)	蔬菜及食用菌产量(吨) Output of Vegetables and Edible Fungus (ton)
		播种面积(公顷) Total Sown Area (hectares)	产量(吨) Output of Grain (ton)		#花生 Peanut	#油菜籽 Rapeseeds		
金口河区	Jinkouhe	5218	20297	234	129	105	3318	11555
犍为县	Qianwei	43848	275028	13960	3191	10769	10869	248294
井研县	Jingyan	43650	242968	21098	824	20274	1462	114610
夹江县	Jiajiang	16613	112314	15256	734	14522	3320	126764
沐川县	Muchuan	20403	101480	7464	900	6564	25418	104604
峨边县	Ebian	12365	50294	2608	341	2080	693	33311
马边县	Mabian	22740	93697	3132	639	2493	955	23661
峨眉山市	Emeishan	17724	99402	12756	244	12512	2028	192693
南充市	**Nanchong**							
顺庆区	Shunqing	25938	146368	17680	6584	11096	616	335189
高坪区	Gaoping	35876	208357	26248	6176	20072	2909	491653
嘉陵区	Jialing	66261	353498	41254	12434	28680	1608	224249
南部县	Nanbu	95393	519566	92319	30118	62201	670	738730
营山县	Yingshan	68831	396775	56858	16402	40246	689	389161
蓬安县	Pengan	53873	305414	52802	15561	37150	1093	367026
仪陇县	Yilong	75953	430471	76621	16112	60193	808	421041
西充县	Xichong	55488	314680	46261	9539	36611	297	505441
阆中市	Langzhong	84218	441289	54053	12407	41562	22998	506780
眉山市	**Meishan**							
东坡区	Dongpo	37982	295412	41447	1758	38593	603	709710
彭山区	Pengshan	12473	95285	10693	616	10077	6560	44794
仁寿县	Renshou	115535	650294	46909	5569	41249	745	485388
洪雅县	Hongya	14168	101402	11172	84	11071	529	75340
丹棱县	Danling	7893	54170	7780	240	7528		27882
青神县	Qingshen	9254	62151	7460	859	6601	219	73563
宜宾市	**Yibin**							
翠屏区	Cuiping	52713	344024	23827	13489	10233	652	414703
南溪区	Nanxi	27822	190447	12706	3745	8351	1853	653283
叙州区	Xuzhou	100455	569474	55741	24787	30954	2402	227901
江安县	Jiangan	40608	270824	13584	1848	11205	166	308051
长宁县	Changning	33229	209391	18270	3220	15025	413	166685
高县	Gaoxian	45969	264756	16020	7070	8950	151	197874
珙县	Gongxian	35439	190527	13874	6123	7662	793	297855
筠连县	Junlian	34229	178671	5349	1451	3848	566	143800
兴文县	Xingwen	39846	242119	8198	2918	5253	176	434316
屏山县	Pingshan	16588	93154	9760	940	8760	807	97404
广安市	**Guangan**							
广安区	Guanganqu	54474	331007	26564	5299	21260	443	438832
前锋区	Qianfeng	16185	108805	10881	2250	8310	472	256184
岳池县	Yuechi	72367	484611	27532	4319	23122	542	765894
武胜县	Wusheng	50596	326035	19278	3857	15123	39	368978

12-7 续表 8 continued

县(市、区)	Counties (Municipalities, Districts)	粮食 播种面积(公顷) Total Sown Area (hectares)	粮食 产量(吨) Output of Grain (ton)	油料产量(吨) Yield of Oil Bearing Crops (ton)	#花生 Peanut	#油菜籽 Rapeseeds	中草药材产量(吨) Yield of Oil Medicinal Herbs (ton)	蔬菜及食用菌产量(吨) Output of Vegetables and Edible Fungus (ton)
邻水县	Linshui	77180	457259	30005	10325	19295	2823	599350
华蓥市	Huaying	17547	103248	2722	553	2078	828	145271
达州市	**Dazhou**							
通川区	Tongchuan	31978	183961	24215	7250	16690	927	321493
达川区	Dachuan	88731	534721	67828	4237	63587	1825	489114
宣汉县	Xuanhan	96454	589564	97223	8996	85656	1291	506847
开江县	Kaijiang	52087	301824	41733	7445	34288	786	395456
大竹县	Dazhu	111587	608236	51767	7560	44207	1512	543446
渠县	Quxian	118503	652342	72609	27708	44885	5944	600155
万源市	Wanyuan	60806	323090	33233	7089	25508	12727	166130
雅安市	**Yaan**							
雨城区	Yucheng	9816	48722	1866		1866	475	225486
名山区	Mingshan	10794	67518	4012		4012	3	57951
荥经县	Yingjing	6185	35843	2855	89	2766	1543	42335
汉源县	Hanyuan	19170	92797	721	221	486	3864	212276
石棉县	Shimian	4586	21589	1200	274	926	1840	70411
天全县	Tianquan	8180	44595	2295		2295	2615	64198
芦山县	Lushan	4960	26957	1599	83	1516	8506	49674
宝兴县	Baoxing	5564	23659	269		269	7922	20813
巴中市	**Bazhong**							
巴州区	Bazhou	59642	337936	27915	4155	23709	14109	319741
恩阳区	Enyang	60233	341081	29559	5624	23904	10453	426250
通江县	Tongjiang	82342	463698	44367	2925	40952	2059	305727
南江县	Nanjiang	69220	391973	34796	2303	32201	8828	339285
平昌县	Pingchang	67473	393052	63163	5224	57758	15361	285601
资阳市	**Ziyang**							
雁江区	Yanjiang	109965	518419	81534	17511	64023	2105	578830
安岳县	Anyue	143167	734668	106386	15289	91097	2960	869258
乐至县	Lezhi	83107	408003	77220	12375	64845	3487	234265
阿坝州	**Aba**							
马尔康市	Maerkang	3887	9209	22		22	490	33500
汶川县	Wenchuan	3127	11195	531		529	331	43103
理县	Lixian	1585	7189	10		10	38	94762
茂县	Maoxian	6982	26672	665		665	623	251092
松潘县	Songpan	4055	13105	132		132	1869	89360
九寨沟县	Jiuzhaigou	2929	10923	151		151	3055	16442
金川县	Jinchuan	5883	22638	243		243	77	44032
小金县	Xiaojin	6217	20791	934		934	917	76414
黑水县	Heishui	5999	17375				2689	42747
壤塘县	Rangtang	1937	4139	432		432	17	3561

12−7 续表 9 continued

县(市、区)	Counties (Municipalities, Districts)	粮食 播种面积(公顷) Total Sown Area (hectares)	粮食 产量(吨) Output of Grain (ton)	油料产量(吨) Yield of Oil Bearing Crops (ton)	#花生 Peanut	#油菜籽 Rapeseeds	中草药材产量(吨) Yield of Oil Medicinal Herbs (ton)	蔬菜及食用菌产量(吨) Output of Vegetables and Edible Fungus (ton)
阿坝县	Abaxian	4573	10678	1200		1200		9900
若尔盖县	Ruoergai	2114	6074	1016		1016	861	8158
红原县	Hongyuan							13139
甘孜州	**Ganzi**							
康定市	Kangding	5056	16752	104		99	161	32461
泸定县	Luding	3612	12240	2195	71	2108	1160	109232
丹巴县	Danba	2845	10194	1059		1059	150	23736
九龙县	Jiulong	4381	20734	343		343	217	45765
雅江县	Yajiang	2633	9923	83		83	3	23436
道孚县	Daofu	5020	14776	2489		2489	15	15989
炉霍县	Luhuo	3625	9981	3498		3498	123	10261
甘孜县	Ganzixian	11190	35542	2400		2400		27000
新龙县	Xinlong	3315	10289	1026		1026	9	9717
德格县	Dege	3575	10380				323	12436
白玉县	Baiyu	3427	10558	726		726	552	6705
石渠县	Shiqu	2477	6692	596		596		3517
色达县	Seda	869	2394	38		38	2	2214
理塘县	Litang	3523	13266	1345		1345	911	63578
巴塘县	Batang	4082	15706	451		451	140	10308
乡城县	Xiangcheng	2603	9650	380		380	15	18677
稻城县	Daocheng	2723	9078	831	10	821	2227	5982
得荣县	Derong	3150	12506	413	116	297	3	10306
凉山州	**Liangshan**							
西昌市	Xichang	41296	243939	2308	282	2015		611561
木里县	Muli	17709	70950	196		196	244	45581
盐源县	Yanyuan	50091	229358	611	69	127	8057	175798
德昌县	Dechang	18023	100963	759	79	680	257	271187
会理县	Huili	67451	340366	2715	676	1993		486914
会东县	Huidong	55970	256387	13396	1608	11318	7679	580457
宁南县	Ningnan	25153	109457	1085	996	89		426575
普格县	Puge	18409	79853	246	18	228	263	44269
布拖县	Butuo	25711	106441	115	115		3305	26390
金阳县	Jinyang	16076	70449	206	206			65086
昭觉县	Zhaojue	28461	120661					61557
喜德县	Xide	20518	83500	231		231		23399
冕宁县	Mianning	44343	220768	3373	140	3150	319	346465
越西县	Yuexi	32045	136905	5052		4986	849	105831
甘洛县	Ganluo	24974	109976	1201	47	1138	3120	63365
美姑县	Meigu	24404	97764	24	9	15	133	21532
雷波县	Leibo	19829	91875	1531	330	1199	409	67521

12-7 续表 10 continued

县(市、区)	Counties (Municipalities, Districts)	茶叶产量(吨) Yield of Tea (ton)	水果产量(吨) Output of Fruits (ton)	肉猪出栏头数(头) Slaughtered Fattened Hogs (head)	猪年末存栏头数(头) Hogs at the Year-end (head)	肉牛出栏头数(头) Slaughtered Fattened Cattle and Buffaloes (head)	羊出栏只数(只) Slaughtered Fattened Sheep and Goats (head)	家禽出栏只数(只) Slaughtered Poultry (head)
成都市	**Chengdu**							
锦江区	Jinjiang							
青羊区	Qingyang							
金牛区	Jinniu							
武侯区	Wuhou							
成华区	Chenghua							
龙泉驿区	Longquanyi		146651	8457	3717	12	1453	231260
青白江区	Qingbaijiang		35544	31008	16305	980	7391	927056
新都区	Xindu		27253	30070	13913	549	553	3785856
温江区	Wenjiang		358	6039	2759	39	116	137446
双流区	Shuangliu		211295	35020	23158	231	7632	2026809
郫都区	Pidu		5984	6968	2506	10	19	129854
新津区	Xinjin		53757	168892	74267	360	4231	10224226
金堂县	Jintang		268923	472454	308257	15746	188405	8232166
大邑县	Dayi	157	45505	436751	315935	2512	20145	8863714
蒲江县	Pujiang	9221	410250	385697	280534	265	4614	3435459
都江堰市	Dujiangyan	2207	51831	220959	101069	1875	9876	6747338
彭州市	Pengzhou	14	39504	349132	230970	4993	7411	6675798
邛崃市	Qionglai	10963	175753	701535	423063	2151	22753	7450215
崇州市	Chongzhou	397	30493	450178	298290	5544	16474	8912126
简阳市	Jianyang		219051	700783	505257	2772	538595	8731305
自贡市	**Zigong**							
自流井区	Ziliujing		10743	47334	30980	623	9227	1004931
贡井区	Gongjing	6	33334	149128	91308	856	63780	3260747
大安区	Daan		13111	131490	72581	8763	73308	10184854
沿滩区	Yantan		42517	139454	74213	849	47229	2696858
荣县	Rongxian	14419	190292	595188	410461	6901	320684	6229352
富顺县	Fushun	65	127696	542738	415857	9915	429796	8371493
攀枝花市	**Panzhihua**							
东区	Dongqu	24	20315	12106	4926	144	2701	877555
西区	Xiqu		7245	12023	7436	248	4525	613299
仁和区	Renhe	2	172122	147049	98583	8637	131181	1513021
米易县	Miyi		139234	136065	115776	15717	143849	598593
盐边县	Yanbian	95	142825	205032	159179	10761	212882	953948
泸州市	**Luzhou**							
江阳区	Jiangyang		25874	236346	170273	959	36066	2770491
纳溪区	Naxi	11926	28859	485601	340505	1385	28676	4676759
龙马潭区	Longmatan	2	9581	87682	63147	466	16964	4806550
泸县	Luxian	1279	87510	908580	596335	2860	84889	16344065
合江县	Hejiang	934	76852	686594	508076	4097	181006	9695141
叙永县	Xuyong	1447	38114	586731	400976	30039	35829	1628281
古蔺县	Gulin	1507	19144	559372	376588	34748	146856	1083312

12-7 续表 11 continued

县(市、区)	Counties (Municipalities, Districts)	茶叶产量(吨) Yield of Tea (ton)	水果产量(吨) Output of Fruits (ton)	肉猪出栏头数(头) Slaughtered Fattened Hogs (head)	猪年末存栏头数(头) Hogs at the Year-end (head)	肉牛出栏头数(头) Slaughtered Fattened Cattle and Buffaloes (head)	羊出栏只数(只) Slaughtered Fattened Sheep and Goats (head)	家禽出栏只数(只) Slaughtered Poultry (head)
德阳市	**Deyang**							
旌阳区	Jingyang		29866	295042	200338	7520	10980	20663817
罗江区	Luojiang		64317	351527	240880	3338	7926	5900169
中江县	Zhongjiang		62162	978157	600400	36423	173605	22062484
广汉市	Guanghan		40734	188966	125060	11987	6891	11872838
什邡市	Shifang	81	18521	188300	115000	3075	19826	5308561
绵竹市	Mianzhu	313	46857	367921	250322	4711	6605	6009763
绵阳市	**Mianyang**							
涪城区	Fucheng		21683	130118	82780	2803	3272	8642000
游仙区	Youxian		24110	180033	123402	6491	31512	7279871
安州区	Anzhou	460	21532	139012	107060	6455	13453	11165160
三台县	Santai		81931	1035552	640412	35535	139264	15716240
盐亭县	Yanting		46635	452253	355700	21519	247010	8944600
梓潼县	Zitong		82865	500300	353065	15525	251450	7708500
北川县	Beichuan	770	4928	195104	145960	7321	158120	1685800
平武县	Pingwu	2120	2126	105273	80480	8073	44293	741750
江油市	Jiangyou	46	105343	504996	382041	14431	66626	12416000
广元市	**Guangyuan**							
利州区	Lizhou	5	27345	185413	136700	9193	39071	2579666
昭化区	Zhaohua		22057	547558	390759	7935	65832	3864573
朝天区	Chaotian		7358	164226	106487	8290	77418	3188448
旺苍县	Wangcang	6395	31384	471787	355439	13606	112030	3600002
青川县	Qingchuan	8000	17948	161991	101085	11852	80030	3241189
剑阁县	Jiange	8	71878	880792	600345	15998	165372	10557356
苍溪县	Cangxi		245220	933146	660085	22100	94282	7651621
遂宁市	**Suining**							
船山区	Chuanshan	6	26967	503621	350270	3713	47228	2562460
安居区	Anju		32008	817889	482052	3359	45240	5007154
蓬溪县	Pengxi	106	42449	602186	443167	8406	138411	4131117
大英县	Daying		14760	492939	324649	3485	39749	4103424
射洪市	Shehong		18656	795690	493262	15339	110603	7717480
内江市	**Neijiang**							
内江市市中区	Neijiang Downtown		12555	221250	129220	1519	17442	2193900
东兴区	Dongxing		50439	535726	327502	5880	112396	7386941
威远县	Weiyuan	2326	84585	445374	296425	2143	199964	4935610
资中县	Zizhong	149	293658	672894	415901	10122	180989	8679278
隆昌市	Longchang	400	43665	380273	262852	1301	29737	10293754
乐山市	**Leshan**							
乐山市市中区	Leshan Downtown	548	24131	280734	165820	1596	8475	8306678
沙湾区	Shawan	300	6561	112794	58900	1357	7858	2832689
五通桥区	Wutongqiao	1693	33995	142732	74400	1124	6365	4194748

12-7 续表 12 continued

县(市、区)	Counties (Municipalities, Districts)	茶叶产量(吨) Yield of Tea (ton)	水果产量(吨) Output of Fruits (ton)	肉猪出栏头数(头) Slaughtered Fattened Hogs (head)	猪年末存栏头数(头) Hogs at the Year-end (head)	肉牛出栏头数(头) Slaughtered Fattened Cattle and Buffaloes (head)	羊出栏只数(只) Slaughtered Fattened Sheep and Goats (head)	家禽出栏只数(只) Slaughtered Poultry (head)
金口河区	Jinkouhe	119	986	38005	23000	1470	5446	178540
犍为县	Qianwei	6828	56369	482977	315720	7885	56840	10177927
井研县	Jingyan	692	32122	550630	412202	926	65331	5464934
夹江县	Jiajiang	9685	10752	194864	109930	1720	2253	6914045
沐川县	Muchuan	7613	14877	188453	111728	1095	36520	1358393
峨边县	Ebian	314	526	152078	85000	7321	25318	970826
马边县	Mabian	10844	5461	133148	82800	6479	108739	656236
峨眉山市	Emeishan	9265	29385	175588	89400	2579	11546	3632509
南充市	**Nanchong**							
顺庆区	Shunqing		18977	230230	144912	6580	162718	6132458
高坪区	Gaoping		159643	500041	354951	3866	129080	7141838
嘉陵区	Jialing		51758	550221	402527	6925	316116	7572831
南部县	Nanbu		101456	783120	540273	14659	298980	11143495
营山县	Yingshan	14	46200	660750	512185	21745	397707	9358241
蓬安县	Pengan		118731	502076	380840	12893	184789	6920694
仪陇县	Yilong	7	33030	733755	576079	34358	228128	10648797
西充县	Xichong		72485	581740	400942	6087	103636	6543723
阆中市	Langzhong	13	106804	675316	490591	21888	192562	8596296
眉山市	**Meishan**							
东坡区	Dongpo	624	202021	449800	330254	2693	50668	13667755
彭山区	Pengshan	23	74232	101065	87108	810	21826	3891118
仁寿县	Renshou	16	677137	917123	660040	5117	285865	13400979
洪雅县	Hongya	18835	8070	138882	111880	11025	39358	3231529
丹棱县	Danling	3285	198457	116695	100340	606	19087	2204065
青神县	Qingshen	713	79899	180030	101578	2378	9335	3157656
宜宾市	**Yibin**							
翠屏区	Cuiping	6875	99731	433772	327726	6110	22390	4013300
南溪区	Nanxi	172	92156	320386	235526	3141	52083	7156222
叙州区	Xuzhou	7443	85127	740873	507076	6976	68581	8105739
江安县	Jiangan	1544	208410	480574	326305	3795	54470	5660254
长宁县	Changning	2246	92973	425051	332534	6010	11000	6376141
高县	Gaoxian	17435	13710	414252	295570	12442	28536	4642964
珙县	Gongxian	9740	8393	447116	333809	14827	11103	2309124
筠连县	Junlian	16021	23440	434584	340580	57855	8095	2617658
兴文县	Xingwen	1273	9985	466195	340021	25356	15829	4864350
屏山县	Pingshan	15626	132782	206878	144753	4805	160724	1503188
广安市	**Guangan**							
广安区	Guanganqu		15864	693546	450326	4437	27668	6246682
前锋区	Qianfeng	56	8514	106477	66118	1704	42787	1819237
岳池县	Yuechi		76106	758339	500489	5780	27405	8826817
武胜县	Wusheng	17	35077	828561	483439	4564	52926	8230259

12-7 续表 13 continued

县(市、区)	Counties (Municipalities, Districts)	茶叶产量 (吨) Yield of Tea (ton)	水果产量 (吨) Output of Fruits (ton)	肉猪出栏头数 (头) Slaughtered Fattened Hogs (head)	猪年末存栏头数 (头) Hogs at the Year-end (head)	肉牛出栏头数 (头) Slaughtered Fattened Cattle and Buffaloes (head)	羊出栏只数 (只) Slaughtered Fattened Sheep and Goats (head)	家禽出栏只数 (只) Slaughtered Poultry (head)
邻水县	Linshui	384	138282	710760	485410	7834	62422	7876969
华蓥市	Huaying	117	18622	144380	99918	1763	24862	2165188
达州市	**Dazhou**							
通川区	Tongchuan	80	68610	274534	206472	17294	57346	3672921
达川区	Dachuan	212	63183	675864	465798	63968	173827	11858597
宣汉县	Xuanhan	4419	99288	669993	485942	95725	271410	9111595
开江县	Kaijiang	371	25868	309086	220436	13458	121855	12860867
大竹县	Dazhu	486	50327	650232	465047	44118	266319	18277273
渠县	Quxian	282	188867	798634	455803	56262	199679	16384417
万源市	Wanyuan	6252	12716	323406	250702	43800	152978	5051463
雅安市	**Yaan**							
雨城区	Yucheng	32045	12453	154684	103965	5751	42162	1978558
名山区	Mingshan	52191	6870	480005	362092	554	30446	1014046
荥经县	Yingjing	3728	4405	54175	39405	5816	15121	298464
汉源县	Hanyuan	24	400110	156072	109059	15313	59230	510532
石棉县	Shimian	57	95260	56552	39914	8422	40430	479581
天全县	Tianquan	3607	4271	74917	50849	3704	15627	1770860
芦山县	Lushan	953	1759	66125	46783	2695	6235	1190741
宝兴县	Baoxing	745	1240	41595	29833	14765	22051	66337
巴中市	**Bazhong**							
巴州区	Bazhou	86	24647	473910	354106	22739	61352	1874165
恩阳区	Enyang	66	30527	438096	320695	21299	50061	1957308
通江县	Tongjiang	1653	22540	702740	475000	49458	168101	2393832
南江县	Nanjiang	2724	28843	607415	447145	39528	439565	2813288
平昌县	Pingchang	7018	14513	720903	460954	49696	51452	2796875
资阳市	**Ziyang**							
雁江区	Yanjiang		274982	752919	540000	2802	344512	8779834
安岳县	Anyue		568269	1020729	639000	13921	323434	10925635
乐至县	Lezhi	5	42237	657750	421000	1820	636080	5405132
阿坝州	**Aba**							
马尔康市	Maerkang		778	14010	31363	33810	3485	43640
汶川县	Wenchuan	12	95901	56020	53331	4038	10000	140146
理县	Lixian		9718	20016	20037	9382	9780	61688
茂县	Maoxian		111339	60038	48132	7122	16725	50709
松潘县	Songpan		2332	14020	26837	46505	34897	27896
九寨沟县	Jiuzhaigou		5868	26010	23902	18096	7908	62946
金川县	Jinchuan		20308	38030	37148	13617	11103	116123
小金县	Xiaojin		50195	22015	23710	19815	22010	23683
黑水县	Heishui		4898	65014	73753	10802	6516	167841
壤塘县	Rangtang					45364	39548	

12-7 续表 14 continued

县(市、区)	Counties (Municipalities, Districts)	茶叶产量(吨) Yield of Tea (ton)	水果产量(吨) Output of Fruits (ton)	肉猪出栏头数(头) Slaughtered Fattened Hogs (head)	猪年末存栏头数(头) Hogs at the Year-end (head)	肉牛出栏头数(头) Slaughtered Fattened Cattle and Buffaloes (head)	羊出栏只数(只) Slaughtered Fattened Sheep and Goats (head)	家禽出栏只数(只) Slaughtered Poultry (head)
阿坝县	Abaxian				319	98605	24956	
若尔盖县	Ruoergai			15026	17368	144504	282764	
红原县	Hongyuan					122404	11092	
甘孜州	**Ganzi**							
康定市	Kangding		1889	22485	11147	33162	2820	24048
泸定县	Luding	2	4184	52251	44962	3343	12252	71239
丹巴县	Danba		1373	32965	26976	10493	13773	15897
九龙县	Jiulong	79	1916	33000	33028	14416	31957	54982
雅江县	Yajiang		431	7132	8424	14157	23987	924
道孚县	Daofu		612	3708	2243	23816	5935	
炉霍县	Luhuo		70	791	750	41072	40851	
甘孜县	Ganzixian			686	535	37360	11180	
新龙县	Xinlong		245	1461	297	28542	17086	
德格县	Dege			720	229	67201	60626	
白玉县	Baiyu		45	730	360	33079	43228	
石渠县	Shiqu		18	1064	1325	57972	28961	
色达县	Seda			233	317	72126	63255	
理塘县	Litang			1415	1892	54151	23002	2200
巴塘县	Batang		1604	9879	6947	25916	25648	10124
乡城县	Xiangcheng		3961	16024	13442	10646	1710	13690
稻城县	Daocheng		371	12576	12965	15890	3495	17274
得荣县	Derong		2500	12974	22061	9147	3619	31445
凉山州	**Liangshan**							
西昌市	Xichang		112851	304562	165899	20938	180361	4772745
木里县	Muli		10605	104111	111602	44098	225146	382803
盐源县	Yanyuan		557848	322681	261168	35315	434180	3394083
德昌县	Dechang		175947	243074	157110	13002	147553	1195835
会理县	Huili		794275	731417	550734	32842	523818	2981441
会东县	Huidong	8	207221	440630	355360	46523	736755	1359910
宁南县	Ningnan	37	22059	243127	172532	20998	164818	652494
普格县	Puge		3477	104320	68244	9738	145552	352297
布拖县	Butuo		359	153018	95100	19465	245366	349439
金阳县	Jinyang		4384	122703	83568	10519	161445	515072
昭觉县	Zhaojue		6420	182711	122216	27885	411674	453769
喜德县	Xide		13697	200439	165522	9144	148037	776681
冕宁县	Mianning	1	70638	318455	230926	27412	212421	995943
越西县	Yuexi		14753	219810	119150	15743	184895	463129
甘洛县	Ganluo	7	4816	149147	104862	21638	168624	608190
美姑县	Meigu		7058	182441	153437	24741	266734	1011008
雷波县	Leibo	772	16928	139234	93470	7488	139263	426824

12-8 各县(市、区)规模以上工业经济情况(2020年)
Basic Statistics on Industrial Enterprises above Designated Size by Counties (Municipalities, Districts)(2020)

县(市、区)	Counties (Municipalities, Districts)	工业企业单位数 (个) Number of Industrial Enterprises (unit)	工业增加值增速 (%) Growth Rate of Industrial Value Added (%)	营业收入 (万元) Business Revenue (10 000 yuan)	利润总额 (万元) Total Profits (10 000 yuan)
成都市	**Chengdu**				
锦江区	Jinjiang	9	13.4	409141	104698
青羊区	Qingyang	26	7.9	5059367	330241
金牛区	Jinniu	40	5.3	1168901	155944
武侯区	Wuhou	214	1.0	18807875	1621632
成华区	Chenghua	36	6.8	9756227	924877
龙泉驿区	Longquanyi	357	4.8	19234163	1332169
青白江区	Qingbaijiang	231	6.7	4635525	215646
新都区	Xindu	275	6.9	5233007	368809
温江区	Wenjiang	263	7.1	4110963	373194
双流区	Shuangliu	387	9.5	14712758	634588
郫都区	Pidu	427	7.2	38698711	1662601
新津区	Xinjin	181	7.9	3725480	222550
金堂县	Jintang	183	9.1	1983005	120730
大邑县	Dayi	167	7.1	2835770	126283
蒲江县	Pujiang	103	5.0	881460	49527
都江堰市	Dujiangyan	113	6.5	1851548	198504
彭州市	Pengzhou	187	-9.8	6920727	499622
邛崃市	Qionglai	156	8.3	2372074	148308
崇州市	Chongzhou	215	10.5	4935671	264357
简阳市	Jianyang	121	0.3	2332511	153133
自贡市	**Zigong**				
自流井区	Ziliujing	39	5.5	1351268	54995
贡井区	Gongjing	94	3.7	1253040	49266
大安区	Daan	84	0.6	1126882	45590
沿滩区	Yantan	159	6.7	3093693	252460
荣县	Rongxian	100	5.3	1843097	100655
富顺县	Fushun	130	5.3	3493422	217591
攀枝花市	**Panzhihua**				
东区	Dongqu	70	5.3	9875341	546903
西区	Xiqu	68	3.2	1820267	-68137
仁和区	Renhe	124	3.1	4466746	412880
米易县	Miyi	59	3.5	1601597	246178
盐边县	Yanbian	52	3.2	1770757	318270
泸州市	**Luzhou**				
江阳区	Jiangyang	179	5.5	4479358	1023649
纳溪区	Naxi	109	3.5	2698582	167296
龙马潭区	Longmatan	157	5.2	6735858	431257
泸县	Luxian	145	5.9	4301332	408118
合江县	Hejiang	93	5.6	1864366	136837
叙永县	Xuyong	51	4.4	495564	21974

12–8 续表 1 continued

县(市、区)	Counties (Municipalities, Districts)	工业企业单位数 (个) Number of Industrial Enterprises (unit)	工业增加值增速 (%) Growth Rate of Industrial Value Added (%)	营业收入 (万元) Business Revenue (10 000 yuan)	利润总额 (万元) Total Profits (10 000 yuan)
古蔺县	Gulin	53	2.9	1496441	263510
德阳市	**Deyang**				
旌阳区	Jingyang	303	4.6	8557985	436788
罗江区	Luojiang	125	1.5	4013444	82644
中江县	Zhongjiang	122	0.2	3028974	284931
广汉市	Guanghan	349	-2.2	8031744	393534
什邡市	Shifang	218	4.3	4317468	209743
绵竹市	Mianzhu	140	2.6	5410676	552411
绵阳市	**Mianyang**				
涪城区	Fucheng	294	7.2	16924555	403719
游仙区	Youxian	156	3.4	4311533	373329
安州区	Anzhou	127	2.0	2693257	189634
三台县	Santai	124	5.5	1535753	128161
盐亭县	Yanting	33	6.8	226629	15620
梓潼县	Zitong	57	5.2	595079	20516
北川县	Beichuan	63	8.0	452851	49229
平武县	Pingwu	37	5.2	303742	11557
江油市	Jiangyou	217	3.0	5262301	326298
广元市	**Guangyuan**				
利州区	Lizhou	204	6.3	6266191	503821
昭化区	Zhaohua	51	5.9	1287739	50867
朝天区	Chaotian	45	9.3	1000335	135026
旺苍县	Wangcang	74	4.6	1275390	59326
青川县	Qingchuan	43	1.5	487757	27689
剑阁县	Jiange	64	4.9	1094383	34570
苍溪县	Cangxi	63	2.0	1089582	140100
遂宁市	**Suining**				
船山区	Chuanshan	235	4.8	5672849	420431
安居区	Anju	64	6.0	937610	140743
蓬溪县	Pengxi	85	4.7	1694997	157877
大英县	Daying	93	5.0	1669592	139154
射洪市	Shehong	118	4.8	2996949	230087
内江市	**Neijiang**				
内江市中区	Neijiang Downtown	106	5.8	1724144	121971
东兴区	Dongxing	48	4.6	506717	61510
威远县	Weiyuan	87	5.5	7238256	102409
资中县	Zizhong	60	5.6	799452	60762
隆昌市	Longchang	113	6.0	2237667	124735
乐山市	**Leshan**				
乐山市中区	Leshan Downtown	102	4.0	2645603	108503
沙湾区	Shawan	48	6.2	1721659	158886

12-8 续表 2 continued

县(市、区)	Counties (Municipalities, Districts)	工业企业单位数 (个) Number of Industrial Enterprises (unit)	工业增加值增速 (%) Growth Rate of Industrial Value Added (%)	营业收入 (万元) Business Revenue (10 000 yuan)	利润总额 (万元) Total Profits (10 000 yuan)
五通桥区	Wutongqiao	67	8.0	2173221	139587
金口河区	Jinkouhe	8	3.7	241963	-13072
犍为县	Qianwei	68	5.1	916119	88599
井研县	Jingyan	57	3.8	764552	25716
夹江县	Jiajiang	132	6.2	2373376	67111
沐川县	Muchuan	22	3.9	324314	5762
峨边县	Ebian	31	5.1	457338	25124
马边县	Mabian	22	4.9	196271	3023
峨眉山市	Emeishan	77	3.7	3849239	543942
南充市	**Nanchong**				
顺庆区	Shunqing	94	6.7	5538371	401015
高坪区	Gaoping	89	7.5	4006739	245489
嘉陵区	Jialing	106	7.4	5258259	317285
南部县	Nanbu	136	7.0	4760053	498233
营山县	Yingshan	81	7.0	2560988	123302
蓬安县	Pengan	55	-40.9	1072202	103120
仪陇县	Yilong	63	6.8	1337144	116744
西充县	Xichong	98	7.3	2298367	187551
阆中市	Langzhong	84	6.8	2096581	104061
眉山市	**Meishan**				
东坡区	Dongpo	235	4.9	7088381	412864
彭山区	Pengshan	139	5.2	4324072	205664
仁寿县	Renshou	171	3.9	3736171	204951
洪雅县	Hongya	41	2.4	446851	25403
丹棱县	Danling	47	2.5	495668	15100
青神县	Qingshen	46	3.6	736792	39240
宜宾市	**Yibin**				
翠屏区	Cuiping	173	7.6	18353655	3345932
南溪区	Nanxi	85	3.6	2334493	179696
叙州区	Xuzhou	125	3.4	6915220	545482
江安县	Jiangan	78	4.0	1490531	205108
长宁县	Changning	88	3.5	1800080	175581
高县	Gaoxian	64	3.3	1694459	63578
珙县	Gongxian	60	2.8	1408757	349258
筠连县	Junlian	67	-4.8	477038	21561
兴文县	Xingwen	73	23.4	335698	51067
屏山县	Pingshan	58	12.4	744364	32846
广安市	**Guangan**				
广安区	Guanganqu	26	7.7	365255	30102
前锋区	Qianfeng	140	5.5	4529937	276707
岳池县	Yuechi	87	5.1	2605299	178307

12-8 续表 3 continued

县(市、区)	Counties (Municipalities, Districts)	工业企业单位数 (个) Number of Industrial Enterprises (unit)	工业增加值增速 (%) Growth Rate of Industrial Value Added (%)	营业收入 (万元) Business Revenue (10 000 yuan)	利润总额 (万元) Total Profits (10 000 yuan)
武胜县	Wusheng	111	3.5	3852751	192387
邻水县	Linshui	129	5.5	3199507	64893
华蓥市	Huaying	113	5.1	3660675	192682
达州市	**Dazhou**				
通川区	Tongchuan	116	5.6	3166886	136717
达川区	Dachuan	167	4.5	2777473	155929
宣汉县	Xuanhan	101	6.5	1639737	463580
开江县	Kaijiang	101	4.4	1062474	74897
大竹县	Dazhu	173	1.6	3151526	198013
渠县	Quxian	167	5.6	2985413	216095
万源市	Wanyuan	66	3.0	674570	76084
雅安市	**Yaan**				
雨城区	Yucheng	43	2.8	775344	33962
名山区	Mingshan	69	3.7	1143013	77749
荥经县	Yingjing	42	3.3	426601	6579
汉源县	Hanyuan	33	5.6	1141980	122320
石棉县	Shimian	49	7.0	1061253	156068
天全县	Tianquan	36	7.8	577442	34716
芦山县	Lushan	49	2.9	433698	20428
宝兴县	Baoxing	30	2.9	406932	19912
巴中市	**Bazhong**				
巴州区	Bazhou	92	-1.6	1474933	71537
恩阳区	Enyang	42	1.4	989373	66877
通江县	Tongjiang	48	0.7	428951	21747
南江县	Nanjiang	65	2.9	1232699	87226
平昌县	Pingchang	75	2.3	1918500	43669
资阳市	**Ziyang**				
雁江区	Yanjiang	119	5.0	2056669	7474
安岳县	Anyue	68	4.7	794969	66717
乐至县	Lezhi	63	5.0	776646	62009
阿坝州	**Aba**				
马尔康市	Maerkang	6	11.1	15760	-4204
汶川县	Wenchuan	39	3.5	742642	107639
理县	Lixian	14	0.6	125548	-1753
茂县	Maoxian	21	2.3	544655	38521
松潘县	Songpan	7	2.1	33570	1628
九寨沟县	Jiuzhaigou	3	8.4	68986	7408
金川县	Jinchuan	4	40.3	8922	-5057
小金县	Xiaojin	10	-10.2	72253	-12021
黑水县	Heishui	11	19.0	120241	9029
壤塘县	Rangtang	1	0.7	2301	-25

12−8 续表 4 continued

县(市、区)	Counties (Municipalities, Districts)	工业企业单位数 (个) Number of Industrial Enterprises (unit)	工业增加值增速 (%) Growth Rate of Industrial Value Added (%)	营业收入 (万元) Business Revenue (10 000 yuan)	利润总额 (万元) Total Profits (10 000 yuan)
阿坝县	Abaxian	4	-2.6	10417	724
若尔盖县	Ruoergai	5	-31.8	25493	2159
红原县	Hongyuan	11	-0.1	46682	699
甘孜州	**Ganzi**				
康定市	Kangding	18	13.0	676061	105801
泸定县	Luding	8	13.1	111623	13125
丹巴县	Danba	6	20.7	69065	6114
九龙县	Jiulong	13	1.6	196546	37030
雅江县	Yajiang	1	11.4	21672	1822
道孚县	Daofu				
炉霍县	Luhuo	1	-0.3	6513	1282
甘孜县	Ganzixian	4	-40.9	19401	2649
新龙县	Xinlong				
德格县	Dege				
白玉县	Baiyu	2	1.1	60011	20659
石渠县	Shiqu				
色达县	Seda				
理塘县	Litang	4	-45.0	19497	1149
巴塘县	Batang	1	-2.1	10266	126
乡城县	Xiangcheng	7	5.8	60694	-2578
稻城县	Daocheng				
得荣县	Derong	2	2.7	25031	-2103
凉山州	**Liangshan**				
西昌市	Xichang	75	2.3	5523533	759377
木里县	Muli	5	13.5	261570	35668
盐源县	Yanyuan	24	10.4	228088	31239
德昌县	Dechang	26	16.5	408188	15930
会理县	Huili	43	8.2	998822	50803
会东县	Huidong	22	2.7	331331	89811
宁南县	Ningnan	14	3.3	146557	18006
普格县	Puge	5	7.3	83948	18034
布拖县	Butuo	4	37.0	38370	11489
金阳县	Jinyang	2	18.8	28766	1719
昭觉县	Zhaojue	5	16.5	89341	18554
喜德县	Xide	8	1.0	44700	6241
冕宁县	Mianning	26	3.5	499539	48212
越西县	Yuexi	7	9.3	89913	14948
甘洛县	Ganluo	13	7.4	107102	-14280
美姑县	Meigu	4	1.0	54309	1088
雷波县	Leibo	9	0.5	261914	22596

12−9 各县(市、区)财政和贸易情况(2020年)

Basic Statistics on Finance and Trade by Counties (Municipalities, Districts)(2020)

单位：万元 (10 000 yuan)

县(市、区)	Counties (Municipalities, Districts)	地方一般公共预算收入 Local General Public Budget Revenue	一般公共预算支出 General Public Budget Expenditure	社会消费品零售总额 Total Retail Sales of Consumer Goods	出口总额 Total Exports
成都市	**Chengdu**				
锦江区	Jinjiang	827264	568262	11645730	160000
青羊区	Qingyang	866875	589154	9475063	1282453
金牛区	Jinniu	846789	714107	8659501	1007000
武侯区	Wuhou	3025684	3328745	16630547	8959338
成华区	Chenghua	790779	752322	5553526	691730
龙泉驿区	Longquanyi	749978	1114030	2300615	1017000
青白江区	Qingbaijiang	385366	714606	1341703	1232170
新都区	Xindu	676244	1042326	3026687	387000
温江区	Wenjiang	461988	714403	1484854	296665
双流区	Shuangliu	1594199	2093085	6449803	5329551
郫都区	Pidu	471651	692667	2950612	19499200
新津区	Xinjin	303381	426374	925653	107592
金堂县	Jintang	385994	645662	1204474	219120
大邑县	Dayi	156949	354552	841210	94422
蒲江县	Pujiang	109366	243604	391162	71263
都江堰市	Dujiangyan	362094	571810	1509170	76058
彭州市	Pengzhou	359485	583480	1078560	72000
邛崃市	Qionglai	276530	542619	1000885	106472
崇州市	Chongzhou	282628	475682	1134554	100590
简阳市	Jianyang	308110	907780	3581055	168530
自贡市	**Zigong**				
自流井区	Ziliujing	69560	181010	1582481	92770
贡井区	Gongjing	26979	163464	835920	14049
大安区	Daan	44974	199720	633780	108256
沿滩区	Yantan	42513	188286	550428	6240
荣县	Rongxian	65714	377421	929747	1775
富顺县	Fushun	112312	504897	1301323	10034
攀枝花市	**Panzhihua**				
东区	Dongqu	73042	183778	1078818	47570
西区	Xiqu	18510	90608	197331	17
仁和区	Renhe	104932	225088	505305	23642
米易县	Miyi	112532	250285	440075	47704
盐边县	Yanbian	76243	210688	129922	188
泸州市	**Luzhou**				
江阳区	Jiangyang	262981	558561	3915092	116761
纳溪区	Naxi	115417	297016	927843	83396
龙马潭区	Longmatan	173906	449673	1779564	133926
泸县	Luxian	165945	474562	1339863	10839
合江县	Hejiang	97339	458529	989341	4810
叙永县	Xuyong	86801	458799	537489	189

12－9　续表 1　continued

单位：万元 (10 000 yuan)

县(市、区)	Counties (Municipalities, Districts)	地方一般公共预算收入 Local General Public Budget Revenue	一般公共预算支出 General Public Budget Expenditure	社会消费品零售总额 Total Retail Sales of Consumer Goods	出口总额 Total Exports
古蔺县	Gulin	169023	547629	648873	1038
德阳市	**Deyang**				
旌阳区	Jingyang	148344	309514	2370559	72700
罗江区	Luojiang	48686	170028	349419	48500
中江县	Zhongjiang	84502	579890	1823621	65100
广汉市	Guanghan	229344	405749	1930754	102700
什邡市	Shifang	219224	374681	1031142	194400
绵竹市	Mianzhu	221293	370875	1006413	283200
绵阳市	**Mianyang**				
涪城区	Fucheng	443529	690791	5733455	675814
游仙区	Youxian	107507	357099	1396803	16732
安州区	Anzhou	82714	279593	878282	27731
三台县	Santai	116795	624901	2036318	24781
盐亭县	Yanting	40183	312459	897573	15828
梓潼县	Zitong	33020	231932	545290	2490
北川县	Beichuan	41550	248642	321235	942
平武县	Pingwu	29573	218279	216924	94
江油市	Jiangyou	229987	449313	1916718	18361
广元市	**Guangyuan**				
利州区	Lizhou	77433	315907	1706485	10890
昭化区	Zhaohua	25209	232174	276585	866
朝天区	Chaotian	26808	216106	213984	2491
旺苍县	Wangcang	43886	339492	489630	903
青川县	Qingchuan	31460	228799	227065	299
剑阁县	Jiange	37175	408267	565129	1949
苍溪县	Cangxi	64294	508084	713565	7100
遂宁市	**Suining**				
船山区	Chuanshan	222460	616078	1684846	119187
安居区	Anju	95573	406083	470068	3112
蓬溪县	Pengxi	63565	411218	480009	1854
大英县	Daying	81976	292897	485416	1253
射洪市	Shehong	150932	530625	1553332	15819
内江市	**Neijiang**				
内江市中区	Neijiang Downtown	50979	285377	1409465	43423
东兴区	Dongxing	87122	370517	1069075	33093
威远县	Weiyuan	104500	399934	1009142	12151
资中县	Zizhong	93034	592543	906183	2323
隆昌市	Longchang	92539	379474	1195401	20260
乐山市	**Leshan**				
乐山市中区	Leshan Downtown	130168	268781	2220640	27700
沙湾区	Shawan	66141	145133	366504	200

12-9 续表 2 continued

单位：万元 (10 000 yuan)

县(市、区)	Counties (Municipalities, Districts)	地方一般公共预算收入 Local General Public Budget Revenue	一般公共预算支出 General Public Budget Expenditure	社会消费品零售总额 Total Retail Sales of Consumer Goods	出口总额 Total Exports
五通桥区	Wutongqiao	43005	162538	731946	246300
金口河区	Jinkouhe	24654	99353	67667	
犍为县	Qianwei	76449	302881	757545	6200
井研县	Jingyan	25404	223410	510522	16700
夹江县	Jiajiang	76685	208640	757881	2000
沐川县	Muchuan	32046	195524	289325	11400
峨边县	Ebian	39351	256336	224815	
马边县	Mabian	39348	261298	229928	
峨眉山市	Emeishan	203817	300370	1326310	37500
南充市	**Nanchong**				
顺庆区	Shunqing	201542	601835	3369431	64033
高坪区	Gaoping	96791	432037	1387890	163175
嘉陵区	Jialing	103285	482659	870649	95864
南部县	Nanbu	118147	638606	1763528	4109
营山县	Yingshan	95339	594041	1058465	212
蓬安县	Pengan	74391	409449	912170	91
仪陇县	Yilong	93556	632288	1010795	4867
西充县	Xichong	82819	457754	756397	1819
阆中市	Langzhong	140576	655322	1046332	174
眉山市	**Meishan**				
东坡区	Dongpo	241729	486112	1914277	95527
彭山区	Pengshan	166906	332369	737256	7645
仁寿县	Renshou	369210	851039	1870598	3426
洪雅县	Hongya	104626	251885	435555	26353
丹棱县	Danling	46336	161626	219920	13175
青神县	Qingshen	56552	174090	255002	17814
宜宾市	**Yibin**				
翠屏区	Cuiping	294051	716471	2696648	1082800
南溪区	Nanxi	115360	443412	770445	16010
叙州区	Xuzhou	157159	542182	2062570	105084
江安县	Jiangan	115316	299769	903940	9338
长宁县	Changning	80075	369079	950425	10535
高县	Gaoxian	75092	300654	674425	148
珙县	Gongxian	108447	384535	731604	312
筠连县	Junlian	79665	298429	531423	277
兴文县	Xingwen	102256	326217	653420	767
屏山县	Pingshan	85406	237925	295000	12082
广安市	**Guangan**				
广安区	Guanganqu	76325	460937	1575953	89
前锋区	Qianfeng	56810	205501	394601	73986
岳池县	Yuechi	126138	567958	1077283	6624

12-9 续表 3 continued

单位：万元 (10 000 yuan)

县(市、区)	Counties (Municipalities, Districts)	地方一般公共预算收入 Local General Public Budget Revenue	一般公共预算支出 General Public Budget Expenditure	社会消费品零售总额 Total Retail Sales of Consumer Goods	出口总额 Total Exports
武胜县	Wusheng	73721	383532	838519	6177
邻水县	Linshui	122521	553839	1156892	37061
华蓥市	Huaying	85182	305986	450773	6933
达州市	**Dazhou**				
通川区	Tongchuan	122825	362243	2099107	11625
达川区	Dachuan	125095	700774	1812676	155044
宣汉县	Xuanhan	205261	715157	1675515	21495
开江县	Kaijiang	44123	310189	798043	9420
大竹县	Dazhu	152333	548666	1760388	8183
渠县	Quxian	134294	627051	1930157	17299
万源市	Wanyuan	52010	385168	774184	9254
雅安市	**Yaan**				
雨城区	Yucheng	38192	189547	788415	2876
名山区	Mingshan	24519	154140	364555	9511
荥经县	Yingjing	35612	129022	267641	77
汉源县	Hanyuan	64949	193630	397013	994
石棉县	Shimian	65780	165474	258113	390
天全县	Tianquan	25140	140018	249820	1883
芦山县	Lushan	18807	130781	216929	756
宝兴县	Baoxing	28195	121259	95558	3135
巴中市	**Bazhong**				
巴州区	Bazhou	78978	511241	1550121	3147
恩阳区	Enyang	70090	387285	513193	4368
通江县	Tongjiang	46434	547393	855658	5150
南江县	Nanjiang	78562	464987	835755	4890
平昌县	Pingchang	82628	623946	1065271	5145
资阳市	**Ziyang**				
雁江区	Yanjiang	156311	475520	1389994	133425
安岳县	Anyue	110209	612062	1532053	12669
乐至县	Lezhi	65021	378622	851382	1358
阿坝州	**Aba**				
马尔康市	Maerkang	25103	187668	95457	
汶川县	Wenchuan	43323	292194	130538	9998
理县	Lixian	12003	132370	63133	
茂县	Maoxian	20049	201940	113273	1464
松潘县	Songpan	9166	199042	64329	
九寨沟县	Jiuzhaigou	15420	372026	103554	
金川县	Jinchuan	10008	168227	66424	
小金县	Xiaojin	9147	233552	66862	52
黑水县	Heishui	8611	156141	46020	
壤塘县	Rangtang	2468	191562	33257	

12−9 续表 4 continued

单位：万元 (10 000 yuan)

县(市、区)	Counties (Municipalities, Districts)	地方一般公共预算收入 Local General Public Budget Revenue	一般公共预算支出 General Public Budget Expenditure	社会消费品零售总额 Total Retail Sales of Consumer Goods	出口总额 Total Exports
阿坝县	Abaxian	15628	231546	65231	
若尔盖县	Ruoergai	7015	213827	74990	
红原县	Hongyuan	5311	163445	45009	4
甘孜州	**Ganzi**				
康定市	Kangding	56316	230613	251202	6608
泸定县	Luding	28740	147698	143830	2099
丹巴县	Danba	18823	176736	70402	
九龙县	Jiulong	18912	138916	40737	762
雅江县	Yajiang	37001	146037	49030	105
道孚县	Daofu	8206	162010	31946	
炉霍县	Luhuo	4476	145259	44860	
甘孜县	Ganzixian	6822	178235	86775	99
新龙县	Xinlong	4838	156341	21433	
德格县	Dege	7208	188263	33420	
白玉县	Baiyu	22661	187470	42070	
石渠县	Shiqu	6006	238555	49914	
色达县	Seda	7943	218555	32231	
理塘县	Litang	12202	218923	84362	1812
巴塘县	Batang	15006	154825	64885	
乡城县	Xiangcheng	8220	122909	37333	863
稻城县	Daocheng	16188	143094	41061	
得荣县	Derong	5505	107691	17641	
凉山州	**Liangshan**				
西昌市	Xichang	550421	860035	2925343	
木里县	Muli	64178	287335	85581	
盐源县	Yanyuan	88586	442726	284754	
德昌县	Dechang	68178	198981	321539	4137
会理县	Huili	93911	297219	773978	1110
会东县	Huidong	100569	271192	596558	
宁南县	Ningnan	49290	197238	273681	2374
普格县	Puge	14106	320734	105688	30900
布拖县	Butuo	13992	405585	59057	
金阳县	Jinyang	27319	420804	85859	
昭觉县	Zhaojue	16860	501022	91929	
喜德县	Xide	11604	324427	95840	
冕宁县	Mianning	83844	281547	558265	
越西县	Yuexi	19377	408311	175666	
甘洛县	Ganluo	20224	254286	125721	80
美姑县	Meigu	11796	513368	71134	
雷波县	Leibo	89960	343031	151697	

12-10 各县(市、区)教育情况(2020年)
Basic Statistics on Education of Counties (Municipalities, Districts)(2020)

县(市、区)	Counties (Municipalities, Districts)	小学学校数(个) Number of Primary Schools (unit)	小学在校学生(人) Students Enrollment of Primary Schools (person)	小学专任教师(人) Full-time Teachers in Primary Schools (person)	普通中学学校数(个) Number of Regular Secondary Schools (unit)	普通中学在校学生(人) Students Enrollment of Regular Secondary Schools (person)	普通中学专任教师(人) Full-time Teachers in Regular Secondary Schools (person)
成都市	**Chengdu**						
锦江区	Jinjiang	36	51694	3388	14	27220	2569
青羊区	Qingyang	32	60824	3387	14	23651	1881
金牛区	Jinniu	48	62723	3722	28	35524	2854
武侯区	Wuhou	61	105819	6175	50	54056	5242
成华区	Chenghua	38	61220	3285	21	26701	2098
龙泉驿区	Longquanyi	39	60563	3613	26	34822	2963
青白江区	Qingbaijiang	12	23532	1300	14	17398	1441
新都区	Xindu	33	84681	4461	43	44403	3589
温江区	Wenjiang	17	49204	2871	23	25788	2207
双流区	Shuangliu	59	109243	6509	56	63713	5881
郫都区	Pidu	23	69570	2887	47	37989	2381
新津区	Xinjin	15	17758	993	18	12902	1212
金堂县	Jintang	50	38168	2294	28	37807	2682
大邑县	Dayi	17	24896	943	20	11171	2058
蒲江县	Pujiang	10	12278	860	12	8892	870
都江堰市	Dujiangyan	26	36851	2578	27	25006	2240
彭州市	Pengzhou	25	39491	2221	29	25155	2415
邛崃市	Qionglai	32	29189	1658	31	23031	1800
崇州市	Chongzhou	32	32702	2079	17	22682	1965
简阳市	Jianyang	31	71293	4164	105	66570	4545
自贡市	**Zigong**						
自流井区	Ziliujing	19	30535	1774	15	25274	1736
贡井区	Gongjing	15	12757	772	12	9352	615
大安区	Daan	12	16974	1092	13	12341	820
沿滩区	Yantan	12	19256	1125	14	11733	697
荣县	Rongxian	26	26073	1744	27	24991	1729
富顺县	Fushun	29	55987	3330	58	50724	3675
攀枝花市	**Panzhihua**						
东区	Dongqu	9	20367	1192	20	22686	1871
西区	Xiqu	5	5865	548	6	4789	455
仁和区	Renhe	14	12547	950	13	13620	1227
米易县	Miyi	13	14574	1030	9	9951	960
盐边县	Yanbian	12	12800	993	7	8075	732
泸州市	**Luzhou**						
江阳区	Jiangyang	22	46026	1621	29	49333	3169
纳溪区	Naxi	18	24203	1577	13	17907	1544
龙马潭区	Longmatan	13	29006	1475	20	24868	1554
泸县	Luxian	38	50435	3323	56	71805	4385
合江县	Hejiang	74	52057	2923	29	60889	3796
叙永县	Xuyong	28	48114	2739	37	42455	2643

12-10 续表 1 continued

县(市、区)	Counties (Municipalities, Districts)	小学学校数(个) Number of Primary Schools (unit)	小学在校学生(人) Students Enrollment of Primary Schools (person)	小学专任教师(人) Full-time Teachers in Primary Schools (person)	普通中学学校数(个) Number of Regular Secondary Schools (unit)	普通中学在校学生(人) Students Enrollment of Regular Secondary Schools (person)	普通中学专任教师(人) Full-time Teachers in Regular Secondary Schools (person)
古蔺县	Gulin	36	71102	3853	40	47300	3076
德阳市	**Deyang**						
旌阳区	Jingyang	33	45154	2800	24	36319	3851
罗江区	Luojiang	17	10618	646	8	8468	708
中江县	Zhongjiang	149	61642	3731	56	49911	3741
广汉市	Guanghan	39	27569	1794	28	17542	1895
什邡市	Shifang	29	18655	1333	16	13189	1380
绵竹市	Mianzhu	31	19603	1358	13	12519	1110
绵阳市	**Mianyang**						
涪城区	Fucheng	43	79721	3639	42	98453	6202
游仙区	Youxian	33	32840	1895	19	31475	2015
安州区	Anzhou	23	22380	1388	14	16886	1275
三台县	Santai	109	60294	3648	57	46207	3905
盐亭县	Yanting	47	18294	1485	21	15041	1347
梓潼县	Zitong	34	15264	985	10	10368	841
北川县	Beichuan	24	10970	792	11	8124	687
平武县	Pingwu	39	5976	650	8	4554	501
江油市	Jiangyou	53	36319	2271	21	29034	2078
广元市	**Guangyuan**						
利州区	Lizhou	38	44398	2670	28	35838	3060
昭化区	Zhaohua	25	5840	830	13	4171	530
朝天区	Chaotian	22	6500	792	10	5235	521
旺苍县	Wangcang	36	20049	1788	20	16743	1468
青川县	Qingchuan	27	8712	1069	21	5623	902
剑阁县	Jiange	61	28804	2396	23	21285	1946
苍溪县	Cangxi	55	34649	2688	40	30382	2480
遂宁市	**Suining**						
船山区	Chuanshan	41	54754	3619	34	39750	3238
安居区	Anju	42	28067	1885	27	22746	1838
蓬溪县	Pengxi	30	25719	1900	32	18195	1712
大英县	Daying	42	27700	1630	25	18048	1396
射洪市	Shehong	66	41130	3058	34	32976	2894
内江市	**Neijiang**						
内江市中区	Neijiang Downtown	30	28544	1622	24	24076	1952
东兴区	Dongxing	57	44910	2734	34	31635	2388
威远县	Weiyuan	55	32969	2451	36	29500	2417
资中县	Zizhong	82	51929	3221	53	52149	3424
隆昌市	Longchang	56	38661	2295	30	37800	2376
乐山市	**Leshan**						
乐山市中区	Leshan Downtown	26	41707	1878	37	30089	2653
沙湾区	Shawan	7	6555	579	16	5393	563

12-10 续表 2 continued

县(市、区)	Counties (Municipalities, Districts)	小学学校数(个) Number of Primary Schools (unit)	小学在校学生(人) Students Enrollment of Primary Schools (person)	小学专任教师(人) Full-time Teachers in Primary Schools (person)	普通中学学校数(个) Number of Regular Secondary Schools (unit)	普通中学在校学生(人) Students Enrollment of Regular Secondary Schools (person)	普通中学专任教师(人) Full-time Teachers in Regular Secondary Schools (person)
五通桥区	Wutongqiao	17	10612	755	16	7215	743
金口河区	Jinkouhe	9	2613	219	1	1373	123
犍为县	Qianwei	28	24371	1488	28	20566	1830
井研县	Jingyan	27	14247	1113	23	13098	1121
夹江县	Jiajiang	20	14277	944	17	8974	842
沐川县	Muchuan	19	14385	961	16	9930	709
峨边县	Ebian	17	12203	729	13	5657	479
马边县	Mabian	30	23254	962	10	12964	763
峨眉山市	Emeishan	21	19741	1387	13	15036	1414
南充市	**Nanchong**						
顺庆区	Shunqing	35	47720	2708	31	37939	3084
高坪区	Gaoping	34	36749	2388	36	34062	2336
嘉陵区	Jialing	31	32003	2549	43	24681	3172
南部县	Nanbu	27	62866	4004	83	50361	3673
营山县	Yingshan	31	45503	2900	67	37324	3792
蓬安县	Pengan	37	28419	1695	40	24779	2380
仪陇县	Yilong	49	51404	3635	66	43244	4861
西充县	Xichong	11	22371	1768	6	18022	2366
阆中市	Langzhong	25	34213	2501	72	28669	2766
眉山市	**Meishan**						
东坡区	Dongpo	54	50245	2986	47	34360	3467
彭山区	Pengshan	17	15383	889	15	9046	754
仁寿县	Renshou	61	69947	4984	89	56449	5012
洪雅县	Hongya	22	16753	1014	18	9933	783
丹棱县	Danling	12	7818	490	5	4165	377
青神县	Qingshen	12	8759	501	13	4840	436
宜宾市	**Yibin**						
翠屏区	Cuiping	37	59563	3563	52	55480	4130
南溪区	Nanxi	17	25899	1773	16	23722	1613
叙州区	Xuzhou	58	67310	4122	47	50576	3840
江安县	Jiangan	46	34211	1957	28	23318	1645
长宁县	Changning	20	27492	1391	22	18929	1244
高县	Gaoxian	58	33259	1810	20	24088	1796
珙县	Gongxian	13	30868	1655	23	17917	1257
筠连县	Junlian	10	34602	1853	34	23147	1576
兴文县	Xingwen	22	33365	2239	28	27442	2128
屏山县	Pingshan	14	21720	1336	18	13940	1069
广安市	**Guangan**						
广安区	Guanganqu	24	48382	2902	55	48798	4170
前锋区	Qianfeng	14	15939	1198	22	12236	1116
岳池县	Yuechi	56	54617	4078	69	41073	3785

12–10 续表 3 continued

县(市、区)	Counties (Municipalities, Districts)	小学学校数(个) Number of Primary Schools (unit)	小学在校学生(人) Students Enrollment of Primary Schools (person)	小学专任教师(人) Full-time Teachers in Primary Schools (person)	普通中学学校数(个) Number of Regular Secondary Schools (unit)	普通中学在校学生(人) Students Enrollment of Regular Secondary Schools (person)	普通中学专任教师(人) Full-time Teachers in Regular Secondary Schools (person)
武胜县	Wusheng	48	37874	2793	51	30378	2883
邻水县	Linshui	31	56595	3209	60	45266	3831
华蓥市	Huaying	14	22000	1324	22	15475	1382
达州市	**Dazhou**						
通川区	Tongchuan	26	48336	2659	36	36879	2481
达川区	Dachuan	49	58923	4209	78	66266	4298
宣汉县	Xuanhan	56	88978	5317	70	71332	4457
开江县	Kaijiang	27	32056	2156	28	28150	1879
大竹县	Dazhu	40	58652	3955	52	58448	3666
渠县	Quxian	176	54748	5436	79	51209	4560
万源市	Wanyuan	36	32980	2162	36	27426	1931
雅安市	**Yaan**						
雨城区	Yucheng	21	19137	1293	24	16588	1456
名山区	Mingshan	18	15038	933	16	11652	920
荥经县	Yingjing	22	6802	638	6	4848	531
汉源县	Hanyuan	26	17409	1281	12	13590	1011
石棉县	Shimian	21	9212	653	6	6610	471
天全县	Tianquan	14	8132	695	8	7654	611
芦山县	Lushan	14	5760	554	9	4682	474
宝兴县	Baoxing	12	2480	301	5	1757	223
巴中市	**Bazhong**						
巴州区	Bazhou	28	53168	3903	51	56248	4475
恩阳区	Enyang	22	20628	1786	37	18760	1694
通江县	Tongjiang	73	38648	3399	30	30870	2839
南江县	Nanjiang	55	32380	2823	39	28653	2484
平昌县	Pingchang	25	49657	4652	61	41255	4066
资阳市	**Ziyang**						
雁江区	Yanjiang	80	41470	2492	66	71060	4532
安岳县	Anyue	44	71867	3873	91	71951	4256
乐至县	Lezhi	49	28999	2056	41	27175	2005
阿坝州	**Aba**						
马尔康市	Maerkang	18	3706	393	5	3572	400
汶川县	Wenchuan	13	5232	685	5	6141	660
理县	Lixian	12	1979	434	3	818	193
茂县	Maoxian	19	6841	616	4	4787	536
松潘县	Songpan	23	4478	567	8	2141	265
九寨沟县	Jiuzhaigou	18	4504	492	2	3054	337
金川县	Jinchuan	23	3475	436	5	2049	333
小金县	Xiaojin	21	3894	524	4	3043	364
黑水县	Heishui	11	2228	383	2	1409	166
壤塘县	Rangtang	11	5811	341	4	2067	141

12-10 续表 4 continued

县(市、区)	Counties (Municipalities, Districts)	小学学校数(个) Number of Primary Schools (unit)	小学在校学生(人) Students Enrollment of Primary Schools (person)	小学专任教师(人) Full-time Teachers in Primary Schools (person)	普通中学学校数(个) Number of Regular Secondary Schools (unit)	普通中学在校学生(人) Students Enrollment of Regular Secondary Schools (person)	普通中学专任教师(人) Full-time Teachers in Regular Secondary Schools (person)
阿坝县	Abaxian	29	8619	653	2	3840	179
若尔盖县	Ruoergai	23	7500	536	7	5835	414
红原县	Hongyuan	14	5882	423	2	3348	206
甘孜州	**Ganzi**						
康定市	Kangding	21	8936	615	7	8549	628
泸定县	Luding	14	5999	570	7	7539	598
丹巴县	Danba	15	3040	438	5	2043	203
九龙县	Jiulong	24	5797	424	3	4187	229
雅江县	Yajiang	17	4531	320	2	2530	172
道孚县	Daofu	23	5042	321	2	2498	166
炉霍县	Luhuo	13	6141	393	3	3369	210
甘孜县	Ganzixian	26	8152	532	3	4506	347
新龙县	Xinlong	20	5864	389	1	2129	122
德格县	Dege	31	12968	410	2	3196	145
白玉县	Baiyu	17	7077	401	2	1552	102
石渠县	Shiqu	25	14407	600	2	4892	232
色达县	Seda	17	8066	317	2	2321	115
理塘县	Litang	28	10108	547	3	3873	234
巴塘县	Batang	20	5619	464	2	4649	251
乡城县	Xiangcheng	15	2261	266	1	1359	99
稻城县	Daocheng	15	2612	259	2	1398	94
得荣县	Derong	13	1843	274	1	863	95
凉山州	**Liangshan**						
西昌市	Xichang	116	93264	4056	36	50772	3413
木里县	Muli	31	11945	850	5	7847	523
盐源县	Yanyuan	47	33960	1810	15	23899	1318
德昌县	Dechang	63	22449	979	5	15469	574
会理县	Huili	47	28926	1679	13	14684	1045
会东县	Huidong	54	33616	1789	13	20823	1589
宁南县	Ningnan	35	18394	934	4	11346	738
普格县	Puge	55	33914	1599	4	12047	756
布拖县	Butuo	30	35958	1538	2	8017	433
金阳县	Jinyang	88	31546	1691	9	12366	763
昭觉县	Zhaojue	66	52181	1707	4	19291	799
喜德县	Xide	45	27434	1613	7	15488	710
冕宁县	Mianning	103	44257	1990	11	17720	907
越西县	Yuexi	54	49703	2277	6	18249	1009
甘洛县	Ganluo	33	27034	1264	8	11537	612
美姑县	Meigu	39	42537	1969	6	13980	994
雷波县	Leibo	53	34067	1459	11	18845	984

13 / 农 业

Chapter13 Agriculture

SICHUAN STATISTICAL YEARBOOK

13-1 农林牧渔业总产值

Gross Output Value of Farming, Forestry, Animal Husbandry and Fishery

单位：亿元 (100 million yuan)

年份 Year	农林牧渔业总产值 Total	#第一产业 Primary Industry	农 业 Farming	林 业 Forestry	牧 业 Animal Husbandry	渔 业 Fishery
1980	136.92	136.92	98.07	4.21	34.07	0.57
1981	147.02	147.02	105.41	5.34	35.63	0.64
1982	177.53	177.53	133.84	5.81	37.07	0.81
1983	193.77	193.77	142.76	7.02	42.83	1.16
1984	211.93	211.93	151.50	12.21	46.79	1.39
1985	234.82	234.82	161.14	13.09	58.74	1.85
1986	254.33	254.33	168.46	13.18	69.74	2.95
1987	294.59	294.59	187.84	13.66	89.18	3.91
1988	361.11	361.11	213.69	15.99	126.02	5.41
1989	400.40	400.40	238.04	16.75	139.24	6.37
1990	484.31	484.31	301.46	18.51	157.04	7.30
1991	513.43	513.43	317.43	19.43	168.41	8.16
1992	565.62	565.62	344.52	22.23	189.41	9.46
1993	660.69	660.69	389.21	24.90	234.30	12.28
1994	930.80	930.80	521.00	28.48	365.33	15.99
1995	1113.96	1113.96	645.17	34.32	413.84	20.63
1996	1274.32	1274.32	750.07	38.58	461.32	24.35
1997	1395.43	1395.43	798.22	41.31	527.60	28.30
1998	1455.19	1455.19	823.72	45.87	554.15	31.45
1999	1444.86	1444.86	792.80	45.34	572.63	34.09
2000	1483.52	1483.52	785.37	49.13	611.76	37.26
2001	1534.89	1534.90	769.95	50.85	673.10	41.00
2002	1651.53	1651.53	807.43	54.60	743.91	45.59
2003	1784.49	1749.64	804.70	59.26	832.34	53.34
2004	2252.30	2213.72	987.70	62.70	1097.60	65.80
2005	2457.46	2415.81	1037.20	69.94	1230.18	78.49
2006	2602.10	2556.40	1075.08	76.75	1317.41	87.16
2007	3377.00	3317.00	1317.00	106.42	1807.58	86.00
2008	3903.00	3846.00	1608.00	153.21	1980.79	104.00
2009	3689.81	3634.35	1815.98	102.60	1596.72	119.05
2010	4081.81	4007.21	2059.33	160.06	1658.00	129.83
2011	4932.73	4850.72	2454.26	203.29	2046.00	147.16
2012	5433.12	5340.03	2764.90	234.34	2177.02	163.77
2013	5620.27	5510.97	2886.48	249.02	2197.97	177.49
2014	5888.09	5765.79	3068.61	268.54	2236.29	192.35
2015	6377.84	6237.43	3315.51	297.26	2414.15	210.52
2016	6816.92	6656.50	3701.64	329.31	2405.54	220.01
2017	6955.55	6785.64	4004.20	346.80	2199.72	234.92
2018	7195.65	7006.47	4153.71	358.74	2246.08	247.94
2019	7889.35	7678.61	4395.04	372.21	2647.88	263.47
2020	9216.40	8983.05	4701.88	379.82	3613.81	287.54

注：①本表按当年价格计算；②从2013年起，农业核算执行国家统计局新的《国民经济行业分类》和《三次产业划分规定》。
a) Data of this year are calculated at current prices. b) Since 2013, agricultural accounting has been based on the "Industrial Classification for National Economic Activities" and "Rules of Clarification of Three Industries" which were newly promulgated by National Statistical Bureau.

13-2 农林牧渔业总产值指数

Indices of Gross Output Value of Farming, Forestry, Animal Husbandry and Fishery

(1952年=100) (1952=100)

年份 Year	农林牧渔业总产值 Total	农业 Farming	林业 Forestry	牧业 Animal Husbandry	渔业 Fishery	农林牧渔业服务业 Services
1980	242.2	201.9	373.4	482.6	400.0	
1985	332.7	251.1	933.0	756.5	1272.4	
1990	409.4	290.8	742.2	1104.3	2386.2	
1991	427.6	300.5	742.9	1179.3	2589.7	
1992	445.7	308.2	800.4	1255.7	2831.0	
1993	450.2	299.4	812.4	1341.1	3210.3	
1994	465.3	297.1	859.6	1461.1	3586.2	
1995	504.9	321.2	932.6	1584.8	4369.0	
1996	533.3	338.0	1004.6	1674.3	4893.1	
1997	559.4	351.8	1031.2	1772.2	5481.2	
1998	584.5	361.4	1061.6	1889.9	6126.0	
1999	605.8	368.7	1048.3	1997.8	6855.0	
2000	636.0	379.2	1080.7	2144.1	7717.7	
2001	651.3	369.0	1083.2	2318.2	8521.1	
2002	695.3	387.3	1145.4	2512.5	9551.7	100.0
2003	738.5	394.6	1257.0	2744.7	11309.2	108.0
2004	790.9	410.8	1303.5	3019.2	12756.8	113.9
2005	842.4	421.6	1422.0	3304.8	14382.0	122.1
2006	873.7	416.7	1525.5	3540.1	15689.3	132.2
2007	904.1	436.3	1604.8	3610.9	16944.4	141.7
2008	933.9	447.6	1652.9	3744.5	17961.1	147.7
2009	973.5	468.3	1743.8	3886.8	18889.8	149.7
2010	1017.3	492.2	1841.5	4022.8	19807.8	167.6
2011	1064.1	520.7	2020.1	4127.4	21134.9	183.7
2012	1112.0	545.2	2187.8	4284.2	22572.1	201.2
2013	1149.8	564.8	2378.1	4395.6	23926.4	219.1
2014	1195.8	586.8	2501.8	4567.0	25218.4	239.7
2015	1250.8	618.5	2772.2	4684.6	27502.1	257.9
2016	1300.4	648.6	2911.6	4782.4	28857.6	285.1
2017	1349.9	682.3	3067.9	4839.6	30371.1	315.7
2018	1402.5	713.7	3120.1	4955.7	31859.3	345.7
2019	1439.0	752.9	3185.6	4787.2	33165.5	380.6
2020	1517.7	787.2	3278.4	5133.7	34815.1	409.2

注：本表按可比价格计算；2003年起按新口径计算；2004年起指数按可比价格缩减法计算。

a) Data in this table are calculated at comparable prices. Since 2003, calculation has been based on the new range. Data have been calculated at comparable prices by deflation approach since 2004.

13-3 各市(州)按产业分农林牧渔业总产值(2020年)
Gross Output Value of Farming, Forestry, Animal Husbandry and Fishery by Industry and Region(2020)

单位：亿元 (100 million yuan)

市(州)	Region	农林牧渔业总产值 Total	#第一产业 Primary Industry	农 业 Farming	林 业 Forestry	牧 业 Animal Husbandry	渔 业 Fishery
全 省	**Sichuan**	**9216.40**	**8983.05**	**4701.88**	**379.82**	**3613.81**	**287.54**
成都市	Chengdu	1071.95	1037.72	675.83	28.21	303.15	30.54
自贡市	Zigong	374.81	369.78	185.72	21.67	148.98	13.41
攀枝花市	Panzhihua	148.85	147.53	105.30	2.16	37.76	2.32
泸州市	Luzhou	430.29	422.47	208.56	17.69	180.70	15.52
德阳市	Deyang	460.31	440.33	244.31	11.47	172.22	12.32
绵阳市	Mianyang	631.15	609.34	279.24	30.73	275.14	24.22
广元市	Guangyuan	336.57	329.31	154.69	13.05	152.55	9.01
遂宁市	Suining	363.11	352.75	164.63	12.48	166.18	9.47
内江市	Neijiang	422.97	413.32	218.96	17.13	154.96	22.26
乐山市	Leshan	436.64	430.67	189.49	26.91	189.93	24.34
南充市	Nanchong	763.92	753.94	393.72	22.57	317.93	19.73
眉山市	Meishan	380.42	371.25	219.79	9.93	120.57	20.96
宜宾市	Yibin	563.75	552.91	266.83	35.55	231.39	19.14
广安市	Guangan	384.44	374.97	181.45	12.81	168.89	11.82
达州市	Dazhou	636.04	618.88	336.00	23.50	239.72	19.66
雅安市	Yaan	237.62	233.89	149.18	16.57	64.50	3.63
巴中市	Bazhong	291.16	284.82	131.55	8.75	132.28	12.23
资阳市	Ziyang	318.20	293.75	137.29	13.98	130.59	11.89
阿坝藏族羌族自治州	Aba	142.21	136.87	48.91	6.52	81.42	0.03
甘孜藏族自治州	Ganzi	123.29	121.87	47.58	4.73	69.56	0.01
凉山彝族自治州	Liangshan	698.72	686.68	362.85	43.40	275.38	5.05

注：本表按当年价格计算。
a) Data in this table are calculated at current prices and based on new the range.

13-4 各市(州)按产业分农林牧渔业总产值指数(2020年)

Indices of Gross Output Value of Farming, Forestry, Animal Husbandry and Fishery by Industry and Region(2020)

(上年=100) (preceding year=100)

市(州)	Region	农林牧渔业总产值 Total	#第一产业 Primary Industry	农业 Farming	林业 Forestry	牧业 Animal Husbandry	渔业 Fishery
全　省	**Sichuan**	**105.5**	**105.4**	**104.5**	**102.9**	**107.2**	**105.0**
成都市	Chengdu	103.3	103.2	102.4	89.5	106.5	108.1
自贡市	Zigong	105.9	105.8	106.2	100.6	106.3	106.8
攀枝花市	Panzhihua	105.6	105.6	109.8	103.1	106.0	90.8
泸州市	Luzhou	105.9	105.9	104.9	104.3	107.4	113.8
德阳市	Deyang	103.7	103.6	105.0	102.3	101.8	104.6
绵阳市	Mianyang	106.0	106.0	104.8	107.2	107.9	105.0
广元市	Guangyuan	106.2	106.2	104.8	108.2	108.3	101.3
遂宁市	Suining	105.6	105.4	104.2	103.5	106.9	99.2
内江市	Neijiang	106.2	106.2	104.5	105.9	110.1	107.1
乐山市	Leshan	105.6	105.6	105.0	105.0	107.7	104.6
南充市	Nanchong	106.8	106.7	104.9	105.8	110.4	105.1
眉山市	Meishan	106.1	106.1	104.6	103.8	112.2	104.5
宜宾市	Yibin	106.0	106.0	106.0	106.9	105.3	106.7
广安市	Guangan	105.9	105.9	103.3	104.8	109.9	110.9
达州市	Dazhou	105.7	105.7	105.7	101.2	106.9	105.9
雅安市	Yaan	106.2	106.1	105.8	104.9	107.1	105.9
巴中市	Bazhong	105.8	105.7	104.9	103.0	107.7	104.3
资阳市	Ziyang	106.3	106.2	103.9	97.0	112.5	104.4
阿坝藏族羌族自治州	Aba	104.8	104.7	103.4	103.6	105.9	140.3
甘孜藏族自治州	Ganzi	104.5	104.4	104.4	100.3	105.1	76.1
凉山彝族自治州	Liangshan	105.5	105.5	105.1	106.3	106.0	99.1

13-5 各市(州)农林牧渔业总产值
Gross Output Value of Farming, Forestry, Animal Husbandry and Fishery by Region

单位：亿元 (100 million yuan)

市(州)	Region	2010	2011	2012	2013	2014	2015	2016	2017	2018	2019	2020
全 省	**Sichuan**	**4081.81**	**4932.73**	**5433.12**	**5620.27**	**5888.09**	**6377.84**	**6816.92**	**6955.55**	**7195.65**	**7889.35**	**9216.40**
成都市	Chengdu	518.35	624.44	690.51	716.33	751.65	815.34	880.76	916.15	951.44	1003.34	1071.95
自贡市	Zigong	165.77	200.84	221.66	229.41	240.62	260.64	279.23	286.01	294.54	324.23	374.81
攀枝花市	Panzhihua	73.80	89.17	98.11	101.72	105.37	114.46	123.79	124.78	126.71	140.12	148.85
泸州市	Luzhou	182.52	220.73	243.01	251.22	263.07	284.90	304.10	309.86	319.49	357.18	430.29
德阳市	Deyang	212.03	255.96	281.56	291.34	305.08	330.57	352.98	359.25	372.01	406.33	460.31
绵阳市	Mianyang	254.81	307.64	338.72	350.58	367.95	397.50	424.55	432.71	448.99	504.47	631.15
广元市	Guangyuan	144.40	174.88	191.89	198.05	206.88	224.06	237.75	240.10	247.95	272.04	336.57
遂宁市	Suining	154.36	186.59	205.40	212.40	222.42	240.91	257.27	262.12	271.14	309.98	363.11
内江市	Neijiang	196.94	237.49	261.97	271.41	284.81	308.53	330.34	338.59	350.00	377.32	422.97
乐山市	Leshan	209.12	253.51	278.23	287.23	300.15	325.18	344.35	347.42	358.00	385.96	436.64
南充市	Nanchong	355.83	431.14	472.85	486.95	509.08	550.15	585.90	591.37	611.18	656.03	763.92
眉山市	Meishan	170.98	205.67	227.32	235.84	247.89	268.48	288.70	297.85	308.39	333.19	380.42
宜宾市	Yibin	233.07	281.84	310.72	321.47	336.84	365.01	389.72	397.20	410.69	450.84	563.75
广安市	Guangan	176.43	213.14	234.54	242.29	253.45	274.44	292.43	297.10	307.20	331.68	384.44
达州市	Dazhou	284.06	342.93	378.15	390.73	410.50	444.04	475.32	485.84	503.67	551.43	636.04
雅安市	Yaan	91.72	110.79	122.88	127.42	134.05	145.20	157.17	162.91	169.11	193.40	237.62
巴中市	Bazhong	107.77	130.33	143.00	147.73	154.42	167.27	177.40	179.29	185.32	214.36	291.16
资阳市	Ziyang	130.06	156.56	172.54	179.48	188.58	204.91	219.51	224.09	233.87	261.79	318.20
阿坝藏族羌族自治州	Aba	60.12	73.19	79.96	82.32	85.58	93.07	97.00	97.51	100.51	115.06	142.21
甘孜藏族自治州	Ganzi	56.08	68.50	74.43	76.19	78.88	85.33	86.87	87.11	89.65	100.36	123.29
凉山彝族自治州	Liangshan	303.59	367.39	405.67	420.15	440.81	477.86	511.77	518.27	535.81	600.23	698.72

注：本表按当年价格计算。

a) Data in this table are calculated at current prices and based on new the range.

13-6 各市(州)农林牧渔业总产值指数
Indices of Gross Output Value of Farming, Forestry, Animal Husbandry and Fishery by Region

(上年=100) (preceding year=100)

市(州)	Region	2010	2011	2012	2013	2014	2015	2016	2017	2018	2019	2020
全 省	**Sichuan**	**104.5**	**104.6**	**104.5**	**103.4**	**104.0**	**104.6**	**104.0**	**103.8**	**103.9**	**102.6**	**105.5**
成都市	Chengdu	104.4	103.8	103.5	103.5	103.7	104.3	103.9	103.8	103.4	102.1	103.3
自贡市	Zigong	104.8	103.8	104.8	103.9	104.2	104.4	104.0	104.2	103.7	102.6	105.9
攀枝花市	Panzhihua	104.5	104.5	104.7	104.6	104.7	104.4	104.7	104.4	104.2	103.1	105.6
泸州市	Luzhou	104.4	103.4	105.0	104.4	104.2	104.4	103.8	103.8	103.6	102.7	105.9
德阳市	Deyang	103.1	103.9	104.7	103.7	104.2	104.4	103.9	103.6	103.7	102.1	103.7
绵阳市	Mianyang	104.1	103.9	104.0	103.6	105.5	104.5	104.0	104.0	103.8	102.7	106.0
广元市	Guangyuan	106.3	106.7	107.1	103.8	104.5	104.5	103.0	104.2	103.7	102.8	106.2
遂宁市	Suining	104.6	103.4	104.6	103.1	104.1	104.2	103.8	103.5	103.6	103.4	105.6
内江市	Neijiang	104.7	104.2	104.5	104.1	103.9	104.4	103.8	102.9	103.6	103.1	106.2
乐山市	Leshan	104.4	104.0	104.2	103.6	104.1	104.4	104.0	103.7	103.9	103.0	105.6
南充市	Nanchong	103.8	103.8	103.8	103.7	104.4	104.4	104.1	103.8	103.8	103.4	106.8
眉山市	Meishan	104.6	103.7	105.4	103.7	104.0	104.5	103.9	103.9	103.7	102.6	106.1
宜宾市	Yibin	105.0	103.5	104.8	103.7	103.8	104.4	103.5	103.3	103.6	102.8	106.0
广安市	Guangan	105.0	104.4	105.5	103.5	104.2	104.1	102.5	103.4	103.6	102.9	105.9
达州市	Dazhou	104.6	103.5	104.6	103.8	103.9	104.4	103.9	103.9	103.7	103.3	105.7
雅安市	Yaan	103.2	103.4	104.0	102.1	104.6	104.4	103.7	104.0	103.8	103.3	106.2
巴中市	Bazhong	104.4	104.0	103.7	103.4	103.8	104.2	103.7	103.7	103.8	102.5	105.8
资阳市	Ziyang	104.6	103.7	104.6	103.6	104.0	104.5	104.2	103.8	103.8	103.1	106.3
阿坝藏族羌族自治州	Aba	106.0	105.1	106.1	105.0	104.9	105.3	103.9	103.3	103.9	103.7	104.8
甘孜藏族自治州	Ganzi	104.1	106.2	104.6	104.1	104.8	104.6	105.1	104.6	103.6	104.1	104.5
凉山彝族自治州	Liangshan	104.5	104.4	104.6	104.9	104.7	104.6	103.7	103.9	103.7	104.4	105.5

13-7 各市(州)农林牧渔业增加值及指数(2020年)
Added Value and Indices of Farming, Forestry, Animal Husbandry and Fishery by Region(2020)

市(州)	Region	农林牧渔业增加值(亿元) Added Value of Farming, Forestry, Animal Husbandry and Fishery (100 million yuan)	#第一产业 Primary Industry	农林牧渔业增加值指数(上年=100) Indices of Added Value of Farming, Forestry, Animal Husbandry and Fishery (preceding year=100)	#第一产业 Primary Industry
全 省	**Sichuan**	**5700.94**	**5556.58**	**105.2**	**105.2**
成都市	Chengdu	676.98	655.17	103.5	103.3
自贡市	Zigong	234.37	231.35	105.7	105.6
攀枝花市	Panzhihua	97.71	96.90	105.2	105.1
泸州市	Luzhou	261.31	256.46	105.7	105.6
德阳市	Deyang	285.43	272.72	104.2	103.6
绵阳市	Mianyang	383.99	370.95	105.8	105.4
广元市	Guangyuan	191.61	186.79	106.0	105.8
遂宁市	Suining	224.88	218.25	105.7	105.3
内江市	Neijiang	274.93	269.10	106.0	105.8
乐山市	Leshan	294.05	290.33	106.0	105.8
南充市	Nanchong	467.25	460.76	106.4	106.2
眉山市	Meishan	228.22	222.85	105.9	105.7
宜宾市	Yibin	351.11	344.55	105.9	105.7
广安市	Guangan	241.05	235.25	105.8	105.6
达州市	Dazhou	404.62	393.57	105.6	105.5
雅安市	Yaan	153.99	151.78	106.0	105.8
巴中市	Bazhong	165.56	161.81	105.7	105.4
资阳市	Ziyang	181.73	168.50	106.1	105.4
阿坝藏族羌族自治州	Aba	85.39	82.07	104.8	104.5
甘孜藏族自治州	Ganzi	81.56	80.67	104.6	104.5
凉山彝族自治州	Liangshan	415.19	406.74	105.1	104.8

注：本表绝对值按当年价格计算，指数按可比价格计算。
a) The absolute value in this table are calculated at current prices, and the indice are calculated at the comparable prices.

13－8 主要农业机械拥有量
Number of Main Agricultural Machinery

(年底数) (year-end)

年份 Year	农业机械总动力（万千瓦） Total Power of Agricultural Machinery (10 000 kw)	农用大中型拖拉机 Large and Medium Agricultural Tractors 数量（台） Number (unit)	动力（万千瓦） Capacity (10 000 kw)	农用小型拖拉机 Mini Agricultural Tractors 数量（万台） Number (10 000 units)	动力（万千瓦） Capacity (10 000 kw)	机动脱粒机（万台） Power-driven Thresher (10 000 units)	谷物联合收割机（台） grain combine harvester (unit)
1978	350.21	14571	42.52	5.22	45.91		
1979	434.74	17790	48.18	6.99	61.47		
1980	500.34	19233	52.59	8.37	74.19	9.04	51
1981	548.37	20076	55.29	9.00	80.70	9.77	50
1982	575.65	20034	55.24	9.35	84.66	8.14	51
1983	609.82	19932	55.15	9.97	91.78	6.80	49
1984	649.40	19099	53.34	10.70	100.31	5.37	46
1985	700.42	18496	51.67	11.53	109.74	4.47	32
1986	772.77	18469	51.55	13.10	127.54	4.04	36
1987	828.98	17939	50.57	14.56	145.39	3.80	31
1988	887.72	16900	48.36	15.69	160.88	3.78	38
1989	918.92	15064	43.51	15.90	163.74	4.09	52
1990	956.00	12788	37.64	15.51	161.06	5.05	127
1991	1007.23	10553	31.62	15.17	159.81	5.86	147
1992	1035.60	8662	25.81	14.75	156.59	6.72	210
1993	1066.35	7545	23.28	14.47	154.38	7.76	321
1994	1165.11	6625	21.17	14.16	152.45	11.80	368
1995	1209.73	5632	18.05	13.78	149.09	12.81	428
1996	1263.26	4997	16.13	13.81	149.98	13.67	738
1997	1348.21	6644	18.16	13.84	151.56	19.19	1450
1998	1468.33	10144	23.48	13.98	155.43	27.62	2150
1999	1606.90	14833	37.58	14.26	159.14	33.31	2681
2000	1680.11	29645	74.59	13.29	149.22	38.25	3258
2001	1735.10	33606	86.87	13.06	148.74	40.44	3587
2002	1803.68	42156	108.21	13.09	150.99	45.82	4100
2003	1891.06	46882	128.02	12.25	141.09	45.60	4719
2004	2006.78	51585	143.82	12.59	151.29	55.70	5400
2005	2181.70	12728	35.18	12.48	155.94	69.87	5830
2006	2344.87	15936	40.74	12.83	161.15	72.61	6831
2007	2523.05	20151	49.81	13.35	171.61	80.00	7621
2008	2687.55	55488	122.75	11.43	143.11	96.14	8501
2009	2952.66	77809	179.10	11.84	147.96	103.28	9958
2010	3155.14	91112	206.02	12.03	147.37	107.62	12005
2011	3426.10	107484	246.51	12.47	147.99	115.90	14086
2012	3694.03	115036	267.45	12.55	141.66	126.60	18499
2013	3953.09	121753	291.65	11.91	134.40	135.20	22498
2014	4160.12	126104	307.48	11.36	127.07	160.60	26115
2015	4404.55	132242	331.40	10.45	115.52	172.80	29433
2016	4267.32	134754	339.74	10.06	109.29	173.12	34731
2017	4420.30	134088	348.24	9.69	104.40	169.65	36021
2018	4603.88	74614	247.22	15.34	220.01	168.82	37278
2019	4682.30	74408	257.32	15.00	216.91	170.15	37430
2020	4754.00	76077	271.42	14.82	215.29	171.20	38211

注：①农业机械数据由四川省农业农村厅提供；②自2016年起农业机械总动力不包括农用运输车数据；③自2018年大中小型拖拉机统计口径调整；④2017年及以前谷物联合收割机为联合收割机数据。

a) Data of agricultural machinery are provided by Bureau of Agricultural and Rural of Sichuan Province; b)Since 2016, total power of agricultural machinery does not include power of agricultural transporters; c)The statistical caliber of large, medium and small tractors has been adjusted since 2018; d)Data of grain combine harvesters ware data of combine harvesters in 2017 and before.

13–9 各市(州)主要农业机械拥有量(2020年)
Number of Agricultural Machinery by Region(2020)

(年底数) (year-end)

市(州)	Region	农业机械总动力(万千瓦) Total Power of Agricultural Machinery (10 000 kw)	农用大中型拖拉机 Large and Medium Agricultural Tractors 数量(台) Number (unit)	动力(万千瓦) Capacity (10 000 kw)	农用小型拖拉机 Mini Agricultural Tractors 数量(台) Number (unit)	动力(万千瓦) Capacity (10 000 kw)	机动脱粒机(万台) Power-driven Thresher (10 000 units)	谷物联合收割机(台) grain combine harvester (unit)
全　省	**Sichuan**	**4754.00**	**76077**	**271.42**	**148180**	**215.29**	**171.20**	**38211**
成都市	Chengdu	414.91	9508	45.27	18090	23.45	9.46	2677
自贡市	Zigong	120.15	63	0.26	88	0.16	11.57	316
攀枝花市	Panzhihua	71.88	1523	4.52	3174	4.00	0.79	88
泸州市	Luzhou	236.53	107	0.40	10	0.01	7.04	608
德阳市	Deyang	196.64	8075	32.22	12703	22.86	3.18	5059
绵阳市	Mianyang	349.76	10768	37.04	13111	16.46	8.40	7210
广元市	Guangyuan	295.28	4319	13.40	3631	3.84	13.57	8100
遂宁市	Suining	132.50	1774	8.60	502	0.99	7.57	954
内江市	Neijiang	245.02	771	4.11	236	0.30	3.50	888
乐山市	Leshan	274.63	1832	8.16	1852	2.29	5.63	558
南充市	Nanchong	310.00	1636	5.75	1179	1.68	12.43	2886
眉山市	Meishan	221.91	2696	11.51	3288	4.56	12.42	982
宜宾市	Yibin	258.98	211	0.50	591	0.72	14.64	765
广安市	Guangan	255.02	486	2.26	546	0.71	16.34	712
达州市	Dazhou	284.27	838	3.30	960	1.33	14.63	1476
雅安市	Yaan	166.32	538	1.91	2033	2.88	1.58	43
巴中市	Bazhong	193.78	3408	13.18	1167	1.43	6.60	1119
资阳市	Ziyang	184.76	623	2.12	1570	1.82	15.97	1570
阿坝藏族羌族自治州	Aba	76.32	4579	13.29	22428	30.33	0.69	27
甘孜藏族自治州	Ganzi	101.36	7124	18.10	27949	46.10	1.21	542
凉山彝族自治州	Liangshan	363.98	15198	45.53	33072	49.38	3.97	1631

13-10 化肥施用量和农村用电量
Consumption of Chemical Fertilizers and Electrification of Agriculture

年份 Year	化肥施用量 (万吨) Consumption of Chemical Fertilizers (10 000 tons)	氮 肥 Nitrogenous Fertilizer	磷 肥 Phosphate Fertilizer	钾 肥 Potash Fertilizer	复合肥 Compound Fertilizer	农村用电量 (亿千瓦时) Electricity Consumed in Rural Area (100 million kwh)
1952	0.4	0.4				
1957	1.0	0.7	0.3			
1962	4.0	3.0	1.0			
1965	11.3	8.4	2.8	0.1		
1970	11.5	8.5	2.8	0.2		
1975	23.0	17.1	5.6	0.3		
1978	62.5	46.4	15.7	0.4		7.7
1980	80.4	52.6	24.0	1.0	1.1	9.4
1985	103.1	82.6	16.4	1.7	2.1	19.3
1990	143.9	101.4	28.2	2.6	11.7	33.0
1991	154.3	103.0	32.0	3.5	15.7	37.4
1992	154.0	100.2	32.2	4.3	17.2	40.6
1993	158.1	99.5	33.2	5.4	20.0	46.2
1994	170.0	104.9	35.1	6.2	23.7	53.8
1995	182.9	111.0	37.4	7.0	27.3	61.2
1996	192.8	117.8	38.4	7.4	29.2	64.1
1997	201.3	121.3	40.0	8.4	31.6	68.4
1998	205.3	123.7	40.3	8.8	32.5	73.5
1999	210.3	124.2	40.4	9.3	36.4	78.8
2000	212.6	123.0	42.0	10.0	37.5	82.8
2001	212.0	121.8	41.9	10.4	37.9	89.5
2002	209.6	118.5	42.3	11.0	37.8	93.0
2003	208.4	117.5	41.9	11.6	37.4	99.9
2004	214.7	120.2	42.9	12.2	39.3	107.8
2005	220.9	121.8	45.1	12.9	40.6	112.9
2006	228.2	124.7	46.6	13.7	43.0	117.7
2007	238.2	127.9	48.0	14.8	46.6	123.3
2008	242.8	128.6	48.9	15.8	48.0	128.2
2009	248.0	130.7	49.7	16.4	50.3	133.8
2010	248.0	129.6	49.2	16.4	51.1	141.7
2011	251.2	128.8	50.6	17.3	53.2	148.6
2012	252.8	127.9	50.7	17.5	55.0	156.0
2013	251.1	126.1	50.3	17.7	55.0	163.5
2014	252.1	125.7	49.9	17.7	56.9	169.6
2015	252.1	124.7	49.6	17.8	57.7	174.8
2016	249.0	121.9	48.9	17.9	60.2	183.1
2017	242.0	117.0	47.1	17.6	60.2	188.4
2018	235.2	112.1	45.4	17.4	60.3	198.6
2019	222.8	103.5	41.4	15.8	62.1	205.8
2020	210.8	90.7	38.0	15.1	67.0	205.9

13-11 各市(州)化肥施用量和农村用电量(2020年)
Consumption of Chemical Fertilizers and Electrification of Agriculture by Region(2020)

市(州)	Region	化肥施用量(万吨) Consumption of Chemical Fertilizers (100 million tons)	氮肥 Nitrogenous Fertilizer	磷肥 Phosphate Fertilizer	钾肥 Potash Fertilizer	复合肥 Compound Fertilizer	农村用电量(亿千瓦时) Electricity Consumed in Rural Area (100 million kwh)
全　省	**Sichuan**	**210.82**	**90.71**	**38.05**	**15.09**	**66.97**	**205.91**
成都市	Chengdu	15.87	5.43	3.01	1.77	5.66	36.35
自贡市	Zigong	8.22	3.42	2.01	1.03	1.76	6.03
攀枝花市	Panzhihua	2.13	0.78	0.25	0.22	0.89	2.26
泸州市	Luzhou	9.85	4.29	1.79	0.66	3.10	10.33
德阳市	Deyang	16.57	4.72	1.83	0.73	9.28	19.67
绵阳市	Mianyang	18.85	8.01	4.62	1.00	5.22	12.54
广元市	Guangyuan	9.17	3.94	1.77	0.90	2.57	6.82
遂宁市	Suining	12.25	5.89	2.17	0.85	3.34	4.34
内江市	Neijiang	9.95	5.62	2.22	0.39	1.73	11.00
乐山市	Leshan	7.90	3.60	1.00	0.35	2.95	12.65
南充市	Nanchong	19.50	8.18	3.89	0.76	6.67	11.63
眉山市	Meishan	10.92	3.26	1.34	1.32	5.00	7.63
宜宾市	Yibin	7.46	2.76	1.31	0.66	2.72	15.06
广安市	Guangan	9.64	5.88	2.09	0.69	0.98	6.05
达州市	Dazhou	18.50	10.39	3.17	1.26	3.69	9.09
雅安市	Yaan	4.48	2.05	0.53	0.52	1.38	5.21
巴中市	Bazhong	11.08	4.52	1.89	1.07	3.60	8.66
资阳市	Ziyang	4.95	2.41	0.68	0.08	1.77	6.22
阿坝藏族羌族自治州	Aba	1.01	0.39	0.20	0.07	0.35	2.96
甘孜藏族自治州	Ganzi	0.28	0.17	0.03	0.01	0.07	1.43
凉山彝族自治州	Liangshan	12.23	4.99	2.24	0.77	4.23	9.96

13-12 耕地面积、机耕面积、耕地灌溉面积和农作物总播种面积
Cultivated Area, Area Ploughed by Tractors, Irrigated Area of Cultivated Land and Total Sown Area of Farm Crops

单位：万公顷 (10 000 hectares)

年份 Year	年末实有耕地面积 Cultivated Area (year-end)	机耕面积 Area Ploughed by Tractors	耕地灌溉面积 Irrigated Area of Cultivated Land	农作物总播种面积 Total Sown Area	#粮食 Grain Crops
1952	547.85		53.70	827.66	686.30
1957	569.13	0.40	86.40	968.20	784.90
1962	510.07	2.60	106.90	805.65	676.70
1965	518.96	2.60	120.90	789.59	622.50
1970	510.66	4.60	139.30	819.65	674.80
1975	497.21	45.30	175.00	903.94	728.90
1978	490.91	86.50	198.90	885.91	744.10
1980	487.16	67.90	211.40	861.90	746.10
1985	474.12	51.70	215.40	855.80	663.60
1990	464.71	59.20	222.60	905.00	698.50
1991	463.23	64.30	224.10	920.70	704.80
1992	461.19	66.30	225.30	921.90	702.90
1993	459.38	65.40	226.50	915.20	705.00
1994	457.96	70.80	227.90	916.40	701.50
1995	456.04	71.60	230.10	930.24	705.50
1996	454.31	70.10	232.50	940.08	713.80
1997	451.99	84.40	235.62	949.75	721.10
1998	449.49	85.60	239.06	971.44	733.80
1999	445.47	98.30	242.79	971.77	729.70
2000	434.61	93.70	246.90	960.91	685.40
2001	428.44	95.05	248.70	949.17	662.69
2002	405.99	95.40	250.10	934.41	642.50
2003	390.37	98.10	250.30	908.50	608.80
2004	390.44	98.80	250.30	924.44	633.33
2005	390.60	107.50	249.50	941.69	650.16
2006	391.66	115.04	248.70	953.08	644.90
2007	394.59	121.10	250.00	925.24	643.46
2008	395.95	182.20	250.70	929.47	640.88
2009	397.61	196.53	252.40	915.78	621.30
2010	401.07	219.02	255.30	915.87	619.51
2011	398.34	275.50	260.10	921.54	619.67
2012	399.15	330.28	256.60	931.96	625.56
2013	399.38	409.47	261.65	937.17	626.99
2014	673.42	459.79	266.63	937.77	624.96
2015	673.61	485.51	273.51	945.11	628.61
2016	673.54	508.10	281.50	949.38	629.13
2017	672.59	531.93	287.31	957.51	629.20
2018	672.28	514.23	293.25	961.54	626.56
2019		563.67	295.41	969.30	627.93
2020		587.77	299.22	984.99	631.26

注：①自2014年起耕地面积数据由四川省自然资源厅提供。因第三次全国国土调查尚未完成,表中“年末实有耕地面积”2019、2020年数据暂缺；②机耕面积由四川省农业农村厅提供；③耕地灌溉面积由四川省水利厅提供；④根据第三次全国农业普查结果对2007年至2017年农作物播种面积(种植)和产量数据进行了修订(以下有关各表同)。

a) Since 2014, data of cultivated area have been provided by Bureau of Natural Resources of Sichuan Province. As the third national land survey has not been completed, the actual cultivated land area at the end of the year of 2019 in the table is temporarily unavailable; b) Data of area ploughed by tractors are provided by Bureau of Sichuan Agricultural and Rural of Sichuan Province; c)Data of Irrigated area of cultivated land are provided by Bureau of Water Conservancy of Sichuan Province; d) Data of total sown area and yield since 2007 to 2017 were revised according to the results of the Third National Agricultural Census(the same as the following related tables).

13-13 各市(州)耕地面积、耕地灌溉面积和农作物总播种面积(2020年)
Cultivated Area, Irrigated Area of Cultivated Land and Total Sown Area of Farm Crops by Region(2020)

单位：千公顷　　(1 000 hectares)

市(州)	Region	2018年末实有耕地面积 Cultivated Area (year-end)	耕地灌溉面积 Irrigated Area of Cultivated Land	农作物总播种面积 Total Sown Area	#粮食 Grain Crops
全　省	**Sichuan**	**6722.77**	**2992.24**	**9849.91**	**6312.62**
成都市	Chengdu	523.15	370.58	728.87	379.02
自贡市	Zigong	216.31	102.83	377.94	233.85
攀枝花市	Panzhihua	75.03	44.87	72.88	45.15
泸州市	Luzhou	410.76	156.39	550.21	399.32
德阳市	Deyang	248.13	156.98	483.58	310.51
绵阳市	Mianyang	444.10	221.51	674.53	401.50
广元市	Guangyuan	353.48	94.94	513.49	312.84
遂宁市	Suining	270.18	134.17	395.42	271.70
内江市	Neijiang	273.79	135.25	486.83	311.30
乐山市	Leshan	271.61	144.16	356.04	220.64
南充市	Nanchong	534.15	235.06	924.70	561.83
眉山市	Meishan	241.05	170.85	319.91	197.31
宜宾市	Yibin	487.61	192.95	613.69	426.90
广安市	Guangan	307.68	107.68	416.77	288.35
达州市	Dazhou	551.02	197.88	836.67	560.15
雅安市	Yaan	101.26	53.93	117.51	69.25
巴中市	Bazhong	327.59	92.96	531.67	338.91
资阳市	Ziyang	320.72	115.67	521.18	336.24
阿坝藏族羌族自治州	Aba	83.27	30.25	76.96	49.29
甘孜藏族自治州	Ganzi	102.34	42.68	93.34	68.10
凉山彝族自治州	Liangshan	579.55	190.65	757.71	530.46

注：因第三次全国国土调查尚未完成，表中"年末实有耕地面积"为2018年数据。
a) As the third national land survey has not been completed, the actual cultivated land area at the end of the year in the table is the data of 2018 .

13-14 各市(州)农作物总播种面积
Sown Areas of Farm Crops by Region

单位：千公顷 (1 000 hectares)

市(州)	Region	2010	2011	2012	2013	2014	2015	2016	2017	2018	2019	2020
全　省	**Sichuan**	**9158.73**	**9215.41**	**9319.58**	**9371.69**	**9377.69**	**9451.06**	**9493.82**	**9575.05**	**9615.39**	**9692.99**	**9849.91**
成都市	Chengdu	823.97	806.83	792.89	778.72	753.26	740.23	728.48	730.99	739.32	733.32	728.87
自贡市	Zigong	303.57	309.49	316.81	323.93	332.52	342.53	352.49	362.65	366.41	372.03	377.94
攀枝花市	Panzhihua	63.37	65.10	66.34	67.51	67.97	69.17	70.81	70.21	71.41	72.26	72.88
泸州市	Luzhou	499.15	515.45	524.37	525.98	524.46	527.03	528.62	541.29	540.67	541.96	550.21
德阳市	Deyang	475.95	477.09	478.75	480.07	479.35	478.52	476.48	477.25	476.72	477.92	483.58
绵阳市	Mianyang	653.37	656.76	660.81	662.10	660.19	662.20	659.14	660.18	661.96	666.89	674.53
广元市	Guangyuan	433.95	444.94	457.28	469.32	477.02	486.49	493.08	495.44	498.60	502.89	513.49
遂宁市	Suining	404.82	402.49	402.26	398.75	396.66	395.03	387.62	387.71	387.00	388.50	395.42
内江市	Neijiang	413.79	416.98	429.47	438.82	444.06	455.93	464.66	476.73	478.15	481.38	486.83
乐山市	Leshan	317.28	321.49	325.11	327.13	328.80	331.75	335.87	338.55	340.79	344.11	356.04
南充市	Nanchong	872.59	878.49	886.86	886.29	883.35	883.86	882.12	885.32	888.87	897.66	924.70
眉山市	Meishan	340.45	331.81	325.25	320.88	316.82	314.31	310.51	313.40	314.55	318.08	319.91
宜宾市	Yibin	485.89	496.01	513.47	529.10	545.34	566.72	585.37	589.39	591.97	598.45	613.69
广安市	Guangan	397.19	396.99	399.36	400.44	400.29	402.54	405.29	406.71	406.27	410.20	416.77
达州市	Dazhou	773.36	776.89	787.57	794.62	795.59	802.54	807.23	809.52	810.29	815.92	836.67
雅安市	Yaan	121.13	117.40	118.40	118.32	117.46	115.90	115.74	115.61	115.97	116.78	117.51
巴中市	Bazhong	457.50	463.62	472.62	477.44	480.73	485.96	489.17	500.52	508.33	514.72	531.67
资阳市	Ziyang	519.38	520.52	523.91	522.21	518.18	516.99	513.65	516.39	517.27	521.96	521.18
阿坝藏族羌族自治州	Aba	66.32	67.00	67.13	68.28	66.89	68.35	69.76	69.77	74.09	75.41	76.96
甘孜藏族自治州	Ganzi	76.87	77.97	79.20	80.26	79.22	80.61	81.95	85.69	88.90	91.49	93.34
凉山彝族自治州	Liangshan	658.81	672.09	691.69	701.50	709.52	724.41	735.81	741.76	737.86	751.06	757.71

13-15 农作物播种面积和产量

Sown Areas of Farm Crops and Output of Major Farm Products

单位：万公顷、万吨 (10 000 hectares, 10 000 tons)

年份	粮 食 Grain Crops		#谷物 Cereal		#稻谷 Rice		#小麦 Wheat		#玉米 Corn	
Year	播种面积 Sown Area	产 量 Yield	播种面积 Sown Area	产 量 Yield	播种面积 Sown Area	产 量 Yield	播种面积 Sown Area	产 量 Yield	播种面积 Sown Area	产 量 Yield
1952	686.3	1170.1			253.1	769.2	79.4	65.3	93.4	91.8
1957	784.9	1531.0			280.6	939.6	104.6	123.5	103.9	157.5
1962	676.7	1054.7			203.1	572.8	114.5	94.7	81.3	95.1
1965	622.5	1489.4			241.0	869.2	93.5	113.1	84.4	150.7
1970	674.8	1756.1			233.7	937.7	107.3	187.6	95.4	196.4
1975	728.9	1976.8			264.8	1035.4	139.8	248.8	104.2	248.6
1978	744.1	2381.8			226.9	1086.4	165.4	368.6	117.1	360.6
1980	746.1	2599.7			225.5	1207.4	182.6	410.2	124.5	457.3
1985	663.6	2875.1			230.8	1463.3	151.6	506.7	107.2	418.7
1990	698.5	3269.2			230.0	1700.8	168.0	570.9	119.9	486.1
1991	704.8	3315.2			229.3	1663.6	171.6	619.2	122.8	487.1
1992	702.9	3371.3			229.8	1720.4	173.4	634.3	121.1	476.2
1993	705.0	3174.8			223.7	1586.8	177.9	569.3	120.0	456.8
1994	701.5	3098.1			218.4	1525.0	176.8	641.9	119.8	399.8
1995	705.5	3395.3	544.1	2887.8	220.3	1657.8	178.0	682.4	120.2	471.6
1996	713.8	3483.1	552.4	2986.2	221.8	1705.7	181.0	656.9	124.7	548.6
1997	721.1	3554.4	557.9	3076.1	219.6	1700.2	182.4	687.3	129.0	605.7
1998	733.8	3626.3	566.4	3096.7	216.8	1685.3	186.5	673.2	136.5	659.4
1999	729.7	3668.4	561.3	3115.7	217.6	1724.4	181.8	620.9	135.9	693.7
2000	685.4	3568.5	520.2	2996.7	212.4	1692.5	160.5	614.3	123.5	616.6
2001	662.7	3056.5	496.4	2530.0	203.7	1452.4	150.3	517.8	120.1	493.1
2002	642.5	3275.2	481.0	2714.3	202.0	1540.0	142.5	526.5	114.5	578.2
2003	608.8	3183.3	452.3	2625.3	193.0	1498.2	128.6	488.3	110.1	572.7
2004	633.3	3326.5	461.0	2709.8	197.1	1525.4	128.3	501.5	115.6	620.4
2005	650.2	3409.2	473.0	2769.5	199.5	1526.9	136.0	543.1	118.5	641.8
2006	644.9	2859.8	475.8	2371.1	204.9	1337.2	123.5	426.7	129.0	551.7
2007	643.5	3032.7	481.3	2541.4	202.4	1411.6	125.7	432.5	136.9	651.2
2008	640.9	3111.0	474.0	2597.7	201.2	1480.1	117.2	398.7	140.2	674.8
2009	621.3	3120.4	470.6	2604.3	199.1	1493.3	111.1	366.2	145.5	701.0
2010	619.5	3182.8	468.1	2633.0	196.7	1484.1	105.1	355.9	152.1	750.7
2011	619.7	3249.5	465.3	2675.6	194.3	1478.1	99.8	346.4	157.4	810.3
2012	625.6	3271.3	462.5	2689.4	193.0	1484.0	93.4	331.5	163.0	833.6
2013	627.0	3336.1	459.6	2754.3	190.5	1483.4	87.9	311.0	168.6	920.1
2014	625.0	3324.6	456.8	2734.7	189.2	1450.5	81.4	298.0	173.9	946.7
2015	628.6	3394.6	456.0	2779.6	187.9	1465.2	74.7	284.5	181.7	992.3
2016	629.1	3469.9	453.8	2822.1	187.4	1467.3	68.4	259.6	186.6	1058.0
2017	629.2	3488.9	450.8	2831.8	187.5	1473.7	65.3	251.6	186.4	1068.0
2018	626.6	3493.7	448.0	2830.9	187.4	1478.6	63.5	247.3	185.6	1066.3
2019	627.9	3498.5	445.9	2825.4	187.0	1469.8	61.1	246.2	184.4	1062.2
2020	631.3	3527.4	444.4	2836.9	186.6	1475.3	59.7	246.7	183.9	1065.0

注：2007年至2017年所有农作物的播种面积和产量均依据第三次全国农业普查结果进行了修订(以下有关各表同)。

a) Data of sown area and yield of all crops in 2007 to 2017 were approved according to the results of the third national agricultural census(the same as the following related tables).

13-15 续表 1 continued

单位：万公顷、万吨 (10 000 hectares, 10 000 tons)

年份 Year	#豆类 Soybeans 播种面积 Sown Area	#豆类 Soybeans 产量 Yield	#薯类 Tubers 播种面积 Sown Area	#薯类 Tubers 产量 Yield	油料 Oil-bearing Crops 播种面积 Sown Area	油料 Oil-bearing Crops 产量 Yield	#花生 Peanut 播种面积 Sown Area	#花生 Peanut 产量 Yield	#油菜籽 Rapeseeds 播种面积 Sown Area	#油菜籽 Rapeseeds 产量 Yield
1952	105.9	76.1	108.9	138.8	34.3	25.2	7.6	8.4	25.8	16.5
1957	114.9	96.5	125.3	220.5	40.3	35.1	9.8	11.4	29.5	23.4
1962	90.7	64.1	121.9	217.4	27.5	14.8	7.3	6.2	19.0	8.3
1965	92.7	93.3	102.5	214.1	38.8	35.4	10.2	10.7	27.1	24.3
1970	83.9	107.6	103.9	260.2	32.0	34.5	6.9	9.1	23.9	24.5
1975	70.8	86.9	105.3	289.8	36.2	39.9	7.3	10.8	28.2	28.7
1978	60.0	79.9	134.3	412.1	41.3	52.8	7.4	12.4	30.3	38.1
1980	55.0	77.3	117.1	349.4	47.0	68.4	8.4	11.8	39.5	56.4
1985	39.9	71.0	99.4	325.2	84.2	133.1	13.5	23.6	70.1	109.0
1990	34.3	63.4	113.6	279.6	79.7	133.5	12.6	23.7	66.9	109.5
1991	33.3	63.3	114.4	306.3	83.9	148.7	12.5	24.6	71.0	123.7
1992	37.7	70.8	113.3	388.4	81.9	136.6	12.8	25.1	68.6	111.1
1993	37.3	66.2	117.5	416.6	70.8	112.0	13.9	26.4	56.4	84.9
1994	39.1	69.4	121.7	390.2	75.2	119.6	15.2	20.8	59.8	98.4
1995	38.4	74.0	122.9	433.4	84.6	145.1	15.3	25.9	68.8	118.7
1996	37.9	74.8	123.5	422.1	82.2	133.2	15.2	28.1	66.4	104.6
1997	38.6	77.8	124.6	400.6	79.9	134.2	15.4	28.8	64.0	104.8
1998	38.9	76.9	128.5	452.7	83.6	146.4	16.6	33.3	66.4	112.6
1999	40.2	78.9	128.2	473.8	89.1	151.6	19.3	41.2	69.0	109.5
2000	44.5	98.0	120.7	473.8	102.6	193.0	24.0	54.3	77.7	137.5
2001	47.9	97.1	118.3	429.5	104.9	181.0	25.8	45.8	78.0	133.7
2002	48.1	107.1	113.4	453.8	104.9	201.5	26.4	55.4	77.3	144.8
2003	49.0	111.9	107.5	446.2	108.7	217.1	27.0	59.9	80.6	155.9
2004	50.7	119.2	121.7	497.5	108.9	226.3	26.3	59.8	81.4	165.0
2005	52.0	122.9	125.2	516.8	109.4	232.3	26.4	62.0	81.7	168.7
2006	45.2	91.6	123.9	397.1	107.0	217.3	26.1	47.1	79.7	169.0
2007	45.8	103.4	116.4	388.0	118.2	253.6	26.1	54.5	89.9	195.1
2008	45.4	101.8	121.5	411.5	126.7	276.2	25.9	58.0	98.9	213.9
2009	43.0	99.0	107.7	417.1	132.0	288.5	25.9	58.8	104.4	225.5
2010	43.0	98.0	108.4	451.9	133.7	296.1	26.1	59.9	106.0	232.0
2011	43.8	101.7	110.6	472.3	135.2	306.7	25.8	60.6	107.8	242.0
2012	44.4	103.9	118.6	478.0	136.9	315.9	25.6	60.7	109.8	251.1
2013	45.4	103.5	122.1	478.2	139.0	320.2	25.6	62.2	112.0	253.7
2014	45.8	106.1	122.3	483.8	141.4	332.0	25.7	63.1	114.4	264.8
2015	46.6	107.0	126.0	507.9	143.0	339.6	25.8	64.1	116.0	271.7
2016	49.6	113.0	125.7	534.8	144.0	346.2	26.0	64.8	116.7	277.0
2017	51.8	119.2	126.6	537.9	147.9	357.9	26.1	66.0	120.6	288.0
2018	52.5	121.5	126.1	541.4	149.1	362.5	26.3	67.7	121.8	292.2
2019	56.0	129.9	126.0	543.2	149.5	367.4	26.5	68.4	122.3	296.4
2020	59.9	138.8	126.9	551.7	158.4	392.9	28.3	73.8	129.2	317.2

13-15 续表 2 continued

单位：万公顷、万吨 (10 000 hectares, 10 000 tons)

年份 Year	棉 花 Cotton		甘 蔗 Sugarcane		生 麻 Bast Fiber		烟叶(未加工) Tobacco		#烤烟 Fluecured Tobacco	
	播种面积 Sown Area	产 量 Yield	播种面积 Sown Area	产 量 Yield	播种面积 Sown Area	产 量 Yield	播种面积 Sown Area	产 量 Yield	播种面积 Sown Area	产 量 Yield
1952	22.50	4.00	3.00	115.30	0.10	…	4.17	4.25	2.08	2.04
1957	30.70	6.60	3.84	164.40	…	0.10	4.00	4.38	1.97	2.12
1962	21.00	2.60	1.41	28.30	…	…	1.63	1.14	0.38	0.41
1965	26.50	10.60	3.61	133.25	0.20	0.10	3.25	3.45	0.75	1.29
1970	25.70	12.70	3.35	107.61	0.60	0.20	2.13	2.32	0.47	0.48
1975	25.70	12.30	4.50	139.63	0.80	0.80	3.65	3.98	1.07	1.49
1978	25.60	14.40	4.65	154.11	1.90	5.90	5.20	6.94	1.83	2.58
1980	24.60	9.40	3.70	141.77	2.40	10.30	4.19	5.73	1.35	1.81
1985	12.60	11.30	4.62	233.98	6.80	12.40	6.83	10.68	2.90	3.87
1990	12.30	11.50	4.24	218.15	4.20	8.20	8.35	13.26	4.91	4.32
1991	14.60	14.60	4.60	244.96	4.10	8.30	8.04	12.68	5.16	6.08
1992	15.90	15.00	4.11	211.67	3.70	7.70	9.52	15.83	5.19	8.00
1993	13.10	8.20	3.21	167.80	3.70	7.30	9.88	15.33	5.46	7.24
1994	13.00	6.70	3.19	155.55	3.20	4.30	6.31	8.67	3.15	3.57
1995	13.97	11.18	3.25	170.73	4.53	6.57	5.87	7.77	3.11	3.50
1996	15.31	12.29	3.11	164.16	4.38	6.49	6.97	12.93	3.90	7.48
1997	13.92	10.73	3.09	155.66	3.97	5.39	10.02	18.56	6.88	12.33
1998	13.96	10.16	2.96	161.48	3.11	4.28	7.24	10.67	4.62	5.89
1999	9.41	7.59	2.92	161.04	2.71	3.94	7.38	11.86	4.89	6.94
2000	7.01	5.89	3.06	166.68	2.56	4.02	8.22	15.61	5.46	9.37
2001	6.64	2.98	3.06	155.67	2.48	3.94	7.03	12.17	4.23	6.55
2002	3.30	2.36	3.19	171.21	2.99	4.47	7.01	14.09	4.68	8.85
2003	3.12	2.54	3.19	170.53	3.18	5.02	6.66	13.42	4.43	8.23
2004	3.58	3.31	2.88	146.10	3.50	6.09	6.64	14.41	4.59	9.38
2005	2.78	2.47	2.67	132.89	3.70	6.85	7.95	18.17	5.88	13.23
2006	2.45	1.57	2.64	124.61	4.00	6.58	8.88	20.01	6.86	15.39
2007	1.08	0.85	2.08	109.29	2.34	4.06	7.86	16.35	6.95	14.44
2008	0.94	0.80	1.87	98.53	2.28	3.97	9.34	18.84	8.50	17.07
2009	0.83	0.75	1.58	78.60	2.21	3.85	10.43	21.63	9.58	19.52
2010	0.82	0.72	1.56	78.13	2.08	3.75	9.12	20.24	8.17	18.01
2011	0.78	0.71	1.30	62.72	1.98	3.57	10.00	20.90	9.08	18.79
2012	0.71	0.64	1.13	48.77	1.85	3.35	10.48	23.11	9.62	21.28
2013	0.66	0.62	1.06	44.69	1.82	3.29	10.33	22.15	9.63	20.02
2014	0.64	0.60	1.02	43.29	1.76	3.20	8.94	19.97	8.31	17.94
2015	0.49	0.48	0.99	41.79	1.72	3.13	8.78	19.79	8.05	18.03
2016	0.45	0.50	0.91	35.56	1.69	3.05	8.87	19.52	8.34	18.02
2017	0.44	0.40	0.91	34.74	1.68	3.03	8.63	18.05	8.13	16.56
2018	0.40	0.40	0.93	36.18	1.70	3.10	7.65	16.25	6.77	13.97
2019	0.29	0.28	0.96	37.18	1.72	3.17	7.46	16.04	6.52	13.70
2020	0.23	0.22	0.97	37.84	1.81	3.06	7.36	16.15	6.85	14.62

注：1994年及以前年份“生麻”统计口径为“黄红麻”。
a) Bast fiber includes only jute and ambary hemp before 1995.

13-15 续表 3 continued

单位：万公顷、万吨 (10 000 hectares, 10 000 tons)

年份 Year	蔬菜及食用菌 Vegetables and Edible Fungus 播种面积 Sown Area	蔬菜及食用菌 Vegetables and Edible Fungus 产量 Yield	蚕茧产量 Yield of Silkworm Cocoons	茶叶产量 Yield of Tea	水果产量 Total Fruits Yield	#园林水果 Garden Fruits	#苹果 Yield of Apples	#柑桔 Yield of Citrus	#梨 Yield of Pears	水产品产量 Output of Aquatic Products
1952			0.98	0.79	10.30	10.30		0.40		0.81
1957			0.94	1.21	10.80	10.80		3.60		1.11
1962			0.77	0.70	8.60	8.60		1.80		1.10
1965			0.97	0.90	11.70	11.70		3.40		1.56
1970			1.84	1.01	7.90	7.90		2.40		1.66
1975			2.55	1.31	15.20	15.20		4.50		3.01
1978			3.66	1.90	17.80	17.80		5.90		3.06
1980			6.60	1.98	27.50	27.50	4.00	9.90	5.10	3.69
1985			7.39	3.71	57.00	57.00	4.60	37.70	6.30	9.27
1990			10.00	4.00	92.00	92.00	6.10	62.40	9.10	16.83
1991			11.70	4.20	106.50	106.50	6.50	71.90	10.20	18.31
1992			13.50	4.30	109.20	109.20	7.60	73.64	10.60	20.02
1993			15.00	4.40	131.90	131.90	7.80	89.00	11.40	22.40
1994			15.66	4.35	132.94	132.94	8.45	83.50	13.16	25.78
1995			15.16	4.35	155.76	155.76	12.26	93.33	17.26	29.86
1996			9.46	4.39	168.48	168.48	13.47	101.01	18.17	33.26
1997			8.53	4.52	185.13	185.13	16.12	106.89	20.04	37.20
1998	68.34	1888.41	9.28	5.09	273.95	212.92	17.74	117.84	24.97	42.29
1999	71.74	1942.15	8.10	5.29	297.25	234.53	18.68	116.22	27.27	46.57
2000	85.86	2312.56	8.73	5.45	321.63	252.57	20.23	132.75	34.45	51.31
2001	96.90	2440.79	9.22	5.84	361.93	272.90	19.40	149.77	39.48	57.13
2002	103.52	2684.94	9.30	6.28	425.93	306.69	20.69	166.18	46.97	64.84
2003	100.62	2639.60	9.29	7.21	464.93	348.21	22.54	186.16	54.77	76.40
2004	97.06	2623.87	9.74	8.65	494.83	385.45	24.05	198.78	62.03	86.15
2005	99.15	2714.29	9.80	9.79	527.16	415.76	24.29	213.74	68.46	98.25
2006	118.19	2971.23	9.83	11.29	535.32	423.81	24.80	205.78	74.60	81.30
2007	105.16	2863.99	10.68	13.73	580.05	469.18	29.54	229.79	76.89	91.05
2008	105.68	2927.13	10.19	14.22	625.17	513.59	38.62	255.43	78.00	95.20
2009	107.96	3087.00	10.15	15.74	679.12	564.81	40.61	275.23	80.11	100.13
2010	110.52	3206.45	10.33	17.20	707.74	594.08	42.61	289.97	82.44	105.06
2011	114.81	3403.84	10.27	18.97	752.94	637.13	44.45	315.36	85.36	112.15
2012	118.23	3569.18	10.26	21.03	791.42	676.84	47.50	334.53	88.42	116.83
2013	121.09	3705.10	9.99	21.97	822.03	709.84	51.11	340.85	90.36	123.64
2014	124.20	3838.35	9.82	23.47	862.87	747.06	57.53	357.60	90.26	130.00
2015	127.05	3988.38	9.55	24.61	912.14	793.65	60.68	375.82	90.97	135.97
2016	129.57	4118.12	8.95	26.51	960.05	838.67	61.85	397.91	92.84	142.16
2017	132.43	4252.27	9.08	27.78	1007.88	883.23	65.22	415.68	91.72	150.74
2018	136.92	4438.02	9.22	30.07	1080.67	948.39	72.55	432.98	94.75	153.48
2019	141.30	4639.13	9.65	32.54	1136.70	1000.76	76.51	457.73	94.28	157.69
2020	144.40	4813.39	10.00	34.42	1221.30	1083.62	80.75	488.96	95.56	160.41

注：①1997年及以前年份的水果产量为园林水果产量；②水产品产量数据由四川省水产局提供。
a) Total fruits yield in 1997 and before was known as garden fruits yield. b) Data of aquatic products output were provided by Sichuan Fisheries Bureau.

13–16 各市(州)粮食作物播种面积和产量(2020年)

Sown Areas of Farm Crops and Output of Major Farm Products by Region(2020)

单位：千公顷、万吨 (1 000 hectares, 10 000 tons)

市(州)	Region	粮食 Grain Crops		谷物 Cereal		#稻谷 Rice		豆类 Soybeans		薯类 Tubers	
		播种面积 Sown Area	产量 Yield	播种面积 Sown Area	产量 Yield	播种面积 Sown Area	产量 Yield	播种面积 Sown Area	产量 Yield	播种面积 Sown Area	产量 Yield
全 省	**Sichuan**	**6312.6**	**3527.4**	**4444.3**	**2836.9**	**1866.3**	**1475.3**	**599.5**	**138.8**	**1268.9**	**551.7**
成都市	Chengdu	379.0	227.9	279.4	192.4	148.6	119.3	41.5	9.6	58.1	25.8
自贡市	Zigong	233.8	140.8	137.0	105.9	81.4	74.2	52.9	14.5	44.0	20.4
攀枝花市	Panzhihua	45.1	25.9	36.9	23.4	9.2	7.6	4.8	0.9	3.5	1.5
泸州市	Luzhou	399.3	231.6	274.3	184.5	134.0	109.8	27.4	6.1	97.6	40.9
德阳市	Deyang	310.5	196.4	259.5	178.4	119.5	99.9	24.5	6.0	26.5	12.0
绵阳市	Mianyang	401.5	231.1	348.8	212.2	118.2	93.3	21.9	5.7	30.8	13.3
广元市	Guangyuan	312.8	159.4	244.6	137.0	65.0	50.1	31.3	6.5	36.9	15.9
遂宁市	Suining	271.7	144.3	202.9	119.0	56.1	44.4	25.7	5.8	43.1	19.5
内江市	Neijiang	311.3	172.2	181.8	123.8	81.4	65.1	49.9	13.2	79.6	35.2
乐山市	Leshan	220.6	123.5	156.1	101.9	84.4	65.4	23.3	4.6	41.2	17.0
南充市	Nanchong	561.8	311.6	416.9	255.1	151.9	120.0	40.4	10.6	104.5	45.9
眉山市	Meishan	197.3	125.9	157.6	112.8	98.8	79.2	19.4	4.3	20.3	8.8
宜宾市	Yibin	426.9	255.3	297.0	205.0	153.5	123.5	34.7	9.2	95.2	41.2
广安市	Guangan	288.4	181.1	207.6	152.1	130.6	104.9	24.2	4.8	56.5	24.2
达州市	Dazhou	560.1	319.4	343.5	239.3	191.0	139.4	53.3	11.1	163.3	68.9
雅安市	Yaan	69.3	36.2	51.5	30.6	16.5	12.1	4.0	0.6	13.8	5.0
巴中市	Bazhong	338.9	192.8	237.5	151.8	96.0	70.1	18.4	4.2	83.1	36.8
资阳市	Ziyang	336.2	166.1	192.9	119.2	69.6	52.0	66.7	13.9	76.7	33.0
阿坝藏族羌族自治州	Aba	49.3	16.0	28.8	9.7			5.3	1.0	15.3	5.3
甘孜藏族自治州	Ganzi	68.1	23.1	51.8	17.2	0.2	0.1	4.6	1.2	11.7	4.7
凉山彝族自治州	Liangshan	530.5	247.0	337.9	165.5	60.3	44.7	25.4	5.0	167.2	76.5

13-17 各市(州)粮食总产量
Total Grain Output by Region

单位：万吨 (10 000 tons)

市(州)	Region	2010	2011	2012	2013	2014	2015	2016	2017	2018	2019	2020
全 省	**Sichuan**	**3182.8**	**3249.5**	**3271.3**	**3336.1**	**3324.6**	**3394.6**	**3469.9**	**3488.9**	**3493.7**	**3498.5**	**3527.4**
成都市	Chengdu	265.2	259.0	251.7	247.8	237.1	232.9	230.7	231.9	230.3	225.9	227.9
自贡市	Zigong	118.2	120.9	123.4	126.9	127.6	132.0	136.4	137.8	138.3	138.7	140.8
攀枝花市	Panzhihua	20.5	20.8	21.1	22.3	22.6	23.8	25.4	25.4	25.4	25.7	25.9
泸州市	Luzhou	203.2	213.9	216.9	221.9	222.2	224.6	229.4	229.2	229.7	229.1	231.6
德阳市	Deyang	181.5	184.2	185.7	188.2	187.4	189.6	193.9	195.2	194.9	195.3	196.4
绵阳市	Mianyang	212.1	216.4	217.0	221.1	221.7	225.7	229.0	230.6	229.7	230.5	231.1
广元市	Guangyuan	131.5	137.5	139.9	146.1	148.6	153.7	156.9	157.1	156.4	157.7	159.4
遂宁市	Suining	142.5	143.1	141.8	142.4	140.4	140.9	141.0	142.0	142.3	142.4	144.3
内江市	Neijiang	144.8	149.6	150.7	155.4	155.8	162.2	168.7	170.4	170.8	170.7	172.2
乐山市	Leshan	109.2	110.5	112.2	114.8	114.3	116.9	120.4	121.6	122.1	122.2	123.5
南充市	Nanchong	289.0	296.3	297.7	300.9	298.6	302.3	304.6	306.4	307.1	307.8	311.6
眉山市	Meishan	131.7	129.6	127.3	126.9	122.9	122.8	122.3	123.4	123.8	125.0	125.9
宜宾市	Yibin	198.3	205.7	211.2	220.9	227.5	239.7	252.2	252.8	253.3	253.0	255.3
广安市	Guangan	163.2	164.5	166.0	170.0	169.2	173.4	178.2	179.3	179.9	180.0	181.1
达州市	Dazhou	282.8	291.8	295.9	304.4	302.5	310.7	316.1	316.6	317.1	317.8	319.4
雅安市	Yaan	37.3	36.1	35.4	35.4	34.6	34.5	35.5	35.8	35.8	35.9	36.2
巴中市	Bazhong	169.3	173.8	176.5	180.5	179.8	184.2	188.1	189.4	190.5	191.0	192.8
资阳市	Ziyang	157.9	160.3	159.8	161.9	160.3	163.2	164.7	165.4	166.1	166.1	166.1
阿坝藏族羌族自治州	Aba	13.8	14.2	14.1	14.3	14.4	14.6	15.3	15.5	15.5	15.8	16.0
甘孜藏族自治州	Ganzi	20.5	21.4	21.6	21.8	21.6	22.1	22.4	22.5	22.6	22.7	23.1
凉山彝族自治州	Liangshan	190.4	199.9	205.4	212.1	215.7	224.7	238.5	240.6	242.0	245.2	247.0

13-18 各市(州)经济作物播种面积和产量(2020年)
Sown Areas and Output of Economic Crops by Region(2020)

单位：公顷、吨 (hectare, ton)

市(州)	Region	棉花 Cotton		油料 Oil bearing Crops		#花生 Peanut		#油菜籽 Rapeseeds		生麻 Bast Fiber	
		播种面积 Sown Area	产量 Yield	播种面积 Sown Area	产量 Yield	播种面积 Sown Area	产量 Yield	播种面积 Sown Area	产量 Yield	播种面积 Sown Area	产量 Yield
全 省	**Sichuan**	**2278**	**2164**	**1583869**	**3929065**	**283424**	**737808**	**1292164**	**3171980**	**18115**	**30632**
成都市	Chengdu	14	18	134488	345914	14283	41516	120200	304382		
自贡市	Zigong			74222	167523	13957	35794	60028	131233		
攀枝花市	Panzhihua			2665	4137	740	1159	1919	2962		
泸州市	Luzhou			54368	116349	5908	11895	46382	102506		
德阳市	Deyang	112	81	89336	261233	13550	42419	75656	218749		
绵阳市	Mianyang	18	20	174392	467501	24238	81268	150065	386006		
广元市	Guangyuan			103949	271633	16013	62109	87837	204115	1	1
遂宁市	Suining	2122	2035	76525	213372	16000	41504	60288	171504		
内江市	Neijiang			81175	177987	20232	42065	60943	135922	47	53
乐山市	Leshan			53164	94821	4887	10296	48116	84338		
南充市	Nanchong			170361	464096	53614	125333	116014	337811	124	238
眉山市	Meishan	12	10	56894	125461	3552	9126	53246	115119	1	3
宜宾市	Yibin			83203	177329	25365	65591	57044	110241	49	86
广安市	Guangan			51764	116982	10643	26603	40845	89188	33	83
达州市	Dazhou			147422	388608	31383	70285	114606	314821	17830	30145
雅安市	Yaan			7792	14817	230	667	7555	14136		
巴中市	Bazhong			96314	199800	8883	20231	86320	178524	6	5
资阳市	Ziyang			98794	265140	17768	45175	81026	219965		
阿坝藏族羌族自治州	Aba			3719	5336			3718	5334		
甘孜藏族自治州	Ganzi			7599	17977	96	197	7490	17759		
凉山彝族自治州	Liangshan			15723	33049	2082	4575	12866	27365	24	18

13-18 续表 1 continued

单位：公顷、吨 (hectare, ton)

市(州)	Region	糖 料 Sugar Crops		#甘蔗 Sugarcane		烟叶(未加工烟草) Tobacco (unmanufactured)		中草药材 Medicinal Herbs		蔬菜及食用菌 Vegetables and Edible Fungus	
		播种面积 Sown Area	产量 Yield	播种面积 Sown Area	产量 Yield	播种面积 Sown Area	产量 Yield	播种面积 Sown Area	产量 Yield	播种面积 Sown Area	产量 Yield
全 省	**Sichuan**	**9679**	**378995**	**9662**	**378432**	**73562**	**161504**	**144006**	**527054**	**1444029**	**48133904**
成都市	Chengdu	217	9497	217	9497	108	400	14546	65930	174630	6104021
自贡市	Zigong	1113	35159	1113	35159			1023	5666	62413	2355459
攀枝花市	Panzhihua	217	25298	217	25298	5074	10097	524	877	16845	926326
泸州市	Luzhou	1268	73936	1268	73936	4571	6170	4648	31249	77096	2857864
德阳市	Deyang	132	6083	132	6083	1057	4476	9344	34035	66198	2468706
绵阳市	Mianyang	122	4062	122	4062			13134	55277	72920	2065996
广元市	Guangyuan	80	1088	78	975	2136	3854	11972	62611	76007	2900560
遂宁市	Suining	161	6318	153	6042			1599	8720	36341	1136316
内江市	Neijiang	582	21572	582	21572	1	3	1600	5203	80096	3311935
乐山市	Leshan	482	17203	482	17203	735	1254	12848	51261	55225	1388633
南充市	Nanchong	990	25706	990	25706	68	292	10751	31688	159511	3979270
眉山市	Meishan	327	12884	327	12884	67	143	2136	8656	48248	1416677
宜宾市	Yibin	904	24945	904	24945	5428	11937	4659	7979	83703	2941872
广安市	Guangan	239	6681	239	6681	15	39	1800	5147	66906	2574509
达州市	Dazhou	916	23513	916	23513	1097	2933	9391	25012	91161	3022641
雅安市	Yaan	1	13	1	13			7627	26768	31224	743144
巴中市	Bazhong	829	20189	829	20189	101	301	21109	50810	67436	1676604
资阳市	Ziyang	484	16087	484	16087			1760	8552	61503	1682353
阿坝藏族羌族自治州	Aba	7	174					3593	10967	19191	726210
甘孜藏族自治州	Ganzi							3067	6011	14487	431320
凉山彝族自治州	Liangshan	608	48587	608	48587	53104	119605	6875	24635	82888	3423488

13-18 续表 2 continued

单位：吨 (ton)

市(州)	Region	蚕茧产量 Yield of Silkworm Cocoons	茶叶产量 Yield of Tea	水果产量 Yield of Fruits	#园林水果 Yield of Garden Fruits	苹果 Yield of Apples	柑桔 Yield of Citrus	梨 Yield of Pears	其他 Yield of Other Fruits	水产品产量 Output of Aquatic Products
全 省	**Sichuan**	**99955**	**344152**	**12212976**	**10836246**	**807501**	**4889607**	**955626**	**4183512**	**1604097**
成都市	Chengdu	876	22959	1722152	1483499	3175	716181	81514	682629	149464
自贡市	Zigong	2525	14490	417693	365269		317045	15312	32912	83774
攀枝花市	Panzhihua	3511	121	481741	450170	27	3355	21559	425229	12250
泸州市	Luzhou	1118	17095	285934	265203	1310	116687	12829	134377	97818
德阳市	Deyang	2261	394	262457	167148	1885	62868	42411	59984	66067
绵阳市	Mianyang	9431	3396	391153	261985	2001	81021	35467	143496	119211
广元市	Guangyuan	682	14408	423190	409305	16092	41726	157741	193746	57079
遂宁市	Suining	504	112	134840	97733	810	54287	15140	27496	53650
内江市	Neijiang	2336	2875	484902	454263	61	368505	25395	60302	125601
乐山市	Leshan	416	47901	215165	197839	13	120630	7643	69553	123514
南充市	Nanchong	15013	34	709084	580780	794	469052	47085	63849	116650
眉山市	Meishan	378	23496	1239816	1204723	21	870888	66160	267654	136346
宜宾市	Yibin	26635	78375	766707	688254	16	376699	92157	219382	112480
广安市	Guangan	1653	574	292465	193436	70	156718	14468	22180	67851
达州市	Dazhou	378	12102	508859	380250	3410	247323	26115	103402	104694
雅安市	Yaan	79	93350	526368	517850	117384	86829	133333	180304	9560
巴中市	Bazhong	268	11547	121070	89822	3004	35337	13534	37947	69000
资阳市	Ziyang	4304	5	885488	747783	15	717824	9771	20173	72617
阿坝藏族羌族自治州	Aba		12	301337	301301	66981		15823	218497	62
甘孜藏族自治州	Ganzi		81	19219	18331	10064	1018	1995	5254	21
凉山彝族自治州	Liangshan	27587	825	2023336	1961302	580368	45614	120174	1215146	26388

13-19 各市(州)油料产量
Output of Oil-bearing Crops by Region

单位：万吨 (10 000 tons)

市(州)	Region	2010	2011	2012	2013	2014	2015	2016	2017	2018	2019	2020
全　省	**Sichuan**	**296.1**	**306.7**	**315.9**	**320.2**	**332.0**	**339.6**	**346.2**	**357.9**	**362.5**	**367.4**	**392.9**
成都市	Chengdu	33.3	33.8	34.3	34.2	35.3	35.1	35.5	36.9	37.3	35.4	34.6
自贡市	Zigong	9.8	10.2	10.7	10.9	11.9	12.6	13.4	15.0	15.4	15.9	16.8
攀枝花市	Panzhihua	0.4	0.4	0.4	0.4	0.4	0.4	0.4	0.4	0.4	0.4	0.4
泸州市	Luzhou	6.0	6.4	6.6	6.7	7.1	7.4	7.7	10.2	10.1	10.1	11.6
德阳市	Deyang	22.1	22.6	23.4	24.2	24.5	24.7	24.7	24.7	24.8	24.6	26.1
绵阳市	Mianyang	37.0	38.5	39.3	39.6	40.9	42.2	42.5	43.0	43.6	44.5	46.8
广元市	Guangyuan	20.6	21.5	22.2	22.6	23.3	24.1	24.5	25.0	25.4	26.0	27.2
遂宁市	Suining	16.3	17.3	18.0	18.0	18.8	19.2	19.4	19.5	19.6	20.1	21.3
内江市	Neijiang	12.1	12.9	13.5	13.8	14.5	14.9	15.5	16.9	17.0	17.3	17.8
乐山市	Leshan	6.3	6.9	7.3	7.1	7.8	8.0	8.2	8.2	8.2	8.2	9.5
南充市	Nanchong	34.9	35.1	35.8	36.4	37.5	38.0	38.6	39.3	40.0	41.0	46.4
眉山市	Meishan	10.4	10.6	10.6	10.7	11.1	11.6	12.0	12.1	12.4	12.7	12.5
宜宾市	Yibin	10.6	10.9	12.0	12.5	13.3	14.0	14.8	15.4	15.6	15.6	17.7
广安市	Guangan	9.2	9.4	9.6	9.7	9.9	10.1	10.3	10.4	10.6	10.9	11.7
达州市	Dazhou	29.7	30.4	31.0	31.5	32.3	32.9	33.8	34.5	35.1	35.7	38.9
雅安市	Yaan	1.5	1.5	1.6	1.5	1.6	1.5	1.5	1.5	1.5	1.5	1.5
巴中市	Bazhong	13.6	14.2	14.5	14.7	14.9	15.4	15.8	16.1	16.4	16.8	20.0
资阳市	Ziyang	18.2	19.7	20.4	21.0	22.3	22.9	23.6	24.5	24.2	25.1	26.5
阿坝藏族羌族自治州	Aba	0.2	0.3	0.3	0.3	0.3	0.3	0.4	0.4	0.5	0.5	0.5
甘孜藏族自治州	Ganzi	0.5	0.6	0.6	0.7	0.7	0.7	0.8	0.9	1.3	1.7	1.8
凉山彝族自治州	Liangshan	3.5	3.7	3.7	3.8	3.6	3.7	2.9	3.1	3.2	3.3	3.3

13-20 牲畜饲养情况
Number of Livestock

单位：万头、万只 (10 000 heads)

年份 Year	肉猪出栏头数 Slaughtered Fattened Hogs	猪年末头数 Hogs (year-end)	肉牛出栏头数 Slaughtered Beef Cattle	大牲畜年末头数 Large Livestock (year-end)	#牛 Cattle and Buffaloes	#马 Horses	肉羊出栏只数 Slaughtered Sheep	羊年末只数 Sheep and Goats (year-end)	家禽出栏只数 Slaughtered Poultry (year-end)	家禽年末只数 Poultry (year-end)
1952	393.00	943.00		500.00	474.00	23.00		262.00		
1957	733.00	1754.00		556.00	527.00	25.00		438.00		
1962	276.00	982.00		508.00	488.00	17.00		482.00		
1965	1130.00	1804.00		615.00	591.00	20.00		578.00		
1970	1195.00	2244.00		726.00	698.00	23.00		682.00		
1975	1314.00	2988.00		769.00	737.00	27.00		800.00		
1978	1614.00	3243.00		781.00	745.00	30.00		861.00		
1980	2264.00	3823.00	48.70	809.00	773.00	32.00	372.00	923.00		
1985	3223.00	4370.00	45.10	855.00	808.00	41.00	283.90	786.00		
1990	4507.00	4842.00	70.20	936.00	876.00	51.00	247.80	833.00		
1991	4699.00	4887.00	81.59	953.00	888.00	53.00	322.85	836.00		
1992	4887.00	4933.00	93.30	947.00	883.00	54.00	343.50	828.00		
1993	5010.00	4948.00	113.10	999.00	905.00	57.00	382.30	852.00	34212.50	
1994	5363.00	5107.00	139.40	1000.00	931.00	58.00	463.15	913.00	39552.35	
1995	5844.00	5284.00	143.15	1035.00	963.00	60.00	424.74	1000.00	46318.62	
1996	6068.00	5277.00	159.05	1049.00	976.00	61.00	552.39	1095.00	43202.82	
1997	6234.00	5280.00	179.34	1073.00	996.00	64.00	687.07	1178.00	49744.21	
1998	6402.00	5271.00	194.88	1092.00	1012.00	67.00	843.72	1282.00	55430.69	
1999	6439.00	5204.00	194.86	1113.00	1030.00	69.00	1012.42	1383.00	63782.96	28891.80
2000	6594.37	5229.23	220.92	1132.90	1046.66	71.29	1249.43	1516.93	72291.88	32724.80
2001	6778.21	5222.78	244.99	1151.99	1062.27	74.59	1459.61	1633.31	79915.99	34113.57
2002	7090.89	5339.69	276.01	1176.87	1082.81	78.09	1704.59	1745.54	89018.51	37987.85
2003	7490.28	5484.17	310.05	1208.73	1110.88	81.47	1984.24	1898.97	97886.23	41537.17
2004	8103.34	5717.31	337.87	1234.09	1131.51	84.79	2314.33	2040.89	107208.79	44949.57
2005	8817.32	5970.69	366.80	1253.75	1146.92	88.45	2546.22	2140.25	119283.77	47810.85
2006	6905.58	5100.24	248.91	1096.15	985.67	91.10	1477.57	1629.32	47508.00	41309.25
2007	6014.61	5127.39	246.98	1098.40	981.31	95.18	1543.02	1659.05	51370.10	43215.29
2008	6429.19	5143.91	249.42	1044.86	930.06	94.07	1558.69	1617.71	53933.92	39804.47
2009	6914.93	4906.95	240.98	1050.93	933.46	96.45	1576.80	1572.10	54565.33	39897.82
2010	7174.95	4917.49	242.47	1054.06	934.70	97.54	1609.48	1467.39	56423.74	39745.36
2011	7000.41	4705.02	235.32	1051.34	935.37	94.58	1550.84	1424.63	57942.73	37714.54
2012	7170.70	4718.45	238.25	965.31	857.24	87.19	1562.70	1390.85	61999.60	36245.82
2013	7314.10	4507.69	242.04	958.80	858.67	80.38	1583.60	1362.79	63774.70	36052.58
2014	7445.00	4510.22	251.61	966.88	869.88	77.29	1632.70	1369.74	64667.60	37353.45
2015	7236.54	4288.39	263.34	953.72	857.80	76.22	1698.00	1352.31	66154.91	39869.79
2016	6907.82	4078.80	268.58	922.38	831.18	74.75	1739.19	1296.03	68489.75	38754.07
2017	6579.10	4376.64	267.26	947.18	853.19	75.46	1780.38	1599.26	65259.81	36619.20
2018	6638.34	4258.47	276.19	925.15	824.30	74.31	1740.89	1462.90	66070.96	38440.70
2019	4852.61	2870.70	291.66	944.52	851.65	75.59	1780.20	1504.08	78756.59	43949.43
2020	5614.36	3875.44	296.44	969.50	880.27	73.39	1792.10	1524.78	77444.49	43406.23

注：2007年至2017年牲畜饲养及畜禽产品产量数据根据第三次全国农业普查结果进行了修订(以下有关各表同)。
a) Data of livestock raising and livestock production in 2007 to 2017 were revised according to the results of the Third National Agricultural Census (the same as the following related tables).

13-21 各市(州)牲畜饲养情况(2020年)
Number of Livestock by Region(2020)

单位：万头、万只 (10 000 heads)

市(州)	Region	肉猪出栏头数 Slaughtered Fattened Hogs	猪年末头数 Hogs (year-end)	肉牛出栏头数 Slaughtered Beef Cattle	大牲畜年末头数 Large Animals (year-end)	#牛 Cattle and Buffaloes	#马 Horses	肉羊出栏只数 Slaughtered Sheep	羊年末只数 Sheep and Goats (year-end)	家禽出栏只数 Slaughtered Poultry (year-end)	家禽年末只数 Poultry (year-end)
全　省	**Sichuan**	**5614.36**	**3875.44**	**296.44**	**969.50**	**880.27**	**73.39**	**1792.10**	**1524.78**	**77444.49**	**43406.23**
成都市	Chengdu	400.39	260.00	3.80	7.53	7.50	0.01	82.97	41.15	7651.06	3386.95
自贡市	Zigong	160.53	109.54	2.79	5.74	5.73	0.01	94.40	50.24	3174.82	1691.00
攀枝花市	Panzhihua	51.23	38.59	3.55	9.53	8.87	0.30	49.51	44.07	455.64	359.37
泸州市	Luzhou	355.09	245.59	7.46	19.92	19.51	0.32	53.03	39.00	4100.46	2503.34
德阳市	Deyang	236.99	153.20	6.71	12.21	12.21		22.58	18.59	7181.76	3086.99
绵阳市	Mianyang	324.26	227.09	11.82	24.61	24.16	0.44	95.50	69.20	7429.99	3570.62
广元市	Guangyuan	334.49	235.09	8.90	25.13	25.09	0.02	63.40	40.12	3468.29	2444.45
遂宁市	Suining	321.23	209.34	3.43	7.18	7.18		38.12	24.58	2352.16	1568.28
内江市	Neijiang	225.55	143.19	2.10	4.70	4.58	0.12	54.05	36.03	3348.95	2030.72
乐山市	Leshan	245.20	152.89	3.36	6.61	6.44	0.17	33.47	24.14	4468.75	2326.01
南充市	Nanchong	521.73	380.33	12.90	30.46	30.02	0.39	201.37	137.03	7405.84	5164.91
眉山市	Meishan	190.36	139.12	2.26	5.45	5.45		42.61	34.72	3955.31	1682.26
宜宾市	Yibin	436.97	318.39	14.13	32.86	32.40	0.46	43.28	30.32	4724.89	2900.63
广安市	Guangan	324.21	208.57	2.61	7.03	7.01	0.02	23.81	16.07	3516.52	2291.72
达州市	Dazhou	370.17	255.02	33.46	59.66	59.10	0.36	124.34	90.04	7721.71	3491.69
雅安市	Yaan	108.41	78.19	5.70	13.15	12.20	0.89	23.13	17.59	730.91	673.77
巴中市	Bazhong	294.31	205.79	18.27	38.02	38.01	0.01	77.05	73.77	1183.55	876.12
资阳市	Ziyang	243.14	160.00	1.85	3.73	3.60	0.14	130.40	68.06	2511.06	1704.51
阿坝藏族羌族自治州	Aba	33.02	35.59	57.41	242.14	231.68	10.34	48.08	95.71	69.47	48.64
甘孜藏族自治州	Ganzi	21.01	18.79	55.25	258.26	223.48	31.94	41.34	65.34	24.18	29.02
凉山彝族自治州	Liangshan	416.19	301.09	38.75	155.59	116.05	27.45	449.66	509.03	2069.17	1575.22

13-22 各市(州)猪年末头数
Number of Hogs by Region at Year-end

单位：万头 (10 000 heads)

市(州)	Region	2010	2011	2012	2013	2014	2015	2016	2017	2018	2019	2020
全 省	**Sichuan**	**4917.49**	**4705.02**	**4718.45**	**4507.69**	**4510.22**	**4288.39**	**4078.80**	**4376.64**	**4258.47**	**2870.70**	**3875.44**
成都市	Chengdu	557.38	524.41	536.39	488.81	482.23	442.37	377.67	402.32	367.62	158.25	260.00
自贡市	Zigong	145.55	138.31	142.74	139.17	136.01	121.95	101.67	108.11	105.66	74.24	109.54
攀枝花市	Panzhihua	43.08	41.44	44.36	41.30	41.97	41.31	40.64	41.48	41.12	29.99	38.59
泸州市	Luzhou	268.27	250.40	249.34	243.31	250.21	240.98	234.21	261.39	248.98	203.02	245.59
德阳市	Deyang	215.02	206.87	205.30	214.90	214.52	192.97	177.05	194.11	187.80	97.35	153.20
绵阳市	Mianyang	250.50	236.50	238.21	243.00	240.43	222.51	218.63	232.68	231.71	175.57	227.09
广元市	Guangyuan	242.37	222.58	223.49	230.64	229.09	222.01	219.56	241.62	238.54	189.27	235.09
遂宁市	Suining	232.64	224.19	222.79	230.85	237.21	224.88	209.19	239.39	228.68	145.48	209.34
内江市	Neijiang	231.43	220.32	213.60	187.11	188.21	171.45	149.88	160.94	157.63	88.74	143.19
乐山市	Leshan	209.03	202.91	204.75	220.63	204.79	202.73	184.84	197.91	192.92	92.49	152.89
南充市	Nanchong	411.11	405.04	399.88	369.35	375.20	355.00	365.17	386.66	380.14	285.34	380.33
眉山市	Meishan	207.84	198.80	196.18	176.09	179.74	173.22	154.94	165.23	161.32	94.92	139.12
宜宾市	Yibin	321.48	309.51	307.27	291.12	311.47	302.16	280.42	315.92	321.78	265.36	318.39
广安市	Guangan	315.42	297.99	295.81	269.12	266.61	254.98	221.40	242.20	235.50	171.77	208.57
达州市	Dazhou	354.83	342.49	339.76	292.29	287.13	278.66	276.75	286.05	281.29	196.16	255.02
雅安市	Yaan	86.91	82.98	82.63	80.36	87.23	86.03	83.92	87.15	83.91	60.61	78.19
巴中市	Bazhong	231.06	217.27	222.43	218.38	210.53	202.81	217.68	227.12	218.86	148.37	205.79
资阳市	Ziyang	203.66	197.76	205.89	201.97	196.90	192.17	180.74	200.30	193.89	106.05	160.00
阿坝藏族羌族自治州	Aba	22.07	22.27	25.45	26.06	27.50	27.42	27.04	26.88	27.48	26.54	35.59
甘孜藏族自治州	Ganzi	14.92	14.64	16.52	16.70	16.91	16.86	17.46	17.45	17.87	17.08	18.79
凉山彝族自治州	Liangshan	352.92	347.34	345.65	326.52	326.32	315.90	339.95	341.71	336.53	244.19	301.09

13-23 各市(州)大牲畜年末头数
Number of Large Livestock by Region at Year-end

单位：万头 (10 000 heads)

市(州)	Region	2010	2011	2012	2013	2014	2015	2016	2017	2018	2019	2020
全　省	**Sichuan**	**1054.06**	**1051.34**	**965.31**	**958.80**	**966.88**	**953.72**	**922.38**	**947.18**	**925.15**	**944.52**	**969.50**
成都市	Chengdu	12.66	11.59	10.87	11.23	11.65	11.68	7.98	7.87	7.33	7.18	7.53
自贡市	Zigong	5.78	5.60	5.43	5.95	6.40	5.80	3.85	4.75	4.66	4.83	5.74
攀枝花市	Panzhihua	9.92	10.47	10.00	9.64	9.60	9.67	9.41	10.23	9.22	9.48	9.53
泸州市	Luzhou	27.40	27.11	25.88	24.71	22.79	19.36	17.16	18.59	18.82	19.10	19.92
德阳市	Deyang	14.58	14.84	13.36	14.15	13.92	13.72	10.72	11.31	11.09	11.40	12.21
绵阳市	Mianyang	38.42	37.77	30.73	28.11	29.04	22.99	21.22	23.48	23.10	23.70	24.61
广元市	Guangyuan	22.98	23.07	20.67	20.36	20.04	20.06	20.07	20.44	20.51	21.97	25.13
遂宁市	Suining	9.42	8.89	8.47	8.41	7.92	7.07	6.30	6.43	6.47	6.90	7.18
内江市	Neijiang	6.77	6.18	5.53	5.02	5.10	3.65	2.94	3.20	3.26	3.44	4.70
乐山市	Leshan	10.01	9.63	8.84	8.79	7.98	6.55	5.63	6.05	6.19	6.01	6.61
南充市	Nanchong	31.84	32.09	29.80	28.29	29.18	26.12	25.10	25.42	25.71	26.49	30.46
眉山市	Meishan	11.15	10.70	9.23	8.06	7.50	5.63	4.50	4.77	4.80	4.89	5.45
宜宾市	Yibin	22.49	24.29	23.01	23.87	23.95	22.81	22.02	24.72	24.89	27.70	32.86
广安市	Guangan	12.10	12.12	9.52	8.23	8.01	5.61	4.75	4.92	4.85	5.05	7.03
达州市	Dazhou	65.78	66.98	62.01	61.68	62.26	58.25	53.73	55.73	56.34	58.29	59.66
雅安市	Yaan	14.52	14.63	13.67	14.07	14.05	13.98	13.03	13.66	13.55	13.73	13.15
巴中市	Bazhong	43.63	43.31	37.48	37.85	40.43	37.73	36.87	35.98	36.96	38.35	38.02
资阳市	Ziyang	5.36	5.03	4.71	4.19	3.81	3.45	3.16	3.34	3.45	3.54	3.73
阿坝藏族羌族自治州	Aba	216.35	221.80	216.19	226.73	234.42	236.15	244.24	248.22	226.36	239.03	242.14
甘孜藏族自治州	Ganzi	310.25	300.40	263.31	252.96	254.31	258.23	259.61	263.35	253.92	256.26	258.26
凉山彝族自治州	Liangshan	162.63	164.83	156.60	156.48	154.51	155.22	150.10	154.72	154.80	157.31	155.59

13-24 畜产品产量
Output of Livestock Products

年份 Year	肉类总产量 (万吨) Output of Meat (10 000 tons)	#猪肉 Pork	#牛肉 Beef	#羊肉 Mutton	#禽肉 Poultry	#兔肉 Rabbit	禽蛋产量 (万吨) Output of Poultry Eggs (10 000 tons)	奶类产量 (万吨) Output of Milk (10 000 tons)	蜂蜜产量 (吨) Output of Honey (ton)	绵羊毛产量 (吨) Output of Sheep Wool (ton)
1952	17.10	15.60								
1957	35.20	33.40								
1962	8.00	6.90								
1965	52.20	49.80								
1970	52.80	51.50								
1975	59.60	57.30								
1978	78.00	76.00						5.77		
1980	125.40	119.80	3.56	3.69				11.00		2602
1985	208.40	202.50	4.09	3.15				19.00	11584	2392
1990	301.00	292.30	6.86	3.74			35.00	22.00	14763	2729
1991	319.00	300.10	8.35	3.92			38.00	23.00	16044	2779
1992	333.00	321.90	9.50	4.30			43.00	23.00	15514	2866
1993	347.00	333.40	11.60	5.20			48.00	23.00	14702	3021
1994	373.00	355.60	14.87	6.33	64.55		54.00	23.00	15535	3008
1995	472.96	391.87	15.51	6.29	67.90		60.00	24.00	17922	3265
1996	501.64	408.71	17.07	8.09	63.35		67.00	24.00	18541	3269
1997	531.57	424.39	19.30	10.04	72.75		74.00	26.00	19403	3434
1998	568.11	447.10	21.33	12.74	81.35		80.00	27.00	21414	3760
1999	605.40	464.03	22.87	15.74	95.92		89.00	27.00	22829	3963
2000	641.25	478.59	25.27	19.19	109.68		99.70	28.92	22681	4108
2001	680.41	495.42	28.37	22.85	121.95	10.09	108.76	33.34	26567	4288
2002	735.84	522.19	33.01	27.88	139.02	11.98	121.11	39.32	29396	4800
2003	795.26	554.39	37.32	32.59	154.57	14.30	133.61	45.84	32944	5059
2004	870.62	601.37	41.55	38.53	170.44	16.77	145.21	53.00	32613	5375
2005	955.87	657.07	45.19	42.74	189.77	19.13	157.17	59.03	34704	5801
2006	622.67	481.42	28.34	21.36	68.07	21.39	140.69	62.71	38863	6047
2007	565.47	407.70	27.58	23.88	78.82	25.26	145.20	65.60	42753	6513
2008	587.53	434.46	27.69	24.06	80.76	18.92	142.96	68.93	43354	6548
2009	627.36	472.38	27.82	24.31	81.49	19.81	143.97	68.88	47370	6824
2010	651.53	492.25	27.94	24.80	84.11	20.74	144.81	71.25	46037	6892
2011	644.99	484.73	27.11	23.90	86.73	20.83	145.02	72.36	49890	6940
2012	663.16	496.40	27.24	24.00	93.00	20.81	146.40	72.12	52683	7098
2013	682.31	510.80	28.44	24.50	95.60	21.22	145.20	71.09	51107	5854
2014	704.10	527.20	30.15	25.30	97.40	22.30	145.30	71.30	53933	5939
2015	694.33	512.42	31.53	26.32	99.69	22.61	146.65	67.49	55862	6038
2016	680.36	492.32	32.44	26.78	103.10	23.98	149.68	62.77	55815	6046
2017	653.82	472.23	33.31	27.24	99.05	20.23	144.50	63.79	57668	5840
2018	664.74	481.20	34.47	26.31	100.59	20.43	148.80	64.27	54287	5475
2019	559.53	353.45	36.43	27.08	119.70	21.15	161.70	66.77	55253	5519
2020	597.94	394.79	37.02	27.27	115.92	21.22	167.93	68.09	62658	4644

13−25 各市(州)畜产品产量(2020年)
Output of Livestock Products by Region(2020)

市(州)	Region	肉类总产量(万吨) Output of Meat (10 000 tons)	#猪肉 Pork	#牛肉 Beef	#羊肉 Mutton	#禽肉 Poultry	#兔肉 Rabbit
全　省	**Sichuan**	**597.94**	**394.79**	**37.02**	**27.27**	**115.92**	**21.22**
成都市	Chengdu	44.14	28.10	0.48	1.24	12.25	1.85
自贡市	Zigong	22.18	11.36	0.37	1.36	4.79	4.11
攀枝花市	Panzhihua	5.65	3.68	0.45	0.75	0.74	0.02
泸州市	Luzhou	34.54	25.36	0.92	0.80	6.11	1.31
德阳市	Deyang	31.11	16.78	0.84	0.35	10.97	2.13
绵阳市	Mianyang	38.35	22.73	1.45	1.41	11.55	1.17
广元市	Guangyuan	31.20	23.62	1.14	0.97	4.66	0.79
遂宁市	Suining	28.79	23.15	0.41	0.53	3.91	0.74
内江市	Neijiang	22.35	15.59	0.26	0.78	4.77	0.95
乐山市	Leshan	25.45	16.91	0.43	0.53	6.66	0.93
南充市	Nanchong	54.46	36.69	1.54	3.08	10.20	2.52
眉山市	Meishan	20.44	13.38	0.31	0.60	5.51	0.49
宜宾市	Yibin	42.56	31.55	1.80	0.64	7.07	1.49
广安市	Guangan	28.76	22.50	0.32	0.34	4.81	0.73
达州市	Dazhou	44.16	25.98	4.16	1.89	11.62	0.43
雅安市	Yaan	10.94	7.88	0.69	0.34	1.61	0.42
巴中市	Bazhong	26.26	20.74	2.13	1.13	1.77	0.49
资阳市	Ziyang	23.12	16.80	0.22	1.87	3.70	0.45
阿坝藏族羌族自治州	Aba	10.74	2.28	7.45	0.78	0.13	0.07
甘孜藏族自治州	Ganzi	9.22	1.45	7.01	0.72	0.04	
凉山彝族自治州	Liangshan	43.96	28.51	4.77	7.18	3.12	0.13

13–25 续表 continued

市(州)	Region	奶 类 (万吨) Milk (10 000 tons)	出栏家禽 (万只) Slaughtered Poultry (10 000 heads)	出栏肉兔 (万只) Slaughtered Rabbit (10 000 heads)	禽 蛋 (吨) Poultry Eggs (ton)	蜂 蜜 (吨) Honey (ton)	蚕 茧 (吨) Silkworm Cocoons (ton)
全 省	**Sichuan**	**68.09**	**77444.49**	**16556.27**	**1679250**	**62658**	**99955**
成都市	Chengdu	8.02	7651.06	1249.16	184104	8358	876
自贡市	Zigong	1.61	3174.82	3621.65	64895	960	2525
攀枝花市	Panzhihua	0.02	455.64	11.82	10883	119	3511
泸州市	Luzhou	0.14	4100.46	1034.01	47478	3256	1118
德阳市	Deyang	1.05	7181.76	1662.70	127756	5208	2261
绵阳市	Mianyang	1.71	7429.99	844.58	159000	6957	9431
广元市	Guangyuan		3468.29	536.09	49699	1480	682
遂宁市	Suining	0.05	2352.16	620.84	95787	2222	504
内江市	Neijiang	0.80	3348.95	807.61	51796	911	2336
乐山市	Leshan	0.09	4468.75	729.59	145916	484	416
南充市	Nanchong	2.68	7405.84	1882.54	236015	1641	15013
眉山市	Meishan	13.87	3955.31	352.50	52753	13452	378
宜宾市	Yibin	0.33	4724.89	1112.88	48330	1527	26635
广安市	Guangan	0.28	3516.52	507.38	78923	611	1653
达州市	Dazhou	1.80	7721.71	333.20	114088	8908	378
雅安市	Yaan	3.59	730.91	380.54	25964	607	79
巴中市	Bazhong		1183.55	372.32	69813	933	268
资阳市	Ziyang	1.37	2511.06	359.61	85646	964	4304
阿坝藏族羌族自治州	Aba	14.04	69.47	48.23	1610	958	
甘孜藏族自治州	Ganzi	11.57	24.18	1.02	671	110	
凉山彝族自治州	Liangshan	5.06	2069.17	87.98	28678	2992	27587

13-26 各市(州)肉类总产量
Output of Meat by Region

单位：万吨 (10 000 tons)

市(州)	Region	2010	2011	2012	2013	2014	2015	2016	2017	2018	2019	2020
全 省	**Sichuan**	**651.53**	**644.99**	**663.16**	**682.31**	**704.10**	**694.33**	**680.36**	**653.82**	**664.74**	**559.53**	**597.94**
成都市	Chengdu	79.69	78.59	80.83	78.23	78.68	75.00	68.15	62.03	59.36	43.72	44.14
自贡市	Zigong	23.52	23.48	23.86	24.37	24.99	24.30	23.37	21.61	22.30	20.30	22.18
攀枝花市	Panzhihua	4.92	4.90	5.10	5.27	5.55	5.80	5.61	5.68	5.86	5.19	5.65
泸州市	Luzhou	31.46	30.95	31.89	34.79	36.62	36.55	37.06	36.40	37.21	32.70	34.54
德阳市	Deyang	34.71	34.48	35.69	37.18	36.95	36.45	35.59	34.14	34.56	29.12	31.11
绵阳市	Mianyang	38.36	37.96	39.04	41.40	41.55	40.68	38.95	37.79	38.97	35.63	38.35
广元市	Guangyuan	27.91	27.76	28.83	30.90	32.13	32.22	32.50	31.54	32.56	28.79	31.20
遂宁市	Suining	30.64	30.26	31.07	32.36	33.54	33.00	33.38	31.68	32.34	26.77	28.79
内江市	Neijiang	26.68	26.26	27.03	27.62	28.37	27.28	26.26	24.22	24.84	19.98	22.35
乐山市	Leshan	28.88	28.35	29.18	30.62	30.55	30.83	30.24	28.39	28.85	22.52	25.45
南充市	Nanchong	55.66	55.32	56.57	58.34	60.91	59.96	60.34	57.25	58.38	48.44	54.46
眉山市	Meishan	25.23	24.87	25.61	26.01	27.31	27.05	25.43	24.18	24.70	19.66	20.44
宜宾市	Yibin	39.02	38.48	39.51	42.11	45.25	44.37	44.17	44.95	46.05	41.29	42.56
广安市	Guangan	34.10	33.47	33.46	36.09	37.41	36.88	35.02	32.51	33.09	24.94	28.76
达州市	Dazhou	44.06	45.43	47.43	47.25	47.74	46.86	46.41	44.73	46.01	42.03	44.16
雅安市	Yaan	11.78	11.64	11.87	11.66	13.16	13.08	11.61	11.45	11.69	10.30	10.94
巴中市	Bazhong	30.53	29.71	30.36	30.12	30.85	30.52	30.24	30.13	30.89	24.38	26.26
资阳市	Ziyang	29.44	28.86	29.62	29.27	29.77	29.00	28.63	27.29	27.10	19.96	23.12
阿坝藏族羌族自治州	Aba	6.45	6.58	7.22	8.04	9.18	9.96	10.35	10.32	10.80	10.81	10.74
甘孜藏族自治州	Ganzi	6.05	6.13	6.26	6.64	7.40	7.99	8.98	9.00	9.21	9.11	9.22
凉山彝族自治州	Liangshan	42.43	41.54	42.73	44.02	46.18	46.53	48.18	48.53	49.37	43.94	43.96

13-27 林产品产量及造林面积

Output of Major Forest Products and Areas under Afforestation

年份 Year	林产品产量（吨） Output of Major Forest Products (ton)					造林面积（万公顷） Area under Afforestation (10 000 hectares)
	生 漆 Lacquer	油桐籽 Tung-oil Seeds	油茶籽 Tea-oil Seeds	核桃(干重) Walnut (dry weight)	竹笋干 Bamboo Shoots	
1952	85	94011	5643	2933	279	2.13
1957	128	80337	15276	8703	604	10.18
1962	43	36729	2793	3075	2046	12.72
1965	114	47777	2223	1750	604	11.57
1970	175	57101	1141	4162	976	15.41
1975	132	63946	3288	5474	1022	21.59
1978	160	114035	8439	9060	906	20.05
1980	313	61994	5282	9468	1119	20.29
1985	127	53921	2242	7222	1437	47.44
1990	507	49580	1878	15655	2946	26.50
1991	301	53539	1800	12736	3574	27.00
1992	300	61264	1960	13740	3236	27.40
1993	327	67628	1854	16284	3591	26.30
1994	565	70442	3049	21928	4563	25.10
1995	302	60726	4047	22928	5378	25.00
1996	377	54743	2922	24819	6146	25.60
1997	472	41498	3903	22059	5593	28.15
1998	549	40544	6479	28711	6100	38.51
1999	1274	39626	4273	23842	7886	40.46
2000	826	46534	4372	32095	8914	48.91
2001	611	37149	4278	32744	9925	51.66
2002	1091	53152	10228	70534	23722	69.46
2003	1319	50299	11854	77004	28250	72.32
2004	1091	39276	4037	56731	40696	37.01
2005	725	30314	2464	59272	62190	24.19
2006	1335	36748	3578	61112	48895	10.49
2007	909	31352	10272	76721	40434	33.23
2008	841	28277	3358	91170	62826	57.46
2009	819	24236	3426	123683	51349	48.78
2010	675	22041	4360	126109	78952	38.22
2011	663	23923	4649	176710	128841	25.19
2012	546	17281	4180	211944	42292	11.22
2013	583	15276	5361	245876	87855	12.62
2014	477	16363	13718	293750	109554	9.82
2015	489	17934	20708	458435	138195	31.82
2016	431	14490	17254	451486	135266	56.85
2017	458	6972	20852	537474	122376	65.84
2018	293	5238	23119	573685	72900	43.68
2019			19792	563233	104802	40.04
2020			25059	605797	107357	34.39

注：本表数据由四川省林业和草原局提供。

a) Data in this table are provided by the bureau of Forestry and Grassland of Sichuan Province.

13-28 受灾面积和绝收面积

Areas Covered by Natural Disaster and Total Crop Failure

单位:万公顷 (10 000 hectares)

年份 Year	受灾面积 Area Covered by Natural Disaster	绝收面积 Area of Total Crop Failure	水灾 Flood		旱灾 Drought	
			受灾面积 Area Covered	绝收面积 Total Crop Failure	受灾面积 Area Covered	绝收面积 Total Crop Failure
1952	53.8	30.1	7.6	4.2	46.2	25.9
1957	28.8	16.3	2.6	1.5	25.0	14.2
1962	193.6	109.9	22.0	10.2	157.1	94.2
1965	80.6	45.5	11.1	6.3	55.9	37.9
1975	110.0	62.1	13.8	7.5	92.7	51.4
1978	302.7	273.5	7.0	4.0	273.4	185.8
1980	201.5	112.9	51.8	26.9	83.0	42.3
1985	299.3	168.2	30.5	18.4	137.5	83.3
1990	322.8	169.4	63.7	33.0	181.5	93.2
1991	320.2	166.5	90.1	50.3	124.8	65.7
1992	343.2	185.5	73.3	39.9	131.8	84.4
1993	412.6	247.2	82.0	42.7	224.3	142.9
1994	437.4	302.6	19.2	11.8	336.7	243.5
1995	288.1	185.7	89.3	51.7	163.0	92.8
1996	393.2	221.9	56.3	31.8	174.3	103.5
1997	311.5	174.9	47.2	22.3	194.9	117.5
1998	316.3	172.7	141.6	81.9	141.6	71.2
1999	297.3	163.3	81.6	45.3	117.2	63.7
2000	432.0	251.3	82.3	42.2	309.3	186.0
2001	444.9	299.9	93.5	59.0	325.4	224.5
2002	241.9	135.3	92.8	59.8	90.3	44.7
2003	259.2	203.2	94.2	78.6	124.1	95.8
2004	149.0	22.9	70.1	70.0	30.4	4.0
2005	294.3	119.8	87.6	46.4	31.7	15.7
2006	156.6	21.6	79.2	10.1	40.2	2.6
2007	260.1	22.0	89.8	11.0	138.1	8.2
2008	141.2	6.7	20.6	1.6	10.7	0.3
2009	245.9	46.9	110.5	20.3	128.8	26.4
2010	232.4	85.1	150.8	42.3	62.8	38.4
2011	206.3	112.1	72.4	37.8	98.7	56.3
2012	201.2	119.3	113.4	58.9	97.5	63.2
2013	244.2	125.8	88.2	51.2	135.4	63.1
2014	92.8	48.4	29.2	17.1	58.3	28.2
2015	40.9	22.2	25.6	12.7	9.6	5.4
2016	41.0	25.2	17.8	10.9	8.7	5.9
2017	18.6	11.9	13.7	8.7	3.2	2.2
2018	49.3	6.5	35.7	5.6	9.9	0.8
2019	32.4	3.3	23.8	3.1	7.9	0.1
2020	63.3	7.6	36.0	5.7	24.9	1.6

注：本表由四川省民政厅提供。2004年及以前绝收面积为成灾面积。

a) Data in this table are provided by Civil Affairs Department of Sichuan Province. Data of total crop failure were area affected in 2004 and before.

主要统计指标解释

农林牧渔业总产值 指以货币表现的农、林、牧、渔业全部产品和对农林牧渔业生产活动进行的各种支持性服务活动的价值总量，它反映一定时期内农林牧渔业生产总规模和总成果。农林牧渔业总产值的计算方法通常是按农、林、牧、渔业产品及其副产品的产量分别乘以各自单位产品价格求得；少数生产周期较长，当年没有产品或产品产量不易统计的，则采用间接方法匡算其产值；然后将四业产品产值及农林牧渔服务业产值相加即为农林牧渔业总产值。

粮食产量 指农业生产经营者日历年度内生产的全部粮食数量。按收获季节包括夏收粮食、早稻和秋收粮食，按作物品种包括谷物、薯类和豆类。其产量计算方法：谷物按脱粒后的原粮计算，豆类按去豆荚后的干豆计算；薯类(包括甘薯和马铃薯，不包括芋头和木薯)1963 年以前按每 4 公斤鲜薯折 1 公斤粮食计算，从 1964 年开始改为按每 5 公斤鲜薯折 1 公斤粮食计算；城市郊区作为蔬菜的薯类(如马铃薯等)按鲜品计算，并且不作粮食统计。

棉花产量 指全社会的产量。包括春播棉和夏播棉。产量按皮棉计算。不包括木棉。

油料产量 指全部油料作物的生产量。包括花生、油菜籽、芝麻、向日葵籽、胡麻籽(亚麻籽)和其他油料。不包括大豆、木本油料和野生油料。花生以带壳干花生计算。

水产品产量 指渔业（捕捞和养殖）生产活动的最终有效成果，包括全部海水和淡水鱼类、甲壳类（虾、蟹）、贝类、头足类、藻类和其他类渔业产品的最终产量。

猪、牛、羊肉产量 指当年出栏并已屠宰、除去头蹄下水后带骨肉(即胴体重)的重量。包括全社会范围内的产量。

期初(末)畜禽存栏头(只)数 指报告期初(末)农村各种合作经济组织和国营农场、农民个人、机关、团体、学校、工矿企业、部队等单位以及城镇居民饲养的大牲畜、猪、羊、家禽等畜禽的数量。

耕地 指种植农作物的土地，包括熟地，新开发、复垦、整理地，休闲地（含轮歇地、轮作地）；以种植农作物（含蔬菜）为主，间有零星果树、桑树或其他树木的土地；平均每年能保证收获一季的已垦滩地和海涂。耕地中包括南方宽度＜1.0 米，北方宽度＜2.0 米固定的沟、渠、路和地坎(埂)；临时种植药材、草皮、花卉、苗木等的耕地，以及其他临时改变用途的耕地。

农作物播种面积 指农业生产经营者应在日历年度内收获农作物在全部土地（耕地或非耕地）上的播种或移植面积。凡是本年内收获的农作物，无论是本年还是上年播种，都算为播种面积，但不包括本年播种，下年收获的农作物面积。

耕地灌溉面积 指具有一定的水源，地块比较平整，灌溉工程或设备已经配套，在一般年景下能够进行正常灌溉的耕地面积。

农用化肥施用量 指本年内实际用于农业生产的化肥数量，包括氮肥、磷肥、钾肥和复合肥。化肥施用量要求按折纯量计算数量。折纯量是指把氮肥、磷肥、钾肥分别按含氮、含五氧化二磷、含氧化钾的百分之百成份进行折算后的数量。复合肥按其所含主要成分折算。

农业机械总动力 指全部农业机械动力的额定功率之和。农业机械是指用于种植业、畜牧业、渔业、农产品初加工、农用运输和农田基本建设等活动的机械及设备。农机总动力按使用能源不同分为以下四部分：

柴油发动机动力：指全部柴油发动机额定功率之和；

汽油发动机动力：指全部汽油发动机额定功率之和；

电动机动力：指全部电动机（含潜水电泵的电动机）额定功率之和；

其他机械动力：指采用柴油、汽油、电力之外的其他能源，如水力、风力、煤炭、太阳能等动力机械功率之和。

Explanatory Notes on Main Statistical Indicators

Gross Output Value of Farming, Forestry, Animal Husbandry and Fishery refers to the total value of products of agriculture, forestry, animal husbandry and fishery, and total value of services in support of agriculture, forestry, animal husbandry and fishery activities. It reflects the total scale and total result of agricultural production during a given period. Gross output value of agriculture is obtained by first multiplying the output of each product or by product by its price, resulting in the output value of each single item. For a small number of products, annual output of which is not available or difficult to get due to the long production or growing process involved, the output value is estimated through an indirect approach. The sum of output values of all products of agriculture, forestry, animal husbandry and fishery and services in support to those industries is then equal to the gross output value of agriculture.

Grain Output refers to the total output of grains produced by agricultural producers within a calendar year. It includes summer grain, early rice and autumn grain if classified by harvest seasons; it covers cereal, tubers and beans if classified by type of crops. Output of cereal should be limited to husked grain only. Output of beans refers to dry beans without pods. The output of tubers (sweet potatoes and potatoes, not including taros and cassava) are converted into that of grain at the ratio 4:1, i.e. 4 kilograms of fresh tubers were equivalent to 1 kilogram of grain up to 1963. Since 1964 the ratio for conversion has been 5:1. Tubers supplied as vegetables (such as potatoes) in cities and suburbs are calculated as fresh vegetables and their output is not included in the output of grain.

Cotton Output refers to the cotton production in the whole country including cotton sown in spring and in autumn. Output is measured as the weight of ginned cotton, excluding ceiba.

Yield of Oil-bearing Crops refers to the total yield of oil bearing crops of various kinds, including peanuts, (dry, in shell) rape seeds, sesame, sunflower seeds, flax seeds, and other oil bearing crops. Soybeans, oil-bearing woody plants, and wild oil-bearing crops are not included.

Output of Aquatic Products refers to final output actually yielded from fishing production (fishery and breeding), including all output of marine and freshwater fish, crustaceans (shrimps, crabs), shellfish, cephalopod, seaweed and other fishery products.

Output of Pork, Beef, and Mutton refers to the meat of slaughtered hogs, cattle, sheep and goats with head, feet, and offal taken away. Data refers to the production of the whole country.

Number of Livestock or Poultry in Stock at Beginning (or End) of Period refers to the total number of large animals, pigs, sheep, fowls, etc. raised by rural cooperative organizations, state farms, rural individuals, government agencies, schools, industrial and mining enterprises, army, and urban residents at the beginning (or end) of the reference period.

Arable Land refers to the area of land mainly for the regular cultivation of farm crops (including vegetables), with some fruit trees, mulberry trees and others, covers cultivated land, newly-developed land, reclaimed land, consolidated land, fallow, beach land that can guarantee one harvest per year on average. It also covers fixed ditch, canal, road and sill (ridge) with width less than 1 meter in the South and 2 meters in the North, lands planted temporarily with herbs, grass, flowers and nursery stocks, and other cultivated land with temporary change of use.

Sown Area of Crops refers to area of all land (cultivated or non-cultivated area) sown or transplanted with crops that are harvested within the calendar year by agricultural producers. All crops harvested within the year are counted as sown area, regardless of being sown in this year or the previous year. Crops sown this year but will be harvested in the coming year are excluded.

Irrigated Area of Cultivated Land refers to area of land that are effectively irrigated, i.e. relatively level land, where there are water sources or complete sets of irrigation facilities to lift and move adequate water for irrigation purpose under normal conditions.

Consumption of Chemical Fertilizers in Agriculture refers to the quantity of chemical fertilizers applied in agriculture in the year, including nitrogenous fertilizer, phosphate fertilizer, potash fertilizer, and compound fertilizer. The consumption of chemical fertilizers is required in calculation to convert the gross weight into weight containing 100% effective component (e.g. 100% nitrogen content in nitrogenous fertilizer, 100% phosphorous pent oxide contents in phosphate fertilizer, 100% potassium oxide contents in potash fertilizer). Compound fertilizer is converted with its major component.

Total Power of Farm Machinery refers to the total rated capacity of all agricultural machinery. Agricultural machinery refers to the machineries and equipment which are used for activities of planting, animal husbandry, fishery, primary processing of agricultural products, agricultural transport and infrastructure construction of farmland. Total power of agricultural machinery is grouped into four parts according to the energy used:

Diesel engine power refers to the total rated capacity of all diesel engines.

Gasoline engine power refers to the total rated capacity of all gasoline engines.

Motor power refers to the total rated capacity of all motors (include submersible pump motors).

Other mechanical powers refer to the total mechanical capacity of the sources of energy besides diesel, gasoline and motor power, such as hydro power, wind power, coal and solar energy.

14 / 工 业

Chapter14 Industry

SICHUAN STATISTICAL YEARBOOK

14-1 规模以上工业企业情况(2020年)

Information of Industrial Enterprises above Designated Size(2020)

分 类	Item	企业单位数(个) Number of Enterprises (unit)	资产总计(亿元) Total Assets (100 million yuan)	营业收入(亿元) Business Revenue (100 million yuan)	利润总额(亿元) Total Profits (100 million yuan)	平均用工人数(万人) Annual Average Employees (10 000 persons)
总 计	**Total**	**15280**	**53091.09**	**46565.30**	**3386.38**	**302.16**
按轻重工业分	**Grouped by Light &Heavy Industries**					
轻工业	Light Industry	5700	11281.41	14118.84	1343.23	102.76
重工业	Heavy Industry	9580	41809.69	32446.46	2043.15	199.40
按企业规模分	**Grouped by Size of Enterprises**					
大型企业	Large-sized Enterprises	259	23071.45	15692.48	1193.17	97.71
中型企业	Medium-sized Enterprises	1525	10542.93	11377.14	927.83	79.09
小型企业	Small-sized Enterprises	13496	19476.72	19495.68	1265.39	125.37
按登记注册类型分	**Grouped by Status of Registration**					
内资企业	Domestic Funded Enterprises	14723	47052.90	40603.79	3066.24	268.73
国有企业	State-owned Enterprises	110	1252.05	477.20	40.73	3.99
集体企业	Collective-owned Enterprises	37	26.18	51.46	-1.11	0.53
股份合作企业	Cooperative Share-holding Enterprises	37	60.42	61.99	2.62	0.61
联营企业	Joint-owned Enterprises	6	4.35	3.51	0.50	0.03
有限责任公司	Limited Liability Corporations	3201	27324.56	16632.82	1275.56	101.42
国有独资企业	Exclusively State-owned Enterprises	336	7346.20	4579.28	200.39	25.97
其他有限责任公司	Others	2865	19978.37	12053.54	1075.17	75.45
股份有限公司	Share-holding Corporations Limited	349	5779.43	2842.38	423.43	21.69
私营企业	Private Enterprises	10981	12594.68	20526.87	1323.84	140.39
私营独资企业	Exclusively Private Enterprises	630	307.50	860.89	55.78	5.92
私营合伙企业	Private Partnership Enterprises	110	64.72	176.01	9.56	1.19
私营有限责任公司	Private Limited Liability Corporations	9957	10628.08	18495.11	1136.90	125.28
私营股份有限公司	Private Share-holding Corporations Ltd.	284	1594.38	994.86	121.60	8.01
其他企业	Others	2	11.24	7.56	0.66	0.06
港、澳、台商投资企业	Enterprises with Funds from Hong Kong, Macao and Taiwan	191	3208.34	2873.07	104.58	15.63
合资经营企业(港或澳、台资)	Joint-venture Enterprises	80	2177.60	1993.26	62.88	11.27
合作经营企业(港或澳、台资)	Cooperative Enterprises	2	6.83	16.47	0.46	0.04
港、澳、台商独资企业	Enterprises with Sole Investment	104	977.77	844.03	38.57	4.12
港、澳、台商股份有限公司	Share-holding Corporations Ltd.	3	28.97	10.86	2.31	0.10
外商投资企业	Foreign-funded Enterprises	366	2829.85	3088.44	215.56	17.80
中外合资经营企业	Joint-venture Enterprises	165	965.79	1083.18	92.21	4.76
中外合作经营企业	Cooperative Enterprises	9	32.26	21.27	3.54	0.10
外资企业	Enterprises with Sole Funds	178	1756.68	1924.19	114.24	12.12
外商投资股份有限公司	Share-holding Corporations Ltd.	6	23.97	27.43	1.75	0.41

14–2 规模以上工业企业主要指标
Main Indicators of Industrial Enterprises above Designated Size

单位：亿元 (100 million yuan)

年份 Year	企业单位数(个) Number of Enterprises (unit)	资产总计 Total Assets	流动资产合计 Total Current Assets	固定资产原价 Original Value of Fixed Assets	负债合计 Total Liabilities	流动负债合计 Total Current Liabilities	所有者权益合计 Owners' Equities
1998	4980	3901.41	1697.45	2333.82	2533.99	1674.19	1367.42
1999	4538	4468.41	1753.12	2915.58	2845.91	1701.77	1622.50
2000	4394	4586.11	1845.51	2917.04	2955.77	1773.71	1630.26
2001	4572	4862.54	1980.49	3115.87	3054.15	1919.52	1808.39
2002	4908	5245.63	2130.16	3204.04	3239.96	2054.99	2005.67
2003	5448	6024.49	2476.34	3658.81	3696.53	2418.37	2326.96
2004	7413	6817.78	2874.36	4346.45	4306.81	2970.85	2510.36
2005	7959	7908.62	3309.89	4845.07	4934.81	3354.28	2966.06
2006	8995	9182.08	3890.88	5289.43	5588.76	3766.54	3589.27
2007	10709	11690.21	4971.06	6769.68	6956.94	4792.47	4733.27
2008	13725	15589.47	6458.42	8042.60	9241.79	6228.80	6347.68
2009	13267	17986.99	7447.84	10073.14	10832.20	7126.69	7077.73
2010	13706	22564.76	9321.70	13695.10	13889.83	9502.58	8571.93
2011	12085	26113.61	11248.78	15442.86	15991.15	11119.10	10049.11
2012	12719	30362.89	13344.68	17035.75	18721.46	12768.70	11471.16
2013	12998	36239.56	14841.33	20574.50	22204.87	13935.65	13491.64
2014	13267	38359.92	15900.10	23620.98	23413.64	15559.93	14703.51
2015	13525	40401.38	16015.98	24412.86	24238.90	15127.72	16075.60
2016	13819	41514.58	17075.54	28317.19	24234.79	15879.88	17167.51
2017	13904	43253.61	18472.38	27148.14	25120.16	16893.84	18033.84
2018	13915	46015.75	19818.22	28047.89	26150.93	18315.72	19864.82
2019	14599	49024.52	21243.58	30205.16	27487.81	18530.34	21422.76
2020	15280	53091.09	23297.90	33055.92	29718.74	21045.67	23266.90

14-2 续表 continued

单位：亿元 (100 million yuan)

年份 Year	营业收入 Business Revenue	营业成本 Business Cost	销售费用 Selling Expenses	管理费用 Administrative Expenses	财务费用 Financial Expenses	利润总额 Total Profits	平均用工人数（万人） Annual Average Employees (10 000 persons)
1998						39.70	252.79
1999						26.42	230.03
2000			108.44	176.02	83.66	71.32	208.00
2001			122.97	186.07	85.31	84.77	195.97
2002			142.26	201.11	87.73	122.60	191.62
2003			171.10	248.74	89.92	153.08	201.62
2004	4633.36	3766.65	193.15	331.01	94.23	188.51	209.77
2005	6008.12	4900.53	232.70	339.09	99.44	326.65	219.00
2006	7711.35	6296.60	273.72	403.63	125.36	448.07	233.53
2007	10611.52	8572.00	351.30	539.95	162.84	700.05	257.46
2008	14286.43	11748.93	454.09	720.06	237.69	844.56	297.54
2009	17486.41	14400.22	535.53	845.01	216.60	1123.48	311.38
2010	23062.82	19003.96	699.15	1215.96	292.99	1661.85	351.67
2011	29887.91	24721.71	823.18	1334.58	403.76	2197.84	380.48
2012	31427.16	25755.76	906.74	1385.65	506.12	2333.76	391.44
2013	35686.14	29660.84	1006.62	1498.64	569.61	2328.99	385.05
2014	38063.87	31963.29	1102.91	1494.21	696.40	2237.00	374.10
2015	38645.91	32514.83	1157.77	1592.69	690.41	2171.26	354.47
2016	41529.25	34935.31	1296.99	1674.17	616.15	2339.82	335.48
2017	41631.26	34660.03	1313.40	1718.32	565.54	2824.26	318.97
2018	41833.78	34465.16	1368.80	1736.90	558.25	3055.93	299.18
2019	44125.23	36335.94	1496.08	1551.78	540.01	3036.89	298.86
2020	46565.30	38367.50	1460.51	1540.55	516.41	3386.38	302.16

注：2017年及以前营业收入、营业成本分别为主营业务收入、主营业务成本；2018年及以前平均用工人数为全部从业人员年平均人数(以下有关各表同)。

a) Business revenue and business cost before 2017 are revenue of principal business and cost of principal business respectively. Annual average employees before 2018 is annual average employed persons. (the same as the related)

14-3 按行业分规模以上工业企业主要指标(2020年)

单位：亿元

行 业	Sector	企业单位数(个) Number of Enterprises (unit)
总 计	**Total**	**15280**
煤炭开采和洗选业	Mining and Washing of Coal	243
石油和天然气开采业	Extraction of Petroleum and Natural Gas	14
黑色金属矿采选业	Mining and Processing of Ferrous Metal Ores	102
有色金属矿采选业	Mining and Processing of Non-Ferrous Metal Ores	73
非金属矿采选业	Mining and Processing of Non-metal Ores	350
开采专业及辅助性活动	Support Activities for Mining	6
其他采矿业	Mining of Other Ores	
农副食品加工业	Processing of Food from Agricultural Products	1244
食品制造业	Manufacture of Foods	504
酒、饮料和精制茶制造业	Manufacture of Liquor, Beverages and Refined Tea	659
烟草制品业	Manufacture of Tobacco	
纺织业	Manufacture of Textile	311
纺织服装、服饰业	Manufacture of Textile, Wearing Apparel and Accessories	156
皮革、毛皮、羽毛及其制品和制鞋业	Manufacture of Leather, Fur, Feather and Related Products and Footwear	136
木材加工和木、竹、藤、棕、草制品业	Processing of Timber, Manufacture of Wood, Bamboo, Rattan, Palm and Straw Products	255
家具制造业	Manufacture of Furniture	297
造纸和纸制品业	Manufacture of Paper and Paper Products	294
印刷和记录媒介复制业	Printing and Reproduction of Recording Media	285
文教、工美、体育和娱乐用品制造业	Manufacture of Articles for Culture, Education, Arts and Crafts, Sport and Entertainment Activities	77
石油、煤炭及其他燃料加工业	Processing of Petroleum, Coking and Processing of Nuclear Fuel	66
化学原料和化学制品制造业	Manufacture of Raw Chemical Materials and Chemical Products	876
医药制造业	Manufacture of Medicines	509
化学纤维制造业	Manufacture of Chemical Fibers	29
橡胶和塑料制品业	Manufacture of Rubber and Plastics Products	594
非金属矿物制品业	Manufacture of Non-metallic Mineral Products	2282
黑色金属冶炼和压延加工业	Smelting and Pressing of Ferrous Metals	175
有色金属冶炼和压延加工业	Smelting and Pressing of Non-ferrous Metals	235
金属制品业	Manufacture of Metal Products	812
通用设备制造业	Manufacture of General Purpose Machinery	806
专用设备制造业	Manufacture of Special Purpose Machinery	601
汽车制造业	Manufacture of Automobiles	588
铁路、船舶、航空航天和其他运输设备制造业	Manufacture of Railway, Ship, Aerospace and Other Transport Equipment	202
电气机械和器材制造业	Manufacture of Electrical Machinery and Apparatus	655
计算机、通信和其他电子设备制造业	Manufacture of Computers, Communication and Other Electronic Equipment	716
仪器仪表制造业	Manufacture of Measuring Instruments and Machinery	118
其他制造业	Other Manufactures	29
废弃资源综合利用业	Utilization of Waste Resources	80
金属制品、机械和设备修理业	Repair Service of Metal Products, Machinery and Equipment	14
电力、热力生产和供应业	Production and Supply of Electric Power and Heat Power	431
燃气生产和供应业	Production and Supply of Gas	268
水的生产和供应业	Production and Supply of Water	186

注：根据《中华人民共和国统计法》规定，可推断单户企业的相关统计数据不予公布(以下有关各表同）。

Main Indicators of Industrial Enterprises above Designated Size by Industrial Sector(2020)

(100 million yuan)

资产总计 Total Assets	流动资产合计 Total Current Assets	固定资产原价 Original Value of Fixed Assets	负债合计 Total Liabilities	流动负债合计 Total Current Liabilities	所有者权益 Owners' Equities
53091.09	**23297.90**	**33055.92**	**29718.74**	**21045.67**	**23266.90**
541.47	210.82	411.96	445.34	320.15	95.37
2027.86	301.07	2914.95	679.24	295.50	1348.61
402.53	166.80	189.30	228.30	188.40	174.05
339.01	142.42	117.44	176.51	102.51	161.54
692.73	277.98	183.20	335.25	224.87	353.95
401.24	172.58	222.49	142.26	134.40	258.98
1485.95	815.06	639.62	666.33	513.18	812.43
711.12	377.28	368.68	287.18	238.98	423.45
3685.87	2124.29	1264.81	1329.94	1096.09	2347.93
399.78	172.35	224.66	195.02	138.59	200.65
122.82	63.36	80.08	47.56	36.21	74.23
122.41	59.36	52.17	56.07	49.80	65.39
198.29	106.69	123.92	108.78	93.30	87.11
273.32	119.72	172.29	152.68	133.57	119.11
396.19	167.03	276.96	226.91	183.40	167.67
253.09	143.30	162.64	100.57	89.81	151.97
68.72	46.43	29.01	38.35	35.78	28.51
671.99	270.74	515.46	353.21	293.80	318.74
2633.90	1207.58	1459.64	1277.32	953.11	1343.48
1714.65	982.90	543.08	676.10	529.42	1035.66
308.34	156.43	154.28	246.37	198.49	61.98
520.91	289.13	291.45	225.42	190.71	293.85
3284.42	1725.55	1935.81	1599.82	1318.08	1673.11
2125.47	895.32	1785.18	1410.21	1173.97	714.14
582.30	314.58	290.86	334.71	278.17	249.20
1123.94	641.23	538.88	694.57	586.99	426.46
1648.68	1134.80	541.87	996.93	881.99	650.20
1455.95	917.83	492.35	760.69	641.87	693.46
1993.07	1066.79	867.90	1261.23	1049.14	717.29
1242.66	842.72	432.51	740.26	637.08	502.39
1647.54	1064.74	626.77	960.20	811.29	689.50
7386.10	4157.32	3272.22	4983.86	4136.72	2394.81
247.33	181.80	67.79	132.40	123.43	114.93
195.38	71.05	169.02	154.61	44.82	40.77
88.59	48.91	35.40	50.29	40.15	38.06
154.83	89.23	41.65	63.90	46.26	90.94
9426.56	825.28	10588.30	6194.70	2469.41	3229.44
724.92	244.11	356.59	386.31	233.66	338.03
1513.39	476.25	523.05	895.63	429.33	605.45

a) According to the provisions of the statistics law, the relevant statistical data which can infer a single enterprise will not be published (the same as the related).

14-3 续表

单位：亿元

行　业	Sector	营业收入 Business Revenue
总　计	**Total**	**46565.30**
煤炭开采和洗选业	Mining and Washing of Coal	428.11
石油和天然气开采业	Extraction of Petroleum and Natural Gas	772.56
黑色金属矿采选业	Mining and Processing of Ferrous Metal Ores	309.87
有色金属矿采选业	Mining and Processing of Non-Ferrous Metal Ores	150.93
非金属矿采选业	Mining and Processing of Non-metal Ores	373.09
开采专业及辅助性活动	Support Activities for Mining	335.20
其他采矿业	Mining of Other Ores	
农副食品加工业	Processing of Food from Agricultural Products	2572.86
食品制造业	Manufacture of Foods	1165.96
酒、饮料和精制茶制造业	Manufacture of Liquor, Beverages and Refined Tea	3649.74
烟草制品业	Manufacture of Tobacco	
纺织业	Manufacture of Textile	627.39
纺织服装、服饰业	Manufacture of Textile, Wearing Apparel and Accessories	261.99
皮革、毛皮、羽毛及其制品和制鞋业	Manufacture of Leather, Fur, Feather and Related Products and Footwear	196.60
木材加工和木、竹、藤、棕、草制品业	Processing of Timber, Manufacture of Wood, Bamboo, Rattan, Palm and Straw Products	303.67
家具制造业	Manufacture of Furniture	422.66
造纸和纸制品业	Manufacture of Paper and Paper Products	556.23
印刷和记录媒介复制业	Printing and Reproduction of Recording Media	379.20
文教、工美、体育和娱乐用品制造业	Manufacture of Articles for Culture, Education, Arts and Crafts, Sport and Entertainment Activities	130.90
石油、煤炭及其他燃料加工业	Processing of Petroleum, Coking and Processing of Nuclear Fuel	826.31
化学原料和化学制品制造业	Manufacture of Raw Chemical Materials and Chemical Products	2467.85
医药制造业	Manufacture of Medicines	1367.88
化学纤维制造业	Manufacture of Chemical Fibers	375.26
橡胶和塑料制品业	Manufacture of Rubber and Plastics Products	971.19
非金属矿物制品业	Manufacture of Non-metallic Mineral Products	4122.01
黑色金属冶炼和压延加工业	Smelting and Pressing of Ferrous Metals	2487.14
有色金属冶炼和压延加工业	Smelting and Pressing of Non-ferrous Metals	1023.71
金属制品业	Manufacture of Metal Products	1721.47
通用设备制造业	Manufacture of General Purpose Machinery	1494.60
专用设备制造业	Manufacture of Special Purpose Machinery	1177.66
汽车制造业	Manufacture of Automobiles	2375.68
铁路、船舶、航空航天和其他运输设备制造业	Manufacture of Railway, Ship, Aerospace and Other Transport Equipment	993.49
电气机械和器材制造业	Manufacture of Electrical Machinery and Apparatus	1635.71
计算机、通信和其他电子设备制造业	Manufacture of Computers, Communication and Other Electronic Equipment	6815.44
仪器仪表制造业	Manufacture of Measuring Instruments and Machinery	254.30
其他制造业	Other Manufactures	72.15
废弃资源综合利用业	Utilization of Waste Resources	165.01
金属制品、机械和设备修理业	Repair Service of Metal Products, Machinery and Equipment	75.99
电力、热力生产和供应业	Production and Supply of Electric Power and Heat Power	2348.24
燃气生产和供应业	Production and Supply of Gas	556.88
水的生产和供应业	Production and Supply of Water	253.24

continued

(100 million yuan)

营业成本 Business Cost	销售费用 Selling Expenses	管理费用 Administrative Expenses	财务费用 Financial Expenses	利润总额 Total Profits	平均用工人数 (万人) Annual Average Employees (10 000 persons)
38367.50	**1460.51**	**1540.55**	**516.41**	**3386.38**	**302.16**
365.01	10.30	26.92	8.47	-4.45	9.07
522.01	4.48	47.96	10.26	169.43	3.38
238.35	10.62	12.31	4.84	36.49	1.69
110.79	2.03	9.69	1.89	23.20	1.21
285.49	15.60	20.07	6.55	36.06	2.82
314.83	0.08	5.48	-0.32	3.71	2.86
2238.12	76.04	67.29	16.09	173.66	13.77
914.04	78.92	49.37	6.36	103.91	9.89
2394.42	262.16	133.95	2.90	600.25	18.78
561.03	10.41	14.73	5.97	30.87	5.81
219.50	10.55	11.67	1.52	16.31	2.86
169.43	4.26	7.50	1.71	8.71	3.45
262.70	8.01	10.05	2.31	15.77	2.72
345.28	22.62	22.16	2.99	20.98	7.00
480.37	19.02	15.79	6.40	24.37	4.66
314.59	10.67	19.36	2.34	30.40	3.99
110.32	7.27	4.08	0.73	7.04	1.01
684.74	6.11	17.09	2.73	30.17	1.67
2031.23	79.65	98.62	26.52	196.75	15.27
837.60	233.41	66.40	9.47	168.11	11.81
344.04	6.02	6.03	8.43	7.36	1.56
823.20	35.86	33.37	6.79	57.57	7.44
3380.12	134.89	146.47	40.18	357.34	26.08
2258.82	29.59	42.22	20.96	89.88	8.40
929.58	9.22	17.59	7.39	41.68	4.19
1487.62	41.29	60.42	17.00	80.32	11.64
1226.13	45.57	69.77	8.26	95.96	11.46
958.07	42.39	54.96	11.38	76.78	9.78
2035.76	39.48	76.04	15.46	120.66	13.34
849.65	11.85	41.79	3.84	54.28	6.66
1392.77	47.59	57.82	10.21	81.94	11.58
6283.33	94.27	118.80	23.41	210.22	41.42
190.64	9.37	12.28	2.19	29.57	1.92
66.55	0.62	5.86	0.70	4.31	0.78
142.26	1.96	4.52	1.64	12.85	0.90
65.22	0.03	3.86	0.14	5.30	0.42
1820.46	4.21	52.49	207.29	242.60	14.64
435.49	21.95	29.58	3.94	62.29	2.79
176.82	6.23	20.34	9.73	39.58	2.97

14-4 各市(州)规模以上工业企业资产总计
Total Assets of Industrial Enterprises above Designated Size by Region

单位：亿元　　(100 million yuan)

市(州)	Region	2010	2011	2012	2013	2014	2015	2016	2017	2018	2019	2020
全　省	**Sichuan**	**22564.76**	**26113.61**	**30362.89**	**36239.56**	**38359.92**	**40401.38**	**41514.58**	**43253.61**	**46015.75**	**49024.52**	**53091.09**
成都市	Chengdu	5531.83	6597.29	10255.39	12606.49	10627.48	10952.40	11382.46	12110.16	13667.82	18289.55	19749.56
自贡市	Zigong	675.84	786.14	910.50	1067.68	1099.62	1040.01	1051.47	975.54	925.92	979.10	1033.96
攀枝花市	Panzhihua	1773.22	2206.33	2594.04	2099.09	2129.96	2273.42	2200.59	2331.22	2254.88	2621.66	2752.13
泸州市	Luzhou	589.12	706.87	917.75	1117.77	1056.03	1059.23	1130.09	1222.20	1371.83	1705.95	2035.81
德阳市	Deyang	2222.87	2103.38	2220.11	2356.22	2424.44	2330.88	2534.85	2527.93	2743.65	2671.15	2855.69
绵阳市	Mianyang	1335.78	1659.14	1863.31	2163.59	2313.05	2364.58	2540.05	2738.11	2981.22	3557.30	3906.80
广元市	Guangyuan	263.17	301.21	366.28	496.47	604.53	692.97	696.75	752.25	834.79	873.59	942.79
遂宁市	Suining	300.06	460.07	509.24	585.87	697.87	724.94	821.21	936.07	983.49	874.01	1101.34
内江市	Neijiang	570.38	660.35	830.92	974.72	933.72	911.94	889.86	754.99	809.90	857.28	902.20
乐山市	Leshan	1277.76	1397.40	1592.99	1706.68	1785.78	1871.47	1999.56	2003.05	2043.26	2000.77	2392.37
南充市	Nanchong	815.41	905.07	1028.00	1159.52	1225.44	1337.25	1502.81	1392.33	1470.59	1624.74	1716.92
眉山市	Meishan	504.43	576.04	685.34	818.45	828.49	869.67	908.61	896.13	884.35	1077.32	1279.84
宜宾市	Yibin	1253.48	1552.22	1828.50	2759.05	2149.60	2678.36	2531.87	2797.60	3154.26	3655.61	3839.31
广安市	Guangan	299.75	385.60	451.61	512.28	614.99	644.00	669.21	678.88	750.47	807.90	884.51
达州市	Dazhou	765.39	780.81	853.28	960.79	925.43	1445.50	1031.77	1038.74	1253.36	1275.37	1343.49
雅安市	Yaan	771.62	773.22	881.52	948.93	952.92	1179.27	1207.52	1264.89	1246.73	1271.80	1311.92
巴中市	Bazhong	63.78	87.74	94.95	120.81	173.64	201.35	219.96	239.51	280.13	265.12	283.32
资阳市	Ziyang	466.08	604.96	704.17	817.91	887.33	598.63	501.57	511.65	439.97	363.01	388.16
阿坝藏族羌族自治州	Aba	351.30	389.67	517.15	503.39	534.05	568.78	592.66	606.66	583.51	608.67	629.03
甘孜藏族自治州	Ganzi	197.76	278.35	303.68	354.88	372.28	764.21	826.89	1081.35	1113.35	1121.51	1155.01
凉山彝族自治州	Liangshan	661.97	778.15	954.15	2108.97	2376.50	2924.62	2464.44	2517.03	2506.49	2523.10	2586.93

14-5 各市(州)规模以上工业企业营业收入

Business Revenue of Industrial Enterprises above Designated Size by Region

单位：亿元 (100 million yuan)

市(州)	Region	2010	2011	2012	2013	2014	2015	2016	2017	2018	2019	2020
全 省	**Sichuan**	**23062.82**	**29887.91**	**31427.16**	**35686.14**	**38063.87**	**38645.91**	**41529.25**	**41631.26**	**41833.78**	**44125.23**	**46565.30**
成都市	Chengdu	5626.12	7214.33	9341.43	10783.98	10234.61	10726.37	11864.26	12488.88	11468.00	13995.13	14966.49
自贡市	Zigong	1085.33	1288.07	1323.18	1513.11	1605.30	1664.04	1735.65	1521.51	1326.01	1138.21	1216.14
攀枝花市	Panzhihua	1060.96	1228.72	1356.70	1627.64	1581.22	1495.90	1554.08	1737.10	1758.57	1871.12	1953.47
泸州市	Luzhou	1020.49	1306.18	1140.27	1404.23	1365.02	1447.72	1604.04	1610.82	1788.32	2056.13	2207.15
德阳市	Deyang	1488.66	1970.55	2128.80	2406.47	2658.70	2826.05	3267.50	3321.28	3543.72	3392.71	3336.03
绵阳市	Mianyang	1275.97	1705.12	1811.13	1979.56	2115.45	2307.29	2450.81	2737.43	2731.11	3015.57	3230.57
广元市	Guangyuan	320.47	458.95	566.69	618.27	688.20	732.28	815.11	885.28	1003.78	1144.09	1250.14
遂宁市	Suining	640.75	1045.47	1040.53	1176.50	1297.66	1179.87	1305.63	1487.89	1361.68	1254.17	1297.20
内江市	Neijiang	1286.38	1637.68	1434.36	1652.69	1632.91	1618.27	1733.46	1050.46	1014.60	1145.31	1250.62
乐山市	Leshan	1168.93	1362.28	1346.71	1512.64	1576.94	1525.24	1702.21	1355.22	1492.49	1551.13	1566.37
南充市	Nanchong	1129.95	1331.08	1551.26	1834.82	1940.42	2181.35	2460.74	2320.04	2659.38	2942.87	2892.87
眉山市	Meishan	743.40	1022.45	833.87	1010.21	1183.61	1318.39	1480.72	1210.35	1389.71	1537.57	1682.79
宜宾市	Yibin	1272.74	1789.29	1846.21	1860.20	1927.34	2078.77	2253.25	2562.54	2692.85	3108.90	3555.43
广安市	Guangan	605.56	886.50	972.47	1136.35	1244.59	1383.33	1561.45	1566.76	1605.99	1758.57	1821.34
达州市	Dazhou	882.08	1062.59	1005.78	1077.39	1129.35	1365.55	945.07	1079.05	1271.29	1442.79	1545.81
雅安市	Yaan	288.81	381.35	375.27	378.16	409.16	417.10	462.93	481.82	536.12	597.99	596.63
巴中市	Bazhong	170.93	285.35	306.31	363.08	452.11	512.12	568.32	587.79	585.09	591.98	604.45
资阳市	Ziyang	1161.85	1563.82	1740.55	1911.51	1980.42	1169.82	997.99	840.78	562.96	371.28	362.83
阿坝藏族羌族自治州	Aba	78.89	104.54	135.44	138.87	169.20	186.26	201.42	172.96	177.08	182.96	181.75
甘孜藏族自治州	Ganzi	43.55	49.94	59.53	68.80	55.79	54.63	59.88	87.26	104.25	118.30	127.64
凉山彝族自治州	Liangshan	615.98	934.29	1110.66	1231.64	1222.13	1074.56	1062.30	866.93	891.52	908.46	919.60

14–6 各市(州)规模以上工业企业利润总额
Total Profits of Industrial Enterprises above Designated Size by Region

单位：亿元 (100 million yuan)

市(州)	Region	2010	2011	2012	2013	2014	2015	2016	2017	2018	2019	2020
全　省	**Sichuan**	**1661.85**	**2197.84**	**2333.76**	**2328.99**	**2237.00**	**2171.26**	**2339.82**	**2824.26**	**3055.93**	**3036.89**	**3386.38**
成都市	Chengdu	391.64	501.64	643.67	672.15	718.76	510.98	845.01	994.19	675.83	761.62	950.74
自贡市	Zigong	65.00	86.54	81.37	77.93	75.61	76.08	71.50	76.21	65.50	61.00	72.06
攀枝花市	Panzhihua	49.89	74.58	38.59	60.29	45.57	19.44	-111.60	89.04	151.03	131.45	145.61
泸州市	Luzhou	92.11	135.05	140.15	122.36	87.65	103.42	119.93	118.17	171.72	222.88	245.26
德阳市	Deyang	120.84	154.79	154.85	152.77	84.67	180.57	235.64	250.10	304.40	204.88	196.01
绵阳市	Mianyang	93.93	122.22	106.51	99.15	102.60	101.00	125.16	141.94	120.67	139.66	151.81
广元市	Guangyuan	14.50	25.01	33.92	31.71	31.81	35.67	43.00	59.23	82.13	87.94	95.14
遂宁市	Suining	48.31	84.81	81.81	86.60	76.99	69.01	78.72	115.81	138.31	99.64	108.83
内江市	Neijiang	73.25	106.97	78.29	95.61	75.22	71.98	67.01	33.64	63.75	49.64	47.14
乐山市	Leshan	99.31	96.35	88.17	78.79	44.70	63.59	81.11	84.09	174.36	136.00	115.32
南充市	Nanchong	80.18	102.32	132.37	123.22	133.49	156.58	176.71	165.75	195.70	221.28	209.68
眉山市	Meishan	45.64	91.48	67.49	67.99	70.81	80.76	92.73	73.46	73.53	78.09	90.32
宜宾市	Yibin	148.41	209.36	240.62	221.60	177.25	207.92	198.08	247.48	372.78	434.47	497.01
广安市	Guangan	30.19	42.56	52.39	60.83	54.64	52.24	65.56	67.11	70.91	93.87	93.51
达州市	Dazhou	41.49	63.01	77.29	89.47	95.78	120.99	13.99	51.10	105.70	99.74	132.13
雅安市	Yaan	29.15	34.38	36.36	31.03	30.67	32.24	30.36	29.63	32.84	41.84	47.17
巴中市	Bazhong	3.00	10.76	7.32	9.58	13.84	16.95	20.19	22.53	31.54	25.82	29.11
资阳市	Ziyang	92.54	120.24	159.02	161.28	141.95	83.47	56.85	45.70	29.94	17.87	13.62
阿坝藏族羌族自治州	Aba	13.71	14.90	12.25	-0.28	7.55	7.88	9.66	6.54	10.10	10.67	14.47
甘孜藏族自治州	Ganzi	13.62	16.68	12.53	12.95	6.74	6.60	2.16	7.47	4.22	13.45	18.51
凉山彝族自治州	Liangshan	70.34	100.23	88.81	73.95	96.86	97.39	77.46	94.64	113.85	105.09	112.94

14-7 各市(州)规模以上工业企业主要指标(2020年)

Main Indicators of Industrial Enterprises above Designated Size by Region(2020)

单位：亿元 (100 million yuan)

市(州)	Region	企业单位数(个) Number of Enterprises (unit)	资产总计 Total Assets	流动资产合计 Total Current Assets	应收账款 Accounts Receivables	存 货 Inventory	固定资产原价 Original Value of Fixed Assets
全 省	**Sichuan**	**15280**	**53091.09**	**23297.90**	**5940.58**	**4594.66**	**33055.92**
成都市	Chengdu	3691	19749.56	9575.00	3076.05	1663.44	12450.05
自贡市	Zigong	606	1033.96	633.17	171.49	148.97	339.28
攀枝花市	Panzhihua	373	2752.13	875.44	92.19	99.56	1371.22
泸州市	Luzhou	787	2035.81	997.77	157.62	307.32	963.48
德阳市	Deyang	1257	2855.69	1851.28	380.52	425.81	1117.68
绵阳市	Mianyang	1108	3906.80	1789.39	417.32	461.75	1687.74
广元市	Guangyuan	544	942.79	283.60	84.67	44.41	931.06
遂宁市	Suining	595	1101.34	515.84	90.01	120.73	486.36
内江市	Neijiang	414	902.20	467.98	127.85	92.84	911.35
乐山市	Leshan	634	2392.37	827.20	139.16	155.29	1738.06
南充市	Nanchong	806	1716.92	655.50	153.32	120.15	1196.35
眉山市	Meishan	679	1279.84	602.09	187.87	133.99	732.71
宜宾市	Yibin	871	3839.31	2024.23	239.10	421.40	1673.76
广安市	Guangan	606	884.51	330.24	93.45	62.98	663.87
达州市	Dazhou	891	1343.49	540.07	212.47	68.76	1168.37
雅安市	Yaan	351	1311.92	349.91	58.77	78.99	1151.41
巴中市	Bazhong	322	283.32	107.30	32.33	22.67	178.73
资阳市	Ziyang	250	388.16	198.42	52.29	72.92	191.83
阿坝藏族羌族自治州	Aba	136	629.03	130.03	36.51	16.54	605.38
甘孜藏族自治州	Ganzi	67	1155.01	83.94	15.31	3.89	1162.81
凉山彝族自治州	Liangshan	292	2586.93	459.47	122.27	72.26	2334.44

14-7 续表1 continued

单位：亿元 (100 million yuan)

市(州)	Region	负债合计 Total Liabilities	流动负债合计 Total Current Liabilities	所有者权益合计 Owners' Equities	营业收入 Business Revenue	营业成本 Business Cost
全 省	**Sichuan**	**29718.74**	**21045.67**	**23266.90**	**46565.30**	**38367.50**
成都市	Chengdu	11000.08	8866.83	8746.42	14966.49	12495.62
自贡市	Zigong	582.35	488.83	449.81	1216.14	991.30
攀枝花市	Panzhihua	1710.34	1198.36	1039.73	1953.47	1661.81
泸州市	Luzhou	1040.96	734.32	994.85	2207.15	1656.62
德阳市	Deyang	1590.14	1387.85	1264.08	3336.03	2781.48
绵阳市	Mianyang	2367.77	1658.88	1534.15	3230.57	2783.55
广元市	Guangyuan	505.06	248.98	431.46	1250.14	1044.21
遂宁市	Suining	459.41	328.12	628.66	1297.20	1081.27
内江市	Neijiang	610.88	517.83	290.63	1250.62	1124.90
乐山市	Leshan	1256.74	728.54	1133.25	1566.37	1286.03
南充市	Nanchong	717.32	479.51	965.53	2892.87	2361.87
眉山市	Meishan	678.14	540.80	600.07	1682.79	1459.52
宜宾市	Yibin	1812.13	1350.43	2019.15	3555.43	2687.37
广安市	Guangan	444.22	302.23	434.53	1821.34	1527.57
达州市	Dazhou	665.42	418.48	667.28	1545.81	1261.91
雅安市	Yaan	874.96	360.74	436.22	596.63	477.23
巴中市	Bazhong	132.03	84.94	147.66	604.45	479.42
资阳市	Ziyang	259.50	206.55	126.77	362.83	309.08
阿坝藏族羌族自治州	Aba	439.99	212.08	189.05	181.75	139.55
甘孜藏族自治州	Ganzi	870.49	338.47	282.10	127.64	70.51
凉山彝族自治州	Liangshan	1700.81	592.90	885.50	919.60	686.68

14-7 续表2 continued

单位：亿元 (100 million yuan)

市(州)	Region	销售费用 Selling Expenses	管理费用 Administrative Expenses	财务费用 Financial Expenses	利润总额 Total Profits	平均用工人数(万人) Annual Average Employees (10 000 persons)
全　省	**Sichuan**	**1460.51**	**1540.55**	**516.41**	**3386.38**	**302.16**
成都市	Chengdu	468.59	478.97	111.12	950.74	105.83
自贡市	Zigong	50.46	56.83	11.91	72.06	8.39
攀枝花市	Panzhihua	31.56	54.52	19.00	145.61	9.83
泸州市	Luzhou	108.55	80.35	17.66	245.26	13.80
德阳市	Deyang	118.25	112.67	15.41	196.01	20.16
绵阳市	Mianyang	102.61	98.60	26.31	151.81	20.57
广元市	Guangyuan	29.81	33.57	16.35	95.14	6.02
遂宁市	Suining	31.64	36.16	10.22	108.83	9.89
内江市	Neijiang	27.10	33.72	7.76	47.14	7.17
乐山市	Leshan	42.83	58.55	32.72	115.32	11.37
南充市	Nanchong	107.87	124.11	47.76	209.68	18.71
眉山市	Meishan	56.02	50.66	11.03	90.32	10.93
宜宾市	Yibin	111.52	102.13	26.72	497.01	18.34
广安市	Guangan	41.16	50.49	11.00	93.51	9.37
达州市	Dazhou	44.36	59.71	14.31	132.13	13.20
雅安市	Yaan	16.25	19.19	27.89	47.17	4.26
巴中市	Bazhong	34.29	32.30	4.57	29.11	3.82
资阳市	Ziyang	14.25	18.11	3.67	13.62	4.00
阿坝藏族羌族自治州	Aba	3.26	6.82	14.90	14.47	1.30
甘孜藏族自治州	Ganzi	0.42	3.96	30.64	18.51	0.76
凉山彝族自治州	Liangshan	19.70	29.11	55.46	112.94	4.45

注：2017年及以前营业收入、营业成本分别为主营业务收入、主营业务成本(以下有关各表同)。
a) Business revenue and business cost before 2017 are revenue of principal business and cost of principal business respectively(the same as the related tables).

14-8 国有控股工业企业主要指标
Main Indicators of State-holding Industrial Enterprises

单位：亿元 (100 million yuan)

年份 Year	企业单位数(个) Number of Enterprises (unit)	资产总计 Total Assets	流动资产合计 Total Current Assets	固定资产原价 Original Value of Fixed Assets	负债合计 Total Liabilities	流动负债合计 Total Current Liabilities	所有者权益合计 Owners' Equities
1998	2372	3080.34	1314.34	1923.21	1994.47	1252.47	1085.87
1999	2065	3548.38	1328.96	2442.68	2258.93	1244.29	1289.45
2000	1699	3522.23	1347.30	2383.24	2299.29	1260.77	1222.86
2001	1485	3616.84	1392.49	2506.88	2315.25	1348.07	1301.58
2002	1324	3709.04	1409.16	2442.48	2347.13	1358.96	1361.91
2003	1065	3846.39	1455.26	2627.61	2450.16	1470.03	1396.23
2004	1057	3801.84	1405.99	2896.33	2529.36	1566.75	1271.88
2005	928	4473.03	1683.30	3260.59	2877.77	1795.29	1587.51
2006	933	5109.55	1943.60	3428.41	3232.76	1952.59	1872.75
2007	878	6325.71	2448.14	4366.82	4019.44	2453.22	2306.27
2008	1006	8515.93	3098.43	4606.00	5401.06	3214.03	3114.87
2009	971	9499.46	3572.94	5401.57	6137.14	3674.12	3347.13
2010	921	11429.22	4134.86	6655.41	7641.93	4772.31	3777.87
2011	851	13189.13	4918.31	7338.88	8752.85	5711.90	4414.98
2012	888	14797.73	5412.38	8398.72	9864.31	5976.14	4906.05
2013	914	17343.43	5635.05	9389.16	11568.57	6094.28	5486.79
2014	929	19021.19	6100.45	12137.96	12496.96	7169.81	6520.19
2015	978	20092.37	5901.10	13221.06	13318.05	6951.52	6762.66
2016	977	20086.48	6469.21	15716.10	13128.84	7461.16	6958.39
2017	970	20947.40	6869.82	15983.97	13195.98	7615.47	7738.08
2018	1004	22278.06	7504.19	15718.23	13336.17	7724.40	8941.89
2019	1109	24172.99	8050.19	17953.23	13875.07	7825.25	10296.89
2020	1239	25529.03	8592.40	19066.54	14477.10	8729.91	11027.28

14-8 续表 continued

单位：亿元 (100 million yuan)

年份 Year	营业收入 Business Revenue	营业成本 Business Cost	销售费用 Selling Expenses	管理费用 Administrative Expenses	财务费用 Financial Expenses	利润总额 Total Profits	平均用工人数（万人） Annual Average Employees (10 000 persons)
1998						23.27	179.70
1999						6.76	159.84
2000			59.06	127.13	59.91	37.79	132.09
2001			63.59	127.69	62.90	45.04	117.57
2002			66.96	130.07	62.50	63.32	101.76
2003			70.76	149.22	58.32	67.58	93.67
2004	1925.02	1507.99	56.97	158.71	49.84	97.70	79.11
2005	2506.44	1969.58	87.39	176.68	47.14	166.71	80.00
2006	3135.60	2471.32	100.48	201.13	66.56	216.68	82.44
2007	3926.09	3096.90	115.92	252.67	83.51	305.85	83.86
2008	4765.38	3874.58	130.93	317.73	117.20	198.13	87.08
2009	5296.72	4221.47	160.93	332.65	94.77	295.09	88.01
2010	6424.93	5132.85	180.37	385.65	116.79	478.18	90.16
2011	7895.50	6308.18	210.08	436.12	162.69	538.74	93.40
2012	8689.36	6962.15	227.66	470.30	210.67	589.29	97.05
2013	9545.34	7714.20	250.77	535.89	245.77	506.85	98.20
2014	9989.33	8099.70	257.91	495.14	339.84	484.94	97.64
2015	9746.25	7882.09	234.73	475.71	342.38	565.95	89.41
2016	9757.21	7872.16	276.22	494.39	294.98	460.69	81.97
2017	10299.10	8263.04	282.30	515.03	267.65	713.81	76.11
2018	11264.73	8933.78	297.10	559.24	264.73	880.23	73.01
2019	12039.49	9461.49	344.08	458.08	253.27	960.43	71.42
2020	12728.92	9991.57	311.25	456.92	238.89	1143.21	70.92

14-9 按行业分国有控股工业企业主要指标(2020年)

单位：亿元

行业	Sector	企业单位数 (个) Number of Enterprises (unit)
总计	**Total**	**1239**
煤炭开采和洗选业	Mining and Washing of Coal	16
石油和天然气开采业	Extraction of Petroleum and Natural Gas	14
黑色金属矿采选业	Mining and Processing of Ferrous Metal Ores	9
有色金属矿采选业	Mining and Processing of Non-Ferrous Metal Ores	14
非金属矿采选业	Mining and Processing of Non-metal Ores	55
开采专业及辅助性活动	Support Activities for Mining	
其他采矿业	Mining of Other Ores	
农副食品加工业	Processing of Food from Agricultural Products	34
食品制造业	Manufacture of Foods	10
酒、饮料和精制茶制造业	Manufacture of Liquor, Beverages and Refined Tea	25
烟草制品业	Manufacture of Tobacco	
纺织业	Manufacture of Textile	13
纺织服装、服饰业	Manufacture of Textile, Wearing Apparel and Accessories	12
皮革、毛皮、羽毛及其制品和制鞋业	Manufacture of Leather, Fur, Feather and Related Products and Footwear	
木材加工和木、竹、藤、棕、草制品业	Processing of Timber, Manufacture of Wood, Bamboo, Rattan, Palm and Straw Products	
家具制造业	Manufacture of Furniture	
造纸和纸制品业	Manufacture of Paper and Paper Products	4
印刷和记录媒介复制业	Printing and Reproduction of Recording Media	10
文教、工美、体育和娱乐用品制造业	Manufacture of Articles for Culture, Education, Arts and Crafts, Sport and Entertainment Activities	
石油、煤炭及其他燃料加工业	Processing of Petroleum, Coking and Processing of Nuclear Fuel	6
化学原料和化学制品制造业	Manufacture of Raw Chemical Materials and Chemical Products	55
医药制造业	Manufacture of Medicines	32
化学纤维制造业	Manufacture of Chemical Fibers	7
橡胶和塑料制品业	Manufacture of Rubber and Plastics Products	6
非金属矿物制品业	Manufacture of Non-metallic Mineral Products	133
黑色金属冶炼和压延加工业	Smelting and Pressing of Ferrous Metals	9
有色金属冶炼和压延加工业	Smelting and Pressing of Non-ferrous Metals	19
金属制品业	Manufacture of Metal Products	25
通用设备制造业	Manufacture of General Purpose Machinery	33
专用设备制造业	Manufacture of Special Purpose Machinery	35
汽车制造业	Manufacture of Automobiles	39
铁路、船舶、航空航天和其他运输设备制造业	Manufacture of Railway, Ship, Aerospace and Other Transport Equipment	34
电气机械和器材制造业	Manufacture of Electrical Machinery and Apparatus	37
计算机、通信和其他电子设备制造业	Manufacture of Computers, Communication and Other Electronic Equipment	75
仪器仪表制造业	Manufacture of Measuring Instruments and Machinery	8
其他制造业	Other Manufactures	3
废弃资源综合利用业	Utilization of Waste Resources	4
金属制品、机械和设备修理业	Repair Service of Metal Products, Machinery and Equipment	4
电力、热力生产和供应业	Production and Supply of Electric Power and Heat Power	249
燃气生产和供应业	Production and Supply of Gas	87
水的生产和供应业	Production and Supply of Water	115

Main Indicators of State-holding Industrial Enterprises by Industrial Sector(2020)

(100 million yuan)

资产总计 Total Assets	流动资产合计 Total Current Assets	固定资产原价 Original Value of Fixed Assets	负债合计 Total Liabilities	流动负债合计 Total Current Liabilities	所有者权益 Owners' Equities
25529.03	**8592.40**	**19066.54**	**14477.10**	**8729.91**	**11027.28**
285.58	111.15	206.05	299.47	211.97	-13.89
2027.86	301.07	2914.95	679.24	295.50	1348.61
97.81	27.19	49.96	34.33	28.21	63.49
161.02	61.29	52.81	60.41	35.95	99.95
431.40	166.55	30.66	183.66	116.12	247.74
39.25	20.16	41.23	21.63	17.30	17.10
30.18	14.52	23.29	14.30	12.63	15.89
1994.06	1238.16	473.70	587.83	526.09	1405.52
44.37	20.37	26.31	23.29	7.15	21.08
18.45	10.79	10.82	8.86	7.00	9.59
35.13	10.19	28.90	27.88	17.06	7.25
50.01	32.57	48.75	10.52	10.04	39.48
497.94	189.77	386.99	207.79	188.33	290.15
759.17	344.68	417.70	334.84	251.74	424.33
180.41	79.37	63.81	66.71	48.20	113.70
282.42	143.90	129.49	236.47	190.56	45.95
23.63	12.84	22.16	13.47	12.67	10.16
601.51	295.29	346.99	365.26	289.89	236.25
1372.73	473.24	924.29	853.85	733.76	518.87
90.49	43.65	65.59	47.02	39.22	43.47
211.59	105.03	86.08	122.40	102.54	89.19
569.49	450.90	138.51	397.93	349.00	171.56
482.07	316.53	142.75	276.86	213.13	205.20
430.63	215.25	161.19	299.80	218.22	122.83
892.37	623.77	263.66	586.97	508.59	305.40
450.59	353.78	92.07	304.14	272.94	146.45
2542.21	1181.09	1022.95	1512.98	1018.35	1029.33
69.13	58.50	10.30	42.64	40.78	26.49
181.88	62.90	162.48	149.10	39.73	32.78
4.39	1.88	2.73	1.72	1.72	2.66
79.66	57.43	32.72	37.42	31.87	42.24
8516.67	641.47	9733.25	5615.77	2244.08	2898.48
346.78	145.56	197.82	184.00	128.07	162.20
1023.16	357.49	430.42	599.89	261.72	411.41

14-9 续表

单位：亿元

行 业	Sector	营业收入 Business Revenue
总 计	**Total**	**12728.92**
煤炭开采和洗选业	Mining and Washing of Coal	80.65
石油和天然气开采业	Extraction of Petroleum and Natural Gas	772.56
黑色金属矿采选业	Mining and Processing of Ferrous Metal Ores	52.72
有色金属矿采选业	Mining and Processing of Non-Ferrous Metal Ores	59.56
非金属矿采选业	Mining and Processing of Non-metal Ores	87.20
开采专业及辅助性活动	Support Activities for Mining	
其他采矿业	Mining of Other Ores	
农副食品加工业	Processing of Food from Agricultural Products	136.34
食品制造业	Manufacture of Foods	26.32
酒、饮料和精制茶制造业	Manufacture of Liquor, Beverages and Refined Tea	1455.66
烟草制品业	Manufacture of Tobacco	
纺织业	Manufacture of Textile	48.95
纺织服装、服饰业	Manufacture of Textile, Wearing Apparel and Accessories	14.02
皮革、毛皮、羽毛及其制品和制鞋业	Manufacture of Leather, Fur, Feather and Related Products and Footwear	
木材加工和木、竹、藤、棕、草制品业	Processing of Timber, Manufacture of Wood, Bamboo, Rattan, Palm and Straw Products	
家具制造业	Manufacture of Furniture	
造纸和纸制品业	Manufacture of Paper and Paper Products	20.23
印刷和记录媒介复制业	Printing and Reproduction of Recording Media	35.77
文教、工美、体育和娱乐用品制造业	Manufacture of Articles for Culture, Education, Arts and Crafts, Sport and Entertainment Activities	
石油、煤炭及其他燃料加工业	Processing of Petroleum, Coking and Processing of Nuclear Fuel	574.55
化学原料和化学制品制造业	Manufacture of Raw Chemical Materials and Chemical Products	488.89
医药制造业	Manufacture of Medicines	122.60
化学纤维制造业	Manufacture of Chemical Fibers	319.36
橡胶和塑料制品业	Manufacture of Rubber and Plastics Products	35.26
非金属矿物制品业	Manufacture of Non-metallic Mineral Products	459.24
黑色金属冶炼和压延加工业	Smelting and Pressing of Ferrous Metals	957.61
有色金属冶炼和压延加工业	Smelting and Pressing of Non-ferrous Metals	133.40
金属制品业	Manufacture of Metal Products	138.07
通用设备制造业	Manufacture of General Purpose Machinery	243.18
专用设备制造业	Manufacture of Special Purpose Machinery	175.99
汽车制造业	Manufacture of Automobiles	271.73
铁路、船舶、航空航天和其他运输设备制造业	Manufacture of Railway, Ship, Aerospace and Other Transport Equipment	650.62
电气机械和器材制造业	Manufacture of Electrical Machinery and Apparatus	292.59
计算机、通信和其他电子设备制造业	Manufacture of Computers, Communication and Other Electronic Equipment	1553.88
仪器仪表制造业	Manufacture of Measuring Instruments and Machinery	59.56
其他制造业	Other Manufactures	42.92
废弃资源综合利用业	Utilization of Waste Resources	6.48
金属制品、机械和设备修理业	Repair Service of Metal Products, Machinery and Equipment	65.00
电力、热力生产和供应业	Production and Supply of Electric Power and Heat Power	2165.79
燃气生产和供应业	Production and Supply of Gas	295.97
水的生产和供应业	Production and Supply of Water	162.14

continued

(100 million yuan)

营业成本 Business Cost	销售费用 Selling Expenses	管理费用 Administrative Expenses	财务费用 Financial Expenses	利润总额 Total Profits	平均用工人数 (万人) Annual Average Employees (10 000 persons)
9991.57	**311.25**	**456.92**	**238.89**	**1143.21**	**70.92**
67.72	1.93	11.36	5.73	-20.89	3.55
522.01	4.48	47.96	10.26	169.43	3.38
36.20	3.42	5.33	0.69	5.74	0.43
40.28	0.62	4.28	0.10	12.90	0.48
63.72	2.14	5.07	3.92	9.50	0.51
123.97	2.22	2.55	0.25	4.89	0.35
20.68	1.94	1.43	0.22	2.03	0.40
847.04	103.92	39.77	-14.39	373.23	5.70
44.53	0.60	1.19	0.63	1.64	0.56
10.55	0.25	3.16	0.02	0.28	0.30
18.35	0.78	1.09	0.86	-0.62	0.17
24.57	0.28	6.49	-0.07	6.73	0.41
467.92	3.20	11.67	0.03	22.04	0.90
392.54	16.05	27.15	6.47	44.66	3.20
80.41	16.79	3.96	0.24	16.76	0.85
296.76	3.60	3.23	7.73	4.91	1.23
29.04	2.34	1.50	0.31	1.31	0.28
359.76	14.56	17.39	8.52	52.06	2.12
833.13	18.00	18.60	14.35	49.16	4.21
118.59	0.96	3.58	0.86	3.44	0.61
124.10	3.02	5.95	1.79	0.41	0.99
197.25	6.18	16.12	-3.02	7.65	1.70
145.86	4.72	11.28	0.73	8.86	1.66
245.33	4.82	11.87	1.72	0.55	1.83
580.61	3.94	27.44	0.27	24.28	4.00
255.02	8.80	11.48	-2.50	6.29	1.54
1390.00	49.79	43.29	11.32	17.83	7.62
45.13	1.98	3.16	0.57	5.56	0.45
41.19	0.03	4.98	0.57	2.45	0.51
5.34	0.10	0.22	0.01	0.80	0.04
57.65	-0.25	2.92	-0.35	3.68	0.29
1708.47	2.84	42.42	175.05	221.10	13.58
235.22	12.01	14.44	2.31	28.00	1.44
110.51	4.89	13.92	6.23	26.85	2.23

14-10 各市(州)国有控股工业企业主要指标(2020年)
Main Indicators of State-holding Industrial Enterprises by Region(2020)

单位：亿元 (100 million yuan)

市(州)	Region	企业单位数(个) Number of Enterprises (unit)	资产总计 Total Assets	流动资产合计 Total Current Assets	固定资产原价 Original Value of Fixed Assets	负债合计 Total Liabilities	流动负债合计 Total Current Liabilities	所有者权益合计 Owners' Equities
全　省	**Sichuan**	**1239**	**25529.03**	**8592.40**	**19066.54**	**14477.10**	**8729.91**	**11027.28**
成都市	Chengdu	305	8150.59	2478.75	8074.10	4209.83	2944.83	3940.86
自贡市	Zigong	25	367.81	229.25	92.03	199.17	144.78	168.64
攀枝花市	Panzhihua	34	2045.50	529.57	1027.93	1243.47	830.34	802.03
泸州市	Luzhou	70	909.90	406.38	437.67	458.75	293.38	451.15
德阳市	Deyang	50	1136.23	799.72	403.33	739.25	627.68	396.98
绵阳市	Mianyang	94	2302.23	1052.83	1009.89	1448.89	977.85	853.33
广元市	Guangyuan	56	505.92	113.99	487.28	314.03	118.76	191.89
遂宁市	Suining	23	336.26	144.18	108.39	131.73	91.77	204.53
内江市	Neijiang	20	151.02	65.14	107.78	83.37	71.49	67.66
乐山市	Leshan	48	786.34	180.58	592.08	477.78	148.45	308.57
南充市	Nanchong	55	303.99	102.45	213.85	163.63	88.82	132.36
眉山市	Meishan	40	337.98	113.76	195.81	185.35	126.62	152.63
宜宾市	Yibin	94	2783.61	1518.54	1030.74	1225.11	947.44	1557.27
广安市	Guangan	36	269.49	63.87	293.76	138.32	82.28	131.17
达州市	Dazhou	40	625.89	246.08	473.88	303.06	186.64	313.73
雅安市	Yaan	49	838.77	141.51	908.11	585.82	160.04	252.95
巴中市	Bazhong	33	80.13	22.13	65.93	49.63	32.48	27.17
资阳市	Ziyang	11	79.36	40.52	28.46	55.04	31.82	24.31
阿坝藏族羌族自治州	Aba	30	393.82	46.02	413.18	288.65	122.42	105.17
甘孜藏族自治州	Ganzi	32	1019.98	43.90	1068.34	772.68	302.03	244.88
凉山彝族自治州	Liangshan	94	2104.21	253.24	2034.01	1403.54	399.99	700.01

14-10 续表 continued

单位：亿元 (100 million yuan)

市(州)	Region	营业收入 Business Revenue	营业成本 Business Cost	销售费用 Selling Expenses	管理费用 Administrative Expenses	财务费用 Financial Expenses	利润总额 Total Profits	平均用工人数(万人) Annual Average Employees (10 000 persons)
全 省	**Sichuan**	**12728.92**	**9991.57**	**311.25**	**456.92**	**238.89**	**1143.21**	**70.92**
成都市	Chengdu	4623.20	3718.36	65.89	175.98	60.42	272.94	26.85
自贡市	Zigong	182.40	146.93	6.99	11.83	0.09	7.71	1.28
攀枝花市	Panzhihua	859.97	729.28	11.59	24.53	9.71	54.78	5.11
泸州市	Luzhou	397.37	216.51	36.87	24.32	5.16	91.49	2.48
德阳市	Deyang	502.40	423.47	13.30	27.21	-3.25	24.32	3.13
绵阳市	Mianyang	1482.00	1305.09	50.98	40.22	10.33	28.99	7.84
广元市	Guangyuan	295.63	232.34	5.68	8.55	11.92	27.54	1.46
遂宁市	Suining	106.16	86.94	1.40	4.64	2.22	14.01	0.88
内江市	Neijiang	62.64	50.69	1.81	3.53	1.02	5.63	0.54
乐山市	Leshan	199.58	154.02	3.23	10.01	12.11	21.97	1.42
南充市	Nanchong	177.78	142.99	6.16	9.56	5.46	10.65	1.40
眉山市	Meishan	164.44	144.19	2.19	6.07	2.15	9.03	1.16
宜宾市	Yibin	2101.64	1522.66	75.46	55.71	2.00	359.12	8.85
广安市	Guangan	132.82	103.84	3.13	7.57	3.30	9.86	1.17
达州市	Dazhou	241.33	158.67	5.38	14.07	6.26	51.96	1.84
雅安市	Yaan	186.31	126.02	4.31	6.24	20.78	25.65	1.14
巴中市	Bazhong	99.15	75.62	5.58	5.23	1.54	6.15	0.56
资阳市	Ziyang	40.65	38.50	1.30	1.76	0.86	-2.85	0.46
阿坝藏族羌族自治州	Aba	79.77	55.16	0.29	2.21	10.36	10.88	0.41
甘孜藏族自治州	Ganzi	103.57	55.30	0.12	1.81	28.09	14.93	0.56
凉山彝族自治州	Liangshan	690.13	504.99	9.57	15.90	48.36	98.44	2.38

14-11 大中型工业企业主要指标
Main Indicators of Large and Medium-Sized Industrial Enterprises

单位：亿元 (100 million yuan)

年份 Year	企业单位数（个） Number of Enterprises (unit)	资产总计 Total Assets	流动资产合计 Total Current Assets	固定资产原价 Original Value of Fixed Assets	负债合计 Total Liabilities	流动负债合计 Total Current Liabilities	所有者权益合计 Owners' Equities
1998	870	2938.50	1300.17	1778.60	1854.56	1179.64	1083.94
1999	836	3574.60	1379.53	2398.73	2225.70	1241.21	1348.91
2000	783	3607.02	1421.73	2374.75	2305.85	1285.79	1301.09
2001	884	3918.90	1572.97	2574.24	2438.89	1466.63	1480.01
2002	972	4231.06	1690.32	2641.97	2593.73	1585.30	1637.34
2003	843	4707.48	1943.03	2910.60	2886.08	1874.30	1821.40
2004	909	4879.50	2088.53	3314.60	3112.58	958.57	1766.31
2005	984	5689.02	2452.25	3700.42	3565.22	2464.06	2116.05
2006	1050	6557.26	2823.62	3821.43	3986.70	2762.09	2566.51
2007	1228	8427.97	3666.10	4949.00	5031.63	3496.33	3396.35
2008	1423	10881.79	4556.76	5376.74	6566.77	4462.80	4315.03
2009	1603	12490.71	5346.84	6630.78	7638.68	5156.30	4812.08
2010	1989	15940.79	6874.81	9124.91	9956.92	6872.76	5935.53
2011	2790	19695.11	8621.32	11471.96	12187.05	8752.14	7446.71
2012	2769	21074.33	9714.15	11876.04	13376.19	9429.04	7651.59
2013	2635	26044.06	10838.81	14662.95	15808.26	10227.38	9811.84
2014	2521	26729.05	11240.43	16652.47	16336.70	11425.02	10347.35
2015	2386	26696.01	10992.73	15942.04	16178.16	10825.60	10516.84
2016	2260	27213.60	11722.69	19123.53	15622.92	10906.63	11590.68
2017	2100	28652.69	12821.14	18183.64	16348.27	11891.39	12304.42
2018	1897	30521.68	13762.87	17968.88	17055.01	12771.35	13466.67
2019	1820	31697.52	14309.59	19705.79	17403.74	12453.36	14293.66
2020	1784	33614.38	15065.67	21546.67	18479.68	13912.16	15134.32

14-11 续表 continued

单位：亿元 (100 million yuan)

年份 Year	营业收入 Business Revenue	营业成本 Business Cost	销售费用 Selling Expenses	管理费用 Administrative Expenses	财务费用 Financial Expenses	利润总额 Total Profits	平均用工人数（万人） Annual Average Employees (10 000 persons)
1998						46.47	160.77
1999						26.68	149.23
2000			74.82	127.11	62.28	57.64	126.57
2001			88.78	139.58	67.83	71.57	119.39
2002			107.39	150.95	70.37	99.72	115.18
2003			126.20	189.75	69.50	122.44	125.64
2004	3068.51	2437.99	131.77	242.95	65.04	154.96	119.10
2005	3934.89	3138.94	161.13	243.65	67.43	245.57	128.00
2006	4941.02	3962.09	184.95	276.91	84.80	332.77	134.79
2007	6511.90	5171.48	231.11	366.06	106.81	496.14	146.44
2008	8262.77	6761.45	279.92	466.74	145.15	483.25	159.86
2009	9964.93	8093.80	333.12	533.54	126.03	668.87	175.95
2010	13854.97	11240.86	452.96	792.20	181.28	1069.06	211.98
2011	19862.11	16271.38	573.44	950.07	266.26	1510.47	271.53
2012	19928.38	16161.68	609.47	934.30	313.17	1585.57	276.54
2013	23506.70	19418.54	680.47	1040.34	359.40	1567.71	267.16
2014	24438.81	20434.41	723.44	989.94	423.11	1447.05	255.76
2015	22900.94	19188.78	718.71	1019.95	398.78	1208.28	237.07
2016	24920.35	20798.76	821.51	1059.12	334.84	1406.09	218.68
2017	24613.39	20169.60	803.30	1059.00	304.29	1888.99	203.70
2018	24430.19	19898.82	824.37	1054.46	283.28	1893.77	185.49
2019	25764.43	20929.21	910.38	860.04	272.01	1943.20	177.95
2020	27069.62	22064.24	886.97	833.19	240.58	2120.99	176.79

14-12 按行业分大中型工业企业主要指标(2020年)

单位：亿元

行 业	Sector	企业单位数(个) Number of Enterprises (unit)
总 计	**Total**	**1784**
煤炭开采和洗选业	Mining and Washing of Coal	81
石油和天然气开采业	Extraction of Petroleum and Natural Gas	5
黑色金属矿采选业	Mining and Processing of Ferrous Metal Ores	14
有色金属矿采选业	Mining and Processing of Non-Ferrous Metal Ores	12
非金属矿采选业	Mining and Processing of Non-metal Ores	14
开采专业及辅助性活动	Support Activities for Mining	2
其他采矿业	Mining of Other Ores	
农副食品加工业	Processing of Food from Agricultural Products	70
食品制造业	Manufacture of Foods	84
酒、饮料和精制茶制造业	Manufacture of Liquor, Beverages and Refined Tea	80
烟草制品业	Manufacture of Tobacco	
纺织业	Manufacture of Textile	60
纺织服装、服饰业	Manufacture of Textile, Wearing Apparel and Accessories	23
皮革、毛皮、羽毛及其制品和制鞋业	Manufacture of Leather, Fur, Feather and Related Products and Footwear	29
木材加工和木、竹、藤、棕、草制品业	Processing of Timber, Manufacture of Wood, Bamboo, Rattan, Palm and Straw Products	13
家具制造业	Manufacture of Furniture	39
造纸和纸制品业	Manufacture of Paper and Paper Products	42
印刷和记录媒介复制业	Printing and Reproduction of Recording Media	22
文教、工美、体育和娱乐用品制造业	Manufacture of Articles for Culture, Education, Arts and Crafts, Sport and Entertainment Activities	6
石油、煤炭及其他燃料加工业	Processing of Petroleum, Coking and Processing of Nuclear Fuel	13
化学原料和化学制品制造业	Manufacture of Raw Chemical Materials and Chemical Products	107
医药制造业	Manufacture of Medicines	98
化学纤维制造业	Manufacture of Chemical Fibers	8
橡胶和塑料制品业	Manufacture of Rubber and Plastics Products	39
非金属矿物制品业	Manufacture of Non-metallic Mineral Products	160
黑色金属冶炼和压延加工业	Smelting and Pressing of Ferrous Metals	36
有色金属冶炼和压延加工业	Smelting and Pressing of Non-ferrous Metals	26
金属制品业	Manufacture of Metal Products	72
通用设备制造业	Manufacture of General Purpose Machinery	73
专用设备制造业	Manufacture of Special Purpose Machinery	61
汽车制造业	Manufacture of Automobiles	107
铁路、船舶、航空航天和其他运输设备制造业	Manufacture of Railway, Ship, Aerospace and Other Transport Equipment	40
电气机械和器材制造业	Manufacture of Electrical Machinery and Apparatus	83
计算机、通信和其他电子设备制造业	Manufacture of Computers, Communication and Other Electronic Equipment	162
仪器仪表制造业	Manufacture of Measuring Instruments and Machinery	17
其他制造业	Other Manufactures	4
废弃资源综合利用业	Utilization of Waste Resources	3
金属制品、机械和设备修理业	Repair Service of Metal Products, Machinery and Equipment	
电力、热力生产和供应业	Production and Supply of Electric Power and Heat Power	43
燃气生产和供应业	Production and Supply of Gas	15
水的生产和供应业	Production and Supply of Water	18

Main Indicators of Large and Medium-sized Industrial Enterprises by Industrial Sector(2020)

(100 million yuan)

资产总计 Total Assets	流动资产合计 Total Current Assets	固定资产原价 Original Value of Fixed Assets	负债合计 Total Liabilities	流动负债合计 Total Current Liabilities	所有者权益 Owners' Equities
33614.38	**15065.67**	**21546.67**	**18479.68**	**13912.16**	**15134.32**
402.36	151.64	311.54	364.36	258.25	38.00
1650.32	249.33	2605.84	492.44	219.45	1157.88
229.70	75.41	130.21	119.80	99.68	109.90
202.42	81.65	64.59	65.62	38.96	136.80
86.85	29.21	60.78	49.83	35.14	37.02
398.81	170.65	222.18	141.24	133.39	257.57
655.45	358.55	176.90	245.87	169.38	409.58
414.00	226.40	196.25	155.64	132.97	258.36
3094.24	1868.41	923.07	1100.88	913.94	1993.36
227.06	98.24	131.10	101.19	64.32	125.87
56.36	31.06	36.55	23.08	19.06	33.28
74.14	34.34	19.61	35.33	33.41	38.81
55.59	31.40	40.56	35.03	32.66	20.56
135.18	54.01	87.93	78.76	75.29	56.41
237.84	89.08	181.27	140.40	110.11	97.43
101.24	64.96	86.37	32.36	30.16	68.88
33.70	26.44	13.33	23.41	22.88	10.29
614.41	241.16	480.62	323.41	271.57	291.00
1713.29	749.55	978.76	804.37	603.99	908.91
1223.60	713.24	306.82	443.09	334.93	780.51
286.80	147.86	135.51	236.27	192.08	50.53
204.73	110.55	130.25	77.93	68.16	126.80
1304.39	588.69	900.15	499.99	414.34	804.40
1953.51	785.79	1708.55	1287.17	1085.90	666.34
334.47	158.84	198.33	174.08	146.94	160.39
554.81	321.41	276.56	372.78	316.54	182.02
994.27	703.22	285.58	651.63	573.27	342.64
794.19	524.34	251.33	403.45	321.46	390.74
1418.20	752.60	619.96	921.00	778.44	497.20
546.90	347.09	232.63	296.55	230.20	250.35
1085.86	717.53	416.03	665.22	571.17	420.64
6434.95	3603.96	2937.79	4478.06	3720.85	1956.52
150.16	115.21	41.39	78.10	74.07	72.06
185.50	65.70	162.98	150.75	41.39	34.75
21.83	14.07	7.73	13.09	11.19	8.74
4429.58	216.99	5725.42	2717.48	1326.94	1712.10
150.38	62.34	91.80	71.96	59.14	78.43
818.35	214.22	252.05	470.96	249.48	347.38

14-12 续表

单位：亿元

行 业	Sector	营业收入 Business Revenue
总 计	**Total**	**27069.62**
煤炭开采和洗选业	Mining and Washing of Coal	231.65
石油和天然气开采业	Extraction of Petroleum and Natural Gas	672.49
黑色金属矿采选业	Mining and Processing of Ferrous Metal Ores	162.40
有色金属矿采选业	Mining and Processing of Non-Ferrous Metal Ores	76.13
非金属矿采选业	Mining and Processing of Non-metal Ores	60.66
开采专业及辅助性活动	Support Activities for Mining	329.17
其他采矿业	Mining of Other Ores	
农副食品加工业	Processing of Food from Agricultural Products	651.72
食品制造业	Manufacture of Foods	591.78
酒、饮料和精制茶制造业	Manufacture of Liquor, Beverages and Refined Tea	2585.55
烟草制品业	Manufacture of Tobacco	
纺织业	Manufacture of Textile	329.14
纺织服装、服饰业	Manufacture of Textile, Wearing Apparel and Accessories	101.80
皮革、毛皮、羽毛及其制品和制鞋业	Manufacture of Leather, Fur, Feather and Related Products and Footwear	81.68
木材加工和木、竹、藤、棕、草制品业	Processing of Timber, Manufacture of Wood, Bamboo, Rattan, Palm and Straw Products	57.89
家具制造业	Manufacture of Furniture	159.96
造纸和纸制品业	Manufacture of Paper and Paper Products	273.59
印刷和记录媒介复制业	Printing and Reproduction of Recording Media	129.03
文教、工美、体育和娱乐用品制造业	Manufacture of Articles for Culture, Education, Arts and Crafts, Sport and Entertainment Activities	66.22
石油、煤炭及其他燃料加工业	Processing of Petroleum, Coking and Processing of Nuclear Fuel	753.85
化学原料和化学制品制造业	Manufacture of Raw Chemical Materials and Chemical Products	1314.08
医药制造业	Manufacture of Medicines	766.96
化学纤维制造业	Manufacture of Chemical Fibers	332.74
橡胶和塑料制品业	Manufacture of Rubber and Plastics Products	325.75
非金属矿物制品业	Manufacture of Non-metallic Mineral Products	1239.22
黑色金属冶炼和压延加工业	Smelting and Pressing of Ferrous Metals	2237.49
有色金属冶炼和压延加工业	Smelting and Pressing of Non-ferrous Metals	427.55
金属制品业	Manufacture of Metal Products	820.84
通用设备制造业	Manufacture of General Purpose Machinery	648.66
专用设备制造业	Manufacture of Special Purpose Machinery	467.89
汽车制造业	Manufacture of Automobiles	1563.18
铁路、船舶、航空航天和其他运输设备制造业	Manufacture of Railway, Ship, Aerospace and Other Transport Equipment	319.32
电气机械和器材制造业	Manufacture of Electrical Machinery and Apparatus	857.71
计算机、通信和其他电子设备制造业	Manufacture of Computers, Communication and Other Electronic Equipment	5830.42
仪器仪表制造业	Manufacture of Measuring Instruments and Machinery	149.55
其他制造业	Other Manufactures	50.70
废弃资源综合利用业	Utilization of Waste Resources	19.86
金属制品、机械和设备修理业	Repair Service of Metal Products, Machinery and Equipment	
电力、热力生产和供应业	Production and Supply of Electric Power and Heat Power	1743.45
燃气生产和供应业	Production and Supply of Gas	122.20
水的生产和供应业	Production and Supply of Water	120.81

continued

(100 million yuan)

营业成本 Business Cost	销售费用 Selling Expenses	管理费用 Administrative Expenses	财务费用 Financial Expenses	利润总额 Total Profits	平均用工人数 (万人) Annual Average Employees (10 000 persons)
22064.24	**886.97**	**833.19**	**240.58**	**2120.99**	**176.79**
196.14	5.59	19.99	6.62	-16.14	6.87
465.44	4.47	42.14	7.62	128.11	3.28
114.50	5.55	7.25	2.86	26.40	0.94
49.26	1.45	4.77	0.17	18.35	0.66
43.98	2.68	5.16	0.67	6.47	0.73
310.39	0.03	4.10	-0.32	3.63	2.84
556.47	19.61	16.39	4.49	83.17	4.09
443.98	52.11	26.10	2.95	61.81	5.75
1567.58	221.09	96.33	-4.56	502.18	13.21
293.10	5.33	7.52	3.52	16.99	3.18
82.27	5.37	4.51	0.88	8.16	1.21
71.78	1.35	2.91	0.92	2.57	2.04
51.44	1.19	1.75	0.66	2.28	0.61
130.49	9.32	9.15	0.94	7.00	4.31
230.17	11.75	7.22	4.39	13.59	2.25
97.84	3.52	10.08	0.73	16.30	1.46
54.13	5.37	2.04	0.34	3.82	0.36
621.59	4.53	14.74	1.95	26.93	1.35
1047.29	45.13	56.72	17.55	125.45	8.49
381.24	185.39	37.57	5.47	124.11	7.25
308.58	4.57	3.49	7.87	5.41	1.30
261.07	17.50	11.71	3.12	27.22	2.75
957.68	33.97	41.86	13.52	172.78	8.74
2028.76	25.35	36.23	19.41	83.70	7.24
373.44	4.81	9.17	4.33	22.32	2.21
708.47	19.26	28.19	9.03	39.49	5.08
527.43	19.54	30.98	1.76	40.59	4.70
376.94	16.02	20.09	2.36	39.84	4.37
1328.01	24.34	50.58	9.01	85.30	8.11
254.31	6.81	19.74	4.02	20.46	3.20
722.31	25.96	29.48	3.68	51.13	6.45
5440.59	73.08	79.71	19.43	147.32	34.96
109.83	4.74	6.37	1.44	21.25	1.01
48.03	0.24	5.26	0.62	2.85	0.60
15.97	0.20	1.21	0.25	1.41	0.34
1472.32	2.05	35.89	81.82	139.30	11.99
91.41	9.55	8.12	-0.05	13.20	0.84
81.75	2.55	10.58	3.36	22.45	1.25

14-13 各市(州)大中型工业企业主要指标(2020年)
Main Indicators of Large and Medium-Sized Industrial Enterprises by Region(2020)

单位：亿元 (100 million yuan)

市(州)	Region	企业单位数(个) Number of Enterprises (unit)	资产总计 Total Assets	流动资产合计 Total Current Assets	固定资产原价 Original Value of Fixed Assets	负债合计 Total Liabilities	流动负债合计 Total Current Liabilities	所有者权益合计 Owners' Equities
全 省	**Sichuan**	**1784**	**33614.38**	**15065.67**	**21546.67**	**18479.68**	**13912.16**	**15134.32**
成都市	Chengdu	522	14398.72	6305.89	10740.15	7929.13	6379.53	6469.69
自贡市	Zigong	55	632.08	388.74	195.21	366.74	303.41	265.34
攀枝花市	Panzhihua	41	2249.58	680.37	1108.17	1376.10	1015.26	873.48
泸州市	Luzhou	92	1342.96	683.88	634.70	657.92	442.92	685.04
德阳市	Deyang	115	1975.89	1307.30	735.82	1098.47	965.13	877.43
绵阳市	Mianyang	103	2942.01	1345.33	1120.24	1812.13	1272.40	1129.88
广元市	Guangyuan	36	271.83	109.73	258.45	181.68	139.46	90.15
遂宁市	Suining	62	462.85	228.04	254.75	205.03	141.12	257.82
内江市	Neijiang	39	552.54	304.20	661.23	436.55	368.49	115.98
乐山市	Leshan	87	1344.34	513.58	980.48	661.54	453.87	682.80
南充市	Nanchong	186	866.93	336.72	635.57	339.31	232.70	527.62
眉山市	Meishan	74	525.79	261.69	324.65	301.39	251.28	224.40
宜宾市	Yibin	115	2927.63	1684.32	1119.52	1337.70	1080.67	1589.46
广安市	Guangan	58	399.11	122.60	366.25	197.45	134.64	201.66
达州市	Dazhou	88	738.93	332.59	658.83	364.78	218.64	374.15
雅安市	Yaan	26	209.57	111.94	88.48	133.93	83.53	75.64
巴中市	Bazhong	17	55.48	28.37	42.40	24.43	16.46	31.05
资阳市	Ziyang	28	206.47	101.12	104.48	154.63	128.61	51.84
阿坝藏族羌族自治州	Aba	7	68.41	36.67	54.33	26.94	21.64	41.47
甘孜藏族自治州	Ganzi	4	42.57	11.65	40.20	13.04	7.20	29.54
凉山彝族自治州	Liangshan	29	1400.68	170.94	1422.76	860.79	255.20	539.89

14-13 续表 continued

单位：亿元 (100 million yuan)

市(州)	Region	营业收入 Business Revenue	营业成本 Business Cost	销售费用 Selling Expenses	管理费用 Administrative Expenses	财务费用 Financial Expenses	利润总额 Total Profits	平均用工人数（万人） Annual Average Employees (10 000 persons)
全 省	**Sichuan**	**27069.62**	**22064.24**	**886.97**	**833.19**	**240.58**	**2120.99**	**176.79**
成都市	Chengdu	10851.28	9047.73	333.19	296.10	78.80	703.09	72.49
自贡市	Zigong	540.27	436.16	20.69	27.15	4.25	34.99	3.52
攀枝花市	Panzhihua	1401.46	1187.78	21.65	41.47	13.03	100.50	7.50
泸州市	Luzhou	1124.53	748.08	80.82	49.58	8.41	173.33	7.59
德阳市	Deyang	1495.90	1171.72	77.09	61.40	4.18	120.03	10.70
绵阳市	Mianyang	1954.73	1697.89	64.86	57.13	12.03	70.92	12.44
广元市	Guangyuan	345.02	284.43	6.48	8.68	3.69	28.80	2.17
遂宁市	Suining	520.67	421.51	13.64	14.88	3.85	49.12	4.46
内江市	Neijiang	856.14	791.20	13.23	18.96	3.58	23.33	3.96
乐山市	Leshan	813.03	653.81	22.41	31.89	14.32	70.08	6.46
南充市	Nanchong	1529.05	1241.52	60.26	67.96	27.55	111.58	10.33
眉山市	Meishan	603.26	515.19	21.96	17.97	4.27	35.41	4.88
宜宾市	Yibin	2634.36	1951.12	86.94	63.86	16.59	394.91	12.59
广安市	Guangan	554.89	455.37	10.79	14.55	4.80	32.03	3.68
达州市	Dazhou	643.74	511.19	13.92	22.23	6.60	73.57	5.63
雅安市	Yaan	184.51	162.02	6.75	5.55	1.91	5.47	1.86
巴中市	Bazhong	147.39	105.45	11.84	9.59	0.78	6.87	1.30
资阳市	Ziyang	142.21	127.32	5.10	7.01	2.27	-1.51	1.96
阿坝藏族羌族自治州	Aba	74.17	67.26	0.61	1.61	0.68	3.46	0.47
甘孜藏族自治州	Ganzi	19.68	15.78	0.06	1.09	0.09	2.21	0.36
凉山彝族自治州	Liangshan	633.33	471.72	14.68	14.54	28.93	82.81	2.45

14-14 按行业分规模以上工业企业主要经济效益指标(2020年)
Main Indicators on Economic Benefits of Industrial Enterprises above Designated Size by Industrial Sector(2020)

单位：% (%)

行业	Sector	资产负债率 Ratio of Debts to Assets	总资产贡献率 Ratio of Profits, Taxes and Interests to Average Assets	工业成本费用利润率 Ratio of Profits to Industrial Costs
总计	**Total**	**55.98**	**10.64**	**7.98**
煤炭开采和洗选业	Mining and Washing of Coal	82.25	4.09	-1.08
石油和天然气开采业	Extraction of Petroleum and Natural Gas	33.50	11.00	28.14
黑色金属矿采选业	Mining and Processing of Ferrous Metal Ores	56.72	13.31	13.62
有色金属矿采选业	Mining and Processing of Non-Ferrous Metal Ores	52.07	10.52	18.46
非金属矿采选业	Mining and Processing of Non-metal Ores	48.39	8.46	10.97
开采辅助活动	Support Activities for Mining	35.45	0.94	1.11
其他采矿业	Mining of Other Ores			
农副食品加工业	Processing of Food from Agricultural Products	44.84	14.85	7.20
食品制造业	Manufacture of Foods	40.38	19.47	9.82
酒、饮料和精制茶制造业	Manufacture of Liquor, Beverages and Refined Tea	36.08	26.45	21.36
烟草制品业	Manufacture of Tobacco	37.34	85.44	18.16
纺织业	Manufacture of Textile	48.78	11.24	5.18
纺织服装、服饰业	Manufacture of Textile, Wearing Apparel and Accessories	38.73	18.27	6.69
皮革、毛皮、羽毛及其制品和制鞋业	Manufacture of Leather, Fur, Feather and Related Products and Footwear	45.81	10.83	4.72
木材加工和木、竹、藤、棕、草制品业	Processing of Timber, Manufacture of Wood, Bamboo, Rattan, Palm and Straw Products	54.86	11.64	5.55
家具制造业	Manufacture of Furniture	55.86	12.54	5.29
造纸和纸制品业	Manufacture of Paper and Paper Products	57.27	10.84	4.63
印刷和记录媒介复制业	Printing and Reproduction of Recording Media	39.74	16.65	8.67
文教、工美、体育和娱乐用品制造业	Manufacture of Articles for Culture, Education, Arts and Crafts, Sport and Entertainment Activities	55.80	14.62	5.73
石油加工、炼焦和核燃料加工业	Processing of Petroleum, Coking and Processing of Nuclear Fuel	52.56	20.99	4.24
化学原料和化学制品制造业	Manufacture of Raw Chemical Materials and Chemical Products	48.50	10.51	8.67
医药制造业	Manufacture of Medicines	39.43	13.76	14.13
化学纤维制造业	Manufacture of Chemical Fibers	79.90	6.01	2.00
橡胶和塑料制品业	Manufacture of Rubber and Plastics Products	43.28	15.67	6.34
非金属矿物制品业	Manufacture of Non-metallic Mineral Products	48.71	15.64	9.58
黑色金属冶炼和压延加工业	Smelting and Pressing of Ferrous Metals	66.35	7.69	3.75
有色金属冶炼和压延加工业	Smelting and Pressing of Non-ferrous Metals	57.48	11.89	4.29
金属制品业	Manufacture of Metal Products	61.80	11.30	4.95
通用设备制造业	Manufacture of General Purpose Machinery	60.47	8.68	6.96
专用设备制造业	Manufacture of Special Purpose Machinery	52.25	7.77	7.02
汽车制造业	Manufacture of Automobiles	63.28	11.14	5.51
铁路、船舶、航空航天和其他运输设备制造业	Manufacture of Railway, Ship, Aerospace and Other Transport Equipment	59.57	5.45	5.85
电气机械和器材制造业	Manufacture of Electrical Machinery and Apparatus	58.28	6.96	5.31
计算机、通信和其他电子设备制造业	Manufacture of Computers, Communication and Other Electronic Equipment	67.48	4.97	3.17
仪器仪表制造业	Manufacture of Measuring Instruments and Machinery	53.53	15.00	13.25
其他制造业	Other Manufactures	79.13	3.00	5.72
废弃资源综合利用业	Utilization of Waste Resources	56.76	26.63	8.48
金属制品、机械和设备修理业	Repair Service of Metal Products, Machinery and Equipment	41.27	3.81	7.48
电力、热力生产和供应业	Production and Supply of Electric Power and Heat Power	65.72	6.24	11.62
燃气生产和供应业	Production and Supply of Gas	53.29	10.36	12.64
水的生产和供应业	Production and Supply of Water	59.18	3.83	18.54

14-15 按行业分国有控股工业企业主要经济效益指标(2020年)
Main Indicators on Economic Benefits of State-holding Industrial Enterprises by Industrial Sector(2020)

单位：% (%)

行 业	Sector	资产负债率 Ratio of Debts to Assets	总资产贡献率 Ratio of Profits, Taxes and Interests to Average Assets	工业成本费用利润率 Ratio of Profits to Industrial Costs
总 计	**Total**	**56.71**	**8.65**	**10.21**
煤炭开采和洗选业	Mining and Washing of Coal	104.86	-2.92	-23.84
石油和天然气开采业	Extraction of Petroleum and Natural Gas	33.50	11.00	28.14
黑色金属矿采选业	Mining and Processing of Ferrous Metal Ores	35.09	9.02	12.47
有色金属矿采选业	Mining and Processing of Non-Ferrous Metal Ores	37.52	11.34	28.01
非金属矿采选业	Mining and Processing of Non-metal Ores	42.57	3.74	12.67
开采辅助活动	Support Activities for Mining	35.38	0.89	1.10
其他采矿业	Mining of Other Ores			
农副食品加工业	Processing of Food from Agricultural Products	55.10	16.08	3.79
食品制造业	Manufacture of Foods	47.36	10.30	8.29
酒、饮料和精制茶制造业	Manufacture of Liquor, Beverages and Refined Tea	29.48	27.33	38.02
烟草制品业	Manufacture of Tobacco	37.34	85.44	18.16
纺织业	Manufacture of Textile	52.49	6.41	3.48
纺织服装、服饰业	Manufacture of Textile, Wearing Apparel and Accessories	48.03	6.52	2.02
皮革、毛皮、羽毛及其制品和制鞋业	Manufacture of Leather, Fur, Feather and Related Products and Footwear			
木材加工和木、竹、藤、棕、草制品业	Processing of Timber, Manufacture of Wood, Bamboo, Rattan, Palm and Straw Products	94.00	4.64	1.41
家具制造业	Manufacture of Furniture	69.67	25.62	14.97
造纸和纸制品业	Manufacture of Paper and Paper Products	79.36	-1.36	-2.95
印刷和记录媒介复制业	Printing and Reproduction of Recording Media	21.04	18.05	21.11
文教、工美、体育和娱乐用品制造业	Manufacture of Articles for Culture, Education, Arts and Crafts, Sport and Entertainment Activities	80.29	11.40	4.87
石油加工、炼焦和核燃料加工业	Processing of Petroleum, Coking and Processing of Nuclear Fuel	41.73	22.30	4.55
化学原料和化学制品制造业	Manufacture of Raw Chemical Materials and Chemical Products	44.11	8.14	9.86
医药制造业	Manufacture of Medicines	36.98	11.80	16.07
化学纤维制造业	Manufacture of Chemical Fibers	83.73	4.99	1.56
橡胶和塑料制品业	Manufacture of Rubber and Plastics Products	57.00	8.32	3.86
非金属矿物制品业	Manufacture of Non-metallic Mineral Products	60.72	12.71	12.85
黑色金属冶炼和压延加工业	Smelting and Pressing of Ferrous Metals	62.20	6.48	5.39
有色金属冶炼和压延加工业	Smelting and Pressing of Non-ferrous Metals	51.96	8.19	2.74
金属制品业	Manufacture of Metal Products	57.85	1.86	0.30
通用设备制造业	Manufacture of General Purpose Machinery	69.88	2.38	3.33
专用设备制造业	Manufacture of Special Purpose Machinery	57.43	2.83	5.27
汽车制造业	Manufacture of Automobiles	69.62	1.65	0.21
铁路、船舶、航空航天和其他运输设备制造业	Manufacture of Railway, Ship, Aerospace and Other Transport Equipment	65.78	3.21	3.87
电气机械和器材制造业	Manufacture of Electrical Machinery and Apparatus	67.50	1.91	2.22
计算机、通信和其他电子设备制造业	Manufacture of Computers, Communication and Other Electronic Equipment	59.51	2.65	1.16
仪器仪表制造业	Manufacture of Measuring Instruments and Machinery	61.68	9.67	10.34
其他制造业	Other Manufactures	81.98	1.94	5.11
废弃资源综合利用业	Utilization of Waste Resources	39.26	26.81	14.03
金属制品、机械和设备修理业	Repair Service of Metal Products, Machinery and Equipment	46.98	4.67	6.02
电力、热力生产和供应业	Production and Supply of Electric Power and Heat Power	65.94	6.19	11.44
燃气生产和供应业	Production and Supply of Gas	53.06	9.76	10.54
水的生产和供应业	Production and Supply of Water	58.63	3.74	19.78

14-16 按行业分大中型工业企业主要经济效益指标(2020年)
Main Indicators on Economic Benefits of Large and Medium-sized Industrial Enterprises by Industrial Sector(2020)

单位：% (%)

行 业	Sector	资产负债率 Ratio of Debts to Assets	总资产贡献率 Ratio of Profits, Taxes and Interests to Average Assets	工业成本费用利润率 Ratio of Profits to Industrial Costs
总 计	**Total**	**54.98**	**10.86**	**8.69**
煤炭开采和洗选业	Mining and Washing of Coal	90.56	0.61	-7.00
石油和天然气开采业	Extraction of Petroleum and Natural Gas	29.84	11.01	23.87
黑色金属矿采选业	Mining and Processing of Ferrous Metal Ores	52.16	16.08	20.05
有色金属矿采选业	Mining and Processing of Non-Ferrous Metal Ores	32.42	12.83	32.24
非金属矿采选业	Mining and Processing of Non-metal Ores	57.37	11.61	12.28
开采辅助活动	Support Activities for Mining	35.41	0.91	1.11
其他采矿业	Mining of Other Ores			
农副食品加工业	Processing of Food from Agricultural Products	37.51	14.75	13.86
食品制造业	Manufacture of Foods	37.59	20.13	11.65
酒、饮料和精制茶制造业	Manufacture of Liquor, Beverages and Refined Tea	35.58	26.06	26.53
烟草制品业	Manufacture of Tobacco	38.25	89.09	16.26
纺织业	Manufacture of Textile	44.57	11.22	5.45
纺织服装、服饰业	Manufacture of Textile, Wearing Apparel and Accessories	40.95	19.23	8.74
皮革、毛皮、羽毛及其制品和制鞋业	Manufacture of Leather, Fur, Feather and Related Products and Footwear	47.66	5.88	3.33
木材加工和木、竹、藤、棕、草制品业	Processing of Timber, Manufacture of Wood, Bamboo, Rattan, Palm and Straw Products	63.01	6.84	4.12
家具制造业	Manufacture of Furniture	58.27	9.30	4.60
造纸和纸制品业	Manufacture of Paper and Paper Products	59.03	10.37	5.29
印刷和记录媒介复制业	Printing and Reproduction of Recording Media	31.97	20.58	14.28
文教、工美、体育和娱乐用品制造业	Manufacture of Articles for Culture, Education, Arts and Crafts, Sport and Entertainment Activities	69.47	15.97	6.13
石油加工、炼焦和核燃料加工业	Processing of Petroleum, Coking and Processing of Nuclear Fuel	52.64	21.90	4.18
化学原料和化学制品制造业	Manufacture of Raw Chemical Materials and Chemical Products	46.95	10.09	10.56
医药制造业	Manufacture of Medicines	36.21	14.02	19.33
化学纤维制造业	Manufacture of Chemical Fibers	82.38	5.23	1.65
橡胶和塑料制品业	Manufacture of Rubber and Plastics Products	38.06	17.72	9.14
非金属矿物制品业	Manufacture of Non-metallic Mineral Products	38.33	17.38	16.23
黑色金属冶炼和压延加工业	Smelting and Pressing of Ferrous Metals	65.89	7.75	3.89
有色金属冶炼和压延加工业	Smelting and Pressing of Non-ferrous Metals	52.05	10.13	5.62
金属制品业	Manufacture of Metal Products	67.19	11.46	5.10
通用设备制造业	Manufacture of General Purpose Machinery	65.54	6.04	6.79
专用设备制造业	Manufacture of Special Purpose Machinery	50.80	6.53	9.32
汽车制造业	Manufacture of Automobiles	64.94	11.86	5.98
铁路、船舶、航空航天和其他运输设备制造业	Manufacture of Railway, Ship, Aerospace and Other Transport Equipment	54.22	5.59	6.99
电气机械和器材制造业	Manufacture of Electrical Machinery and Apparatus	61.26	5.91	6.36
计算机、通信和其他电子设备制造业	Manufacture of Computers, Communication and Other Electronic Equipment	69.59	4.44	2.58
仪器仪表制造业	Manufacture of Measuring Instruments and Machinery	52.01	17.20	16.63
其他制造业	Other Manufactures	81.27	2.15	5.13
废弃资源综合利用业	Utilization of Waste Resources	59.96	11.63	7.76
金属制品、机械和设备修理业	Repair Service of Metal Products, Machinery and Equipment	47.90	4.70	6.23
电力、热力生产和供应业	Production and Supply of Electric Power and Heat Power	61.35	7.07	8.74
燃气生产和供应业	Production and Supply of Gas	47.85	10.13	11.97
水的生产和供应业	Production and Supply of Water	57.55	3.81	22.82

14-17 各市(州)规模以上工业企业主要经济效益指标(2020年) Main Indicators on Economic Benefits of Industrial Enterprises above Designated Size by Region(2020)

单位：%　　(%)

市(州)	Region	资产负债率 Ratio of Debts to Assets	总资产贡献率 Ratio of Profits, Taxes and Interests to Average Assets	工业成本费用利润率 Ratio of Profits to Industrial Costs
全　省	**Sichuan**	**55.98**	**10.64**	**7.98**
成都市	Chengdu	55.70	9.10	6.89
自贡市	Zigong	56.32	11.41	6.42
攀枝花市	Panzhihua	62.15	8.15	8.12
泸州市	Luzhou	51.13	19.73	13.03
德阳市	Deyang	55.68	10.60	6.38
绵阳市	Mianyang	60.61	7.19	4.95
广元市	Guangyuan	53.57	14.20	8.43
遂宁市	Suining	41.71	15.00	9.28
内江市	Neijiang	67.71	7.86	3.91
乐山市	Leshan	52.53	7.57	8.01
南充市	Nanchong	41.78	16.37	7.89
眉山市	Meishan	52.99	10.94	5.67
宜宾市	Yibin	47.20	19.37	16.83
广安市	Guangan	50.22	14.34	5.71
达州市	Dazhou	49.53	14.50	9.46
雅安市	Yaan	66.69	7.75	8.66
巴中市	Bazhong	46.60	15.26	5.27
资阳市	Ziyang	66.85	6.33	3.91
阿坝藏族羌族自治州	Aba	69.95	6.12	8.75
甘孜藏族自治州	Ganzi	75.37	5.35	17.52
凉山彝族自治州	Liangshan	65.75	8.45	14.09

14-18 各市(州)国有控股工业企业主要经济效益指标(2020年)

Main Indicators on Economic Benefits of State-holding Industrial Enterprises by Region(2020)

单位：%　　(%)

市(州)	Region	资产负债率 Ratio of Debts to Assets	总资产贡献率 Ratio of Profits, Taxes and Interests to Average Assets	工业成本费用利润率 Ratio of Profits to Industrial Costs
全　省	**Sichuan**	**56.71**	**8.65**	**10.21**
成都市	Chengdu	51.65	9.27	6.65
自贡市	Zigong	54.15	3.54	4.47
攀枝花市	Panzhihua	60.79	4.57	6.88
泸州市	Luzhou	50.42	14.99	31.73
德阳市	Deyang	65.06	2.92	5.09
绵阳市	Mianyang	62.93	3.40	2.01
广元市	Guangyuan	62.07	9.69	10.62
遂宁市	Suining	39.18	5.76	14.64
内江市	Neijiang	55.20	3.11	9.66
乐山市	Leshan	60.76	5.38	12.15
南充市	Nanchong	53.83	6.45	6.45
眉山市	Meishan	54.84	4.51	5.71
宜宾市	Yibin	44.01	18.63	21.53
广安市	Guangan	51.33	6.98	8.32
达州市	Dazhou	48.42	11.55	27.98
雅安市	Yaan	69.84	7.39	16.18
巴中市	Bazhong	61.93	10.42	6.96
资阳市	Ziyang	69.36	-1.77	-6.62
阿坝藏族羌族自治州	Aba	73.30	6.98	15.99
甘孜藏族自治州	Ganzi	75.75	5.33	17.48
凉山彝族自治州	Liangshan	66.70	8.93	16.76

14-19 各市(州)大中型工业企业主要经济效益指标(2020年)
Main Indicators on Economic Benefits of Large and Medium-sized Industrial Enterprises by Region(2020)

单位：% (%)

市(州)	Region	资产负债率 Ratio of Debts to Assets	总资产贡献率 Ratio of Profits, Taxes and Interests to Average Assets	工业成本费用利润率 Ratio of Profits to Industrial Costs
全 省	**Sichuan**	**54.98**	**10.86**	**8.69**
成都市	Chengdu	55.07	9.93	7.08
自贡市	Zigong	58.02	8.94	7.04
攀枝花市	Panzhihua	61.17	7.07	7.80
泸州市	Luzhou	48.99	20.65	19.32
德阳市	Deyang	55.59	9.12	8.92
绵阳市	Mianyang	61.59	4.92	3.78
广元市	Guangyuan	66.84	14.79	9.47
遂宁市	Suining	44.30	18.05	10.69
内江市	Neijiang	79.01	6.99	2.79
乐山市	Leshan	49.21	7.60	9.49
南充市	Nanchong	39.14	17.24	7.95
眉山市	Meishan	57.32	10.23	6.24
宜宾市	Yibin	45.69	20.45	18.47
广安市	Guangan	49.47	11.69	6.57
达州市	Dazhou	49.37	13.65	13.11
雅安市	Yaan	63.91	5.67	3.06
巴中市	Bazhong	44.03	23.63	5.36
资阳市	Ziyang	74.89	1.12	-1.05
阿坝藏族羌族自治州	Aba	39.38	9.69	4.89
甘孜藏族自治州	Ganzi	30.62	8.90	12.98
凉山彝族自治州	Liangshan	61.46	10.81	15.34

14-20 规模以上工业企业主要产品产量
Output of Major Products of Industrial Enterprises above Designated Size

产品名称		Item		2005	2010	2015	2017	2018	2019	2020
化学纤维	(万吨)	Chemical Fiber	(10 000 tons)	26.56	51.22	118.10	126.50	86.20	81.40	79.00
纱	(万吨)	Yarn	(10 000 tons)	25.48	70.81	118.00	103.60	73.00	67.30	60.80
布	(亿米)	Cloth	(100 million m)	7.07	14.90	18.50	16.40	15.60	17.30	14.60
蚕丝及交织机织物	(万米)	Silk and Woven Fabric	(10 000 m)	11330	23042	17247	19864	19642	19067	17906
服装	(万件)	Garments	(10 000 pcs)	2764	9933	18780	18775	16608	19982	19298
机制纸及纸板	(万吨)	Machine-made Paper and Paperboard	(10 000 tons)	110.59	342.86	189.80	237.10	261.50	332.40	365.80
合成洗涤剂	(万吨)	Synthetic Detergents	(10 000 tons)	52.51	76.66	151.40	129.20	91.30	99.30	104.20
原电池及原电池组(非扣式)	(亿只)	Primary Battery and Primary Battery Pack (non-button type)	(100 million pieces)	0.58	3.80	7.50	12.80	12.10	16.30	21.20
原盐	(万吨)	Salt	(10 000 tons)	412.11	763.18	325.00	581.70	494.50	537.50	512.70
卷烟	(亿支)	Cigarettes	(100 million pieces)	685.05	914.24	945.80	734.10	755.20	870.30	895.20
乳制品	(万吨)	Dairy Products	(10 000 tons)	15.04	58.00	104.90	146.00	110.40	112.50	116.00
白酒(商品量)	(万千升)	Liquor	(10 000 kiloliter)	57.83	229.80	370.90	372.40	358.30	366.80	367.60
啤酒	(万千升)	Beer	(10 000 kiloliter)	126.22	158.30	221.00	240.70	221.40	229.00	218.00
软饮料	(万千升)	Soft Drink	(10 000 kiloliter)	120.41	495.91	1311.90	1408.60	1625.80	1952.60	2002.20
食用植物油	(万吨)	Vegetable Oil	(10 000 tons)	40.83	117.73	205.10	206.80	200.20	230.10	244.70
配、混合饲料	(万吨)	Mingled Feedstuff	(10 000 tons)	449.94	701.16	1201.40	1582.40	1492.00	1426.30	1577.80
中成药	(万吨)	Traditional Chinese Medicir	(10 000 tons)	9.83	29.81	53.60	49.50	28.20	26.90	27.50
化学原料药	(万吨)	Chemical Medicine	(10 000 tons)	5.40	2.67	22.50	29.20	13.00	9.00	6.80
塑料制品	(万吨)	Plastics Goods	(10 000 tons)	47.17	254.29	415.50	492.10	398.80	448.80	446.80
家用电冰箱	(万台)	Household Refrigerators	(10 000 units)	23.00	81.22	73.60	83.20	85.30	99.50	111.10
房间空气调节器	(万台)	Air Conditioner	(10 000 units)	145.23	119.49	142.80	316.10	263.20	251.70	210.80
电视机	(万台)	Television Sets	(10 000 units)	781.61	1208.90	1055.70	1051.30	1001.50	964.80	970.10
#彩色电视机	(万台)	Color Television Sets	(10 000 units)	781.61	1208.90	1055.70	1051.30	1001.50	964.80	970.10
原油	(万吨)	Crude Oil	(10 000 tons)	13.92	15.12	15.43	8.67	8.13	8.41	7.86
柴油	(万吨)	Diesel Oil	(10 000 tons)	49.23	83.30	340.91	291.88	179.27	243.48	216.84

14-20 续表 continued

产品名称	Item	2005	2010	2015	2017	2018	2019	2020
汽油 （万吨）	Gasoline (10 000 tons)	28.16	57.76	217.44	280.34	181.21	262.39	232.30
天然气 （亿立方米）	Natural Gas (100 million cu.m)	135.24	234.16	266.21	356.39	369.82	441.35	452.41
发电量 （亿千瓦小时）	Electricity (100 million kwh)	958.03	1683.82	2969.54	3339.96	3499.39	3670.95	3980.83
#水电 （亿千瓦小时）	Hydropower (100 million kwh)	616.99	1103.37	2508.44	2909.89	2983.03	3075.50	3349.15
焦炭 （万吨）	Coke (10 000 tons)	827.94	1157.09	1304.37	1072.16	1126.87	1066.21	1074.23
生铁 （万吨）	Pig Iron (10 000 tons)	1060.50	1593.81	1747.40	1899.70	1978.60	2131.30	2136.80
粗钢 （万吨）	Crude Steel (10 000 tons)	1094.45	1580.99	2110.40	2026.30	2400.70	2733.30	2792.60
成品钢材 （万吨）	Rolled Steel Products (10 000 tons)	1172.72	1976.55	2702.50	2491.20	2896.70	3308.20	3437.20
铁合金 （万吨）	Ferroalloy (10 000 tons)	106.62	238.89	211.60	148.50	139.10	134.80	86.10
水泥 （万吨）	Cement (10 000 tons)	4194.74	13227.55	14040.60	13810.00	13748.70	14172.10	14495.80
平板玻璃 （万重量箱）	Plate Glass (10 000 wt. Cases)	1304.94	4275.94	4073.60	5568.50	5384.10	5794.40	5885.70
硫酸 （万吨）	Sulfuric Acid (10 000 tons)	324.85	388.22	642.50	631.90	495.20	651.00	513.00
浓硝酸 （万吨）	Concentrated Nitric Acid (10 000 tons)	5.43	8.43	5.40	7.70	6.80	6.80	6.70
碳酸钠(纯碱) （万吨）	Soda Ash (10 000 tons)	106.51	169.78	106.90	124.20	140.50	144.90	128.90
氢氧化钠(烧碱) （万吨）	Caustic Soda (10 000 tons)	75.49	106.93	97.30	92.70	104.60	121.30	120.40
合成氨 （万吨）	Synthetic Ammonia (10 000 tons)	374.47	403.34	388.40	293.90	247.80	267.70	321.60
农用氮、磷、钾化学肥料总计 (折纯)(万吨)	Chemical Fertilizers (10 000 tons)	428.82	510.12	497.10	414.90	369.50	441.70	349.60
#氮肥 （万吨）	Nitrogen Fertilizers (10 000 tons)	337.60	414.76	307.90	248.70	229.30	247.20	228.90
化学农药 （万吨）	Chemical Pesticide (10 000 tons)	3.88	12.81	17.80	14.30	21.10	39.20	27.60
电石(折合量) （万吨）	Calcium carbide (10 000 tons)	65.76	75.98	68.30	61.80	98.00	108.20	49.40
初级形态塑料 （万吨）	Primary Form of Plastics (10 000 tons)	61.52	104.37	208.40	228.30	236.30	280.50	284.00
轮胎外胎 （万条）	Tyres (10 000 pcs)	615.33	1558.12	3449.80	4198.60	4488.20	4314.00	4777.70
发电设备(500千瓦及以上) （万千瓦）	Power Generating Equipment (each above 500kw) (10000 kw)	2327.64	3781.54	2905.90	3074.90	2312.30	2008.00	2654.10
变压器 （万千伏安）	Transformer (10 000 kva)	846.77	1151.61	1896.80	2016.80	1215.30	1907.30	2001.80
金属切削机床 （万台）	Metal-cutting Machine Tools (10 000 units)	0.79	0.73	0.60	0.60	0.60	0.80	0.80
汽车 （万辆）	Motor Vehicles (10 000 units)	5.66	10.29	105.10	150.80	137.80	111.70	71.30

主要统计指标解释

工业 指从事自然资源的开采，对采掘品和农产品进行加工和再加工的物质生产部门。具体包括：(1)对自然资源的开采，如采矿、晒盐等(但不包括禽兽捕猎和水产捕捞)；(2)对农副产品的加工、再加工，如粮油加工、食品加工、缫丝、纺织、制革等；(3)对采掘品的加工、再加工，如炼铁、炼钢、化工生产、石油加工、机器制造、木材加工等，以及电力、燃气及水的生产和供应等；(4)对工业品的修理、翻新，如机器设备的修理等。

工业统计调查单位为工业法人单位。

工业法人单位 指从事工业生产经营活动的法人单位。工业法人单位应同时具备以下条件：①依法成立，有自己的名称、组织机构和场所，能够独立承担民事责任；②独立拥有（或授权）使用资产，承担负债，有权与其他单位签订合同；③具有包括资产负债表在内的帐户，或者能够根据需要编制帐户。

本篇资料中规模以上工业企业的统计范围：1998 年至 2006 年为全部国有和年主营业务收入 500 万元及以上的非国有工业法人单位；2007 至 2010 年为年主营业务收入 500 万元及以上工业法人单位；从 2011 年开始，为年主营业务收入 2000 万元及以上的工业法人单位。

国有控股企业 即原来的国有及国有控股企业，根据企业实收资本中国有经济成分的出资人的实际投资情况，或国有经济成分的出资人对企业资产的实际控制、支配程度进行分类。以下情况为国有控股：(1) 在企业的全部实收资本中，国有经济成分的出资人拥有的实收资本（股本）所占企业全部实收资本（股本）的比例大于 50%的国有绝对控股。(2) 在企业的全部实收资本中，国有经济成分的出资人拥有的实收资本（股本）所占比例虽未大于 50%，但相对大于其他任何一方经济成分的出资人所占比例的国有相对控股；或者虽不大于其他经济成分，但根据协议规定拥有企业实际控制权的国有协议控股。(3) 投资双方各占 50%，且未明确由谁绝对控股的企业，若其中一方为国有经济成分的，一律按国有控股处理。

本篇涉及的其他企业登记注册类型的解释详见综合篇

轻工业 指主要提供生活消费品和制作手工工具的工业。按其所使用的原料不同，可分为两大类：(1)以农产品为原料的轻工业，是指直接或间接以农产品为基本原料的轻工业。主要包括食品制造、饮料制造、烟草加工、纺织、缝纫、皮革和毛皮制作、造纸以及印刷等工业；(2)以非农产品为原料的轻工业，是指以工业品为原料的轻工业。主要包括文教体育用品、化学药品制造、合成纤维制造、日用化学制品、日用玻璃制品、日用金属制品、手工工具制造、医疗器械制造、文化和办公用机械制造等工业。

重工业 指为国民经济各部门提供物质技术基础的主要生产资料的工业。按其生产性质和产品用途，可以分为下列三类：(1)采掘(伐)工业，是指对自然资源的开采，包括石油开采、煤炭开采、金属矿开采、非金属矿开采等工业；(2)原材料工业，指向国民经济各部门提供基本材料、动力和燃料的工业。包括金属冶炼及加工、炼焦及焦炭、化学、化工原料、水泥、人造板以及电力、石油和煤炭加工等工业；(3)加工工业，是指对工业原材料进行再加工制造的工业。包括装备国民经济各部门的机械设备制造工业、金属结构、水泥制品等工业，以及为农业提供的生产资料如化肥、农药等工业。

根据上述划分原则，修理业中以重工业产品为修理作业对象的划为重工业，反之划为轻工业。

资产总计 指企业过去的交易或者事项形成的、由企业拥有或者控制的、预期会给企业带来经济利益的资源。资产一般按流动性分为流动资产和非流动资产。其中流动资产可分为货币资金、交易性金融资产、应收票据、应收账款、预付款项、其他应收款、存货等；非流动资产可分为长期股权投资、固定资产、无形资产及其他非流动资产等。来源于会计“资产负债表”中“资产总计”项目的期末余额数。

流动资产合计 资产满足以下条件之一应归为流动资产：(1) 预计在一个正常营业周期中变现、出售或耗用，主要包括存货、应收账款等；(2) 主要为交易目的而持有；(3) 预计在资产负债表日起一年内（含一年）变现；(4) 自资产负债日起一年内，交换其他资产或清偿负债的能力不受限制的现金或现金等价物。包括货币资金、应收票据、应收账款、存货等项目。来源于会计“资产负债表”中“流动资产合计”项目的期末余额数。

固定资产原价 指固定资产的成本，包括企业在购置、自行建造、安装、改建、扩建、技术改造某项固定资产时所发生的全部支出总额。根据会计“固定资产”科目的期末借方余额填报。

负债合计 指企业过去的交易或者事项形成的，预期会导致经济利益流出企业的现时义务。负债一般按偿还期长短分为流动负债和非流动负债。来源于会计“资产负债表”中“负债合计”项目的期末余额数。

所有者权益 指企业资产扣除负债后由所有者享有的剩余权益。公司的所有者权益又称股东权益。包括实收资本、资本公积、盈余公积、未分配利润等。来源于会计“资产负债表”中“所有者权益合计”项目的期末余额数。

营业收入 指企业从事销售商品、提供劳务和让渡资产使用权等生产经营活动形成的经济利益流入。营业收入包括“主营业务收入”和“其他业务收入”。来源于会计“利润表”中“营业收入”项目的本年累计数。

营业成本 指企业从事销售商品、提供劳务和让渡资产使用权等生产经营活动发生的实际成本。包括企业（单位）在报告期内从事销售商品、提供劳务等日常活动发生的各种耗费。包括“主营业务成本”和“其他业务成本”。来源于会计“利润表”中“营业成本”项目的本年累计数。

销售费用 指企业在销售商品和材料、提供劳务的过程中发生的各种费用，包括保险费、包装费、展览费和广告费、商品维修费、预计产品质量保证损失、运输费、装卸费等以及为销售本企业商品而专设的销售机构（含销售网点、售后服务网点等）的职工薪酬、业务费、折旧费等经营费用。

管理费用 指企业为组织和管理企业生产经营所发生的费用，包括企业在筹建期间内发生的开办费、董事会和行政管理部门在企业经营管理中发生的，或者应当由企业统一负担的公司经费等。来源于会计“利润表”中“管理费用”项目的本年累计数。

财务费用 指企业为筹集生产经营所需资金等而发生的筹资费用，包括企业生产经营期间发生的利息支出（减利息收入）、汇兑损失（减汇兑收益）以及相关的手续费等。来源于会计“利润表”中“财务费用”项目的本年累计数。

利润总额 指企业在一定会计期间的经营成果，是生产经营过程中各种收入扣除各种耗费后的盈余，反映企业在报告期内实现的盈亏总额。来源于会计“利润表”中“利润总额”项目的本年累计数。

平均用工人数 指报告期企业平均实际拥有的、参与本企业生产经营活动的人员数。

总资产贡献率 反映企业全部资产的获利能力，是企业经营业绩和管理水平的集中体现，是评价和考核企业盈利能力的核心指标。计算公式为：

$$总资产贡献率=\frac{利润总额+税金总额+利息净支出}{平均资产总额}\times 100\%$$

公式中：税金总额为主营业务税金及附加与应交增值税之和；平均资产总额为期初期末资产之和的算术平均值。

资产负债率 该指标既反映企业经营风险的大小，也反映企业利用债权人提供的资金从事经营活动的能力。计算公式为：

$$资产负债率=\frac{负债总额}{资产总额}\times 100\%$$

成本费用利润率 反映企业投入的生产成本及费用的经济效益，同时也反映企业降低成本所取得的经济效益。计算公式为：

$$成本费用利润率=\frac{利润总额}{成本费用总额}\times 100\%$$

公式中：成本费用总额为主营业务成本、销售费用、管理费用、财务费用之和。

Explanatory Notes on Main Statistical Indicators

Industry refers to the material production sector which is engaged in the extraction of natural resources and processing and reprocessing of minerals and agricultural products, including (1) extraction of natural resources, such as mining, salt production (but not including hunting and fishing); (2) processing and reprocessing of farm and sideline produces, such as grain and oil processing, food processing, silk reeling, spinning and weaving and leather making; (3) processing and reprocessing of mineral products, such as steel making, iron smelting, chemicals manufacturing, petroleum processing, machine building, timber processing, and production and supply of electricity, gas and water; (4) repairing and renovating of industrial products such as the machinery.

In industrial surveys, the units of enquiry are industrial corporate units.

Industrial corporate units refer to corporate units engaging in industrial production and operation activities, which meet the following requirements: (1) They are established legally, having their own names, organizations, location, and are able to take civil liability independently; (2) They possess (or are authorized to use) assets independently, assume liabilities and are entitled to sign contracts with other units; (3) They have accounts including the balance sheets or can compile the accounts according to the need.

The scopes of industrial enterprises above designated size were: all State-owned industrial enterprises and the non-State-owned industrial enterprises with revenue from principal business over 5 million yuan from 1998 to 2006; all industrial enterprises with revenue from principal business over 5 million yuan from 2007 to 2010; and all industrial enterprises with revenue from principal business above 20 million yuan since 2011.

State-holding Enterprises cover the original state-owned enterprises and state-holding enterprises. They are classified according to the actual investment made by the contributor of state-owned part in the paid-in capital of the enterprises, or the degree of control or dominance of the contributor on the assets of the enterprises. The following cases are regarded as state-holding: (1) Absolute state-holding in which the contributor of state-owned parts possess more than 50% of all the paid-in capital (stocks) of the enterprises; (2) Relative state-holding in which the contributor of state-owned parts possess no more than 50% of the paid-in capital (stocks) of the enterprises, but more than that of any other contributors; or Agreed state-holding in which the contributor of state-owned parts possess no more than other contributors but have actual control over the enterprises according to agreements; (3) In the case both contributors possess 50% and it is not clear which one is in absolute holding position, the enterprise is regarded as state-holding enterprise if one of the contributor has state-owned elements.

For explanation of types of registration covered in this chapter, please refer to General Survey.

Light Industry refers to the industry that produces consumer goods and hand tools. It consists of two categories, depending on the materials used:

(1) Industries using farm products as raw materials. These are branches of light industry which directly or indirectly use farm products as basic raw materials, including the manufacture of food and beverages, tobacco processing, textile, clothing, fur and leather manufacturing, paper making, printing, etc.

(2) Industries using non farm products as raw materials. These are branches of light industry which use manufactured goods as raw materials, including the manufacture of cultural, educational articles and sports goods, chemicals, synthetic fiber, chemical products for daily use, glass products for daily use, metal products for daily use, hand tools, medical apparatus and instruments, and the manufacture of cultural and clerical machinery.

Heavy Industry refers to the industry, which produces capital goods, and provides various sectors of the national economy with necessary material and technical basis. It consists of the following three branches according to the purpose of production or the use of products:

(1) Mining, quarrying and logging industry refers to the industry that extracts natural resources, including extraction of petroleum, coal, metal and non-metal ores and logging.

(2) Raw materials industry refers to the industry that provides various sectors of the national economy with raw materials, fuels and power. It includes smelting and processing of metals, coking and coke chemistry, chemical materials and building materials such as cement, plywood, and power, petroleum refining and coal dressing.

(3) Manufacturing industry refers to the industry that processes raw materials. It includes machine-building industry, which equips sectors of the national economy, industries of metal structure and cement products, industries producing means of agricultural production, such as chemical fertilizers and pesticides.

According to the above principle of classification, the repairing trades which are engaged primarily in repairing products of heavy industry are classified into heavy industry while these engaged in repairing products of light industry are classified into light industry.

Total Assets refer to all resources that are owned or controlled by enterprises through previous trades or transactions with expectation of making economic profits. Classified by the degree of liquidity, total assets include current assets and non-current assets. Current assets can be classified into monetary capital, trading financial assets, notes receivable, accounts receivable, advanced payments, other receivables and inventories. Non-current assets can be divided into long-term equity investment, fixed assets, intangible assets and other non-current assets. Data on this indicator can be obtained from the year-end figures of total assets in the *Balance Sheet* of accounting records.

Total Current Assets refer to the assets that meet one

of the following requirements: (1) expected to be cashed, sold or used in a normal operation cycle, mainly including inventory and accounts receivable; (2) be owned for trading purpose mainly; (3) expected to be cashed in one year (including one year) from the day of the Balance Sheet; (4) unlimited cash or cash equivalents that can be exchanged with other assets or being capable of settling debts during one year since the day of the Balance Sheet. Included are monetary capital, notes receivable, accounts receivable and inventories. Data on this indicator can be obtained from the year-end figures of total current assets in the *Balance Sheet* of accounting records.

Original Value of Fixed Assets refers to the cost of fixed assets, or the total expenditure of an enterprise spent on certain fixed assets, through purchase, construction, installation, transformation, expansion or technical upgrading. It is reported according to the year-end debit balance of fixed assets of accounting records.

Total Liabilities refer to payable liabilities of enterprises that accumulated from previous trades or transactions with expectation of economic profits leaking out. In terms of payment, it can be divided into liquid liabilities and long-term liabilities. Data on this indicator can be obtained from the year-end figures of total liabilities in the *Balance Sheet* of accounting records.

Total Owner's Equity refers to the residual ownership of enterprise investors by deducting total liabilities from the total assets, including the paid-in capital, accumulation of capital, operating surplus and non-distributed profits. Data can be obtained from the year-end figures of total equity in the *Balance Sheet* of accounting records.

Business Revenue refers to the inflow of economic benefits through production and operation activities of enterprises, such as selling commodities, providing labor services and transferring the right to use of assets. Business revenue includes "revenue from principal business" and " revenue from other business". It comes from current year's cumulative report of "business revenue" items from the "income statement".

Business Cost refers to the actual costs incurred by the enterprises in such production and operation activities as selling commodities, providing labor services and transferring the right to use of assets. It includes various expenditures incurred by enterprises (units) in their daily activities of selling goods and providing labour services during the reporting period. It includes "cost of principal business" and "cost of other business". It comes from current year's cumulative report of "operating cost" items from the "income statement".

Selling Expense refers to the cost during the sale of goods and materials, providing labour services, including insurance, packing, exhibition fees and advertising fees, merchandise maintenance costs, expected product quality guarantee loss, transportation fees, handling fees, and operating expenses for the sales of the company's products such as employee compensation, business expenses, depreciation costs for dedicated sales offices (including sales outlets, after-sales service outlets, etc.).

Administrative Expense refers to the expenses for the organization and management of enterprise operating, including the start-up costs during the construction of enterprises, funds occurred during enterprises operating by board of directors and executive management in the enterprise management, or burden by enterprises. It comes from current amount of management cost in income statement.

Financial Expenses refers to cost of raising fund for enterprises to raise funds for production and operation, including interest payments (a reduction in interest income), exchange loss (less exchange gains) and related fees during the period of production. It comes from this year's cumulative current amount of financial expenses in income statement.

Total Profits refers to the operation results in a certain accounting period, and it is the balance of various incomes minus various spendings in the course of operation, reflecting the total profits and losses of enterprises in reference period. Data are obtained from this year's cumulative amount of total profits in the profit statement of the accounting record of enterprise.

Annual Average Employees refers to the number of persons engaged in the enterprise production and operation activities in the reporting period, which are actually owned by the enterprise.

Ratio of Profits, Taxes and Interests to Average Assets reflects the profit-making capability of all assets of the enterprise and is a key indicator manifesting the performance and management and evaluating the profit-making potential of the enterprise. It is calculated as follows:

$$\text{Ratio of profits, taxes and interests to average as sets} = \frac{\text{total profits+total taxes+net interest payment}}{\text{average assets}} \times 100\%$$

In the above formula, total taxes is the sum of tax and extra charges from principal business and value-added tax payable; and average assets is the arithmetic mean of the sum of beginning assets and ending assets.

Ratio of Debts to Assets reflects both the operation risk and the capability of the enterprise in making use of the capital from the creditors. It is calculated as follows:

$$\text{Ratio of debts to assets} = \frac{\text{total debts}}{\text{total assets}} \times 100\%$$

Ratio of Profits to Total Industrial Costs refers to the ratio of profits realized in a given period to the total costs in the same period, which reflects the economic efficiency of input cost and is calculated as follows:

$$\text{Ratio of profits to total industrial cost} = \frac{\text{total profits}}{\text{total costs}} \times 100\%$$

Total costs in the above formula are the sum of cost of principal business, marketing cost, management cost and financial cost.

15 / 建筑业

Chapter 15 Construction

SICHUAN STATISTICAL YEARBOOK

15-1 建筑业企业个数、产值、人数及竣工面积

Number of Enterprises, Gross Output Value, Number of Persons Engaged and Floor Space of Buildings Completed of Construction

年份 Year	企业个数 (个) Number of Enterprises (unit)	总产值 (亿元) Gross Output Value (100 million yuan)	就业人员数 (万人) Annual Average Persons Engaged (10 000 persons)	竣工房屋建筑面积 (万平方米) Floor Space of Buildings Completed (10 000 sq.m)
1952	41	0.63	3.54	20.21
1957	87	2.82	14.61	136.38
1962	133	1.58	12.14	48.01
1965	187	7.82	28.93	218.01
1970	222	9.16	43.12	238.60
1975	252	10.36	43.05	272.03
1978	276	13.17	42.38	556.56
1980	325	13.36	39.03	501.02
1985	555	31.85	49.45	835.24
1990	756	67.11	60.21	1060.60
1991	829	77.09	62.97	581.90
1992	871	93.37	70.66	705.20
1993	1090	181.79	80.10	1734.00
1994	1144	230.34	102.50	2068.00
1995	1144	279.10	89.70	2081.00
1996	2725	468.66	160.50	4537.00
1997	2779	520.64	154.24	5638.48
1998	3028	597.76	159.20	5017.25
1999	3050	649.52	160.13	5429.28
2000	3305	713.81	158.10	5839.32
2001	3125	822.87	171.85	7029.93
2002	3475	1078.25	200.42	8491.14
2003	3498	1235.04	212.68	8784.56
2004	4183	1321.22	173.84	8837.99
2005	4073	1480.88	181.80	8692.18
2006	3924	1768.87	188.50	9177.55
2007	3887	2130.17	204.71	9630.60
2008	4559	2624.96	235.78	9797.98
2009	4386	3374.06	265.24	11393.53
2010	4334	4200.86	335.53	12086.29
2011	4318	5305.89	249.46	13663.11
2012	4283	6292.67	230.23	15768.08
2013	4271	7277.41	262.65	18211.86
2014	3965	8148.52	241.79	19544.25
2015	3952	8847.59	244.23	20666.78
2016	4333	10044.16	291.82	20977.99
2017	5191	11996.22	377.99	22598.10
2018	5860	13752.24	382.56	24876.82
2019	6043	14668.15	351.62	20341.00
2020	7405	15612.70	395.12	22572.79

注：2003年建筑业统计数据仅包括当年有工作量的建筑业企业，2004年建筑业统计数据是普查数据。
a) The figure of construction enterprises of 2003 only include the enterprises which had taken in 2003.The figure of 2004 was obtained from surveys.

15-2 按登记注册类型分建筑业企业主要指标

指　标		Item		合计 Total Enterprises 2019	2020	#国有企业 State-owned 2019	2020
建筑业企业个数	（个）	Number of Construction Enterprises	(unit)	6043	7405	184	315
从业人员平均人数	（万人）	Average Number of Persons Employed	(10 000 persons)	416.98	457.96	34.34	61.27
自有固定资产原价	（万元）	Fixed Assets Owned (original value)	(10 000 yuan)	9348479	9940660	1052648	1729126
自有固定资产净价	（万元）	Fixed Assets Owned (net value)	(10 000 yuan)	5205159	5443159	709164	1083118
自有机械设备净值	（万元）	Machinery Equipment Owned (net value)	(10 000 yuan)	2551688	2041085	76626	311356
自有机械设备台数	（台）	Number of Machinery and Equipment Owned	(set)	303554	299738	18560	26488
自有机械设备总功率	（万千瓦）	Total Power of Machinery and Equipment Owned	(10 000 kw)	946.67	970.02	56.02	122.36
建筑业总产值	（万元）	Gross Output Value of Construction	(10 000 yuan)	146681509	156126956	12058125	24983939
竣工产值	（万元）	Output Value of Completed Projects	(10 000 yuan)	61490597	66902605	3317217	8316945
房屋建筑施工面积	（万平方米）	Floor Space of Buildings under Construction	(10 000 sq.m)	61743	67655	6199	11268
房屋建筑竣工面积	（万平方米）	Floor Space of Buildings Completed	(10 000 sq.m)	20341	22573	986	2090
利润总额	（万元）	Total Profits	(10 000 yuan)	4002014	4980760	367545	1300454
税金总额	（万元）	Total Tax	(10 000 yuan)	3988025	4154839	249703	501035
利税总额	（万元）	Total Pre-Tax Profits	(10 000 yuan)	7990039	9135599	617248	1801489
按总产值计算的劳动生产率	（元/人）	Overall Labor Productivity	(yuan/person)	351768	340919	351104	407795
技术装备率	（元/人）	Value of Machinery per Laborer	(yuan/person)	6119	4457	2231	5082
动力装备率	（千瓦/人）	Power of Machinery per Laborer	(kw/person)	2.27	2.12	1.63	2
房屋建筑面积竣工率	(%)	Rate of Floor Space of Buildings Completed	(%)	32.94	33.36	15.91	18.55
产值利润率	(%)	Ratio of Profit to Gross Output Value	(%)	2.73	3.19	3.05	5.21
产值利税率	(%)	Ratio of Pre-tax Profit to Gross Output Value	(%)	5.45	5.85	5.12	7.21

Main Indicators on Construction Enterprises by Registered Types

#集体企业 Collective-owned		#股份有限公司 Share-holding Corporations		#其他有限责任公司 Other Ltd. Company		#港澳台商投资 Funded by Entrepreneurs from Hong Kong, Macao and Taiwan		#外商投资 Foreign Funded	
2019	2020	2019	2020	2019	2020	2019	2020	2019	2020
98	103	170	78	1833	1158	2	2	2	2
12.58	11.90	19.52	7.56	172.48	113.40	0.02	0.01	0.04	
103480	128914	375313	227548	5219767	4118673	727	727	5679	85
58523	74406	188486	121339	2783758	2189859	149	122	3531	11
35253	32086	692896	31719	859765	536930	5		737	12
15183	14803	17584	4132	133185	82326	5		242	48
17.80	13.71	34.77	9.39	474.51	421.42			0.30	
3827573	2884077	6812526	3785074	68405128	47538553	10175	13138	7398	221
1694552	1298885	2964341	1561752	27288812	18394976	317	633	4064	221
883	782	5351	3521	28553	21589				
642	575	1572	855	7277	4920				
111298	83193	154855	90533	1803348	1395949	251	244	960	4
187682	167051	185165	85805	1583837	1102336	3	14	202	8
298980	250244	340020	176338	3387185	2498285	254	258	1162	12
304375	242421	349085	500426	396588	419328	628086	1216481	195714	46042
2803	2697	35505	4194	4985	4735	309		19497	2500
1.42	1.15	1.78	1.24	2.75	3.72	0.09		8.02	1.00
72.71	73.53	29.38	24.28	25.49	22.79				
2.91	2.88	2.27	2.39	2.64	2.94	2.47	1.86	12.98	1.81
7.81	8.68	4.99	4.66	4.95	5.26	2.50	1.96	15.71	5.43

15-3 各市(州)建筑业企业个数
Number of Construction Enterprises by Region

单位：个 (unit)

市(州)	Region	2010	2011	2012	2013	2014	2015	2016	2017	2018	2019	2020
全 省	**Sichuan**	**4334**	**4318**	**4283**	**4271**	**3965**	**3952**	**4333**	**5191**	**5860**	**6043**	**7405**
成都市	Chengdu	1524	1582	1551	1478	1200	1206	1408	1733	1801	1772	2108
自贡市	Zigong	168	150	146	133	129	121	116	136	135	115	157
攀枝花市	Panzhihua	80	89	84	91	78	80	80	90	93	89	100
泸州市	Luzhou	188	187	186	164	159	175	199	257	310	361	418
德阳市	Deyang	243	245	244	255	242	240	235	256	271	251	326
绵阳市	Mianyang	272	273	268	386	411	402	404	426	448	446	577
广元市	Guangyuan	199	194	184	172	165	168	179	190	216	247	300
遂宁市	Suining	173	171	156	148	143	139	169	176	177	166	240
内江市	Neijiang	130	128	126	119	111	103	107	113	115	106	135
乐山市	Leshan	197	162	156	147	152	160	169	191	201	199	222
南充市	Nanchong	249	223	250	249	243	241	249	280	330	317	449
眉山市	Meishan	126	124	126	134	135	126	119	126	117	160	221
宜宾市	Yibin	231	216	218	213	197	188	211	300	464	576	664
广安市	Guangan	103	111	113	99	110	109	123	140	187	202	219
达州市	Dazhou	99	113	124	124	118	119	125	140	161	158	276
雅安市	Yaan	51	50	49	52	44	44	51	53	58	70	101
巴中市	Bazhong	101	99	98	97	133	139	139	181	243	215	251
资阳市	Ziyang	120	122	118	122	110	98	60	61	69	54	64
阿坝藏族羌族自治州	Aba	28	27	28	27	28	29	31	82	127	145	148
甘孜藏族自治州	Ganzi	22	22	22	26	22	24	26	32	55	81	89
凉山彝族自治州	Liangshan	30	30	36	35	35	41	133	228	282	313	340

15-4 各市(州)按登记注册类型分建筑业企业个数(2020年)
Number of Construction Enterprises by Region and Registered Types(2020)

单位：个 (unit)

市(州)及分组	Region and Group	企业个数 Number of Enterprises	国有企业 State-owned	中央企业 Central	地方企业 Local	集体企业 Collective-owned	其他企业 Others	#股份有限公司 Share-holding Corporations	#其他有限责任公司 Other Ltd. Company
全　省	**Sichuan**	**7405**	**315**	**13**	**302**	**103**	**6987**	**78**	**1158**
按市(州)分	**Grouped by Region**								
成都市	Chengdu	2108	77	6	71	24	2007	18	371
自贡市	Zigong	157	5		5	2	150	4	26
攀枝花市	Panzhihua	100	6	1	5	1	93	1	14
泸州市	Luzhou	418	20		20	11	387	5	69
德阳市	Deyang	326	11	3	8	5	310	2	28
绵阳市	Mianyang	577	33	1	32		544	1	45
广元市	Guangyuan	300	6		6	6	288		33
遂宁市	Suining	240	3		3	3	234	3	58
内江市	Neijiang	135	6		6	2	127	6	18
乐山市	Leshan	222	18	1	17		204	2	34
南充市	Nanchong	449	19		19	7	423	5	69
眉山市	Meishan	221	8		8	3	210		38
宜宾市	Yibin	664	22		22	4	638	5	68
广安市	Guangan	219	10		10	5	204		30
达州市	Dazhou	276	7		7	8	261	8	56
雅安市	Yaan	101	17		17	3	81	3	17
巴中市	Bazhong	251	31	1	30	8	212	2	36
资阳市	Ziyang	64	3		3	3	58		10
阿坝藏族羌族自治州	Aba	148	1		1	2	145	3	46
甘孜藏族自治州	Ganzi	89	1		1	4	84	1	12
凉山彝族自治州	Liangshan	340	11		11	2	327	9	80
按资质等级分	**Grouped by Qualification Grade**								
总承包企业	The General Contractor	6044	278	10	268	84	5682	72	960
特级企业	The Special Grade	25	3		3		22	1	11
一级企业	The First Grade	521	41	6	35	2	478	13	149
二级企业	The Second Grade	2327	97	1	96	40	2190	30	381
三级企业	The Third Grade	3171	137	3	134	42	2992	28	419
专业承包企业	The Specialized Contractor	1361	37	3	34	19	1305	6	198
一级企业	The First Grade	212	5	1	4	1	206	2	46
二级企业	The Second Grade	743	20	2	18	12	711	3	102
三级企业及其他	The Third Grade & Others	406	12		12	6	388	1	50

15-5 各市(州)建筑业企业就业人员
Number of Staff and Workers in Construction Enterprises by Region

单位：万人 (10 000 persons)

市(州)	Region	2010	2011	2012	2013	2014	2015	2016	2017	2018	2019	2020
全　省	**Sichuan**	**292.15**	**249.46**	**230.23**	**262.65**	**241.79**	**244.23**	**291.82**	**377.99**	**382.56**	**351.62**	**395.12**
成都市	Chengdu	130.05	93.42	84.45	90.10	72.91	69.93	94.29	112.91	118.22	102.81	113.06
自贡市	Zigong	6.72	8.24	8.49	9.44	8.98	9.59	8.56	10.44	12.91	10.41	11.52
攀枝花市	Panzhihua	7.00	5.22	3.41	7.65	4.26	4.22	3.97	7.30	5.19	4.16	4.11
泸州市	Luzhou	17.27	16.11	16.31	21.99	23.05	24.33	31.53	41.03	40.76	43.90	42.15
德阳市	Deyang	16.49	13.54	10.47	12.87	10.00	8.35	8.65	9.40	11.25	10.39	10.51
绵阳市	Mianyang	12.63	11.94	11.82	15.00	15.83	18.28	20.02	23.77	22.79	20.71	23.27
广元市	Guangyuan	4.24	5.40	4.53	5.09	4.83	5.24	6.08	7.82	9.63	8.83	8.85
遂宁市	Suining	8.35	8.52	7.47	8.90	8.74	8.51	10.45	11.29	10.26	11.00	15.36
内江市	Neijiang	11.68	9.91	8.03	8.48	8.47	9.40	9.24	10.90	10.26	7.67	9.84
乐山市	Leshan	5.80	6.01	5.36	5.42	5.79	6.05	6.39	8.10	9.78	6.94	8.92
南充市	Nanchong	17.31	18.41	15.03	15.44	15.02	14.28	18.73	23.14	28.30	20.72	35.30
眉山市	Meishan	6.98	6.36	7.28	8.31	8.39	8.59	10.55	11.93	11.50	14.39	17.24
宜宾市	Yibin	8.54	8.45	8.73	10.57	10.42	10.61	11.62	15.56	19.82	22.55	24.00
广安市	Guangan	11.59	11.03	10.97	11.54	12.20	11.79	12.81	13.79	15.08	13.13	11.72
达州市	Dazhou	12.51	9.44	9.73	10.94	10.72	10.32	10.56	12.20	13.58	14.89	18.17
雅安市	Yaan	1.13	1.14	1.19	1.22	1.54	1.68	1.82	2.98	3.06	2.45	2.65
巴中市	Bazhong	6.10	7.27	7.24	9.08	10.20	12.82	16.04	21.91	22.82	20.55	22.87
资阳市	Ziyang	5.82	7.43	7.19	7.68	7.74	7.45	6.21	6.84	7.79	6.39	6.34
阿坝藏族羌族自治州	Aba			0.78	0.67			0.67	0.79	1.32	1.64	1.60
甘孜藏族自治州	Ganzi					0.50	0.57	0.53	0.60	1.02	1.19	1.05
凉山彝族自治州	Liangshan	1.14	0.86	1.47	1.84	1.71	1.78	3.11	25.28	7.22	6.90	6.58

15-6 各市(州)按登记注册类型分建筑业企业就业人员(2020年)

Number of Persons Employed in Construction Enterprises by Region and Registered Types(2020)

单位：万人 (10 000 persons)

市(州)及分组	Region and Group	合计 Total	国有企业 State -owned	中央企业 Central	地方企业 Local	集体企业 Collective-owned	其他企业 Others	#股份有限公司 Share-holding Corporations	#其他股份有限公司 Other Ltd. Company
全 省	**Sichuan**	**395.12**	**46.16**	**4.70**	**41.46**	**10.14**	**338.83**	**6.22**	**90.46**
按市(州)分	**Grouped by Region**								
成都市	Chengdu	113.06	25.10	3.48	21.62	0.73	87.24	2.88	40.93
自贡市	Zigong	11.52	1.55		1.55	0.05	9.92	0.34	2.56
攀枝花市	Panzhihua	4.11	0.08		0.08		4.03	0.02	1.54
泸州市	Luzhou	42.15	3.82		3.82	3.21	35.13	0.35	8.29
德阳市	Deyang	10.51	1.40	0.16	1.23	0.19	8.93	0.04	1.01
绵阳市	Mianyang	23.27	2.65	1.02	1.64		20.62	0.09	1.47
广元市	Guangyuan	8.85	0.19		0.19	0.02	8.64		2.45
遂宁市	Suining	15.36	0.04		0.04	0.69	14.63	0.47	3.33
内江市	Neijiang	9.84	0.29		0.29	0.15	9.40	0.34	1.19
乐山市	Leshan	8.92	1.12	0.02	1.11		7.80	0.11	1.31
南充市	Nanchong	35.30	2.62		2.62	0.77	31.91	0.46	6.18
眉山市	Meishan	17.24	0.35		0.35	0.27	16.62		1.88
宜宾市	Yibin	24.00	1.62		1.62	0.40	21.98	0.12	5.70
广安市	Guangan	11.72	0.43		0.43	0.89	10.40		0.76
达州市	Dazhou	18.17	1.18		1.18	0.69	16.30	0.29	4.38
雅安市	Yaan	2.65	0.32		0.32	0.20	2.14	0.05	0.24
巴中市	Bazhong	22.87	2.91	0.02	2.89	1.46	18.50	0.56	4.21
资阳市	Ziyang	6.34	0.21		0.21	0.32	5.82		0.88
阿坝藏族羌族自治州	Aba	1.60	0.05		0.05	0.02	1.53	0.01	0.50
甘孜藏族自治州	Ganzi	1.05	0.01		0.01	0.08	0.96		0.07
凉山彝族自治州	Liangshan	6.58	0.23		0.23		6.34	0.11	1.58
按资质等级分	**Grouped by Qualification Grade**								
总承包企业	The General Contractor	363.96	40.96	1.81	39.15	8.99	314.01	6.01	84.94
特级企业	The Special Grade	19.24	2.34		2.34		16.90	0.64	11.34
一级企业	The First Grade	116.08	22.37	1.64	20.73	0.35	93.36	2.43	35.52
二级企业	The Second Grade	153.15	10.38		10.38	5.36	137.40	2.39	27.74
三级企业	The Third Grade	75.49	5.86	0.17	5.69	3.28	66.35	0.56	10.34
专业承包企业	The Specialized Contractor	31.16	5.20	2.89	2.31	1.14	24.82	0.22	5.52
一级企业	The First Grade	10.67	4.03	2.82	1.21	0.13	6.51	0.03	2.32
二级企业	The Second Grade	12.12	0.70	0.07	0.63	0.91	10.50	0.10	2.00
三级企业及其他	The Third Grade & Others	8.37	0.47		0.47	0.10	7.80	0.08	1.19

15-7 各市(州)建筑业企业施工、竣工房屋面积(2020年)
Floor Space of Buildings under Construction and Completed of Construction Enterprises by Region(2020)

市(州)及分组	Region and Group	房屋建筑施工面积(万平方米) Floor Space of Buildings under Construction (10 000 sq.m)	#本年新开工 Newly-started Buildings	房屋建筑竣工面积(万平方米) Floor Space of Buildings Completed (10 000 sq.m)	#住宅 Residential Housing	房屋面积竣工率(%) Rate of Floor Space Completed (%)
全　省	**Sichuan**	**67655.15**	**28123.20**	**22572.79**	**16419.77**	**33.36**
按市(州)分	**Grouped by Region**					
成都市	Chengdu	29193.84	9281.51	6126.16	4245.62	20.98
自贡市	Zigong	2948.89	794.13	913.79	777.22	30.99
攀枝花市	Panzhihua	211.34	52.19	122.45	99.60	57.94
泸州市	Luzhou	4531.16	2161.84	2619.62	1655.19	57.81
德阳市	Deyang	2714.32	853.38	867.94	641.60	31.98
绵阳市	Mianyang	4019.49	1832.16	1148.58	714.58	28.58
广元市	Guangyuan	842.38	337.12	234.07	140.76	27.79
遂宁市	Suining	2322.71	1478.45	1231.92	805.95	53.04
内江市	Neijiang	1390.95	701.83	841.99	602.19	60.53
乐山市	Leshan	1622.44	544.40	493.24	405.52	30.40
南充市	Nanchong	4887.93	2907.72	2675.17	2406.62	54.73
眉山市	Meishan	1507.49	920.57	885.55	723.01	58.74
宜宾市	Yibin	3840.86	2279.98	786.92	445.35	20.49
广安市	Guangan	918.59	368.68	486.63	373.35	52.98
达州市	Dazhou	2744.77	1384.72	1104.18	831.39	40.23
雅安市	Yaan	438.75	236.84	164.12	106.92	37.41
巴中市	Bazhong	2173.29	1344.70	1278.03	1025.99	58.81
资阳市	Ziyang	596.06	304.16	215.71	186.93	36.19
阿坝藏族羌族自治州	Aba	74.14	39.45	41.02	22.29	55.32
甘孜藏族自治州	Ganzi	36.29	15.57	35.44	13.22	97.67
凉山彝族自治州	Liangshan	639.45	283.80	300.25	196.47	46.95
按资质等级分	**Grouped by Qualification Grade**					
总承包企业	The General Contractor	65788.56	27081.42	21568.91	15641.10	32.79
特级企业	The Special Grade	12711.92	3134.11	2173.68	1357.42	17.10
一级企业	The First Grade	25959.51	9336.39	6832.50	5358.75	26.32
二级企业	The Second Grade	20955.51	11029.19	9113.50	6739.18	43.49
三级企业	The Third Grade	6161.62	3581.74	3449.24	2185.75	55.98
专业承包企业	The Specialized Contractor	1866.58	1041.77	1003.88	778.67	53.78
一级企业	The First Grade	435.86	283.06	315.23	261.88	72.32
二级企业	The Second Grade	838.24	489.53	510.53	367.74	60.91
三级企业及其他	The Third Grade & Others	592.49	269.19	178.12	149.05	30.06

15-8 各市(州)建筑业企业房屋施工面积
Floor Space under Construction of Construction Enterprises by Region

单位：万平方米 (10 000 sq.m)

市(州)	Region	2010	2011	2012	2013	2014	2015	2016	2017	2018	2019	2020
全　省	**Sichuan**	**29440.82**	**34738.35**	**38550.93**	**47377.67**	**53362.63**	**52795.35**	**54048.32**	**60593.38**	**63481.47**	**61742.99**	**67655.15**
成都市	Chengdu	12668.80	15945.53	17266.36	22115.29	22463.04	23852.51	23327.39	25294.66	26083.82	28378.91	29193.84
自贡市	Zigong	859.29	1048.78	1033.49	1337.10	1689.31	1807.44	2030.35	2462.64	2562.71	2613.71	2948.89
攀枝花市	Panzhihua	240.36	403.17	466.34	543.93	546.12	443.54	504.24	543.15	599.40	575.66	211.34
泸州市	Luzhou	1887.51	1953.20	2544.39	3652.50	4250.37	4063.63	4493.66	4923.93	5062.74	4742.86	4531.16
德阳市	Deyang	1539.85	1923.51	1885.98	2124.82	2440.91	1979.12	1969.73	1970.44	2179.28	2317.19	2714.32
绵阳市	Mianyang	1663.43	1758.37	1947.93	2149.56	2675.96	2788.66	2696.52	3123.88	3728.64	3207.36	4019.49
广元市	Guangyuan	439.24	565.64	513.82	591.40	740.49	860.18	1085.02	1106.73	1180.89	1004.49	842.38
遂宁市	Suining	1017.56	1035.91	1025.61	1115.87	1293.20	1470.14	1608.21	2022.84	1795.05	1753.44	2322.71
内江市	Neijiang	876.29	898.06	933.27	1041.99	1336.58	1372.57	1507.44	1446.66	1352.94	943.09	1390.95
乐山市	Leshan	781.46	779.86	751.20	897.37	829.18	1000.99	1128.86	1513.57	1664.44	1227.64	1622.44
南充市	Nanchong	1971.89	2101.09	2538.98	2936.77	3123.15	3026.20	3110.31	3730.38	4430.21	4516.28	4887.93
眉山市	Meishan	715.49	877.23	945.04	1154.33	1334.19	1447.88	1639.34	1891.08	1597.53	1440.50	1507.49
宜宾市	Yibin	856.13	954.53	1075.23	1281.63	3255.42	1420.49	1524.87	1849.88	2343.11	1857.05	3840.86
广安市	Guangan	939.08	844.44	1054.28	1373.97	1640.87	1467.11	1505.44	1615.21	1511.37	1087.66	918.59
达州市	Dazhou	1284.70	1434.92	1855.04	1925.55	2183.50	2158.90	2258.85	2337.79	2485.36	2219.69	2744.77
雅安市	Yaan	111.51	111.44	138.80	133.09	179.48	211.84	269.22	478.77	424.96	360.05	438.75
巴中市	Bazhong	675.57	1072.34	1318.72	1693.16	1851.24	1798.07	2038.10	2602.17	2827.20	2111.35	2173.29
资阳市	Ziyang	620.60	783.83	955.58	983.24	1100.23	1235.57	694.24	860.17	772.02	608.78	596.06
阿坝藏族羌族自治州	Aba	37.76	43.34	52.17	47.42	56.58	46.64	50.43	95.24	83.24	67.95	74.14
甘孜藏族自治州	Ganzi	27.34	26.58	28.64	37.99	34.95	28.50	36.73	37.82	90.54	51.76	36.29
凉山彝族自治州	Liangshan	226.97	176.58	220.09	240.71	337.88	135.36	569.37	686.35	706.03	657.57	639.45

15–9 各市(州)建筑业企业房屋竣工面积
Floor Space Completed of Construction Enterprises by Region

单位：万平方米 (10 000 sq.m)

市(州)	Region	2010	2011	2012	2013	2014	2015	2016	2017	2018	2019	2020
全　省	**Sichuan**	**12086.29**	**13663.11**	**15768.08**	**18211.86**	**19544.25**	**20666.78**	**20977.99**	**22598.13**	**24876.82**	**20355.93**	**22572.79**
成都市	Chengdu	3726.60	4864.35	5192.89	5787.99	5870.98	5985.54	6242.71	5837.73	6813.06	5437.82	6126.16
自贡市	Zigong	393.53	450.27	466.31	460.45	563.04	608.37	609.66	870.07	747.26	682.82	913.79
攀枝花市	Panzhihua	90.85	71.46	95.85	277.10	175.66	94.59	185.45	161.63	146.61	113.75	122.45
泸州市	Luzhou	1086.28	1056.86	1337.94	1704.97	1964.55	2177.22	2262.69	2372.83	2646.46	2680.60	2619.62
德阳市	Deyang	636.40	676.46	644.28	843.84	765.54	864.30	706.88	737.00	513.15	512.35	867.94
绵阳市	Mianyang	642.68	680.53	691.93	703.27	825.47	943.77	1018.21	1300.32	1770.05	1304.46	1148.58
广元市	Guangyuan	175.70	211.32	224.05	203.92	247.81	225.87	283.04	292.84	340.35	268.54	234.07
遂宁市	Suining	572.45	560.36	592.61	707.89	793.49	889.56	906.57	1201.15	1339.96	1094.60	1231.92
内江市	Neijiang	405.82	406.52	416.12	500.13	658.18	792.71	837.86	865.03	802.04	671.46	841.99
乐山市	Leshan	412.58	372.16	393.39	387.70	342.87	568.18	482.82	595.52	520.96	375.60	493.24
南充市	Nanchong	1028.98	1101.61	1651.03	1897.44	1925.93	2035.27	2030.84	2278.22	2710.07	1760.87	2675.17
眉山市	Meishan	428.43	479.26	529.49	670.15	641.74	729.00	808.22	866.09	1025.82	925.65	885.55
宜宾市	Yibin	441.97	523.40	619.89	675.72	776.92	805.03	818.39	949.52	905.97	800.56	786.92
广安市	Guangan	506.85	390.24	553.21	737.57	848.59	845.74	842.39	872.56	884.42	679.35	486.63
达州市	Dazhou	785.32	679.44	831.41	807.62	1106.82	1022.08	1039.44	1131.75	1248.45	988.47	1104.18
雅安市	Yaan	68.06	71.92	81.61	75.33	104.85	118.05	169.13	181.95	197.51	197.00	164.12
巴中市	Bazhong	274.21	469.82	745.97	1034.10	1233.37	1147.90	1153.05	1504.32	1629.38	1265.92	1278.03
资阳市	Ziyang	296.09	457.93	522.69	545.93	528.08	581.06	279.48	215.99	274.15	282.33	215.71
阿坝藏族羌族自治州	Aba	27.29	30.58	31.50	31.21	41.76	38.24	34.71	58.30	51.77	41.16	41.02
甘孜藏族自治州	Ganzi	12.81	12.71	9.49	15.63	14.22	15.54	19.99	22.37	36.49	36.73	35.44
凉山彝族自治州	Liangshan	73.40	95.91	136.42	143.90	114.40	178.75	246.45	282.94	272.87	235.89	300.25

15-10 各市(州)建筑业企业动力装备情况(2020年)

Power of Machinery and Equipment Owned of Construction Enterprises by Region(2020)

市(州)及分组	Region and Group	自有机械设备总台数(台) Number of Machinery and Equipment Owned (unit)	自有机械设备总功率(万千瓦) Total Power of Machinery and Equipment Owned (10 000 kw)	自有机械设备净值(万元) Net Value of Machinery and Equipment Owned (10 000 yuan)	技术装备率(元/人) Value of Machinery per Laborer (yuan/person)	动力装备率(千瓦/人) Power of Machinery per Laborer (kw/person)
全　省	**Sichuan**	**299738**	**970.02**	**2041085**	**4457**	**2.12**
按市(州)分	**Grouped by Region**					
成都市	Chengdu	86778	449.39	747626	4960	2.98
自贡市	Zigong	7993	18.62	31958	2514	1.47
攀枝花市	Panzhihua	2630	9.70	27748	6941	2.43
泸州市	Luzhou	17959	60.11	79722	1754	1.32
德阳市	Deyang	10891	17.37	43852	2971	1.18
绵阳市	Mianyang	11636	35.30	92337	3843	1.47
广元市	Guangyuan	13105	25.65	69983	8135	2.98
遂宁市	Suining	13247	53.55	87654	5534	3.38
内江市	Neijiang	7503	10.60	30435	3002	1.05
乐山市	Leshan	9818	15.64	42018	4463	1.66
南充市	Nanchong	15925	53.93	302620	7171	1.28
眉山市	Meishan	8780	24.26	48392	2919	1.46
宜宾市	Yibin	8422	16.47	61516	2533	0.68
广安市	Guangan	20029	88.99	57641	4586	7.08
达州市	Dazhou	27595	32.16	100903	5467	1.74
雅安市	Yaan	3672	8.48	21728	7794	3.04
巴中市	Bazhong	18489	25.86	127714	4482	0.91
资阳市	Ziyang	2883	9.57	25549	3649	1.37
阿坝藏族羌族自治州	Aba	6630	3.59	6901	3893	2.02
甘孜藏族自治州	Ganzi	1099	2.94	4709	3443	2.15
凉山彝族自治州	Liangshan	4654	7.83	30081	4442	1.16
按资质等级分	**Grouped by Qualification Grade**					
总承包企业	The General Contractor	275364	900.87	1879717	4453	2.13
特级企业	The Special Grade	23483	167.60	256503	5664	3.70
一级企业	The first Grade	69717	338.36	462449	3683	2.69
二级企业	The Second Grade	112605	234.44	739925	4528	1.43
三级企业及其他	The Third Grade & Other	69559	160.47	420841	4794	1.83
专业承包企业	The Specialized Contractor	24374	69.15	161369	4497	1.93
一级企业	The first Grade	9428	29.78	48282	3986	2.46
二级企业	The Second Grade	10491	23.93	52714	3682	1.67
三级企业及其他	The Third Grade & Other	4455	15.43	60373	6389	1.63

15−11　各市(州)按登记注册类型和构成分建筑业企业总产值(2020年)

单位：万元

市(州)及分组	Region and Group	建筑业总产值 Total Output Value	国有企业 State-owned	中央企业 Central	地方企业 Local	集体企业 Collective-owned
全　省	**Sichuan**	**156126956**	**24983939**	**2454351**	**22529588**	**2884077**
按市(州)分	**Grouped by Region**					
成都市	Chengdu	62270111	15238309	1498643	13739667	214934
自贡市	Zigong	4647211	594474		594474	10719
攀枝花市	Panzhihua	1218687	72727	1263	71464	
泸州市	Luzhou	14258058	1181685		1181685	950578
德阳市	Deyang	4272336	1041010	131648	909363	33016
绵阳市	Mianyang	8183961	1851405	806818	1044587	
广元市	Guangyuan	2373689	84403		84403	7025
遂宁市	Suining	5139208	29440		29440	187449
内江市	Neijiang	3355281	84045		84045	31802
乐山市	Leshan	2863582	488147	1021	487126	
南充市	Nanchong	13874144	1506645		1506645	294844
眉山市	Meishan	4501611	77668		77668	76461
宜宾市	Yibin	6958595	576645		576645	107620
广安市	Guangan	3054711	236157		236157	266106
达州市	Dazhou	5831298	436442		436442	225983
雅安市	Yaan	770912	205033		205033	39565
巴中市	Bazhong	7149588	1034511	14959	1019552	344419
资阳市	Ziyang	1697997	31007		31007	53610
阿坝藏族羌族自治州	Aba	694069	15164		15164	7456
甘孜藏族自治州	Ganzi	369879	2198		2198	18861
凉山彝族自治州	Liangshan	2642030	196824		196824	13631
按新资质等级分	**Grouped by Qualification Grade**					
总承包企业	The General Contractor	145321051	23385785	1775730	21610055	2600574
特级企业	The Special Grade	23543963	5979529		5979529	
一级企业	The First Grade	48324825	10684661	1685954	8998707	112027
二级企业	The Second Grade	49349632	3740802	1263	3739538	1469187
三级企业	The Third Grade	24102631	2980793	88513	2892280	1019359
专业承包企业	The Specialized Contractor	10805905	1598154	678621	919534	283503
一级企业	The First Grade	4837697	1185380	661910	523470	25188
二级企业	The Second Grade	4041477	258260	16711	241549	238468
三级企业及其他	The Third Grade & Others	1926732	154515		154515	19847

Gross Output Value of Construction Enterprises by Region, Registered Types and Composition(2020)

(10 000 yuan)

其他企业 Others	#股份有限公司 Share-holding Corporations	#其他有限责任公司 Other Ltd. Company	建筑工程产值 Output Value of Construction	安装工程产值 Output Value of Installation	其它产值 Other Output Value	房屋工程和土木工程 Output Value of Building & Civil Engineering
128258940	**3785074**	**47538553**	**136073775**	**13233982**	**6819199**	**147618028**
46816868	2563180	29078588	54616390	4737638	2916084	58304568
4042018	149878	1383708	4371309	181963	93940	4525971
1145960	4833	543664	907993	241441	69253	1075222
12125795	149289	2833059	11762498	1543517	952042	14016132
3198310	33962	863127	3659800	423234	189303	3800869
6332556	56018	862083	7472287	520708	190967	7698657
2282261		592127	2155176	107880	110634	2311387
4922319	110786	1119417	4383540	418245	337423	4923562
3239435	79788	315628	2963885	203074	188322	3227140
2375435	18779	492647	2486454	310329	66799	2673301
12072656	243694	2371361	11772851	1519162	582131	12815394
4347482		453058	4118992	262774	119845	4342855
6274330	27359	1975129	6462444	334152	162000	6538379
2552448		373065	2103807	812596	138309	2907949
5168873	117773	1749128	5161205	393348	276745	5719308
526314	33057	124803	646731	94658	29523	728033
5770658	160397	1132259	6159439	804571	185577	6920135
1613381		224015	1550493	126827	20677	1563842
671449	4425	220509	625733	27969	40367	641398
348820	1987	62965	330964	9236	29679	367985
2431575	29869	768217	2361786	160663	119581	2515942
119334692	3671219	44535498	128513492	10691675	6115884	141582878
17564434	1329924	14453635	21591483	954669	997812	23543963
37528137	1508558	16492271	43428971	2879969	2015885	47038140
44139644	725664	9918879	42829363	4705574	1814695	47662197
20102478	107074	3670713	20663675	2151463	1287493	23338579
8924248	113855	3003055	7560283	2542307	703315	6035150
3627129	14055	2015147	3456780	1085254	295663	2768922
3544749	89485	647873	2679699	1066340	295438	2223829
1752370	10314	340035	1423805	390713	112214	1042400

15-11 续表 continued

单位：万元 (10 000 yuan)

市(州)及分组	Region and Group	#房屋工程建筑业 Building	#土木工程建筑业 Civil Engineering	建筑安装业 Output Value of Installation	建筑装饰、装修和其他建筑业 Output Value of Ornament, Decoration and Other Construction	竣工产值 Output Value of Completed Construction
全　省	**Sichuan**	**107169765**	**40448263**	**5144020**	**3358096**	**66902605**
按市(州)分	**Grouped by Region**					
成都市	Chengdu	31105393	27199175	2502648	1462895	22403113
自贡市	Zigong	4426273	99698	117868	3372	2112078
攀枝花市	Panzhihua	751845	323377	89825	53639	694971
泸州市	Luzhou	13013304	1002828	189764	52162	5735182
德阳市	Deyang	3008454	792415	247291	224176	2383096
绵阳市	Mianyang	6219569	1479088	248394	236909	4089073
广元市	Guangyuan	1964813	346574	28425	33877	1114228
遂宁市	Suining	4475341	448221	56523	159124	2755280
内江市	Neijiang	2942811	284329	101486	26656	2198304
乐山市	Leshan	2407183	266118	159806	30475	1483504
南充市	Nanchong	9957943	2857451	725707	333044	6205372
眉山市	Meishan	3935730	407125	134961	23795	2348043
宜宾市	Yibin	4796266	1742113	145667	274549	2605832
广安市	Guangan	2029016	878933	141163	5599	1531485
达州市	Dazhou	5364348	354960	48057	63933	3130213
雅安市	Yaan	558364	169669	30191	12688	371579
巴中市	Bazhong	6038317	881818	23161	206293	3284282
资阳市	Ziyang	1420407	143435	63225	70930	612922
阿坝藏族羌族自治州	Aba	435206	206192	31860	15236	303380
甘孜藏族自治州	Ganzi	287883	80102		1893	150872
凉山彝族自治州	Liangshan	2031300	484642	58000	66850	1389798
按新资质等级分	**Grouped by Qualification Grade**					
总承包企业	The General Contractor	104832678	36750200	2823785	907576	62809558
特级企业	The Special Grade	11413770	12130193			8209527
一级企业	The First Grade	35263836	11774304	1029987	256698	19038105
二级企业	The Second Grade	40691524	6970673	1320231	367205	25036820
三级企业	The Third Grade	17463548	5875031	473566	283674	10525106
专业承包企业	The Specialized Contractor	2337087	3698063	2320235	2450520	4093047
一级企业	The First Grade	320817	2448105	802382	1266393	1596645
二级企业	The Second Grade	1464903	758926	999934	817715	1723801
三级企业及其他	The Third Grade & Others	551367	491033	517920	366412	772600

15-12 各市(州)建筑业企业总产值

Gross Output Value of Construction Enterprises by Region

单位：万元 (10 000 yuan)

市(州)	Region	2010	2012	2013	2014	2015	2016	2017	2018	2019	2020
全 省	**Sichuan**	**42008601**	**62926651**	**72774103**	**81485208**	**88475906**	**100441634**	**119962154**	**137522652**	**146681509**	**156126956**
成都市	Chengdu	20974379	33282864	36570771	38792821	40953808	44314587	49595545	56958394	58743793	62270111
自贡市	Zigong	851323	1242434	1604078	1782088	2033489	2432486	3112290	4088151	3902789	4647211
攀枝花市	Panzhihua	1257162	1644819	1821553	1632167	1752843	2001219	2193364	2450241	2603344	1218687
泸州市	Luzhou	1760209	2938168	4108709	5220235	5786230	7615767	10261744	10447970	15901090	14258058
德阳市	Deyang	2537597	2136726	2363317	2566878	2644426	3034254	3617901	4350052	4457886	4272336
绵阳市	Mianyang	1861597	2275935	2807690	3521134	3975714	4407795	5686736	7212475	7087793	8183961
广元市	Guangyuan	516101	765481	911569	1074803	1255189	1458403	1783979	2242770	2298774	2373689
遂宁市	Suining	1051181	1305440	1556025	1825481	2105375	2481006	3308825	3025877	4055024	5139208
内江市	Neijiang	1053573	1255579	1440762	1878608	2074803	2559424	2641133	2962726	2769287	3355281
乐山市	Leshan	775628	1065775	1152511	1259091	1510509	1795349	2360367	2811028	2317748	2863582
南充市	Nanchong	2150544	3557634	4339852	4965352	5312236	6028991	7663298	10596612	9002105	13874144
眉山市	Meishan	1087767	1232023	1552882	1996535	2407274	3037935	3436698	3434996	4335658	4501611
宜宾市	Yibin	964233	1458229	1829460	1948325	2231710	2673171	3605742	4882438	6135580	6958595
广安市	Guangan	1559555	2253959	2687220	3322882	3705093	4439155	5251317	5487875	5584670	3054711
达州市	Dazhou	1349893	2000019	2457807	2760362	2895431	3466774	4027765	4616833	5082648	5831298
雅安市	Yaan	114596	158650	168340	244349	281120	337592	454729	543237	691939	770912
巴中市	Bazhong	1131555	2384845	2921030	3791359	4194525	4815169	6441841	6401113	6599724	7149588
资阳市	Ziyang	687698	1300978	1580879	1891727	2173625	1875901	2219734	1906140	1677739	1697997
阿坝藏族羌族自治州	Aba	74796	76018	86027	93986	111016	122475	193296	378084	599587	694069
甘孜藏族自治州	Ganzi	35605	40029	74473	96289	89581	94817	141019	236058	331629	369879
凉山彝族自治州	Liangshan	210607	551046	739148	820736	981910	1449368	1964831	2489581	2502703	2642030

15-13 各市(州)建筑业企业主要财务指标(2020年)
Major Financial Indicators of Construction Enterprises by Region(2020)

单位：万元 (10 000 yuan)

市(州)及分组	Region and Group	资产合计 Total Assets	负债合计 Total Liabilities	所有者权益合计 Total Owners' Equities	利润总额 Total Profits	税金总额 Total Tax	利税总额 Total Pre-tax Profits
全　省	**Sichuan**	**150390380**	**106859090**	**43537450**	**4980760**	**4154839**	**9135599**
按市(州)分	**Grouped by Region**						
成都市	Chengdu	91596243	69211930	22390473	2165533	1304666	3470199
自贡市	Zigong	2370373	1580255	790118	110677	113969	224646
攀枝花市	Panzhihua	1453076	1110939	342137	24824	41431	66255
泸州市	Luzhou	4691772	2972390	1719382	227219	282797	510015
德阳市	Deyang	3433299	2550152	883147	52842	87277	140118
绵阳市	Mianyang	8247461	5560380	2687081	199622	206035	405657
广元市	Guangyuan	1724931	1042883	682048	81626	105252	186878
遂宁市	Suining	3030293	2039610	990683	160021	180260	340281
内江市	Neijiang	1473923	826188	647735	73913	89695	163608
乐山市	Leshan	3087709	1808133	1279576	111496	101025	212520
南充市	Nanchong	4310692	2640919	1669774	559788	515737	1075525
眉山市	Meishan	3928730	2288258	1640473	151400	152542	303942
宜宾市	Yibin	7560728	5141786	2418942	359709	203444	563153
广安市	Guangan	2911869	1672241	1239628	140258	125630	265888
达州市	Dazhou	2430320	1165484	1264836	299945	274375	574320
雅安市	Yaan	1108223	735286	372936	24879	23374	48253
巴中市	Bazhong	3387037	2184579	1202459	163640	205825	369465
资阳市	Ziyang	812305	492065	320241	28934	56633	85566
阿坝藏族羌族自治州	Aba	544486	316827	227658	6919	20188	27106
甘孜藏族自治州	Ganzi	364575	218097	146478	8069	17912	25981
凉山彝族自治州	Liangshan	1922337	1300690	621647	29448	46776	76224
按资质等级分	**Grouped by Qualification Grade**						
总承包企业	The General Contractor	139017315	98813893	40209581	4597377	3821580	8418956
特级企业	The Special Grade	33381954	26020467	7361487	845521	277174	1122695
一级企业	The First Grade	52114300	38447710	13666590	1602008	1196902	2798910
二级企业	The Second Grade	34469620	22308518	12167262	1351107	1588070	2939177
三级企业	The Third Grade	19051441	12037199	7014242	798741	759435	1558176
专业承包企业	The Specialized Contractor	11373066	8045197	3327869	383383	333259	716642
一级企业	The First Grade	5401114	4198115	1202999	146493	113213	259707
二级企业	The Second Grade	4244579	2728733	1515846	148250	145679	293928
三级企业及其他	The Third Grade & Others	1727373	1118349	609024	88640	74367	163007

15-14 各市(州)总承包和专业承包建筑业企业资产和负债(2020年)

Assets and Liabilities of General and Professional Contractor Construction Enterprises by Region(2020)

单位：万元 (10 000 yuan)

市(州)及分组	Region and Group	年末资产 合计 Total Assets (year-end)	#流动资产 Current Assets	年末负债 合计 Total Liabilities (year-end)	#流动负债 Current Liabilities
全 省	**Sichuan**	**150390380**	**114665036**	**106859090**	**90000438**
按市(州)分	**Grouped by Region**				
成都市	Chengdu	91596243	70812864	69211930	60540417
自贡市	Zigong	2370373	2098735	1580255	1450263
攀枝花市	Panzhihua	1453076	1239932	1110939	1045511
泸州市	Luzhou	4691772	3821323	2972390	2568024
德阳市	Deyang	3433299	2908237	2550152	2329598
绵阳市	Mianyang	8247461	5940379	5560380	4196701
广元市	Guangyuan	1724931	1380670	1042883	815568
遂宁市	Suining	3030293	2348649	2039610	1691097
内江市	Neijiang	1473923	1237385	826188	690456
乐山市	Leshan	3087709	2091068	1808133	1342248
南充市	Nanchong	4310692	3170136	2640919	2115428
眉山市	Meishan	3928730	2649907	2288258	1737720
宜宾市	Yibin	7560728	5196658	5141786	3676447
广安市	Guangan	2911869	2048610	1672241	1212859
达州市	Dazhou	2430320	1678471	1165484	978153
雅安市	Yaan	1108223	639065	735286	403274
巴中市	Bazhong	3387037	2376076	2184579	1128713
资阳市	Ziyang	812305	677692	492065	430143
阿坝藏族羌族自治州	Aba	544486	439419	316827	295125
甘孜藏族自治州	Ganzi	364575	328674	218097	207287
凉山彝族自治州	Liangshan	1922337	1581088	1300690	1145408
按资质等级分	**Grouped by Qualification Grade**				
总承包企业	The General Contractor	139017315	105224345	98813893	82806565
特级企业	The Special Grade	33381954	23429367	26020467	22636558
一级企业	The First Grade	52114300	41133233	38447710	33050530
二级企业	The Second Grade	34469620	27291433	22308518	18516247
三级企业	The Third Grade	19051441	13370312	12037199	8603229
专业承包企业	The Specialized Contractor	11373066	9440691	8045197	7193874
一级企业	The First Grade	5401114	4920228	4198115	4002541
二级企业	The Second Grade	4244579	3193239	2728733	2379080
三级企业及其他	The Third Grade & Others	1727373	1327224	1118349	812253

15-15 各市(州)总承包和专业承包建筑业企业所有者权益和利税(2020年)
Owners' Equities and Pre-tax Profits of General and Professional Contractor Construction Enterprises by Region(2020)

单位：万元 (10 000 yuan)

市(州)及分组	Region and Group	所有者权益 Owners' Equities	利税总额 Total Pre-tax Profits	利润总额 Total Profits	税金总额 Total Taxes	#主营业务税金及附加 Taxes and Extra Charges on Project Settlement Accounts
全 省	**Sichuan**	**43537450**	**9135599**	**4980760**	**4154839**	**1161766**
按市(州)分	**Grouped by Region**					
成都市	Chengdu	22390473	3470199	2165533	1304666	231240
自贡市	Zigong	790118	224646	110677	113969	28950
攀枝花市	Panzhihua	342137	66255	24824	41431	9073
泸州市	Luzhou	1719382	510015	227219	282797	90864
德阳市	Deyang	883147	140118	52842	87277	16296
绵阳市	Mianyang	2687081	405657	199622	206035	52313
广元市	Guangyuan	682048	186878	81626	105252	29996
遂宁市	Suining	990683	340281	160021	180260	79791
内江市	Neijiang	647735	163608	73913	89695	41964
乐山市	Leshan	1279576	212520	111496	101025	22585
南充市	Nanchong	1669774	1075525	559788	515737	186995
眉山市	Meishan	1640473	303942	151400	152542	42982
宜宾市	Yibin	2418942	563153	359709	203444	50034
广安市	Guangan	1239628	265888	140258	125630	56234
达州市	Dazhou	1264836	574320	299945	274375	100248
雅安市	Yaan	372936	48253	24879	23374	8071
巴中市	Bazhong	1202459	369465	163640	205825	81332
资阳市	Ziyang	320241	85566	28934	56633	19010
阿坝藏族羌族自治州	Aba	227658	27106	6919	20188	3941
甘孜藏族自治州	Ganzi	146478	25981	8069	17912	2206
凉山彝族自治州	Liangshan	621647	76224	29448	46776	7643
按资质等级分	**Grouped by Qualification Grade**					
总承包企业	The General Contractor	40209581	8418956	4597377	3821580	1084436
特级企业	The Special Grade	7361487	1122695	845521	277174	62809
一级企业	The First Grade	13666590	2798910	1602008	1196902	224186
二级企业	The Second Grade	12167262	2939177	1351107	1588070	535203
三级企业	The Third Grade	7014242	1558176	798741	759435	262238
专业承包企业	The Specialized Contractor	3327869	716642	383383	333259	77330
一级企业	The First Grade	1202999	259707	146493	113213	17545
二级企业	The Second Grade	1515846	293928	148250	145679	39913
三级企业及其他	The Third Grade & Others	609024	163007	88640	74367	19873

15-16 各市(州)按登记注册类型分建筑业企业劳动生产率(2020年)

Labor Productivity of Construction Enterprises by Region and Registered Types (2020)

单位:元/人 (yuan/person)

市(州)及分组	Region and Group	按总产值计算的劳动生产率 Overall Labor Productivity in Terms of Total Output Value	国有企业 State -owned	中央企业 Central	地方企业 Local	集体企业 Colle- ctive owned	其他企业 Others	#股份有限公司 Share- holding Corporations	#其他有限责任公司 Other Ltd. Company
全 省	**Sichuan**	**340919**	**407795**	**459332**	**402871**	**242421**	**333317**	**500426**	**419218**
按市(州)分	**Grouped by Region**								
成都市	Chengdu	413150	403132	394639	404081	302639	417224	668923	505754
自贡市	Zigong	365582	393015		393015	454174	361682	338248	524967
攀枝花市	Panzhihua	304870	477836	485846	477697		298023	333276	355638
泸州市	Luzhou	313719	285114		285114	198285	332123	333308	330833
德阳市	Deyang	289412	596123	308020	689486	174781	249344	853317	212237
绵阳市	Mianyang	340578	681867	769424	626777		297102	391733	585972
广元市	Guangyuan	275914	463245		463245	228091	272022		358040
遂宁市	Suining	324463	922887		922887	278735	325234	234467	296409
内江市	Neijiang	330915	323373		323373	212578	332936	249259	240241
乐山市	Leshan	304148	395453	65871	399644		290371	185934	366008
南充市	Nanchong	328750	471077		471077	315375	317121	466221	333891
眉山市	Meishan	271563	230812		230812	281728	272248		217503
宜宾市	Yibin	286509	445871		445871	295578	277256	246925	325983
广安市	Guangan	243028	304326		304326	279376	235446		331171
达州市	Dazhou	315914	401326		401326	329038	309806	363947	391094
雅安市	Yaan	276531	595507		595507	185752	235962	589250	486372
巴中市	Bazhong	250905	265178	289337	264853	244963	248864	274700	228587
资阳市	Ziyang	242529	148145		148145	160845	249803		268089
阿坝藏族羌族自治州	Aba	391532	293872		293872	279247	396275	232916	428755
甘孜藏族自治州	Ganzi	270399	199827		199827	233713	273327	441622	238595
凉山彝族自治州	Liangshan	390106	708511		708511	235010	377761	230830	408669
按资质等级分	**Grouped by Qualification Grade**								
总承包企业	The General Contractor	344299	421933	725261	407915	243876	335220	500835	415450
特级企业	The Special Grade	519846	484569		484569		533057	623997	543302
一级企业	The First Grade	384830	436180	749379	404505	359984	372424	709542	424892
二级企业	The Second Grade	301966	317431	485846	317394	277556	301603	292795	339362
三级企业	The Third Grade	274563	438043	451598	437641	201494	264779	180137	292450
专业承包企业	The Specialized Contractor	301166	273628	234419	312161	229836	309804	487602	484356
一级企业	The First Grade	399364	262531	234164	310020	190240	485826	536466	727726
二级企业	The Second Grade	282289	340039	245025	349413	236975	282428	729302	296387
三级企业及其他	The Third Grade & Others	203889	273043		273043	209359	199378	121918	273098

主要统计指标解释

建筑业统计单位 指从事房屋、构筑物建造和设备安装活动的法人企业。建筑业法人企业应具有建筑业资质并能够独立核算，同时还应具备以下条件：①依法成立，有自己的名称、组织机构和场所，能够承担民事责任；②独立拥有和使用资产，承担负债，有权与其他单位签订合同；③独立核算盈亏，能够编制资产负债表。

建筑业总产值 是以货币形式表现的建筑业企业在一定时期内生产的建筑业产品和提供服务的总和。建筑业总产值包括：

(1)建筑工程产值：指列入建筑工程预算内的各种工程价值。

(2)安装工程产值：指设备安装工程价值，不包括被安装设备本身的价值。

(3)其他产值：指建筑业总产值中除建筑工程、安装工程以外的产值。包括房屋构筑物修理产值、非标准设备制造产值、总包企业向分包企业收取的管理费以及不能明确划分的施工活动所完成的产值。

建筑业增加值 指建筑业企业在报告期内以货币形式表现的从事建筑业生产经营活动的最终成果。

房屋施工面积 指在报告期内施工的全部房屋建筑面积，包括本期新开工的房屋建筑面积、上期跨入本期继续施工的房屋建筑面积、上期停缓建在本期恢复施工的房屋建筑面积、本期竣工的房屋建筑面积及本期施工后又停缓建的房屋建筑面积。

房屋竣工面积 指报告期内房屋建筑按照设计要求已全部完工，达到住人和使用条件，经验收鉴定合格或达到竣工验收标准，可正式移交使用的各栋房屋建筑面积的总和。

Explanatory Notes on Main Statistical Indicators

Statistical Unit in Construction refers to a corporate enterprise engaged in the construction of buildings and structures and in the installation of equipment. A corporate construction enterprise should have qualification certificates with independent accounting system, and should meet the following 3 requirements: a) being set up in line with relevant legal basis, having its full name, organization and location, and capable of taking civil liabilities; b) independently possessing and using its assets and assuming its liabilities, and entitled to sign contracts with other institutions; c) making independent accounts of its profits and losses, and capable of compiling its own balance sheet.

Gross Output Value of Construction refers to total of construction products, expressed in money terms, completed by construction and installation enterprises during a given period of time. It includes:

(1) Output value of construction projects, that is the value of projects covered by the project budgets;

(2) Output value of installation projects, that is the value of the installation of equipment, (excluding the value of the equipment to be installed);

(3) Output value of others, that is the output value of construction industry excluding that of construction projects and installation projects. It includes: output value of repair of buildings and structures; output value of non-standard equipment manufacturing; overhead expenses received by contracted enterprises to the sub-contracted enterprises and the completed output value of construction activities that have no clear definition.

Value-added of Construction refers to the final result of the activities of production and management of construction industry in monetary terms in the reference period.

Floor Space of Buildings refers to floor space of buildings under construction in the reference period, including the space of buildings for which construction has newly started; buildings for which construction has started earlier and is continuing during the reference period; and buildings for which construction has been suspended earlier but has restarted during the reference period; buildings completed during the reference period; and buildings under construction but construction has subsequently been during the reference period.

Floor Space of Buildings Completed refers to the total floor space of each building that has been completed in the reference period in accordance with the requirements of the design, up to the standard for being resided in and put into use, or has been checked and accepted by departments concerned as qualified ones or up to the standard of buildings completed and can be handed over for putting into use.

16 交通运输和邮电业

Chapter 16 Transportation and Post

SICHUAN STATISTICAL YEARBOOK

16−1 交通运输业情况
Conditions of Transport

指　标		Item		2010	2015	2017	2018	2019	2020
运输线路长度	**（万公里）**	**Length of Transport Routes**	**(10 000 km)**	**84.2**	**130.2**	**137.2**	**156.2**	**168.7**	**186.6**
铁路营业里程		Railways in Operation		0.4	0.4	0.5	0.5	0.5	0.5
公路里程		Highways		26.6	31.5	33.0	33.2	33.7	39.4
内河航道里程		Navigable Inland Waterways		1.1	1.1	1.1	1.1	1.1	1.1
航空里程		Civil Aviation		56.1	97.2	102.6	121.4	133.4	145.6
客运量总计	**（万人）**	**Total Passenger Traffic**	**(10 000 persons)**	**242732**	**140044**	**113937**	**103918**	**97914**	**61738**
铁路		Railways		6829	9078	12499	14982	17211	11210
公路		Highways		230988	124014	94098	81461	72387	45258
水运		Waterways		2733	2748	2364	1991	1930	954
民用航空		Civil Aviation		2182	4204	4976	5484	6386	4316
旅客周转量总计	**（亿人公里）**	**Total Passenger-Kilometers**	**(100 million passenger-km)**	**1392**	**1663**	**1698**	**1802**	**1950**	**1203**
铁路		Railways		221	272	318	380	403	254
公路		Highways		802	672	521	466	438	290
水运		Waterways		2	3	2	2	2	1
民用航空		Civil Aviation		366	717	856	954	1107	658
货运量总计	**（万吨）**	**Total Freight Traffic**	**(10 000 tons)**	**133364**	**153270**	**171398**	**185473**	**175308**	**170038**
铁路		Railways		7093	5893	5397	5223	5685	5860
公路		Highways		121017	138622	158190	173324	162668	157598
水运		Waterways		5218	8688	7750	6862	6896	6527
民用航空		Civil Aviation		36	67	61	64	59	53
货物周转量总计	**（亿吨公里）**	**Total Freight Ton-kilometers**	**(100 million ton-km)**	**1711**	**2290**	**2583**	**2820**	**2574**	**2734**
铁路		Railways		643	614	637	721	727	811
公路		Highways		985	1481	1677	1815	1528	1618
水运		Waterways		75	183	256	270	306	292
民用航空		Civil Aviation		8	12	14	14	13	13
民用汽车拥有量	（万辆）	Possession of Civil Motor Vehicles	(10 000 units)	355.0	768.5	991.8	1099.6	1187.2	1292.2
#私人汽车	（万辆）	Private Vehicles	(10 000 units)	281.0	677.3	886.3	976.7	1049.6	1141.2
载客汽车拥有量	（万辆）	Possession of Buses and Cars	(10 000 units)	281.6	674.0	890.6	988.8	1067.1	1158.6
载货汽车拥有量	（万辆）	Possession of Trucks	(10 000 units)	70.4	89.6	96.0	105.2	115.3	124.6
其他机动车拥有量	（万辆）	Possession of Other Motor Vehicles	(10 000 units)	5.9	5.0	5.2	5.6	4.7	5.8
公路部门营运车辆	（万辆）	Number of Motor Vehicles Owned by Highway Departments	(10 000 units)	62.0	57.1	69.9	75.7	82.2	89.0
民用运输船舶拥有量	（艘）	Possession of Civil Transport Vessels	(unit)	8414	7489	6466	5316	5160	4718
机动船	（艘）	Motor Vessels	(unit)	7350	6435	5524	4431	4307	4024
驳船	（艘）	Barges	(unit)	1064	1054	941	885	853	694

注：①从2014年开始，公路货运量和货物周转量由抽样调查改为根据高速公路计重收费数据推算，公路客运量和旅客周转量中的出租车和公交车统计范围作了较大调整，故2014年相关数据与往年不可比；②2015年起，航空货运量及货物周转量由双流机场提供改为由航空公司提供，故数据与往年不可比；③公路数据由四川省交通运输厅道路运输管理局提供，铁路数据由成都铁路局提供，水运数据由四川省交通运输厅航务管理局提供，航空数据由四川航空公司、国航西南分公司、东航四川分公司、成都航空公司提供。

a)Beginning in 2014, freight traffic and ton-kilometers of highways are changed from the sample survey to highway toll collection data, statistics range of taxi and bus in highway passenger traffic and passenger-kilometers made a big adjustment, so data of 2014 are not comparable with previous years.

b)Data of air cargo volume and cargo turnover, which was provided by Sichuan Airlines, have been provided by Shuangliu Airport since 2015. Therefore, Southwest branch, Sichuan branch of China Eastern Airlines and Chengdu airlines. the data cannot be compared with previous years.

c)Highway data are provided by Road Transport Administration of Sichuan Provincial Transportation Bureau, railway data are provided by Chengdu Railway Bureau, waterway data are provided by the Shipping Administration of Sichuan Provincial Communications Department, air data are provided by Sichuan Airlines, Air China Southwest branch, Sichuan branch of China Eastern Airlines and Chengdu airlines.

16-2 各市(州)公路运输情况(2020年)
Main Indicators of Highway Transportation by Region(2020)

市(州)	Region	公路总里程(公里) Total Length of Highways (km)	#等级公路里程 Expressway and Class I to IV Highways	#高速公路 Expressway	民用汽车拥有量(万辆) Possession of Civil Motor Vehicles (10 000 units)	#私人汽车 Private Vehicles	公路旅客周转量(万人公里) Passenger-kilometers of Highways (10 000 passenger-km)	公路货物周转量(万吨公里) Freight Ton-kilometers of Highways (10 000 ton-kilometers)
全 省	**Sichuan**	**394371**	**379260**	**8140**	**1292.23**	**1141.20**	**2898118**	**16177301**
成都市	Chengdu	29629	29580	1179	544.62	456.89	600149	3402963
自贡市	Zigong	9446	9181	277	30.19	27.90	59874	544979
攀枝花市	Panzhihua	5308	4556	234	21.49	19.18	52091	537835
泸州市	Luzhou	19698	18519	497	49.73	45.06	164028	1111448
德阳市	Deyang	10261	10023	270	57.52	53.31	184766	677384
绵阳市	Mianyang	23639	21256	412	79.27	74.23	133876	686054
广元市	Guangyuan	23021	19834	391	30.48	28.66	50022	536808
遂宁市	Suining	13742	13466	359	32.01	30.26	62569	427315
内江市	Neijiang	12970	12544	310	31.43	28.82	246123	423580
乐山市	Leshan	16059	15934	382	47.73	43.07	86443	1076931
南充市	Nanchong	30514	30396	573	62.61	56.32	132197	1160578
眉山市	Meishan	8443	7814	460	43.23	39.92	74241	677879
宜宾市	Yibin	25086	24030	357	49.02	45.13	94948	614896
广安市	Guangan	14599	14474	413	30.56	28.44	48852	282150
达州市	Dazhou	28784	28275	486	43.94	39.75	202689	1081312
雅安市	Yaan	8206	7677	342	21.53	19.06	41949	612756
巴中市	Bazhong	25057	24794	334	28.82	26.94	108995	413223
资阳市	Ziyang	12527	12373	380	21.79	19.99	75888	288217
阿坝藏族羌族自治州	Aba	15559	14954	221	12.23	10.89	91158	400832
甘孜藏族自治州	Ganzi	32909	32144	45	10.35	9.16	115986	198483
凉山彝族自治州	Liangshan	28915	27436	218	40.75	37.52	271274	1021677

16−3 邮电业务情况
Conditions of Postal and Telecommunication Services

指　　标		Item		2015	2016	2017	2018	2019	2020
邮电业务总量	**(亿元)**	**Business Volume of Postal and Telecommunication Services**	**(100 million yuan)**	**1281.1**	**1870.5**	**1509.9**	**3643.8**	**5602.8**	**8063.6**
邮政业务总量	(亿元)	Business Volume of Postal Services	(100 million yuan)	138.6	199.0	269.2	348.4	447.8	537.7
电信业务总量	(亿元)	Business Volume of Telecommunication Services	(100 million yuan)	1142.5	1671.5	1240.7	3295.4	5155.0	7525.9
邮政业务		**Postal Services**							
营业网点	(处)	Number of Offices	(unit)	6117	6108	6109	6114	6132	28160
邮路长度	(万公里,单程)	Length of Postal Routes	(10 000 km, one way)	10.15	11.96	13.55	15.88	17.61	43.90
邮运汽车	(辆)	Postal Cars	(unit)	739	792	899	886	964	1075
函件	(万件)	Number of Letters	(10 000 pcs)	6335	3755	3265	2776	2638	2254
包裹	(万件)	Number of Parcels	(10 000 pcs)	170	103	95	89	79	70
报刊期发数	(万份)	Issue of Newspapers and Magazines	(10 000 copies)	698	661	675	688	735	669
特快专递	(万件)	Pieces of Express Mail Services	(10 000 pcs)	48797	80148	110796	145992	179105	215159
电信业务		**Telecommunication Services**							
年末固定电话用户	(万户)	Number of Fixed Telephone Subscribers at Year-end	(10 000 subscribers)	1353	1490	1636	1721	1872	1885
城市固定电话	(万户)	Urban Fixed Telephone Subscribers	(10 000 subscribers)	939	981	1028	1041	1219	1220
农村固定电话	(万户)	Rural Fixed Telephone Subscribers	(10 000 subscribers)	414	509	608	680	653	665
年末移动电话用户	(万户)	Number of Mobile Telephone Subscribers at Year-end	(10 000 subscribers)	6872	7295	7694	9069	9444	9125
互联网宽带接入用户数	(万户)	Number of Broad Band Subscribers of Internet	(10 000 subscribers)	1026	1851	2168	2625	2812	2976
长途交换机容量	(万路端)	Capacity of Long-distance Telephone Exchanges	(10 000 lines)	37.4	37.4	37.4	23.0	16.4	16.4

注：①2010年起邮路长度不含邮政速递公司自营邮路；特快专递包括邮政公司和其他快递公司数据。②邮政业务数据由四川省邮政管理局、中国邮政集团四川省分公司提供；电信业务数据由四川省通信管理局提供。

a)Postal routes exclude express delivery company's own length postman since 2010. The data of pieces of express mail services comes from the post offices and other express delivery companies. b)Data of the postal service are provided by the Sichuan Provincial Post Office and China Post Group's Sichuan branch. Data from the telecommunication services are provided by the Sichuan Provincial Communications Administration Bureau.

主要统计指标解释

铁路营业里程 又称营业长度，指投入客货运输营业或临时营业的线路长度。

公路里程 指报告期末公路的实际长度。统计范围：包括城间、城乡间、乡（村）间能行驶汽车的公共道路，公路通过城镇街道的里程，公路桥梁长度、隧道长度、渡口宽度。不包括城市街道里程，断头路里程，农（林）业生产用道路里程，工（矿）企业等内部道路里程。统计原则：按已竣工验收或交付使用的实际里程计算；两条或多条公路共同经由同一路段的重复里程，只计算一次。

内河航道里程 指在一定时期内，能通航运输船舶及排筏的天然河流、湖泊水库、运河及通航渠道的长度。包括全年季节性通航累计三个月以上的航道，不包括仅供零散流放竹、木排的河道。两省以河为界的航道里程，双方均按一半计算，以免重复。

定期航班航线里程 指定期航班营运里程的总长度，以万公里为计算单位。航线里程的统计分为按重复距离计算和按不重复距离计算两种形式。“按重复距离计算”是指不同航线的相同航段距离可以重复累加；“按不重复距离计算”则不同航线相同航段只统计一次。

货(客)运量 指在一定时期内，各种运输工具实际运送的货物重量(旅客数量)。货运按吨计算，客运按人计算。货物不论运输距离长短、货物类别，均按实际重量统计。旅客不论行程远近或票价多少，均按一人一次客运量统计；半价票、小孩票也按一人统计。

货物(旅客)周转量 指在一定时期内，由各种运输工具运送的货物(旅客)数量与其相应运输距离的乘积之总和。该指标反映运输业生产的总成果，也是编制和检查运输生产计划，计算运输效率、劳动生产率以及核算运输单位成本的主要基础资料。计算货物周转量通常按发出站与到达站之间的最短距离，也就是计费距离计算。计算公式为：

货物(旅客)周转量=Σ〔货物(旅客)运输量×运输距离〕

民用汽车拥有量 指报告期末，在公安交通管理部门按照《机动车注册登记工作规范》，已注册登记领有民用车辆牌照的全部汽车数量。汽车拥有量统计的主要分类：根据汽车结构分为载客汽车、载货汽车及其他汽车；根据汽车所有者不同分为个人(私人)汽车、单位汽车；根据汽车的使用性质分为营运汽车、非营运汽车；根据汽车大小规格不同，载客汽车分为大型、中型、小型和微型，载货汽车分为重型、中型、轻型和微型。

邮政、电信业务总量 指以货币形式表示的邮电通信企业为社会提供各类邮电通信服务的总数量。计算方法为各类业务的实物量分别乘以相应的不变单价，求出各类业务的货币量加总求得。没有不变单价的业务按其业务收入直接相加。

移动电话用户 指在电信运营企业营业网点办理开户登记手续，通过移动电话交换机进入移动电话网，占用移动电话号码的各类电话用户。包括各类签约用户、智能网预付费用户、无线上网卡用户。

固定电话用户 指在电信企业营业网点办理开户登记手续并已接入固定电话网上的全部电话用户。包括普通电话用户、无线市话用户、公用电话用户、窄带综合业务数字网（N—ISDN）用户、智能网专用接入终端用户等。

住宅电话用户 指私人付费或安装在居民住宅并按照私人或住宅电话用户登记注册和收费的各类电话用户。

Explanatory Notes on Main Statistical Indicators

Length of Railways in Operation refers to the total length of the trunk line for passenger and freight transportation in full operation or temporary operation.

Length of Highways refers to the actual length of highways at the end of reference period. It covers public roads running vehicles among cities, city and rural areas, township (villages), highways passing through streets at small cities and towns, length of bridges and tunnels, width of ferry piers. It does not include the length of streets in cities, dead end highways, the length of streets built for agricultural (forest) production and inside factories (mines). It can only be calculated with the actual mileage having been completed, checked and accepted or put into operation. If two or more highways go the same section of the way, the length of the section is only calculated for once.

Length of Navigable Inland Waterways refers to the length of natural rivers, lakes, reservoirs and canals that are open to navigation for ships and rafts during a given period. It includes the channels with annual seasonal navigation for more than three months other than the waterways only for scattered bamboo and wooden rafts. If two provinces share one river as the border, the length of waterways will be half divided for each province to avoid duplication.

Length of Routes with Scheduled Flights refers to the total length of all routes for scheduled flights, which is calculated using million kilometres as the unit. There are usually two ways to calculate the route length: duplicated calculation and non-duplicated calculation. Duplicated calculation means that the same segment of different routes can be added duplicately, while the non-duplicated calculation allows the same segment of different routes be counted once only.

Freight (Passenger) Traffic refers to the weight of freight (number of passenger) transported with various means within a specific period of time. Freight transport is calculated in tons and passenger traffic is calculated in terms of number of persons. Freight transport is calculated in terms of the actual weight of the goods and takes no account of the type of freight and distance of travel. Passenger traffic is calculated by the principle that one person can be counted only once in one trip and takes no account of the travelling distance and ticket price. The passengers who travel with a half price ticket or a child's ticket is also calculated as one person.

Freight Ton-kilometers (Passenger-kilometers) refer to the sum of the products of the volume of transported cargo (passengers) multiplying by the transport distance. It is an important indicator to reflect the achievement of transportation industry. Normally, the shortest distance between the departure station and the destination station (i.e., the payable distance) is the basis to calculate the freight ton-kilometers. This is an important indicator to show the total results of the transport industry, to prepare and examine the transport plan and to measure the efficiency, the labor productivity and the unit cost of transport. The formula is as follows:

$$\text{Freight ton-kilometres (passenger-kilometres)} = \sum \text{freight (passenger) traffic} \times \text{distance of transportation}$$

Possession of Civil Motor Vehicles refer to the total numbers of vehicles that are registered and received vehicles license tags according to the Work Standard for Motor Vehicles Registration formulated by the Transport Management Office under the department of public security at the end of the reference period. They are divided into categories. According to the structure of motor vehicles, they are divided into passenger vehicles, trucks and others; according to ownership into private vehicles and vehicles for the unit's use; according to kind of usage into working vehicles and non-working vehicles; and according to size of vehicles into large passenger vehicles, medium-sized passenger vehicles, small passenger vehicles and mini passenger vehicles, heavy trucks, light-heavy trucks, light trucks and mini-trucks.

Business Volume of Post and Telecommunications refers to the total amount of postal and telecommunication services, expressed in value terms, provided by the post and telecommunications departments for society. Business volume of post and telecommunications is the sum of each service in kind multiplying with its correspondent unit price (constant price). Business without constant price add their business revenue directly.

Mobile Telephone Subscribers refer to persons who have gone through registration procedures in the operation points of enterprises engaged in telecommunications and are hence connected with the mobile telephone communication network through the mobile telephone switchboards and occupy mobile phone numbers. Included are various types of subscriber, prepaid users for intelligent network and wireless network card users.

Local Telephone Subscribers refer to all subscribers who have gone through registration procedures in the operation points of enterprises engaged in telecommunications and are hence connected to the local telecommunications service provider through fixed line network. Included are general subscribers, wireless local telephone subscribers, public telephones subscribers, N-ISDN subscribers and intelligent network terminal subscribers.

Household Telephone Subscribers refer to all kinds of subscribers with telephone sets paid privately or installed in the dwelling units of residents, and registered as private subscribers or residence subscribers for payment.

17 / 国内贸易

Chapter 17 Domestic Trade

17-1 社会消费品零售总额
Total Retail Sales of Consumer Goods

单位：亿元 (100 million yuan)

年份 Year	社会消费品零售总额 Total Retail Sales of Consumer Goods	年份 Year	社会消费品零售总额 Total Retail Sales of Consumer Goods
1990	348.60	2006	3480.55
1991	399.85	2007	4114.77
1992	470.63	2008	4956.13
1993	572.09	2009	5789.67
1994	741.93	2010	6888.84
1995	958.52	2011	8282.82
1996	1136.62	2012	9606.44
1997	1291.47	2013	10976.63
1998	1408.05	2014	12353.94
1999	1514.96	2015	13834.40
2000	1669.30	2016	15519.69
2001	1877.55	2017	17404.45
2002	2066.85	2018	19340.75
2003	2289.71	2019	21342.98
2004	2621.15	2020	20824.87
2005	3010.66		

17-2 按各项分组的社会消费品零售总额
Total Retail Sales of Consumer Goods by the Grouping

单位：亿元 (100 million yuan)

指　标	Item	2013	2014	2015	2016	2017	2018	2019	2020
全　省	**Sichuan**	**10976.63**	**12353.94**	**13834.40**	**15519.69**	**17404.45**	**19340.75**	**21342.98**	**20824.87**
按销售单位所在地分	Grouped by Location of Retailers								
城镇	Retail Sales in Town	8949.37	10068.20	11246.38	12595.56	14124.67	15652.47	17225.38	16791.94
乡村	Retail Sales in Rural	2027.26	2285.74	2588.02	2924.13	3279.78	3688.28	4117.60	4032.93
按消费形态分	Grouped by Consumption Patterns								
餐饮收入	Catering Revenue	1372.13	1485.06	1667.66	1900.13	2137.98	2418.61	2727.82	2482.46
商品零售	Retail Sale	9604.50	10868.88	12166.74	13619.56	15266.47	16922.14	18615.16	18342.41
按行业分	Grouped by Industry of Retailers								
批发业	Wholesale Trade	2205.29	2502.94	2821.82	3170.11	3541.58	3931.16	4323.88	4128.19
零售业	Retail Trade	7405.95	8391.89	9354.68	10459.34	11741.77	13018.14	14231.37	14186.29
住宿业	Lodge Trade	110.18	114.36	126.80	143.48	156.88	174.25	199.27	165.68
餐饮业	Catering Trade	1255.21	1344.75	1531.10	1746.76	1964.22	2217.20	2588.46	2344.71

17-3 各市(州)社会消费品零售总额
Total Retail Sales of Consumer Goods by Region

单位：亿元 (100 million yuan)

市(州)	Region	2010	2011	2012	2013	2014	2015	2016	2017	2018	2019	2020
全　省	**Sichuan**	**6888.84**	**8282.82**	**9606.44**	**10976.63**	**12353.94**	**13834.40**	**15519.69**	**17404.45**	**19340.75**	**21342.98**	**20824.87**
成都市	Chengdu	2700.31	3275.48	3813.34	4348.80	4944.42	5507.76	6124.00	6853.05	7561.92	8313.40	8118.53
自贡市	Zigong	212.04	251.62	287.85	326.14	359.74	400.12	441.06	490.86	540.35	598.88	583.37
攀枝花市	Panzhihua	96.43	113.09	128.00	143.23	155.32	170.10	185.00	201.33	218.22	240.55	235.14
泸州市	Luzhou	294.09	356.03	416.79	482.59	546.08	626.51	720.14	820.96	926.24	1032.13	1013.81
德阳市	Deyang	283.65	337.83	390.34	446.81	498.37	562.57	638.71	720.67	808.07	893.99	851.19
绵阳市	Mianyang	443.35	532.64	618.19	704.11	788.64	893.63	1010.20	1138.88	1277.27	1419.47	1394.26
广元市	Guangyuan	142.81	169.03	194.35	221.54	246.33	276.35	308.94	346.22	385.44	425.27	419.24
遂宁市	Suining	164.77	193.98	221.70	251.71	279.39	313.37	352.44	390.43	432.63	479.06	467.37
内江市	Neijiang	191.29	229.17	264.42	302.84	336.73	377.97	426.60	473.03	523.15	577.33	558.93
乐山市	Leshan	255.38	299.45	341.61	390.18	432.18	488.04	551.56	620.42	692.21	766.51	748.31
南充市	Nanchong	371.38	447.88	521.58	602.96	679.92	766.08	868.75	987.19	1114.75	1241.09	1217.57
眉山市	Meishan	182.31	217.94	251.97	287.35	320.17	359.93	406.13	450.38	503.06	556.05	543.26
宜宾市	Yibin	324.11	391.21	454.34	520.59	585.86	660.40	748.12	844.75	946.33	1045.06	1026.99
广安市	Guangan	195.34	221.72	253.04	289.10	321.98	361.49	409.32	456.16	509.16	564.31	549.40
达州市	Dazhou	328.27	396.48	462.80	533.13	600.10	683.08	777.90	880.14	989.70	1098.89	1085.01
雅安市	Yaan	96.39	113.78	130.49	144.66	161.56	181.57	202.56	224.42	245.97	271.14	263.80
巴中市	Bazhong	148.37	180.45	211.61	245.34	276.70	318.00	364.39	415.47	469.74	507.47	482.00
资阳市	Ziyang	137.46	170.58	197.91	226.09	251.96	258.01	284.66	317.71	352.40	387.05	377.34
阿坝藏族羌族自治州	Aba	38.95	47.15	56.24	64.85	73.06	82.06	91.28	93.78	95.28	101.03	96.81
甘孜藏族自治州	Ganzi	41.53	49.95	57.73	65.83	73.48	78.93	87.43	97.73	108.84	119.43	114.31
凉山彝族自治州	Liangshan	240.61	287.37	332.14	378.77	421.95	468.43	520.52	580.86	640.02	704.87	678.23

17-4 限额以上批发和零售业法人企业情况

Conditions of Enterprises above Designated Size in Wholesale and Retail Trades

指标	Item	2010	2014	2015	2016	2017	2018	2019	2020
批发和零售业	**Wholesale and Retail Trades**								
法人企业数（个）	Number of Corporation Units (unit)	3001	6600	6537	6819	6637	6930	8004	9333
年末从业人数（人）	Persons Engaged (person)	302200	485604	477833	479270	452861	463018	475239	506951
商品购进额（亿元）	Total Purchases (100 million yuan)	4729.6	11450.0	10895.7	11883.4	12218.5	14258.8	16884.6	19112.8
商品销售额（亿元）	Total Sales (100 million yuan)	5563.7	12358.9	12185.8	13313.8	13702.9	15626.9	18970.0	20928.3
期末商品库存额（亿元）	Total Stock at Year-end (100 million yuan)	440.1	913.3	893.8	851.8	885.7	943.7	1132.6	1344.2
批发业	**Wholesale Trade**								
法人企业数（个）	Number of Corporation Units (unit)	1134	2421	2292	2330	2305	2545	3364	4281
年末从业人数（人）	Persons Engaged (person)	101525	159482	154078	151524	150874	153857	168574	189730
商品购进额（亿元）	Total Purchases (100 million yuan)	2846.8	6663.6	6057.4	6694.2	7345	8960	11131.3	13003.3
商品销售额（亿元）	Total Sales (100 million yuan)	3348.4	7287.2	6789.8	7437.9	8211.4	9522.5	12405.5	14146.7
期末商品库存额（亿元）	Total Stock at Year-end (100 million yuan)	275.8	531.9	459.1	458.4	473.3	516.6	688.13	871.1
零售业	**Retail Trade**								
法人企业数（个）	Number of Corporation Units (unit)	1867	4179	4245	4489	4332	4385	4640	5052
年末从业人数（人）	Persons Engaged (person)	200675	326122	323755	327746	301987	309161	306665	317221
商品购进额（亿元）	Total Purchases (100 million yuan)	1882.8	4786.4	4838.3	5189.3	4873.5	5298.7	5753.2	6109.5
商品销售额（亿元）	Total Sales (100 million yuan)	2215.3	5071.7	5396.0	5875.9	5491.5	6104.3	6564.5	6781.5
期末商品库存额（亿元）	Total Stock at Year-end (100 million yuan)	164.3	381.4	434.7	393.3	412.4	427.1	444.5	473.0

17-5 限额以上批发零售贸易、住宿餐饮业情况(2020年)

Conditions of Enterprises above Designated Size in Wholesale and Retail Trades, Hotels and Catering Services (2020)

单位：个、人 (unit, person)

指　标	Item	法人企业数 Number of Corporation	产业活动单位和个体数 Number of Individual and Active	从业人数 Persons Engaged
总　计	**Total**	**12640**	**4506**	**868140**
一、批发业合计	**Wholesale Trades**	**4281**	**88**	**191733**
内资企业	Domestic-Funded Enterprises	4248	4	187284
国有企业	State-owned Enterprises	84	1	16416
集体企业	Collective-owned Enterprises	10		511
股份合作企业	Cooperative Enterprises	3		228
联营企业	Joint Ownership Enterprises	2		141
有限责任公司	Limited Liability Corporations	1010	1	65064
股份有限公司	Share-holding Corporations Ltd.	52	1	12979
私营企业	Private Enterprises	3079	1	91129
其他企业	Other Enterprises	8		816
港、澳、台商投资企业	Enterprises with Investment from Hong Kong, Macao and Taiwan	11		779
外商投资企业	Foreign Invested Enterprises	22	2	2631
二、零售业合计	**Retail Trades**	**5052**	**1633**	**345385**
内资企业	Domestic-Funded Enterprises	4951	26	278116
国有企业	State-owned Enterprises	35	4	2078
集体企业	Collective-owned Enterprises	20		330
股份合作企业	Cooperative Enterprises	13		228
联营企业	Joint Ownership Enterprises	4		248
有限责任公司	Limited Liability Corporations	835	11	75099
股份有限公司	Share-holding Corporations Ltd.	47	1	26480
私营企业	Private Enterprises	3989	7	173367
其他企业	Other Enterprises	8	3	286
港、澳、台商投资企业	Enterprises with Investment from Hong Kong, Macao and Taiwan	46		16085
外商投资企业	Foreign Invested Enterprises	55	4	24873
三、住宿餐饮业合计	**Lodging and Catering Trades**	**3307**	**2785**	**331022**
内资企业	Domestic-Funded Enterprises	3256	165	237065
国有企业	State-owned Enterprises	39	13	6289
集体企业	Collective-owned Enterprises	6	2	420
股份合作企业	Cooperative Enterprises	8	1	1521
联营企业	Joint Ownership Enterprises			
有限责任公司	Limited Liability Corporations	535	76	53019
股份有限公司	Share-holding Corporations Ltd.	22	4	1774
私营企业	Private Enterprises	2646	62	173602
其他企业	Other Enterprises		7	440
港、澳、台商投资企业	Enterprises with Investment from Hong Kong, Macao and Taiwan	21	5	12522
外商投资企业	Foreign Invested Enterprises	30	7	20861

注：产业活动单位指非批发零售业法人企业附营的批发零售业产业活动单位。

a) Active units refer to the wholesale and retail trades active units of the legal entity of the non wholesale and retail units.

17-6 各市(州)限额以上批发零售贸易、住宿餐饮业法人企业情况(2020年)
Conditions of Incorporated Enterprises above Designated Size in Wholesale and Retail Trades, Hotels and Catering Services by Region(2020)

单位：个、人 (unit, person)

市(州)	Region	合计 Total 企业数 Number of Corporations	合计 Total 从业人数 Persons Engaged	批发业 Wholesale Trade 企业数 Number of Corporations	批发业 Wholesale Trade 从业人数 Persons Engaged	零售业 Retail Trade 企业数 Number of Corporations	零售业 Retail Trade 从业人数 Persons Engaged	住宿业 Lodging Trade 企业数 Number of Corporations	住宿业 Lodging Trade 从业人数 Persons Engaged	餐饮业 Catering Trade 企业数 Number of Corporations	餐饮业 Catering Trade 从业人数 Persons Engaged
全 省	**Sichuan**	**12640**	**753950**	**4281**	**189730**	**5052**	**317221**	**1512**	**83015**	**1795**	**163984**
成都市	Chengdu	3560	409105	1605	90579	952	165803	469	32449	534	120274
自贡市	Zigong	579	16870	176	5189	268	6321	40	3053	95	2307
攀枝花市	Panzhihua	275	12421	135	4444	84	5179	29	1791	27	1007
泸州市	Luzhou	976	38415	477	19946	339	12157	62	3147	98	3165
德阳市	Deyang	379	17596	185	7466	122	5445	26	1870	46	2815
绵阳市	Mianyang	747	34800	210	9767	318	14144	86	5579	133	5310
广元市	Guangyuan	307	10559	70	2797	154	4259	64	2990	19	513
遂宁市	Suining	422	17628	111	4902	205	8238	42	1910	64	2578
内江市	Neijiang	412	13492	132	4084	159	5264	34	1402	87	2742
乐山市	Leshan	454	19645	136	3932	235	11697	56	2466	27	1550
南充市	Nanchong	648	24132	117	4148	364	12275	60	2850	107	4859
眉山市	Meishan	296	13917	86	2453	142	7145	32	2380	36	1939
宜宾市	Yibin	907	25943	262	7125	422	12695	88	3119	135	3004
广安市	Guangan	424	14233	87	2841	213	7090	42	2065	82	2237
达州市	Dazhou	639	28698	87	4049	363	16705	75	4331	114	3613
雅安市	Yaan	262	7716	88	2249	98	3440	49	1531	27	496
巴中市	Bazhong	498	15815	80	2608	279	7680	44	2515	95	3012
资阳市	Ziyang	170	8311	62	3154	78	3409	18	671	12	1077
阿坝藏族羌族自治州	Aba	130	3691	5	402	47	1050	68	1936	10	303
甘孜藏族自治州	Ganzi	125	3626	6	743	53	1004	56	1734	10	145
凉山彝族自治州	Liangshan	430	17337	164	6852	157	6221	72	3226	37	1038

17-7 分行业限额以上批发零售贸易法人企业商品购、销、存总额(2020年)
Total Purchases, Sales and Inventory of Enterprises above Designated Size in Wholesale and Retail Trades by Sector(2020)

单位：万元 (10 000 yuan)

指　标	Item	购进总额 Total Purchases	销售总额 Total Sales	年末库存总额 Inventory (year-end)
总　计	**Total**	**191127892**	**209282591**	**13441501**
一、批发企业合计	**Wholesale Trades**	**130033155**	**141467195**	**8711317**
食品、饮料、烟草批发业	Food, Beverages and Tobaccos	21399417	26141764	3259490
#米、面制品及食用油批发	Grains and Edible Oil	2736092	2591326	385921
烟草制品批发	Tobaccos	6956801	10160623	745772
纺织、服装及家庭用品批发	Textiles, Garments, Shoes and Hats	4013917	4266807	310472
#服装批发	Garments	682572	739546	71202
文化、体育用品及器材批发业	Cultural and Sports Goods and Appliances	2033704	2114804	106438
医药及医疗器材批发业	Medicines and Medical Appliances	13894480	15367677	1322026
矿产品、建材及化工产品批发	Mineral Products	67436942	71172534	2589936
#煤炭及制品批发业	Coal and Related Products	4844647	4963952	89979
石油及制品批发业	Petroleum and Related Products	13685132	15016995	253986
金属及金属矿批发业	Metal Materials and Mineral	28516578	29567044	1665384
建材批发业	Building Materials	9485013	10117364	298830
化肥批发业	Chemical Fertilizers	3394762	3732322	102856
机械设备、五金产品及电子产品批发	Machinery, Hardware and Electronic Equipment	13750317	14664096	732666
#汽车、摩托车及零配件批发	Motor Vehicles, Motorcycles and Parts	4082733	4189550	153196
电气设备批发	Electrical Equipment	422540	464079	16386
计算机、软件及辅助设备	Computers, Software and Assistant Equipment	3898737	3920593	279248
贸易经纪与代理	Trade Broker and Agency	32914	34426	1462
其他批发业	Others not Classified	3903740	4045012	150804
二、零售企业合计	**Retail Trades**	**61094737**	**67815396**	**4730185**
综合零售业	General Retail	9420692	11215881	780963
#百货零售业	Daily Consumer Goods	3697743	4809523	276318
超级市场零售业	Super Market	5303574	5841293	464125
食品、饮料及烟草制品专门零售	Food, Beverages and Tobaccos	1451480	1804976	120952
纺织、服装及日用品专门零售业	Textiles, Garments, Shoes and Hats	1368701	1740088	260133
#服装零售业	Garments	624114	744123	148410
文化、体育用品及器材专门零售	Cultural and Sports Goods and Appliances	1062497	1480085	143838
医药及医疗器材专门零售业	Medicines and Medical Appliances	1893774	2277074	262047
汽车、摩托车燃料及零配件	Motor Vehicles, Motorcycles and Parts	31528270	33459545	2620591
#汽车新车零售业	New Motor Vehicles Retail	20709683	21760254	2191420
机动车燃油零售业	Motor Vehicle Fuel Retail	10351047	11165009	384975
家用电器及电子产品专门零售	Household Appliance and Electronic Product	4505460	5037683	258298
五金、家具室内装饰材料专门零售	Hardware, Furniture and Domestic Decoration Material	502772	597612	39346
货摊、无店铺及其他零售业	Without Shop and Other Retail Trades	9361093	10202453	244017

17-8 各市(州)限额以上批发零售贸易法人企业商品购、销、存总额(2020年)

Total Purchases, Sales and Inventory of Enterprises above Designated Size in Wholesale and Retail Trades by Region(2020)

单位：万元 (10 000 yuan)

市(州)	Region	购进总额 Total Purchases	销售总额 Total Sales	批 发 Wholesale Trade	零 售 Retail Trade	年末库存总额 Inventory (year-end)
全 省	**Sichuan**	**191127892**	**209282591**	**140552625**	**68729967**	**13441501**
成都市	Chengdu	112231667	121565458	84719370	36846088	7270444
自贡市	Zigong	3524323	3758377	2582784	1175593	160782
攀枝花市	Panzhihua	4275033	5078903	4363470	715433	240062
泸州市	Luzhou	14548639	16165161	11496735	4668426	2009512
德阳市	Deyang	5161794	5461159	3466397	1994761	305791
绵阳市	Mianyang	13320897	14053397	10516340	3537057	759116
广元市	Guangyuan	1482778	1773220	812295	960925	120008
遂宁市	Suining	2347819	2771837	1504469	1267367	179752
内江市	Neijiang	3178634	3481053	2374052	1107001	125047
乐山市	Leshan	4310377	4690694	2795424	1895270	241160
南充市	Nanchong	3775476	4109741	1246054	2863687	221618
眉山市	Meishan	2742789	3009271	1580153	1429119	139360
宜宾市	Yibin	5879693	6795281	4462296	2332985	730678
广安市	Guangan	1642242	1890262	1125225	765038	85558
达州市	Dazhou	5148086	5684804	2001579	3683225	222342
雅安市	Yaan	1052640	1225899	777403	448496	67019
巴中市	Bazhong	1702662	1978279	734827	1243451	123032
资阳市	Ziyang	1079221	1182677	695101	487576	90236
阿坝藏族羌族自治州	Aba	221092	311631	176383	135248	18100
甘孜藏族自治州	Ganzi	286921	393769	230478	163292	24114
凉山彝族自治州	Liangshan	3215110	3901719	2891789	1009930	307769

17-9 限额以上批发零售贸易法人企业主要商品分类销售额(2020年)
Total Sales of Enterprises above Designated Size in Wholesale and Retail Trades by Category of Main Commodities(2020)

单位：万元 (10 000 yuan)

项目	Item	合计 Total	批发 Wholesale	零售 Retail Trade
粮油、食品类	Food	13034762	6281162	6753601
#肉禽蛋类	Meat, Poultry and Eggs	1962901	789959	1172942
饮料类	Beverages	1794578	595144	1199433
烟酒类	Tobacco and Liquor	19793608	16534440	3259168
服装、鞋帽类	Garments, Footwear and Hats	5580124	949660	4630465
针、纺织品类	Knitwear and Textiles	915218	204992	710226
化妆品类	Cosmetics	1345205	292637	1052568
金银珠宝类	Gold, Silver and Jewelry	2361117	1631742	729375
日用品类	Articles for Daily Use	5163544	913486	4250059
#可穿戴智能设备	Wearable Intelligent Device	81702	18676	63026
五金、电料类	Hardware and Electrical Materials	460236	223038	237198
体育、娱乐用品类	Sports and Recreation Articles	694630	293618	401012
书报杂志类	Newspapers and Magazines	1213710	237780	975930
电子出版物及音像制品类	E-journal and Video Products	24724		24723
家用电器和音像器材类	Household Appliances and Video Appliances	7796454	1741913	6054541
中西药品类	Traditional Chinese and Western Medicines	14828294	12224999	2603295
文化办公用品类	Cultural and Official Goods	5606768	3980767	1626002
家具类	Furniture	1530380	428353	1102027
通讯器材类	Communication Appliances	5884106	3725811	2158296
煤炭及制品类	Coal and Related Product	3644630	3572916	71715
木材及制品类	Wood and Wooden Product	611873	611873	
石油及制品类	Petroleum and Related Product	25298965	15071674	10227291
化工材料及制品类	Raw Chemical Materials	11868386	11868386	
金属材料类	Metals	27670738	27670738	
建筑及装潢材料类	Building and Decoration Materials	6141068	5363023	778046
机电产品设备类	Mechanical and Electrical Products	2753714	2437459	316256
#农机类	Agricultural Machinery	210091	210091	
汽车类	Automobile	22572371	1996909	20575463
种子饲料类	Seed and Feedstuff	1219371	1219371	
棉麻类	Cotton and Hemp	180870	179221	1650
其他类	Others	6758433	5976381	782052

17-10 限额以上批发零售贸易法人企业主要财务指标(2020年)
Main Financial Indicators of Incorporated Enterprises above Designated Size in Wholesale and Retail Trades(2020)

单位：万元 (10 000 yuan)

指　标	Item	资产合计 Total Assets	#流动资产 Current Assets	#固定资产净额 Net Value of Fixed Assets	负债合计 Total Liabilities	所有者权益 Total Owners' Equities	#实收资本 Paid-up Capital
总　计	**Total**	**97748224**	**74545779**	**4849197**	**67978354**	**29665717**	**12589845**
一、批发企业合计	**Wholesale Trades**	**71412314**	**56990551**	**2200165**	**50658249**	**20719476**	**7804118**
#国有控股	State-holding Majority Shares	26220477	19982105	1101294	17387065	8833412	2832034
按登记注册类型分	Grouped by Registration						
内资企业	Domestic-Funded Enterprises	69917158	55840707	2110974	49631081	20251982	7682215
国有企业	State-owned Enterprises	4838202	3216592	396688	1393865	3444337	313497
集体企业	Collective-owned Enterprises	92493	77097	2881	72475	20018	4667
股份合作企业	Cooperative Enterprises	12401	8663	3589	12255	146	653
联营企业	Joint Ownership Enterprises	14273	11118	1769	10760	3513	411
有限责任公司	Limited Liability Corporations	38574274	32152964	735657	30050913	8516737	4276980
股份有限公司	Share-holding Corporations Ltd.	5695017	4356950	358624	4055608	1639409	401278
私营企业	Private Enterprises	20670939	16000773	608392	14031468	6611999	2678108
其他企业	Other Enterprises	19560	16551	3375	3737	15822	6622
港澳台商投资企业	Enterprises with Investment from Hong Kong, Macao and Taiwan	298085	246062	9627	200667	97418	53814
外商投资企业	Foreign Invested Enterprises	1197071	903782	79563	826502	370076	68089
二、零售企业合计	**Retail Trades**	**26335910**	**17555227**	**2649032**	**17320104**	**8946241**	**4785728**
#国有控股	State-holding Majority Shares	4952761	2427259	609795	2751711	2199999	472034
按登记注册类型分	Grouped by Registration						
内资企业	Domestic-Funded Enterprises	22061135	15368616	1958300	15023813	6969171	3382416
国有企业	State-owned Enterprises	166238	114321	8591	122316	44097	43626
集体企业	Collective-owned Enterprises	20099	17263	1693	7437	12662	1571
股份合作企业	Cooperative Enterprises	10118	7922	1715	5088	5030	602
联营企业	Joint Ownership Enterprises	22213	15752	4128	35499	-13286	3129
有限责任公司	Limited Liability Corporations	8452955	6302791	587303	6116153	2302893	1289598
股份有限公司	Share-holding Corporations Ltd.	3547731	1606321	552758	1770331	1777400	315951
私营企业	Private Enterprises	9824843	7298315	800156	6960525	2829901	1717352
其他企业	Other Enterprises	16940	5931	1956	6466	10474	10588
港澳台商投资企业	Enterprises with Investment from Hong Kong, Macao and Taiwan	1073353	728239	139583	696305	375634	279570
外商投资企业	Foreign Invested Enterprises	3201422	1458372	551149	1599986	1601436	1123742

17-10 续表 continued

单位：万元 (10 000 yuan)

指 标	Item	主营业务收入 Revenue from Principal Business	营业成本 Cost of Operation	税金及附加 Tax and Extra	管理费用 Cost of Management	财务费用 Cost of Finance	营业利润 Business Profits	利润总额 Total Profits
总 计	**Total**	**187974247**	**173309819**	**1500603**	**2900177**	**768478**	**4531735**	**4621686**
一、批发企业合计	**Wholesale Trades**	**127152463**	**118121886**	**1314688**	**1562558**	**530543**	**3417998**	**3477023**
#国有控股	State-holding Majority Shares	52849572	48723288	1167573	583761	156745	1851321	1884532
按登记注册类型分	Grouped by Registration							
内资企业	Domestic-Funded Enterprises	123464002	114628711	1310194	1532017	521558	3355861	3416438
国有企业	State-owned Enterprises	11595412	8937005	1104460	361091	-47454	1208622	1219037
集体企业	Collective-owned Enterprises	295201	285929	262	2452	1335	617	3596
股份合作企业	Cooperative Enterprises	19235	17082	41	748	1391	-3381	981
联营企业	Joint Ownership Enterprises	16353	14050	35	866	323	688	719
有限责任公司	Limited Liability Corporations	65467839	62581888	98382	494117	346421	1004113	1044609
股份有限公司	Share-holding Corporations Ltd.	8104805	7499666	13681	38702	30606	151209	149961
私营企业	Private Enterprises	37924486	35256746	93300	633072	188779	992652	996194
其他企业	Other Enterprises	40671	36346	32	968	158	1343	1343
港澳台商投资企业	Enterprises with Investment from Hong Kong, Macao and Taiwan	724154	663762	1331	7480	1893	17654	18063
外商投资企业	Foreign Invested Enterprises	2964307	2829413	3163	23061	7092	44482	42522
二、零售企业合计	**Retail Trades**	**60821785**	**55187934**	**185915**	**1337619**	**237935**	**1113738**	**1144663**
#国有及国有控股	State-owned & State-holding Majority Shares	9587199	8803445	17652	157804	7081	313016	292833
按登记注册类型分	Grouped by Registration							
内资企业	Domestic-Funded Enterprises	52000945	47217133	146572	1130960	215892	944320	969811
国有企业	State-owned Enterprises	139506	115749	264	10572	674	-1592	-10269
集体企业	Collective-owned Enterprises	60616	51605	227	3517	23	3003	2856
股份合作企业	Cooperative Enterprises	26502	23024	150	1054	28	752	743
联营企业	Joint Ownership Enterprises	39460	33225	143	442	261	633	657
有限责任公司	Limited Liability Corporations	18926473	17297345	45255	400183	63731	315821	323528
股份有限公司	Share-holding Corporations Ltd.	6007624	5478380	10795	131636	11718	206877	203756
私营企业	Private Enterprises	26781766	24202490	89735	582879	139330	417285	446998
其他企业	Other Enterprises	18998	15314	4	677	128	1543	1542
港澳台商投资企业	Enterprises with Investment from Hong Kong, Macao and Taiwan	2637285	2322759	21025	64327	6359	69851	76128
外商投资企业	Foreign Invested Enterprises	6183555	5648042	18318	142332	15685	99566	98725

17-11 各市(州)限额以上批发零售贸易法人企业主要财务指标(2020年)
Main Financial Indicators of Incorporated Enterprises above Designated Size in Wholesale and Retail Trades by Region(2020)

单位：万元 (10 000 yuan)

市(州)	Region	资产合计 Total Assets	负债合计 Total Liabilities	主营业务收入 Revenue from Principal Business	营业成本 Cost of Operation	销售费用 Selling Expenses	税金及附加 Tax and Extra	营业利润 Business Profits
全 省	**Sichuan**	**97748224**	**67978354**	**187974247**	**173309819**	**7666136**	**1500603**	**4531735**
成都市	Chengdu	59379363	42714440	109388547	101963481	4471131	524652	2262519
自贡市	Zigong	1266531	754986	3335677	3084705	92761	38714	83651
攀枝花市	Panzhihua	1417425	951354	4531145	4294514	128784	23318	51140
泸州市	Luzhou	8901131	6505898	14547686	13326459	648016	110183	332061
德阳市	Deyang	3801399	2376830	4867800	4352036	290244	61509	131427
绵阳市	Mianyang	5054005	3709054	12473491	11901462	304475	80685	167719
广元市	Guangyuan	661200	345464	1507858	1416705	58969	35339	47222
遂宁市	Suining	1218192	783865	2476041	2179889	124859	39003	94616
内江市	Neijiang	1420108	1052385	3071683	2875947	86764	47417	68033
乐山市	Leshan	2301713	1642868	4291052	3946665	138308	53495	77817
南充市	Nanchong	1277399	793484	3788890	3441975	110216	70551	106051
眉山市	Meishan	1232272	786911	2748566	2469523	136335	48072	78867
宜宾市	Yibin	3698726	2242754	5981145	5040957	361435	81655	375206
广安市	Guangan	723201	416732	1737384	1541833	71107	35766	47495
达州市	Dazhou	1334641	693207	5173095	4639543	220677	68511	199428
雅安市	Yaan	629862	392652	1098940	958129	84802	20851	21526
巴中市	Bazhong	703381	394245	1776421	1419684	84619	35659	58091
资阳市	Ziyang	538533	267975	1061302	919026	63172	28150	33225
阿坝藏族羌族自治州	Aba	126084	63469	259663	208668	14816	13017	14465
甘孜藏族自治州	Ganzi	163707	76075	350411	316399	19740	14057	13922
凉山彝族自治州	Liangshan	1899353	1013708	3507451	3012219	154906	69998	267255

17-12 限额以上住宿餐饮法人企业主要财务指标(2020年)
Main Financial Indicators of Incorporated Enterprises above Designated Size in Hotels and Catering Services(2020)

单位：万元 (10 000 yuan)

指　标	Item	资产合计 Total Assets	#流动资产 Current Funds	#固定资产净额 Net Value of Fixed Assets	负债合计 Total Liabilities	所有者权益 Total Owners' Equities	#实收资本 Paid-up Capital
总　计	**Total**	**11506403**	**5081243**	**2367248**	**8492100**	**2966590**	**2720156**
#国有控股	State-holding Majority Shares	1092513	346590	369433	657124	433051	369816
按登记注册类型分	Grouped by Registration						
内资企业	Domestic-Funded Enterprises	9795450	4152988	2181922	7612667	2134598	2139914
国有企业	State-owned Enterprises	343796	64309	108660	254009	89859	99338
集体企业	Collective-owned Enterprises	6146	4954	654	3762	2385	1884
股份合作企业	Cooperative Enterprises	79873	55698	16314	49936	29937	8261
联营企业	Joint Ownership Enterprises						
有限责任公司	Limited Liability Corporations	3993175	1838023	862435	3075825	884896	901170
股份有限公司	Share-holding Corporations Ltd.	198240	136620	25247	184275	13965	23308
私营企业	Private Enterprises	5174220	2053385	1168613	4044861	1113556	1105953
其他企业	Other Enterprises						
港澳台商投资企业	Enterprises with Investment from Hong Kong, Macao and Taiwan	309572	168348	44441	261679	48367	49762
外商投资企业	Foreign Invested Enterprises	1401381	759906	140885	617754	783625	530479

17-12 续表 continued

单位：万元 (10 000 yuan)

指　标	Item	主营业务收入 Revenue from Principal Business	营业成本 Cost of Operation	税金及附加 Tax and Extra	管理费用 Cost of Management	财务费用 Cost of Finance	营业利润 Business Profits	利润总额 Total Profits
总　计	**Total**	**4587013**	**2454611**	**34411**	**690236**	**140109**	**296775**	**335039**
#国有控股	State-holding Majority Shares	211556	123267	4216	74296	5597	-47344	-44470
按登记注册类型分	Grouped by Registration							
内资企业	Domestic-Funded Enterprises	3941413	2133653	31424	625277	131572	-23936	8999
国有企业	State-owned Enterprises	47427	24821	1333	20901	1434	-19986	-18609
集体企业	Collective-owned Enterprises	6007	2688	43	803	5	101	109
股份合作企业	Cooperative Enterprises	38452	23543	654	4125	-65	373	511
联营企业	Joint Ownership Enterprises							
有限责任公司	Limited Liability Corporations	756190	392811	8143	216483	46129	-67926	-56687
股份有限公司	Share-holding Corporations Ltd.	29229	18406	582	4847	1033	-2354	-2781
私营企业	Private Enterprises	3064108	1671384	20669	378119	83036	65855	86457
其他企业	Other Enterprises							
港澳台商投资企业	Enterprises with Investment from Hong Kong, Macao and Taiwan	285668	93259	405	19227	837	29194	29001
外商投资企业	Foreign Invested Enterprises	359933	227700	2582	45733	7700	291517	297039

17-13 各市(州)限额以上住宿餐饮法人企业主要财务指标(2020年)

Main Financial Indicators of Incorporated Enterprises above Designated Size in Hotels and Catering Services by Region(2020)

单位：万元 (10 000 yuan)

市(州)	Region	资产合计 Total Assets	负债合计 Total Liabilities	主营业务收入 Revenue from Principal Business	营业成本 Cost of Operation	销售费用 Selling Expenses	税金及附加 Tax and Extra	营业利润 Business Profits
全 省	**Sichuan**	**11506403**	**8492100**	**4587013**	**2454611**	**1368851**	**34411**	**296775**
成都市	Chengdu	6303505	4810622	2587390	1213469	1024418	10416	277184
自贡市	Zigong	141595	97479	75772	45394	13704	594	2593
攀枝花市	Panzhihua	109387	92557	32332	19594	9740	495	-5829
泸州市	Luzhou	322071	191647	218723	124027	40653	2009	19495
德阳市	Deyang	206051	152117	67654	38181	15275	806	-5414
绵阳市	Mianyang	494819	326408	210672	139187	46621	2677	-1585
广元市	Guangyuan	176771	120721	68938	40799	11259	597	5794
遂宁市	Suining	358065	224783	87081	56406	10705	899	-192
内江市	Neijiang	115922	92011	122649	88678	15926	1246	3519
乐山市	Leshan	162157	143431	81582	51056	14318	550	1383
南充市	Nanchong	305951	229852	175319	106194	24205	2011	10036
眉山市	Meishan	193219	142604	56056	30564	14481	1576	-4395
宜宾市	Yibin	467070	284677	168823	104374	22899	2041	8202
广安市	Guangan	212022	181567	75703	45773	13085	722	1733
达州市	Dazhou	259298	152567	224276	155629	25574	2825	18263
雅安市	Yaan	216611	176511	27345	18079	6435	233	-4254
巴中市	Bazhong	399495	343132	120134	79366	14637	2407	-3383
资阳市	Ziyang	90101	89923	27486	14789	7350	207	-16356
阿坝藏族羌族自治州	Aba	379927	275236	41883	15650	13292	475	-6428
甘孜藏族自治州	Ganzi	264139	136327	34111	16462	5729	742	-2969
凉山彝族自治州	Liangshan	328229	227929	83083	50943	18547	884	-621

主要统计指标解释

社会消费品零售总额 指企业（单位、个体户）通过交易直接售给个人、社会集团非生产、非经营用的实物商品金额，以及提供餐饮服务所取得的收入金额。个人包括城乡居民和入境人员，社会集团包括机关、社会团体、部队、学校、企事业单位、居委会或村委会等。

批发业 指向其他批发或零售单位（含个体经营者）及其他企事业单位、机关团体等批量销售生活用品、生产资料的活动，以及从事进出口贸易和贸易经纪与代理的活动，包括拥有货物所有权，并以本单位(公司)的名义进行交易活动，也包括不拥有货物的所有权，收取佣金的商品代理、商品代售活动；还包括各类商品批发市场中固定摊位的批发活动，以及以销售为目的的收购活动。

零售业 指百货商店、超级市场、专门零售商店、品牌专卖店、售货摊等主要面向最终消费者（如居民等）的销售活动，以互联网、邮政、电话、售货机等方式的销售活动，还包括在同一地点，后面加工生产，前面销售的店铺（如面包房）；谷物、种子、饲料、牲畜、矿产品、生产用原料、化工原料、农用化工产品、机械设备（乘用车、计算机及通信设备除外）等生产资料的销售不作为零售活动；多数零售商对其销售的货物拥有所有权，但有些则是充当委托人的代理人，进行委托销售或以收取佣金的方式进行销售。

批发和零售业商品购进、销售、库存额 指各种登记注册类型的批发和零售业企业（单位）以本企业（单位）为总体的，从国内、国外市场购进的商品总价、销售和出口的商品总价、库存的商品总价等情况。

商品购进额 指从本企业以外的单位和个人购进(包括从国外直接进口）作为转卖或加工后转卖的商品金额（含增值税）。

商品销售额 指对本单位以外的单位和个人出售的商品金额（包括售给本单位消费用的商品，含增值税）。

期末商品库存额 对于批发和零售业法人单位和个体经营户，是指报告期末取得所有权的全部商品金额（含增值税）；对于批发和零售业产业活动单位，是指报告期末实际在库且归属法人具有所有权的全部商品金额（含增值税）。

住宿业 指为旅行者提供短期留宿场所的活动，有些单位只提供住宿，也有些单位提供住宿、饮食、商务、娱乐一体的服务，不包括主要按月或按年长期出租房屋住所的活动。

餐饮业 指通过即时制作加工、商业销售和服务性劳动等，向消费者提供食品和消费场所及设施的服务。

营业额 指住宿和餐饮业单位在经营活动中因提供服务或销售商品等取得的全部收入（含增值税），收入主要来源于提供客房、餐费服务、商品销售和其他服务，如商务服务。不包括多产业法人企业附营的其他行业产业活动单位的餐费收入、商品销售收入等各项收入。其中，客房收入指住宿和餐饮业单位在经营活动中因提供住宿服务取得的收入（含增值税）。不包括多产业法人企业附营的其他行业产业活动单位的客房收入。餐费收入指本单位为顾客提供就餐服务取得的收入（含增值税），包括：经烹饪、调制加工后出售的各种食品，如主食、炒菜、凉拌菜等的收入。不包括多产业法人企业附营的其他行业产业活动单位的餐费收入。

限额以上批发和零售业统计单位 指年主营业务收入2000 万元及以上的批发业统计单位和年主营业务收入 500 万元及以上的零售业统计单位。

限额以上住宿和餐饮业统计单位 指年主营业务收入200 万元及以上的住宿和餐饮业统计单位。

Explanatory Notes on Main Statistical Indicators

Total Retail Sales of Consumer refer to the amount obtained by enterprises (units, self-employed individuals) through direct sales of non-production and non-business physical commodity to individuals, social institutions, and revenue from providing catering services. Individuals include rural and urban households, population from abroad, social institutions include government agencies, social organizations, military units, schools, institutions, neighbourhood (village) committees.

Wholesale Trade refers to the activities of selling wholesale commodities for daily use and capital goods to enterprises of wholesale and retail trades (including self-employed individuals) and other enterprises, institutions and government organs and organizations, and the activities of engaging in import and export and acting as a trade agent. The wholesaler may have the ownership of the commodities for wholesale and trade in the name of its own (a company), and the wholesaler can act as commission agent or commodity broker without the ownership of commodities. Also included are the wholesale activities at the fixed stalls in wholesale market and the acquisition for sales purpose.

Retail Trade refers to the activities of department store, supermarket, franchised store, brand store, retail stall and on-the-spot-making-selling store selling commodities to the final consumers (residents) by any means including internet, post, telephone, sales machine. It also includes shops with sales and production localted in the same places (such as bakeries). Retail trade excludes the activities of sales of capital goods such as grain, seed, feed, livestock, mineral products, raw material for production, industrial chemicals, chemical products for agricultural use, machine and equipment (excluding vehicles, computers and communication equipment). Most retailers have the ownership of commodities to sell, but some are acting as agents or brokers to make transactions for a commission.

Purchase, Sales and Stock of Commodities by Wholesale and Retail Trade refer to the total volume of commodities purchased, total volume of sales and exports, and the stock of commodities by wholesale and retail enterprises (establishments) of different status of registration from domestic and overseas markets.

Total Purchases of Commodities refer to the total value of purchases of commodities by the enterprises (establishments) from other establishments or individuals (including direct import from abroad) for the purpose of re-selling, either with or without further processing of the commodities purchased.

Total Sales of Commodities refer to value of commodities sold by the establishments to other establishments and individuals (including goods sold for self consumption, including the value-added tax).

Total Stock of Commodities at End of Period For the legal entities and self-employed individuals engaged in wholesale and retail trade, it refers to total value (including VAT) of commodities possessed at the end of the reference period; and for wholesale and retail establishments, it refers to the value (including VAT) of all commodities actually in stock and owned by their legal persons at the end of reference period.

Hotel Services refer to the accommodation services provided to visitors. Some units may provide only accommodation while others provide a combination of accommodation, meals, business services and/or recreational facilities. It excludes activities related to the provision of long-term primary residences in facilities such as apartments typically leased on a monthly or annual basis.

Catering Services refer to the activities of providing foods, serving locations and facilities to customers through instant processing, commercial sales and service-type labor.

Business Revenue refers to total revenue (including VAT) of hotels and catering services received from providing services or selling commodities through business activities, income comes mainly from providing hotels, catering services, selling of commodities and other services, such as commodity services. It does not include revenue such as meal fees, selling of commodities of other industrial units affiliated with multi industrial legal entities. Income from hotels refers to income (including VAT) of hotels and catering services by providing lodging services through business activities. Income from catering services refers to income (including VAT) from providing catering services, including selling of cooked or prepared foods, such as staple food, cooked dishes, or cold dishes. It does not include meal fees of other industrial units affiliated with multi industrial legal entities.

The Statistical Units of Wholesale and Retail Sale Trades above Designated Size refer to wholesale trade with annual principal business sales over 20 million yuan; and retail trade, with annual principal business sales over 5 million yuan.

The Statistical Units of the Enterprises of Hotel and Catering Services above the Designated Size refer to those With an annual income from main business at and over 2 million yuan.

18 对外经济贸易和旅游

Chapter 18 Foreign Trade and Economic Cooperation and Tourism

18－1 对外经济贸易
Foreign Trade and Economic Cooperation

指　标	Item	2010	2015	2016	2017	2018	2019	2020
进出口总额(万元人民币)	**Total Imports and Exports (RMB 10 000 yuan)**		**31902213**	**32630378**	**46058562**	**59467108**	**67659210**	**80818566**
出口总额	Total Exports		20564533	18475606	25384899	33326526	38923204	46543256
进口总额	Total Imports		11337680	14154772	20673663	26140582	28736006	34275310
进出口差额	Balance		9226853	4320834	4711236	7185944	10187198	12267946
进出口总额　(万美元)	**Total Imports and Exports (USD 10 000)**	**3270396**	**5118856**	**4934941**	**6810677**	**8993788**	**9805150**	**11680195**
出口总额	Total Exports	1884064	3309290	2795498	3755394	5039827	5638075	6724817
进口总额	Total Imports	1386332	1809566	2139443	3055283	3953961	4167075	4955378
进出口差额	Balance	497732	1499724	656055	700111	1085866	1471000	1769439
进出口总额　(万美元)	**Total Imports and Exports of Goods (USD 10 000)**	**3270396**	**5118856**	**4934941**	**6810677**	**8993788**	**9805150**	**11680195**
出口总额	Total Exports	1884064	3309290	2795498	3755394	5039827	5638075	6724817
初级产品	Primary Goods		85878	71820	80380	87334	88206	74185
工业制成品	Manufactured Goods		3223412	2723678	3675014	4952493	5549869	6650632
进口总额	Total Imports	1386332	1809566	2139443	3055283	3953961	4167075	4955378
初级产品	Primary Goods		137945	126160	204725	260025	270328	240100
工业制成品	Manufactured Goods		1671621	2013283	2850558	3693936	3896747	4715278
对外签订利用外资协议(合同)金额 (万美元)	**Total Amount of Foreign Capital to be Utilized in the Signed Agreements and Contracts (USD 10 000)**	**621470**	**363904**	**431879**	**623793**	**637007**	**1033698**	**1203947**
外商直接投资	Foreign Direct Investment	611651	356592	425072	617751	630972	1033698	1203947
外商其他投资	Other Foreign Investment	9819	7312	6807	6042	6035		
实际利用外资额(万美元)	**Total Amount of Foreign Capital Actually Used (USD 10 000)**	**701299**	**1043681**	**854381**	**869862**	**1103664**	**1247854**	**1005874**
企业境外中长期融资回调资金	Overseas Medium and Long-term Financing Callback Funds of Enterprises					192700	312000	121340
对外借款	Foreign Loans	35000	17661	45117	46753		50688	
外商直接投资	Foreign Direct Investment	602517	999607	797687	810135	896375	307178	245237
外商其他投资	Other Foreign Investment	9782	7013	5438	5521	5735	565356	623804
国外优惠贷款	Foreign Preferential Loans					8854	12632	15493
港澳援建资金	Reconstruction Funds from Hong Kong and Macao	54000	19400	6139	7453			
对外承包工程	**Foreign Contracted Projects**							
新签合同额(万美元)	Value of Newly Signed Contracts (USD 10 000)	684878	453003	700000	791610	1026598	1851000	624000
完成营业额(万美元)	Completed Turnover (USD 10 000)	399299	546020	447400	393093	610791	637200	518056

注：①进出口统计资料由成都海关提供。②外商投资统计资料由四川省经济合作局提供；2019年将原“外商直接投资”指标中“外商投资性公司投资”“外商投资企业再投资”等子项指标调入“外商其他投资”，故与往年不可比。

a) Import and export statistics are provided by Chengdu Customs. b) Statistics on foreign investment shall be provided by Sichuan Province Bureau of Economic Cooperation; "Investment by Foreign Investment Company" and "Reinvestment by Foreign Investment Company" of "Foreign Direct Investment" were altered to "Other Foreign Investment" in 2019, and are not comparable with those in previous years.

18−2 出口商品分类金额
Exports Value by Category of Commodities

单位：万美元 (USD 10 000)

商品类别	Category of Commodities	2015	2016	2017	2018	2019	2020
总　额	**Total Value**	**3309290**	**2795498**	**3755394**	**5039827**	**5638075**	**6724817**
初级产品	**Primary Goods**	**85878**	**71820**	**80380**	**87334**	**88206**	**74185**
食品及活动物	Food and Live Animals	24174	26761	29115	26076	27909	26826
饮料及烟类	Beverages and Tobacco	17861	16257	15801	24523	20124	14695
非食用原料(燃料除外)	Nonedible Raw Materials(Except Fuels)	28455	26442	26337	27142	29270	20509
矿物燃料、润滑油及有关原料	Mineral Fuels, Lubricants and Related Materials	80	129	3920	2162	865	371
动植物油、脂及蜡	Animal and Vegetable Oils, Fats and Waxes	3206	2231	5207	7431	10038	11784
工业制成品	**Manufactured Goods**	**3223412**	**2723678**	**3675014**	**4952493**	**5549869**	**6650632**
化学成品及有关产品	Chemicals and Related Products	255292	223308	267795	328608	309436	307708
按原料分类的制成品	Manufactured Goods Classified by Material	444222	255456	282485	326069	342855	272028
机械及运输设备	Machinery and Transport Equipment	1918757	1853546	2771439	3836523	4354846	5578891
杂项制品	Miscellaneous Products	511869	299076	330687	440159	512901	477159
未分类的商品	Products Not Classified	93272	92292	22608	21134	29831	14846

18−3 进口商品分类金额
Imports Value by Category of Commodities

单位：万美元 (USD 10 000)

商品类别	Category of Commodities	2015	2016	2017	2018	2019	2020
总　额	**Total Value**	**1809566**	**2139443**	**3055283**	**3953961**	**4167075**	**4955378**
初级产品	**Primary Goods**	**137945**	**126160**	**204725**	**260025**	**270328**	**240100**
食品及活动物	Food and Live Animals	19746	17408	30550	36635	45694	52528
饮料及烟类	Beverages and Tobacco	1255	1995	2359	3574	4169	3350
非食用原料(燃料除外)	Nonedible Raw Materials(Except Fuels)	115080	105114	163806	203331	186262	156549
矿物燃料、润滑油及有关原料	Mineral Fuels, Lubricants and Related Materials	1320	953	7347	14607	28405	22859
动植物油、脂及蜡	Animal and Vegetable Oils, Fats and Waxes	544	690	663	1878	5798	4814
工业制成品	**Manufactured Goods**	**1671621**	**2013283**	**2850558**	**3693936**	**3896747**	**4715278**
化学成品及有关产品	Chemicals and Related Products	57374	54534	67747	84755	109395	135245
按原料分类的制成品	Manufactured Goods Classified by Material	89977	63777	79124	93306	123614	92929
机械及运输设备	Machinery and Transport Equipment	1316895	1708665	2516806	3284124	3431754	4228047
杂项制品	Miscellaneous Products	92641	96490	163404	219553	203274	250438
未分类的商品	Products Not Classified	114734	89817	23477	12198	28710	8619

18–4 各市(州)进出口总额
Total Imports and Exports by Region

单位：万元人民币　　　　(RMB 10 000 yuan)

市(州)	Region	2013	2014	2015	2016	2017	2018	2019	2020
全　省	**Sichuan**	**40080634**	**43147490**	**31902213**	**32630378**	**46058562**	**59467108**	**67659210**	**80818566**
成都市	Chengdu	31394052	34298302	24513092	27133815	39418475	49823510	58226928	71542077
自贡市	Zigong	628858	412591	303508	259504	307496	325207	308382	318105
攀枝花市	Panzhihua	116310	185183	159454	138750	262429	305871	317230	304255
泸州市	Luzhou	140819	169416	195502	209070	1393313	835559	843142	897790
德阳市	Deyang	2105885	2385243	1899038	1160506	1040093	1265732	1411486	1163887
绵阳市	Mianyang	1746176	1791396	1625042	1165475	1149688	2600377	2090541	2162726
广元市	Guangyuan	217399	259383	42767	14793	16918	50498	63279	26464
遂宁市	Suining	350280	386979	390192	271032	235705	252456	362023	368764
内江市	Neijiang	225180	193672	87705	87095	95890	141499	141361	197898
乐山市	Leshan	694925	681727	546668	584625	697908	736496	586738	495554
南充市	Nanchong	416658	172118	68353	107715	195969	100503	648004	356178
眉山市	Meishan	179058	204016	127244	137185	186721	438084	352722	395132
宜宾市	Yibin	505524	546618	589678	614223	576008	968599	1411234	1830371
广安市	Guangan	612556	680505	662364	338901	200650	269160	343926	142160
达州市	Dazhou	198796	199874	229028	106078	46741	57110	199229	265998
雅安市	Yaan	42747	47297	49780	30546	30027	41966	72155	65825
巴中市	Bazhong	89150	102641	117112	79903	26509	52700	60745	24870
资阳市	Ziyang	335354	342331	210613	131618	114626	128776	154607	188871
阿坝藏族羌族自治州	Aba	24309	29215	22333	23322	22670	21548	13721	17901
甘孜藏族自治州	Ganzi	6444	8202	9166	6088	8027	12944	15605	12353
凉山彝族自治州	Liangshan	50155	50781	53576	30134	32701	38512	36150	41386

18-4 续表 continued

单位：万美元 (USD 10 000)

市(州)	Region	2010	2011	2012	2013	2014	2015	2016	2017	2018	2019	2020
全　省	**Sichuan**	**3270396**	**4772328**	**5914360**	**6457884**	**7020297**	**5118856**	**4934941**	**6810677**	**8993788**	**9805150**	**11680195**
成都市	Chengdu	2468476	3796119	4761327	5070576	5592156	3942361	4102173	5830149	7536217	8439640	10338866
自贡市	Zigong	54127	70447	87374	101373	67150	49015	39353	45378	49364	44824	45988
攀枝花市	Panzhihua	25389	26586	26342	18714	30128	25643	20993	38706	46691	45972	44015
泸州市	Luzhou	13331	15193	18608	22654	27563	31343	31331	205717	276333	122010	130105
德阳市	Deyang	221420	288096	309231	339060	388352	305107	176354	153574	191518	204313	168325
绵阳市	Mianyang	159755	185142	221323	280998	291780	262710	176907	169832	391266	302895	312011
广元市	Guangyuan	20729	29692	33844	35019	42146	6953	2262	2522	7620	9194	3841
遂宁市	Suining	28150	39681	46507	56505	62808	63078	41029	34830	38169	52498	53548
内江市	Neijiang	16845	25696	31360	36298	31495	14115	13253	14204	21524	20531	28703
乐山市	Leshan	97609	79841	94539	111963	111031	88223	88772	102967	111977	85398	71548
南充市	Nanchong	30866	32794	41776	67249	28088	11044	16090	29065	15291	92397	50894
眉山市	Meishan	9985	13580	19458	28843	33376	20517	20812	27580	66267	51261	57655
宜宾市	Yibin	64936	81230	77648	81588	88989	95163	93128	84923	146859	204126	265101
广安市	Guangan	29275	44618	75377	98938	110634	106776	50852	29648	41154	50376	20405
达州市	Dazhou	7070	15298	18470	32106	32610	37078	15983	6909	8660	28693	38487
雅安市	Yaan	1333	3261	4269	6887	7696	7907	4645	4428	6356	10508	9607
巴中市	Bazhong	4863	2577	12475	14360	16680	19043	12151	3988	7860	8803	3626
资阳市	Ziyang	9662	12394	23552	41683	43254	19068	19780	16909	19614	22241	27124
阿坝藏族羌族自治州	Aba	1475	3853	3234	3927	4758	3600	3534	3337	3263	1996	2581
甘孜藏族自治州	Ganzi	1305	646	911	1042	1334	1469	919	1193	1929	2231	1804
凉山彝族自治州	Liangshan	3793	5582	6735	8098	8263	8642	4622	4817	5852	5244	5960

18-5 各市(州)出口总额
Total Exports by Region

单位：万元人民币 (RMB 10 000 yuan)

市(州)	Region	2013	2014	2015	2016	2017	2018	2019	2020
全　省	**Sichuan**	**26041998**	**27540270**	**20564533**	**18475606**	**25384899**	**33326526**	**38923204**	**46543256**
成都市	Chengdu	19795404	20766302	14802901	14504563	20649286	27447777	33098374	41068498
自贡市	Zigong	381759	189768	164647	148063	175476	216357	230629	233124
攀枝花市	Panzhihua	76378	104604	136110	91254	112078	125988	133543	119121
泸州市	Luzhou	127215	153851	177375	186047	1330566	691476	409881	453087
德阳市	Deyang	1459661	1903885	1449135	885378	708276	927477	1101669	823883
绵阳市	Mianyang	1121924	1272154	1186529	681538	613788	654625	705827	782831
广元市	Guangyuan	191296	256237	40067	12193	12927	33320	30243	24457
遂宁市	Suining	255318	257874	267961	166537	119841	138961	202735	183829
内江市	Neijiang	195606	170821	73085	66798	76379	115742	101059	132548
乐山市	Leshan	512855	515569	425790	449886	512786	579394	453078	369924
南充市	Nanchong	405485	168751	61106	104334	187427	67536	631783	335949
眉山市	Meishan	124114	128111	108014	124286	149372	187836	157203	224029
宜宾市	Yibin	348583	372790	393379	364023	320064	607498	906454	1239113
广安市	Guangan	607993	661020	659763	336659	190706	255195	323795	130870
达州市	Dazhou	85043	168583	207824	104446	43484	54502	194497	232540
雅安市	Yaan	40503	42896	44429	24161	25286	31869	32219	48151
巴中市	Bazhong	89147	102641	117009	79896	26382	44558	51842	22703
资阳市	Ziyang	154095	229141	170405	92070	74143	81743	97446	54022
阿坝藏族羌族自治州	Aba	14113	16486	16464	17288	16009	14876	11228	11629
甘孜藏族自治州	Ganzi	6443	8193	9163	6088	8027	12944	15603	12348
凉山彝族自治州	Liangshan	49063	50595	53378	30097	32596	36852	34097	40599

18−5 续表 continued

单位：万美元 (USD 10 000)

市(州)	Region	2010	2011	2012	2013	2014	2015	2016	2017	2018	2019	2020
全　省	**Sichuan**	**1884064**	**2902697**	**3846907**	**4194906**	**4483913**	**3309290**	**2795498**	**3755394**	**5039827**	**5638075**	**6724817**
成都市	Chengdu	1392152	2300135	3042462	3198381	3390833	2390406	2193971	3055922	4150657	4795450	5932997
自贡市	Zigong	24869	34450	51746	61555	30902	26611	22496	25889	32863	33545	33745
攀枝花市	Panzhihua	18760	17549	22006	12306	17032	21923	13806	16537	19202	19395	17194
泸州市	Luzhou	10576	10335	15805	20459	25028	28422	27874	196438	254813	59388	65806
德阳市	Deyang	94137	139341	182412	235255	310129	234883	134598	104493	139943	159349	119302
绵阳市	Mianyang	82668	97375	137332	180331	207234	192082	103517	90760	99016	102093	112798
广元市	Guangyuan	17380	26246	27266	30838	41635	6522	1865	1928	5049	4390	3555
遂宁市	Suining	22703	33340	38368	41183	42014	43312	25257	17715	20929	29410	26565
内江市	Neijiang	16757	23330	27012	31546	27778	11755	10173	11316	17614	14701	19266
乐山市	Leshan	67581	49860	65871	82644	83959	68796	68273	75750	88169	65989	53346
南充市	Nanchong	28195	31231	39787	65446	27541	9868	15574	27789	10222	90050	47922
眉山市	Meishan	9048	11191	15639	19998	20865	17414	18861	22082	28504	22803	32867
宜宾市	Yibin	44170	54635	54180	56247	60693	63571	55226	47176	91780	131062	179570
广安市	Guangan	28011	42014	70245	98205	107457	106355	50512	28184	39064	47459	18782
达州市	Dazhou	6327	7302	9424	13705	27439	33469	15738	6427	8265	28014	33613
雅安市	Yaan	1226	1884	3787	6524	6982	7043	3670	3726	4820	4676	7059
巴中市	Bazhong	4863	2577	12475	14360	16680	19026	12126	3969	6629	7513	3296
资阳市	Ziyang	8693	11175	21351	14679	27459	15097	13807	10946	12504	13976	7800
阿坝藏族羌族自治州	Aba	856	2521	2120	2277	2685	2655	2622	2352	2248	1633	1680
甘孜藏族自治州	Ganzi	1299	646	911	1042	1332	1468	919	1193	1929	2231	1803
凉山彝族自治州	Liangshan	3792	5559	6708	7924	8233	8610	4615	4802	5606	4947	5849

18-6 各市(州)进口总额
Total Imports by Region

单位：万元人民币 (RMB 10 000 yuan)

市(州)	Region	2013	2014	2015	2016	2017	2018	2019	2020
全 省	**Sichuan**	**14038636**	**15607220**	**11337680**	**14154772**	**20673663**	**26140582**	**28736006**	**34275310**
成都市	Chengdu	11598648	13532000	9710191	12629252	18769189	22375733	25128554	30473579
自贡市	Zigong	247099	222823	138861	111441	132020	108850	77753	84981
攀枝花市	Panzhihua	39932	80579	23344	47496	150351	179883	183687	185134
泸州市	Luzhou	13604	15565	18127	23023	62747	144083	433261	444703
德阳市	Deyang	646224	481358	449903	275128	331817	338255	309817	340004
绵阳市	Mianyang	624252	519242	438513	483937	535900	1945752	1384714	1379895
广元市	Guangyuan	26103	3146	2700	2600	3991	17178	33036	2007
遂宁市	Suining	94962	129105	122231	104495	115864	113495	159288	184934
内江市	Neijiang	29574	22851	14620	20297	19511	25757	40302	65351
乐山市	Leshan	182070	166158	120878	134739	185122	157102	133660	125630
南充市	Nanchong	11173	3367	7247	3381	8542	32967	16221	20229
眉山市	Meishan	54944	75905	19230	12899	37349	250248	195519	171103
宜宾市	Yibin	156941	173828	196299	250200	255944	361101	504780	591258
广安市	Guangan	4563	19485	2601	2242	9944	13965	20131	11290
达州市	Dazhou	113753	31291	21204	1632	3257	2608	4732	33457
雅安市	Yaan	2244	4401	5351	6385	4741	10097	39936	17674
巴中市	Bazhong	3		103	7	127	8142	8903	2167
资阳市	Ziyang	181259	113190	40208	39548	40483	47033	57161	134849
阿坝藏族羌族自治州	Aba	10196	12729	5869	6034	6661	6672	2493	6272
甘孜藏族自治州	Ganzi	1	9	3				2	5
凉山彝族自治州	Liangshan	1092	186	198	37	105	1660	2053	787

18-6 续表 continued

单位：万美元 (USD 10 000)

市(州)	Region	2010	2011	2012	2013	2014	2015	2016	2017	2018	2019	2020
全 省	**Sichuan**	**1386332**	**1869631**	**2067453**	**2262978**	**2536384**	**1809566**	**2139443**	**3055283**	**3953961**	**4167075**	**4955378**
成都市	Chengdu	1076324	1495984	1718865	1872195	2201323	1551955	1908202	2774227	3385560	3644190	4405869
自贡市	Zigong	29258	35997	35628	39818	36248	22404	16857	19489	16501	11279	12243
攀枝花市	Panzhihua	6629	9037	4336	6408	13096	3720	7187	22169	27489	26577	26821
泸州市	Luzhou	2755	4858	2803	2195	2535	2921	3457	9279	21520	62622	64299
德阳市	Deyang	127283	148755	126819	103805	78223	70224	41756	49081	51575	44964	49023
绵阳市	Mianyang	77087	87767	83991	100667	84546	70628	73390	79072	292250	200802	199213
广元市	Guangyuan	3349	3446	6578	4181	511	431	397	594	2571	4804	285
遂宁市	Suining	5447	6341	8139	15322	20794	19766	15772	17115	17240	23088	26983
内江市	Neijiang	88	2366	4348	4752	3717	2360	3080	2888	3910	5830	9437
乐山市	Leshan	30028	29981	28668	29319	27072	19427	20499	27217	23808	19409	18202
南充市	Nanchong	2671	1563	1989	1803	547	1176	516	1276	5069	2347	2972
眉山市	Meishan	937	2389	3819	8845	12511	3103	1951	5498	37763	28458	24788
宜宾市	Yibin	20766	26595	23468	25341	28296	31592	37902	37747	55079	73064	85532
广安市	Guangan	1264	2604	5132	733	3177	421	340	1464	2090	2917	1622
达州市	Dazhou	743	7996	9046	18401	5171	3609	245	482	395	679	4873
雅安市	Yaan	107	1377	482	363	714	864	975	702	1536	5832	2548
巴中市	Bazhong						17	25	19	1234	1290	330
资阳市	Ziyang	969	1219	2201	27004	15795	3971	5973	5963	7110	8265	19324
阿坝藏族羌族自治州	Aba	619	1332	1114	1650	2073	945	912	985	1015	363	901
甘孜藏族自治州	Ganzi	6				2	1					1
凉山彝族自治州	Liangshan	1	23	27	174	30	32	7	15	246	297	112

18-7 旅游发展情况
Development of Tourism

指　　标		Item		2015	2018	2019	2020
旅行社数	**（个）**	**Number of Travel Agencies**	**(unit)**	**910**	**952**	**1258**	**1336**
星级饭店数	**（个）**	**Number of Star-rated Hotels**	**(unit)**	**449**	**382**	**360**	**356**
入境游客	**（万人次）**	**Number of Overseas Visitor Arrivals**	**(10 000 person-times)**	**273.20**	**369.82**	**414.78**	**24.61**
外国人		Foreigners		193.44	276.47	313.09	20.10
港澳同胞		Chinese Compatriots From Hong Kong and Macao		43.49	49.65	52.86	3.20
台湾同胞		Chinese Compatriots From Taiwan Province		36.27	43.70	48.83	1.31
国内游客	**（万人次）**	**Number of Domestic Visitors**	**(10 000 person-times)**	**58500.63**	**70198.44**	**75081.58**	**45107.41**
旅游收入	**（亿元）**	**Tourism Earnings**	**(100 million yuan)**	**6210.50**	**10112.75**	**11594.32**	**7173.29**
国际旅游(外汇)收入	(万美元)	Foreign Exchange Earnings from International Tourism	(USD 10 000)	118087.06	151164.79	202379.33	4679.05
国内旅游收入	(亿元)	Earnings from Domestic Tourism	(100 million yuan)	6137.60	10012.72	11454.48	7170.07

18-8 接待入境游客情况
Basic Conditions of Overseas Visitor Arrivals

单位：万人次　　(10 000 person-times)

项　　目	Item	2005	2010	2015	2016	2017	2018	2019	2020
总计	**Total**	**106.28**	**104.93**	**273.20**	**308.79**	**336.17**	**369.82**	**414.78**	**24.61**
外国人	**Foreigners**	**68.27**	**74.97**	**193.44**	**219.23**	**241.29**	**276.47**	**313.09**	**20.10**
亚洲	Asia	47.50	40.95	83.83	94.16	97.35	104.64	133.31	9.46
日本	Japan	15.45	20.23	17.18	20.29	21.20	24.69	30.45	2.90
马来西亚	Malaysia	6.80	3.18	12.62	14.65	16.12	14.46	19.69	0.78
新加坡	Singapore	7.39	3.62	12.37	13.97	15.18	18.72	17.63	0.54
泰国	Thailand	5.80	2.13	6.45	7.81	8.13	17.73	21.02	0.84
欧洲	Europe	9.50	17.44	53.30	61.70	71.11	86.39	93.14	4.05
英国	United Kingdom	1.86	5.24	17.41	20.46	23.16	27.35	24.44	0.52
德国	Germany	1.95	2.42	9.70	11.22	13.23	15.43	19.95	1.26
法国	France	1.77	2.80	7.47	8.73	10.13	7.47	9.69	0.53
意大利	Italy	0.80	0.72	2.72	3.07	3.48	4.26	4.17	0.22
北美洲	North America	8.49	11.93	39.83	45.76	52.21	48.34	50.21	3.84
加拿大	Canada	1.12	2.20	7.12	33.64	9.70	8.84	7.35	3.19
美国	United States	6.99	8.91	28.78	8.29	37.97	33.02	38.04	0.45
澳大利亚	Australia	1.02	2.31	8.95	10.29	11.87	15.89	16.07	0.46
非洲	Africa	0.29	0.40	2.29	2.44	2.92	3.55	2.57	0.18
其他	Others	1.18	1.09	2.73	2.32	2.86	11.03	12.72	1.90
港澳同胞	**Chinese Compatriots From Hong Kong and Macao**	**13.99**	**15.11**	**43.49**	**48.48**	**94.88**	**49.65**	**52.86**	**3.20**
台湾同胞	**Chinese Compatriots from Taiwan Province**	**24.02**	**14.85**	**36.27**	**41.08**	**43.05**	**43.70**	**48.83**	**1.31**

18-9 各市(州)旅游发展情况(2020年)
Development of Tourism by Region(2020)

市(州)	Region	星级饭店数(个) Number of Star-rated Hotels (unit)	入境游客人数(万人次) Number of Overseas Visitor Arrivals (10 000 person-times)	#外国人 Foreigners	国际旅游外汇收入(万美元) Foreign Exchange Earnings from International Tourism (USD 10 000)	国内旅游人数(万人次) Number of Domestic Visitors (10 000 person-times)	国内旅游收入(亿元) Earnings from Domestic Tourism (100 million yuan)
全　省	**Sichuan**	**356**	**24.61**	**20.10**	**4679.05**	**45107.40**	**7170.10**
成都市	Chengdu	89	23.31	18.57	4426.40	20395.32	3002.13
自贡市	Zigong	13	0.02	0.01	4.90	2732.13	235.55
攀枝花市	Panzhihua	16	0.01		1.06	2197.46	313.91
泸州市	Luzhou	15	0.04	0.02	6.55	3944.45	416.28
德阳市	Deyang	12	0.02	0.02	14.79	3546.00	269.61
绵阳市	Mianyang	23	0.57	0.55	106.88	6271.48	639.84
广元市	Guangyuan	18	0.03	0.01	4.99	4584.45	484.38
遂宁市	Suining	17	0.01		3.65	5588.88	501.22
内江市	Neijiang	5	0.01	0.01	1.93	3895.68	310.60
乐山市	Leshan	21	0.40	0.16	60.41	7071.29	1040.30
南充市	Nanchong	17	0.03	0.01	6.08	8316.50	781.27
眉山市	Meishan	7	0.01	0.01	2.02	3994.78	363.15
宜宾市	Yibin	11	0.01		1.37	6647.41	669.91
广安市	Guangan	9			0.74	2777.45	280.94
达州市	Dazhou	9	0.01	0.01	2.34	3794.92	302.57
雅安市	Yaan	15	0.04	0.02	6.90	3834.15	342.08
巴中市	Bazhong	8	0.01		2.22	2920.55	261.96
资阳市	Ziyang	5	0.01	0.01	1.86	1876.83	145.60
阿坝藏族羌族自治州	Aba	18	0.02	0.01	2.48	3603.23	301.02
甘孜藏族自治州	Ganzi	4	0.03	0.03	9.42	3101.98	336.10
凉山彝族自治州	Liangshan	24	0.02	0.02	12.07	2888.27	275.07

注：国内旅游人数全省合计对重复统计人数进行了剥离，国内旅游收入全省合计根据平均系数进行了调整，故各市州加总不等于全省合计。
a) The data of domestic visitors stripped the number of repeated statistics, and the data of earnings from domestic tourism was adjusted according to the average coefficient, so the sum number of cities and states is not equal to the total of the province.

主要统计指标解释

货物进出口总额 指实际进出我国关境的货物总金额。包括对外贸易实际进出口货物，来料加工装配进出口货物，国家间、联合国及国际组织无偿援助物资和赠送品，华侨、港澳台同胞和外籍华人捐赠品，租赁期满归承租人所有的租赁货物，进料加工进出口货物，边境地方贸易及边境地区小额贸易进出口货物，中外合资企业、中外合作经营企业、外商独资经营企业进出口货物和公用物品，到、离岸价格在规定限额以上的进出口货样和广告品(无商业价值、无使用价值和免费提供出口的除外)，从保税仓库提取在中国境内销售的进口货物，以及其他进出口货物。该指标可以观察一个国家在对外贸易方面的总规模。我国规定出口货物按离岸价格统计，进口货物按到岸价格统计。

实际利用外资 指批准的合同外资金额的实际执行数，外国投资者根据批准外商投资企业的合同(章程)的规定实际缴付的出资额和企业投资总额内外国投资者以自己的境外自有资金实际直接向企业提供的贷款。

外商投资 是指国外及港澳台地区的法人和自然人在中国大陆地区以现金、实物、无形资产、股权等方式进行投资。其中，外商直接投资是指国外及港澳台地区投资者在非上市公司中的全部投资及在单个外国投资者所占股权比例不低于10%的上市公司中的投资。

对外承包工程 根据《对外承包工程管理条例》，对外承包工程是指中国的企业或者其他单位承包境外建设工程项目的活动。

对外劳务合作 指组织劳务人员赴其他国家或地区为国外的企业或机构工作的经营性活动。

入境游客 指报告期内来中国（大陆）观光、度假、探亲访友、就医疗养、购物、参加会议或从事经济、文化、体育、宗教活动的外国人、港澳台同胞等游客（即入境旅游人数）。统计时，入境游客按每入境一次统计1人次。入境旅游人数包括入境过夜游客和入境一日游游客。

国内游客 指报告期内在中国（大陆）观光游览、度假、探亲访友、就医疗养、购物、参加会议或从事经济、文化、体育、宗教活动的中国（大陆）居民人数，其出游的目的不是通过所从事的活动谋取报酬。统计时，国内游客按每出游一次统计1人次。

国际旅游收入 指入境游客在中国（大陆）境内旅行、游览过程中用于交通、参观游览、住宿、餐饮、购物、娱乐等全部花费。

国内旅游收入(旅游总花费) 指国内游客在国内旅行、游览过程中用于交通、参观游览、住宿、餐饮、购物、娱乐等全部花费。

Explanatory Notes on Main Statistical Indicators

Total Import and Export of Goods refer to the real value of commodities imported and exported across the Customs Territory of China. They include the actual imports and exports through foreign trade, imported and exported goods under the processing and assembling trades and materials, supplies and gifts as aid given gratis between governments and by the United Nations and other international organizations, and contributions donated by overseas Chinese, compatriots in Hong Kong and Macao and Chinese with foreign citizenship, leasing commodities owned by tenant at the expiration of leasing period, the imported and exported commodities processed with imported materials, commodities trading in border areas, the imported and exported commodities and articles for public use of the Sino-foreign joint ventures, cooperative enterprises and ventures with sole foreign investment. Also included is import or export of samples and advertising goods for which CIF or FOB value are beyond the permitted ceiling (excluding goods of no trading or use value and free commodities for export), imported goods sold in China from bonded warehouses and other imported or exported goods. The indicator of the total imports and exports at customs can be used to observe the total size of external trade in a country. In accordance with the stipulation of the Chinese government, imports are calculated at CIF, while exports are calculated at FOB.

The actual utilization of foreign capital refers to the actual number of execution of the approved contractual foreign capital amount, the actual amount of foreign investment paid by foreign investors in accordance with the provisions of the contract (articles of association) for the approval of foreign-funded enterprises, and the total amount of enterprise investment actually provided by foreign investors to enterprises directly with their own overseas funds.

Foreign Investment refers to investment in China by legal or natural persons of foreign countries and of HongKong, Macau and Taiwan, in the form of cash、physical assets、intangible assets and equity and others. Foreign direct investment refers to investment by investors from foreign countries and from HongKong, Macau and Taiwan in a non-listed company, or the investment of over 10 percent or more in a listed company.

Overseas Contracted Project refers to activities of contracting overseas construction projects by Chinese enterprises or any other units, which are stipulated in the Regulations on Administration of Foreign Contracted Project.

Overseas Labor Services refer to operational activities of organizing labor force to go abroad providing services to foreign enterprises or agencies.

International Visitor Arrivals refer to the number of tourists of foreigners, Chinese compatriots from Hong Kong, Macao and Taiwan who come to China (mainland) within the reference period for sight-seeing, vacation, visiting relatives, medical treatment, shopping, attending conference, or to engage in economic, cultural, sports and religious activities (namely the number of overseas visitor arrivals). In compiling statistics, each arrival is counted as one person-time. The number of overseas visitor arrivals includes inbound overnight tourists and one-day tourists.

Number of Domestic Tourists refers to the number of Chinese (mainland) residents who travel within China (mainland) for sight-seeing, vacation, visiting relatives, medical treatment, shopping, attending conference, or to engage in economic, cultural, sports and religious activities. In compiling statistics, each time of travelling is counted as one person-time.

Foreign Exchange Earnings from International Tourism refer to the total expenditure of foreigners, overseas Chinese, Chinese compatriots from Hong Kong, Macao and Taiwan during their stay in the mainland of China on transportation, sighting, accommodation, food, shopping and entertainment.s

Income from Domestic Tourism refer to expenditure of domestic tourists on transportation, sighting, accommodation, food, shopping and entertainment while they travel.

19 金融业

Chapter 19 Financial Intermediation

19-1 金融机构(含外资)本外币信贷收支表(资金来源)
Balance Sheet of Local and Foreign Credit Funds of Financial Institutions (Funds Sources)

单位：亿元 (100 million yuan)

项 目	Item	2020	比年初增减数 amount over the beginning of the year
资金来源总计	**All Sources**	**95428.13**	**10050.03**
各项存款	Deposits	91835.79	8714.03
非金融企业存款	Deposits of Non-financial Enterprises	22677.00	2291.42
住户存款	Deposits of Households	49514.32	6080.32
#活期存款	Demand Deposits	15459.98	1627.54
机关团体存款	Deposits of Organizations and Communities	14579.42	-383.37
财政性存款	Deposits of Fiscal	2025.02	424.53
非银行业金融机构存款	Deposits of Non-banking Financial Institutions	2773.10	286.25
金融债券	Financial Bonds	396.90	13.81
卖出回购资产	Assets Sold for Repurchase	51.58	19.65
借款及非银行业金融机构拆入	Borrowing and Non-banking Financial Institutions Borrowing	177.39	-120.60
联行往来(净)	Inter-branched Exchange (net)		
应付及暂收款	Account Payable and Temporary Collection	2187.89	266.71
各项准备	Reserves	2457.19	344.40
所有者权益	Owners' Equities	3826.53	548.36
其他	Others	-5505.12	263.65

注：本表金融机构包括中国人民银行、中资全国性大型银行、中资全国性中小型银行、中资区域性中小型银行、城市信用社、农村信用社、财务公司、信托投资公司、租赁公司、外资金融机构和汽车金融公司(以下有关各表同)。

a) Financial institution of balance sheet includes the People's Bank of China, large, small and medium-sized Chinese-funded national banks, small and medium-sized regional and Chinese-funded banks, urban and rural credit cooperative banks, finance companies, financial trust and investment companies, financial leasing companies, Foreign financial institutions and auto finance company (the same as the following related tables) .

19−2 金融机构(含外资)本外币信贷收支表(资金运用)
Balance Sheet of Local and Foreign Credit Funds of Financial Institutions (Funds Uses)

单位：亿元 (100 million yuan)

项　目	Item	2020	比年初增减数 amount over the beginning of the year
资金运用总计	**All Uses**	**95428.13**	**10050.03**
各项贷款	Loans	71025.99	8532.23
住户贷款	Loans of Households	23534.78	2980.23
短期贷款	Shot-term Loans	3215.66	581.37
中长期贷款	Medium-term & Long-term Loans	20319.13	2398.86
企（事）业单位贷款	Loans of Enterprises (Institutions)	46755.16	5620.42
短期贷款	Shot-term Loans	9614.42	1183.74
中长期贷款	Medium-term & Long-term Loans	34917.53	4478.66
票据融资	Bill Financing	2111.16	-37.37
各项垫款	Various Money Paid Back Later	12.55	-10.06
债券投资	Bond Investment	9101.52	2404.37
股权及其他投资	Equity and Other Investment	4412.68	234.59
买入返售资产	Redemptory Capital for Sale	268.12	-2.04
存放非银行业金融机构款项	Due from Non-banking Financial Institutions	37.84	11.38
联行往来(净)	Inter-branched Exchange (net)	9129.93	-1262.95
应收及预付款	Account Receivable and Advanced Payment	857.96	118.58
固定资产	Fixed Assets	590.79	13.96
外汇占款	Position for Foreign Purchase		
投资性房地产	Investment Property	3.30	-0.10

注：“企（事）业单位贷款”原为“非金融企业及机关团体贷款”，统计口径未变。
a) The indicator "loans of Enterprises (Institutions)" was originally the indicator "Loans of Non-financial Enterprises & Government", and the statistical caliber has not changed.

19-3 各市(州)金融机构各项存款和贷款(2020年底)

Deposits and Loans of Financial Institutions by Region at Year-end of 2020

单位：亿元 (100 million yuan)

市(州)	Region	本外币各项存款 RMB and Foreign Currency Deposits	人民币各项存款 RMB Deposits	#住户存款 Household Savings	本外币各项贷款 RMB and Foreign Currency Loans	人民币各项贷款 RMB Loans	#短期贷款 Short-term Loans	#中长期贷款 Medium and Long-term Loans
全 省	**Sichuan**	**91835.79**	**90350.48**	**49289.28**	**71025.99**	**69504.94**	**12044.26**	**55038.24**
成都市	Chengdu	43900.51	42500.12	17121.44	41866.29	40376.89	6195.55	33179.78
自贡市	Zigong	2378.07	2375.19	1555.06	1403.03	1401.81	405.24	931.21
攀枝花市	Panzhihua	1115.09	1113.02	778.82	706.97	705.59	168.88	466.50
泸州市	Luzhou	3107.56	3100.75	2080.07	2367.17	2366.98	438.84	1773.04
德阳市	Deyang	3301.93	3288.48	2148.38	1921.68	1911.01	467.04	1274.59
绵阳市	Mianyang	5100.20	5082.30	2874.84	2823.72	2812.66	839.98	1814.48
广元市	Guangyuan	1685.44	1684.63	1238.67	1001.58	1001.20	180.23	781.09
遂宁市	Suining	1875.64	1873.72	1417.71	1309.40	1308.89	300.02	943.29
内江市	Neijiang	2022.74	2019.52	1581.66	1180.71	1179.73	275.45	819.83
乐山市	Leshan	2738.63	2731.04	2035.55	1918.61	1917.68	389.84	1379.28
南充市	Nanchong	3950.81	3947.52	3064.68	2606.71	2606.19	449.18	2086.74
眉山市	Meishan	2651.92	2645.29	1869.09	1538.11	1537.92	221.11	1276.62
宜宾市	Yibin	3722.11	3712.05	1814.39	2513.62	2510.24	530.33	1915.47
广安市	Guangan	2197.22	2196.21	1743.07	1027.34	1027.34	183.25	832.43
达州市	Dazhou	3521.47	3519.48	2656.88	1949.68	1949.66	275.18	1587.61
雅安市	Yaan	1317.02	1315.71	871.61	854.14	853.94	153.76	666.51
巴中市	Bazhong	1432.89	1432.52	1155.90	932.73	932.73	109.57	805.32
资阳市	Ziyang	1600.97	1598.65	1188.39	1017.77	1017.77	157.40	838.89
阿坝藏族羌族自治州	Aba	738.33	738.32	315.71	375.46	375.46	43.50	315.69
甘孜藏族自治州	Ganzi	788.01	787.96	299.19	470.09	470.09	52.37	396.18
凉山彝族自治州	Liangshan	2689.24	2688.01	1478.18	1241.17	1241.16	207.55	953.72

注：成都市数据包含四川省本部数据(以下有关各表同)。

a) The data of Chengdu includes the data of Sichuan provincial headquarters (the same as the following related tables).

19-4 各市(州)金融机构人民币各项存款(年底余额)
Deposits of Financial Institutions by Region at Year-end(RMB)

单位：亿元 (100 million yuan)

市(州)	Region	2010	2011	2012	2013	2014	2015	2016	2017	2018	2019	2020
全 省	**Sichuan**	**30299.67**	**34734.69**	**41130.79**	**47667.28**	**53282.03**	**59184.83**	**65638.43**	**71591.42**	**76088.75**	**81783.68**	**90350.48**
成都市	Chengdu	15277.25	17098.02	20354.17	23662.21	26797.50	29474.92	31597.50	34581.17	36820.23	38777.88	42500.12
自贡市	Zigong	559.32	676.80	821.51	974.97	1075.20	1319.76	1524.05	1723.67	1708.76	2068.48	2375.19
攀枝花市	Panzhihua	570.72	661.26	765.69	784.18	802.87	856.81	938.59	981.36	1041.79	1080.64	1113.02
泸州市	Luzhou	827.23	1000.48	1212.63	1409.46	1611.60	1829.88	2179.23	2459.19	2634.80	2802.82	3100.75
德阳市	Deyang	1388.03	1509.93	1663.30	1793.35	1918.54	2066.30	2307.72	2455.34	2694.37	2911.79	3288.48
绵阳市	Mianyang	1784.47	1932.66	2126.34	2410.27	2621.72	2882.91	3181.69	3588.52	3848.78	4457.80	5082.30
广元市	Guangyuan	717.15	750.03	833.32	933.80	1005.82	1134.41	1302.22	1417.40	1478.55	1559.34	1684.63
遂宁市	Suining	523.16	625.87	745.53	893.29	989.44	1187.12	1376.76	1554.82	1571.98	1650.51	1873.72
内江市	Neijiang	599.86	727.13	888.65	1077.59	1134.36	1202.20	1366.90	1512.92	1649.36	1799.07	2019.52
乐山市	Leshan	867.41	1033.20	1264.58	1524.56	1709.12	1723.96	1858.89	2080.04	2217.55	2477.86	2731.04
南充市	Nanchong	1100.50	1362.36	1668.78	1916.56	2154.46	2561.43	3047.30	3216.07	3292.66	3540.73	3947.52
眉山市	Meishan	615.24	761.90	931.07	1115.04	1253.85	1432.08	1670.36	1961.14	2087.24	2322.95	2645.29
宜宾市	Yibin	945.60	1199.82	1464.38	1573.67	1685.23	1911.25	2322.47	2646.64	2976.12	3366.80	3712.05
广安市	Guangan	638.85	769.69	937.31	1114.68	1265.03	1424.65	1662.73	1828.89	1867.48	1981.73	2196.21
达州市	Dazhou	901.08	1098.82	1317.17	1588.05	1752.37	2086.42	2624.98	2801.93	2927.09	3187.16	3519.48
雅安市	Yaan	454.34	516.81	592.57	842.89	974.25	1008.95	1042.06	1104.51	1125.73	1206.49	1315.71
巴中市	Bazhong	354.91	468.16	568.61	678.61	777.13	921.73	1145.80	1247.67	1247.59	1298.15	1432.52
资阳市	Ziyang	674.99	787.53	925.73	1083.87	1245.84	1377.85	1673.02	1355.97	1418.75	1469.41	1598.65
阿坝藏族羌族自治州	Aba	425.96	419.70	424.51	435.15	473.60	535.36	568.00	594.92	652.71	664.59	738.32
甘孜藏族自治州	Ganzi	243.70	312.62	374.86	442.28	499.03	588.24	595.64	631.30	698.35	705.51	787.96
凉山彝族自治州	Liangshan	699.04	869.67	1078.02	1271.89	1386.67	1490.66	1652.53	1847.95	2128.87	2453.94	2688.01

19-5 各市(州)金融机构人民币住户存款(年底余额)
Household Deposits of Financial Institutions by Region at Year-end(RMB)

单位：亿元 (100 million yuan)

市(州)	Region	2010	2011	2012	2013	2014	2015	2016	2017	2018	2019	2020
全 省	**Sichuan**	**13650.83**	**16189.15**	**19567.57**	**22956.68**	**25731.62**	**28575.90**	**31950.42**	**34800.89**	**38402.77**	**43214.16**	**49289.28**
成都市	Chengdu	5071.37	5980.01	7157.04	8408.79	9280.25	9922.18	10831.38	11995.87	13168.73	14931.89	17121.44
自贡市	Zigong	383.69	444.57	543.29	639.49	718.51	819.38	923.57	1033.62	1145.90	1301.29	1555.06
攀枝花市	Panzhihua	281.42	312.14	368.02	411.91	431.79	462.44	522.97	575.92	658.90	712.86	778.82
泸州市	Luzhou	517.19	617.39	758.32	880.83	1000.65	1140.17	1313.47	1475.96	1631.83	1833.05	2080.07
德阳市	Deyang	685.49	784.38	931.33	1074.21	1188.39	1292.47	1425.36	1531.40	1703.84	1903.96	2148.38
绵阳市	Mianyang	803.22	932.87	1125.95	1328.09	1479.82	1640.86	1838.25	2028.73	2242.62	2524.03	2874.84
广元市	Guangyuan	323.74	387.25	474.09	557.47	641.05	733.00	811.44	891.97	979.68	1099.24	1238.67
遂宁市	Suining	358.61	423.50	508.96	577.96	649.28	788.08	910.44	1005.90	1117.10	1244.53	1417.71
内江市	Neijiang	437.78	524.17	641.20	749.61	836.39	935.67	1045.62	1144.95	1265.67	1411.39	1581.66
乐山市	Leshan	522.37	634.06	773.08	931.54	1057.43	1161.20	1277.37	1407.65	1574.30	1789.68	2035.55
南充市	Nanchong	753.62	905.92	1122.38	1306.68	1467.24	1723.13	2009.68	2175.10	2397.37	2668.48	3064.68
眉山市	Meishan	427.95	521.78	649.59	778.44	907.67	1020.38	1156.75	1275.28	1467.72	1651.38	1869.09
宜宾市	Yibin	466.25	560.26	674.28	770.04	886.63	1010.17	1150.62	1277.47	1424.08	1597.13	1814.39
广安市	Guangan	480.51	560.58	682.02	795.90	902.15	1061.78	1198.60	1316.29	1398.36	1534.74	1743.07
达州市	Dazhou	665.75	800.36	952.50	1139.67	1304.62	1505.90	1739.52	1917.50	2055.08	2329.22	2656.88
雅安市	Yaan	221.19	258.35	310.31	379.84	447.05	505.29	543.35	596.13	669.47	764.67	871.61
巴中市	Bazhong	241.45	312.52	404.08	482.26	557.00	634.06	741.94	828.99	913.97	1016.36	1155.90
资阳市	Ziyang	467.71	566.11	691.67	806.05	938.20	1060.43	1211.38	884.28	967.07	1069.81	1188.39
阿坝藏族羌族自治州	Aba	97.44	113.94	132.92	148.26	164.64	186.67	215.71	233.12	257.07	277.37	315.71
甘孜藏族自治州	Ganzi	74.93	95.71	117.74	139.72	163.93	186.06	209.67	226.66	247.36	265.66	299.19
凉山彝族自治州	Liangshan	351.04	435.11	528.48	627.81	687.43	764.83	873.33	978.10	1116.65	1287.43	1478.18

19-6 各市(州)金融机构人民币各项贷款(年底余额)
Loans of Financial Institutions by Region at Year-end(RMB)

单位：亿元 (100 million yuan)

市(州)	Region	2010	2011	2012	2013	2014	2015	2016	2017	2018	2019	2020
全 省	**Sichuan**	**19129.79**	**22033.21**	**25560.36**	**29542.74**	**33884.06**	**38011.83**	**42828.13**	**48124.44**	**54097.84**	**61089.01**	**69504.94**
成都市	Chengdu	12139.43	13766.85	15630.39	17617.51	19778.93	21970.64	25522.23	28870.55	32057.77	35766.59	40376.89
自贡市	Zigong	248.24	303.33	371.19	449.33	520.81	614.57	708.35	825.98	1010.40	1198.43	1401.81
攀枝花市	Panzhihua	380.31	445.72	532.19	608.93	658.19	697.15	738.63	795.54	804.70	826.33	705.59
泸州市	Luzhou	406.72	507.85	629.59	766.70	919.42	1092.70	1281.64	1451.30	1714.16	2001.09	2366.98
德阳市	Deyang	592.39	717.98	849.28	956.40	1065.81	1075.92	1190.04	1292.54	1442.31	1650.09	1911.01
绵阳市	Mianyang	858.31	968.98	1086.78	1252.78	1398.50	1532.85	1667.43	1864.71	2167.25	2476.18	2812.66
广元市	Guangyuan	236.21	280.65	331.81	406.87	472.32	531.18	610.20	703.84	795.37	903.16	1001.20
遂宁市	Suining	276.37	329.47	399.92	499.02	615.01	740.81	820.20	922.72	1040.67	1171.96	1308.89
内江市	Neijiang	266.90	313.69	406.08	514.11	608.07	688.15	731.65	782.70	901.69	1020.70	1179.73
乐山市	Leshan	585.87	695.04	807.45	931.75	1086.79	1230.91	1308.83	1431.65	1558.88	1726.36	1917.68
南充市	Nanchong	424.82	519.63	653.62	824.66	1038.07	1293.89	1479.68	1684.34	1961.17	2268.61	2606.19
眉山市	Meishan	281.58	344.17	427.63	531.99	625.17	683.76	747.19	864.31	1042.89	1257.19	1537.92
宜宾市	Yibin	447.67	523.08	625.43	760.64	900.79	1054.48	1223.82	1390.60	1636.91	1971.69	2510.24
广安市	Guangan	251.60	286.99	341.19	424.53	514.94	582.13	639.09	725.86	809.57	930.22	1027.34
达州市	Dazhou	363.46	439.79	531.89	655.58	801.71	929.32	1077.62	1277.93	1502.91	1713.16	1949.66
雅安市	Yaan	238.90	279.69	330.68	412.44	474.98	510.09	527.85	594.84	657.82	764.79	853.94
巴中市	Bazhong	129.22	155.95	203.60	264.93	345.03	457.83	542.50	641.40	716.43	804.30	932.73
资阳市	Ziyang	281.77	333.82	414.77	525.02	642.08	716.90	735.29	597.15	706.89	817.62	1017.77
阿坝藏族羌族自治州	Aba	136.87	151.70	165.89	186.44	205.68	221.63	252.47	269.70	299.56	336.97	375.46
甘孜藏族自治州	Ganzi	111.61	131.33	149.80	167.60	194.05	230.49	273.62	317.17	353.62	418.25	470.09
凉山彝族自治州	Liangshan	345.31	409.74	499.90	575.47	655.43	700.41	749.78	819.60	916.87	1065.32	1241.16

19-7 金融机构人民币存款基准利率
Benchmark Interest Rates of Deposits of Financial Institutions

单位：年利率% (Annual Interest Rate %)

项 目	Item	2014 .11.22 Nov.22 2014	2015 .03.01 Mar.1 2015	2015 .05.11 May.11 2015	2015 .06.28 June.28 2015	2015 .08.26 Aug.26 2015	2015 .10.24 Oct.24 2015
活期存款	**Demand Deposits**	**0.35**	**0.35**	**0.35**	**0.35**	**0.35**	**0.35**
定期存款(整存整取)	**Time Deposits(Lump-sum Time Deposit)**						
三个月	3 Months	2.35	2.10	1.85	1.60	1.35	1.10
半年	6 Months	2.55	2.30	2.05	1.80	1.55	1.30
一年	1 Year	2.75	2.50	2.25	2.00	1.75	1.50
二年	2 Years	3.35	3.10	2.85	2.60	2.35	2.10
三年	3 Years	4.00	3.75	3.50	3.25	3.00	2.75

19-8 金融机构人民币贷款基准利率
Benchmark Interest Rates of Loans of Financial Institutions

单位：年利率% (Annual Interest Rate %)

项 目	Item	2014 .11.22 Nov.22 2014	2015 .03.01 Mar.1 2015	2015 .05.11 May.11 2015	2015 .06.28 June.28 2015	2015 .08.26 Aug.26 2015	2015 .10.24 Oct.24 2015
短期贷款	**Short-term Loans**						
一年以内(含一年)	1-Year Or Less	5.60	5.35	5.10	4.85	4.60	4.35
中长期贷款	**Mediun-term & Long-time Loans**						
一至五年(含五年)	1-Year to 5-Year(including 5-Year)	6.00	5.75	5.50	5.25	5.00	4.75
五年以上	Longer than 5-Year	6.15	5.90	5.65	5.40	5.15	4.90
个人住房公积金贷款	**Loans For Public Accumulation Funds Of Housing**						
五年以下(含五年)	5-Year Or Less	3.75	3.50	3.25	3.00	2.75	2.75
五年以上	Longer than 5-Year	4.25	4.00	3.75	3.50	3.25	3.25

19-9 金融机构贷款市场报价利率（LPR）
Loan Price Rates of Financial Institutions

单位：年利率% (Annual Interest Rate %)

项 目	Item	2019 .08	2019 .09	2019 .10	2019 .11	2019 .12	2020 .01	2020 .02	2020 .03	2020 .04	2020 .05	2020 .06	2020 .07	2020 .08	2020 .09	2020 .10	2020 .11	2020 .12
一年期LPR	1-Year LPR	4.25	4.20	4.20	4.15	4.15	4.15	4.05	4.05	3.85	3.85	3.85	3.85	3.85	3.85	3.85	3.85	3.85
五年期及以上LPR	5-Year and Longer than 5-Year LPR	4.85	4.85	4.85	4.80	4.80	4.80	4.75	4.75	4.65	4.65	4.65	4.65	4.65	4.65	4.65	4.65	4.65

注：2019年8月17日《中国人民银行公告》（〔2019〕第15号）发布，决定改革完善贷款市场报价利率(LPR)形成机制。自2019年8月起，各银行应在新发放的贷款中主要参考贷款市场报价利率定价，并在浮动利率贷款合同中采用贷款市场报价利率作为定价基准。

a) The announcement of the people's Bank of China ([2019] No. 15) was issued on August 17, 2019, which decided to reform and improve the formation mechanism of Loan Prime Rate. Since August, 2019, Each bank shall price in the newly issued loans with mainly reference to the Loan Price Rate, and adopt the Loan Price Rate as the pricing benchmark in the floating rate loan contract.

19-10 人民币对外主要外币年平均汇价(中间价)
Annual Average RMB Exchange Rate against Major Foreign Currencies (Middle Rate)

单位：人民币元 (RMB yuan)

年份 Year	100美元 $100	100日元 100 yen	100港元 HK $ 100	100欧元 € 100
1981	170.50	0.7735	30.41	
1982	189.25	0.7607	31.15	
1983	197.57	0.8318	27.36	
1984	232.70	0.9780	29.71	
1985	293.67	1.2457	37.57	
1986	345.28	2.0694	44.22	
1987	372.21	2.5799	47.74	
1988	372.21	2.9082	47.70	
1989	376.51	2.7360	48.28	
1990	478.32	3.3233	61.39	
1991	532.33	3.9602	68.45	
1992	551.46	4.3608	71.24	
1993	576.20	5.2020	74.41	
1994	861.87	8.4370	111.53	
1995	835.10	8.9225	107.96	
1996	831.42	7.6352	107.51	
1997	828.98	6.8600	107.09	
1998	827.91	6.3488	106.88	
1999	827.83	7.2932	106.66	
2000	827.84	7.6864	106.18	
2001	827.70	6.8075	106.08	
2002	827.70	6.6237	106.07	800.58
2003	827.70	7.1466	106.24	936.13
2004	827.68	7.6552	106.23	1029.00
2005	819.17	7.4484	105.30	1019.53
2006	797.18	6.8570	102.62	1001.90
2007	760.40	6.4632	97.46	1041.75
2008	694.51	6.7427	89.19	1022.27
2009	683.10	7.2986	88.12	952.70
2010	676.95	7.7279	87.13	897.25
2011	645.88	8.1050	82.97	900.11
2012	631.25	7.9037	81.38	810.67
2013	619.32	6.3323	79.85	822.19
2014	614.28	5.8196	79.22	816.51
2015	622.84	5.1543	80.34	691.41
2016	664.23	6.1243	85.58	734.26
2017	675.18	6.0244	86.64	763.03
2018	661.74	5.9890	84.43	780.16
2019	689.85	6.3347	88.05	772.55
2020	689.76	6.4626	88.93	787.55

19-11 保险业务经济技术指标
Economic and Technical Indicators of Insurance Business

单位：万元 (10 000 yuan)

项 目	Item	2014	2015	2016	2017	2018	2019	2020
保费收入合计	**Premium Income Total**	**10606332**	**12673045**	**17120774**	**19393937**	**19580848**	**21486588**	**22735688**
财产保险	**Property Insurance**	**3717618**	**4214379**	**4572146**	**4963608**	**5424358**	**5835613**	**6393823**
企业财产保险	Enterprise Property Insurance	127969	125462	130541	124654	130097	150880	156205
机动车辆保险	Automobile Insurance	3007648	3462691	3749762	3923080	3073062	3833437	3945521
货物运输保险	Cargo Transportation Insurance	20954	15524	13333	13923	16629	17020	19891
责任保险	Liability Insurance	138383	169309	186878	218753	285056	409698	497651
信用保证保险	Credit and Guarantee Insurance	12277	14686	19332	32972	39561	17633	24250
其他财产保险	Others	410387	426706	472301	650227	1249953	1406946	1750305
人身保险	**Life Insurance**	**6888714**	**8458666**	**12548628**	**14430329**	**14156489**	**15650974**	**16341865**
人寿保险	Life Insurance Business							
非分红产品	Non-participating	2401216	3601751	6476327	7480289	5158949	5359186	6259995
分红产品	Participating	3398221	3268583	3393194	4090501	6344701	6903222	6280889
投资连接产品	Unit-link	705	611	561	543	540	607	728
万能产品	Universal	35944	37380	42944	44849	45017	45260	42225
健康险	Health Insurance							
短期健康险	Short-term Health Insurance	363569	451923	526781	744711	873179	1294255	1618574
长期健康险	Long-term Health Insurance	391329	769516	1730729	1603716	1725761	2188912	2470089
意外伤害险	Personal Accident Insurance	297730	328902	378093	465720	511860	561815	581979
赔款给付支出合计	**Claim Total**	**3739403**	**4540817**	**5543581**	**5833192**	**6327362**	**6347551**	**6877491**
财产保险	**Property Insurance**	**1958958**	**2188599**	**2168841**	**2411127**	**3103449**	**3416508**	**3675059**
企业财产保险	Enterprise Property Insurance	74235	51575	46160	50036	99156	77395	106054
机动车辆保险	Automobile Insurance	1635895	1833642	1801011	1973086	2215797	2276536	2369671
货物运输保险	Cargo Transportation Insurance	8061	6618	4995	6850	7016	6647	8002
责任保险	Liability Insurance	54204	60195	72068	82785	110996	140322	210007
信用保证保险	Credit and Guarantee Insurance	5678	8985	18747	16584	11151	5459	12931
其他财产保险	Others	180885	227585	225860	281785	659333	910150	968394
人身保险	**Life Insurance**	**1780445**	**2352218**	**3374740**	**3422065**	**3224724**	**2931043**	**3202891**
人寿保险	Life Insurance Business							
非分红产品	Non-participating	141833	208261	335344	566454	594569	567437	542477
分红产品	Participating	1250732	1652058	2469916	2129803	1994973	1545693	1588210
投资连接产品	Unit-link	84	368	612	125	102	69	661
万能产品	Universal	7936	9349	10211	10418	10505	9586	9418
健康险	Health Insurance							
短期健康险	Short-term Health Insurance	232140	312715	356824	459970	572261	787484	902640
长期健康险	Long-term Health Insurance	53349	67861	91049	132634	191031	251277	453273
意外伤害险	Personal Accident Insurance	94373	101606	110784	122660	71601	149933	172205

19－12 各财产保险公司和人身保险公司四川省分公司保费收入
Premium Income of Property Insurance Companies (Sichuan Branch) and Life Insurance Companies (Sichuan Branch)

单位：万元 (10 000 yuan)

公司名称	Company Name	2019	2020
合　计	**Total**	**21486588**	**22735688**
财产保险公司	**Property Insurance Companies**	**5835613**	**6393823**
中国人民财产保险股份有限公司	PICC Property & Casualty Insurance Company Limited	2031334	2136241
中国太平洋财产保险股份有限公司	China Pacific Insurance (Group) Co.,Ltd.	448360	496021
中国平安财产保险股份有限公司	Ping An Insurance (Group) Company of China , Ltd.	1352499	1497134
永安财产保险股份有限公司	Yong An Insurance Co,.Ltd.	72332	56712
华泰财产保险股份有限公司	Huatai Insurance Co., Ltd.	50460	42295
中华联合财产保险股份有限公司	China United Property Insurance Company	316548	353183
天安财产保险股份有限公司	Tanan Property Insurance Co., Ltd.	52349	52690
太平保险有限公司	TaiPing Insurance Company Ltd.	174970	202887
中国大地财产保险股份有限公司	China Continent Property & Casualty Insurance Company	149080	164370
华安财产保险股份有限公司	Sinosafe Insurance	51983	56588
中航安盟财产保险有限公司	Groupama-Avic Property Insurance Co.,Ltd.	58825	74619
中国出口信用保险公司	China Export & Credit Insurance Corporation (SINOSURE)	15901	20466
大家财产保险股份有限公司	Anbang Property & Casualty Insurance Co.,Ltd.	10124	27955
永诚财产保险股份有限公司	Alltrust Insurance Company of China ,Co., Ltd.	48515	53652
安盛天平财产保险股份有限公司	AXA Tianping P&C Insurance Co., Ltd.	19168	18452
阳光财产保险股份有限公司	Sunshine Property & Casualty Insurance Company of China ,Co.,Ltd.	146473	150802
都邦财产保险股份有限公司	Dubang Property & Casualty Insurance Company of China ,Co.,Ltd.	20105	20958
渤海财产保险股份有限公司	Bohai Property & Casualty Insurance Company of China ,Co.,Ltd.	4230	3352
中银保险有限公司	China Bank Property & Casualty Insurance Company of China ,Co.,Ltd.	24269	23829
华农财产保险股份有限公司	Huanong Property & Casualty Insurance Co.,Ltd.	13469	21548
安诚财产保险股份有限公司	Ancheng Property & Casualty Insurance Co.,Ltd.	24337	19197
亚太财产保险有限公司	Asia Pacific Property Insurance Company Limited	17056	19582
浙商财产保险股份有限公司	Zheshang Property & Casualty Insurance Co.,Ltd.	11870	6498
鼎和财产保险股份有限公司	Dinghe Property & Casualty Insurance Company of China ,Co.,Ltd.	13074	15379
英大泰和财产保险股份有限公司	Yingda Taihe Property & Casualty Insurance Co.,Ltd.	48239	41728
锦泰财产保险股份有限公司	JinTai Property Insurance Co.,Ltd.	157969	173147
紫金财产保险股份有限公司	Zijin Property and Casualty Insurance Co.,Ltd.	15373	17868
中国人寿财产保险股份有限公司	China Life Property & Casualty Insurance Co.,Ltd.	227923	270335
信达财产保险股份有限公司	Cinda Property Insurance Co.,Ltd.	9537	12772
国泰财产保险有限责任公司	Cathay Insurance Co., Ltd.	426	26561
富德财产保险股份有限公司	Fund Property&Casualty Insurance Co.,Ltd.	23904	17049

19-12 续表 1 continued

单位：万元 (10 000 yuan)

公司名称	Company Name	2019	2020
安华农业保险股份有限公司	Anhua Agricultural Insurance Co.,Ltd.	6644	7626
中意财产保险有限公司	Generali China Insurance Co., Ltd.	8860	10720
鑫安汽车保险股份有限公司	Sanguard Automobile Insurance Co., Ltd.	16829	16406
利宝保险有限公司	Liberty Insurance Co., Ltd.	13032	14936
诚泰财产保险股份有限公司	Cheng Tai Property Insurance Company Limited	7545	13477
富邦财产保险有限公司	Fubon Property Insurance Co., Ltd.	2558	2996
珠峰财产保险股份有限公司	Everest Property Insurance Co., Ltd.	10584	8504
中煤财产保险股份有限公司	China Coal Property Insurance Co., Ltd.	7276	5237
长江财产保险股份有限公司	Changjiang Property Insurance Co., Ltd.	4342	7058
前海联合财产保险股份有限公司	Qianhai United Property & Casualty Insurance Co.,Ltd.	16295	18009
恒邦财产保险股份有限公司	Hengbang Property Insurance Co., Ltd.	7216	8841
京东安联	JD Allianz Property Insurance Co., Ltd.		419
众安在线财产保险股份有限公司	Zhongan Online Property Insurance Co., Ltd.	81455	103046
中国铁路财产保险自保有限公司	China Railway Property Insurance Holding Co., Ltd.	1308	1237
阳光渝融信用保证保险股份有限公司	Sunshine Yurong Credit and Guarantee Insurance Co., Ltd.	257	38
泰康在线财产保险股份有限公司	Taikang Online Property Insurance Co., Ltd.	39656	81141
易安财产保险股份有限公司	Yi An Property Insurance Co., Ltd.	1	2
安心财产保险有限责任公司	Answern Property & Casualty Insurance Co.,Ltd.	454	72
众惠相互	Public Mutual Insurance Company		190
人身保险公司	**Life Insurance Companies**	**15650974**	**16341865**
中国人寿保险股份有限公司	China Life Insurance(Group) Company	2619288	2856873
中国太平洋人寿保险股份有限公司	China Pacific Insurance(group)Co.,Ltd.	703428	685452
中国平安人寿保险股份有限公司	Ping An Insurance (Group) Company of China , Ltd.	1598248	1552979
新华人寿保险股份有限公司	New China Insurance Co., Ltd.	498181	596870
泰康人寿保险股份有限公司	Taikang Life Insurance Company	919872	975093
太平人寿保险有限公司	Taiping Life Insurance Co.,Ltd.	1411898	1393122
民生人寿保险股份有限公司	Minsheng Life Insurance Co.,Ltd.	76799	76775
中英人寿保险有限公司	Aviva Cofco Life Insurance Co.,Ltd.	210513	216180
富德生命人寿保险股份有限公司	Sino Life Insurance Co.,Ltd.	189852	194187
北大方正人寿保险有限公司	Founder Meiji Yasuda Life Insurance Co.,Ltd.	39643	41988
长城人寿保险股份公司	Great Wall Life Insurance Co.,Ltd.	73497	75240
中宏人寿保险股份公司	Manulife-Sinochem Insurance Co.,Ltd.	97164	126270
中德安联人寿保险有限公司	Allianz China Life Insurance Co.,Ltd.	35419	32599
农银人寿保险股份有限公司	ABC Life Insurance Co., Ltd.	174150	185462
中国人民人寿保险股份有限公司	PICC Life Insurance Co.,Ltd.	729971	747171
华泰人寿保险有限公司	Huatai Life Insurance Co.,Ltd.	46623	45595
人保健康保险有限公司	PICC Health Insurance Co.,Ltd.	40116	78212
恒安标准人寿保险有限公司	Heng'an Standard Life Co.,Ltd.	14188	22117

19-12 续表 2 continued

单位：万元 (10 000 yuan)

公司名称	Company Name	2019	2020
招商信诺保险有限公司	CIGNA&CMC Insurance Co.,Ltd.	46639	47493
合众人寿保险有限公司	Union Life Insurance Co.,Ltd.	60790	73364
阳光人寿保险有限公司	Sunshine Life Insurance Co.,Ltd.	207610	197205
中意人寿保险有限公司	General China Insurance Co.,Ltd.	89036	74744
华夏人寿保险有限公司	Huaxia China Insurance Co.,Ltd.	1277226	893955
中国平安养老保险股份有限公司	Ping An Insurance (Group) Company of China , Ltd.	88302	108250
太平养老保险股份有限公司	TaiPing Pension Company Limited	19434	27326
恒大人寿保险有限公司	Evergrande Life Insurance Company Limited	540305	833459
中邮人寿保险有限公司	China Post Lift Insurance Co.,Ltd.	481091	571563
幸福人寿保险有限公司	Happy Life Insurance Co.,Ltd.	29604	49179
中美联泰大都会人寿保险有限公司	Sino-US United Metlife Insurance Co.,Ltd.	48942	53742
国华人寿保险股份有限公司	Guohua Life Insurance Co.,Ltd.	226206	199681
和谐健康保险股份有限公司	Harmony Health Insurance Company Limited	11258	10365
安邦人寿保险股份有限公司	Anbang Life Insurance Co.,Ltd.	26408	143881
光大永明人寿保险有限公司	Sun Life Everbright Life Insurance Co.,Ltd.	64807	80364
工银安盛人寿保险有限公司	ICBC-AXA Assurance Co., Ltd.	253212	197509
百年人寿保险股份有限公司	Aeon Life Insurance Co.,Ltd.	204156	263533
中融人寿保险股份有限公司	Zhongrong Life Insurance Co.,Ltd.	190014	146901
英大泰和人寿保险股份有限公司	Yngda Taihe Life Insurance Co.,Ltd.	18322	10048
中银三星人寿保险有限公司	BOC Samsung Life Insurance Company Limited	45744	59036
建信人寿保险有限公司	CCB Life Insurance Company Limited	133262	211290
泰康养老保险股份有限公司	Taikang Pension Insurance Co.,Ltd.	30626	65849
同方全球人寿保险有限公司	Aegon THTF Life Insurance Co.,Ltd.	24414	21878
天安人寿保险股份有限公司	Tianan Life Insurance Company Limited of China Co.,Ltd.	503365	409431
东吴人寿保险股份有限公司	SooChow Life Insurance Company Limited Co.,Ltd.	51796	26349
利安人寿保险股份有限公司	Lian Life Insurance Co.,Ltd.	45354	85931
交银康联人寿保险有限公司	Bocomm Life Insurance Co.,Ltd.	34849	38341
前海人寿保险股份有限公司	Foresea Life Insurance Co.,Ltd.	1171692	1119764
长生人寿保险有限公司	Great Wall Changsheng Life Insurance Co.,Ltd.	46145	42978
安邦养老保险股份有限公司	Ampang Pension Insurance Co.,Ltd.	13182	701
陆家嘴国泰人寿保险有限责任公司	Cathay Lujiazui Life Insurance Company Limited	17984	27290
太保安联健康保险股份有限公司	CPIC Allianz Health Insurance Co., Ltd.	956	1570
平安健康保险股份有限公司	Ping An Health Insurance Company of China, Ltd.	30906	50894
中信保诚人寿保险有限公司	CITIC Prudential Life Insurance Company Limited	18336	31060
国宝人寿保险股份有限公司	Guobao Life Insurance Co., Ltd.	91567	191495
复星联合健康保险股份有限公司	Fosun United Health Insurance Co., Ltd.	8589	14156
中华联合人寿保险股份有限公司	China United Life Insurance Co., Ltd.	16918	56316

主要统计指标解释

信贷资金 指金融机构以信用方式积聚和分配的货币资金。金融机构信贷资金的来源有各项存款、金融债券、对国际金融机构负债、流通中现金、其他项目等；信贷资金的运用有各项贷款、有价证券及投资、黄金占款、外汇买卖、财政借款及在国际金融机构中的资产等。

存款 指企业、机关、团体或居民把货币资金存入银行或其他信贷机构保管，可随时或按约定时间支取款项，并取得一定利息的一种信用活动形式。根据存款对象或性质的不同可划分为住户存款、非金融企业存款、政府存款、非银行业金融机构存款等科目。它是银行信贷资金的主要来源。

贷款 指银行或其他信贷机构根据资金必须归还的原则，按一定利率，为企业、个人等提供资金的一种信用活动形式。我国银行贷款分为短期贷款、中长期贷款、融资租赁、票据融资、各项垫款、境外贷款等。

贷款市场报价利率(LPR) 2019年8月17日《中国人民银行公告》〔2019〕第15号）发布，决定改革完善贷款市场报价利率（LPR）形成机制。自2019年8月20日起，每月20日（遇节假日顺延）9时前，LPR报价银行根据本行对最优质客户的贷款利率，以公开市场操作利率加点形成的方式，向全国银行间同业拆借中心提交报价，全国银行间同业拆借中心按去掉最高和最低报价后算术平均，向0.05%的整数倍就近取整计算得出LPR，于当天9:30公布。各银行应在新发放的贷款中主要参考贷款市场报价利率定价，并在浮动利率贷款合同中采用贷款市场报价利率作为定价基准。

保险公司 在中国境内的、经过保险监督管理部门批准设立，并依法登记注册的各类商业保险公司。

保险金额 指保险人承担赔偿或者给付保险金责任的最高限额。

保费 指投保人为取得保险人在约定范围内所承担赔偿责任而支付给保险人的费用。

赔款 指保险人根据保险合同的规定，向被保险人支付的赔偿保险责任损失的金额。

给付 包括死伤医疗给付和满期给付。死伤医疗给付是指保险人根据人寿保险及长期健康保险合同的规定，因被保险人在保险期内发生保险责任范围内的保险事故支付给被保险人(或受益人)的金额。满期给付是指被保险人生存期满，保险人按人寿保险合同规定支付给被保险人的满期保险金额。

Explanatory Notes on Main Statistical Indicators

Credit Funds refer to the monetary funds accumulated and distributed in the means of credit by the financial institutions. The sources of credit funds include various deposits, financial bonds, liabilities to international financial institutions, currency in circulation, other items. The uses of credit funds include loans, securities and investment, position for bullion purchase, foreign exchange trading, advances to treasury, and assets with international financial institutions.

Deposit is a form of credit by which enterprises, institutions, organizations or households can put money into banks and other credit institutions for safekeeping and interest earning and can withdraw anytime or at appointed time.l. According to different depositors, deposits are divided into household deposits, non financial enterprise deposits, government deposits, non banking financial institutions deposits. Deposits are major sources of the credit funds of banks.

Loan is a form of credit by which banks and other credit institutions provide funds at certain interest rate to enterprises and individuals in the light of the principle of unconditional repayment. Loans from Chinese banks include short-term loan, medium-term and long-term loans, financial lease, bill financing, various money advanced, foreign loans.

Loan Prime Rate The announcement of the people's Bank of China ([2019] No. 15) was issued on August 17, 2019, which decided to reform and improve the formation mechanism of Loan Prime Rate. Since August 20, 2019, before 9:00 on the 20th of each month (postponed in case of holidays), the LPR quotation bank shall submit the quotation to the national interbank lending center in the form of adding points to the open market operating interest rate according to the bank's loan interest rate to the best customers. The national interbank lending center shall make an arithmetic average after removing the highest and lowest quotation, The LPR is calculated by rounding to the nearest integer multiple of 0.05% and announced at 9:30 on the same day. Each bank shall price in the newly issued loans with mainly reference to the Loan Price Rate, and adopt the Loan Price Rate as the pricing benchmark in the floating rate loan contract.

Insurance Companies refer to commercial insurance companies of various forms registered by law and established in China with the approval of insurance regulatory agencies.

Amount Insured refers to the maximum that the insurant will get for the claim of the case insured.

Premium is the fee paid by the insurant to the insurer to obtain the obligation of compensation from the insurance within the agreed terms.

Settled Claim is the compensation paid by the insurer to the insurant in accordance with the insurance contract.

Payment including payment for death, injury or medical treatment and mature payment. Payment for death, injury or medical treatment refers to the money paid to the insurant (or the beneficiary) in accordance with the life or health insurance contract when the insurant encounters accidents within the insured period covered in the contract. Mature payment refers to the mature payment to the insurant in accordance with the life insurance contract at the end of the insured period.

20 / 教育、科技和专利

Chapter 20 Education, Science, Technology and Patents

20-1 各类学校数

Number of Schools by Type

单位：所 (unit)

年份 Year	普通高等学校 Regular Institutions of Higher Education	中等职业学校 Secondary Vocational Schools	普通中学 Regular Secondary Schools	小学 Primary Schools	幼儿园 Kindergartens	特殊教育学校 Special Education Schools
1952	10		306	35373	609	
1957	13		488	43665	612	
1962	17		866	44683	305	
1965	20		3693	108974	1349	5
1970	18		2769	70263	687	3
1975	17		3287	86254	2397	3
1978	28		4605	72563	35306	3
1980	29		4524	67659	24814	3
1985	39		4017	61953	13280	9
1990	40		4332	55047	13831	22
1991	40		4433	53792	10478	27
1992	40		4460	53011	11148	45
1993	41		4545	52280	10216	52
1994	42		4572	51498	12079	52
1995	42		4578	55799	12485	53
1996	42		4506	48911	11602	59
1997	42		4420	46917	11223	55
1998	43		4448	46092	11385	62
1999	43		4375	45133	12016	63
2000	42		4321	43326	12780	63
2001	49		5154	31447	7875	69
2002	59		5093	25972	7935	68
2003	62		5000	24573	8388	70
2004	68		4965	21935	7602	73
2005	72		4995	19305	8875	83
2006	76		5181	17372	8596	88
2007	76		5093	15834	8580	88
2008	78		4937	13993	8425	93
2009	92		4809	12437	8562	95
2010	93	679	4738	9282	9483	100
2011	94	656	4704	8847	10162	107
2012	99	630	4643	8586	10794	113
2013	103	595	4630	7257	11759	119
2014	107	568	4633	6959	12111	122
2015	109	550	4590	6487	12365	124
2016	109	526	4555	5981	12903	125
2017	109	520	4476	5721	13243	127
2018	119	508	4484	5730	13396	128
2019	126	497	4513	5725	13568	129
2020	132	493	4469	5679	13752	132

注：中等职业学校中包括技工学校。各类学校基本情况由四川省教育厅提供(后同)。

a) Secondary vocational schools include Technical Schools. The basic statistics of schools is provided by Sichuan Provincial Department of Education (the same as follows).

20-2 各类学校专任教师数

Number of Full-time Teachers of Schools by Type

单位：人 (person)

年份 Year	普通高等学校 Regular Institutions of Higher Education	中等职业学校 Secondary Vocational Schools	普通中学 Regular Secondary Schools	小 学 Primary Schools	幼儿园 Kindergartens	特殊教育学校 Special Education Schools
1952	1228		5953	111229	1556	
1957	3238		11873	132141	4679	
1962	5675		18597	146639	4523	
1965	6125		29097	225914	4720	35
1970	6414		55788	213151	3992	53
1975	7487		92015	334794	1858	20
1978	9047		167540	342661	39245	25
1980	10562		152660	343175	39028	44
1985	14577		145715	340164	32284	115
1990	16058		176179	321087	43573	322
1991	16056		180737	314747	45528	416
1992	15767		185790	312380	49970	565
1993	16216		183492	313597	49873	610
1994	16208		186224	320196	54504	647
1995	16439		190184	320923	55420	728
1996	16799		193942	323713	56052	730
1997	16786		196636	330212	56107	837
1998	17228		199357	334999	57738	987
1999	17891		207305	336356	58165	1148
2000	18418		217039	331551	58128	1113
2001	21984		227035	325123	30956	942
2002	26852		237425	321193	30591	973
2003	31372		247098	316029	32515	994
2004	39306		253358	307940	33997	1068
2005	44854		258924	307113	36654	1174
2006	52211		265540	306886	37530	1318
2007	55903		269967	306149	39337	1407
2008	59174		273559	307687	41827	1478
2009	61772		279414	306528	45136	1572
2010	64991	44051	284962	305741	51909	1711
2011	67448	48873	285755	305508	57528	1784
2012	73137	48186	290366	304899	65403	1941
2013	76795	45952	292629	305619	77336	2055
2014	81404	46767	292967	304909	86414	2211
2015	84430	46869	293165	308059	96885	2355
2016	85832	46621	294676	314406	105592	2503
2017	83949	46314	298805	325016	117052	2798
2018	86997	46046	304586	329927	122972	2970
2019	89796	45835	312867	337840	128724	3094
2020	95439	46606	321354	344855	132068	3220

20-3 各类学校在校学生数

Number of Enrollments of Formal Education by Type

单位：人 (person)

年份 Year	普通高等学校 Regular Institutions of Higher Education	中等职业学校 Secondary Vocational Schools	普通中学 Regular Secondary Schools	小 学 Primary Schools	幼儿园 Kindergartens	特殊教育学校 Special Education Schools
1952	9104		155252	3807776		
1957	19565		320254	4574044		
1962	36587		324216	3962046		
1965	28236		669901	7859341	127921	398
1970			1481952	6341703	95325	503
1975	21203		2085366	11013460	199412	345
1978	35715		3838846	10745859	1389229	339
1980	48497		2974390	11441551	957632	347
1985	72812		2516824	10418664	833754	623
1990	91866		2892023	6873322	1062885	1422
1991	91365		2853499	6500936	1375654	1846
1992	96678		2724618	6424068	1572526	3133
1993	113465		2481484	6662850	1576287	3261
1994	125944		2561995	7020619	1689081	3972
1995	126280		2705466	7350179	1777728	509
1996	131459		2765730	7797611	1793653	7400
1997	140451		2748214	8270885	1779648	9444
1998	151905		2908894	8438446	1860762	10104
1999	180256		3364576	8270859	1923949	10771
2000	235470		3919813	8026506	1892626	8224
2001	316701		4282666	7948490	1658864	14616
2002	412357		4568419	7785414	1595534	13390
2003	512663		4810712	7554308	1588575	15839
2004	637340		4909216	7365754	1527298	17354
2005	775436		4855390	7145093	1526827	24788
2006	860640		5014951	7217750	1562466	28621
2007	918438		5054691	6965306	1560935	39900
2008	991072		5026261	6488221	1597919	41739
2009	1035934		4990033	6170471	1707263	41767
2010	1086215	1399557	4900896	5921080	1887545	41839
2011	1139316	1407636	4778133	5798017	2110148	40898
2012	1223680	1398563	4558398	5607407	2192890	44287
2013	1270818	1302260	4233225	5259536	2314907	43731
2014	1328329	1195396	4073109	5313193	2407717	42289
2015	1387889	1107828	3934438	5417353	2481681	43251
2016	1446559	1019183	3895408	5495234	2593131	47780
2017	1499715	973974	3904323	5518361	2625168	53461
2018	1564710	941636	4007635	5554589	2608595	56851
2019	1661737	926504	4135256	5557731	2644188	61072
2020	1800903	946700	4206686	5529052	2652303	64979

注：普通高等学校学生数为普通本专科学生数；特殊教育在校生数含随班就读、送教上门等人数(以下有关各表同)。

a) Number of students in regular institutions of higher education is the number of ordinary college students. Number of students in special education schools includes the number of students enrolled in the class(the same as the following related tables).

20–4 各类学校招生数
Number of Entrants of Formal Education by Type

单位：人 (person)

年份 Year	普通高等学校 Regular Institutions of Higher Education	中等职业学校 Secondary Vocational Schools	普通中学 Regular Secondary Schools	小学 Primary Schools	特殊教育学校 Special Education Schools
1952	2353		81221		
1957	4823		116364	128678	
1962	4895		121261	1544971	
1965	6570		316756	2302127	
1970			747057	1899719	
1975	7569		1200679	2800872	33
1978	14916		1609352	2649457	34
1980	11610		1106948	2519225	87
1985	26069		943009	1455993	281
1990	26962		1019786	999538	485
1991	26919		971091	994759	536
1992	33613		947724	1179830	1047
1993	42058		883979	1364953	671
1994	40259		981989	1459974	992
1995	41714		1041585	1479126	1423
1996	43774		948623	1412690	1210
1997	46196		964969	1397645	1386
1998	49035		1176141	1293404	1232
1999	65481		1427007	1240217	1163
2000	95565		1527602	1256880	1182
2001	119470		1595486	1338908	2676
2002	152754		1717062	1320396	2157
2003	180308		1746751	1223734	2550
2004	215243		1696131	1169163	2726
2005	267198		1684360	1092214	3916
2006	266491		1767927	1151856	4503
2007	297566		1758759	1083015	6169
2008	328341		1754692	1006479	6333
2009	307127		1692325	945131	6483
2010	337892	575964	1641724	1231433	6684
2011	351846	575321	1593466	996827	6767
2012	381519	543472	1510249	1009618	8398
2013	376806	531212	1390078	950346	8230
2014	408941	482493	1332203	929667	8014
2015	436467	441280	1297254	934786	8096
2016	439286	414212	1322169	930103	9579
2017	460776	395511	1335486	911391	10361
2018	484148	376168	1385397	952217	10298
2019	525622	377015	1427850	933467	10914
2020	589288	399935	1405459	881239	11867

20-5 各类学校毕业生数

Number of Graduates of Formal Education by Type

单位：人 (person)

年份 Year	普通高等学校 Regular Institutions of Higher Education	中等职业学校 Secondary Vocational Schools	普通中学 Regular Secondary Schools	小 学 Primary Schools	特殊教育学校 Special Education Schools
1952	2742				
1957	1773		75254	739606	
1962	5317		80499	303087	
1965	8489		104984	399595	
1970	4796		142279	829050	
1975	5701		626880	1279795	35
1978	5884		1268232	1782504	35
1980	7130		934730	1603760	82
1985	13592		728872	1446826	57
1990	27672		746250	1408170	66
1991	27041		763298	1187057	8
1992	28348		813783	1074324	148
1993	26088		793429	940854	212
1994	28826		707196	999601	229
1995	40915		644932	1018463	336
1996	37872		719950	897863	445
1997	35658		818628	875741	552
1998	36672		868089	1069005	1036
1999	35465		804529	1327862	943
2000	40104		818595	1397579	1190
2001	44602		992309	1347390	1824
2002	52405		1224114	1361854	1677
2003	74307		1299710	1324117	2090
2004	100998		1385780	1221872	2131
2005	139328		1510287	1187842	2160
2006	173287		1527428	1221708	2953
2007	228028		1554082	1247914	4565
2008	247707		1575017	1253417	5312
2009	252214		1571659	1166577	5933
2010	278577	357279	1587603	1113444	5817
2011	289165	387422	1606332	1042069	5486
2012	286756	405599	1571830	1001656	7969
2013	318407	447222	1512136	886816	9191
2014	338643	498424	1422928	830744	9004
2015	361510	452593	1379237	803044	8634
2016	362127	433944	1329596	842414	8192
2017	386145	386220	1293825	869517	9557
2018	393689	363828	1262078	919381	10094
2019	402922	345110	1298731	935545	11408
2020	433106	320695	1324237	922320	13123

20−6　高等学校情况(2020年)
Statistics on Institutions of Higher Education(2020)

单位：所、人　　(unit, person)

项　目	Item	学校数 Number of Institutions	毕业生数 Graduates	招生数 Entrants	在校学生数 Enrollment	教职工数 Staff and Workers	#校本部 Main Campus
合　计	**Total**	**145**	**442004**	**602153**	**1828778**	**136481**	**130796**
#女	Female		238393	296331	940347	68401	65546
一、普通高等学校	Regular Institutions of Higher Education	132	433103	589288	1800903	135028	129374
综合大学	Comprehensive University	42	150432	204381	617554	43615	40395
理工院校	Science and Engineering College	42	133467	192392	571263	44578	43404
农业院校	Agriculture College	3	13539	14103	49683	4406	3819
医药院校	Medicine College	12	25703	37862	115423	9417	9304
师范院校	Teacher Training College	12	53604	64592	210032	14586	14165
财经院校	Economics and Finance College	7	19411	24909	75183	5691	5648
政法院校	Politics and Law College	2	2682	2751	9541	776	767
体育院校	Physical Culture College	2	2391	2475	9688	1355	1352
艺术院校	Art Institutes	6	15118	23789	71125	6036	5998
民族院校	College of Nationalities	2	8968	9584	37580	2688	2642
语文院校	Chinese College	2	7788	12450	33831	1880	1880
二、成人高等学校	Adult Institutions of Higher Education	13	8901	12865	27875	1453	1422

注：毕业生数、招生数、在校学生数合计中含成人高等学校普通本、专科学生的情况。
a) The sum of graduates, entrants and enrollment includes the data of students in regular college course and specialized subjects of adult institutions of higher education.

20−6　续表　continued

单位：所、人　　(unit, person)

项　目	Item	专任教师数 Full-time Teachers	正高级 Senior	副高级 Sub-senior	中级 Middle	初级 Junior	未定职称 No Rank
合　计	**Total**	**95439**	**10916**	**25856**	**35060**	**16068**	**7539**
#女	Female	48818	3218	11977	19164	10000	4459
综合大学	Comprehensive University	30625	3548	8586	10507	5272	2712
理工院校	Science and Engineering College	30658	3485	8487	11536	5103	2047
农业院校	Agriculture College	3175	414	680	1373	496	212
医药院校	Medicine College	7172	934	2005	2756	937	540
师范院校	Teacher Training College	11226	1303	3073	4547	1661	642
财经院校	Economics and Finance College	3848	409	1085	1290	772	292
政法院校	Politics and Law College	447	39	122	173	72	41
体育院校	Physical Culture College	750	102	194	208	233	13
艺术院校	Art Institutes	4148	390	845	1200	1068	645
民族院校	College of Nationalities	1903	251	564	877	118	93
语文院校	Chinese College	1487	41	215	593	336	302

20-7 普通本科分学科学生数(2020年)
Number of Regular Students for Normal Courses in Higher Education Institutions by Discipline(2020)

单位：人 (person)

项 目	Item	毕业生数 Graduates	招生数 Entrants	在校学生数 Enrollment
合 计	**Total**	**222385**	**275981**	**993825**
#女	Female	124286	146116	532698
哲 学	Philosophy	33	81	196
经济学	Economics	8913	8604	35723
法 学	Law	6860	7914	30284
教育学	Education	10414	16551	50838
文 学	Literature	22082	26990	101570
历史学	History	1009	1282	4890
理 学	Science	14444	16495	65049
工 学	Engineering	70386	90051	320849
农 学	Agriculture	2541	3985	12750
医 学	Medicine	14600	16544	69290
管理学	Management	42513	48044	166694
艺术学	Art	28590	37392	131913
职业本科	Licence professionelle		2048	3779

20-8 分学科研究生数(2020年)
Number of Postgraduates by Academic Field(2020)

单位：人 (person)

项 目	Item	毕业生数 Graduates	#攻读博士学位 Study in Doctor Degree	招生数 Entrants	#攻读博士学位 Study in Doctor Degree	在校学生数 Enrollment	#攻读博士学位 Study in Doctor Degree
合 计	**Total**	**33574**	**2506**	**48199**	**4472**	**133906**	**18319**
#女	Female	17092	955	24629	1837	67529	7153
哲 学	Philosophy	194	21	182	39	621	144
经济学	Economics	1938	116	2416	199	6385	954
法 学	Law	1916	98	2436	143	6730	712
教育学	Education	1979	14	2537	43	6530	180
文 学	Literature	1452	58	1776	122	5023	550
历史学	History	240	28	278	39	904	213
理 学	Science	2356	335	3219	566	9086	2114
工 学	Engineering	12960	1002	18850	2066	52979	8745
农 学	Agriculture	1619	93	2730	138	7034	576
医 学	Medicine	3592	575	5731	849	14860	2795
军事学	Strategics	4				5	
管理学	Management	4312	149	6805	254	20204	1243
艺术学	Art	1012	17	1239	14	3545	93
专业学位	**Professional Degree**	**17408**	**288**	**26858**	**764**	**69943**	**1966**

注：不含在职人员攻读硕士学位人数。
a) Data in this table does not include the number of on-the-job personnel studying for master's degree.

20–9 中等职业学校情况(2020年)
Statistics on Secondary Vocational Schools(2020)

单位：人 (person)

项　目	Item	毕业生数 Graduates	招生数 Entrants	在校学生数 Enrollment	专任教师数 Full-time Teachers
合　计	**Total**	**282042**	**336741**	**817131**	**37902**
#女	Female	131501	149268	368100	20328
#专业课	Specialty Course				19134
农林牧渔类	Farming, Forestry, Animal Husbandry and Fishery	10674	11472	27074	678
资源环境类	Resources and Environment	79	2405	2494	14
能源与新能源类	Energy and New Energy	600	436	915	45
土木水利类	Civil Engineering and Water Conservancy	9243	12318	29436	780
加工制造类	Machining and Manufacture	33358	34861	84963	2320
石油化工类	Petroleum Chemical	445	667	1630	63
轻纺食品类	Textile Food	1639	2853	5398	141
交通运输类	Transportation	46151	53184	139327	2450
信息技术类	Information Technology	58732	75563	166202	3584
医药卫生类	Medicine and Sanitation	28997	35529	90994	1577
休闲保健类	Leisure Care	908	1349	2502	56
财经商贸类	Financial Business	22206	24137	56085	1536
旅游服务类	Tourism Service	19828	25736	61781	1623
文化艺术类	Culture and Art	7235	10477	25027	1058
体育与健身	Sports and Fitness	1259	2675	5029	305
教育类	Education	34502	34617	98124	2351
司法服务类	Judicial Service	319	615	1443	29
公共管理与服务类	Public Management and Service	5601	7543	17847	397
其他	Others	266	304	860	127
文化基础课	Basic Courses				17082
实习指导课	Practice Guidance Section				1686

注：专任教师中含文化基础课和实习指导课教师，以上数据不包含技工学校。
a) Full-time teachers include basic cultural courses and practical guidance section teachers, but exclude teachers in technical schools.

20–10 技工学校情况
Statistics on Technical Schools

单位：所、人 (unit, person)

年份 Year	学校数 Number of Schools	毕业生数 Graduates	招生数 Entrants	在校学生数 Enrollment	教职工数 Staff and Teachers	培训社会人员数 Number of Training for Social Personnel	#失业人数 Unemployed	#农村劳动者 Rural Laborers
1990	387	37673	46334	119125	25778	23049		
1995	407	60392	54438	130896	26504			
2000	186	20177	16753	40147	9843	54335	6830	
2005	121	28326	47042	101037	8992	141836	14470	36156
2006	122	37684	53857	120462	9821	129603	19098	36935
2007	112	40946	65242	136395	9671	131459	18164	49701
2008	120	40816	68771	144608	10080	153200	16114	53324
2009	121	43214	64335	162614	10404	227563	18741	66781
2010	116	46910	52019	141407	10136	181246	12921	57617
2011	115	46500	42362	136347	9368	204035	19838	58244
2012	92	33009	41243	107175	8064	181758	9923	63233
2013	87	30804	39157	113406	8354	180313	14542	39216
2014	85	30337	38651	116168	8324	132163	9752	33996
2015	83	29507	40500	120337	9589	130328	11112	29498
2016	81	30136	39632	106669	10480	117333	14350	36776
2017	84	32730	46180	113961	10775	127922	7561	29794
2018	89	35994	50395	121576	11694	137377	9921	28713
2019	90	37221	53160	130413	11713	105419	8693	25329
2020	96	38653	63194	148400	12144	130122	3913	21362

注：①本表由四川省人力资源和社会保障厅提供；②1996年以前的数据包括重庆市部分；③2009年开始，原指标“培训社会人员结业数”调整为“培训社会人员数”。

a) Data of the table are provided by Sichuan Provincial Department of Human Resources and Social Security; b)The data before 1996 included Chongqing; c) Since 2009,indicator "number of training personnel exit" is adjusted to indicator "number of training for social personnel".

20-11 成人教育情况(2020年)
Statistics on Adult Education(2020)

单位：所、人 (unit, person)

项 目	Item	学校数 Number of Schools	毕(结)业生数 Graduates	招生数 Entrants	在校学生数 Enrollment	教职工数 Teachers and Staff	#专任教师 Full-time Teachers
成人高等教育	**Adult Education Schools**	**13**	**123125**	**160111**	**361035**	**1453**	**847**
职工高等学校	Schools of Higher Education for Staff and Workers	11	4260	6797	12617	843	529
广播电视大学	Radio and TV Universities	2	4638	6068	15258	610	318
普通高校成人教育	Adult Higher Education	77	114227	147246	333160		
成人技术培训学校	**Technical training school for adults**	**4029**	**1501824**		**1653044**	**21209**	**13073**
职工技术培训学校	Technical Training Schools for Staff and Workers	123	242845		240308	4460	3339
农村成人文化技术培训学校(机构)	Technical Training Schools for Peasants	3043	1078781		1223662	10190	4541
教育部门办	Sponsored by Education Department	2979	989993		1132190	10099	4468
其他部门办	Sponsored by other Department	60	78861		80796	48	33
民办	Sponsored by Private	4	9927		10676	43	40
其他培训机构	Other Training Schools for Adults	863	180198		189074	6559	5193
教育部门办	Sponsored by Education Department	28	49905		51055	936	741
其他部门办	Sponsored by other Department	17	4884		5084	161	62
民办	Sponsored by Private	818	125409		132935	5462	4390

注：成人技术培训学校数据中含其它培训机构数据。

a) Data of adult technical training schools include data of other training institutions.

20-12 各类学校女学生和女教师数
Number of Female Students and Teachers of School by Type

单位：人 (person)

指 标	Item	2010	2014	2015	2016	2017	2018	2019	2020
女学生	**Number of Female Students**								
普通本(专)科学校	Regular Institutions of Higher Education	543727	701944	740606	773424	801108	834748	882046	940347
中等职业学校	Secondary Vocational Schools	674900	547630	495967	454105	417361	383349	365796	368100
普通中学	Regular Secondary Schools	2371942	1992167	1924574	1907230	1915578	1968154	2028436	2065193
高中	Senior	724940	760445	749832	738709	724463	714093	719517	726030
初中	Junior	1647002	1231722	1174742	1168521	1191115	1254061	1308919	1339163
小学	Primary Schools	2799856	2530725	2586309	2628154	2648104	2669666	2671156	2660856
特殊教育	Special Schools	14002	15451	15894	17957	20171	21984	23553	25197
女教师	**Number of Female Teachers**								
普通本(专)科学校	Regular Institutions of Higher Education	29297	38056	39740	41121	40966	42924	43148	48818
中等职业学校	Secondary Vocational Schools	15680	19075	19085	19069	19253	19485	19712	20328
普通中学	Regular Secondary Schools	120391	133632	136332	140003	145893	151549	158665	165888
高中	Senior	32636	40884	42558	44096	45644	47370	48947	50495
初中	Junior	87755	92748	93774	95907	100249	104179	109718	115393
小学	Primary Schools	158241	172094	179892	189238	202473	210586	220222	227676
特殊教育	Special Schools	1166	1558	1679	1795	2042	2168	2278	2395

注：中等职业学校中不包括技工学校。

a) Female teachers in secondary vocational schools don't include technical schools.

20−13 各市(州)普通本(专)科学校情况(2020年)
Statistics on Regular Higher Education Institutions by Region(2020)

单位：所、人 (unit, person)

市(州)	Region	学校数 Number of Schools	毕业生数 Graduates	招生数 Entrants	在校学生数 Enrollment	专任教师数 Full-time Teachers
全 省	**Sichuan**	**132**	**433103**	**589288**	**1800903**	**95439**
成都市	Chengdu	58	231399	292627	932205	52714
自贡市	Zigong	2	11221	15871	49614	2215
攀枝花市	Panzhihua	3	7480	8294	25737	1355
泸州市	Luzhou	7	13034	23374	62803	3226
德阳市	Deyang	9	21178	32823	96001	4553
绵阳市	Mianyang	11	40209	54154	164449	7906
广元市	Guangyuan	3	5263	7571	19069	810
遂宁市	Suining	1	4481	4908	14354	618
内江市	Neijiang	4	10452	11850	38686	1974
乐山市	Leshan	3	13309	15661	49922	2570
南充市	Nanchong	7	20613	31550	90979	4880
眉山市	Meishan	6	6654	19928	45761	2150
宜宾市	Yibin	2	8623	11435	34540	1821
广安市	Guangan	1	3878	5742	16747	692
达州市	Dazhou	3	7814	12125	33908	1588
雅安市	Yaan	2	14432	14894	53356	3269
巴中市	Bazhong	1	1941	3797	8031	271
资阳市	Ziyang	3	768	5708	12815	549
阿坝藏族羌族自治州	Aba	2	2567	4126	12599	620
甘孜藏族自治州	Ganzi	1	2162	2638	9552	439
凉山彝族自治州	Liangshan	3	5625	10212	29775	1219

20-14 各市(州)中等职业教育情况(2020年)
Statistics on Secondary Vocational Schools by Region(2020)

单位：所、人 (unit, person)

市(州)	Region	学校数 Schools	毕业生数 Graduates	招生数 Entrants	在校学生数 Enrollment	教职工数 Teacher and Staff	#专任教师 Full-time Teachers
全 省	**Sichuan**	**397**	**282042**	**336741**	**817131**	**47261**	**37902**
成都市	Chengdu	87	60300	62786	179032	11787	8897
自贡市	Zigong	15	9728	11147	25200	1350	1124
攀枝花市	Panzhihua	4	3109	4826	11726	720	579
泸州市	Luzhou	16	18210	25923	63702	2190	1912
德阳市	Deyang	17	9920	9941	24946	1698	1203
绵阳市	Mianyang	24	16783	19448	43970	2154	1830
广元市	Guangyuan	12	7429	10402	22678	1344	1227
遂宁市	Suining	13	8072	7939	17869	1591	1324
内江市	Neijiang	18	13139	16876	35216	1895	1377
乐山市	Leshan	20	9159	12281	32607	2284	1615
南充市	Nanchong	31	20160	27071	62300	3816	2820
眉山市	Meishan	17	7405	13628	31585	2052	1617
宜宾市	Yibin	16	21170	26643	67550	3126	2837
广安市	Guangan	23	19543	20859	42148	1818	1553
达州市	Dazhou	33	26404	23159	56476	3735	3244
雅安市	Yaan	8	4158	4284	12281	633	512
巴中市	Bazhong	13	9851	15806	29826	1552	1282
资阳市	Ziyang	7	5080	8327	17221	955	867
阿坝藏族羌族自治州	Aba	4	1163	1423	3558	374	295
甘孜藏族自治州	Ganzi	3	1893	2171	6199	355	291
凉山彝族自治州	Liangshan	16	9366	11801	31041	1832	1496

注：以上数据不含技工学校。
a) Data in this table exclude technical schools.

20-15 各市(州)普通高中情况(2020年)
Statistics on Regular Senior Secondary Schools by Region(2020)

单位：所、人 (unit, person)

市(州)	Region	学校数 Number of Schools	毕业生数 Graduates	招生数 Entrants	在校学生数 Enrollment	专任教师数 Full-time Teachers
全 省	**Sichuan**	**792**	**455983**	**473766**	**1408814**	**102957**
成都市	Chengdu	162	65168	73456	213569	19491
自贡市	Zigong	22	13395	13213	40527	2655
攀枝花市	Panzhihua	11	7246	7158	21768	1803
泸州市	Luzhou	29	27261	37914	101860	5983
德阳市	Deyang	23	15805	15726	49033	3763
绵阳市	Mianyang	33	34131	34168	104658	7552
广元市	Guangyuan	29	16618	14022	45154	3880
遂宁市	Suining	30	18055	17470	51786	4289
内江市	Neijiang	40	18397	20869	60869	3679
乐山市	Leshan	27	12846	14280	41472	3608
南充市	Nanchong	61	39279	37053	115898	7460
眉山市	Meishan	27	14388	15617	45155	3511
宜宾市	Yibin	36	27848	28614	83742	6164
广安市	Guangan	42	25567	22707	70086	5652
达州市	Dazhou	48	36527	42789	121505	6624
雅安市	Yaan	16	7172	7609	22168	1700
巴中市	Bazhong	48	27657	18460	68887	5645
资阳市	Ziyang	29	13655	17178	46740	2547
阿坝藏族羌族自治州	Aba	18	5353	4465	14805	1372
甘孜藏族自治州	Ganzi	21	4906	5407	16117	1060
凉山彝族自治州	Liangshan	40	24709	25591	73015	4519

20-16 各市(州)普通初中情况(2020年)
Statistics on Regular Junior Secondary Schools by Region(2020)

单位：所、人 (unit, person)

市(州)	Region	学校数 Number of Schools	毕业生数 Graduates	招生数 Entrants	在校学生数 Enrollment	专任教师数 Full-time Teachers
全　省	**Sichuan**	**3677**	**868254**	**931693**	**2797872**	**218397**
成都市	Chengdu	473	129667	158043	450374	36527
自贡市	Zigong	117	28913	29928	93888	6617
攀枝花市	Panzhihua	44	12928	12652	37353	3442
泸州市	Luzhou	196	76740	68092	220103	13977
德阳市	Deyang	122	26230	30307	88872	7924
绵阳市	Mianyang	174	44112	53727	155484	11299
广元市	Guangyuan	126	21547	26177	73681	6804
遂宁市	Suining	119	23867	29053	83272	6868
内江市	Neijiang	137	41411	37803	123289	8764
乐山市	Leshan	165	27320	29402	88823	7456
南充市	Nanchong	422	58505	62131	189410	16790
眉山市	Meishan	158	22544	27329	73626	7003
宜宾市	Yibin	252	62958	64149	194817	13919
广安市	Guangan	237	39831	39416	123140	11515
达州市	Dazhou	331	72157	69229	219411	16633
雅安市	Yaan	68	14970	14108	46487	3954
巴中市	Bazhong	169	33456	33306	100056	9884
资阳市	Ziyang	168	34313	32430	105021	7315
阿坝藏族羌族自治州	Aba	35	9096	8901	27894	2838
甘孜藏族自治州	Ganzi	31	17487	15396	47007	3193
凉山彝族自治州	Liangshan	133	70202	90114	255864	15675

20–17 各市(州)普通小学情况(2020年)
Statistics on Primary Schools by Region(2020)

单位：所、人 (unit, person)

市(州)	Region	学校数 Number of Schools	毕业生数 Graduates	招生数 Entrants	在校学生数 Enrollment	专任教师 Full-time Teachers
全　省	**Sichuan**	**5679**	**922320**	**881239**	**5529052**	**344855**
成都市	Chengdu	623	158247	190367	1062195	61677
自贡市	Zigong	113	30094	23106	160349	9760
攀枝花市	Panzhihua	53	11973	10875	66153	4713
泸州市	Luzhou	224	67130	47275	320707	18206
德阳市	Deyang	204	29600	27798	183197	11659
绵阳市	Mianyang	402	47900	44700	283573	16821
广元市	Guangyuan	264	26260	21505	148952	12238
遂宁市	Suining	206	28806	28464	180273	11987
内江市	Neijiang	276	37046	28051	196911	12437
乐山市	Leshan	224	29371	30687	183965	11651
南充市	Nanchong	280	60269	54067	351248	24362
眉山市	Meishan	177	27079	27532	167485	11257
宜宾市	Yibin	295	63568	56278	368289	21688
广安市	Guangan	187	39053	36135	235407	15504
达州市	Dazhou	298	67645	54869	376602	25909
雅安市	Yaan	145	14610	13427	83988	6178
巴中市	Bazhong	203	32961	31382	194808	16419
资阳市	Ziyang	173	31525	22454	158396	9217
阿坝藏族羌族自治州	Aba	237	9599	10611	64149	6448
甘孜藏族自治州	Ganzi	354	15961	19418	118463	7540
凉山彝族自治州	Liangshan	741	93623	102238	623942	29184

20—18 各市(州)幼儿园情况(2020年)
Statistics on Kindergartens by Region(2020)

单位：所、个、人 (unit, person)

市(州)	Region	园数 Number of Kindergartens	班数 Number of Classes	幼儿数 Children Enrollment	教职工数 Teachers and Staff	#教师 Teachers
全　省	**Sichuan**	**13752**	**91353**	**2652303**	**242126**	**132068**
成都市	Chengdu	2732	20926	632147	92492	45354
自贡市	Zigong	443	2338	67013	6364	3362
攀枝花市	Panzhihua	185	1175	32874	3712	1913
泸州市	Luzhou	756	4566	131706	9332	5600
德阳市	Deyang	373	2832	91707	7927	4303
绵阳市	Mianyang	833	5302	143486	13765	7080
广元市	Guangyuan	296	2577	68671	4666	2822
遂宁市	Suining	532	3113	90001	8361	5054
内江市	Neijiang	650	3049	85840	7386	4214
乐山市	Leshan	719	3237	85633	9380	5247
南充市	Nanchong	758	5684	157599	10916	6729
眉山市	Meishan	435	2954	88412	8071	4344
宜宾市	Yibin	985	5151	152815	12383	7694
广安市	Guangan	724	3782	108411	8582	5169
达州市	Dazhou	694	6197	171294	10222	5868
雅安市	Yaan	295	1686	47539	4064	2332
巴中市	Bazhong	279	3485	86756	4307	2734
资阳市	Ziyang	522	2356	64285	5024	3047
阿坝藏族羌族自治州	Aba	276	1175	30709	1908	1394
甘孜藏族自治州	Ganzi	466	1383	38444	1678	1279
凉山彝族自治州	Liangshan	799	8385	276961	11586	6529

20–19 研究与试验发展(R&D)经费构成情况

Basic Statistics on Research and Development Activities

指标	Item	2005	2010	2015	2018	2019	2020
研究与试验发展(R&D)经费 (万元)	Funds for R&D (10 000 yuan)	962450	2706452	5028761	7370813	8709515	10552846
地区生产总值(GDP) (亿元)	GDP (100 million yuan)	7195.88	17224.78	30342.01	42902.10	46363.75	48598.76
R&D经费占地区生产总值 (GDP)比例 (%)	R&D Funds as Percentage of GDP (%)	1.34	1.57	1.66	1.72	1.88	2.17
R&D经费按执行部门分组	**Grouped by Executive Departments**						
科研机构 (万元)	Scientific Research Institutions (10 000 yuan)	384195	1239870	2116421	2391390	2859163	4165591
高等院校 (万元)	Institutions of Higher Education (10 000 yuan)	145941	363509	465250	662684	785882	851926
企业 (万元)	Enterprises (10 000 yuan)	422936	1061086	2402691	4257561	4976644	5474433
#工业企业 (万元)	Industrial Enterprises (10 000 yuan)	397645	879858	2238051	3423923	3878572	4276383
其他 (万元)	Others (10 000 yuan)	9378	41987	44399	59179	87826	60897
R&D经费按资金来源分组	**Grouped by Funding Sources**						
政府资金 (万元)	Government Appropriation Funds (10 000 yuan)	438399	1512528	2302223	2909491	3181107	4201990
企业资金 (万元)	Funds Raised by Enterprises (10 000 yuan)	456173	1136088	2439994	4234597	5104513	5707215
境外资金 (万元)	Foreign Funds (10 000 yuan)	3966	5958	12915	8863	5082	26565
其他资金 (万元)	Other Funds (10 000 yuan)	63912	51878	273629	217862	418813	617076

20–20 研究与试验发展(R&D)情况

Basic Statistics on Research and Development by Region

年份 Year	R&D人员折合全时人员 (人年) Full-time Equivalent of R&D Personnel (man-year)	#研究人员 Researchers	R&D经费内部支出 (万元) Internal Expenditure on R&D (10 000 yuan)	#日常性支出 Routine Expenses
2001	48180	35325	574712	506285
2002	61312	44957	619233	571565
2003	57867	43995	794211	736462
2004	60201	46373	780066	713398
2005	65747	51403	962450	894850
2006	67932	53552	1075659	984546
2007	78452	62595	1391130	1273338
2008	87557	63130	1622607	1537790
2009	85921	48786	2144590	1755258
2010	83506	45205	2706452	2031519
2011	82485	44005	2941010	2371221
2012	98010	52059	3508589	2747195
2013	109708	57956	3999702	3133297
2014	119676	62756	4493285	3577596
2015	116842	67516	5028761	4274116
2016	124614	70834	5614193	4857028
2017	144821	77241	6378500	5546985
2018	158847	81071	7370813	6483823
2019	170777	91965	8709515	7720356
2020	189828	99173	10552846	9328686

注：R&D人员折合全时人员中的研究人员，在2009年及以前为科学家和工程师。

a) Indicator of researchers in the full-time equivalent of R&D personnel is the indicator of scientists and engineers before 2009.

20-21 各市(州)研究与试验发展(R&D)情况(2020年)
Basic Statistics on Research and Development by Region(2020)

市(州)	Region	R&D人员折合全时人员(人年) Full-time Equivalent of R&D Personnel (man-year)	#研究人员 Researchers	R&D经费内部支出(万元) Internal Expenditure on R&D (10 000 yuan)	#日常性支出 Routine Expenses
全 省	**Sichuan**	**189828**	**99173**	**10552846**	**9328686**
成都市	Chengdu	101526	57739	5513993	4945557
自贡市	Zigong	3521	1592	142498	137883
攀枝花市	Panzhihua	2169	1015	156045	145783
泸州市	Luzhou	4878	2109	198189	170432
德阳市	Deyang	12338	5856	769511	686294
绵阳市	Mianyang	29727	16833	2150373	1801743
广元市	Guangyuan	1443	595	67819	63361
遂宁市	Suining	3417	979	130001	116122
内江市	Neijiang	3921	1388	128640	113194
乐山市	Leshan	3387	1249	188116	167815
南充市	Nanchong	4418	2210	204098	169162
眉山市	Meishan	3361	957	108538	98346
宜宾市	Yibin	6846	2748	369757	325804
广安市	Guangan	1555	409	60823	54719
达州市	Dazhou	3009	1116	147604	131102
雅安市	Yaan	1940	1218	83105	78549
巴中市	Bazhong	498	151	22638	21447
资阳市	Ziyang	690	309	38006	35285
阿坝藏族羌族自治州	Aba	254	148	12814	11025
甘孜藏族自治州	Ganzi	263	151	4909	3874
凉山彝族自治州	Liangshan	669	402	55370	51189

20－22 各市（州）科学研究与技术服务机构人员数、经费收入和支出总额(2020年)

Personnel、Income and Expenditure of Scientific Research and Technology Service Institution by Region(2020)

市(州)	Region	机构（个）Institution (unit)	从业人员（人）Personnel (person)	经费总收入（万元）Total Income (10 000 yuan)	#科技活动收入 Income from Scientific and Technological Activities	经费总支出（万元）Total Expenditure (10 000 yuan)	#科技活动支出 Expenditure on Scientific and Technological Activities
全　省	**Sichuan**	**246**	**31130**	**23079**	**18537**	**1367526**	**1007034**
成都市	Chengdu	132	22674	17241	14315	1124032	832374
自贡市	Zigong	8	353	344	232	8280	8030
攀枝花市	Panzhihua	6	377	176	157	16024	7665
泸州市	Luzhou	6	658	382	282	18705	15383
德阳市	Deyang	5	594	493	365	23443	16055
绵阳市	Mianyang	6	1143	592	417	42846	21291
广元市	Guangyuan	3	49	49	38	879	875
遂宁市	Suining	1	9	9	9	65	65
内江市	Neijiang	4	306	244	183	6714	6572
乐山市	Leshan	4	856	571	342	20064	18542
南充市	Nanchong	12	1032	726	452	28706	23030
眉山市	Meishan						
宜宾市	Yibin	15	1104	768	691	28123	14431
广安市	Guangan	3	25	23	14	2403	2393
达州市	Dazhou	5	182	170	136	3959	3949
雅安市	Yaan	4	138	118	72	3906	3720
巴中市	Bazhong	8	85	85	42	825	788
资阳市	Ziyang	2	64	64	54	2968	1858
阿坝藏族羌族自治州	Aba	8	212	183	162	9043	8582
甘孜藏族自治州	Ganzi	5	219	205	169	5355	5140
凉山彝族自治州	Liangshan	9	1050	636	405	21187	16294

20-23 高等学校科技活动情况(2020年)
Science and Technology Activities of Higher Education (2020)

项 目 市(州)	Item Region	研究机构数 (个) Number of Research Institutions (unit)	R&D人员 (人) R&D Personnel (person)	R&D人员折合全时当量 (人) R&D Personnel Equivalent to Full-time Equivalent (person)	R&D经费内部支出 (万元) Internal Expenditure on R&D (10 000 yuan)	#基础研究 Fundamental Research	项目(课题)数 (项) Number of Projects (unit)
合 计	**Total**	**231**	**62951**	**29463**	**851926**	**279140**	**75043**
理 科	Science	112	30988	22649	730883	242873	40868
文 科	Liberal arts	119	31963	6814	121043	36267	34175
成都市	Chengdu	106	40706	20180	685461	213974	48330
自贡市	Zigong	4	1322	564	12909	741	2101
攀枝花市	Panzhihua	6	1014	325	5667	738	1173
泸州市	Luzhou	12	2861	1569	19833	10063	2903
德阳市	Deyang	11	832	397	4842	1036	570
绵阳市	Mianyang	14	3637	1606	25766	13696	5607
广元市	Guangyuan	6	193	65	265	46	221
遂宁市	Suining	2	148	37	336	146	122
内江市	Neijiang	8	1090	413	6775	1330	1483
乐山市	Leshan	6	1261	338	6061	3352	1461
南充市	Nanchong	11	4211	1498	44347	16167	5475
眉山市	Meishan	10	190	53	367	16	195
宜宾市	Yibin	4	1158	549	9129	1964	1421
广安市	Guangan	2	278	83	310	70	133
达州市	Dazhou	6	927	281	2292	885	680
雅安市	Yaan	4	1575	988	21774	12087	1799
巴中市	Bazhong	2	16	6	29		35
资阳市	Ziyang	5	31	13	12	9	21
阿坝藏族羌族自治州	Aba	4	472	101	1846	839	368
甘孜藏族自治州	Ganzi	2	371	102	553	328	259
凉山彝族自治州	Liangshan	6	658	297	3351	1653	686

20–24 科技成果水平及应用情况(2020年)
Level and Utility of Achievement in Scientific and Technical Research(2020)

单位：项 (item)

指 标	Item	合计 Total	科研机构 Research Institutions	大专院校 Universities and Colleges	企业 Enterprises	其他 Others
基本情况	**Basic Condition**	**2413**	**296**	**752**	**1147**	**218**
登记项目数	Number of Projects Registered	2148	246	658	1045	199
奖励项目数	Number of Projects Praised	265	50	94	102	19
成果计划	**Achievements Plan**	**2148**	**246**	**658**	**1045**	**199**
国家计划项目	Projects of Country Plans	35	10	12	5	8
部门计划项目	Projects of Department	7	2		1	4
地方计划项目	Projects of Local Government	1646	209	637	651	149
部门基金项目	Projects of Department Foundation	1	1			
地方基金项目	Projects of Local Government Foundation	7	6	1		
其他	Others	452	18	8	388	38
成果类别	**Achievements Type**	**2148**	**246**	**658**	**1045**	**199**
基础理论	Basic Theory	350	46	249	15	40
应用技术	Applied Technology	1750	190	395	1023	142
软科学	Soft Science	48	10	14	7	17
成果水平	**Achievements Level**	**1072**	**114**	**185**	**703**	**70**
国际领先	International Original	57	4	23	28	2
国际先进	International Advanced	187	19	42	115	11
国内领先	Domestic Original	545	47	67	397	34
国内先进	Domestic Advanced	283	44	53	163	23
应用项目	**Projects Applied**	**2148**	**246**	**658**	**1045**	**199**
农、林、牧、渔业	Farming, Forestry, Animal Husbandry and Fishery	323	84	50	164	25
工业	Industry	569	18	64	484	3
建筑业	Construction	45	4	2	39	
交通运输、邮电通讯业	Transportation, Postal and Telecommunication Services	81	3	23	53	2
信息传输、计算机服务和软件业	Information Transmission, Computer Services and Software	247	12	76	151	8
批发和零售业	Wholesale and Retail Trades	8		1	7	
住宿和餐饮业	Hotels and Catering Services	6		1	5	
金融、保险业	Banking and Insurance	3			3	
房地产业	Real Estate					
租赁和商务服务业	Leasing And Business Services					
科学研究、技术服务和地质勘查业	Scientific Research, Technic Services and Geological Prospecting	153	31	56	44	22
水利、环境和公共设施管理业	Management of Water Conservancy. Environment and Public Facilities	55	9	24	21	1
居民服务和其他服务业	Residential Service And Others	3		1	2	
教育	Education	9	2	2	5	
卫生、社会保障和社会福利业	Health Care, Social Security and Social Welfare	229	23	92	37	77
文化、体育和娱乐业	Culture, Sports and Entertainment	4	2			2
公共管理和社会组织	Public Management and Social Organizations	15	2	3	8	2
其他行业	Others	398	56	263	22	57
未应用项目	**Projects not Applied**	**341**	**67**	**197**	**49**	**28**

注：科技成果水平及应用资料由四川省科学技术厅提供。

a) Data of achievement and application of information technology are provided by Sichuan Provincial Science and Technology Department.

20-25 专利授权量
Patent Granted

单位：项 (item)

项　目	Item	2014	2015	2016	2017	2018	2019	2020
全　省	**Sichuan**	**47120**	**64953**	**62445**	**64006**	**87372**	**82066**	**108386**
1. 发明	I. Creations and Inventions	5682	9105	10350	11367	11697	12053	14187
实用新型	Utility Models	24060	31420	31813	33613	53121	51521	73927
外观设计	Designs	17378	24428	20282	19026	22554	18492	20272
2. 个人	II. Individuals	8124	12750	12097	11274	13232	13450	18775
大专院校	Universities and Colleges	3060	4693	6297	8165	10102	10858	14285
科研单位	Research Institutions	1173	1469	1854	2133	2370	2471	2865
工矿企业	Industrial and Mineral Enterprises	34153	45042	41064	41097	60199	53278	68699
机关团体	Government Agencies and Organizations	610	999	1133	1337	1469	2009	3762

注：专利资料由四川省知识产权服务促进中心提供。
a) Data of patent information are provided by Intellectual Property Service Promotion Center of Sichuan Provincial.

20-26 各类技术合同签订及执行情况
Concluded and Fulfilled Technical Contracts

单位：项、万元 (item, 10 000 yuan)

项　目	Item	合同数 Number of Contracts		合同成交额 Value of Contracts		技术交易额 Technology Business Value	
		2019	2020	2019	2020	2019	2020
全　省	**Sichuan**	**13232**	**20456**	**12161952**	**12487815**	**5102175**	**8500691**
技术开发	Technical Development	8880	13058	2560478	2153667	2446319	1858369
技术转让	Technical Transfer	607	851	202111	269802	167901	227254
技术咨询	Technical Consultation	396	578	82845	44637	36831	41894
技术服务	Technical Services	3349	5969	9316518	10019710	2451124	6373174

注：各类技术合同签定及执行情况由四川省科学技术厅提供。
a) Data of various types of technology and the implementation of the contract signed are provided by Sichuan Provincial Science and Technology Department.

主要统计指标解释

普通高等学校 指通过国家普通高等教育招生考试，招收高中毕业生为主要培养对象，实施高等学历教育的全日制大学、独立设置的学院、独立学院和高等专科学校、高等职业学校及其他机构。

大学、独立设置的学院主要实施本科及本科层次以上的教育。独立学院主要实施本科层次的教育。高等专科学校、高等职业学校实施专科层次的教育。其他普通高教机构是指承担国家普通招生计划任务不计校数的机构，包括普通高等学校分校、大专班等。

成人高等学校 指通过国家成人高等教育招生考试，招收具有高中毕业或同等学力的人员为主要培养对象，利用函授、业余、脱产等多种形式，对其实施高等学历教育的学校。包括：职工高等学校、农民高等学校、管理干部学院、教育学院、独立函授学院、广播电视大学、其他成人高教机构等。其他成人高教机构是指承担国家成人招生计划任务不计校数的机构。

科技活动 统计资料范围为全社会有研究与试验发展（R&D）活动的企事业单位，具体包括规模以上工业法人单位、规模以下工业法人单位、地级及以上独立核算的政府属科学研究与技术开发机构及科技信息与文献机构、全日制普通高等学校及附属医院以及研究与试验发展（R&D）活动相对密集行业（包括农、林、牧、渔业，建筑业，交通运输、仓储和邮政业，信息传输、软件和信息技术服务业，金融业，租赁和商务服务业，科学研究和技术服务业，水利、环境和公共设施管理业，卫生和社会工作，文化、体育和娱乐业等）中从事研究与试验发展（R&D）活动的企事业单位。创新活动统计资料范围为规模以上工业法人单位。

研究与试验发展(R&D) 指在科学技术领域，为增加知识总量，以及运用这些知识去创造新的应用进行的系统的创造性的活动，包括基础研究、应用研究、试验发展三类活动。国际上通常采用 R&D 活动的规模和强度指标反映一国的科技实力和核心竞争力。

R&D 人员 指报告期 R&D 活动单位中从事基础研究、应用研究和试验发展活动的人员。包括直接参加上述三类 R&D 活动的人员，以及与上述三类 R&D 活动相关的管理人员和直接服务人员，即直接为 R&D 活动提供资料文献、材料供应、设备维护等服务的人员。不包括为 R&D 活动提供间接服务的人员，如餐饮服务、安保人员等。

R&D 人员全时当量 指报告期 R&D 人员按实际从事 R&D 活动时间计算的工作量，以“人年”为计量单位。为国际上比较科技人力投入而制定的可比指标。

R&D 经费支出 指报告期调查单位内部为实施 R&D 活动而实际发生的全部经费，按支出性质分为日常性支出和资产性支出。不包括调查单位委托其他单位或与其他单位合作开展 R&D 活动而转拨给其他单位的全部经费。

专利 是专利权的简称，是对发明人的发明创造经审查合格后，由专利局依据专利法授予发明人和设计人对该项发明创造享有的专有权。包括发明、实用新型和外观设计。反映拥有自主知识产权的科技和设计成果情况。

发明(专利) 指对产品、方法或者其改进所提出的新的技术方案。是国际通行的反映拥有自主知识产权技术的核心指标。

实用新型(专利) 指对产品的形状、构造或者其结合所提出的适于实用的新的技术方案。反映具有一定技术含量的技术成果情况。

外观设计(专利) 指对产品的形状、图案、色彩或者其结合所作出的富有美感并适于工业上应用的新设计。反映拥有自主知识产权的外观设计成果情况。

Explanatory Notes on Main Statistical Indicators

Regular Institutions of Higher Education refer to educational establishments recruiting graduates from senior secondary schools as the main target through National Matriculation TEST. They include full-time universities, independently established colleges, colleges, and institutions of higher professional education, institutions of higher vocational education and others.

Universities and independently established colleges primarily provide undergraduate and above courses; colleges mainly impart undergraduate courses, institutions of higher professional education and institutions of higher vocational education primarily provide professional trainings; and other institutions of higher education refer to educational establishments, which are responsible for enrolling higher education students under the State Plan but not enumerated in the total number of schools, including: branch schools of universities and colleges and junior colleges.

Institutions of Higher Education for Adults refer to educational establishments, enrolling personnel graduated from senior secondary school or with equivalent education through National Matriculation TEST for Adult, and providing higher education courses in forms of correspondence, spare time or full time, for adults. Adults higher education institutions include schools of higher education for staff and workers, schools of higher education for peasants, institutions of administration, educational colleges, independent correspondence colleges, radio and television universities and other educational establishments of higher education for adult. Other educational establishments of higher education for adult refer undertakings to enrol adult students under the State Plan but not enumerated in the number of schools.

Scientific and Technological Activities (S&T Activities) Data on scientific and technological activities cover research and experimental development (R&D) activities of enterprises and institutions of whole society, mainly including industrial corporate units above designated size, industrial corporate units below designated size, scientific research and technological development institutions and scientific and technological information and literature institutions of prefecture level and above under the government with independent accounting, full-time universities and colleges, affiliated hospitals, and enterprises and institutions engaged in R&D activities in relatively R&D-intensive industries (such as agriculture, forestry, animal husbandry, fishery, construction, transport, storage and post, information transmission, software and information technology service, finance, leasing and business services, scientific research and technical services, management of water conservancy, environment and public facilities, health and social service, culture, sports and entertainment). Data on innovation activities cover industrial corporate units above designated size.

Research and Development (R&D) refers to systematic and creative activities in the field of science and technology aiming at increasing the knowledge and using the knowledge for new application. R&D includes 3 categories of activities: basic research, applied research and experiments and development. The scale and intensity of R&D are widely used internationally to reflect the strength of S&T and the core competitiveness of a country in the world.

R&D Personnel refer to persons of R&D activities units engaged in basic research, applied research, and experimental development at the reference period, including persons of directly participating in the three activities above, as well as managment and direct service staff related to R&D activities, such as literature provision, material supply,equipment maintenance staff, it excludes persons providing indirect support and ancillary services, such as canteen and security staff.

Full-time Equivalent of R&D Personnel refers to the ratio of working hours actually spent on R&D during a specific reference period (usually a calendar year) divided by the total number of hours conventionally worked in the same period by an individual or by a group. The measurement unit of the ratio is "man-years". This is an internationally comparable indicator of S&T manpower input.

Expenditure on R&D refers to the real expenditure of surveyed units on their own R&D activities in reporting period. It is divided into current expenditures and gross fixed capital expenditures for R&D according to the nature of expenditure. It doesn' t include the fees transferred to cooperated or entrusted agencies on R&D activities.

Patent is an abbreviation for the patent right and refers to the exclusive right of ownership by the inventors or designers for the creation or inventions, given from the patent offices after due process of assessment and approval in accordance with the Patent Law. Patents are granted for inventions, utility models and designs. This indicator reflects the achievements of S&T and design with independent intellectual property.

Patented Inventions refer to the new technical proposals to the products or methods or their modifications. This is universal core indicator reflecting the technologies with independent intellectual property.

Patented Utility Models refer to the practical and new technical proposals on the shape and structure of the product or the combination of both. This indicator reflects the condition of technological results with certain technical content.

Designs refer to the aesthetics and industrially applicable new designs for the shape, pattern and color of the product, or their combinations. This indicator reflects the appearance design achievements with independent intellectual property.

21 / 文化、体育和卫生

Chapter 21 Culture, Sports and Public Health

21-1 文化艺术、文物事业机构数

Number of Institutions for Culture, Art and Cultural Relics

单位：个 (unit)

年份 Year	艺术表演团体 Art Performance Troupes	公共图书馆 Public Libraries	文化馆 Cultural Centers	文化站 Cultural Stations	博物馆 Museums
1952	126	4	148	146	1
1957	148	21	163	115	2
1962	205	36	161	76	11
1965	198	36	167	31	13
1970	169	36	171	16	13
1975	190	36	178	13	13
1978	193	57	178	8	12
1980	183	71	177	656	11
1985	148	82	172	5196	24
1990	109	109	168	4957	34
1991	106	112	168	4973	37
1992	105	117	169	4329	37
1993	103	117	169	3745	37
1994	101	118	170	3634	42
1995	101	123	171	3613	42
1996	101	125	172	3384	44
1997	101	127	170	3574	44
1998	100	129	170	3689	47
1999	99	129	171	3666	47
2000	98	129	171	3667	50
2001	89	129	174	3720	51
2002	89	131	173	3525	51
2003	89	132	181	3722	51
2004	84	137	180	3701	54
2005	85	141	180	4515	54
2006	81	146	202	3600	59
2007	84	151	202	3795	62
2008	83	154	203	3873	85
2009	84	156	203	4019	89
2010	82	161	204	4448	108
2011	75	169	205	4593	144
2012	63	188	205	4595	152
2013	52	197	207	4595	188
2014	51	198	207	4601	206
2015	52	203	207	4578	225
2016	50	203	207	4574	239
2017	52	204	207	4578	255
2018	52	204	207	4574	252
2019	49	206	207	4410	256
2020	46	207	207	4231	258

注：文化艺术、图书馆、博物馆等资料由四川省文化和旅游厅提供。

a) Data of culture and art, libraries, museums and other information are provided by Sichuan Provincial Department of Culture and Tourism.

21-2 各市(州)文化艺术、文物事业机构和人员数(2020年)
Institutions and Personnel of Culture, Art and Cultural Relics by Region(2020)

单位：个、人、千册 (unit, person, 1 000 volumes)

市(州)	Region	艺术表演团体 Art Performance Troupes		公共图书馆 Public Libraries			文化馆 Cultural Centers		博物馆 Museums	
		机构数 Institutions	从业人员 Employed Persons	机构数 Institutions	从业人员 Employed Persons	藏书量 Collections	机构数 Institutions	从业人员 Employed Persons	机构数 Institutions	从业人员 Employed Persons
全　省	**Sichuan**	**46**	**2932**	**207**	**2365**	**4350**	**207**	**3072**	**258**	**6522**
成都市	Chengdu	5	444	22	495	1228	22	461	97	2350
自贡市	Zigong	6	286	7	54	64	7	66	4	249
攀枝花市	Panzhihua	2	136	6	46	91	6	78	3	100
泸州市	Luzhou	1	14	9	107	191	8	102	12	199
德阳市	Deyang	1	18	7	78	127	7	116	11	502
绵阳市	Mianyang	2	90	10	82	220	10	108	15	367
广元市	Guangyuan	1	25	8	73	150	9	85	13	264
遂宁市	Suining	1	42	6	62	98	6	68	5	163
内江市	Neijiang	5	120	6	100	96	6	116	5	85
乐山市	Leshan	2	139	12	73	108	12	102	11	183
南充市	Nanchong	4	178	10	107	229	10	131	9	290
眉山市	Meishan	1	30	7	59	68	7	70	6	140
宜宾市	Yibin	1	89	11	68	138	11	169	12	150
广安市	Guangan			7	96	226	7	152	3	238
达州市	Dazhou	2	173	8	113	162	8	218	7	130
雅安市	Yaan			9	74	104	9	93	9	101
巴中市	Bazhong	2	46	6	81	113	6	119	11	297
资阳市	Ziyang	2	17	4	51	61	4	73	2	115
阿坝藏族羌族自治州	Aba	1	81	14	69	81	14	109	10	195
甘孜藏族自治州	Ganzi	1	76	19	81	85	19	295	5	73
凉山彝族自治州	Liangshan	1	120	18	111	139	18	247	7	128
省本级	Provincial level	5	808	1	285	573	1	94	1	203

注：全省合计中含省直属单位数。
a) The provincial data includes those of unites directly under the province.

21－3 各市(州)文化站情况(2020年)
Statistics on Cultural Stations by Region(2020)

市(州)	Region	文化站(个) Cultural Stations (unit)	#乡镇文化站 Township Cultural Stations	从业人员(人) Employed Persons (person)	举办展览(个) Number of Exhibitions (unit)	组织文艺活动次数(次) Art Performances & Cultural Sessions (time)	藏书量(千册) Collections (1 000 copies)
全 省	**Sichuan**	**4231**	**3708**	**8118**	**7868**	**46263**	**17534**
成都市	Chengdu	336	152	1299	1721	16275	2520
自贡市	Zigong	99	74	146	120	1022	228
攀枝花市	Panzhihua	61	44	163	54	517	243
泸州市	Luzhou	126	100	223	224	930	630
德阳市	Deyang	115	103	188	133	948	943
绵阳市	Mianyang	289	272	527	534	2347	1392
广元市	Guangyuan	196	190	309	370	1476	978
遂宁市	Suining	124	104	205	201	1331	486
内江市	Neijiang	120	106	386	170	1048	546
乐山市	Leshan	200	189	491	176	1684	656
南充市	Nanchong	426	369	695	972	3278	1122
眉山市	Meishan	133	112	221	129	1052	334
宜宾市	Yibin	186	166	329	458	2151	944
广安市	Guangan	179	161	367	135	965	536
达州市	Dazhou	229	210	434	684	1586	1042
雅安市	Yaan	142	127	245	254	860	526
巴中市	Bazhong	202	185	334	1012	2807	1582
资阳市	Ziyang	122	113	277	107	985	478
阿坝藏族羌族自治州	Aba	174	174	329	122	880	330
甘孜藏族自治州	Ganzi	314	314	342	55	2128	458
凉山彝族自治州	Liangshan	458	443	608	237	1993	1559

21－4 群众艺术馆、文化馆(站)业务活动及经费情况(2020年)
Basic Statistics on Activities and Expenditures of Mass Art Centers and Cultural Centers (Stations)(2020)

项 目		Item		总计 Total	群众艺术馆(文化馆) Mass Art Centers Cultural Centers	文化站 Cultural Stations
单位数	(个)	Number of Units	(unit)	4438	207	4231
举办展览	(个)	Number of Exhibitions	(unit)	9121	1253	7868
组织文艺活动	(次)	Art Performances and Cultural Sessions	(time)	56093	9830	46263
举办训练班		Training Courses				
班次	(次)	Number of Classes	(time)	28291	4989	23302
培训人次	(万人次)	Number of Persons Completing Courses	(10 000 person-times)	127	24	103
群众业余演出团(队)	(个)	Part-time Art Groups	(unit)	23667	3654	20013
总支出	(万元)	Total Expenses	(10 000 yuan)	137046	75529	61517
#基本支出	(万元)	Basic Expenses	(10 000 yuan)	73757	45208	28550

注：本表各项指标仅指文化部门系统内的。
a) Data in this table only refers to those under the administration of cultural departments.

21-5 公共图书馆业务活动及经费情况(2020年)
Business Activities and Expenditures of Public Libraries(2020)

项　目		Item		总计 Total	省级公共图书馆 Public Libraries at Provincial Level	市(州)级公共图书馆 Public Libraries at Prefecture Level	县级公共图书馆 Public Libraries at County Level
总藏量	(千册、件)	Total Collections	(1 000 volumes)	43505	5727	13463	24315
书架总长度	(千米)	Total Length of Bookshelves	(km)	1480	40	988	451
有效借书证个数	(千个)	Number of Library Cards Distributed	(1 000 units)	4691	300	2749	1642
书刊外借情况		Condition of Books Borrowed by the Readers					
人次	(万人次)	Total Number of Circulation	(10 000 person-times)	644	9	161	474
册次	(万册次)	Number of Books Borrowed by the Readers	(10 000 volume-times)	1317	22	388	907
为读者举办各种活动		Service Activities Provided for Readers					
次数	(次、个)	Number of Activities	(time, unit)	4574	66	831	3677
参加人数	(万人次)	Number of Readers Involved	(10 000 person-times)	214	20	39	156
总支出	(万元)	Total Expenditures	(10 000 yuan)	63570	13107	17302	33161
基本支出	(万元)	Basic Expenses	(10 000 yuan)	30980	3617	8918	18445
#新增藏量购置费	(万元)	Purchase of New Reserves	(10 000 yuan)	4968	942	1405	2622
本年新增藏量	(万册)	New Reserves this Year	(10 000 volumes)	200	10	47	144
阅览室座席	(千个)	Seating Capacity of Reading Rooms	(1 000 seats)	63	3	13	46

注：总藏量从2013年起不包括电子图书。
a) Total collections don't include electronic books since 2013.

21-6 博物馆、文物机构业务活动及经费情况(2020年)
Business Activities and Expenditures of Museums and Cultural Relic Agencies(2020)

项　目		Item		博物馆 Museums	文物保护管理机构 Cultural Relic Agencies
藏品	(件)	Number of Collections	(piece)	4588431	136477
#一级品	(件)	Grade One	(piece)	3542	564
本年支出	(万元)	Total Expenses	(10 000 yuan)	151221	91518
#基本支出	(万元)	Basic Expense	(10 000 yuan)	53764	20386
#商品和服务支出	(万元)	Goods and Services Expenses	(10 000 yuan)	70005	20110

21-7 图书、杂志和报纸出版情况

Number of Books, Magazines and Newspapers Published

年份 Year	图书 Books Published: 种数 (种) Kind of Publications (kind)	#新出版 New Publications	总印数 (万册) Total Printed Copies (10 000 copies)	总印张数 (万印张) Total Printed Sheets (10 000 sheets)	杂志 Magazines Published: 种数 (种) Kind of Publications (kind)	每期平均印数 (万册) Average Printed Copies per Issue (10 000 copies)	总印数 (万册) Total Printed Copies (10 000 copies)	总印张数 (万印张) Total Printed Sheets (10 000 sheets)	报纸 Newspapers Published: 种数 (种) Kind of Newspaper Published (kind)	每期平均印数 (万份) Average Printed Copies per Issue (10 000 copies)	总印数 (万份) Total Printed Copies (10 000 copies)	总印张数 (万印张) Total Printed Sheets (10 000 sheets)
1952	53	20	1481	3195	25	45	565	540	14	34	6799	5150
1957	52		909	1783					15	35	8109	6005
1962	86		2484	5256								
1965	65		6280	15006								
1970	24		4225	10677								
1975	292	233	17184	48499								
1978	277	241	24993	83916	13	57	562	1173	15	170	51889	43758
1980	549	502	31370	119063	71	341	3036	8699	22	214	50627	42305
1985	1273	1151	28023	99516	224	690	5532	17810	69	859	92878	64138
1990	2676	1896	21152	82360	226	324	3257	9149	66	818	94657	64642
1991	2769	1730	16634	71891	234	362	3192	9443	70	869	101753	68660
1992	3022	2063	22903	99185	249	404	4030	11697	75	818	97368	72598
1993	2459	1795	17666	72266	256	456	4674	12491	80	823	104000	73974
1994	3840	2818	21650	105849	275	412	4067	11865	91	885	102319	72532
1995	3017	1876	15438	83894	287	487	4993	14898	93	710	100500	122632
1996	3833	2256	27975	138772	289	409	4339	12025	95	680	109084	138292
1997	4510	2005	33272	153193	289	405	4336	12484	95	763	126818	227065
1998	4436	2369	31491	151112	284	403	4508	13211	100	757	124922	235944
1999	4306	2254	29852	147862	287	419	4754	14944	100	782	127708	240359
2000	3855	2134	27315	157672	275	451	4950	16238	91	711	133590	366840
2001	3820	2104	26032	158031	334	362	4172	16233	84	671	136737	394553
2002	3895	2244	25932	165312	256	440	5572	20688	92	654	135163	319004
2003	4131	2315	25889	170470	267	352	4767	21421	93	634	139266	357423
2004	4059	1911	21690	154980	225	293	5269	32515	107	651	155972	498494
2005	4836	2975	23643	193903	330	459	7502	60933	130	659	155865	671830
2006	4873	3070	19643	149609	335	509	8215	59996	136	618	155800	685570
2007	5150	3287	19591	146591	335	496	9514	74788	136	660	168638	656104
2008	5021	2885	19490	142562	336	475	8237	53222	136	670	164273	737694
2009	6719	3878	17492	127321	336	494	8303	52759	136	613	155286	797707
2010	6645	3396	19493	147325	340	498	10593	74892	136	687	170176	999545
2011	8081	3951	24787	179489	343	471	9293	67424	136	670	174021	1019233
2012	7794	4235	23587	176618	343	470	9066	63236	136	661	172573	865664
2013	8554	4946	23416	186771	346	417	7499	54658	137	687	170457	833132
2014	9095	5252	19623	156848	349	376	6382	44033	136	653	167699	752920
2015	10097	6074	24805	193337	352	330	5655	35616	134	642	162781	647618
2016	10878	6332	24264	196767	354	316	5045	29000	132	636	162153	646976
2017	13329	8287	29195	224165	355	282	5128	28702	130	551	141828	368846
2018	14456	8746	32520	254859	356	278	4997	28352	84	520	132695	327090
2019	13885	7305	36565	286394	358	282	5231	28804	79	476	120448	260286
2020	12891	6781	34996	271096	358	273	5131	28499	78	422	104858	207613

注：图书、杂志、报纸、音像制品出版资料由中共四川省委宣传部提供。

a) Data of books, magazines, newspapers, audio-visual products published are provided by Propaganda Department of the Sichuan Provincial Party Committee of the Communist Party in China.

21-8 录像和录音制品出版情况
Publication of Video and Audio Recordings

年份 Year	录像制品 Video Recordings		录音制品 Audio Recordings	
	种数（种） Kind of Recordings (Kind)	数量（万盒、万张） Volume (10 000 pieces)	种数（种） Kind of Audio Recordings (Kind)	数量（万盒、万张） Volume (10 000 pieces)
2000	172	97.72	92	64.03
2001	260	391.98	114	93.53
2002	446	501.51	210	95.39
2003	490	310.23	158	127.27
2004	241	198.36	42	61.96
2005	294	171.80	177	88.20
2006	542	240.82	139	70.45
2007	491	164.01	164	71.73
2008	343	153.23	72	25.40
2009	250	124.30	75	40.58
2010	191	108.46	47	28.38
2011	96	73.13	32	25.77
2012	91	80.35	12	5.03
2013	77	45.54	35	19.70
2014	54	47.85	38	17.34
2015	48	67.45	15	8.65
2016	73	54.52	14	1.77
2017	53	61.25	17	3.80
2018	91	54.23	11	3.20
2019	43	2.92	9	0.53
2020	64	3.02	10	3.31

21-9 广播电视事业发展情况
Basic Statistics on Development of Broadcasting and Television

年份 Year	广播电台 (座) Broadcasting Stations (set)	中短波发射台及转播台 (座) Transmission Stations and Relaying Stations of Medium and Short Wave (set)	中波发射机功率 (部/千瓦) Power of Transmitters of Medium Wave (unit / kw)	电视台 (座) Television Stations (set)	调频、电视发射台及转播台 (座) FM, TV Transmitting and Relay Stations (set)	电视发射机功率 (部/千瓦) Power of Television Transmission (unit / kw)	广播综合人口覆盖率 (%) Comprehensive Population Coverage Rate of Broadcasting (%)	电视综合人口覆盖率 (%) Comprehensive Population Coverage Rate of Television (%)	广播电视台(站) (个) Broadcasting and Television Stations of County Level (set)
1952	3	2	2 / 2				20.06		
1957	1	1	2 / 2				20.06		80
1962	3	4	3 / 23.8	1	1	1 / 1	30.18	3.87	129
1965	3	4	3 / 123.8	1	1	1 / 1	30.09	3.87	141
1970	3	4	5 / 260.6	1	1	1 / 1	35.28	5.29	150
1975	3	9	10 / 327.6	1	14	15 / 5.50	43.13	18.73	157
1978	3	9	11 / 413.3	1	82	76 / 6.74	46.91	38.60	165
1980	3	11	15 / 488.0	1	208	235 / 21.39	49.91	45.69	168
1985	5	13	20 / 442.5	3	865	921 / 73.05	52.37	58.70	169
1990	14	18	29 / 453.0	15	2100	2577 / 183.38	64.46	71.46	166
1991	13	19	30 / 462.0	16	2244	2775 / 186.89	64.75	71.78	171
1992	15	19	32 / 514.0	21	2438	3106 / 199.05	64.84	71.88	169
1993	19	20	35 / 533.1	23	2518	3289 / 194.78	70.21	76.12	165
1994	25	20	34 / 632.0	27	2950	3757 / 202.80	75.40	80.50	150
1995	52	27	43 / 515.1	31	3114	4036 / 218.38	80.40	85.50	134
1996	58	27	40 / 521.1	32	3303	3952 / 207.09	84.47	83.57	161
1997	67	27	48 / 556.1	34	3227	3959 / 230.62	86.34	87.37	162
1998	17	29	48 / 556.1	23	3264	4009 / 235.94	88.90	88.97	44
1999	18	30	47 / 654.2	23	2626	3244 / 185.04	91.05	91.98	46
2000	19	28	52 / 673.1	23	4779	5636 / 266.82	92.85	93.61	42
2001	20	35	68 / 482.5	20	4839	5598 / 267.37	93.66	94.46	42
2002	20	34	69 / 558.0	22	4428	5353 / 260.53	94.07	95.08	110
2003	20	34	69 / 558.0	22	4385	5696 / 263.36	94.83	95.54	111
2004	20	34	69 / 558.0	22	4308	4546 / 250.77	95.34	96.39	111
2005	20	35	96 / 658.0	21	3849	5044 / 262.29	95.41	96.74	113
2006	20	35	96 / 658.0	21	2471	5524 / 280.14	95.70	96.77	113
2007	20	37	112 / 711.0	21	2469	5757 / 376.57	95.92	97.05	114
2008	16	37	114 / 710.0	16	4434	5644 / 505.59	95.97	97.10	119
2009	15	37	96 / 680.0	15	3944	5323 / 600.38	96.19	97.27	152
2010	10	37	101 / 687.0	10	3482	4810 / 587.11	96.22	97.33	156
2011	8	37	102 / 787.0	8	3001	4121 / 628.24	96.60	97.69	158
2012	7	36	96 / 747.0	7	3056	4173 / 644.52	96.78	97.75	159
2013	1	36	96 / 747.0	1	2187	2906 / 661.39	96.98	97.89	165
2014	1	40	104 / 701.5	1	566	944 / 638.77	97.04	98.07	165
2015	1	36	95 / 659.2	1	403	942 / 1260.95	97.14	98.24	165
2016	1	36	104 / 774.0	1	338	934 / 978.76	97.19	98.29	165
2017	1	39	108 / 645.0	1	345	1059 / 656.74	97.42	98.54	165
2018	1	42	109 / 780.0	1	303	969 / 623.81	97.84	98.79	171
2019	1	42	109 / 688.0	1	312	992 / 616.83	98.23	98.95	171
2020	1	51	102 / 560.0	1	325	773 / 491.00	98.87	99.33	173

注：广播电视资料由四川省广播电视局提供。
a) Data of radio and TV broadcast information are provided by Broadcasting and Television Bureau of Sichuan Provincial.

21−10 广播电视播放情况(2020年)
Basic Statistics on Broadcasting and Television(2020)

项目	Item	节目套数(套) Number of Programs (set)	公共广播(电视)节目播出时间(小时) Broadcasting Hours of Public Broadcasting (Television) (hour)	新闻资讯类节目 News and Referrence Programs	专题服务类节目 Special Subject and Services Programs	综艺类节目 Omnibus Enter-tainment Programs	广播(影视)剧类节目 Broadcast Movies And TV	广告类节目 Advertis-ement	其他类节目 Others
广播播出合计	**All Radio Broadcasting**	**154**	**713209**	**179465**	**152593**	**126304**	**46253**	**48861**	**159731**
省级广播电台	Provincial Level	8	61013	12398	17911	14807	217	5584	10095
市(州)级广播电台	Prefecture Level	45	273097	59310	68107	43221	16908	23314	62233
县级广播电视台	County Level	101	379098	107756	66574	68275	29127	19962	87402
电视播出合计	**All Television Broadcasting**	**206**	**1166911**	**179046**	**119646**	**59235**	**555130**	**108742**	**145110**
省级电视台	Provincial Level	8	64646	9828	7726	6395	25593	10952	4149
市(州)级电视台	Prefecture Level	49	320419	47631	49348	12950	137193	43131	30164
县级广播电视台	County Level	149	781845	121586	62571	39888	392342	54659	110796

21−11 各市(州)有线广播电视情况(2020年)
Statistics on Cable Broadcasting and Television by Region(2020)

单位：户、公里 (households, kilometer)

市(州)	Region	有线广播电视用户 Cable Broadcasting and Television Users	#数字电视用户 Digital Television Users	#付费数字电视用户 Pay Digital Television Users	有线广播电视传输网络干线总长 Total Length of Main Link of Cable Broadcasting and Television Transmission
全　省	**Sichuan**	**9459604**	**9123602**	**5157483**	**20732.04**
成都市	Chengdu	3489574	3387196	1591277	2750.00
自贡市	Zigong	194727	194727	121975	931.23
攀枝花市	Panzhihua	81418	75380	55573	319.82
泸州市	Luzhou	326890	326890	129375	846.27
德阳市	Deyang	575825	575825	246858	332.56
绵阳市	Mianyang	512117	485346	403978	1938.00
广元市	Guangyuan	319878	318227	171933	850.00
遂宁市	Suining	531955	531955	316751	336.50
内江市	Neijiang	251529	244953	162709	750.00
乐山市	Leshan	346533	337103	175368	611.40
南充市	Nanchong	445805	429808	397687	1300.00
眉山市	Meishan	159652	159652	120864	380.00
宜宾市	Yibin	361227	336927	201302	710.76
广安市	Guangan	526595	431462	192842	466.00
达州市	Dazhou	530415	529125	371790	650.00
雅安市	Yaan	183148	181817	75967	684.50
巴中市	Bazhong	226826	226826	177488	743.00
资阳市	Ziyang	212422	205195	180392	423.00
阿坝藏族羌族自治州	Aba	40215	31415	17504	2007.00
甘孜藏族自治州	Ganzi	21502	16166	8941	1090.00
凉山彝族自治州	Liangshan	121351	97607	36909	2612.00

21-12 各市(州)农村广播电视有线传输情况(2020年)
Basic Statistics on Rural Radio and Television Cable Transmission by Region(2020)

单位：户、% (households, %)

市(州)	Region	农村有线广播电视用户数 Rural Cable radio and Television Users	农村有线广播电视入户率 Rural Households on Cable TV Rate	农村广播覆盖率 Rural Radio Coverage	农村电视覆盖率 Rural Television Coverage
全 省	**Sichuan**	**2821777**	**14.38**	**98.47**	**99.24**
成都市	Chengdu	426679	20.41	100.00	100.00
自贡市	Zigong	80750	14.22	99.67	99.57
攀枝花市	Panzhihua	16659	11.79	99.75	100.00
泸州市	Luzhou	75885	8.40	98.81	99.41
德阳市	Deyang	279701	34.35	99.28	99.16
绵阳市	Mianyang	323470	23.71	99.67	99.67
广元市	Guangyuan	164850	23.34	99.34	99.38
遂宁市	Suining	280025	33.27	99.90	99.57
内江市	Neijiang	128835	11.99	96.71	98.18
乐山市	Leshan	58676	8.06	99.48	99.62
南充市	Nanchong	153171	8.65	99.41	99.49
眉山市	Meishan	141592	18.19	100.00	100.00
宜宾市	Yibin	146284	15.51	95.91	98.23
广安市	Guangan	155153	12.86	99.62	99.68
达州市	Dazhou	59274	3.89	99.83	99.93
雅安市	Yaan	93004	28.26	97.11	98.41
巴中市	Bazhong	30649	3.39	99.93	100.00
资阳市	Ziyang	141592	13.96	96.94	99.13
阿坝藏族羌族自治州	Aba	6599	2.94	91.79	98.13
甘孜藏族自治州	Ganzi	2402	1.00	97.79	97.66
凉山彝族自治州	Liangshan	56527	5.00	92.69	97.08

21-13 体育事业情况(2020年)

Basic Conditions of Sports Cause(2020)

项目		Item		2020
国家级体育传统项目学校	(所)	Traditional Sports Events Schools of National Level	(unit)	21
省级体育传统项目示范学校	(所)	Traditional Sports Events Schools of Provincial Level	(unit)	312
#本年度新命名	(所)	Newly Named at the Current Year	(unit)	
国家级青少年体育俱乐部	(所)	Youth Sports Clubs of National Level	(unit)	264
#本年度新命名	(所)	Newly Named at the Current Year	(unit)	
国家级高水平体育后备人才基地	(个)	National High Level Sports Talented Reserve Bases	(unit)	18
四川省高水平体育后备人才基地	(个)	Provincial High Level Sports Talented Reserve Bases	(unit)	27
四川省县级业余训练重点单位	(个)	County-level Key Units of Amateur Training	(unit)	
四川省幼儿体育基地	(个)	Provincial Children's Sports Bases	(unit)	50
城市街道体育组织累计	(个)	Sports Organizations in the Urban Streets	(unit)	2685
#本年度新增	(个)	Newly Added at the Current Year	(unit)	103
农村乡镇体育组织累计	(个)	Sports Organizations in the Rural Villages and Towns	(unit)	4707
#本年度新增	(个)	Newly Added at the Current Year	(unit)	626
健身站(点)累计	(个)	Fitness Stations (points)	(unit)	15342
#本年度新增	(个)	Newly Added at the Current Year	(unit)	626
社区体育健身俱乐部累计	(个)	Community Sports Fitness Clubs	(unit)	1761
#本年度新增	(个)	Newly Added at the Current Year	(unit)	102
行政村农民体育健康工程累计	(个)	Farmer Sports Health Projects in Administrative Village	(unit)	47033
#本年度新建	(个)	Newly Added at the Current Year	(unit)	9278
乡镇农民体育健身工程累计	(个)	Farmer Sports Fitness Projects in Villages and Towns	(unit)	1852
#本年度新建	(个)	Newly Added at the Current Year	(unit)	47
本年底国民体质测试站(点)累计	(个)	National Physical Fitness Test Station (points) at the End of This Year	(unit)	213
#本年度新增	(个)	Newly Added at the Current Year	(unit)	1
本年度接受国民体质监测人数	(人)	Number of People Receiving National Physical Fitness Monitoring	(person)	333524
本年度举办全民健身科学知识宣传讲座次数	(次)	Number of Lectures on Scientific Knowledge of National Fitness	(time)	549
本年度编印科学健身知识书籍册数	(册)	Copies of Books Published Scientific Knowledge of Fitness	(volume)	172993
审批社会体育指导员人数累计	(人)	Approval of the Number of Social Sports Instructors	(unit)	232644
#本年度审批人数	(人)	Number of Annual Examination and Approval	(unit)	25051
本年度培训社会体育指导员人数	(人)	Number of People Receiving Social Sports Instructor Training	(unit)	29807
世界级比赛获得奖牌数	(枚)	Number of Medals Won in the World Competition	(piece)	
#金牌	(枚)	Gold Medals	(piece)	
亚洲级比赛获得奖牌数	(枚)	Number of Medals Won in Asian Games	(piece)	
#金牌	(枚)	Gold Medals	(piece)	
全国比赛获得奖牌数	(枚)	Number of Medals Won in the National Competition	(piece)	56
#金牌	(枚)	Gold Medals	(piece)	26

注：体育事业情况由四川省体育局提供。

a) Data in the table are provided by the Sports Bureau of Sichuan Province.

21－14　各市(州)体育彩票发行情况(2020年)
Sports Lottery Distribution by Region(2020)

单位：万元　(10 000 yuan)

市(州)	Region	当年体育彩票发行额 Sports Lottery Issuance in Current Year	#足彩 Soccer Betting	#竞彩 Race Lottery	#即开型 Open-Type	当年提取公益金 Public Welfare Fund Drawn from Sports Lottery(year-end)
全　省	**Sichuan**	**737593**	**21966**	**343425**	**55369**	**196726**
成都市	Chengdu	324629	11016	145075	27420	86903
自贡市	Zigong	21931	692	10903	1143	5793
攀枝花市	Panzhihua	18939	332	10093	967	4922
泸州市	Luzhou	17941	748	7379	1054	4967
德阳市	Deyang	38422	614	23670	1511	9679
绵阳市	Mianyang	38826	1224	19368	2487	10249
广元市	Guangyuan	14947	500	7978	837	3887
遂宁市	Suining	15751	261	7300	1057	4277
内江市	Neijiang	19463	723	10201	712	5111
乐山市	Leshan	30501	1089	12283	2588	8339
南充市	Nanchong	32454	850	18096	1528	8380
眉山市	Meishan	19524	700	8238	1831	5300
宜宾市	Yibin	33529	562	18064	1438	8704
广安市	Guangan	12623	373	6897	588	3272
达州市	Dazhou	23478	717	10293	1069	6449
雅安市	Yaan	13140	443	6394	807	3469
巴中市	Bazhong	14919	322	5372	1353	4196
资阳市	Ziyang	13055	396	6771	619	3415
阿坝藏族羌族自治州	Aba	5543	41	1453	841	1601
甘孜藏族自治州	Ganzi	5642	65	1060	1707	1559
凉山彝族自治州	Liangshan	22335	296	6536	3811	6252

注：当年提取公益金合计中含中央、省级提取数据。
a) Pubic welfare funds drawn from sport lottery include state and provincial data.

21-15 卫生机构情况(2020年)
Statistics on Health Institutions(2020)

机构类别	Item	机构数(个) Health Institutions (unit)	实有床位数(张) Beds (bed)	人员合计(人) Personnel (person)	#卫生技术人员 Medical Technical Personnel	#管理人员 Administrative Personnel
全 省	**Total**	**82793**	**649658**	**826989**	**633275**	**37515**
医院合计	Total Number of Hospitals	2435	484823	482747	391861	25210
城市	Hospitals at Prefecture Level	1191	265720	291503	234075	17311
农村	Hospitals at County Level	1244	219103	191244	157786	7899
综合医院	General Hospitals	1494	296505	321456	264720	16358
中医医院	Hospitals of Chinese Medicine	260	68343	69959	59456	2561
中西医结合医院	Hospital Combining Traditional Chinese and Western Medicine	30	8923	9305	7859	475
民族医院	Minority Nationality Hospital	38	1770	1815	1479	77
专科医院	Specialized	602	108079	79624	57990	5692
#口腔	Stomatological	47	769	3518	2642	348
眼科	Ophthalmological	58	3453	4897	2997	549
耳鼻喉	Otolaryngology	12	798	884	611	96
肿瘤	Oncological	10	3485	3964	3314	143
心血管病	Cardiovascular System Diseases	5	951	870	719	60
胸科	Chest Hospital	1	60	37	28	1
妇产(科)	Gynecological and Obstetrical	51	2757	6480	4165	476
儿童	Pediatrics	4	527	802	589	60
精神病	Psych iatrical	131	64599	22235	17069	1246
传染病	Epidemiological	8	2414	2303	1958	84
皮肤病	Dermatology	16	712	780	597	60
麻风病	Leprological	4	258	95	61	8
职业病	Occupational disease	2	748	879	718	101
骨科	Orthopedics	60	7586	6792	5252	458
康复	Recuperation	40	3501	2696	2013	263
整形外科	Orthopedic Survey	1	20	45	17	1
美容	Beauty Hospital	29	570	4469	1768	528
其它专科	Other Specialized Hospital	123	14871	17878	13472	1210
护理院	Nursing Home	11	1203	588	357	47
疗养院	Nurse Hospital	3	1270	476	346	55
社区卫生服务中心	Community Health Care Centre	459	12959	23597	19783	1006
社区卫生服务站	Community Health Service Stations	599	554	3567	3131	267
卫生院	Sanitation Station	4317	135807	116090	97304	5280
门诊部	Outpatient Department	786	267	17098	11790	1412
诊所	Clinics	18405		51547	48849	447
卫生所、医务室	Healthy Centre	723		2174	2024	33
村卫生室	Village Clinics	54202		73869	15565	
急救中心(站)	First-aid Centre	22		540	364	73
采供血机构	Blood Collection and Supply Institution	52		3323	2443	254
妇幼保健院(所、站)	Maternity and Child Care Centre	202	13273	30084	24818	1434
专科疾病防治院(所、站)	Specialized Prevention Station	22	705	629	385	39
疾病预防控制中心(防疫站)	Epidemic Prevention and Control Centre	210		13453	9999	961
卫生监督所	Sanitary Supervision Station	191		2963	2335	241
医学科学研究机构	Research Institution of Medical Sciences	7		504	217	94
医学在职培训机构	Medical On the Job Training Institution	8		52	16	11
健康教育所(站、中心)	Healthy Education Centre	13		104	38	34
其他卫生机构	Other Health Care Institutions	137		4172	2007	664

注：卫生机构资料由四川省卫生健康委员会提供。
a) Data of health agencies are provided by Health Commission of sichuan provincial.

21-16 卫生机构数
Number of Health Institutions

单位：个 (unit)

年 份 地 区	Year Region	机构数 Number of Health Care Institutions	#医院 Hospitals	#社区卫生服务中心 Community Health Care Centre	#卫生院 Sanitation Stations	#疾病预防控制中心 Epidemic Prevention and Control Centre	#妇幼保健院(所、站) Maternity and Child Care Centre
2002		72768	1173	44	6280	214	200
2003		72810	1164	50	6048	208	198
2004		70944	1144	63	5369	209	196
2005		72399	1155	68	5179	207	197
2006		75262	1178	213	5012	207	202
2007		72862	1162	214	4845	208	201
2008		71195	1143	234	4817	208	201
2009		72907	1187	257	4745	207	202
2010		74311	1260	306	4688	207	203
2011		75814	1393	344	4619	206	203
2012		76555	1542	361	4607	204	200
2013		80039	1716	379	4595	207	202
2014		81081	1822	397	4575	207	202
2015		80114	1942	397	4511	206	202
2016		79516	2067	412	4493	206	202
2017		80480	2219	417	4476	206	203
2018		81539	2343	424	4437	206	201
2019		83757	2417	433	4421	208	201
2020		82793	2435	459	4317	210	202
成都市	Chengdu	11954	630	139	264	25	21
自贡市	Zigong	2162	68	18	82	7	7
攀枝花市	Panzhihua	1009	27	21	44	6	6
泸州市	Luzhou	4727	150	22	122	8	8
德阳市	Deyang	2450	85	18	119	7	6
绵阳市	Mianyang	4857	126	23	270	12	10
广元市	Guangyuan	3370	85	13	247	8	7
遂宁市	Suining	3984	76	17	104	6	6
内江市	Neijiang	3579	76	15	110	6	6
乐山市	Leshan	3224	101	15	187	12	12
南充市	Nanchong	8248	173	36	428	10	10
眉山市	Meishan	2136	88	12	125	7	7
宜宾市	Yibin	4993	141	11	177	11	11
广安市	Guangan	3353	84	17	168	7	7
达州市	Dazhou	4548	133	15	305	8	8
雅安市	Yaan	1544	46	6	133	9	9
巴中市	Bazhong	3344	78	27	230	6	6
资阳市	Ziyang	3367	54	8	115	4	4
阿坝藏族羌族自治州	Aba	1728	40	8	214	14	14
甘孜藏族自治州	Ganzi	2813	46	2	331	19	19
凉山彝族自治州	Liangshan	5403	128	16	542	18	18

21-17 各市(州)卫生机构数
Number of Health Institutions by Region

单位：个 (unit)

市(州)	Region	2010	2011	2012	2013	2014	2015	2016	2017	2018	2019	2020
全　省	**Total**	**74311**	**75814**	**76555**	**80039**	**81081**	**80114**	**79516**	**80480**	**81539**	**83757**	**82793**
成都市	Chengdu	7194	7401	7605	7976	8190	8481	9853	10183	10755	12121	11954
自贡市	Zigong	2125	2346	2377	2460	2409	2346	2274	2333	2245	2238	2162
攀枝花市	Panzhihua	1020	1025	1024	1044	1079	1064	1060	1064	1056	1113	1009
泸州市	Luzhou	4733	4778	4351	4633	4619	4566	4560	4628	4616	4711	4727
德阳市	Deyang	2732	2816	2765	2795	2774	2717	2708	2738	2819	2822	2450
绵阳市	Mianyang	3976	4173	4325	4436	4494	4417	4371	4449	4674	4856	4857
广元市	Guangyuan	3371	3285	3313	3531	3554	3545	3460	3557	3540	3544	3370
遂宁市	Suining	3713	3724	3750	3798	3762	3735	3846	3822	3779	3725	3984
内江市	Neijiang	2971	3126	3119	3246	3228	3195	3096	3259	3297	3303	3579
乐山市	Leshan	2957	3026	3062	3286	3277	3098	3100	3206	3259	3251	3224
南充市	Nanchong	8040	8269	8399	8856	8780	8712	8703	8696	8583	8457	8248
眉山市	Meishan	2064	1989	1919	2059	2107	2057	2044	2068	2040	2139	2136
宜宾市	Yibin	4158	4137	4180	4389	5136	4963	5025	5062	5260	5120	4993
广安市	Guangan	3072	3347	3362	3561	3561	3500	3447	3446	3446	3443	3353
达州市	Dazhou	4068	4063	4172	4406	4397	4413	4172	4191	4293	4514	4548
雅安市	Yaan	1279	1367	1369	1520	1518	1494	1334	1426	1456	1573	1544
巴中市	Bazhong	3053	3062	3086	3305	3299	3164	3234	3218	3274	3348	3344
资阳市	Ziyang	5004	4912	4829	4969	4956	4902	3485	3460	3438	3432	3367
阿坝藏族羌族自治州	Aba	1557	1562	1570	1624	1683	1649	1642	1656	1683	1756	1728
甘孜藏族自治州	Ganzi	2292	2359	2701	2722	2776	2725	2706	2719	2777	2825	2813
凉山彝族自治州	Liangshan	4932	5047	5277	5423	5482	5371	5396	5299	5249	5466	5403

21-18　卫生机构床位数
Number of Beds in Health Institutions

单位：张 (bed)

年 份 地 区	Year Region	床位数 Number of Beds in Health Care Centre	#医院 Hospitals	#社区卫生服务中心 Community Health Care Centre	#卫生院 Sanitation Stations	#妇幼保健院（所、站） Maternity and Child Care Centre
2002		187179	119976	206	56467	4289
2003		187741	120173	144	56671	4501
2004		191523	123995	304	56945	4786
2005		194940	127129	1053	57460	5016
2006		201854	130677	2270	59707	5301
2007		214329	136757	3149	66063	5838
2008		244119	149289	4526	80697	6390
2009		275555	167271	5170	92403	7050
2010		302061	185459	6812	98252	7843
2011		335151	212282	8299	102544	7892
2012		390122	257333	8636	111550	8759
2013		426378	289022	9003	114412	9682
2014		459588	319155	9046	117090	10152
2015		488719	345791	8995	119156	10681
2016		519149	375708	9388	120387	11122
2017		563419	411911	10135	127419	11794
2018		598842	442215	10649	131644	12499
2019		631707	469814	11192	135840	12857
2020		649658	484823	12959	135807	13273
成都市	Chengdu	153663	127905	4934	17517	3180
自贡市	Zigong	23646	18399	428	3887	695
攀枝花市	Panzhihua	10389	9428	56	679	182
泸州市	Luzhou	34608	24898	1047	8003	618
德阳市	Deyang	26377	18051	486	7248	516
绵阳市	Mianyang	40666	27594	518	11779	719
广元市	Guangyuan	24125	17810	366	5333	570
遂宁市	Suining	22752	15922	548	5786	330
内江市	Neijiang	25896	18616	99	6784	341
乐山市	Leshan	25834	18634	709	5330	756
南充市	Nanchong	45514	35108	761	8559	1019
眉山市	Meishan	20370	13523	418	5767	644
宜宾市	Yibin	36215	27543	492	7688	486
广安市	Guangan	22242	16577	406	4888	370
达州市	Dazhou	39834	25027	549	12365	616
雅安市	Yaan	13818	11753	155	1833	76
巴中市	Bazhong	22687	15017	471	6732	457
资阳市	Ziyang	20687	13385	43	6796	323
阿坝藏族羌族自治州	Aba	5381	4145	34	1032	155
甘孜藏族自治州	Ganzi	5606	3977	4	1331	294
凉山彝族自治州	Liangshan	29348	21511	435	6470	926

21-19 各市(州)卫生机构床位数
Number of Beds in Health Institutions by Region

单位：张 (bed)

市(州)	Region	2010	2011	2012	2013	2014	2015	2016	2017	2018	2019	2020
全　省	**Total**	**302061**	**335151**	**390122**	**426378**	**459588**	**488719**	**519149**	**563419**	**598842**	**631707**	**649658**
成都市	Chengdu	69459	79780	92062	100957	108031	114726	128058	134507	143248	148941	153663
自贡市	Zigong	10533	11757	14304	15249	16396	17644	18832	20064	22014	23776	23646
攀枝花市	Panzhihua	7321	7972	8578	9254	9599	10097	9867	10004	10398	10453	10389
泸州市	Luzhou	13321	15277	20451	21897	22666	24548	26612	29256	31839	34561	34608
德阳市	Deyang	14144	15725	16895	17785	19118	19968	21190	22570	24254	26352	26377
绵阳市	Mianyang	20046	22236	25913	28755	30756	32110	33708	36322	38559	40316	40666
广元市	Guangyuan	11853	12392	14292	15567	16753	18211	19778	21233	22091	23892	24125
遂宁市	Suining	10277	11468	13421	14110	15825	17197	18174	19543	20139	21404	22752
内江市	Neijiang	12615	13744	17153	18399	19825	20326	20769	22605	24106	25859	25896
乐山市	Leshan	13703	14764	15807	17282	18979	19290	20553	22390	24063	25329	25834
南充市	Nanchong	19810	21883	24522	26779	29670	32634	36222	40193	41694	43726	45514
眉山市	Meishan	9393	10462	12429	14376	15830	16296	16687	19170	19693	19943	20370
宜宾市	Yibin	17123	18006	21070	23611	25061	26408	29437	32122	33454	35242	36215
广安市	Guangan	9349	9828	11033	12080	13213	14729	15940	18186	19777	21310	22242
达州市	Dazhou	15247	16913	20277	22225	22495	23998	25447	29915	32943	35862	39834
雅安市	Yaan	7181	8027	8649	9738	10812	11759	11861	12382	12344	13230	13818
巴中市	Bazhong	9338	9868	12160	13459	14608	15546	16767	19174	21769	22651	22687
资阳市	Ziyang	13037	15067	18423	19553	20847	22269	16302	17815	19004	20226	20687
阿坝藏族羌族自治州	Aba	3026	3292	3700	3883	4272	4435	4447	4551	4899	5121	5381
甘孜藏族自治州	Ganzi	2909	3280	3681	4136	5063	4918	5054	4955	5207	5381	5606
凉山彝族自治州	Liangshan	12376	13410	15302	17283	19769	21610	23444	26462	27347	28132	29348

21-20 卫生机构人员数
Number of Persons Engaged in Health Institutions

单位：人 (person)

年份 市(州)	Year Region	人员合计 Total	#卫生技术人员 Medical Technical Personnel	#执业医师 Licensed Doctor	#执业助理医师 Licensed Assistant Doctor	#注册护士 Licensed Nurse	#管理人员 Administrative Personnel
2002		378830	248470	86978	33378	60098	20070
2003		373628	245326	86101	34124	59494	17960
2004		363179	242255	84785	34531	60871	17392
2005		362014	244367	86205	35832	61237	15825
2006		378374	255140	87944	41446	63730	15903
2007		388644	264206	91273	34848	73485	19467
2008		400248	277112	96460	25324	78062	18500
2009		437758	303050	109090	29594	91164	18456
2010		467774	323915	114734	29843	104930	23288
2011		505113	353561	122525	31489	121319	25632
2012		549866	389001	130106	33272	139811	26850
2013		595645	426597	139037	34805	157459	29675
2014		627159	451747	145026	34494	175522	32091
2015		647577	472816	149101	33110	190643	30778
2016		671305	496343	153859	32171	207691	31480
2017		710787	530935	162995	32590	228608	32747
2018		747160	563086	171554	34056	247322	34910
2019		794282	602428	185247	36000	270616	36742
2020		826989	633275	195693	39598	286010	37515
成都市	Chengdu	249639	195248	65804	6572	92968	13803
自贡市	Zigong	25790	20714	6400	1222	9217	1146
攀枝花市	Panzhihua	13426	10902	3663	357	5127	660
泸州市	Luzhou	42218	32748	9572	2265	15548	1589
德阳市	Deyang	32424	25103	8069	1701	10928	1452
绵阳市	Mianyang	46252	36345	11573	2509	16066	2042
广元市	Guangyuan	26713	20302	5840	1333	8811	1295
遂宁市	Suining	26345	20131	6969	1365	8433	1123
内江市	Neijiang	28703	22838	6945	2456	10151	1356
乐山市	Leshan	29463	23027	6813	1753	10572	1051
南充市	Nanchong	51263	36435	12502	2058	15407	2509
眉山市	Meishan	24849	18782	5570	1492	8328	805
宜宾市	Yibin	40778	31704	8450	2680	14839	1302
广安市	Guangan	25622	18054	5319	1184	7892	1150
达州市	Dazhou	42378	30482	8581	2555	14038	1445
雅安市	Yaan	16105	13201	3769	1076	5637	753
巴中市	Bazhong	24118	18162	5141	1974	7472	804
资阳市	Ziyang	21631	15843	4645	1303	6781	1008
阿坝藏族羌族自治州	Aba	9726	7022	1887	654	2329	429
甘孜藏族自治州	Ganzi	10563	7086	1462	756	2349	455
凉山彝族自治州	Liangshan	38983	29146	6719	2333	13117	1338

21-20 续表 continued

单位：人 (person)

年 份 市(州)	Year Region	人员合计 Total	#医院 Hospitals	#社区卫生服务中心 Community Health Care Centre	#卫生院 Sanitation Stations	#疾病预防控制中心 Epidemic Prevention and Control Centre	#妇幼保健院(所、站) Maternity and Child Care Centre
2002		378830	144086	556	79247	11219	10053
2003		373628	142945	509	77447	10944	8672
2004		363179	142017	709	72939	10518	8674
2005		362014	142955	1487	70403	10410	8648
2006		378374	147122	2672	69172	10491	8856
2007		388644	167432	5918	73729	10450	10588
2008		400248	175472	7813	76405	10444	11188
2009		437758	195099	9370	82778	10352	11950
2010		467774	215902	11658	84200	10431	13153
2011		505113	243520	13773	88075	10638	14297
2012		549866	277344	14393	93287	11035	15656
2013		595645	309129	15091	95886	11307	16950
2014		627159	336694	15532	97671	11552	18096
2015		647577	359411	16003	100127	11593	20071
2016		671305	383958	17788	104809	12307	22440
2017		710787	412759	18699	109238	12697	24678
2018		747160	438202	19684	112784	12812	26133
2019		794282	463045	20847	116012	13127	28309
2020		826989	482747	23597	116090	13453	30084
成都市	Chengdu	249639	163977	11500	14380	2955	7786
自贡市	Zigong	25790	15536	721	3615	509	1531
攀枝花市	Panzhihua	13426	8676	652	1095	276	559
泸州市	Luzhou	42218	24453	1098	6384	524	1289
德阳市	Deyang	32424	18365	951	5297	529	1192
绵阳市	Mianyang	46252	27026	789	7807	653	1771
广元市	Guangyuan	26713	14915	561	5022	428	1094
遂宁市	Suining	26345	13379	559	4320	353	684
内江市	Neijiang	28703	15715	273	4792	458	1020
乐山市	Leshan	29463	16779	742	4369	560	1532
南充市	Nanchong	51263	28956	1090	7314	592	1965
眉山市	Meishan	24849	13209	657	5130	423	1458
宜宾市	Yibin	40778	23486	705	7019	629	1291
广安市	Guangan	25622	13911	658	5319	465	790
达州市	Dazhou	42378	21408	720	8763	689	1213
雅安市	Yaan	16105	10636	242	2378	440	342
巴中市	Bazhong	24118	11546	577	5472	377	1078
资阳市	Ziyang	21631	10626	330	5049	337	749
阿坝藏族羌族自治州	Aba	9726	4695	118	2078	573	505
甘孜藏族自治州	Ganzi	10563	4340	43	2567	546	528
凉山彝族自治州	Liangshan	38983	21113	611	7920	1137	1707

21-21 各市(州)卫生机构人员数

Number of Persons Engaged in Health Institutions by Region

单位：人 (person)

市(州)	Region	2010	2011	2012	2013	2014	2015	2016	2017	2018	2019	2020
全 省	**Total**	**467774**	**505113**	**549866**	**595645**	**627159**	**647577**	**671305**	**710787**	**747160**	**794282**	**826989**
成都市	Chengdu	117401	130490	143410	153962	164273	173167	190236	200739	215863	237668	249639
自贡市	Zigong	16565	17485	19114	20598	21570	22318	22799	23899	24861	25651	25790
攀枝花市	Panzhihua	10482	11272	11283	12035	12683	12689	12776	12901	13130	13396	13426
泸州市	Luzhou	21062	22940	25008	27965	29513	30722	31196	34524	36642	40101	42218
德阳市	Deyang	19834	22030	23187	24803	25826	27038	28024	29404	30425	32032	32424
绵阳市	Mianyang	27662	29964	32803	35932	37303	37180	38265	39971	42343	44639	46252
广元市	Guangyuan	16882	17356	18689	20155	21006	21733	21979	22924	24382	25387	26713
遂宁市	Suining	16675	17245	18452	19195	19830	20634	21174	22718	23256	24397	26345
内江市	Neijiang	18343	19350	21431	23030	23486	23495	24017	25305	26184	27538	28703
乐山市	Leshan	18446	20093	21295	22671	23516	23790	24523	25762	26858	28270	29463
南充市	Nanchong	30741	33008	36264	39455	41401	42864	44833	47840	49793	50950	51263
眉山市	Meishan	15055	15805	17866	18784	20432	20077	20639	22705	23026	24013	24849
宜宾市	Yibin	22387	24507	26230	29572	31183	31702	33793	36343	38141	38967	40778
广安市	Guangan	14800	15575	16394	17459	18917	19835	20942	22295	22957	24811	25622
达州市	Dazhou	26555	27917	29878	32888	33415	33814	33435	36205	37522	39900	42378
雅安市	Yaan	8568	9092	10086	11435	12470	12758	13269	13983	14723	15809	16105
巴中市	Bazhong	15319	16297	18289	20502	21328	20891	21820	22523	23551	23760	24118
资阳市	Ziyang	19466	21204	23050	24593	25470	26113	18478	19138	19756	20352	21631
阿坝藏族羌族自治州	Aba	5466	5670	6306	7164	7736	8030	8498	8774	9228	9481	9726
甘孜藏族自治州	Ganzi	6977	7617	8151	8482	8711	9064	9387	9622	9931	10129	10563
凉山彝族自治州	Liangshan	19088	20196	22680	24965	27090	29663	31222	33212	34588	37031	38983

21−22 前十大类病伤死亡原因及构成(2020年)
Death Rate of 10 Major Diseases Categories(2020)

顺位 No.	病伤死亡原因	Cause of Death	死亡率(1/10万) Death Rate (per 100 000 persons)	构成(%) As % of Total Deaths
1	循环系统	Diseases of the Circulatory System	243.42	36.88
2	肿瘤	Tumor	175.03	26.52
3	呼吸系统	Diseases of the Respiratory System	114.27	17.31
4	伤害	Trauma	50.47	7.65
6	消化系统	Diseases of the Digestive System	20.49	3.11
7	内分泌、营养、代谢、免疫	Endocrine, Nutritional, Metabolic and Immune Diseases	20.32	3.08
5	传染病和寄生虫病	Infectious Disease and Parasitie Disease	10.06	1.52
8	泌尿和生殖系统	Diseases of the Genitourinary System	7.41	1.12
9	神经系统疾病	Nervous System Diseases	7.33	1.11
10	精神障碍	Mental Disorders	2.94	0.45

21−23 前十位单病种死亡原因及构成(2020年)
Death Rate of 10 Single-species Major Diseases(2020)

顺位 No.	前十位单病种类目	10 Single-species Major Diseases	死亡率(1/10万) Death Rate (per 100 000 persons)	构成比(%) As % of Total Deaths
1	脑血管病	Cerebrovascular Disease	128.85	19.53
2	慢性阻塞性肺病	Chronic Obstructive Pulmonary Disease	98.55	14.93
3	缺血性心脏病	Ischemic Heart Disease	86.12	13.05
4	肺癌	Malignant Tumor	50.58	7.66
5	肝癌	Malignant Liver Tumor	27.95	4.23
6	食管癌	Malignant Esophagus Tumor	18.88	2.86
7	胃癌	Malignant Stomach Tumor	18.28	2.77
8	高血压性心脏病	Hypertensive heart disease	18.00	2.73
9	跌倒	Fall	15.22	2.31
10	糖尿病	Diabetes mellitus	15.00	2.27

21−24 国家免疫规划疫苗基础免疫接种率(2020年)
Basis Inoculability Rate of National Immunization Vaccine Planning(2020)

种 类	Item	常规报告接种率(%) Inoculability Rate of Conventional Report (%)
卡介苗	Bcg Vaccine	99.18
脊灰疫苗	Poliomyelitis Vaccine	98.62
百白破三联	Chin cough, Diphtheria and Tetanus Joint Vaccine	98.85
麻疹疫苗	Measles Vaccine	99.01
乙肝疫苗全程	Hepatitis-B Vaccine Full Process	98.94

21-25 传染病报告发病及死亡情况(2020年)
Incidence and Death from Infectious Diseases(2020)

病　种	Item	发病率(1/10万) Incidence Diseases Rate (per 100 000 persons)	死亡率(1/10万) Death Rate (per 100 000 persons)	病死率(%) Mortality Rate per 100 Infectious Disease Patients
甲乙丙合计	**Total of Category A, B and C**	**369.52**	**4.32**	**1.17**
一.甲乙类合计	**I. Total of Category A and B**	**196.03**	**4.32**	**2.20**
鼠疫	The Plague			
霍乱	Cholera			
传染性非典型肺炎	SARS			
艾滋病	AIDS	16.54	4.07	24.61
HIV	HIV	24.91	4.1	16.47
病毒性肝炎	Hepatitis	70.74	0.06	0.09
甲肝	A	1.44		0.08
乙肝	B	51.28	0.04	0.08
丙肝	C	16.17	0.02	0.12
丁肝	D	0.01		
戊肝	E	1.49		0.08
肝炎(未分型)	Hepatitis (Not Classified)	0.34		
脊髓灰质炎	Poliomyelitis			
人感染高致病性禽流感	People Avian Flu			
麻疹	Measles	0.07		
流行性出血热	Hemorrhage Fever	0.08		
狂犬病	Hydrophobia	0.02	0.02	94.98
流行性乙型脑炎	Encephalitis B	0.03		6.94
登革热	Dengue Fever	0.01		
炭疽	Anthrax	0.06		
细菌性和阿米巴性痢疾	Dysentery	5.48		0.02
肺结核	Pulmonary Tuberculosis	55.19	0.14	0.26
伤寒和副伤寒	Typhoid and Paratyphoid Fever	0.52		
流行性脑脊髓膜炎	Epidemic Encephalitis			
百日咳	Pertussis	0.41		
白喉	Diphtheria			
新生儿破伤风 *	Newborn Baby Tetanus			33.33
猩红热	Scarlet Fever	0.79		
布鲁氏菌病	Brucellosis	0.15		
淋病	Gonorrhea	3.57		
梅毒	Syphilis	41.21	0.01	0.03
钩端螺旋体病	Leptospirosis	0.08		5.91
血吸虫病	Schistosomiasis			
疟疾	Malaria	0.09		
人感染H7N9禽流感	Human Infection with H7N9 Avian Influenza			
二.丙类合计	**Ⅱ. Total of Category C**	**0.98**		**0.37**
流行性感冒	Influenza	173.49		
流行性腮腺炎	Epidemic Mumps	35.99		
风疹	Rubella	9.92		
急性出血性结膜炎	Acute Hemorrhagic Conjunctivitis	0.12		
麻风病	Leprosy	0.5		
流行性和地方性斑疹伤寒	Typhus Fever	0.02		
黑热病	Kala-Azar	0.1		
包虫病	Echinococcosis			
丝虫病	Filariasis	0.46		
其它感染性腹泻病	Other Infectious Diarrheal diseases			
手足口病	Hand-foot-mouth Disease	50.05		

注：新生儿破伤风发病率＝当年发病数÷当年0岁组人口数×1000‰；新生儿破伤风死亡率＝当年死亡数÷当年0岁组人口数×1000‰。
a) Incidence diseases rate of newborn baby tetanus=Number of incidence diseases in current year ÷ Number of population of 0 age group in current year×1000‰.Death rate of newborn baby tetanus=Number of death in current year ÷ Number of population of 0 age group in current year×1000‰.

主要统计指标解释

艺术表演团体 指由文化部门主办或实行行业管理(经文化行政部门审批并领取营业性演出许可证)，专门从事表演艺术等活动的各类专业艺术表演团体，含民间职业剧团。不包括群众业余文艺表演团体。

广播/电视节目综合人口覆盖率 指根据原国家广电总局制定的《广播电视人口覆盖率统计技术标准和方法》进行统计调查的，在对象区内能接收到由中央、省、地市或县通过无线、有线或卫星等各种技术方式转播的各级广播/电视节目的人口数占对象区总人口数的百分比。

医疗卫生机构 指从卫生(卫生计生)行政部门取得《医疗机构执业许可证》、《中医诊所备案证》、《计划生育技术服务许可证》，或从民政、工商行政、机构编制管理部门取得法人单位登记证书，为社会提供医疗服务、公共卫生服务或从事医学科研和医学在职培训等工作的单位。医疗卫生机构包括医院、基层医疗卫生机构、专业公共卫生机构、其他医疗卫生机构。

医院 包括综合医院、中医医院、中西医结合医院、民族医院、各类专科医院和护理院，不包括专科疾病防治院、妇幼保健院和疗养院，包括医学院附属医院。

卫生人员 指在医院、基层医疗卫生机构、专业公共卫生机构及其他医疗卫生机构工作的职工，包括卫生技术人员、乡村医生和卫生员、其他技术人员、管理人员和工勤人员。一律按支付年底工资的在岗职工统计，包括各类聘任人员(含合同工)及返聘本单位半年以上人员，不包括临时工、离退休人员、退职人员、离开本单位仍保留劳动关系人员、本单位返聘和临聘不足半年人员。

卫生技术人员 包括执业医师、执业助理医师、注册护士、药师（士）、检验技师（士）、影像技师、卫生监督员和见习医（药、护、技）师（士）等卫生专业人员。不包括从事管理工作的卫生技术人员(如院长、副院长、党委书记等)。

执业医师 指《医师执业证》“级别”为“执业医师”且实际从事医疗、预防保健工作的人员，不包括实际从事管理工作的执业医师。执业医师类别分为临床、中医、口腔和公共卫生四类。

执业助理医师 指《医师执业证》“级别”为“执业助理医师”且实际从事医疗、预防保健工作的人员，不包括实际从事管理工作的执业助理医师。执业助理医师类别分为临床、中医、口腔和公共卫生四类。

床位数 指年底固定实有床位（非编制床位），包括正规床、简易床、监护床、超过半年加床、正在消毒和修理床位、因扩建或大修而停用的床位，不包括产科新生儿床、接产室待产床、库存床、观察床、临时加床和病人家属陪待床。

甲乙类传染病报告发病率 指某年某地区每10万人口中甲、乙类传染病报告发病数。即：

甲乙类传染病报告发病率=甲、乙类传染病报告发病数/人口数×100000

甲乙类传染病报告死亡率 指某年某地区每10万人口中甲、乙类传染病报告死亡数。即：

甲乙类传染病报告死亡率=甲、乙类传染病报告死亡数/人口数×100000

甲乙类传染病报告病死率 指某年某地区甲、乙类传染病报告死亡数与发病数之比。即：

甲乙类传染病报告病死率=甲、乙类传染病报告死亡数/发病数×100%

Explanatory Notes on Main Statistical Indicators

Arts Performance Troupes refer to the various professional performing arts groups, sponsored by the cultural departments or guided by the cultural societies (approved by the cultural administration authority, or permitted with the commercial performance certificate), including non-public troupes. The mass amateur arts performance troupes are not included.

The Population Coverage Rate of Radio/Television refers to the percentage of population in the target region who can receive radio/television programmes transmitted by national, provincial, municipal or county stations through wireless, cable or satellite techniques, according to Statistical Standard and Method on Television and Radio Coverage of Population established by the State Administration of Radio and Television.

Medical and Health Care Institutions refer to the units which have been qualified the Certification of Health Care Institution, filing certificate of traditional Chinese medicine clinic, certification of family planning technical service by the administration of public health (family planning), or qualified the Certification of Corporate Unit by the civil affairs, administration for industry and commerce, commission office for public sector reform, and engaging in medical health care services, public health services, or medicine research and on-job training, etc., including: hospitals, health care institutions at grass-root level, specialized public health institutions, and other medical and health care institutions.

Hospitals include general hospitals, hospitals specialized in traditional Chinese medicine, hospitals of integrated traditional Chinese and western medicine, ethnic hospitals, specialized hospitals and nursing hospitals, excluding specialized disease prevention and treatment institutes, maternal and child health care hospitals and convalescent hospitals, including affiliated hospital of medical college.

Health Care Employee refer to all employees engaged in the health care institutions, such as hospitals, health care institutions at grass-root level, specialized public health institutions, and other medical and health care institutions, including medical technical personnel, village doctors and assistants, other technical personnel, managerial and service staff. The data is based on the year end payroll, including personnel hired (including contract labour) and re-employed after retirement by the institution for over half a year and excluding temporary workers, retired personnel, resigned personnel, personnel who have left the institution but kept the contract relation and personnel who are re-employed after retirement or temporarily employed for less than half a year.

Medical Technical Personnel refer to the professional staff engaged in health care, including licensed doctors, licensed assistant doctors, registered nurses, pharmacists, laboratory technicians, imaging staff, health care supervisors and intern doctors, pharmacists, nurses, and technical personnel, excluding the medical technical personnel engaged in managerial job (e.g. president, vice president and secretary of the party committee, etc.).

Licensed Physicians refer to the medical workers with licenses of qualified doctors and are employed in medical treatment, disease prevention or healthcare institutions, excluding the licensed doctors engaged in management. The physicians are divided into 4 categories: clinician, Chinese medicine, stomatology and public health.

Licensed Physician Assistants refer to the medical workers with licenses of qualified assistant doctors and are employed in medical treatment, disease prevention or healthcare institutions, excluding the licensed assistant doctors engaged in management. Physician assistants are divided into 4 categories: clinician, Chinese medicine, stomatology and public health.

Number of Beds refer to the fixed actual beds (non authorized beds) at year-end, including regular beds, simple beds, monitoring beds, extra bed over half a year, beds which are disinfected and repairing, beds deactivated due to expasnision or overhaul, not including neonatal beds, predelivery bed, inventory bed, observation beds, temporary beds and family accompany beds.

Incidence Rate of A and B Type of Notifiable Infectious Diseases refer to the incidence cases notifiable class A and class B infectious diseases per 100 thousand population in the reference region in the reference year. The formula is:

$$\frac{\text{Incidence Rate of A and B of}}{\text{Notifiable Infectious Diseases}} = \frac{\text{Incidence Cases Notifiable Class A and Class B Infectious Diseases}}{\text{Population}} \times 100000$$

Death Rate of A and B Type of Notifiable Infectious Diseases refer to the death cases notifiable class A and class B infectious diseases per 100 thousand population in the reference region in the reference year. The formula is:

$$\frac{\text{Death Rate of A and B Type of}}{\text{Notifiable Infectious Diseases}} = \frac{\text{Death Cases Notifiable Class A and Class B Infectious Diseases}}{\text{Population}} \times 100000$$

Mortality Rate of A and B Type of Notifiable Infectious Diseases refer to the ratio of death cases notifiable class A and class B infectious diseases to the incidence cases in the reference region in the reference year. The formula is:

$$\frac{\text{Mortality Rate of A and B Type}}{\text{Notifiable Infectious Diseases}} = \frac{\text{Death Cases Notifiable Class A and Class B Infectious Diseases}}{\text{Incidence Cases}} \times 100\%$$

22 其它社会活动

Chapter 22 Other Social Activities

SICHUAN STATISTICAL YEARBOOK

22-1 收养类单位情况
Statistics on Adoption Units

项　目		Item		2020
单位数	(个)	Number of Units	(unit)	2892
工商部门登记	(个)	Registered in Business Administration	(unit)	259
编制部门登记	(个)	Registered in Establishment Departments	(unit)	1914
民政部门登记	(个)	Registered in Civil Administration	(unit)	546
一个机构多个牌子	(个)	One unit with more the one name	(unit)	173
床位数	(张)	Number of Beds	(unit)	335460
工商部门登记	(张)	Registered in Business Administration	(unit)	34508
编制部门登记	(张)	Registered in Establishment Departments	(unit)	224184
民政部门登记	(张)	Registered in Civil Administration	(unit)	66042
一个机构多个牌子	(张)	One unit with more the one name	(unit)	10726
工作人员	(人)	Persons Engaged	(person)	30145
工商部门登记	(人)	Registered in Business Administration	(person)	3978
编制部门登记	(人)	Registered in Establishment Departments	(person)	16805
民政部门登记	(人)	Registered in Civil Administration	(person)	7743
一个机构多个牌子	(人)	One unit with more the one name	(person)	1619

注：收养类单位情况由四川省民政厅、四川省退役军人事务厅提供。
a) Data of adoption units are provided by Sichuan Provincial Civil Affairs Department and Sichuan Department of Veterans Affairs.

22-2 收养类单位床位数及收养人员数
Number of Beds and Persons Housed in Adoption Units

项　目	Item	床位数(张) Number of Beds (bed)		收养人数(人) Person Housed (person)	
		2019	2020	2019	2020
合　计	**Total**	**53772**	**52305**	**31169**	**32102**
优抚收养性单位	Units for Arranging the Family Members of Martyrs and Disabled Veterans	5325	2699	660	486
荣誉军人康复医院	Convalescent Homes for Honored Ex-servicemen	1453	810	162	148
复员军人疗养院	Sanatoriums for Ex-servicemen				
复员退伍军人(精神病)医院	Mental Hospitals for Ex-servicemen	2600	310	85	30
光荣院	Homes for Disabled Veterans	1272	1579	413	308
福利收养性单位	Welfare Adoption Units	48447	49606	30509	31616
社会福利院	Social Welfare Homes	27651	27600	14455	14649
儿童福利院	Children Welfare Homes	7071	7173	3015	3091
社会福利医院	Psychopathy Welfare Homes	13725	14833	13039	13876

22-3 社区服务机构情况
Statistics on Community Service Organizations

项　　目		Item		2020
社区服务机构单位数	(个)	Number of Community Service Organizations	(unit)	15507
#农村社区服务机构	(个)	Rural Community Service Organization	(unit)	6548
#可以为居民提供便民办事服务的机构	(个)	Institutions to Provide Convenience Services for Residents	(unit)	9167
#可以为居民提供活动场所的机构	(个)	Mechanism for Providing Active Sites for Residents	(unit)	2030
#可以为居民提供养老等服务的机构	(个)	Institutions to Provide Pension Services for Residents	(unit)	806
#农村	(个)	Countryside	(unit)	11182
年末职工人数	(人)	Number of Employees at the end of this Year	(person)	85693
#女性	(人)	Female	(person)	34021
机构床位数	(张)	Number of Beds in Organizations	(unit)	182291
日间照料床位数	(张)	Day Care Beds	(unit)	82912
#农村	(张)	Countryside	(unit)	38189
住宿收养床位数	(张)	Residential Adoption Beds	(unit)	68812
#农村	(张)	Countryside	(unit)	37445
年末收养人数	(人)	Number of Adoption at the end of this Year	(person)	45512
日间照料人数	(人)	Number of Day Care	(person)	28820
#农村	(人)	Countryside	(person)	18599
住宿收养人数	(个)	Number of Residential Adoption	(person)	30263
#农村	(人)	Countryside	(person)	12693

22-4 婚姻登记和离婚情况
Statistics on Marriages and Divorces

项　　目		Item		2010	2015	2018	2019	2020
按居住地分		By Residence						
内地居民登记结婚	(对)	Registered Marriages of Mainland	(couple)	713263	740186	667559	613247	536530
#涉外及华侨、港澳台居民登记结婚	(对)	Registered Marriages with Foreigner, overseas Chinese and the Citizen of Hong Kong, Macao, Taiwan	(couple)	1580	1340	1483	1589	617
按婚前状况分		By Premarital Situation						
初婚	(人)	First Marriages	(person)	1197122	1138435	986278	885261	766332
再婚	(人)	Remarriages	(person)	232564	344617	351806	341233	306728
#再婚中恢复结婚	(对)	Remarriages of Divorced Couple	(couple)	8594	29669	33330	34445	29484
内地居民离婚数	(对)	Registered Divorces of Mainland	(couple)	173824	241133	269511	277920	262128

22–5 各市(州)内地居民婚姻登记和离婚情况
Statistics on Marriage and Divorces of Mainland by Region

单位：对 (couple)

市(州)	Region	内地居民登记结婚 Registered Marriages of Mainland					内地居民登记离婚 Registered Divorces of Mainland				
		2010	2015	2018	2019	2020	2010	2015	2018	2019	2020
全　省	**Sichuan**	**713263**	**740186**	**667559**	**613247**	**536530**	**173824**	**241133**	**269511**	**277920**	**262128**
成都市	Chengdu	119408	125085	132891	121780	108875	43236	52726	63760	63201	61214
自贡市	Zigong	24959	24349	19978	17893	15417	6369	9259	9904	10151	9044
攀枝花市	Panzhihua	9780	10064	8127	7416	6827	3946	4344	4177	3998	3826
泸州市	Luzhou	38260	35798	31514	28516	25321	8331	11388	12727	13312	12354
德阳市	Deyang	26303	30978	24669	23023	19427	10157	12165	12596	12913	11377
绵阳市	Mianyang	46778	43988	36582	33333	28803	13033	15931	15802	17176	16040
广元市	Guangyuan	19400	23257	19760	18024	16292	4462	5735	6607	6963	6841
遂宁市	Suining	25423	31339	25145	23263	18981	4552	9395	10526	10953	9735
内江市	Neijiang	36061	32677	25688	23931	20899	8898	14161	14469	14200	13617
乐山市	Leshan	27988	29105	24324	22525	21018	9547	11438	11899	12154	12338
南充市	Nanchong	60430	57118	48680	44572	38344	9612	14884	17975	18654	17516
眉山市	Meishan	37337	30658	26616	24040	20584	10337	11454	12148	12823	10801
宜宾市	Yibin	40138	45466	37627	35975	32982	10830	15171	17510	18736	18231
广安市	Guangan	33873	34607	30594	28779	24953	5533	10169	11948	12595	11692
达州市	Dazhou	55942	56163	42684	39108	32874	7964	13322	15177	15503	14401
雅安市	Yaan	12715	13400	12632	11328	10338	3731	5371	5738	5696	5325
巴中市	Bazhong	40540	33497	28146	25399	21167	2757	5585	6870	7645	6896
资阳市	Ziyang	37014	35376	20346	18218	15732	7502	12479	9350	9612	8803
阿坝藏族羌族自治州	Aba	6145	7648	7214	7141	6389	381	1138	1476	1649	1529
甘孜藏族自治州	Ganzi	3949	12516	11101	10588	9403	458	1171	1583	1865	1787
凉山彝族自治州	Liangshan	10820	27097	53241	46806	41287	2188	3847	7269	8121	8616

注：婚姻登记情况由四川省民政厅提供。全省合计数包括涉外及华侨、港澳台居民登记结婚、离婚数。离婚数不包括法院判决数。

a) Data of marriage registration are provided by Sichuan Provincial Civil Affairs Department. The total of the province includes registered marriages and divorces with foreigners, overseas Chinese, and the citizen of Hong Kong, Macao, Taiwan. The number of divorces mediated by the count are not included in that of divorces.

22-6 律师、公证、调解工作基本情况
Basic Statistics on Lawyers, Notarization and Mediation

项 目		Item		2005	2010	2015	2017	2018	2019	2020
律师工作		**Lawyers**								
律师事务所	(所)	Number of Law Offices	(unit)	615	802	1130	1329	1458	1539	1718
律师工作者	(人)	Number of Lawyers	(person)	6331	9297	15526	19505	21206	23554	28011
#专职律师	(人)	Full-time Lawyers	(person)	6025	8504	14519	17794	19424	20878	22281
担任法律顾问的单位	(家)	Number of Units with Permanent Legal Advisors	(unit)	12704	15530	35510	35260	43150	43313	41184
民事诉讼代理	(件)	Agent of Civil Cases	(case)	35310	49772	96880	176024	135415	165423	181837
刑事诉讼辩护及代理	(件)	Defender and Agent of Criminal Cases	(case)	15852	33845	41613	35635	29084	48219	44359
非诉讼法律事务	(件)	Agent of Non-Litigious Legal Affairs	(case)	44558	42463	39122	32331	58785	72823	58428
咨询和代写法律文书	(次)	Agent of Advise and Legal Documents Written for Others	(copy)	283976	502229	315901	353454	386082	370105	194358
公证工作		**Notarization**								
公证处	(个)	Number of Notary Offices	(unit)	207	205	208	209	209	209	209
公证人员	(人)	Notarial Personnel	(person)	1165	1720	2221	2356	2414	2576	2686
#公证员	(人)	Notaries	(person)	679	723	839	923	946	931	938
受理国内公证	(件)	Internal Notarization	(case)	150854	732398	832457	1026940	1077254	1101043	1160722
受理涉外公证	(件)	Foreign-related Notarization	(case)	18322	65775	101597	108434	120524	142785	88269
受理涉台、港、澳公证	(件)	Notarization of Hong Kong Macao & Taiwan	(case)	2366	6886	6087	7922	5862	5394	2216
出证	(件)	Number of Notarized Documents	(copy)	170028	802173	943074	1143296	1203640	1249222	1251207
人民调解工作		**People's Mediation**								
专职司法助理员	(人)	Number of Full-time Judicial Assistants	(person)	1053	2739	3862	3862	4420	4536	4713
人民调解委员会	(个)	Number of People's Mediation Committees	(unit)	64879	63912	63587	63370	62433	61915	42566
调解员	(人)	Number of Mediators	(person)	524428	429763	376748	340030	321345	319403	236167
基层法律服务所调解纠纷	(件)	Mediation of Grassroots Legal Service	(case)	42060	39282	44755	26381	424593	433563	368094

注：律师、公证和调解资料由四川省司法厅提供。
a) Data of lawyers, notarization and mediation information are provided by Sichuan Provincial Department of Justice.

22-7 调解民间纠纷情况
Statistics on Mediation of Civil Disputes

项 目	Item	调解纠纷（件） Mediation of Disputes (case)		各类纠纷所占比重（%） Percentage of Disputes (%)	
		2019	2020	2019	2020
合 计	**Total**	**433563**	**368094**	**100.0**	**100.0**
婚姻家庭纠纷	Marriage and Family Disputes	93229	78490	21.5	21.3
邻里纠纷	Neighborhood Disputes	121906	99095	28.1	26.9
房屋宅基地纠纷	Homestead Housing Disputes	10773	8261	2.5	2.2
合同纠纷	Contracts Disputes	16906	17725	3.9	4.8
生产经营纠纷	Production and Management Disputes	9474	7642	2.2	2.1
损害赔偿	Damage Disputes	34123	29391	7.9	8.0
劳动争议	Labor Disputes	9696	8078	2.2	2.2
山林土地纠纷	Forest Land Disputes	20220	15995	4.7	4.4
征地拆迁纠纷	Land Acquisition and Resettlement Disputes	5699	4810	1.3	1.3
环境保护	Environmental Protection	3081	2062	0.7	0.6
道路交通事故	Road Traffic Accidents	50818	37859	11.7	10.3
物业纠纷	Property Disputes	6460	6395	1.5	1.7
医疗纠纷	Medical Malpractice	2695	2201	0.6	0.6
其他纠纷	Other Disputes	48483	50090	11.2	13.6

22-8 各市(州)检察机关审查批准、决定逮捕犯罪嫌疑人和提起公诉被告人情况
Criminal Suspects Approved and Arrested and Defendants Prosecuted by People's Procuratorate by Region

案件分类 市(州)	Case Item Region	批捕、决定逮捕合计 Total of Approval and Arrest				决定起诉合计 Total of Public Prosecutions			
		2019		2020		2019		2020	
		件 (case)	人 (person)	件 (case)	人 (person)	件 (case)	人 (person)	件 (case)	人 (person)
合 计	**Total**	**30893**	**43147**	**21088**	**31616**	**51119**	**72274**	**42052**	**64322**
公安、安全、监狱机关提请小计	**Sub-total of Requests by Departments of State and Public Security and Prisons**	**30424**	**42637**	**20916**	**31401**	**50385**	**71378**	**41310**	**63412**
危害国家安全、公共安全案	Offences Against State Security	1393	1539	832	915	14607	14945	11584	11922
破坏社会主义市场经济秩序案	Offences Against Socialist Economic Order	1377	2405	853	1598	1864	4013	1973	4347
侵犯公民人身、民主权利案	Offences Against Citizens' Personal and Democratic Rights	3645	4436	3269	4006	4968	6482	4622	6038
妨害社会管理秩序案	Offences Against Social Management Order	11713	17800	7427	12815	14398	25938	11391	23461
侵犯财产案	Offences Against Properties	12279	16438	8530	12062	14548	20000	11733	17637
危害国防利益案	Offences Against National Defense	17	19	5	5	13	13	7	7
检察机关直接立案侦查案件小计	**Sub-total of Cases Handled Directly by Procuratorate Offices**	**469**	**510**	**126**	**140**	**721**	**883**	**741**	**901**
贪污贿赂案	Offences on Corruption and Bribery	441	478	114	127	668	817	681	823
渎职侵权案	Offences on Abuse and Dereliction of Duty	28	32	12	13	53	66	60	78
按市(州)分	**Grouped by Region**								
四川省人民检察院	Provincial Procuratorate								
成都市	Chengdu	10049	13366	6279	8671	16381	21888	11138	15239
自贡市	Zigong	902	1187	687	950	1497	2169	1290	1855
攀枝花市	Panzhihua	486	689	305	468	1089	1556	888	1424
泸州市	Luzhou	1317	1819	936	1392	2393	3223	2333	3566
德阳市	Deyang	1032	1383	883	1185	1920	2408	1700	2420
绵阳市	Mianyang	1375	2050	914	1249	2513	3647	2308	3624
广元市	Guangyuan	512	785	416	754	1265	1958	1266	2113
遂宁市	Suining	855	1119	616	924	1518	2009	1350	2026
内江市	Neijiang	1081	1529	831	1273	1624	2311	1453	2396
乐山市	Leshan	1146	1710	818	1173	1860	2712	1623	2604
南充市	Nanchong	1755	2541	1223	2158	2856	4218	2400	4182
眉山市	Meishan	1197	1631	710	1043	2063	3102	1577	2390
宜宾市	Yibin	1731	2396	1133	1718	2882	4000	2602	4009
广安市	Guangan	1093	1731	853	1577	1687	2733	1540	2766
达州市	Dazhou	1336	1970	936	1707	1896	2793	1748	3006
雅安市	Yaan	597	836	457	707	1003	1675	862	1386
巴中市	Bazhong	708	984	499	817	1478	1944	1429	2092
资阳市	Ziyang	667	884	467	641	1124	1672	1097	1706
阿坝藏族羌族自治州	Aba	308	448	178	267	516	828	512	792
甘孜藏族自治州	Ganzi	498	763	431	654	599	952	603	1000
凉山彝族自治州	Liangshan	2182	3234	1409	2172	2879	4355	2280	3660
四川省人民检察院成都铁路运输分院	Procuratorate of Chengdu Railroad Bureau	66	92	107	116	76	121	53	65

22-9 人民法院审理各类案件受理结案情况
Trial Cases Accepted and Settled by Courts

单位：件 (case)

项　目	Item	受理 Cases Accepted		结案 Cases Settled	
		2019	2020	2019	2020
合　计	**Total**	**1360344**	**1341819**	**1271603**	**1308127**
一审	**First Trial**	**717604**	**696641**	**670911**	**676639**
刑事	Criminal	54761	44499	52452	43268
民事	Civil	648835	639140	605860	621073
行政	Administrative	13248	12291	11944	11644
行政赔偿	Administrative compensation	760	711	655	654
二审	**Second Trial**	**76964**	**71394**	**70904**	**68472**
刑事	Criminal	6793	5494	6327	5255
民事	Civil	62695	57512	58415	55999
行政	Administrative	7060	7879	5800	6784
行政赔偿	Administrative compensation	416	509	362	434
审判监督	**Trial Oversight**	**2708**	**2443**	**2165**	**2232**
刑事	Criminal	145	137	107	124
民事	Civil	2498	2227	2011	2037
行政	Administrative	63	78	45	70
行政赔偿	Administrative compensation	2	1	2	1
再审审查	**Retrial review**	**17011**	**14423**	**14584**	**13664**
国家赔偿与司法救助	**State Compensation and Judicial Assistance**	**3363**	**4601**	**3308**	**4431**
执行案件	**Enforcement cases**	**462952**	**469583**	**432870**	**461877**
刑罚与执行变更审查	**Punishment and Execution change review**	**26379**	**23165**	**26351**	**23154**
其他案件	**Other Cases**	**53363**	**59569**	**50510**	**57658**

注：人民法院审理案件等情况由四川省高级人民法院提供。受理案件中包括上年旧存。
a) People's court cases are prepared and provided by Sichuan Provincial Higher People's Court. Trial cases include the last year left.

22-10 人民法院执行案件标的和减、免、缓诉讼费情况
Subjects Implemented and Litigation Costs Reduced, Exempted and Deferred by Courts

项　目		Item		2019	2020
申请执行标的	(亿元)	Subject matter of application for execution	(100 million yuan)	2908.06	6201.67
执行到位标的	(亿元)	Subject matter of execution in place	(100 million yuan)	607.87	985.53
减、免、缓诉讼费案件	(件)	Cases of Litigation Costs Reduced, Exempted and Deferred	(case)	15004	3521
减、免、缓诉讼费	(万元)	Litigation Costs Reduced, Exempted and Deferred	(10 000 yuan)	14646.39	3624.20
减交	(万元)	Reduction	(10 000 yuan)	1631.64	91.16
免交	(万元)	Exemption	(10 000 yuan)	822.24	332.64
缓交	(万元)	Deferral	(10 000 yuan)	12192.51	3200.10

22-11 公安机关受理查处治安案件情况(2020年)
Offense Cases Against Public Order Handled by Public Security Organs(2020)

单位：起 (case)

案件类别	Category of Cases	受理 Cases Accepted to be Treated	查处 Cases Investigated and Treated
合　计	**Total**	**354543**	**224471**
扰乱公共秩序	Disrupt Public Order	11278	9530
#扰乱单位秩序	Disrupt Unit Order	1673	1405
#扰乱公共场所秩序	Disrupt Public Place Order	2270	2088
#扰乱公共交通工具秩序	Disrupt Public Transport Order	43	42
#妨碍交通工具正常行驶	Impedes Normal Conditions of Transport	145	119
#扰乱大型群众性活动秩序	Disrupt the order of large scale mass activities	4	4
妨害公共安全	Prejudice Public Safety	3855	3180
#违反危险物质管理规定 非法携带枪支、弹药、管制刀	Violation of Hazardous Material Regulations Illegal Possession of Firearms. Ammunition. Knife Control	1586	1365
#盗窃、损毁公共设施	Theft and Damage to Public Facilities	522	286
侵犯他人人身权利、财产权利	Infringe upon the Personal and Property Rights to others	251289	131484
#强迫他人劳动	Forced Labor	5	4
#侮辱、诽谤、诬告陷害	Insult, Libel, Calumniation	818	468
#发送信息干扰正常生活	Send Information Interfered with the Normal Life	133	88
#殴打他人	Assault	51419	37513
#盗窃	Theft	100381	35670
妨害社会管理	Prejudice and Social Management	88121	80277
#阻碍执行职务	Impeding the Implementation of Duties	2522	2333
#违反旅馆业管理	Hotel Management Violation	2049	1981
#卖淫、嫖娼	Prostitution, Whoring	3978	3986
#毒品违法活动	Drug-related activities	38952	37784

注：治安情况、火灾事故和交通事故资料由四川省公安厅提供。
a) Data of law and order, fire and accident are provided by Sichuan Provincial Public Security Bureau.

22-12 各市(州)查处治安案件和刑事案件立案、破案数

Number of Offense Cases Against Public Order Investigated and Prosecuted and Criminal Case Filed and Cracked by Region

单位：起

(case)

市(州)	Region	治安案件 Offense Cases Against Public Order				刑事案件立案 Criminal Case Filed		刑事案件破案 Criminal Case Cracked	
		发现 Discovered		查处 Investigated and Prosecuted					
		2019	2020	2019	2020	2019	2020	2019	2020
全　省	**Sichuan**	**418651**	**354543**	**296215**	**224471**	**226672**	**256741**	**111256**	**88341**
成都市	Chengdu	188956	155511	115846	78468	88828	115373	35502	23133
自贡市	Zigong	9929	9307	7343	7167	6360	7410	3275	2681
攀枝花市	Panzhihua	8617	4393	7684	3595	2998	3173	1738	1257
泸州市	Luzhou	14184	11646	13435	10868	9011	8414	4893	4509
德阳市	Deyang	14707	13644	9049	8577	12385	11581	6540	5334
绵阳市	Mianyang	16671	17824	12244	9720	12579	11562	7161	6106
广元市	Guangyuan	10640	10775	7653	6996	5563	6451	2992	2839
遂宁市	Suining	12656	12864	9729	9609	8784	8012	4582	3731
内江市	Neijiang	9411	8127	9282	7749	6277	6673	3174	2737
乐山市	Leshan	17106	15069	17106	15069	7157	7423	3921	2872
南充市	Nanchong	15045	12478	8552	7441	11941	11656	7321	6266
眉山市	Meishan	14221	10855	12300	8570	6936	7665	3414	3287
宜宾市	Yibin	23718	21440	8261	5857	10851	13344	5977	5828
广安市	Guangan	14375	10075	14320	9993	8043	7189	4194	3906
达州市	Dazhou	14768	12500	14156	11844	7866	7546	4406	4266
雅安市	Yaan	4750	4895	3619	3637	3143	4252	1626	1341
巴中市	Bazhong	9344	6873	8957	6445	6129	5698	3431	2231
资阳市	Ziyang	6664	6069	4403	3738	4280	5202	2255	1822
阿坝藏族羌族自治州	Aba	2091	1825	1950	1700	1120	1072	655	556
甘孜藏族自治州	Ganzi	1119	1059	1041	957	884	1291	520	920
凉山彝族自治州	Liangshan	9679	7314	9285	6471	5537	5754	3679	2719

22-13 火灾事故情况
Statistics on Fire Accidents

指 标	Item	合计 Total 2019	合计 Total 2020	特大事故 Extraordinarily 2019	特大事故 Extraordinarily 2020	重大事故 Serious 2019	重大事故 Serious 2020	较大事故 major 2019	较大事故 major 2020	一般事故 Ordinary 2019	一般事故 Ordinary 2020
火灾事故发生起数 （起）	Number of Fires (case)	14251	29158					1	5	14250	29153
死亡人数 （人）	Number of Deaths (person)	63	104					4	16	59	88
受伤人数 （人）	Number of Injuries (person)	91	70					24		67	70
损失折款 （万元）	Losses Converted into Cash (10 000 yuan)	16660	20890					305	49	16355	20841
平均每起事故损失（万元）	Losses per Case(10 000 yuan)	1.17	0.72					305.07	9.85	1.15	0.71

22-14 各市(州)火灾事故情况
Statistics on Fire Accidents by Region

市(州)	Region	火灾事故(起) Number of Fire Accidents (case) 2019	2020	火灾伤亡人数(人) Number of Deaths (person) 2019	2020	火灾损失金额(万元) Losses Converted into Cash (10 000 yuan) 2019	2020
全 省	**Sichuan**	**14251**	**29158**	**154**	**174**	**16660.1**	**20889.7**
成都市	Chengdu	2778	9560	66	42	1837.1	5990.1
自贡市	Zigong	479	1002	1	7	624.4	355.1
攀枝花市	Panzhihua	296	698	3	1	840.7	82.7
泸州市	Luzhou	1794	1768	12	23	651.6	1742.2
德阳市	Deyang	661	721	7	8	930.2	1688.3
绵阳市	Mianyang	391	2384	9	4	1704.2	1507.8
广元市	Guangyuan	772	790	3	9	604.7	1298.8
遂宁市	Suining	1370	1083	3	5	817.9	1491.9
内江市	Neijiang	769	952	4	6	204.7	347.6
乐山市	Leshan	590	896	7	3	228.7	347.0
南充市	Nanchong	186	1740	5	8	659.7	664.0
眉山市	Meishan	331	868	2	4	1023.8	1230.8
宜宾市	Yibin	988	1185	5	5	1238.5	611.0
广安市	Guangan	394	1489	4	12	346.2	639.4
达州市	Dazhou	414	1552	1	5	832.3	649.3
雅安市	Yaan	339	359		3	230.7	428.7
巴中市	Bazhong	737	720	8	12	294.1	431.2
资阳市	Ziyang	496	520	3	7	712.8	351.2
阿坝藏族羌族自治州	Aba	15	225	4	2	450.7	257.7
甘孜藏族自治州	Ganzi	17	240	1	2	464.5	576.9
凉山彝族自治州	Liangshan	434	406	6	6	1963.4	198.0

22−15 交通事故情况(2020年)
Statistics on Traffic Accidents(2020)

项目		Item		合计 Total	特大事故 Extraordinarily	重大事故 Serious	较大事故 Major	其它 Others
发生数	(起)	Number of Traffic Accidents	(case)	9586			29	9557
死亡人数	(人)	Number of Deaths	(person)	2482			104	2378
受伤人数	(人)	Number of Injuries	(person)	11413			40	11373
损失折款	(万元)	Losses Converted into Cash	(10 000 yuan)	7324			144	7180
平均每起事故损失	(元)	Losses Converted per Case	(yuan)	7640			49569	7513

22−16 各市(州)交通事故情况(2020年)
Statistics on Traffic Accidents by Region(2020)

市(州)	Region	发生数 (起) Number of Traffic Accidents (case)	死亡人数 (人) Number of Deaths (person)	受伤人数 (人) Number of Injuries (person)	损失折款 (万元) Losses Converted into Cash (10 000 yuan)
全　省	**Sichuan**	**9258**	**2304**	**10935**	**4540**
成都市	Chengdu	1765	560	1193	505
自贡市	Zigong	396	63	477	62
攀枝花市	Panzhihua	138	28	149	21
泸州市	Luzhou	180	53	320	140
德阳市	Deyang	278	69	289	87
绵阳市	Mianyang	793	220	1014	473
广元市	Guangyuan	391	67	535	61
遂宁市	Suining	188	53	219	202
内江市	Neijiang	96	37	80	2
乐山市	Leshan	729	161	1281	300
南充市	Nanchong	258	109	261	153
眉山市	Meishan	107	52	90	28
宜宾市	Yibin	1091	116	1331	257
广安市	Guangan	56	18	78	21
达州市	Dazhou	342	113	435	119
雅安市	Yaan	556	80	664	415
巴中市	Bazhong	169	37	256	44
资阳市	Ziyang	162	110	129	21
阿坝藏族羌族自治州	Aba	262	69	396	446
甘孜藏族自治州	Ganzi	214	75	347	759
凉山彝族自治州	Liangshan	1087	214	1391	424

注：合计中不含高速公路交通事故的数据。
a) The total data exclude the data of Traffic Accidents on Expressway.

主要统计指标解释

社区服务机构和设施数 具有面向老人及其家庭的商品递送、医疗保健、家庭保洁、日间照料、陪伴服务等为社区居家养老服务的设施和突出综合服务的职能。指报告期末设立的社区服务指导中心、社区服务中心、社区服务站、未登记的农村特困人员救助供养机构、社区养老照料机构和设施、社区互助型养老服务机构、其他社区服务机构的总数。

公证人员 指在公证处工作的人员总称,包括公证处主任、副主任、公证员、公证员助理(助理公证员)和其他从事辅助性工作的人员。

批准逮捕 指人民检察院对公安机关、国家安全机关、监狱管理机关提出逮捕的犯罪嫌疑人进行审查，根据事实，依法做出逮捕决定。该指标主要反映人民检察院对提请逮捕犯罪嫌疑人进行审查后依法做出批准逮捕决定的情况。

决定逮捕 指人民检察院对直接立案侦查的案件,认为需要逮捕犯罪嫌疑人时，依据法律做出的逮捕决定。该指标主要反映人民检察院对直接受理的案件行使决定逮捕权的情况。

受理 是指人民法院对符合诉讼法规定立案条件,决定立案审理的案件。受理包括上期“旧存”和本期“新收”案件两部分。

结案 是指人民法院依照诉讼法规定审理案件,案件审理结束已作出处理决定的案件。

特大火灾 指造成 30 人以上死亡，或者 100 人以上重伤，或者 1 亿元以上直接财产损失的火灾。

重大火灾 指造成 10 人以上 30 人以下死亡，或者 50 人以上 100 人以下重伤，或者 5000 万元以上 1 亿元以下直接财产损失的火灾。

较大火灾 指造成 3 人以上 10 人以下死亡，或者 10 人以上 50 人以下重伤，或者 1000 万元以上 5000 万元以下直接财产损失的火灾。

一般火灾 指造成 3 人以下死亡,或者 10 人以下重伤，或者 1000 万元以下直接财产损失的火灾。

特大交通事故 指一次造成死亡 3 人以上，或者重伤 11 人以上，或者死亡 1 人，同时重伤 8 人以上，或者死亡 2 人，同时重伤 5 人以上，或者财产损失 6 万元以上的交通事故。

重大交通事故 指一次造成死亡 1 至 2 人，或者重伤 3 人以上 10 人以下，或者财产损失 3 万元以上不足 6 万元的交通事故。

Explanatory Notes on Main Statistical Indicators

Number of Service Institutions and facilities in Communities refer to the community institutions and integrated facilities offer the commodity delivery, health care, cleaning, adult day care, companion and others for the elderly. Including the total number of community service guidance centers, community service centers, community service stations, unregistered rural assistance and support institutions for the needy, community elderly care institutions and facilities, community mutual aid pension institutions for the elderly and other community service institutions at the end of the reporting period.

Notary Personnel refers to people working for notary offices including: directors, deputy director, notaries, assistant notaries, and other people providing assistance.

Approval for Arrest refers to the decision made by people's procuratorate office, in accordance with law and relevant facts, to approve the arrest of the suspect(s) as proposed by the public security departments, state security departments or prisons authority. This indicator reflects approved arrests made by people's procuratorate offices that are proposed by related departments.

Decision on Arrest refers to the decision made by people's procuratorate office, in accordance with law, to arrest the suspect(s) in the cases that are accepted and to be investigated by the procurators office. This indicator mainly reflects the implementation of the decision on arrest by people's procuratorate office.

Acceptance of Case refers to People's Court decide to accept in accordance with the Provisions of Procedural law. The cases include two parts: cases turned over from previous year and cases accepted this year.

Settlement of Case refers to People's Court decide to accept the case and make decision in accordance with the Provisions of Procedural law.

Extraordinarily Serious Fire Case refers to a case which has caused over 30 deaths; or over 100 serious injuries; or a direct property loss over 100 million yuan(RMB).

Serious Fire Case refers to a case which has caused over 10 to 30 deaths; or over 50 to 100 serious injuries; or a direct property loss over 50 million to 100 million yuan(RMB).

Comparatively Serious Fire Case refers to a case which has caused over three to ten deaths; or over 10 to 50 serious injuries; or a direct property loss over 10 million to 50 million yuan(RMB).

Ordinary Fire Case refers to a case which has caused less than three deaths; or less than 10 serious injuries; or a direct property loss less than 10 million yuan(RMB).

Extraordinarily Serious Traffic Accident refers to an accident which has caused three or more deaths; or over 11 serious injuries; or one death and over 8 serious injuries; or two deaths and over 5 serious injuries; or a loss over 60 thousand yuan(RMB).

Serious Traffic Accident refers to an accident which has caused one or two deaths; or three to ten serious injuries; or a loss over 30 thousand yuan to 60 thousand yuan(RMB).